DICTIONNAIRE

DES LIVRES

CONDAMNÉS AU FEU.

DICTIONNAIRE
CRITIQUE, LITTÉRAIRE
ET
BIBLIOGRAPHIQUE

Des principaux Livres condamnés au feu, supprimés ou censurés :

PRÉCÉDÉ D'UN DISCOURS SUR CES SORTES D'OUVRAGES.

PAR G. PEIGNOT, Bibliothécaire de la Haute-Saône, Membre de l'Académie Celtique de Paris, et de plusieurs Sociétés littéraires.

TOME PREMIER.

A PARIS,

CHEZ A. A. RENOUARD, Libraire, rue Saint-André-des-Arts, N.° 55.

AN 1806.

A MONSIEUR B*******.

Mon cher B........,

Lorsque j'ai commencé, en 1790, à m'occuper de recherches sur la Bibliographie, je me suis imposé la loi, si jamais je les publiais, de n'en faire hommage qu'à l'amitié, à la vertu ou au talent. Mes deux premiers essais (1) prouvent que je n'ai point manqué à ma promesse ; et aujourd'hui je veux

---

(1) DICTIONNAIRE raisonné de Bibliologie, contenant l'explication des principaux termes relatifs à la Bibliographie, à l'art Typographique, à la Diplomatique, aux Langues, aux Archives, aux Manuscrits, aux

encore l'exécuter, sous les trois rapports, d'une manière bien chère à mon cœur, en vous priant d'agréer la dédicace de ce nouvel ouvrage. C'est un devoir doux à remplir que m'ont tracé votre goût pour la littérature, la sincère amitié qui nous unit, et la coïncidence de nos opinions sur les productions utiles qui honorent la république des lettres, et sur les livres inutiles, ou justement proscrits, qui en font la honte. Je désirerais que cet essai fût plus digne de figurer dans la riche collection que vous avez formée : j'ai du moins tâché de

---

Médailles, aux Bibliothèques anciennes et modernes, etc., etc., dédié à la mémoire de mon ami Joseph Beauchamp, consul à Mascate. *Paris, Renouard*, 1802--1804, 3 *vol. in-8., avec des Tableaux synoptiques de Bibliologie.*

Essai de curiosités bibliographiques (Notice des livres qui ont été vendus plus de 1000 francs dans les ventes publiques), dédié à M. Van-Praet, conservateur des livres imprimés de la Bibliothèque impériale de France, l'un des premiers Bibliographes de l'Europe. *Paris,* 1804. 1 *vol. in-8., papier vélin.*

le rendre utile et curieux; c'est à ce double titre qu'il réclame une petite place à côté de ses aînés, que vous avez déjà trop bien accueillis.

La matière sur laquelle j'ai travaillé est délicate ; c'est pourquoi j'y ai apporté la plus grande circonspection. J'ai fait tous mes efforts pour la traiter convenablement; c'est-à-dire, de manière à ne choquer aucune opinion, et à inspirer de l'horreur pour ces débauches d'esprit qui ont, à juste titre, provoqué la sévérité des lois. Mais, en même temps, j'ai plaint les innocens qui en ont quelquefois été les malheureuses victimes; et j'ai blâmé la barbarie avec laquelle on a puni, du dernier supplice, ceux dont il suffisait d'anéantir les écrits.

Au reste, mon ami, ceci est un ouvrage de Bibliographie que je destine particulièrement à ceux qui s'occupent de la connaissance des livres, et qui, comme vous, doués d'une ame honnête et sensible, unissent des intentions pures au louable désir de s'instruire.

J'aurais pu donner beaucoup plus d'étendue à une infinité d'articles de ce Dictionnaire ; mais le cadre étroit que je me suis tracé ne me l'a pas permis : et le Bibliographe instruit saura suppléer à ce que je n'ai fait qu'indiquer. Je crois que je n'ai rien omis d'essentiel, et j'ai fait connaître les sources où l'on pourra trouver les détails dont je n'ai pas cru devoir surcharger mon travail.

Ces deux volumes font suite aux CURIOSITÉS BIBLIOGRAPHIQUES que j'ai publiées en 1804. Puissent-ils avoir le même sort aux yeux des amateurs indulgens, et mes vœux seront remplis !

J'ai, dans mon *Discours préliminaire*, insisté sur le danger des mauvais livres et sur l'espoir d'en voir diminuer le nombre à l'avenir. Eh ! comment pourrait-on s'en occuper dans le siècle des grandes choses, dans un siècle où toutes les pensées et tous les regards sont fixés sur un seul point ? Comment oserait-on se livrer à ce genre détestable, sous un gouvernement ferme et sage ; sous un prince dont le génie ébranle les deux mondes et les force à l'admiration ; sous un prince qui, d'une main, terrasse ses formidables ennemis, et de l'autre protège les sciences et encourage les artistes ? Aussi vous avouerez, mon ami, que jamais les sciences et les arts n'ont reçu une impulsion plus forte et plus directe vers l'utilité publique. Chacun, quelque faible qu'il soit, et quelque genre qu'il adopte, tend à ce but honorable. On connaît l'intention du prince ; cela suffit pour exciter l'émulation, et pour communiquer l'étincelle électrique à tous les Français.

Guidé par les savans que j'ai consultés, j'ai, du fond de ma solitude, préparé dans le silence le léger tribut que je dépose entre les mains de l'amitié : tout imparfait qu'il est, j'ai pensé qu'elle ne lui refuserait pas un sourire de faveur, ou au moins d'indulgence. Si je me suis trompé ; si mon travail offre quelques taches ou quelques erreurs bien involontaires qui pourraient faire de la peine à mon ami, j'en serai sincèrement affligé ; je prie le lecteur judicieux et érudit de m'en avertir; je déférerai sur-le-champ à ses observations, et je lui en aurai une obligation d'autant plus grande, qu'il me procurera, en corrigeant mon travail, le plaisir de vous offrir, mon cher B......., un témoignage plus pur de ma tendre affection.

G. Peignot.

AVIS.

ON se proposait d'intituler cet ouvrage LE BUCHER BIBLIOGRAPHIQUE; mais on a cru devoir remplacer ce titre, trop peu sérieux, par celui de DICTIONNAIRE CRITIQUE, LITTÉRAIRE ET BIBLIOGRAPHIQUE, etc., qui convient mieux à la nature d'une production de ce genre, et surtout à la manière dont elle est traitée.

Quoique cet ouvrage soit rédigé par ordre alphabétique de noms d'auteurs, on a ajouté, à la fin du dernier volume, une Table générale des matières qui facilitera les recherches. Le lecteur voudra bien y recourir, dans le cas où il ne trouverait pas au premier article consulté les renseignemens désirés.

OUVRAGES

Qui paraîtront incessamment.

BIBLIOGRAPHIE CURIEUSE, renfermant le catalogue raisonné, 1.° des ouvrages qui n'ont été imprimés qu'à cent exemplaires et au-dessous; 2.° des ouvrages imprimés sur papier de couleur; et 3.° des ouvrages qui offrent quelques singularités dans leur exécution typographique. 1 *vol. in-8.*, imprimé en caractères neufs.

Ce volume sera tiré sur très-beau papier vélin, à quatre-vingt-dix-neuf exemplaires seulement, et tous numérotés à la presse. Il fera suite aux *Curiosités bibliographiques* du même auteur, annoncées dans le premier volume qui a paru en 1804. Pour les compléter, paraîtra, dans quelque temps, la *Bibliographie raisonnée des Classiques, grecs et latins*, sur lesquels l'auteur prépare un travail plus complet que celui d'Edward Harwood, et de ses éditeurs italiens Mauro Boni et Barth. Gamba; il a, surtout, dirigé ses recherches vers la partie très-curieuse des exemplaires qui ont été imprimés sur VÉLIN, sur GRAND PAPIER, etc.; et il y ajoute les prix auxquels ces exemplaires ont été portés dans quinze à vingt des principales ventes faites à Paris et chez l'étranger depuis soixante ans.

ESSAI D'UN DICTIONNAIRE HISTORIQUE, UNIVERSEL DES LANGUES ANCIENNES ET MODERNES DES QUATRE PARTIES DU MONDE; précédé d'un discours sur l'origine des langues en général, sur leur diversité, et sur les moyens d'en chercher et d'en établir la généalogie : suivi d'une bibliographie des principaux ouvrages relatifs à l'histoire et à l'étude des langues. 2 *vol. in*-8.

Cet ouvrage, qui a coûté des recherches infinies, est divisé en trois parties :

La première, contenant le discours préliminaire, traite, 1.º de l'origine et de la formation mécanique des langues, ou de la manière primitive d'exprimer ses idées; 2.º de la diversité des langues occasionnée par la dispersion des hommes, lorsque la famille primitive est devenue trop nombreuse; par la variété des climats; par la disposition des organes, et par le mélange de deux ou plusieurs langues qui en ont produit une nouvelle ; 3.° de la généalogie des langues, ou du rapport qu'elles ont entr'elles ; et de la formation des langues modernes, avec des tableaux généalogiques et des tableaux synoptiques des principales langues ; 4.° enfin, de l'écriture et des caractères en usage chez les différens peuples.

La seconde partie est composée du dictionnaire renfermant plus de trois cents articles qui offriront, par ordre alphabétique, l'historique de chaque langue ; et la majeure partie des articles sera terminée par l'*Oraison Dominicale*, traduite dans la langue dont il sera question. On a puisé les exemples dans Chamberlayne, dans Leibnitz, dans Marcel, dans les voyages en Afrique, en Amérique, à la mer du Sud, à la nouvelle Hollande, etc.

La troisième partie donnera une notice bibliographique ; 1.° des ouvrages sur les langues en général ; 2.° des grammaires, syntaxes et prosodies les plus estimées des principales langues ; 3.° des lexiques, vocabulaires et dictionnaires les plus recommandables pour chaque langue. Cette notice aura plus de quinze cents articles.

ERRATA.

TOME PREMIER.

FAUTES A CORRIGER.			CORRECTION.
Pages.	Lignes.		
xiij.	5	Choderlot	Choderloz
xxvj.	23	m'eussent échappés	me fussent échappés
7	16	précédente	suivante
84	27	1726	1626
88	8	virtuum	virtutum
117	11	1752	1552
120	21	217	2177
122	12	Ecclesia	Ecclesiæ
167	28	Formond	Fromont
178	14	Pauzer	Panzer
187	11	Mar. Humblot, *in-*12.	Marino Humbelot. *in-*8.
238	17	l'Hémeroisse	l'Hémorroisse
268	14	LEOMMELIUS.	LOEMMELIUS.
286	30	ridicules	plus ridicules.
305	16	patricien	praticien
320	21	économie. Dans	économie, dans
320	22	*In-*12, La Harpe	*In-*12. La Harpe

TOME II.

32	4	Pellinie *in*	Pellini. *In*
84	17	Edouard	Edmond
201	28	rare. Ayant	rare, ayant

DISCOURS PRÉLIMINAIRE.

S'occuper des principaux ouvrages qui ont été condamnés au feu, supprimés ou censurés; c'est rassembler des matériaux pour l'Histoire des erreurs de l'esprit humain; c'est marquer les écueils dangereux qu'il serait à souhaiter que tout écrivain eût la ferme résolution d'éviter lorsqu'il prend la plume. Rien ne serait peut-être plus utile qu'un tableau méthodique et bien fait de la fatale influence qu'ont eue sur les troubles civils, politiques et religieux, les principes exagérés répandus dans la plupart des livres proscrits, et même dans quelques-uns qui ne l'ont pas été. Ce tableau ferait, sans doute, plus d'effet que ces lois surannées, qui, en enchaînant la liberté de la presse, cherchaient, mais en vain, à comprimer la pensée. On sait que ces sortes d'entraves n'ont ordinairement produit d'autre effet, que d'irriter les passions, et rendre plus audacieuse une plume qui convertissait secrètement en licence, la liberté qu'on lui refusait publiquement. Oui, une censure trop sévère, pareille à celle qu'on exerce en Espagne, en Autriche et ailleurs, a pour résultat la cruelle alternative, ou d'étouffer le génie, ou d'ouvrir clandestinement la porte à des excès que méconnait ordinairement une honnête liberté.

Ce n'est point lorsqu'on a le droit d'écrire sans contrainte et au grand jour, que l'on se plaît à distiller un venin qui, comme le crime, ne se prépare jamais que dans l'ombre.

D'ailleurs, depuis trois siècles, n'a-t-on pas épuisé, en fait de productions littéraires, tous les traits de la satyre, tous les genres de licence ? Convenons qu'il est presqu'impossible à l'écrivain le plus hardi de publier quelque chose de nouveau sur l'homme, sur la politique, sur les religions et sur mille objets qui ont fixé l'attention des publicistes du xviii.e siècle, et des philosophes de tous les temps. Les circonstances peuvent changer; mais les abus, mais les préjugés sont et seront toujours à peu près les mêmes : les plaintes qu'ils ont excitées et qu'ils exciteront, n'ont varié et ne varieront que pour la forme.

Peut-être, dira-t-on, c'est en publiant des vérités hardies, c'est en combattant l'hydre des préjugés, qui alimente et protège la tyrannie et la superstition, qu'on rendra au trône et à la religion leur véritable éclat. Eh ! qui ne sait combien de fois ces vaines déclamations ont été répétées ? combien de fois, sous prétexte d'attaquer la tyrannie et la superstition, on a ébranlé jusques aux fondemens de l'ordre social ?

Qu'est-il résulté de ces nombreux ouvrages, qui tous tendaient au bonheur du genre humain ? L'homme en est-il meilleur ? est-il plus libre, plus fortuné ? fournit-il une carrière plus longue et mieux remplie ? La fin du xviii.ᵉ siècle, de ce siècle de lumières, a-t-elle été plus heureuse ? Après la fatale expérience des révolutions religieuses et politiques, arrosées du sang de nos ancêtres et de celui de nos contemporains, qui fume encore, sommes-nous plus vertueux, moins frivoles, moins inconséquens, plus disposés à sacrifier l'intérêt particulier à l'intérêt public, plus attachés à la patrie que nos aïeux ? sommes-nous meilleurs fils, meilleurs époux, meilleurs pères ? Hélas ! avouons que les plus belles théories en politique, en philosophie et en morale ont eu rarement l'effet qu'on s'en était promis, et même que souvent elles nous ont égarés ; avouons surtout qu'il est, comme nous l'avons déjà dit, impossible à l'écrivain le plus habile, le plus fécond et le plus hardi, de publier quelque chose de supérieur à ce qui a été déjà répété mille fois sur ces différens objets. A quoi bon par conséquent vouloir s'ériger en nouveau précepteur du genre humain, en réformateur des abus ou en apôtre de la licence? Que peut-on gagner à se livrer à ce genre de travail, souvent plus dangereux que nécessaire, et quelquefois plus honteux encore qu'inutile?

Il faut cependant convenir que parfois des circonstances critiques ont obligé le sage à élever la voix contre de véritables abus naissans. Mais cette voix n'était point un cri de sédition ; c'était la raison elle-même qui cherchait à ramener le calme dans des momens d'orage. Peut-on, par exemple, faire un crime à ceux de nos ancêtres qui ont lutté contre les prétentions ambitieuses qu'a si souvent manifestées la cour de Rome, de disposer des trônes à son gré; peut-on, dis-je, leur faire un crime d'avoir écrit: «Toute puissance spirituelle appartient au souverain pontife, parce qu'il est le chef visible de l'église; mais son pouvoir temporel ne doit point s'étendre au-delà des frontières de ses états?» Peut-on taxer de témérité ces vrais citoyens qui, voyant jadis l'autorité royale viser au despotisme, en se plaçant au dessus des lois, et en foudroyant les justes remontrances des parlemens; peut-on, dis-je, taxer de témérité les écrivains qui ont publié que les gouvernemens les meilleurs et les plus solides sont ceux où la loi règne, et où le premier de l'état y est soumis comme le dernier? Condamnera-t-on l'historien courageux, parce que, consacrant sa plume à la vérité, il a tracé le tableau affligeant des malheurs occasionnés par la faute des gouvernans? Cet hommage, rendu à la vérité, n'est point une satyre ; c'est une leçon que le passé donne au présent. Qui le croira? La plupart de ces utiles écrits ont cependant été livrés aux flammes ; et tel souverain les proscrivait, quand tel autre souverain en récompensait les auteurs.

Il m'a semblé qu'en rédigeant quelques notices bibliographiques et critiques sur ces sortes d'ouvrages, je formais une entreprise qui pourrait être utile à mes concitoyens. Je ne me suis point arrêté aux seuls livres de politique ; j'ai étendu mes recherches à tous ceux qui, présentant quelqu'intérêt, de quel genre qu'ils fussent, ont encouru l'animadversion de l'autorité supérieure. Il en est quelques-uns d'excessivement dangereux, qui n'ont pu sortir que d'une plume infernale, et que j'ai voués à l'exécration publique.

Je voulais d'abord me borner à donner simplement les titres des ouvrages proscrits ; mais cette bibliographie sèche, ne convenant qu'à un petit nombre de personnes, aurait été d'un médiocre intérêt ; j'ai donc préféré ajouter des remarques critiques et détaillées sur la nature de chaque ouvrage, sur sa condamnation et sur son auteur. J'ai même souvent donné des extraits propres à justifier cette condamnation ; et sans doute le lecteur judicieux partagera mon indignation à la lecture de quelques-uns de ces extraits. C'est en montrant le vice hideux dans toute sa nudité, qu'on est plus certain d'en inspirer l'horreur. Je dois dire ici que je me suis fait une loi de ne prendre mes citations que dans des ouvrages composés par des auteurs respectables qui les ont rapportées avant moi ; et j'ai toujours eu soin d'exprimer les sentimens pénibles que m'a fait éprouver la lecture de ces passages condamnables.

Si l'on me faisait un reproche d'avoir

présenté deux ou trois citations qui montrent jusques à quel point certains écrivains ont poussé l'effronterie, je répondrai que ma justification est non-seulement dans la pureté de mes intentions, mais dans l'exemple qui m'en a été donné par une infinité d'auteurs très-estimables.

Ne sait-on pas que S. Augustin, en combattant Pélage et Julien, n'a pas craint de conserver les erreurs de ces hérétiques, dont le texte entier ne se trouve plus que dans les OEuvres de ce saint père. S. Cyrille a également cité textuellement Julien l'Apostat pour le réfuter. Le dominicain Jean Casalas, pour combattre l'impudente Satyre de Théophile Rainaud, contre les dominicains (*de immunitate Cyriacorum à censura*), l'a réimprimée presqu'en entier dans son *Candor Lilii*. Le pieux auteur qui a réfuté la *Théologie portative* de l'abbé Bernier (Dulaurent), ouvrage infâme, en a rapporté tout le texte. Celui qui a réfuté les *Pensées philosophiques* de Diderot en a fait de même, *etc.*, *etc.* On me permettra donc de m'appuyer de l'exemple de ces illustres écrivains; je serais trop heureux, si je pouvais me rapprocher aussi aisément de leurs vertus et de leurs talens.

Quoique j'aie adopté dans mon ouvrage l'ordre alphabétique des noms d'auteurs, je pense qu'on pourrait établir un ordre méthodique particulier pour les livres condamnés. Voici le système de classification qui me paraîtrait convenable. Je diviserais d'abord ces sortes d'ouvrages en trois grandes classes; savoir, I.° Livres de religion; II.° Livres de morale, et III.° Livres de politique. Il n'y a point de livres du genre de ceux qui nous occupent, qu'on ne puisse placer dans l'une de ces classes.

La première, concernant les livres de religion, peut se subdiviser en cinq branches :

1.° Les livres sur l'athéisme : ils ne sont pas très-nombreux.

2.° Les livres sur le théisme : on en trouve beaucoup.

3.° Les livres sur les religions étrangères au christianisme : le nombre n'en est pas fort grand.

4.° Les livres hétérodoxes, des hérésiarques, des schismatiques, *etc.* : ils sont en grand nombre.

5.° Les livres relatifs aux divisions qui ont eu lieu dans le sein du catholicisme, et qui peuvent rentrer dans la classe des schismatiques. Cette branche est l'une des plus nombreuses ; mais je me suis attaché aux essentiels, parce que cette partie n'offre plus autant d'intérêt qu'elle en offrait il y a quarante à cinquante ans ; et d'ailleurs la seule nomenclature de ces sortes d'ouvrages formerait seule quatre à cinq volumes.

La seconde classe, relative aux livres de morale, peut se subdiviser en trois branches.

1.° Les livres qui, sans offrir des obscénités, sont parsemés d'opinions bizarres et dangereuses : ils traitent des vertus, des vices, des mœurs, de l'éducation et des usages de la vie. On en trouve quelques-uns à la tête desquels on peut mettre l'*Emile* de Rousseau; les *Mœurs* de Toussaint; les *OEuvres* d'Helvétius; les *OEuvres* en prose de Dulaurent, *etc.*

2.° Les livres immoraux écrits en prose; on les nomme sotadiques ou pornographiques : ils ne sont malheureusement que trop nombreux ; j'en ai très-peu cités, soit parce qu'il peut être dangereux de les faire connaître, soit parce qu'il y en a peu qui aient été condamnés publiquement. La police fait ordinairement enlever en secret ces sortes d'ouvrages, à la tête desquels on peut mettre le livre exécrable de Gervaise, le *P*.... des *C*.....; *Th*.... *Ph*......, et l'*A*.... des *D*......, traduction du latin de Chorier.

xiij

Je range encore dans cette classe les *OEuvres libres* de Fromaget, de Crébillon fils ; les *Bijoux*, le *Jacques* et la *Religieuse* de Diderot ; les *Liaisons dangereuses* de Chanderlot, ou plutôt Choderlot de la Clos ; le *Faublas* et la *Félicia* de Louvet ; le *Poëte* ; les *Veillées conjugales* et la *Galerie des six Femmes* de Desf....., et mille autres productions aussi funestes pour la jeunesse.

3.° Les livres écrits en vers dans le même genre, tels que *la Pucelle* de Voltaire ; *la Chandelle d'Arras* et *le Manche à balai* de Dulaurent ; *le Parapilla* de Borde ; l'*Ode* trop fameuse de Piron ; les *Contes* de la Fontaine, de Vergier, de Grécourt, de Vasselier ; les *Epigrammes* de J.-B. Rousseau, *etc.* ; *etc.*, *etc.* Les livres de littérature en tout genre trouvent naturellement leur place dans l'une des trois branches de cette seconde classe.

La troisième classe, qui comprend les

livres de politique, peut aussi se diviser en trois branches.

1.º Les livres qui traitent de la nature des gouvernemens en général : j'en cite quelques-uns.

2.º Les livres qui font la critique d'un gouvernement en particulier : le nombre de ceux-ci est beaucoup plus grand.

3.º Ceux enfin qui ont rapport à quelques parties de l'administration dans un gouvernement : on en trouvera plusieurs dans notre ouvrage. On voit que les livres d'histoire et de jurisprudence peuvent être mis au rang de ceux qui appartiennent à la politique.

Ne doit-on pas faire une classe particulière des libelles diffamatoires ? Nous le croyons ; et nous allons dire un mot sur cette sorte de mauvais livres, qui, depuis les temps les plus reculés, ont été exposés, ainsi que leurs auteurs, à toute la sévérité des lois. En général les législateurs se sont accordés à les punir très-rigoureusement. La loi des XII Tables leur applique la peine capitale. Auguste a mis les libelles diffamatoires au rang des crimes de lèze-majesté. Deux ans avant de mourir (l'an de Rome 765), il ordonna qu'on informât contre les auteurs des libelles ; que les édiles, dans Rome, et les gouverneurs, dans les provinces, fissent brûler tous les écrits de cette espèce qu'ils découvriraient ; et même il châtia quelques-uns de ceux qui avaient composé des libelles. A peu près six ans avant sa mort, il fit condamner à l'exil Cassius Severus, grand satyrique, qui y passa vingt-cinq ans dans une si grande pauvreté, dit la *Chronique d'Eusèbe*, qu'il avait à peine de quoi couvrir sa nudité, *vix panno verenda contextus*. Il ne faut pas confondre ce Cassius avec celui qu'on surnomme Longinus, et que Néron fit mourir pour avoir placé, parmi les portraits de ses ancêtres, celui du meurtrier de César. Les écrits satyriques de Labienus furent condamnés au feu. Tibère maintint la loi d'Auguste sur les libelles ; et il l'appliqua à quelques auteurs médisans qui attaquèrent sa personne, et qui touchèrent de trop près à quelques détails de sa vie privée. Cremutius Cordus s'en trouva fort mal ; il fut condamné, quoiqu'il représentât qu'il n'avait rien écrit de choquant, ni contre Tibère, ni contre l'impératrice. Son prétendu crime était d'avoir donné quelques louanges à Cassius et à Brutus. Néron, tout ombrageux et cruel qu'il était, ne fit pas toujours exécuter la loi d'Auguste avec la sévérité, ou plutôt la barbarie, qui lui était si naturelle. Le préteur Antistius avait composé des satyres contre Néron ; le sénat ne le condamna qu'au bannissement et à la confiscation de ses biens : l'empereur laissa le sénat libre de l'absoudre. Dans le même temps, Fabricius de Veiento, auteur de quantité de libelles contre les sénateurs et contre les prêtres de Rome, ne fut condamné, par Néron même, qu'au bannissement; ses livres furent livrés aux flammes : on les rechercha depuis, et on les lut avec avidité, tant qu'il y eut du danger à le faire; mais dès qu'il fut permis de les avoir, on ne s'en soucia plus. On voit que les modernes ressemblent assez aux anciens sous ce rapport. Un cynique railla Néron en pleine rue, un comédien le joua sur le théâtre; l'un et l'autre furent seulement bannis. Les successeurs de Néron n'imitèrent pas toujours sa modération; et les libelles ont été la cause ou le prétexte de bien des proscriptions. Dans les temps modernes, les libelles n'ont pas été punis aussi sévèrement que sous les empereurs romains. Charles-Quint porta une loi qui condamna les auteurs de libelles à la peine du talion; c'est-à-dire, qu'ils seraient punis de la peine qu'encourraient ceux qu'ils diffamaient, quand même les diffamés seraient convaincus. Il ne voulait pas même que les diffamateurs fussent exempts de punition, lorsqu'ils ne diraient que la vérité. En France, un ancien édit très-connu condamne les auteurs des libelles à être fustigés, et, en cas de récidive, à être punis de mort.

Je ne prolongerai pas davantage cette notice sur les libelles ; une infinité de jurisconsultes ont traité cette matière. François Baudoin a fait un commentaire sur les lois des empereurs contre les libelles diffamatoires. Bayle a publié une dissertation sur ces sortes d'ouvrages. Gabriel Naudé a fait le *Marfore*, ou *Discours contre les libelles*, 1620, *in*-8. Plusieurs autres littérateurs se sont occupés du même objet.

Il résulte de ce que nous avons exposé sur la classification des livres condamnés, qu'ils se rapportent, soit à la politique, soit à la morale, soit à la religion ; c'est contre ces trois objets si respectables, que la plupart des auteurs cités dans mon livre ont dirigé leurs batteries. Les uns ont cherché à détruire toute espèce de gouvernemens, à prêcher le régicide, à troubler l'ordre social ; d'autres ont blessé les mœurs, calomnié la vertu, préconisé les vices ; ceux-ci ont voulu saper les fondemens de la religion, ridiculiser ses ministres, anéantir le culte, et semer des divisions toujours funestes à l'état. Auteurs téméraires, qu'avez-vous gagné à tant de vaines déclamations? Le mépris des gens de bien, et quelquefois une punition exemplaire. Je ne parlerai pas des affreux résultats qu'ont eus quelques-uns de ces coupables écrits, quand, de leur perfide théorie, on a voulu passer à la pratique...... Tirons un épais rideau sur le passé, et laissons à l'Histoire le pénible soin d'en instruire nos neveux.

Mais, tout en blâmant la plupart des

littérateurs qui figurent dans ce livre, je suis bien éloigné d'approuver la manière barbare dont quelques-uns ont été punis au nom de la justice, et surtout au nom de la religion. Eh quoi ! une simple opinion doit-elle conduire son auteur à l'échafaud ? Etait-ce à des magistrats instruits et impassibles, à frapper de mort pour des fautes de cette nature ? était-ce aux ministres d'un Dieu de paix, de charité et d'humanité, à provoquer et quelquefois à ordonner des supplices ? Qu'un mauvais livre soit supprimé, que l'auteur soit séquestré de la société, s'il continue à l'infester du poison de ses écrits ; la prudence l'exige : mais qu'on livre au bourreau une tête qui n'est coupable que d'opinions répréhensibles, ce sont de ces actes atroces qui rappellent les siècles de barbarie, et qui sont inconcevables depuis la renaissance des lettres. Bien plus, c'est qu'ils sont impolitiques ; car dresser les échafauds pour une pareille cause, c'est diminuer l'ignominie attachée aux supplices justement mérités.

Ah! espérons que le xix.ᵉ siècle, profitant des leçons du passé, et moins fécond en livres dangereux, ne sera plus témoin de ces scènes horriblement ridicules! Espérons que les motifs qui ont fait prendre la plume à tant d'écrivains condamnés, ne subsisteront plus! Et en effet, les traces de la barbarie du moyen âge s'effacent chaque jour de plus en plus. Rome ne prétend plus au droit chimérique de disposer des couronnes et de gouverner les rois ; elle est plus économe de ces foudres invisibles qui ont fait trembler tant de souverains. La bulle *in Cœna Domini*, bulle inconcevable, rejetée par la France et presque par tous les états catholiques, est heureusement condamnée à un éternel oubli. La religion chrétienne ne voit plus son sein déchiré et arrosé du sang de ses enfans ; plus de divisions intestines parmi les catholiques; plus de proscriptions ; cette auguste fille du ciel, ennemie de toute violence, veut désormais régner sur le monde par une douce tolérance et par toutes les vertus bienfaisantes et consolatrices qui forment son vrai caractère. Les gouvernemens reposent maintenant sur des bases plus conformes au droit naturel ; la liberté individuelle plane sur presque toute l'Europe. Les princes savent qu'ils commandent à des hommes, et qu'ils sont d'autant plus grands, qu'ils se soumettent les premiers aux lois de leur empire. Enfin, les progrès rapides des sciences et des arts doivent guérir l'esprit humain du reste des préjugés et de l'immoralité, dont la tyrannie et l'anarchie avaient couvert l'Europe depuis la chûte de l'empire d'occident.

Il ne sera donc point surprenant qu'à l'avenir, les livres écrits avec trop de hardiesse sur les matières de religion, de politique et de morale, deviennent moins nombreux. Hélas! ceux qui existent ne sont déjà que trop multipliés. Je ne prétends point en présenter la liste complète, elle serait effrayante par son étendue; mais j'ai fait un choix des articles qui m'ont paru ou les plus curieux ou les plus propres à donner du dégoût pour ces sortes de productions, dont la plupart ne sont plus guère recherchées par les amateurs, que comme monumens de bibliographie. Cependant il y en a quelques-unes qui tiennent à l'Histoire, et sur lesquelles j'ai recueilli des anecdotes dont j'ai cru devoir enrichir mon travail.

Si j'avais voulu rapporter les ouvrages qui ont mérité d'être supprimés et qui ne l'ont pas été, les presses françaises, bien trop multipliées depuis le commencement de la révolution, m'auraient fourni une ample moisson. On n'a peut-être jamais porté à un tel excès le délire, la frénésie et la licence dans tous les genres. En politique, quoi de plus affreux que certains pamphlets qui ont déshonoré la révolution dès son aurore? quoi de plus incendiaire que ces feuilles périodiques (leur titre ne salira point ces pages), qui provoquaient l'effusion du sang, qui armaient le français contre le français, le fils contre le père, l'ami contre l'ami, et le citoyen contre l'autorité?

En fait d'immoralité, je pourrais présenter un grand nombre de romans licencieux, aussi répugnans par la forme que par le fonds. Il me suffira d'en citer un que la police a fait saisir, et qui renferme tout ce que l'imagination la plus dépravée, la plus cruelle, la plus exécrable peut offrir d'horrible et d'infâme ; c'est de *Justine*, ou *les Malheurs de la Vertu*, dont je veux parler : il y en a deux éditions ; la dernière est la plus affreuse. Un dessinateur et un graveur n'ont pas craint de partager la flétrissure que mérite M. D. S...., auteur d'une telle production, en en relevant la turpitude par une grande quantité de gravures dignes du sujet. Mais ne pénétrons pas plus avant dans les égoûts de la littérature, et laissons-y croupir ces monstruosités licencieuses, auxquelles on ne peut toucher sans qu'il s'en exhale des miasmes pestilentiels.

Quant à la religion, c'est elle surtout qui a été le plus en but aux sarcasmes, aux traits sanglans, à la fureur de ses ennemis. Elle peut compter parmi ses adversaires les plus acharnés dans les derniers temps, M. S. Maréchal, qui faisait ouvertement profession d'athéisme : on lui doit plusieurs ouvrages écrits d'un style virulent et avec une audace dont les athées les plus effrénés n'ont pas approché. On pourra s'en convaincre par une citation que j'ai rapportée, et qui m'a été fournie par la *Bibliothèque*, *française*. S. M..... n'est pas le seul qui ait levé le masque; quelques-uns ont suivi son exemple; mais il en est peu qui se soient prononcés aussi hardiment et aussi clairement. Combien d'autres auteurs ont encore attaqué la religion, soit avec les armes du raisonnement, soit avec le stylet de la plaisanterie aiguisé par des muses impies ! Tous ces vains efforts n'ont abouti qu'à rendre son triomphe plus éclatant.

Vouloir donner un Catalogue raisonné de ces sortes de livres qui n'ont point été condamnés, mais qui ont mérité de l'être, ce serait une entreprise considérable et qui serait utile. Cet ouvrage ferait nécessairement suite à celui que j'offre aujourd'hui au public. J'engage donc quelques bibliographes à s'en occuper ; et si, dans leurs nombreuses recherches, ils trouvaient quelques articles essentiels relatifs à mon travail et qui m'eussent échappés, je les prie de me les communiquer ou de les publier, afin que mon livre, perfectionné par leur secours, ose se présenter avec plus d'assurance aux yeux des personnes instruites qui daigneront l'honorer de quelque bienveillance.

Il me reste à parler des auteurs qui ont traité des livres proscrits ; je n'en connais aucun en France qui se soit occupé particulièrement de ce travail, surtout d'une manière aussi détaillée que j'ai tâché de le faire.

Je lis dans les *Mélanges* de Michaut, que le célèbre Lamonnoye avait fait des recherches sur les livres proscrits et condamnés au feu. L'auteur des *Mélanges* dit qu'il ne sait pas s'il doit regretter ces recherches ; je le crois sincérement ; car un bibliographe aussi érudit que Lamonnoye, ne pouvait donner que des notices très-intéressantes sur ces sortes d'ouvrages. Il y a apparence que le manuscrit de l'illustre académicien de

Dijon aura disparu à sa mort ; et c'est une véritable perte.

Le père Oudin, savant jésuite, avait formé le plan d'un Catalogue raisonné des livres que les protestans ont fait disparaître, soit en les brûlant, soit en employant d'autres moyens de suppression. Cet ouvrage aurait pu être fort bon ; mais il me paraît moins digne de nos regrets que celui de Lamonnoye.

Le père Jules Nigroni, jésuite italien, a fait une Dissertation sur la lecture des livres de galanteries, d'amourettes et d'obscénités.

Sorel, dans son Traité de la connaissance des bons livres, parle de la censure des Fables, des Romans, des Nouvelles *ou* Historiettes libertines et scandaleuses et de leur défense : il parle aussi ailleurs de la comédie et de la condamnation du théâtre.

M. Clavigny de Sainte-Honorine a traité du discernement et de l'usage que le Prince doit faire des livres suspects. *Paris*, 1672, *in*-12.

Jean-Baptiste Nocette, auteur génois, a publié le *Bouclier céleste* contre les libelles diffamatoires.

Je vais suivre l'ordre chronologique dans la liste suivante des ouvrages qui ont rapport à la censure et à la condamnation des livres.

Gabriel Puy-Herbaut (en latin *Pulherbeus*), a publié trois livres sur la condamnation, l'abolition et l'expurgation des mauvais livres. Son Traité a pour titre : *Theotimus de tollendis et expurgandis malis libris*. Parisiis, 1549, *in*-8. On y trouve de bonnes choses; mais l'auteur est trop prolixe; la précision lui manque.

On trouve dans le tome XIII, de la collection des *Œuvres* de Jacques Gretzer, en 17 *vol. in-fol.*, imprimés à Ratisbonne en 1734, une Dissertation *de jure et more prohibendi, expurgandi et abolendi libros hæreticos et noxios, adversùs Fr. Junium et Joannem Pappum, lutheranos.* Le même volume offre, à la page 198 et suivantes : *Epimetron sive auctarium ad opus de libris noxiis prohibendis.* Ces opuscules avaient été imprimés séparément à Ingolstadt en 1603, *in*-4.

Jacques Laurent a opposé à Gretzer une Dissertation dans laquelle il réfute ce que cet auteur a dit de la tolérance des livres des gentils, des juifs, des mahométans et de ceux des catholiques qui se sentent de la faiblesse et de l'ignorance humaine, et ce qu'il avait ajouté pour la proscription des livres des protestans. Son ouvrage a pour titre : *Jacobi Laurentii de libris gentilium, judæorum, turcarum, patrum, pontificiorum tolerandis, protestantium vero prohibendis, opposita Jac. Gretzero.* Amst., 1619, *in-8*.

On doit à Godefroi Louis : *de Scriptis anonymis et pseudonymis in causa religionis à progressu coërcendis, exercitationes Theologicæ. Accedit Sigismundi Evenii Dissertatiuncula*, Halæ, 1616, *in-8*. — Lipsiæ, 1715, *in 8*.

On trouve dans les *Parergæ Gottingenses*, tom. 1, Lib. XIV, pag. 118 – 122 : *Excerpta ex Epistolá Lud. Mart. Kahlii ad Heumannum de editione rarissima indicis librorum prohibitorum et expurgatorum*, Matriti, 1624, *vulgatá*.

Le père Claude Clément, jésuite franc-comtois, dans son *Musæi sive bibliothecæ extructio, instructio, cura, usus, etc.* Lugduni, 1635, *in-4*, pages 389 – 432, parle des livres que l'on doit exclure d'une bibliothèque. Ces livres sont, selon lui, ceux qui traitent de magie ; les livres consacrés à l'impiété et à l'athéisme; les livres des hérétiques; les obscènes; les libelles diffamatoires; les livres des plagiaires; enfin, les livres inutiles. Combien d'ouvrages modernes à rejeter de nos bibliothèques, si on suivait à la lettre les conseils du père Clément !

Michel Piccart a consacré le Chapitre x de la septième décade de ses *Observations historico-politiques*, Norib., 1652, pag. 59 — 65, à un petit Traité intitulé : *Librorum mors ignis*.

Le père Théophile Raynaud a fait un ouvrage estimé, qui est intitulé : *Erotemata de malis ac bonis libris, deque justâ ac injustâ eorumdem confixione*. Lugduni, 1653, *in-*4. Mais on y trouve des choses singulières, comme dans la plupart des livres de ce jésuite. Nous parlons de lui dans le cours de notre ouvrage.

Jean-Michel Bonhoefer a publié *Dissertatio de inspectione librorum*. Witteb., 1676, *in-*4. Il entend par *inspectio*, une espèce d'examen des livres qu'on veut mettre sous presse, pour s'assurer qu'ils ne renferment rien de contraire aux intérêts de l'état; ce qui se rapporte à notre ancienne censure royale.

Daniel Francus, protestant, s'est occupé des *indices* du saint office : il a publié deux ouvrages sur ce sujet. Le premier a pour titre : *Exercitatio histo-*

rico-politica de indicibus papistarum expurgatoriis, sub præsidio Jac. Thomasii habita. Lips., 1666, in-4. Le second est intitulé : *Disquisitio academica de papistarum indicibus librorum prohibitorum et expurgandorum, in quá de numero, auctoribus, occasione contentis, fine damnis et jure indicum illorum disseritur.* Lips., 1684, in-4.

Mathieu de Larroque a parlé des livres défendus dans ses *Adversaria sacra*, Liv. II, Chapitre XLI, pag. 406 — 415. *Lug., Bat.*, 1688, in-8.

Deutschmann a publié une Dissertation historique *de depravationibus librorum potissimum recentioribus.* Wittemb., 1693, in-4.

Colbergius a donné un Traité ayant pour titre : *Disputatio de tolerantiá librorum noxiorum politicá*, 1693, in-4.

André Kunadus a publié : *Dissertatio de officio summorum imperantium circa libros religionem spectantes.* Wittemb., 1695, in-4.

Jean Schmidt a publié : *Dissertationes II de combustione librorum hæreticorum*, Lips. 1696 — 97, in-4. Et Jean-André Schmidt a donné : *Dissertatio de libris et epistolis, cœlo et inferno delatis.* Helmst., 1725, in-4.

Le célèbre Guillaume-Ernest Tentzel a composé

Observatio de indice expurgatorio Romano rarissimo quem Fr.-Joh.-Maria Brasichellanus sacri palatii apostolici magister, primus, et hactenus solus edidit. Cet ouvrage se trouve dans les *Observationes Halenses*, 1700 — 1705, tom. 3, pages 133 — 141. Et on a inséré dans le tom. 4, p. 71 — 94, et dans le tom. 5, pag. 314 — 346, des *specimina indicis expurgatorii*, du même auteur.

Sanden a donné un *Exercitatio Theologica de indicibus librorum prohibitoriis et expurgatoriis apud pontificios, respondente et auctore Joanne Ludolpho Lokk.* Regiom., 1702, *in-4*.

Paganinus Gaudentius a publié : *Obstetrix litteraria, sive de componendis et evulgandis libris Dissertationes, editæ accurrante Georg. Nic. Kriegk.* Ienæ, 1704, *in-12*. La première édition est de Florence, 1638, *in-4*. La ouzième Dissertation de cet ouvrage a rapport à la suppression des livres ineptes et impertinens.

L'abbé Jacques Boileau a donné un petit Traité *de Librorum circa res theologicas approbatione.* Antverpiæ, 1708, *in-12*.

Ortlob est auteur d'une *Dissertatio philologica de Ephesiorum libris curiosis combustis*, ad Act. XIX. Lips., 1708, *in-4*.

Schrammius a publié une Thèse sous le titre de

Disputatio academica de librorum prohibitorum indicibus, horumque utilitate et abusu, auct. et resp. Wilh. Frid. Walthero. Helmst., 1708, *in-*4.

André Westphal est auteur de deux Epîtres ayant pour titre : *Epistola I.ª ad Fratrem, quá libri publica auctoritate combusti recensentur.* Sedini, 1709, *in-*8. La seconde Epître est de 1710, *in-*8. On les trouve l'une et l'autre imprimées en tête du second volume de la *Bibliotheca librorum rariorum* de Bauer, 1771, *6 vol. in-*8. Westphal a encore donné : *Centuria librorum publica auctoritate combustorum*, 1713, *in-*4.

Jean-Christ. Wendler a mis au jour : *de Libris à pontificiis suppressis et corruptis schediasma.* Ienæ, 1714, *in-*4.

Jean Herman d'Elswich a publié : *Disquisitio historica de formula concordiæ, num in Daniá sit combusta.* Viteb., 1716, *in-*4.

Schelhorn a plusieurs fois parlé de la condamnation des livres dans ses *Amœnitates litterariæ quibus variæ observationes, scripta item quædam anecdota et rariora opuscula exhibentur,* t. 1 — XVI. Francof. et Lips., apud Dan. Bartholomæi, 1725 — 1731, *7 vol. in-*8. Dans le tome VII, on trouve : *Dissertatio historico-litteraria de libris combustis,* pag. 75 — 172, et pag. 295. Dans le tome VIII, on trouve : *Schediasma historico-litterarium de variis pœnis in libros statutis*, pag. 338 — 390. Dans le même tome, pag. 463 — 510, il y a une Dissertation *de libris publicâ auctoritate combustis*. Une seconde Dissertation sur le même sujet dans le tome IX, pag. 651 — 751 ; et dans le même tome, pag. 752 — 778 : *Analecta ad Dissertationem de libris combustis*.

Just.-Henn. Boehmer, célèbre jurisconsulte, est auteur d'un Traité intitulé : *Dissertatio juridica de jure circa libros improbatæ lectionis*. Magdeb., 1726, *in* 4.

Daniel Maichelius a donné, dans ses *Lucubrationes Lambetanæ*, Tubingæ, 1729, *in*-8, *Observatio de indice expurgatorio per Fr. Junium in lucem protracto*. Voyez les pag. 100 à 111.

Schoettgenius a publié plusieurs ouvrages sur les livres défendus : ses *Commentationes de indicibus librorum prohibitorum et expurgandorum, eorumque nævis variis*, ont paru à Dresde, le premier Livre en 1732, et les 3.ᵉ et 4.ᵉ en 1733, *in*-4. Son *Commentatio de nævis litterariis indicum prohibitoriorum et expurgatoriorum*, a paru à Dresde en 1733, *in*-4. Celui *de Nævis politicis* a vu le jour à Dresde en 1735, *in*-4 ; et son *Tractatio de expurgatione pontificia librorum Rabbinicorum*, se trouve dans ses *Horæ hebraicæ*, Cap.

x — xvii, *Lectionum rabbinicarum*, tome ii, pag. 824—882.

Jean-Godefroi Schaumbourg a fait un Traité *de Incensione librorum juris antiquorum, Justiniano et Triboniano afficta, programma.* Rintelii, 1734, *in* 4.

Jac. Lauffer a inséré *Dissertatio litteraria contra malorum librorum abundantiam eorumque auctores*, dans le *Tempe Helvetica*, tome i, sect. i, pag. 26—47. Tiguri, 1735, *in* 8.

Le *Saggio dell' Istoria dell' indice romano de' libri proibiti*, se trouve dans la *Biblioteca volante, scanzia* xxiii, *di Gilasco Eutelideuse, Pastore Arcade*, Roma, 1739, *in* 8, pag. 112—136.

On a publié à Dresde, en 1743 : *Thesaurus bibliographicus ex indicibus librorum prohibitorum et expurgatorum Romanis, Hispanicis, Belgicis, Bohemicis, etc., congestus; Opera consortii theologici Dresdensis, pensum* i — iii, *in* 4.

Nicolas-Ernest Zobel a composé une *Notitia indicis librorum expurgandorum, editi per Fr. Joh.-Mariam Brasichellen sacri palatii ap. magistrum, quæ et introductionis loco in Historiam indicum prohibitoriorum esse queat*, 1745, *in* 8.

Jo.-Christ. Klotz est auteur d'une Dissertation *de Libris auctoribus suis fatalibus*. Lipsiæ, 1761, *in* 8.

Dans les *Mémoires pour servir à l'Histoire de la vie et des ouvrages de Lenglet Dufresnoy, par G. P.* (J. B. Michaut, de Dijon,) 1761, *in-*12, l'auteur donne (page 160), une note sur une édition d'une *Vie de Spinosa*, qui a paru à Hambourg, chez *Henri Kunrath*, en 1735, *in-*12. Cette *Vie*, attribuée à Lucas, médecin à la Haye, est plutôt un éloge de Spinosa et une apologie de son système, qu'une histoire impartiale de cet homme célèbre. Je la cite, parce qu'on y trouve, dit M. Michaut, un recueil très-remarquable des auteurs et des ouvrages condamnés au feu ou qui ont mérité de l'être. J'ai tâché, mais en vain, de me procurer ce volume, qui, m'épargnant bien des recherches et me garantissant peut-être de quelques omissions inséparables d'un travail aussi étendu, m'aurait été d'un grand secours. Au reste, je n'en parle que d'après ce qu'en dit M. Michaut. Il annonce que cette *Vie de Spinosa* n'est qu'une réimpression de celle qui est en tête de la *Réfutation des erreurs* de cet athée, par Fénélon, Lami et Boullainvilliers, volume *in-*12, dont je parle dans le cours de mon ouvrage, et qui a été publié en 1731, par l'abbé Lenglet Dufresnoy. Cependant, il faut dire que cette réimpression de 1735 n'est pas tout à fait conforme à l'édition de 1731; elle est augmentée de quelques notes, du catalogue des écrits de Spinosa et du recueil des auteurs et des ouvrages condamnés au xxxviij

feu ; tandis qu'on n'y a pas inséré les particularités malignes et injurieuses que l'abbé Lenglet Dufresnoy avait ajoutées à la première édition de 1731. On sait que cette *Vie*, composée par Jean Colerus, a été augmentée, par cet abbé, de beaucoup de particularités tirées d'une Vie manuscrite de Spinosa, faite par un de ses amis : je pense que cet ami est le docteur Lucas dont nous avons parlé, et dont les opinions coïncidaient parfaitement avec celles du philosophe en question. Je ne m'étendrai pas davantage sur les ouvrages qui ont été faits à l'occasion de ce célèbre athée ; je me réserve d'en parler à l'article que je lui consacre, à juste titre, dans mon ouvrage. Il ne me sera pas difficile de démontrer que Lenglet Dufresnoy, en publiant sa compilation connue sous le titre de *Réfutation des erreurs, etc.*, a moins eu en vue la véritable réfutation du spinosisme, que l'exposition de ce dangereux système sous un jour favorable. Aussi cet ouvrage a-t-il été supprimé, malgré les noms respectables qui figurent en tête de quelques articles de ce Recueil.

Tels sont les ouvrages sur les livres défendus qui sont parvenus à notre connaissance. Nous nous sommes contentés d'en donner simplement la liste sans la raisonner, parce que cela nous aurait entraînés au-delà des bornes que nous nous sommes prescrites pour notre Discours préliminaire. Quant aux livres français qui ont été condamnés, il est une source abondante où l'on peut puiser des détails sur les motifs de leur condamnation ; ce sont les registres des greffes criminels des parlemens, surtout du parlement de Paris. On y trouverait, sans doute, les réquisitoires qui ont provoqué ces condamnations. Mais il y aurait un choix à faire; car tous les livres proscrits n'offrent pas le même intérêt. Nous avons tâché de nous fixer sur ceux qui sont les plus curieux, soit sous le rapport bibliographique, soit par la matière dont ils traitent, soit par le bruit qu'a occasionné leur publication. Puisse notre travail être accueilli favorablement des personnes éclairées et impartiales, qui, tout en aimant les livres curieux, condamnent, à juste titre, les principes dangereux qu'ils peuvent renfermer. C'est à leur suffrage seul que tout écrivain doit attacher un véritable prix.

LE BUCHER BIBLIOGRAPHIQUE.

ABEILARD. PETRI ABAELARDI et HELOISÆ conjugis ejus, opera cum præfatione apologetica Franc. Amboësii, et Censura doctorum parisiensium; ex editione Andreæ Quercetani (André Duchesne). *Parisiis, Buon, 1616, in-4.*

On sait que le *Traité de la Trinité* de ce célèbre auteur a été condamné au concile de Soissons vers 1121, et qu'il l'a été de nouveau à celui de Sens en 1140. Le pape Innocent II, en ratifiant tout ce que le concile de Sens avait fait, ordonna que les livres d'Abeilard fussent brûlés, et que leur auteur fût enfermé, avec défense d'enseigner. C'est saint Bernard qui poursuivit avec chaleur cette condamnation : il écrivit au pape : « qu'Abeilard et Arnaud de Bresse (1) avaient fait un complot secret contre J. C.

---

(1) Ce disciple d'Abeilard soutenait que les évêques et les moines ne devaient point posséder de terres ; que ceux qui en possédaient étaient damnés ; que les biens de l'église appartenaient aux princes. Innocent II, qui se croyait le maître de tous les biens du clergé, condamna Arnaud de Bresse dans le concile général de Latran en 1139. Ce pape dit

« et contre son église. Il dit qu'Abeilard est un dragon
« infernal qui persécute l'église d'une manière d'autant
« plus dangereuse, qu'elle est plus cachée et plus secrète ;
« il en veut à l'innocence des ames.... Arius, Pélage
« et Nestorius ne sont pas aussi dangereux, puisqu'il réunit
« tous ces monstres dans sa personne, comme sa conduite
« et ses livres le font connaître : il est le persécuteur
« de la foi et le précurseur de l'Antechrist. » Telles sont
les expressions de l'abbé de Clairvaux. Il paraît qu'il y
a plus de zèle que de charité, et peut-être plus d'animosité
que de vérité dans ce portrait peu flatté d'Abeilard. C'est
ainsi qu'en jugeront ceux qui ont lu ses ouvrages et sa vie ;
l'histoire de ses malheurs en amour et de ses succès à l'école
est trop connue, pour que j'en trace ici les détails. Il suffit
de dire que, né près de Nantes en 1079, il est mort à Saint-
Marcel près de Châlons-sur-Saône en 1142 ; Héloïse n'est
morte qu'en 1163. Voici quelles sont les erreurs que l'on
reproche à Abeilard. « 1.º Il y a des degrés dans la Trinité ;
le Père est une pleine puissance, le Fils est quelque puissance. 2.º Le Saint-Esprit procède bien du Père et du Fils,
mais il n'est pas de la substance du Père ni de celle du
Fils. 3.º Le Diable n'a jamais aucun pouvoir sur l'homme,
et le Fils de Dieu ne s'est pas incarné pour nous délivrer, mais seulement pour nous instruire par ses discours

---

à l'ouverture de ce concile, qu'on recevait les dignités ecclésiastiques
par la permission du pontife romain, comme par droit de fief, et qu'on
ne pouvait les posséder légitimement sans sa permission. Arnaud de
Bresse, après plusieurs événemens importans sous les papes Innocent
II, Eugène III et Adrien IV, fut arrêté, conduit à Rome, attaché à un
poteau et brûlé vif en 1155, ses cendres jetées dans le Tibre, crainte
que ses sectateurs n'en fissent des reliques. Saint Bernard le peignait
comme un homme à tête de colombe et à queue de scorpion.

et par ses exemples ; il n'a souffert et n'est mort que pour faire paraitre sa charité envers nous. 4.° Le Saint-Esprit est l'ame du monde. 5.° Jésus-Christ, Dieu et homme, n'est pas la troisième personne de la Trinité, et l'homme ne doit pas être appelé proprement Dieu. 6." Nous pouvons vouloir ou faire le bien par le libre arbitre sans le secours de la grâce. 7.° Dans le sacrement de l'autel, la forme de la première substance demeure. 8.° On ne tire pas d'Adam la coulpe du péché originel, mais la peine. 9.° Il n'y a point de péché sans que le pécheur y consente et sans qu'il méprise Dieu. 10.° Les suggestions diaboliques, la delectation et l'ignorance ne produisent aucun péché. 11.° Les suggestions diaboliques se font dans les hommes d'une manière physique; savoir, par l'attouchement des pierres, des herbes et des autres choses dont les démons savent la vertu. 12.° La foi est l'estimation et le jugement qu'on fait des choses qu'on ne voit pas. 13.° Dieu ne peut faire que ce qu'il a fait et ce qu'il fera. 14.° Jésus-Christ n'est pas descendu aux enfers, etc. » L'édition la plus recherchée des Lettres d'Abeilard est celle-ci : *P. Abælardi et Heloisæ conjugis ejus Epistolæ, ab erroribus purgatæ et cum codd. MSS. collatæ curâ Ricardi Rawlinson. Londini*, 1718, *in-8.*

ACUNA. Nuevo descubrimiento del gran Rio de las Amazonas, por el Padre Christoval de Acuna. *En Madrid, en la emprenta real,* 1641, *petit in-4.*

Cet ouvrage est très-rare depuis la suppression exacte qu'en fit faire la cour d'Espagne, lors des révolutions de Portugal, qui firent perdre aux Espagnols tout le Bresil et la Colonie de Para, à l'embouchure de la rivière des Amazones, parce qu'on craignit que cette Relation, ne pouvant plus servir aux Espagnols, ne devint alors très-utile aux Portugais pour s'avancer dans le pays. Gomberville en a donné une traduction française, *Paris*, 1682, 4 *vol.* in-12, avec une dissertation curieuse. On connaît trois ou quatre exemplaires, tout au plus, de l'édition originale. Christophe d'Acuna, né en 1597 à Burgos, a été reçu jésuite en 1612; j'ignore l'époque de sa mort.

AGREDA. La Cité mystique de Dieu, miracle de sa toute puissance, abyme de la grâce de Dieu. Histoire divine et de la vie de la très-Sainte Vierge Marie, mère de Dieu, manifestée dans ces derniers siècles par la Sainte Vierge à la sœur Marie-de-Jésus, abbesse du couvent de l'Immaculée Conception de la ville d'Agreda, (*en espagnol*).

Ce recueil de rêveries avait été commencé par Marie d'Agreda en 1637 : elle prétendait que, pendant les dix premières années qu'elle avait été abbesse, elle avait reçu plusieurs fois du ciel l'ordre exprès d'écrire la vie de la Sainte Vierge ; mais un ecclésiastique raisonnable, qui la dirigeait pendant l'absence de son confesseur ordinaire, lui ordonna de jeter au feu cet essai mystique. Son directeur étant de retour, le lui fit recommencer : elle l'écrivit entièrement de sa main, lui donna le titre sous lequel nous l'annonçons, et y ajouta une attestation que tout ce qui y était contenu lui avait été révélé, et qu'elle avait reçu de nouvelles lumières depuis qu'elle l'avait recommencé. La lecture en fut cependant défendue à Rome, en Portugal et en Allemagne. Le père Crozet, récollet de Marseille, en ayant publié la première partie en français, la Sorbonne la censura très-vivement l'an 1696, quoiqu'elle eût été approuvée en Espagne.

Croirait-on que Castel-dos-Rios, ambassadeur d'Espagne en France, en 1699, avait dans ses instructions de faire révoquer le décret de Sorbonne qui condamnait le livre de Marie d'Agreda, et de faire établir en France le dogme de l'*Immaculée Conception*? Il n'y réussit pas (1). La traduction complète du franciscain Thomas Crozet parut sous le titre suivant : *La Cité mystique de Dieu, ou Histoire de la très-Sainte Vierge, par sœur Marie de la ville d'Agreda, traduite de l'espagnol par Th. Crozet.* Bruxelles, 1715, 3 vol. in-4., ou 8 vol. *in-12*.

ALEXANDRE. Natalis Alexandri Historia ecclesiastica veteris et Novi Testamenti cum Dissertationibus historico-chronologicis et criticis. *Parisiis, Dezallier,* 1669, *seu* 1714, 8 tom. en 7 vol *in-fol.*

Cette Histoire a été condamnée sous Innocent XI par un décret de l'inquisition, en 1684, avant qu'elle fût terminée (l'auteur n'en était encore qu'au XIII.ᵉ siècle). Il con-

---

(1) Je citerai, à l'occasion de l'*Immaculée Conception*, le fameux Traité de Vincent Bandello, intitulé *Tractatus de singulari puritate et prerogativâ conceptionis salvatoris D. N. J. C. Bononiœ, per Ugonem de Rugeriis,* anno 1481, in-4. C'est le premier ouvrage imprimé dans lequel l'Immaculée Conception de la sainte Vierge ait été attaquée. L'auteur y rapporte les passages de deux cent soixante écrivains, pour prouver que Marie a été conçue dans le péché. Cet ouvrage a fait beaucoup de bruit dans l'église, et les exemplaires en sont très-rares. On l'a réimprimé format in-12. Ce sujet me rappelle encore un cordelier nommé Pierre d'Alva, qui a composé quarante-huit gros volumes *in-fol.*, tant sur la Conception de la Vierge, que sur les priviléges de son ordre.

tinua dès-lors son ouvrage avec des principes peu favorables à la cour de Rome. On lit cependant avec plaisir ses réponses sages et modestes aux censures des inquisiteurs. La réimpression de cette Histoire, *Lucques*, 1734, en 9 vol. *in-fol.*, avec quelques remarques particulières, est peu recherchée, parce qu'elle manque d'exactitude. L'édition en 26 vol. *in-8* est assez bonne. Le père Noël Alexandre, né à Rouen le 10 janvier 1639, est mort à Paris le 21 août 1724. Il était de l'ordre des dominicains. Il fut exilé, en 1724, à Chatelleraut, pour avoir souscrit au fameux *Cas de conscience* (1). Sa rétractation le fit rappeler.

ALMANACH. Almanach du Diable, contenant des prédictions très-curieuses pour les années 1737 et 1738. *Aux Enfers.* 1 vol. *in-24.*

Cet Almanach, dit le Dictionnaire bibliographique, fit une si grande sensation à Paris, aussitôt qu'il parut, par les vérités hardies et frappantes qu'il découvrait dans ses prédictions, que le gouvernement le fit supprimer; les exemplaires furent saisis avec le plus grand soin : delà sa rareté. Cependant il a été contrefait; mais cette contrefaction n'a eu qu'un médiocre succès. Ordinairement on ajoute aux exemplaires une clef manuscrite qui fait connaître les véritables noms des personnages qui jouent un rôle dans cette production satyrique. Ne serait-ce pas un nommé Quesnel, fils d'un quincaillier de Dijon, qui serait auteur de cet ouvrage? On lui a aussi attribué *les Princesses malabares.*

―――――――――

(1) Voyez l'*Histoire du fameux Cas de conscience signé par quarante docteurs de Sorbonne*, (et donnée par Pasquier, Quesnel et Jacques Fouilloux). *Nancy, Nicolay*, (Hollande) 1705, 8 vol. *in-12.*

ALMANACH. Almanach de Dieu, dédié à M. Carré de Montgeron, pour l'année 1738. *Au Ciel.* Petit vol. *in*-12.

Cette satyre, qui a rapport au jansénisme, et qui est dirigée contre les jésuites, a été supprimée dans tout le royaume.

ANECDOTES. Anecdotes généalogiques et secrètes de la Cour et de la Ville. 1735, 3 vol. *in*-12.

Cet ouvrage a été supprimé par ordre de la cour, parce qu'il renfermait mille traits satyriques contre les personnages les plus importans de la cour et de la ville.

APOLOGIA. Apologia pro Nepote ejusque Chiliasmo contra J. G. Schupartum. *Anno* 1724, *in*-4.

Cet ouvrage a été supprimé, et on a défendu d'en vendre aucun exemplaire. Je ne connais cette apologie et la précédente, que par ce qu'en dit Wogt dans son *Catalogus librorum rariorum*, 4.ᵉ édition, page 40.

APOLOGIE. Apologia Montmulthiana, (auctore Roberto de Fergason).

Cet écrit, fait en faveur du duc de Montmouth, fils naturel de Charles II, lorsqu'il prit les armes contre Jacques II, a été supprimé par autorité supérieure.

AQUAVIVA. Ratio atque institutio studiorum Societatis Jesu. *Romæ, in Collegio ejusdem Societatis, anno* 1583, in-8.

Cette fameuse ordonnance a été composée par Claude

Aquaviva, général de la Société des jésuites, ou du moins par son ordre et sous son généralat. Ce livre est devenu excessivement rare, parce que, dénoncé comme hérétique à l'inquisition, par l'ordre entier des dominicains, il a été condamné comme tel par ce tribunal. Le roi d'Espagne en a aussi poursuivi la condamnation à Rome ; et Sixto V le condamna et défendit aux jésuites d'en faire aucun usage ni public ni particulier. Ce volume, qui renferme 354 pages, a été imprimé dans l'espace de neuf mois ; on l'a entrepris pour régler les études dans les différentes maisons de la Société. La raison de sa suppression provient de ce que, dans un article de l'ouvrage intitulé : *De opinionum delectu in theologica facultate*, (du choix des opinions dans l'exercice des thèses) on y recommandait de suivre S. Thomas, à l'exception de plusieurs points. Par exemple, il y est dit : « Nous ne sommes pas obligés de » croire, avec S. Thomas, que les causes secondes, lors- » qu'elles agissent, ont Dieu pour cause influente et mo- » trice, etc. » Ce chapitre a été retranché dans toutes les éditions postérieures, quoique les jésuites aient eu grande envie de le rétablir, comme on le voit dans la préface de la seconde édition de cet ouvrage qu'ils firent imprimer à Rome en 1591, où ils disent qu'ils espèrent le donner par la suite, (*mittenda tamen propediem speratur*). On ne connaît que cinq à six exemplaires de cette édition non mutilée. Celle de 1591, quoique mutilée, est encore fort recherchée, à cause de la préface.

ARÉTIN. La Corona de i cazzi, *cioè*, sonetti lussuriosi del Pietro Aretino. *Stamp. senza Luogo ne anno*, in-16.

Production infâme, qui n'est malheureusement que trop

connue : elle renferme les fameux sonnets de l'Arétin, avec les dessins de Jules Romain, gravés par Marc-Antoine de Boulogne. Le pape Clément VII fit arrêter ce graveur, n'ayant pu faire prendre le dessinateur qui s'était enfui; et Marc-Antoine n'aurait peut-être pas échappé à la punition qu'il méritait, s'il ne se fût sauvé de prison. Cet ouvrage a occasionné beaucoup de dissertations particulières qui ne jètent aucun jour sur l'édition originale, parce que l'on n'en parle que par tradition, et personne ne l'a vue; cependant il est certain qu'elle a existé. « Les uns, dit Debure, prétendent que ce livret n'est autre chose qu'un recueil de seize figures gravées sur les dessins de Jules Romain par Marc-Antoine, au bas de chacune desquelles se trouve un sonnet de l'Arétin, le tout exécuté dans un *format petit in-12*; les autres, au contraire, soutiennent que ces figures ont été gravées (en plus grand nombre) par les Carraches sur les mêmes dessins de Jules Romain, dans un format beaucoup plus grand, sans aucun sonnet ni explications quelconques. » Ce qu'il y a de certain, c'est qu'il existe une lettre de l'Arétin, écrite le 29 novembre 1527, à César Fregose, pour lui mander qu'il lui envoie *il Libro de' sonetti et de le figure lussuriose*, que le même Arétin, dans une autre lettre adressée à Baptista Zati, met au nombre de seize sonnets. Quelques-uns prétendent qu'il y en a jusqu'à quarante, d'autres vingt; mais le plus grand nombre les fixe à seize. Ces seize *postures* ont été gravées en 1525. Les sonnets ne sont pas le seul ouvrage que Pierre Arétin ait publié dans cet abominable genre. On connait encore ses *Ragionamenti*, dont les éditions les plus rares sont celles-ci : *Dialogo della Nanna e della Antonia fatto in Roma sotto una ficaia; composto dal divino Pietro Aretino per suo capricio a corretione de i tre stati delle donne. Stampato l'anno* 1534, in-8. C'est la première partie des *Ragionamenti*, qui est divisée en trois journées. Elle a encore été publiée sous ce titre : *Opera nuova, la quale scopre le astucie delle cortegiane, Dialogo tra Nana e Antonia. In Napoli*, 1535, *in*-8. La seconde partie des *Ragionamenti* a pour titre : *Dialogo di M. Pietro Aretino nel quale la Nana insegna a la pippa a esser puttana: e ché Raggionannano de la Ruffiana. In Turino*, 1536, *in*-8. Et la troisième est intitulée : *Raggionamento nel quale figura quattro suoi amici, che Favellano delle corti, del mondo, e di quella del cielo. In Novara*, l'anno 1538, *in*-8. On ajoute encore aux trois parties précédentes le *Dialogo nel quale si parla del gioco con moralita piacevole. In Vinegia*, 1545, *in*-8. On croit que la *Puttana errante* (*Vinegia*, 1531), *in*-12, est d'Arétin ; d'autres l'attribuent à Maffeo Veniero, ou Lorenzo Veniero. L'Arétin a encore d'autres ouvrages excessivement licencieux. « Tout ce que la lubricité la plus raffinée, dit le *Dictionnaire historique*, peut inventer de plus abominable, se trouve dans ces infâmes ouvrages. Les turpitudes de la dépravation la plus outrée y sont dévoilées avec une impudence qui révolte (dans ses seize postures), et contre le peintre et contre le poëte. Croirait-on que cet homme corrompu écrivait en même temps la *Vie de Sainte Catherine de Sienne*. Passant du profane au sacré, avec la même facilité qu'il passait de la médisance à l'adulation : il mourut en 1556 à l'âge de soixante-six ans ».

ARLOTTO. Histoire de la tyrannie et des excès dont se rendirent coupables les Habitans de Padoue dans la guerre qu'ils eurent avec ceux de Vicence. Par Arlotto, notaire à Vicence. *Ouvrage dont on ne connaît que le titre.*

On ne connait peut-être pas un seul livre qui ait été

supprimé avec autant de soin que cette Histoire. L'auteur n'a pu en sauver ni en retrouver une seule copie, long-temps après sa suppression. Arlotto avait été témoin, vers la fin du 13.ᵉ siècle, des guerres civiles de son pays et de tous les malheurs qu'elles occasionnaient. Il les peignit dans une Histoire dirigée contre les Padouans qui atta-quaient Vicence. Les Padouans, restés vainqueurs, con-damnèrent au bannissement Arlotto, confisquèrent tous ses biens, et prononcèrent la peine de mort contre qui-conque lirait, garderait chez soi ou traduirait son ouvrage. Chacun s'empressa de le brûler ; et lorsque Vicence eut secoué le joug de Padoue, Arlotto, rétabli dans sa for-tune, fit en vain rechercher un exemplaire de son livre pour le publier de nouveau.

AUBERY. Mémoires pour servir à l'Histoire de Hollande et des autres Provinces-unies, où l'on verra les véritables causes des divisions qui sont, depuis soixante ans, dans cette Répu-blique, et qui la menacent de ruine. (Par Louis Aubery, chevalier, seigneur du Maurier). *Paris, Jean Villette,* 1680, *in-12 de* 383 *pages.*

Cet ouvrage renferme des particularités qui l'ont fait proscrire dans la Belgique. Cependant on l'a souvent réim-primé. *Paris*, 1688, *in-8*; *Paris*, 1712, *in-8*, etc. C'est ce même Aubery qui a fait, ou du moins à qui l'on attri-bue l'*Histoire de l'exécution de Cabrières, de Mérindol, et autres lieux de Provence, depuis* 1551 *jusqu'en* 1555. Paris, 1645, *in-4*. Cette édition est préférable à celle de 1556, parce qu'elle est plus ample et renferme beaucoup de pièces particulières relatives à cet horrible événement, dont nous allons donner une idée en peu de mots. En 1540, les habitans de Mérindol et de Cabrières, petites villes de Provence, furent accusés d'avoir embrassé l'hérésie des Vaudois (1). Ayant été appelés au parlement d'Aix à la requête du procureur-général, ils ne parurent pas, et on rendit contre eux un arrêt que l'on peut regarder comme la monstruosité la plus atroce que l'on peut imaginer. Il porte : *Que les pères de famille seront brûlés vifs, leurs biens, femmes et enfans confisqués ; les maisons de Mérindol où ils s'étaient retirés, rasées ; et les lieux souterrains des environs qui avaient servi de retraite à plusieurs d'entre eux, bouchés ; la forêt voisine abattue, et les arbres de leurs jardins arrachés, avec défense à tous de prendre à ferme et loyer les terres de ceux qui seraient de la race ou du nom des accusés.* L'exécution de cet affreux arrêt fut confiée aux juges ordinaires d'Aix, de Tournes, de Saint-Maximin et d'Apt ; mais elle fut différée par Barthelemi Chasseneux, célèbre jurisconsulte, président alors le parlement. Après la mort de ce magistrat, on réveilla l'exécution de l'arrêt en question, et on en chargea de Lafons, de Tributiis, Badet et Guerrin ; le président d'Oppède se joignit à eux. Ils exercèrent des cruautés inouies : le sang ruissela de tout côté ; les bûchers furent allumés de toutes parts ; et la barbarie de ces bourreaux alla plus loin encore que celle des monstres qui avaient rendu l'exécrable arrêt que nous venons de rapporter. Craignant d'être recherchés, ces féroces exécuteurs résolurent de demander au roi des lettres d'approbation. L'affaire fut renvoyée au parlement

---

(1) Ce nom leur vient de Pierre Valdo, lyonnais, auteur de leur secte dès 1170, comme on peut le voir dans le 6e. livre de l'*Histoire* de M. de Thou : il y donne l'origine et les progrès de cette hérésie.

de Paris. L'avocat général Guerin fut condamné à mort, et le président d'Oppède fut absous ; mais il finit misérablement ses jours. Après de pareils événemens, et tant d'autres du même genre que l'Histoire nous fournit, que l'on vienne nous dire que nos ancêtres valaient mieux que nous ! Louis Aubery, sieur du Maurier, est mort en 1687. Il y a un Antoine Aubery qui a composé un *Traité des justes prétentions du roi de France sur l'empire*, 1667, in-4, qui l'a fait mettre à la Bastille, parce que les princes d'Allemagne croyaient que les idées de cet auteur étaient celles de Louis XIV. Antoine Aubery est mort en 1685.

AUBIGNÉ. Histoire universelle du sieur d'Aubigné, qui s'étend depuis la paix faite entre tous les princes chrétiens en l'an 1550 jusqu'en 1601. *Maillé* (Saint-Jean-d'Angely). *Moussat*, 1616, 1618 et 1620, 3 *vol. in-fol.*

A peine cet ouvrage parut, qu'il fut condamné et brûlé en exécution de la sentence du prévôt de Paris, et par arrêt du parlement, le 4 janvier 1617, à cause des traits vifs et satyriques qu'il renferme contre les rois Charles IX, Henri III et Henri IV, les reines, les princes et les princesses de ce temps : Henri III surtout y est on ne peut pas plus maltraité. On y raconte, sur son caractère et sur ses mœurs, mille particularités curieuses, mais qui ne sont nullement en son honneur. Le style de cet auteur n'est point châtié ; il se permet des jeux de mots qui sont d'une trivialité bien déplacée dans un pareil ouvrage. En voici un exemple pris entre mille autres : *on est venu des ergots aux fagots, puis des argumens aux armemens.* Cette première édition vaut beaucoup mieux que la seconde de

1626, parce qu'on a supprimé dans celle-ci tous les passages qui pouvaient déplaire à ceux qui en étaient l'objet. Mais, comme cette dernière édition contient plusieurs augmentations, il est bon d'avoir l'une et l'autre. Théodore-Agrippa d'Aubigné, né en 1550, est mort à Genève en 1630.

AUBIGNÉ. Les Tragiques, ci-devant donnés au public par ce larcin de Prométhée, et depuis avoués et enrichis par le sieur d'Aubigné, divisés en sept livres, intitulés: *Les Misères; Princes; Chambre dorée; les Feux; les Vers; Vengeances; Jugement,* 1616, in-8 ou in-4.

Ce livre a été brûlé, parce qu'il a rapport aux funestes événemens arrivés sous Henri III et Henri IV pour cause de religion. Les *Petites Œuvres mêlées du sieur d'Aubigné en prose et en vers*, à Genève, 1630, in-8, sont aussi fort rares. Je ne parle pas ici de son *Baron de Fœneste*.

AUDOUL. Traité de l'origine de la Régale, et des causes de son établissement, par Audoul, 1708, *in 4*.

Cet ouvrage est rare; mais il doit sa célébrité à la censure qu'il a encourue par bref de Clément XI en 1710. L'auteur combat avec vigueur, dans ce livre, Bellarmin et Baronius.

AUDRA. Abrégé d'Histoire générale, par l'abbé Audra. *Toulouse, 1770. Le premier volume seulement.*

Aussitôt que ce premier volume parut, M. de Brienne, archevêque de Toulouse, condamna cet ouvrage que l'auteur, professeur d'Histoire au collége de Toulouse, avait composé pour ses élèves ; et il le condamna comme rempli de maximes philosophiques et erronées, ce qui fit perdre à l'abbé Audra sa place et même la vie, à cause du vif chagrin qu'il en ressentit ; il eut un transport au cerveau qui l'emporta en vingt-quatre heures, le 17 septembre 1770. Sa mort causa un vif chagrin à Voltaire, qui en versa des larmes. Il avait écrit peu avant à l'abbé Audra : « Dalembert est bien content de votre Abrégé sur l'Histoire générale ; quelques fanatiques n'en sont pas si contens ; mais c'est qu'ils n'ont ni esprit ni mœurs..... A l'égard de votre sage hardiesse, vous n'avez donc rien à craindre ; il n'y a pas un mot dans votre écrit sur lequel on puisse vous inquiéter. On sera fâché, mais comme les plaideurs qui ont perdu leurs procès. Vous avez d'ailleurs un archevêque qui pense comme vous, qui est prudent comme vous, et qui sera bientôt de l'académie ». Cet archevêque n'a pas tout-à-fait répondu aux intentions de Voltaire ; et le fragment que nous venons d'en citer, prouve que l'Histoire générale d'Audra, était écrite avec une certaine liberté que l'autorité a regardée comme répréhensible. L'abbé Audra avait fait des démarches très-actives pour faire reconnaître l'innocence de Sirven ; c'est ce qui lui avait attiré l'amitié de Voltaire : aussi Voltaire lui écrivait-il : « Vous avez dû recevoir le *factum* des dix-sept avocats du parlement de Paris, en faveur de Sirven (1) : il est très-bien fait ; mais Sirven vous devra plus qu'aux dix-sept

---

(1) En 1761, Paul Sirven, commissaire à terrier, du pays de Castres, et de la religion protestante, eut le malheur de perdre une de ses filles qui se noya dans un puits auprès de Mazarmet. On accusa ce père infortuné de l'avoir lui-même fait périr ; parce qu'elle voulait se faire catholique. Il fut en conséquence condamné à mort, ainsi que son épouse ;

avocats, et vous aurez fait une action digne de la philosophie et de vous. » Joseph Audra était né à Lyon en 1714.

AUSTRIACA. Austriaca austeritas in Regno Hungariæ, cum appendice. *Venetiis*, 1671, *in-4*.

Cet ouvrage est très-rare, ayant été supprimé aussitôt qu'il a paru. On l'attribue à l'un des officiers du fameux comte de Tekeli, qui avait été couronné, dit-on, roi de Hongrie, par ordre de Mahomet IV.

BAIUS. Michælis Baii Opera. *Coloniæ*, 1696, *in-4*.

Parmi les Œuvres de *Baïus*, il se trouve des *Opuscules* qui ont été condamnés, parce qu'il semblait que l'auteur y faisait revivre divers points de la doctrine de Calvin. Il prétendit mettre à couvert ses opinions, en citant souvent S. Augustin; mais on les dénonça à l'inquisiteur de Louvain qui défendit de les enseigner, et à la Sorbonne qui les censura en 1560. Pie V en condamna soixante-seize

---

ses deux filles furent bannies et tous ses biens confisqués; mais heureusement cette famille si malheureuse avait pris la fuite; et en cela elle fut moins à plaindre que les Calas, qui, pour un fait à peu près semblable, furent dans le même temps, non-seulement proscrits, mais eurent la douleur de voir le chef de leur famille expier sur la roue un crime imaginaire, le 9 mars 1762. La veuve et les enfans de cet infortuné vieillard demandèrent la révision du procès (au conseil du roi). Cinquante maitres des requêtes, assemblés pour cette grande affaire, déclarèrent Calas et sa famille innocens. Ce fut le 9 mars 1765, trois ans après le supplice, que fut rendu cet arrêt mémorable.

autres par sa bulle du 1.er octobre 1567. Cette bulle fit beaucoup de bruit dans l'université de Louvain. Grégoire XIII la confirma en 1579. Voici les principales erreurs reprochées à Baïus : « L'état de l'homme innocent est son état naturel ; il lui est dû, et Dieu n'a pu le créer dans un autre état ; ses mérites en cet état ne peuvent être appelés dons de la grâce : il peut alors mériter la vie éternelle par les forces de la nature ; depuis la chûte d'Adam, les œuvres des hommes faites sans la grâce sont des péchés ; en conséquence, toutes les actions des infidèles sont des péchés, et les vertus des philosophes, des vices. Tout ce que fait le pécheur est péché. Tout crime est de telle nature qu'il peut souiller son auteur et toute sa postérité, comme le péché originel, etc. » Cette doctrine, qui paraît un peu plus que sévère, et qui n'est nullement consolante, a eu cependant beaucoup de sectateurs et beaucoup d'antagonistes. Les disciples de Baïus et ceux du jésuite Lessius se firent une guerre très-vive ; enfin, Sixte-Quint, pour y mettre fin, imposa silence aux deux partis, en 1588, sous peine d'excommunication, et leur défendit de se censurer réciproquement jusqu'à ce que le saint Siége eût prononcé.

Michel Baïus ou de Bay, né à Melin en 1513, fut professeur à Louvain, chancelier de l'université, et inquisiteur général. Il mourut le 16 septembre 1589.

BAUME. La Christiade, Poëme en prose, par Jacques-François de la Baume, chanoine à Avignon. *Paris*, 1753, 6 *vol. in*-12.

Cet ouvrage a été flétri par arrêt du parlement de Paris, et l'auteur condamné à une amende. Rien de plus bizarre que cette production, assez bien imprimée. Le style en est ridiculement pompeux et figuré ; et loin d'échauffer le lecteur, il le refroidit. De manière que, s'il existait des tribunaux criminels dans la république des lettres, l'abbé de la Baume aurait mérité d'y être traité à peu près comme au parlement de Paris ; mais ce qui lui a valu l'animadversion de la justice, ce sont les indécences qui se trouvent en assez grand nombre dans son poëme : on y voit la Magdelaine tenter Jésus-Christ. L'écriture sainte y est singulièrement travestie d'un bout à l'autre. J. F. de la Baume est mort le 30 août 1756, peu de temps après la condamnation de son livre. Il avait l'imagination assez vive et dans le goût oriental ; mais il ne savait pas la régler : il manquait de jugement.

BAYLE. Dictionnaire historique et critique, par M. Pierre Bayle. *Roterdam*, 1697, 2 *tomes en* 4 *vol in fol.*

Ce fameux ouvrage fut dénoncé, aussitôt qu'il parut, au consistoire de l'église Wallone par le fanatique Jurieu, comme renfermant beaucoup de choses répréhensibles : il aurait été supprimé, si Bayle n'avait promis de corriger les fautes qu'on lui reprochait. On exigea de lui : « 1.º Qu'il retranchât toutes les obscénités et les expressions sales. 2.º Qu'il réformât entièrement l'article de DAVID (nous en parlerons plus bas). 3.º Qu'il réfutât les manichéens, au lieu de donner une nouvelle force à leurs objections et à leurs argumens. 4.º Qu'il ne fît pas triompher les pyrrhoniens et le pyrrhonisme, et qu'il réformât l'article de Pyrrhon. 5.º Qu'il ne donnât point de louanges outrées aux athées et aux épicuriens. Enfin, 6.º qu'il ne se servît pas de l'écriture sainte pour faire des allusions indécentes. » Il paraît que Bayle ne s'empressa pas beaucoup d'exécuter ses promesses ; car, dans les éditions subséquentes, il ne fit d'autres changemens considérables que celui de l'article de DAVID. Pierre Bayle, né à Carlat, département de l'Arriège, le 19 novembre 1647, est mort à Roterdam le 28 décembre 1706. Nous allons extraire de notre LEXICO-NOGRAPHIE UNIVERSELLE (1) la série des éditions du *Dictionnaire de Bayle*. Les voici par ordre de date, avec quelques notes bibliographiques.

Dictionnaire historique et critique, par M. Pierre Bayle (première édition). *Roterdam*, 1697, 2 *tomes divisés en 4 vol. in-fol.*

Cette édition n'a que l'avantage d'avoir été publiée sous les yeux de l'auteur ; malgré cela, elle ne passe pas pour très-exacte.

Dictionnaire historique et critique, par M. Pierre Bayle (seconde édition). *Roterdam*, 1702, 3 *vol. in-fol.*

Cette édition est plus exacte que la précédente ; on y ajoute ordinairement le *Supplément* de Genève, 1722, 1 vol. *in-fol.* On y trouve (en original) le double article DAVID, dont nous parlerons à l'édition de 1720 ; souvent le carton de l'article répété manque.

---

(1) Cet ouvrage n'est point encore publié ; le manuscrit est terminé ; nous nous proposons de le mettre au jour dans quelque temps : c'est un Catalogue raisonné des Dictionnaires qui ont paru, jusqu'à nos jours, sur toutes sortes de sujets et dans toutes les langues, avec des détails sur la série et le mérite des éditions. L'ouvrage est précédé d'un discours sur la nature et sur l'utilité de ces sortes d'ouvrages.

Dictionnaire historique et critique, par M. Pierre Bayle (troisième édition). *Genève*, 1715, 3 *vol. in-fol.*

Cette édition est peu estimée ; on n'en recherche que le Supplément de 1722, qu'on y ajoute ordinairement.

La même (troisième) édition. *Roterdam*, 1715, 3 *vol. in-fol.*

Supplément au Dictionnaire historique et critique, par M. Pierre Bayle, pour les éditions de 1702 et 1705. *Genève, Fabry*, 1722, 1 *vol. in-fol.*

Ce Supplément est fort estimé : il complète les éditions de 1702 et 1715, dont il forme le 4.ᵉ volume.

Dictionnaire historique et critique, par M. Pierre Bayle, troisième (quatrième) édition, revue, corrigée et augmentée par l'auteur (par Prosper Marchand). *Roterdam, Michel Bohm*, 1720, 4 *vol. in-fol.*

Cette édition est la plus recherchée et la meilleure de toutes celles qui ont paru de ce bon ouvrage, surtout lorsque les exemplaires sont en grand papier et enrichis de vers au régent par de Limiers. Voici les marques auxquelles on distingue les véritables exemplaires de l'édition de 1720, des faux qui n'en portent que le frontispice.

Dans les faux exemplaires, le titre de l'épître dédicatoire n'est point imprimé *rouge* et *noir* : on y remarque aussi différentes pièces préliminaires, qui n'appartiennent point à l'édition de 1720.

La véritable édition contient à la tête du premier volume un faux titre, le frontispice *rouge* et *noir*, l'épitre dédicatoire au régent, dont le titre est *rouge* et *noir*; enfin, une partie séparée de xx pages chiffrées en petites lettres romaines, qui renferme la préface de la première édition (en italique), un avertissement du libraire sur la troisième, et le privilège des états de Hollande.

Outre les exemplaires supposés dont nous venons de parler, il en existe encore d'autres, qui, quoique de la bonne édition, sont regardés comme imparfaits. Pour les connaître, il s'agit d'examiner si, dans le tome II, l'article DAVID, *roi des Juifs*, est entier. Cet article, pour être exactement complet, doit être employé deux fois et d'une manière différente. Dans la première (c'est celle qu'on trouve toujours), cet article contient les pages 963, 964 et la plus grande partie de 965. Dans la seconde, au contraire, ce même article, beaucoup plus étendu, a été imprimé séparément sur trois feuillets désignés sous les pages 963, 964, 965, 966, 967 et 968, dont les chiffres particuliers ont été accompagnés d'une astérisque qui les distingue des autres. Ces trois derniers feuillets sont ceux qu'il est le plus important de vérifier, parce que, s'ils manquent, l'exemplaire est imparfait et diminue beaucoup de prix.

Il y a quelques exemplaires de cette édition de 1720 qui sont infiniment précieux, tel que celui vendu 1400 livres chez M. d'Hangard en 1789, et 1173 livres chez M. Meon en 1803. Ces exemplaires sont en grand papier de Hollande : on y a ajouté en tête de *l'épitre dédicatoire*, les *vers adressés au régent*, supprimés dans les autres exemplaires de la même édition ; et, de plus, la *vie de Bayle*, par Desmaizeaux, de l'édition de 1740, tirée également sur grand papier. On croit qu'il n'existe que trois exemplaires aussi complets que celui de M. d'Hangard.

Dictionnaire historique et critique, par Bayle. Quatrième (cinquième) édition. *Amsterdam*, 1730, 4 *vol. in-fol.*

Cette édition a été donnée et conduite par M. Desmaizeaux; elle renferme différentes pièces particulières et des additions qui la font rechercher.

Dictionnaire historique et critique, par Bayle. *Amsterdam* (Paris), 1734, 4 vol. *in-fol.*

Cette édition a été publiée aux dépens des libraires de la société dite de Trevoux : elle est la moins recherchée.

Dictionnaire historique et critique, par Bayle. *Amsterdam* (Paris), 1740, 4 *vol. in-fol.*

Cette édition est la meilleure et la plus recherchée après celle de 1720. Le carton de DAVID y est renvoyé à la fin du deuxième volume.

Les ouvrages qui ont rapport au Dictionnaire de Bayle, sont : *Lettre critique sur ce Dictionnaire* (par Laurent-Josse Leclerc). La Haye, 1732, in-12. — *Remarques critiques sur ce Dictionnaire, par Joly*. Paris, Ganeau, 1752, *in-folio*. — *Extrait de ce Dictionnaire, avec une préface* (par Frédéric II, roi de Prusse). Berlin, chez Fréd. Voss, 1767, 2 vol. *in-8*. — *Analyse raisonnée de Bayle, ou Abrégé méthodique de ses ouvrages, particulièrement de son Dictionnaire*, (par de Mursy et.....). Londres, 1755 et 1773, 8 vol. *in-12*. — *Nouveau Dictionnaire historique et critique, pour servir de Supplément et de continuation au Diction-*

naire de Bayle (par Jacques-George de Chaufepié). Amsterdam et la Haye, 1750, 4 vol. *in-fol.* — *Dictionnaire historique et critique*, ou *Recherches sur la vie et le caractère de plusieurs hommes célèbres, tirées des Dictionnaires de Bayle et Chaufepié (par de Bonnegarde)*. Lyon, Barret, 1771, 4 vol. *in-8.*

On publie à Leipsick, au Bureau de littérature, une nouvelle édition originale du *Dictionnaire historique et critique* de Pierre Bayle, avec la vie de l'auteur, *format grand in-8*, et *petit in-fol.* Le 3.ᵉ vol. a paru en 1802 ou 1803.

BEAUMARCHAIS. Mémoire à consulter pour Pierre Augustin Caron de Beaumarchais, écuyer, conseiller-secrétaire du roi, *etc.*, accusé. *Paris, Claude Simon,* 1773, *in-*4 *de* 38 *pag.*

Supplément au Mémoire à consulter pour P.-A. Caron de Beaumarchais, etc., accusé en corruption de juge et calomnie. *Paris, Quillau, in-*4 *de* 61 *pages.*

Addition au Supplément du Mémoire à consulter pour P.-A. Caron de Beaumarchais, *etc.*, accusé, servant de Réponse à madame Goezman, accusée ; au sieur Bertrand d'Airolles, accusé ; au sieur Marin, gazetier de France, et d'Arnaud Baculard, conseiller d'ambassade, assignés comme témoins. *Paris,* 15 *décembre* 1773, *in-*4 *de* 75 *pages.*

Quatrième Mémoire à consulter pour P.-A. Caron de Beaumarchais, accusé de corruption de juge, contre M. Goezman, juge, accusé de subornation et de faux; madame Goezman et le sieur Bertrand, accusés; les sieurs Marin, d'Arnaud Baculard et consors. — Et Réponse ingénue à leurs Mémoires, Gazettes, Lettres courantes, cartels, injures et mille et une diffamations. *Paris, Jacq.-Gabriel Clousier,* 1774, *in-4 de* 99 *pages.*

Ces quatre *Mémoires*, si connus par le style original, plaisant et caustique de l'auteur, ont été condamnés à être lacérés et brûlés par la main du bourreau, en vertu d'un arrêt de la cour du parlement de Paris, du 26 février 1774, comme contenant des expressions et imputations téméraires, scandaleuses et injurieuses à la magistrature en général, à aucun de ses membres, et diffamatoires envers différens particuliers. Cet arrêt a été exécuté le 5 mars 1774. Un *cinquième Mémoire pour Beaumarchais*, précédé d'un *Avertissement servant de réponse au troisième Précis du comte de la Blache depuis son grand Mémoire*, et suivi d'un *errata*. Paris, Clousier, 16 *janvier* 1775, *in*-4, a été supprimé par arrêt du conseil-d'état du roi du 4 février 1775, comme contenant des faits témérairement hasardés, étrangers à l'objet de la contestation entre le comte de la Blache et Beaumarchais, et des expressions injurieuses et contraires à la décence et au respect que l'on doit à la justice de sa majesté. Pour compléter les *Mémoires* de cet auteur, il faut y ajouter : *Réponse ingénue à la Consultation injurieuse que le comte Joseph-Alexandre Falcoz de la Blache a répandue dans Aix*, in-4, avec la *Consultation délibérée à Aix* le 7 juin 1778, *in*-4; puis le *Tartare à la Légion, ou Supplément à la Réponse ingénue de p.-A. Caron de Beaumarchais*, avec cette épigraphe : *Brûler n'est pas répondre*, in-4.

L'abbé Sabathier, parlant des Mémoires de Beaumarchais, dit que » La raison s'y trouve assaisonnée du sel de la meilleure plaisanterie. Le quatrième surtout annonce un écrivain qui connaît les sources de la persuasion, et qui sait profiter de la dextérité de son esprit pour tourner contre eux-mêmes les armes de ses adversaires. N'eût-il fait que ce Mémoire, Beaumarchais serait digne de figurer dans le petit nombre de gens de lettres, qui, au mérite d'écrire avec autant de clarté que de correction, réunissent le talent de nourrir la curiosité du lecteur, par un style aussi varié que piquant. » Voltaire fut enchanté de la lecture de ces Mémoires, il fut même alarmé de la célébrité qu'ils donnaient à l'auteur. Dans une de ses lettres, il en fait un grand éloge ; et après avoir dit tout ce qu'ils supposent d'esprit, il ajoute : « Je crois pourtant qu'il en faut » encore davantage pour avoir fait *Zaïre* et *Mérope*. » Beaumarchais, né à Paris le 24 janvier 1732, y est mort d'un coup de sang dans la nuit du 29 au 30 floréal an 7.

BEAUMELLE. Mes Pensées, par de la Beaumelle. *Copenhague*, 1751, *in*-12.

Mémoires et Lettres de madame de Maintenon, par de la Beaumelle. *Amsterdam*, 1755, 15 *vol. in*-12, *dont 6 pour les Mémoires*, et 9 *pour les Lettres.*

Le premier de ces ouvrages fit enfermer l'auteur à la Bastille en 1753 : il est fortement pensé, écrit avec esprit, mais avec trop de hardiesse, et avec quelques principes faux en politique. Le second fit enfermer la Beaumelle une seconde fois. Il parut être fort sensible à ce désagrément. On prétend qu'il fait penser et parler madame de Maintenon dans ses *Mémoires*, comme elle ne pensait ni ne parlait; que le style n'a ni la décence ni la dignité qui convient à l'Histoire; qu'on y hasarde plusieurs faits et qu'on y en défigure d'autres. On sait que la Beaumelle a été l'un des fameux antagonistes de Voltaire qui s'est avisé, dans un chant de l'un de ses Poëmes, de mettre cet auteur à la chaîne, avec une troupe de gens de lettres qu'il envoyait aux galères. Il l'y peignait comme prenant les poches d'autrui pour les siennes. La Beaumelle voulut faire flétrir le libelle calomnieux par un arrêt du parlement de Toulouse; mais il ne donna pas suite à cette affaire. Laurent Anglivielle de la Beaumelle, né en 1727, est mort à Paris en 1773.

BEDE. Natalis Bedæ, doctoris Theol. Parisiensis, annotationum in Erasmi paraphrases Novi Testamenti, et Jacobi Fabri Stapulensis commentarios in Evangelistas, Paulique Epistolas, libri III. *Parisiis*, 1526, *in-fol.*

Cet ouvrage de Noël Bède, qu'il ne faut pas confondre avec Bède le Vénérable, est très-rare, parce qu'il a été supprimé par ordre des supérieurs; c'est une critique très-véhémente, comme toutes celles de ce violent déclamateur. Erasme voulut bien prendre la peine de lui répondre, et il le convainquit d'avoir avancé cent quatre-vingt-un mensonges, deux cent dix calomnies et quarante-sept blasphèmes. Noël Bède n'ayant rien de bon à répliquer, fit des extraits des ouvrages d'Erasme, le dénonça à la Faculté comme hérétique, et vint à bout de le faire censurer. Il osa prêcher contre le roi, et dire que la cour ne poursuivait pas les hérétiques avec assez de vigueur. Une hardiesse aussi intolérable fut deux fois punie par un arrêt de bannissement.

Rappelé pour la troisième fois, et toujours incorrigible, il fut condamné par le parlement de Paris, en 1536, à faire amende honorable devant l'église Notre-Dame, *pour avoir parlé contre le roi et contre la vérité.* Il fut ensuite exilé à l'abbaye du Mont-Saint-Michel, où il mourut le 8 février 1537.

BEKKER. La Nourriture des Parfaits, par Balthazar Bekker, 1670, *in*-8.

Cet ouvrage a été condamné par un synode, sur la dénonciation de plusieurs ministres protestans, confrères de l'auteur. L'ouvrage du même Bekker le plus renommé, est: *Le Monde enchanté, ou Examen des sentimens touchant les esprits, traduit du flamand en français.* Amsterdam, 1694, 4 vol. *in-12*. Ce livre singulier lui fit perdre sa place de ministre à Amsterdam : il est diffus et ennuyeux. On cherche à y prouver qu'il n'y a jamais eu ni possédés ni sorciers, et que les Diables ne se mêlent pas des affaires des hommes, et ne peuvent rien sur leurs personnes. C'est l'opinion commune que l'on a du Démon, qui en fait une espèce de divinité puissante ; opinion contraire à l'autorité suprême de Dieu et à la divinité de son Fils, puisqu'en l'admettant, on ne les peut plus prouver par les attributs du vrai Dieu, tels qu'ils lui sont donnés dans l'écriture, et dont on fait part au Diable. C'est ce qui a déterminé Bekker, dit-il dans sa préface, à prendre la plume, et si le Démon s'en fâche, il n'a qu'à employer sa puissance pour le châtier. « S'il est Dieu, ajoute-t-il, comme on le » veut, qu'il se défende lui-même, et qu'il s'en prenne » à moi, qui ai renversé ses autels au nom de l'Éternel. » Assez plaisant défi. Benjamin Binet a réfuté Bekker dans son *Traité historique des Dieux et des Démons du paganisme, avec des remarques critiques sur le système de*

Balthazar Bekker. Delft, 1696, *in-*12. Ce volume se joint ordinairement aux quatre de Bekker. Ce dernier, qui ressemblait, dit-on, au Diable par sa laideur (comme si le Diable avait une figure laide ou belle), est né en 1634; il est mort en 1698 à Amsterdam.

BELLARMIN. Tractatus de potestate summi Pontificis in temporalibus, adversùs Guillelmum Barclaium, autore Roberto, S. E. R. cardinali Bellarmino. *Romæ, Barth. Zanneti,* 1610, *in-*8.

Un arrêt du parlement de Paris, du 26 novembre 1610, supprime ce livre comme *contenant une fausse et détestable proposition, tendante à l'éversion des puissances souveraines ordonnées et établies de Dieu, soulèvement des sujets contre leurs princes, soustraction de leur obéissance, induction d'attenter à leurs personnes et états, troubler le repos et la tranquillité publique.* Le pape fit faire, par son nonce, des remontrances et des plaintes graves à la cour de France, relativement à cet arrêt, qui portait grand préjudice, disait-il, à l'autorité papale. Cela n'empêcha pas que le livre de Bellarmin ne fût trouvé très-mauvais dans le conseil du roi; la reine-régente et le chancelier furent d'avis qu'il fallait le supprimer et empêcher de le vendre. La reine ajouta qu'elle désirait que les choses se passassent doucement. Long-temps après, en 1761, un arrêt du parlement flétrit de nouveau cet ouvrage. On sait que Bellarmin a défendu les prérogatives de la cour de Rome avec une espèce de fanatisme. Selon lui, le pape est non-seulement le monarque absolu de l'église universelle, mais encore le maître absolu des couronnes et des rois : il est la source de toute juridiction ecclésiastique, le juge infaillible de la foi, supérieur même aux conciles généraux. Bellarmin traite d'hérétiques ceux qui soutiennent que les princes, pour les choses temporelles, n'ont point d'autres supérieurs que Dieu. Ces opinions exagérées furent réfutées par Barclai, et l'ont été depuis par tous les écrivains raisonnables.

Robert Bellarmin, né de Cynthie Cervin, sœur du pape Marcel II, en 1542, est mort en 1621. N'oublions pas que le parlement de Paris a, par arrêt du 7 août 1612, ordonné la suppression de l'ouvrage suivant : *Apologia Adolphi Schulchenii, Geldriensis S. S. theologiæ apud ubios doctoris et professoris atque D. Martini pastoris, pro illustrissimo domino Roberto ac Bellarmino, S. R. E. card. de potestate romani pontificis adversùs librum falso inscriptum, apologia cardinalis Bellarmini pro jure principum, auctore Rogero Viddringtono catholico anglo.* Cologne, 1613. L'arrêt porte, que ce livre contient plusieurs propositions tendantes à troubler le repos de la chrétienté, et contre la sûreté de la vie et état des rois et princes souverains.

Bellarmin a encore composé plusieurs ouvrages, parmi lesquels nous distinguons son petit *Traité des obligations des évêques*, dans lequel il les damne presque tous, d'après des passages de S. Jean Chrysostôme et de S. Augustin.

BENOIST. La Bible traduite en français, avec des notes et les expositions de plusieurs passages objectés par les hérétiques, par René Benoist. *Paris*, 1566, *in-fol.* et 1568, 2 *vol. in-4.*

Cette Bible, ayant beaucoup de ressemblance avec celle de Genève, surtout dans les notes, fut supprimée par la Sorbonne en 1567, et condamnée par Grégoire XIII en

1575. L'auteur refusa de souscrire à la condamnation; enfin, il y acquiesça en 1598 Il est mort en 1608, après avoir coopéré à la conversion de Henri IV et avoir été son confesseur.

BERNI. Tutte le Opere del Bernia, del Mauro, di M. Giovanni de la Casa, del Bino, del Molza, del Varchi, del Dolce e d'Altri autori. *Anno 1542, in-8, et 1545, aussi in-8.*

Ce Recueil de poésies, trop licencieuses, de différens auteurs, a été arrêté et supprimé, surtout celles de Jean de la Caze, intitulées : *Capitoli del forno* : elles furent censurées publiquement et firent beaucoup de bruit. L'auteur a décrit, sous l'allégorie d'un four, les plaisirs de l'amour; mais, dit l'auteur du *Dictionnaire historique*, quoiqu'il se borne à la volupté conforme aux lois de la nature, on l'accusa de vouloir peindre des infamies qui y sont entièrement opposées, et on défèra son livre aux magistrats sous le titre de *de Laudibus sodomiæ seu pæderastiæ*. Un passage équivoque dans lequel il paraissait s'accuser lui-même de ce goût détestable, lui attira une satyre violente de la part de Vergerio, son ennemi déclaré. Il y fit une réponse en vers latins dans laquelle il nia le fait, et soutint qu'il n'avait prétendu louer que la jouissance des femmes : il faut convenir que le mot *mestiero divino* dont il se sert, ne tombe point sur l'abomination connue à Sodóme, mais sur les plaisirs des deux sexes. La Caze était archevêque de Bénévent. M. Debure dit qu'il regardera toujours comme une chose singulière, qu'une pareille production soit sortie de la plume d'un ministre de la religion romaine. Mais je crois que ces poésies licencieuses avaient vu le jour avant que leur auteur eût embrassé l'état ecclésiastique. Jean de la Caze, né en 1503, est mort en 1556, à cinquante-quatre ans, dans le moment où Paul IV lui destinait la pourpre romaine. François Berni est mort à Florence en 1543.

BERRUYER. Histoire du Peuple de Dieu depuis son origine jusqu'à la naissance du Messie, tirée des seuls livres saints; ou le texte sacré des livres de l'Ancien Testament réduit en corps d'Histoire. Par le Père Isaac-Joseph Berruyer, de la compagnie de Jésus. *Paris, Knapen, veuve Pissot et compagnie*, 1728, 7 *vol. in* 4, *première édition*, ou 10 *vol. in*-12.

Supplément à cette édition. *Paris, Prault*, 1754, *in*-4.

Histoire du Peuple de Dieu, depuis la naissance du Messie jusqu'à la fin de la Synagogue, tirée des seuls livres saints; ou le texte sacré des livres du Nouveau Testament, réduit en un corps d'Histoire. *La Haye, (Paris)*, 1755, 4 *vol. in* 4, ou 8 *vol. in*-12.

Troisième partie de l'Histoire du Peuple de Dieu; ou Paraphrase littérale des Épîtres des Apôtres. *Paris*, 1758, 2 *vol. in*-4, ou 5 *vol. in*-12.

Les condamnations de cet ouvrage ont commencé en 1731. Dès cette année, Colbert, évêque de Montpellier, publia un mandement contre ce livre. La cour de Rome l'a censuré en 1734 et en 1757. Benoît XIV a foudroyé la seconde partie dans un bref du 17 février 1758; et Clément XIII, par un bref du 2 décembre suivant, a condamné de nouveau cette seconde partie et la troisième. La Sorbonne

a également censuré les ouvrages du père Berruyer. Cette censure a été imprimée en 1764. Les jésuites désavouèrent publiquement le livre de leur confrère, et obtinrent de lui un acte de soumission lu en Sorbonne en 1754. Le parlement de Paris manda Berruyer en 1756 pour être entendu sur plusieurs propositions de son Histoire ; mais l'auteur s'étant trouvé malade, la cour envoya un commissaire à qui l'historien condamné remit une déclaration en forme de rétractation qui fut déposée au greffe. On voit, par ces différentes condamnations, que cet ouvrage a fait beaucoup de bruit dans son temps : il y a eu plusieurs brochures publiées pour et contre. On reproche au père Berruyer de s'être un peu trop appesanti sur certains passages où la décence paraît choquée. Sa plume est souvent trop riche de détails et de coloris lorsqu'elle peint les amours des patriarches, la passion effrénée de la femme de Putiphar, la parure de Judith, les propositions que lui fait Holopherne, le crime épouvantable d'Onan, la facilité avec laquelle Rachel cède Lia à Jacob pour une nuit, etc., etc. Le père Berruyer n'est point exempt de tours de phrases impropres, tels que ceux-ci : « Après une éternité toute
» entière, Dieu créa le monde...... A l'air aisé dont
» Dieu faisait des miracles, on voyait bien qu'ils coulaient
» de source..... Le mal allait toujours croissant à la
» honte du Seigneur Dieu...... Les aventures des Pa-
» triarches..... Après une telle aventure...... etc., etc. »
La seconde édition de la première partie de l'Histoire du Peuple de Dieu a paru en 1734 ; mais on y a fait des retranchemens qui font donner la préférence à la première de 1728. Isaac-Joseph Berruyer, né à Rouen en 1681, est mort à Paris en 1758.

BESOLD. Christophori Besoldi Virginum sacrarum monumenta, etc. *Tubingœ, Phil. Brunn,* 1636, *in*-4. Ejusdem auctoris documenta rediviva monasteriorum in ducatu Wirtembergico sitorum *Tubingœ*, 1636, *in*-4.

Les puissances protestantes ont fait supprimer la majeure partie des exemplaires de ces deux ouvrages. Ils sont fort estimés à cause des diplômes particuliers et autres pièces curieuses qu'ils renferment. Christopho Besold, après avoir enlevé ces titres originaux des archives où ils étaient conservés, les fit imprimer ensuite et abjura la religion protestante en 1635, ce qui lui attira beaucoup de reproches de la part de ses premiers partisans. Né en 1577, il est mort en 1635. (Voyez, sur les différens ouvrages de Besold, le *Catalogus lib. rar.* de Vogt.)

BEVERLAND. Hadriani Beverlandi peccatum originale philologice elucubratum, à Themidis alumno. *Eleutheropoli, in horto Hesperidum, typis Adami, Evæ, Terræ filii*, 1678, *in*-8.

Cet ouvrage, excessivement licencieux, fit mettre son auteur en prison à Leyde ; et il aurait pu s'en trouver fort mal, s'il ne s'était pas soustrait à la justice en s'échappant de sa prison. Après avoir acheté chèrement sa liberté, il se déchaina contre les magistrats et les professeurs de Leyde dans un mauvais libelle, et passa ensuite en Angleterre, où il employa tout son argent à acheter des peintures obscènes. Revenons à son livre sur le péché originel ; c'est le plus curieux de tous ceux qu'il a faits, parce que c'est celui qui est écrit avec plus de licence. L'auteur cherche à y démontrer, comme Henri Corneille

Agrippa l'avait fait avant lui (1), que le péché d'Adam a consisté uniquement dans le commerce qu'il a eu avec Eve, et que le *péché originel* n'est autre chose que le désir naturel aux deux sexes de s'unir. Dans le développement de son système, il fait passer en revue les termes les plus obscènes qui avaient été mis en usage par les auteurs les plus libres, lorsqu'ils ont parlé de la conjonction du mâle et de la femelle. Cet ouvrage a été réfuté par Léonard Ryssenius, dans sa *Justa detestatio libelli sceleratissimi Hadriani Beverlandi, de Peccato originali*. Gorinchemii, 1680, in-8. Cette Réfutation est plus rare que le livre réfuté. Le Traité du *Péché originel* de Beverland a été réimprimé plusieurs fois; mais la meilleure édition est celle que nous annonçons : elle n'est point mutilée, et renferme plusieurs passages employés par Beverland dans son *de Prostibulis veterum*, ouvrage infâme qui ne put jamais voir le jour. Debure dit (2) qu'Isaac Vossius a mis une partie de ce *de Prostibulis* dans son *Catulle* de 1684 ou 1691. Je parlerai de cette assertion au mot CATULLE. L'édition du *Péché originel* de 1679 est mutilée, et la plus grande partie des passages a été changée. Le 20.e paragraphe de l'édition de 1678, qui commence par ces mots : *Quisquis irretorto limet oculo mortalium vitam moresque, observabit lascivientes puellas*, etc. en est totalement supprimé, de manière que cette seconde édition ne doit être regardée que comme un livre imparfait et de peu de valeur. On a encore de Beverland *De stolatæ virginitatis jure lucubratio academica*. Lugd.

---

(1) Agrippa, dans sa *Declamatio de originali Peccato*, dit, en termes assez libres : *serpentum cujus fraude primi parentes beatitudinem amiserunt, non alium arbitramur, quam sensibilem carnalemque affectum, imo quem rectè dixerimus, ipsum carnalis concupiscentiæ genitale viri membrum, membrum reptile, membrum serpens, membrum lubricum*, etc.

(1) Voyez la *Bibliographie instructive*, n. 856 et 2649.

bat. Lindanus, 1680, *in-8*, ouvrage aussi dangereux que le précédent. Revenu de ses erreurs, cet auteur a publié son *de Fornicatione cavendâ admonitio. Londini, Bateman*, 1697, *in* 8. Dans un Avertissement qu'il a mis en tête de cet ouvrage, l'auteur condamne lui-même son *Peccatum originale*; cependant on y trouve encore quelques traits lubriques. Outre Léonard Ryssenius, dont nous avons parlé, Beverland a encore eu pour adversaire Alard Uchtman, qui a publié contre lui *Vox clamantis in deserto, ad sacrorum ministros, adversus Beverlandum. Anno* 1671, *in-8*. Les cinq ouvrages dont nous venons de donner les titres ; savoir : trois de Beverland et deux Réfutations, forment ce que l'on appelle la collection complète des Œuvres de cet auteur. En 1774, on a publié *Etat de l'Homme dans le péché originel*, 1 *vol. in-12*, première édition, préférable à celle de 1740. Cet ouvrage n'est point, comme on l'a cru, une traduction du *Péché originel* de Beverland, ce n'en est qu'une très-mauvaise imitation, mutilée et entremêlée de fables et de contes assez déplacés. Adrien Beverland, né à Middelbourg en Zélande, est mort fou à Londres, en 1712, dans un état de pauvreté. Sa folie était de croire qu'il était poursuivi par deux cents hommes qui avaient juré sa mort.

BIBLE. Bible en langue hollandaise. *Antwerpen, by Jacob van Liesvelt*, 1542, *in-fol.*

Cette édition est la sixième et la meilleure que Liesvelt ait donnée : elle est fameuse, parce qu'elle est cause que cet imprimeur a été décapité. Les exemplaires bien conditionnés en sont rares. Il s'en trouvait un dans la bibliothèque de M. Crevenna, à Amsterdam.

Nota. Il y a beaucoup de Bibles qui ont été supprimées;

nous n'en ferons pas mention particulièrement, parce que cela nous conduirait trop loin : il nous suffit de citer ici une *Bible allemande* de 1666, in-4, imprimée à Helmstedt, en partie seulement ; — une *Bible anglaise*, Paris, 1538, in-fol., aussi incomplète ; — une *Bible française* de René Benoist, *Paris*, 1566, in-fol. ; — une autre *Bible française* de Marolles ; elle ne renferme seulement que les livres de la *Genèse*, de l'*Exode* et les vingt-trois premiers chapitres du *Lévitique*. Paris, 1671, in-fol. ; — une *Bible suédoise* très-fautive. *Lubeck*, 1622, in-4. Toutes ces Bibles ont été supprimées : nous en citons quelques-autres dans le cours de cet ouvrage.

BIBLE. Biblia italica Sixti V. Curâ typis exscripta. *Anno* 1589.

Cette Bible a-t-elle jamais existé ? Jacques Lelong dit que non ; Jo. Frid. Mayer est pour l'affirmative : il dit que cette traduction a été faite sous les auspices de Sixte-Quint, par des hommes très-versés dans la langue étrusque ; mais que, sur la réclamation de Philippe II, roi d'Espagne, et de plusieurs cardinaux, elle a été supprimée et a disparu. Leti en parle dans son Histoire de Sixte-Quint ; et voici ce qu'en dit Jean Leclerc dans sa *Bibliothèque universelle*, en rendant compte de cet ouvrage : « On parle, dans le 5.ᵉ livre, des murmures qu'excitèrent la *version italique de la Bible* qu'on fit par l'ordre du pape. L'ambassadeur d'Espagne *Olivarès* croyait que c'était une honte qu'on suivit à Rome la méthode des hérétiques. *Eh, monsieur, ne vous fâchez pas*, dit le Pape, *nous l'avons fait pour vous, qui n'entendez pas le latin*. Ce ministre en écrivit à son maître ; plusieurs cardinaux y joignirent des lettres, où ils représentaient à sa majesté, qu'il était plus de son intérêt que de celui des autres puissances, de travailler à la suppression de cette Bible, à cause des grands états que le roi d'Espagne possède en Italie. *Olivarès* ayant reçu réponse, vint encore une fois trouver Sixte, et lui dire que, s'il ne supprimait cette traduction, sa majesté serait obligée de la défendre elle-même dans ses états. Le pape l'écouta si long-temps sans l'interrompre, qu'enfin l'ambassadeur lui dit : *Votre sainteté ne me répond rien ; je ne sais à quoi elle pense. Je pense*, repartit Sixte, d'un air mêlé de fierté et de colère, *à vous faire jeter par la fenêtre, pour vous apprendre le respect que vous devez au souverain pontife.* Quelques bons catholiques soutiennent que Sixte n'a jamais pensé à faire imprimer une *Bible italienne*. Mais l'auteur dit que c'est *uno grande sproposito*, puisqu'outre qu'on peut le prouver par les relations des écrivains de ce temps-là, on voit encore des exemplaires de la Bible de cette impression dans la bibliothèque du grand-duc de Toscane, dans celle de Saint-Laurent, dans la bibliothèque Ambrosienne à Milan, et dans celle de Genève. » Ces détails me sont fournis par Vogt ; mais ils ne décident pas la question sur l'existence de cette Bible ; je ne l'ai rencontrée nulle part.

BIBLE SIXTINE. Biblia sacra latina, vulgatæ editionis, Jussu Sixti V. Recognita et edita, et tribus tomis distincta. *Romæ, ex typographiâ apostolicâ Vaticanâ*, 1590, 2 *vol. in-fol.*

Cette Bible, connue sous le nom de *Bible sixtine*, parce qu'elle a été faite sous la direction et par les ordres de Sixte-Quint, excita, dès qu'elle parut, une grande rumeur dans l'église, à cause des fautes nombreuses qui en altéraient le texte. On répara ces défauts, en faisant imprimer séparément, sur des petites bandes de papier, les mots qui avaient été défigurés, et en collant ensuite ces corrections sur les passages défectueux répandus dans le courant du volume. Cette édition fut supprimée, après la mort de Sixte-Quint, par les ordres de Grégoire XIV, son successeur, qui la proscrivit. Elle est très-rare, et sa rareté singulière a fait naître quelques supercheries qui se rencontrent dans des exemplaires que l'on a voulu faire passer, à la faveur d'un titre supposé, pour être de l'édition originale, et qui n'étaient que des exemplaires de celle que Clement VIII, successeur de Grégoire XIV, fit publier en 1592, comme nouvelle édition de la *Bible sixtine*.

BIDDLE Jonh Biddle the faith of one god, whois only the father, and of one mediator between god an man, who is only the man Christ Jesus; and of one holy spirit, the gift, et sent of god asserted et defended, in several tracts contained in this volume. *London*, 1691, *in-4*. *Ejusdem auctoris* a second collection of tracts, proving the god et father of our Lord Jesus-Christ, the only true god, etc. *London*, 1692 *in-4*.

Ces ouvrages, écrits en faveur du socianisme, ont été brûlés publiquement par la main du bourreau, et l'auteur a fini ses jours en prison. Né en 1515 à Worton, il était professeur de grammaire à Gloucester : tour à tour banni et emprisonné pour ses opinions religieuses, il est mort en 1662. Suivant lui, le Saint-Esprit n'est que le premier des Anges. Il attaqua fort la Trinité et la divinité de Jésus-Christ.

BILLARD. La Bête à sept têtes, par Pierre Billard.

Ce livre, dirigé contre la société de Jésus, fit conduire son auteur à la Bastille, delà à Saint-Lazare, et ensuite à Saint-Victor. Pierre Billard, né dans le Maine en 1653, mourut à Charenton en 1726.

BISSENDORF. Jo. Bissendorfii, pastoris gœdringensis diæces. hildesiens : nodi gordii resolutio, d. i. von beruf, ordination und einweihung der Evangelich. prediger; wider das nichtige geschwaez Martini Smiglicii, jesuiters zu Ingolstadt. *Sine loco*, 1624, *in-8. Ejusdem auctoris*, jesuiten Latein, *in-8.*

Ces deux ouvrages ont été brûlés par la main du bourreau, et l'auteur a lui-même péri par la même main.

BLANNBECKIN. Ven. agnetis Blannbeckin quæ sub Rodolpho Abspurgico et Alberto, I.º Austriacis impp. Viennæ floruit, vita et revelationes, autore anonymo Ord. FF. min. e cel. conv. S. Crucis Viennensis, ejusdem Virginis confessore. Accessit Pothonis presbyteri et monachi celeb. monast. Prunveningensis, nunc Priflingensis, prope Ratisbonam, ord. S. B. qui seculo Christi XII. claruit, liber de miraculis Sanctæ Dei genitricis Mariæ. Utrumque opusculum ex MSS. Codd. primum edidit R. P. Bernardus Pez, benedictinus et bibliothecarius mellicensis. *Viennæ, apud Petrum-Conrad Monath, 1731, in 8 de 456 pages.*

Ce livre est fort rare, ayant été supprimé avec le plus grand soin par ordre de l'empereur. La cause de sa suppression est dans les absurdités, les sottises et le ridicule superstitieux qu'on y trouve : je n'oserais jamais rendre en français ce que l'auteur, dans la *Vie d'Agnès de Blannbeckin*, fait dire à sa héroïne, en parlant du prépuce de de J.-C. (chap. 38 et 39). Il raconte : *Eam aliquando scire desiderasse, cum lacrymis et mœrore maximo, ubinam esset præputium Christi : ecce vero, in instanti sensisse eam illud, et dulcissimi quidem saporis, in ore, super lingua vel centies versatum, quod totidem vicibus deglutiverit, donec tandem, cum pelliculam hanc tentaret digito attengere, ea sponte in guttur descenderit.* Le second ouvrage sur les miracles de la Sainte Vierge est tout aussi révoltant, par les platitudes qu'on y trouve. Pothon dit : « Qu'une certaine abbesse se trouvant enceinte, la Sainte Vierge lui envoya deux Anges pour l'accoucher : ils firent les fonctions de sage-femme, et ensuite remirent le bâtard à un hermite, afin qu'il l'élevât jusqu'à l'âge de sept ans. » N'est-ce pas vraiment outrager la religion, que de consigner dans un livre dont le titre inspire la confiance, les rêves dégoûtans d'une imagination en délire. C'est Vogt qui m'a fourni ces détails. On lit, dans les *Recherches historiques, curieuses et remarquables*, Paris, 1723, *in*-12, page 365, un trait qui peut figurer à côté des extravagances que nous venons de rapporter : « Antoine Bourignon était une fille qui naquit à Lille en 1616, et mourut en Frise en 1680.

Cette fille assure avoir connu, par ses révélations, qu'Adam, avant son péché, produisait son semblable sans secours de femme, ayant dans son corps le principe des deux sexes, c'est-à-dire, deux vaisseaux, dont l'un produisait de petits œufs, et l'autre une liqueur qui rendait ces œufs féconds. Et quand l'homme s'échauffait dans l'amour de son Dieu, le désir qu'il avait de voir d'autres créatures qui l'aimassent et adorassent sa suprême Majesté, faisait répandre, par le feu de cet amour, cette liqueur sur un ou sur plusieurs de ces œufs, avec des délices inconcevables. Cet œuf sortait par une espèce de nez, et ensuite on en voyait éclore un homme parfait. Plusieurs savans de ce siècle ont prétendu que les femmes ont des œufs comme les oiseaux, *etc.*, *etc.*, *etc.* » De pareilles sottises ne méritent pas d'être relevées; elles démontrent cependant que le talent d'extravaguer n'est pas exclusif aux hommes, et que le beau sexe, lorsqu'il veut s'en mêler, y réussit assez bien.

BLOUNT. Philostrati duo priores libri de vita Apollonii Thyanensis e græco in sermonem anglicum translati, notisque copiosis illustrati, auctore Carolo Blount. *Londini, 1680, in-fol.*

Cet ouvrage a été condamné en Angleterre en 1693. Les notes, qui y sont très-nombreuses, sont dirigées contre la religion, et ne tendent qu'à rendre l'écriture sainte méprisable. On prétend que l'auteur a beaucoup puisé dans le *Traité de la Vérité* de lord Herbert de Cherbury, qui a écrit d'une manière très-hardie. Charles Blount s'est brûlé la cervelle en 1693, de désespoir de n'avoir pu épouser la veuve de son frère: il était né en 1655. C'est un des fameux déistes, dont les écrits sont marqués au coin de l'audace et de l'indépendance. Il en a composé beaucoup, tels que son *Anima mundi*, ou Histoire des opinions des anciens touchant l'état des ames après la mort. *Londres*, 1679, *in-8*. — *La grande Diane d'Ephèse, ou l'Origine de l'Idolâtrie*, etc. *Londres*, 1680, *in-8*. — *Janua scientiarum*. *Londres*, 1684, *in-8*. — *Les Oracles de la raison*, dans lequel il cherche à prouver qu'il est permis d'épouser successivement les deux sœurs. *Londres*, 1693, *in-8*. *Religio laïci*. *Londres*, 1683, *in-12*, etc. Sa *Vie d'Apollonius de Thyanes* a été traduite en français. *Berlin*, 4 vol. *in-12*.

BODIN. Joannis Bodini universæ Naturæ Theatrum, in quo rerum omnium effectrices causæ et fines contemplantur. *Lugduni, Roussin*, 1596, *in-8*.

Cet ouvrage a été sévèrement défendu et supprimé ; mais la suppression n'en a pas été assez exacte pour que les exemplaires en fussent très-rares. C'est une espèce de dialogue entre Théodore et Mystagogue. Le premier débite des propositions singulières et impies, auxquelles Mystagogue répond d'une manière si faible, qu'il est toujours battu par son adversaire. Cette production ressemble à celle de Jules-César Vanini ; c'est-à-dire, qu'elle respire l'athéisme. Elle a été réimprimée en Allemagne en 1597, et traduite en français, la même année, par Fougerolles, à Lyon, *in-8* Le *Colloquium Heptaplomeres de abditis rerum sublimium Arcanis, Libris VII digestum*, manuscrit (qui n'a jamais été imprimé) du même auteur, est encore plus dangereux que l'ouvrage précédent Ce sont des colloques entre sept interlocuteurs qui attaquent toutes les religions, en commençant par la catholique ; le luthérianisme vient ensuite, puis toutes les sectes ; les naturalistes ont leur tour, les calvinistes, et enfin les mahométans. L'auteur fait en sorte que les chrétiens, dans sa discussion, ont toujours le dessous, et les juifs l'emportent sur les autres. Il se trouvait une traduction française de ce manuscrit dans la bibliothèque de l'abbé de Rothelin. Elle y a été vendue 73 livres. Bodin ayant été député du tiers-état de Vermandois aux états de Blois, y soutint qu'en France le domaine royal appartient au peuple, et que le souverain n'en peut avoir que le simple usufruit. Ce discours fut dénoncé à Henri III, qui répondit (chose assez singulière): *c'est l'opinion d'un homme de bien*. Ce roi fit mettre en prison Michel de la Serre, gentilhomme provençal, pour une *remontrance* qu'il lui avait adressée contre la *République* de Bodin. Cette *remontrance* a été imprimée à Paris en 1579, *in-8*, et la fameuse *République* de notre auteur a paru en 1576, *in-fol*. La meilleure édition est de 1578, parce que l'auteur y profita des observations de Cujas. Elle coûta, dit-on, trente ans de travail à son auteur, qui l'a traduite lui-même en français. Jean Bodin, né en 1530, est mort à Laon en 1596.

BONCERF. Des inconvéniens des Droits féodaux, par Boncerf, de Lons-le-Saunier, 1770, 1 vol. *in-12.*

Cet ouvrage a été brûlé par la main du bourreau, en vertu d'un arrêt du parlement de Paris et de celui de Besançon. Ce qui est assez singulier, c'est que Boncerf, nommé officier municipal en 1789, a été chargé d'aller installer le tribunal judiciaire dans le même local où le parlement avait autrefois condamné son ouvrage.

BONFADIO. Jacobi Bonfadii Annalium genuensium, ab anno 1528 recuperatæ libertatis usque ad annum 1550, libri quinque. *Papiæ, apud Hieron. Bartolum*, 1585, *in-4.*

Cette Histoire a été funeste à son auteur. Comme il avait consacré sa plume à la vérité, il indisposa contre lui plusieurs familles considérables, qui, pour s'en venger, le firent accuser d'un crime qui méritait la peine du feu. Il allait être brûlé vif, quand ses amis obtinrent, par grâce spéciale, qu'il en fût quitte pour avoir la tête tranchée, ce qui fut exécuté en 1561. Quelle faveur ! Barthelemi Paschetti a traduit cette Histoire en italien en 1586, *in-4.* Antoine Sambucci en a donné une nouvelle édition latine, à Brescia, en 1747, *in-8, fig.*

BOSQUET. Georgi Bosqueti Hugoneorum hereticorum Tolosæ conjuratorum profligatio memoriæ posita. *Tolosæ*, 1563, *in 4.*

Cet ouvrage a été condamné par un arrêt du conseil privé du roi, tenu au château de Vincennes le 18 juin 1563, portant : « Le roi... a ordonné et ordonne que le livre composé par un George Bosquet, habitant de ladite ville de Toulouse, contenant libelle diffamatoire, sera brûlé, et défenses faites à tous libraires et imprimeurs de l'imprimer ne faire imprimer, ne vendre, et à tous de n'en acheter. » Georges Bosquet était avocat au parlement de Toulouse.

BOUCHER. Sermons de la simulée conversion et nullité de la prétendue absolution de Henry de Bourbon, prince de Béarn, par Jean Boucher, curé de S. Benoist. *Paris*, 1594, *in-8.*

Cet ouvrage, imprimé avec le privilége du duc de Mayenne,

est très-rare, parce que, le lendemain de la réduction de Paris, tous les exemplaires que l'on put trouver, furent brûlés par la main du bourreau à la Croix du Trahoir, avec ceux des sermons de Jean Porthaise, intitulés : *Sermons de la simulée conversion de Henry, roi de Navarre, par Jean Porthaise, Théologal de Poitiers.* Paris, 1594, in-8. La réimpression des *Sermons* de Jean Boucher, faite par lui-même, a moins de valeur que l'édition originale. Il faut que les Sermons de Jean Porthaise soient au nombre de cinq, ou les exemplaires sont incomplets. On doit encore à Jean Boucher plusieurs ouvrages plus détestables les uns que les autres, parmi lesquels nous distinguons : *De justâ Henrici III abdicatione è Francorum regno, Lib. IV. Parisiis*, Nivelle, 1589, in-8. C'est la satyre la plus vive qui ait paru contre Henri III. Cette édition est préférable à celle de 1591, quoiqu'en ait dit le père Lelong, n. 8141 de sa bibliothèque historique de la France (première édition) ; cette dernière n'est pas augmentée de XII chapitres. On attribue à Jean Boucher : *Apologie pour Jean Chastel*, par François de Vérone, dont nous allons parler. Jean Boucher, né à Paris vers 1550, est mort à Tournay en 1644.

BOUCHER. Apologie pour Jean Chastel, parisien, exécuté à mort, et pour les Pères et Escholiers de la Société de Jésus, bannis du royaume de France, contre l'arrest de Parlement, donné contre eux à Paris le 29 décembre 1594, divisée en cinq parties, par François de Vérone Constantin, (Jean Boucher), 1595, in 8.

Il a paru une seconde édition de cet ouvrage exécrable

en 1610, *in-8*, et il a été traduit en latin sous ce titre: *Jesuita sicarius h. e. Apologia pro Jo. Castello Parisiensi mortis supplicio affecto, et pro patribus ac scholasticis Soc. Jesu, olim Galliæ regno exterminatis, contra edictum parlamenti olim Parisiis in illos latum in V partes tributa à Francisco de Verone Constantino. Lugduni*, 1611, *in-8.* de 319 pages. Cet ouvrage a été supprimé. On sait que Jean Chastel a été puni du supplice des régicides; c'est-à-dire, qu'il a été tenaillé, tiré à quatre chevaux, etc. Il ne fit pas la moindre plainte au milieu des plus affreux tourmens, et s'obstina à dire qu'il ne se repentait pas de son attentat. Quelques ligueurs le regardèrent comme un martyr, et obtinrent que l'arrêt du parlement fût mis à l'*Index* à Rome. L'ouvrage ci-dessus est de Jean Boucher, qui s'est caché sous le nom de François de Vérone.

BOULANGER. Le Christianisme dévoilé, ou Examen des principes et des effets de la Religion chrétienne (par Boulanger) 1767, *in-8.*

Ce livre a été brûlé par arrêt du parlement de Paris, du 18 août 1770. Les motifs de l'arrêt portent que « L'auteur croit avoir dévoilé le christianisme, en nous le représentant comme une religion de mensonge et de sang, qui a rempli la terre de fables dangereuses et de dissensions cruelles; et il s'imagine en avoir rendu la morale odieuse, parce qu'il l'a défigurée au gré de son imagination. » Ce livre, disent les auteurs du *Dictionnaire historique*, est une déclamation révoltante pleine de blasphèmes et de sophismes. On y prêche la tolérance d'un ton de fanatique. L'abbé Bergier l'a réfuté dans son *Apologie de la religion chrétienne*. Boulanger a encore composé plusieurs autres ouvrages aussi condamnables que celui que nous citons. Les principaux sont, l'*Antiquité dévoilée*, 3 vol. *in-12*, qui a été réfutée dans l'*Antiquité justifiée*, *in-8*, par Henri Fabri d'Autrey; le *Traité du Despotisme oriental*, 1 vol. *in-12*, et la *Dissertation sur Elie et Enoch*, *in-12*. Quelques auteurs ont prétendu que ces différens ouvrages n'étaient point de Boulanger, et que le *Christianisme dévoilé* est de Damilaville, mort en 1768. Ce point d'érudition littéraire n'est point encore éclairci, et Boulanger est toujours regardé comme auteur de ces différentes productions. Il est mort à Paris le 16 septembre 1759 à trente-cinq ans.

BROWER. Christophori Broweri, e Soc. Jes. antiquitatum et annalium Trevirensium libri. *Coloniæ*, 1626, *in-fol.*

Cette première édition est rare, ayant été supprimée par ordre de Philippe-Christophe, électeur et archevêque de Trèves. Il y en a une édition de 1670, imprimée à Liége, avec les notes de Masen et des figures. Pour avoir cet ouvrage exactement complet, on réunit ordinairement les deux éditions.

BRUCCIOLI. Biblia en lengua toscana, cioè, i tutti i santi libri del vecchio y Novo Testamento, tradotti, in lengua toscana, dalla hebraïca verita, e fonte greco, con commento da Antonio Bruccioli. *In Venetia*, 1546, et ann. variis, 7 tomes en 3 vol. *in-fol.*

Cette Bible où l'auteur, quoique catholique, parle en protestant, a été supprimée et mise à l'*Index*. Bruccioli cherche à y prouver qu'il est nécessaire de traduire les livres saints en langue vulgaire, afin qu'ils soient entre les mains de tout le monde. Sa traduction, quoiqu'assez médiocre, fut du goût des réformateurs, qui en donnèrent plusieurs éditions : la plus ample et la plus rare est celle que nous citons. Bruccioli, qui n'aimait ni les moines ni les prêtres et qui parlait un peu trop hardiment sur leur compte, eut des démêlés assez fâcheux avec l'inquisition ; on prétend même qu'il n'a évité la corde que par la protection de ses amis, qui firent convertir cette peine en un bannissement de deux ans. Il est mort vers 1555, âgé de près de soixante ans.

BRUNUS. Spaccio de la bestia triomphante proposto da giove, effettuato dal conseglo, revelato da Mercurio, recitato da sofia, udito da saulino, registrato dal nolano, diviso in tre dialogi, subdivisi in tre parti (Opera di Giordano Bruno Nolano). *In Parigi*, 1584, *in 8*.

Cet ouvrage, excessivement impie, a été supprimé avec le plus grand soin ; aussi les exemplaires en sont-ils très-rares. L'auteur attaque toutes les religions dans cette *Déroute* ou *Expulsion de la Bête triomphante*. Il présente d'abord le tableau du paganisme ancien ; et, en le comparant avec la religion catholique, il prétend que les évangiles sont beaucoup plus absurdes que les ridiculités et les idolâtries des payens. Il nie l'immortalité de l'ame ; il déguise plusieurs points essentiels de la religion sous des axiômes de philosophie et de morale bizarre ; et il finit par exclure toutes les religions, et par substituer dans le ciel le nom des vertus morales aux fausses divinités du paganisme. Selon lui, c'est à la loi naturelle à régler les notions du vice et de la vertu. Il donne un symbole en quarante-huit articles, dont chacun a rapport à quelques constellations célestes.

Un autre ouvrage de Brunus, qui n'est pas moins rare que celui dont nous parlons, et même qui y fait suite, est :

La Cena de le ceneri descritta in cinque dialogi per quattro interlocutori, circa doi suggetti. *Impresso l'anno* 1584, *in-8.*

Le titre de cet ouvrage provient de ce que l'on suppose que ces dialogues ont lieu à table le premier jour de carême. Le premier dialogue est consacré aux différentes manières de philosopher, aux propriétés singulières du nombre binaire, au système de Copernic et à l'utilité de la manière de philosopher de l'auteur. Dans le second, après avoir traité des différens effets de physique et des singularités de la nature, Brunus propose son système sur l'univers créé. Dans le troisième, il fait voir la nécessité de l'étude des différentes langues ; et il cherche à trouver du mystérieux dans les phénomènes et dans les écarts de la nature. Dans le quatrième, il déclare que sa manière de penser est exactement conforme à ce qu'il a avancé ; et enfin, dans le cinquième, il avance tout ce qu'il croit propre à compléter son système. Nous avons dit que ce volume devait être joint au précédent ; mais il est bon d'y ajouter les deux suivans du même auteur : ils sont moins rares, mais ils n'en sont pas moins nécessaires pour former la collection complète de ce que Brunus a dit sur ce sujet : *De la causa, principio et uno.* In Venetia, 1584, *in-8.* — *De l'infinito, universo et mondi.* In Venetia, 1584, *in-8.* Jordanus Brunus a composé un grand nombre d'ouvrages dont on trouve la notice dans la plupart des bibliographies ; et ils ne sont pas aussi rares que ceux dont nous avons parlé. Il faut cependant en excepter son *Cabbala del Cavallo Pegaseo, con l'agiunta del Asino Cilenico.* Parisiis, 1585, *in-8* de 48 feuillets. Il est composé d'une épitre dédicatoire, d'une déclamation remplie d'indécences sur l'Ane et sur l'Anesse, de trois dialogues et de l'*Asino Cilenico*. On y retrouve les idées répandues dans ses autres ouvrages, dont Debure donne une notice assez étendue. Cet auteur a été brûlé vif à Rome le 17 février 1600, condamné par l'inquisition, ainsi que l'assure Scioppius, témoin oculaire.

BRUTUS. Joh. Michaelis Bruti Historiæ Florentinæ Libri VIII priores, desinentes ad obitum Laurentii de Medicis. *Lugduni*, 1562, *in* 4.

Cette Histoire estimée est rare, parce que les grands-ducs de Toscane en ont fait supprimer un grand nombre d'exemplaires. On regarde la préface comme un chef-d'œuvre d'élégance, de jugement et de force. L'auteur prend à tâche de contredire Paul-Jove, partisan déclaré des Médicis : il tombe même dans l'excès contraire à celui qu'il reproche à cet historien, en parlant des Médicis avec beaucoup trop d'animosité. Son ouvrage n'est point terminé, puisqu'il ne va que jusqu'à la mort de Laurent de Médicis arrivée en 1492. L'auteur, obligé de quitter l'Italie, pour avoir parlé un peu trop librement de la maison des Médicis, comme nous l'avons dit, n'a pas jugé à propos de mettre la dernière main à cette Histoire. Jean-Michel Brutus, né à Venise vers 1515, est mort en Transylvanie en 1593.

BRUZEN. Lettres critiques où l'on voit les sentimens de M. Simon sur plusieurs ouvrages nouveaux, publiés par un gentilhomme allemand (Bruzen de la Martinière). *Basle, Vackermann*, 1699, *in*-12.

Ces Lettres sont un reste de deux ouvrages intitulés :

Dom Faussaire et *Dom Titrier*, qui furent brûlés à Dieppe ; elles renferment une violente satyre contre les éditions des bénédictins. L'auteur est Bruzen de la Matinière, neveu de R. Simon. Ces Lettres, curieuses et rares, n'ont point été insérées dans les *Lettres choisies de M. Simon*, où l'on trouve un grand nombre de faits, anecdotes de littérature (par le même Bruzen). Amsterdam, *Delorme*, 1700, *in*-12. Le Recueil suivant a été avoué par le même Bruzen : *Lettres de M. Simon, augmentées d'un volume et de la Vie de l'auteur, par M. Bruzen de la Martinière*. Amsterdam, Mortier, 1730, 4 *vol. in*-4.

BULLES. Summorum pontificum præcipuæ Bullæ combustæ aut suppressæ, præsertim apud Gallos.

Nous avons cru que l'Histoire abrégée des Bulles qui ont été lacérées, brûlées ou supprimées, surtout en France, trouvait naturellement sa place dans notre ouvrage. Nous parlerons donc des principales, en commençant par celles qui ont été lancées par Boniface VIII, au temps de ses démêlés avec Philippe-le-Bel.

Ce pape, très-ambitieux, voulait exécuter le projet, formé depuis long-temps par ses prédécesseurs (1), d'usurper la puissance suprême, et de se placer au dessus des empereurs et des rois, non-seulement au spirituel, mais même au

---

(1) Dès 1076, on avait vu Gregoire VII tenir un synode à Rome, dans lequel il rendit une sentence terrible contre Henri IV, empereur d'Allemagne ; elle était conçue en ces termes : « De la part de Dieu tout-puissant, Père, Fils et Saint-Esprit, et par l'autorité de Saint Pierre, prince des Apôtres, je défends à Henri, fils de l'empereur Henri, de gouverner le royaume Teutonique et l'Italie ; j'absous tous les chrétiens du serment qu'ils lui ont prêté ou prêteront ; et je défends à toute

temporel. La première fois qu'il manifesta cette vue ambitieuse, ce fut dans le différend qui eut lieu entre Philippe-

personne de le servir comme roi, le chargeant d'anathème, etc., etc. Henri IV s'empressa de désarmer la colère du pape. Il alla en Italie, à Canosse, forteresse où le pape s'était retiré; il fut obligé de demeurer trois jours nus pieds et couvert d'un cilice dans l'enceinte de cette forteresse; enfin, le quatrième jour, le pape permit qu'il parût en sa présence. Gregoire consentit, par acte du 18 janvier 1077, à lui donner l'absolution, à condition qu'il se justifierait en Allemagne dans une diète générale de tous les crimes dont on l'accusait; que le pape, qui serait présent, le jugerait, et que, jusqu'à ce temps-là, il ne porterait aucune marque de la dignité royale; qu'il serait à l'avenir parfaitement soumis au saint siège, et qu'il laisserait au chef de l'église une entière liberté de faire en Allemagne, par ses légats, toutes les réformations qu'il jugerait nécessaires. Henri promit, avec serment sur l'évangile, de faire tout ce que Gregoire exigeait de lui. Ce Gregoire est, selon Pagi, le dernier pape dont le décret d'élection ait été envoyé à l'empereur pour être confirmé.

On a vu quelque chose d'assez plaisant en fait d'excommunication dans le 13.ᵉ siècle. Le pape Innocent IV tint, en 1245, un concile général à Lyon, dans lequel il excommunia et déposa l'empereur Frédéric II, et ordonna que sa sentence fût publiée partout. Un curé de Paris monta en chaire, et au lieu de faire la lecture de la Bulle avec les cérémonies accoutumées, il dit à ses paroissiens: « Vous savez, mes frères, que j'ai ordre de fulminer une excommunication contre Frédéric; j'en ignore le motif; tout ce que je sais, c'est qu'il y a entre ce prince et le pape de grands différens et une aliénation implacable. Dieu seul connait qui des deux a tort; c'est pourquoi, de toute ma puissance, aussi loin qu'elle peut s'étendre, j'excommunie celui qui fait injure à l'autre, et j'absous celui qui la souffre. » On dit que l'empereur, instruit de cette anecdote, envoya une récompense considérable au prédicateur; mais le pape et Saint-Louis blâmèrent cette indiscrétion; et le mauvais plaisant fut obligé d'expier sa faute par une pénitence canonique. Lorsque Saint-Louis, en passant par Lyon pour aller à la Terre-sainte, représenta à Innocent IV que sa dureté envers Frédéric II pouvait attirer de fâcheuses affaires à la France pendant qu'il serait en Orient, le pape répondit: « Tant que je vivrai, je défendrai la France contre le schismatique Frédéric, contre le-Bel et Edouard II, roi d'Angleterre : ce pape se déclara médiateur; puis rendit une Bulle par laquelle il donnait le tort à Philippe-le-Bel, et lui ordonnait d'aller au Levant faire la guerre aux infidèles. Comme on lisait cette Bulle en présence du roi, de Charles de Valois, son frère, de Robert, comte d'Artois, et du comte d'Evreux; le comte d'Artois, aussi indigné que Philippe, des principes exagérés du pape et de ses expressions révoltantes, arracha la Bulle des mains de l'ambassadeur anglais qui la lisait et la jeta au feu. Le roi protesta qu'il ne ferait rien de ce que le pape lui ordonnait. C'est peu après ce temps, en 1300, qu'au jubilé, Boniface VIII parut devant le peuple, tantôt en habits pontificaux, tantôt en habits impériaux, disant : *Ecce duo gladii, hic vides, ó Petro, successorom tuum, tu, salutifer Christe, cerne tuum vicarium.* Alors il manifesta le dessein qu'il avait de se rendre seul monarque spirituel et temporel de la chrétienté. Il le prouva encore davantage par la publication du 6.ᵉ livre des *Décrétales* compilé par lui, où la constitution qui commence par *unam sanctam*, porte : « Qu'il ne doit y avoir qu'une puissance en terre, savoir l'ecclésiastique, qui a les deux glaives spirituel et matériel; que l'un doit être manié pour l'église, et l'autre par l'église; l'un par le prêtre, l'autre par le roi, mais à la volonté du prêtre. Que si la puissance séculière erre, elle est jugée par la spirituelle souveraine. Pour la spirituelle, il n'y a que Dieu seul qui la puisse juger. Enfin, il conclut qu'il faut croire de nécessité de

---

le roi d'Angleterre, mon vassal, et contre tous ses autres ennemis. »
Innocent IV a résidé à Lyon pendant six mois et quatre ans; il en est sorti en 1251. Il avait placé Marcellin, évêque d'Arezzo, à la tête d'une armée qu'il envoyait contre Frédéric II. Ce prélat, ayant été pris, fut pendu par ordre de ce prince.

salut, que toute humaine créature est sujette au pontife romain. » Sur la fin de 1300, le pape envoya à Paris l'évêque de Pamiers pour enjoindre à Philippe-le-Bel de faire le voyage de la Terre-sainte, et pour autre sujet aussi singulier. Cet évêque, voyant que le roi n'était point d'avis d'obéir aveuglément au pape, le menaça de l'interdire, ainsi que le royaume, et soutint la puissance du pontife sur tous les princes souverains. Philippe indigné, fit mettre cet évêque factieux en prison, tant pour ces propos insolens, que parce qu'il cherchait à soulever secrètement les français contre leur roi. Le pape, irrité de cet emprisonnement, envoya un autre légat, Jacques de Normans, archidiacre de Narbonne, son notaire et son nonce, et lui enjoignit de commander à Philippe-le-Bel de délivrer l'évêque de Pamiers, et lui ordonna de signifier à ce prince une petite Bulle, par laquelle il lui déclare qu'il est son sujet au temporel comme au spirituel. Voici les termes de cette Bulle, ainsi que je l'ai trouvée traduite dans un de nos historiens (1).

BONIFACE, serviteur des serviteurs de Dieu,

A PHILIPPE, *roi des Français.*

« Craignez le Seigneur et gardez ses commandemens. Nous voulons que vous sachiez que vous nous êtes soumis dans le temporel comme dans le spirituel ; que la collation des bénéfices et des prébendes ne vous appartient en aucune manière ; que si vous avez la garde des églises pendant la vacance, ce n'est que pour réserver les fruits à ceux qui en seront pourvus. Si vous avez conféré quelques bénéfices,

---

(1) Elle est aussi en latin, ainsi que la réponse, dans *l'Histoire du Différend d'entre Boniface VIII et Philippe-le-Bel.* Paris, 1655, *in-fol.*

nous déclarons cette collation nulle pour le droit ; et pour le fait, nous révoquons ce qui s'est passé en ce genre : ceux qui croiront autrement, seront réputés hérétiques. »

Cette Bulle était accompagnée de deux autres ; par l'une, le pape suspendait tous les privilèges accordés par lui au roi et à ses successeurs ; et, par l'autre, tous les prélats de France devaient se rendre à Rome aux calendes de novembre suivant, pour aviser aux désordres et entreprises qui se faisaient par le roi, *etc.*; et ledit roi et ses officiers seraient bien châtiés, si le pape le trouvait convenable. Philippe-le-Bel ayant assemblé et pris les avis des trois états du royaume, fit une vigoureuse réponse à Boniface, après avoir fait brûler sa Bulle en sa présence et en présence de la noblesse. La voici, cette réponse, telle que je l'ai trouvée dans la source qui m'a fourni la Bulle précédemment citée.

Philippe, par la grâce de Dieu, roi des Français ;

A Boniface, *prétendu pape, peu ou point de salut.*

« Que votre très-grande fatuité sache que nous ne sommes soumis à personne pour le temporel ; que la collation des bénéfices, les siéges vacans nous appartiennent par le droit de notre couronne ; que les revenus des églises qui vaquent en régale sont à nous ; que les provisions que nous avons données et que nous donnerons sont valides, et pour le passé et pour l'avenir ; et que nous maintiendrons de tout notre pouvoir ceux que nous avons pourvus et que nous pourvoirons : ceux qui croiront autrement seront réputés fous et insensés. »

Nous devons dire aussi que, dans l'assemblée des états, il fut publié un édit portant étroites défenses de tirer argent hors du royaume pour les affaires de cour de Rome ; et, par autorité de la cour, les excommunications furent déclarées abusives.

Je ne m'étendrai pas davantage sur l'histoire des Bulles de Boniface VIII ; il en a donné plusieurs autres (1) ; mais j'ai cité les plus intéressantes ; je ne m'appesantis pas sur l'histoire de ce pape, sur sa fin, peut-être moins malheureuse que bien méritée, ni sur la manière peu avantageuse dont Philippe-le-Bel a tiré parti de ces fameux démêlés ; cela n'est point du ressort de mon travail. Cependant il faut convenir que rien n'est plus honteux que les accusations dont ces deux souverains se chargeaient réciproquement, non pas directement, mais par leurs délégués. Duplessis, dans une assemblée générale des trois états de France, tenue en 1303, accuse le pape « d'être hérétique (2) ; de ne point croire l'immortalité de l'ame, et encore moins la vie éternelle ; de prétendre que la fornication n'est pas péché ; d'avoir approuvé le livre d'Arnauld de Villeneuve, condamné par l'évêque de Paris (3) ; d'être sorcier,

---

(1) Il en préparait une la veille qu'il fut pris par Nogaret à Agnani, dans laquelle il disait : Qu'il avait eu le pouvoir de gouverner les rois avec la verge de fer, et de les briser comme des vases de terre. Mais elle n'eut pas lieu.

(2) Maffredo, l'un des domestiques du pape, et treize autres témoins, ont déposé que ce pontife avait insulté plus d'une fois à la religion, qui le rendait si puissant, en disant : *Ah ! que de bien nous a fait cette fable du Christ !* Ce mot est-il présumable ? Je ne le crois pas. M. de Lal... prétend que ce mot a été dit par Léon X au cardinal Bembo ; et que ce même cardinal disait : « Je ne puis rendre raison de rien en » physique ni en morale, si vous n'admettez Jésus-Christ. »

(3) Arnauld de Villeneuve a composé plusieurs ouvrages condamnés par l'université de Paris et par l'inquisition, qui voulait le poursuivre. Ses principales erreurs sont que l'étude de la philosophie doit être bannie des écoles, et les théologiens ont très-mal fait de s'en servir ; que les moines corrompent la doctrine de Jésus-Christ ; qu'ils sont sans charité

simoniaque ; de soutenir que le pape ne peut commettre simonie, ce qui est hérétique ; d'être sodomiste ; de contraindre les prêtres à révéler les confessions ; de manger de la chair en tout temps ; de déprimer les moines ; de donner de grands biens à ses parens ; d'avoir démarié son neveu pour le faire cardinal ; d'avoir fait paraître dans toutes ses actions une forte haine contre les français ; d'avoir dit qu'il aimerait mieux être chien que français ; d'avoir entrepris de ruiner le roi de France, parce qu'il ne reconnaissait que Dieu seul au temporel ; enfin, de regarder tous les français comme patariens (hérétiques). » D'un autre côté, l'évêque de Pamiers accusait Philippe-le-Bel « d'être faux-monnoyeur ; de n'être point de la race de Charlemagne, mais *de batardis vel spuriis oriundus* ; de n'être *nec homo, nec bestia, sed imago* ; de ne rien savoir du tout, *nisi respicere homines* ; d'être indigne et incapable de gouverner la France ; d'avoir une cour fausse, corrompue et infidelle, et d'en être le modèle, *etc.* » Nous ne pousserons pas plus loin ces complimens royaux, ils donnent une idée du siècle témoin de ces scènes scandaleuses.

Passons à la fameuse Bulle de l'anti-pape Benoît XIII, datée de Marseille le 19 mai 1407, et renfermée dans une autre du 19 avril 1408. Par cette Bulle, il excommuniait tous ceux qui empêcheraient l'union à laquelle il travaillait et qui s'opposeraient à ses bons desseins, soit en appe-

---

et qu'ils seront damnés éternellement ; que les fondations des bénéfices ou des messes sont inutiles ; que celui qui ramasse un grand nombre de gueux et qui fonde des chapelles ou des messes perpétuelles, encourt la damnation éternelle, etc. Le fameux Mariana accuse ce médecin dont nous rapportons les erreurs, d'avoir essayé le premier la génération humaine dans une citrouille.

lant de son tribunal, comme l'université avait déjà fait; soit en faisant ou favorisant la soustraction, fût-ce un empereur et un roi, il mettait tous ses états en interdit, et dispensait tous ses sujets du serment de fidélité. Cette Bulle fut lue dans le conseil du roi Charles VI, auquel assistèrent, outre les princes du sang, le parlement, le clergé et l'université de Paris. Elle y causa une indignation générale; et le 21 mai 1408, il fut conclu en plein conseil que Benoît était, non-seulement schismatique, mais hérétique; qu'il ne fallait plus lui obéir ni reconnaître en lui aucune dignité; qu'il n'était plus pape ni même cardinal; que ceux qui lui adhéreraient seraient punis comme fauteurs de crime; que toutes les collations des bénéfices faites par lui depuis le 3 mai seraient nulles; que la Bulle devait être déchirée publiquement par le recteur de l'université, comme injurieuse, séditieuse et criminelle de lèse-majesté, etc. En même temps on présenta la Bulle au roi, qui la donna au chancelier, celui-ci la remit au recteur qui mit le canif dedans et la déchira en présence de tout le monde. Les porteurs de cette Bulle, Sanche Lopez, qui était Castillan, et l'écuyer du pape, qui était Arragonais, furent condamnés, le lundi 20 août 1408, à être mitrés, pilorisés et à faire amende honorable. On les conduisit à la cour du Palais sur deux tombereaux qui servaient aux boues de Paris: ils étaient vêtus chacun d'une tunique de toile peinte où étaient les armes du pape renversées. On les exposa sur un échafaud, ayant en tête des mitres de papier; quand ils eurent fait amende honorable, on les ramena dans les prisons du Louvre, et le lendemain on les exposa de nouveau au parvis de Notre-Dame. Sanche Lopez fut condamné à une prison perpétuelle, et l'écuyer à trois ans seulement.

Vers 1510, Louis XII eut de forts démêlés avec le pape

Jules II ; celui-ci demanda à ce roi quelques villes sur lesquelles le saint siége prétendait avoir des droits. Louis XII les refusa, et fut excommunié. Il dit, en apprenant que le pape voulait l'excommunier : *Eh quoi! est-ce son emploi de médire ?* Et comme on lui disait que ce pape entreprenait sur le temporel des souverains, il répondit: *apparemment qu'il a bien du temps à perdre; S. Pierre avait bien d'autres choses à faire que de se mêler des affaires des empereurs sous lesquels il vivait.* Louis XII, excommunié, en appela au concile général de Pise. Ce concile inquiéta beaucoup le pape, qui ne voulut pas y paraitre. Dans la 8.e session, tenue le 21 avril 1512, il fut déclaré suspens par contumace. Ce fut alors que ce pape, ne gardant plus de mesure, mit le royaume en interdit, et délia les sujets du serment de fidélité. Louis XII irrité fit excommunier à son tour Jules II, et fit battre des pièces de monnaie qui portaient au revers : *Perdam Babylonis nomen;* Je détruirai jusqu'au nom de Babylone. Le pape opposa au concile de Pise celui de Latran, dont l'ouverture se fit le 3 mai 1512; mais il n'en vit pas la fin : une fièvre lente l'emporta le 21 février 1513, à l'âge de soixante-dix ans.

En 1580, on a publié à Paris un petit volume fort rare, qui a été brûlé par arrêt du parlement ; il contient 23 pag. Son titre est : *Litteræ, processus, Gregorii XIII, lectæ die Cœnæ Domini, anno 1580. Parisiis, Brumenius, 1580, in-8.* La Bulle qui se trouve dans ce petit ouvrage, est connue sous le nom de *in Cœna Domini*, parce qu'on la lisait tous les ans le jeudi saint à Rome. Cette coutume a cessé sous le pontificat Clément XIV. Cette Bulle fameuse est composée de plusieurs Bulles; on la fait remonter jusqu'à Gregoire XI dans le 14.e siècle; c'est Pie V qui, en 1568, ordonna qu'elle serait publiée, non-seulement à

Rome, mais chez toutes les puissances (qui, presque toutes; la rejetèrent). Elle a pour objet la juridiction de la puissance ecclésiastique et civile, et surtout les immunités de l'église. Elle excommunie les princes qui exigeront des ecclésiastiques quelque contribution que ce puisse être: elle défend d'imposer de nouvelles taxes sur les laïcs, sans une permission expresse de Rome. Les nombreuses excommunications qu'elle porte sont toutes réservées au pape. Elle excommunie quiconque appelle au futur concile des décrets ou sentences du pape, quiconque enseigne que le pontife est soumis au concile général, *etc.* C'est en 1580, sous Gregoire XIII, qu'on essaya de faire publier cette Bulle en France. Quelques évêques, profitant des vacances du parlement, la firent publier dans leurs diocèses. Mais, sur les plaintes du procureur du roi, le parlement ordonna que l'on défendrait la publication de la Bulle dans les lieux où elle n'était point encore parvenue; que les archevêques, évêques ou leurs vicaires qui l'avaient fait publier, seraient cités à comparaître, pour répondre aux interrogatoires du procureur du roi ; et qu'en attendant, il serait procédé à la saisie de leur temporel. Défenses furent faites que personne eût à empêcher l'exécution de cet arrêt, sous peine d'être traité comme criminel de lèse-majesté ; et le volume qui contenait la Bulle a été brûlé, comme nous l'avons dit plus haut. Un exemplaire, qui existait dans la bibliothèque de Gaignat, a été vendu 50 livres : il était enrichi de l'arrêt de condamnation, et scellé du cachet du nonce du pape.

Le 9 septembre 1585, Sixte-Quint lança une Bulle foudroyante contre le roi de Navarre (depuis Henri IV) et contre le prince de Condé. Après avoir relevé la puissance et l'autorité pontificale au-dessus des bornes légitimes, ce pape dit qu'il est obligé de s'armer du glaive apostolique contre deux enfans de colère ; qu'ils ont l'un et l'autre abusé de la clémence du saint siége ; qu'il les proscrit comme hérétiques, relaps, fauteurs d'hérétiques, défenseurs publics et notoires de l'hérésie, ennemis de Dieu et de la religion ; en conséquence, déclare le roi de Navarre déchu de tous ses droits sur le royaume de Navarre et sur la principauté de Béarn, incapable de succéder à aucune souveraineté, et particulièrement à la couronne de France ; le prive, ainsi que le prince de Condé, de tous droits et priviléges attachés à leur rang, et leurs sujets absous du serment de fidélité. Cette Bulle fut reçue en France avec des transports de joie par les ligueurs, qui s'en servirent pour rendre Henri III odieux. Mais le roi de Navarre y répondit d'une manière très-forte, et il fit afficher sa réponse, par le moyen de ses amis, à Rome même le 6 novembre, dans toutes les rues et aux portes de tous les palais des cardinaux, à celle même du Vatican. En voici un extrait. « Henri, par la grâce de Dieu, roi de Navarre, prince souverain de Béarn, premier pair et prince de France, s'oppose à la déclaration et excommunication de Sixte V, soi-disant pape de Rome, la maintient fausse et en appelle comme d'abus...... en ce qui le touche d'hérésie de laquelle il est faussement accusé, dit et soutient que monsieur Sixte, soi-disant pape, sauf sa sainteté, en a faussement et malicieusement menti, et que lui-même est hérétique....; qu'il le tient et déclare pour antechrist et hérétique, et, en cette qualité, veut avoir guerre perpétuelle et irréconciliable avec lui......; que si, par le passé, les rois et princes ses prédécesseurs ont bien su châtier la témérité de tels galans, comme est ce prétendu pape Sixte, lorsqu'ils se sont oubliés de leur devoir et passé les bornes de leur vocation, confondant le temporel avec le spirituel : ledit roi de Navarre, qui n'est en rien inférieur à eux, espère que Dieu lui fera la grâce de venger l'injure faite à son roi, à sa maison, à son sang et à toutes les cours de parlemens de France, sur lui et ses successeurs, *etc.* » Cette protestation fit beaucoup de peine à l'orgueilleux Sixte-Quint : il ne pouvait pas concevoir comment on avait osé l'afficher à Rome. Il en fit supprimer tous les exemplaires (1).

Grégoire XIV, milanais de nation, fit fulminer à Rome deux Bulles du premier mars 1591 ; par l'une desquelles (suivant celle de Sixte V), il déclarait Henri IV hérétique, relaps, excommunié et privé de son royaume ; par l'autre, il mettait en interdit les ecclésiastiques qui rendaient obéissance au roi. Il envoya en France un nommé Marcilio Landriano, en qualité de nonce, pour les y faire fulminer, et, sous ce prétexte, jeter la rébellion dans le cœur des français, qui, en partie, n'y étaient déjà que trop disposés. Par arrêt du parlement, séant à Flavigny, du 19 juillet 1591, ces Bulles furent déclarées nulles, abusives, contre les décrets, privilèges et libertés de l'église gallicane, autorités et prééminences du royaume ; l'arrêt porte en outre que ledit Landriano, nonce, quelque part qu'il puisse être, doit être appréhendé, pris au corps et amené sous bonne et sûre garde en la Conciergerie du palais ; que celui qui le livrera aura 10,000 livres ; défendant, sous peine de mort, à qui que ce soit de le loger, recevoir ; et par autre arrêt du 13 août même année 1591,

---

(1) Cette protestation a donné lieu à un petit livre italien très-curieux et bien écrit, intitulé : *Aviso piacevole dato alla bella Italia, da un nobile giovane francese, sopra la mentita data dal re di Navarra a papa Sixto V.* In Monaco, 1586, *petit in*-4. Il y a d'autres ouvrages, tels que le *Brutum fulmen* de François Hotman, 1585, *in*-8. *Moyens d'abus du Rescrit et Bulle de Sixte-Quint,* 1586, in-8, etc., etc.

il a été ordonné que la Bulle de Grégoire XIV sera brûlée devant la porte du palais. On y déclare Grégoire, soi-disant pape, XIV du nom, ennemi du roi, de l'état de France, et de la paix de la chrétienté; et on donne acte au procureur-général de l'appel par lui interjeté au futur concile légitimement assemblé, de l'intrusion au saint siége apostolique, du cardinal Sfrondat, soi-disant Grégoire XIV.

Les bornes de notre ouvrage ne nous permettent pas d'entrer dans de plus grands détails sur ces sortes de Bulles, et d'en citer un plus grand nombre. Nous croyons nous être attachés aux principales. Nous déclarons aussi que nous avons passé sous silence un grand nombre d'écrits relatifs aux divisions de l'église dans le 17.ᵉ siècle et au commencement du 18.ᵉ (1). Ces ouvrages, qui ont été censurés, supprimés ou brûlés, n'inspirent maintenant qu'un faible intérêt; et ils sont si nombreux que la nomenclature seule formerait un volume : nous avons cependant

---

(1) Ces divisions, relatives au jansénisme, ont pris leur source dans la Bulle d'Innocent X, publiée le 31 mai 1653, contre les cinq propositions de Jansénius, évêque d'Ypres. Les trois premières y sont déclarées hérétiques, la quatrième fausse et hérétique, et la cinquième, sur la mort de Jésus-Christ, fausse, téméraire et scandaleuse. Cette Bulle alluma dans l'église de France cette guerre malheureuse qui a causé tant de scandale, parce que plusieurs rejetèrent les cinq propositions, ne voulant pas convenir qu'elles fussent dans Jansénius. Pour terminer ces dissensions naissantes, on crut devoir faire signer un formulaire de Rome, où l'on reconnaissait que les cinq propositions étaient dans Jansénius. Ceux qui se roidirent contre cette signature furent traités comme coupables. Les religieuses de Port-Royal, qui refusèrent de signer, sous prétexte qu'elles ne savaient pas le latin, furent enlevées et dispersées par ordre du roi, et on rasa leur maison. Quesnel, oratorien, publia des *Réflexions morales sur le Nouveau Testament* qui causèrent de nouveaux troubles. Le confesseur du roi Le Tellier, ennemi de Quesnel et des

cités les plus intéressans ; nous renvoyons, pour le surplus, à la *Bibliothèque des Auteurs ecclésiastiques* de Louis-Ellies Dupin ; à l'*Histoire générale des Auteurs sacrés et ecclésiastiques* de Remi Cellier ; à l'*Histoire ecclésiastique* de Fleury, *etc., etc.*

Nous devrions peut-être ajouter ici un mot sur les Thèses qui, soutenues en Sorbonne, ont été condamnées et supprimées ; mais cela pourrait nous mener trop loin ; cependant nous en citerons deux ou trois de ce genre. En 1532, un nommé Grandis avança dans ses Thèses quelques propositions qui pouvaient porter atteinte aux libertés de l'église gallicane. Par arrêt du parlement de Paris, du 13 juillet 1532, il fut ordonné que Grandis déclarerait qu'il a inconsidérément soutenu telles propositions.

En 1561, un bachelier en théologie, nommé Tanquerel, présenta en Sorbonne cette assertion : *Si le roi se séparait de la religion catholique, le pape pourrait le déposer.* Par arrêt, il fut déclaré que cette proposition avait été soutenue indiscrètement et inconsidérément ; que le contraire est véritable, et que Tanquerel s'en dédirait, et supplierait le roi de lui pardonner son offense. Néanmoins on représenta que cette question s'agitait aux écoles *doctrinaliter*, et non *juridicè*, par forme de discours seulement, et non pour la décider et la déterminer.

---

jansénistes, persuada à Louis XIV de demander à Clément XI la condamnation des *Réflexions*. Cela fut fait, et cent une propositions de Quesnel furent censurées en 1713 par la fameuse Bulle *Unigenitus*. Quelques-unes de ces propositions parurent exactes, telle que celle-ci : *La crainte d'une excommunication injuste ne doit point empêcher de faire son devoir*; et elles devinrent le prétexte de mille réclamations. Quarante évêques acceptèrent la Bulle. Cette acceptation était ordonnée par le roi; mais un moindre nombre la refusa. Mille querelles s'élevèrent à ce sujet, et mille écrits furent brûlés, censurés et supprimés.

Par arrêt du parlement de Paris, du 4 septembre 1624, en faveur de l'université de Paris, la cour, après avoir admonesté un nommé de Claves, a ordonné que ses Thèses seraient déchirées, et que les nommés de Claves, Villon et Bidaut sortiraient de Paris, avec défenses d'enseigner la philosophie dans les universités du ressort de ce parlement ; fait défenses à toute personne de mettre en dispute les propositions portées en icelles thèses, et fait encore défenses, sous peine de la vie, de tenir ni enseigner aucune maxime contre les auteurs anciens et approuvés, ni faire aucunes disputes que celles qui seront approuvées par les docteurs de la faculté de théologie.

Par arrêt du 22 juin 1663, une Thèse de théologie, qui devait être soutenue en Sorbonne, a été supprimée, comme contraire aux priviléges de l'église gallicane, en ce qu'elle élevait la puissance du pape au-dessus des conciles généraux.

En 1751, l'abbé de Prades soutint en Sorbonne une fameuse Thèse, qui, quoiqu'approuvée par le syndic, n'en est pas moins un monument public d'irréligion. Cette Thèse fut condamnée par arrêt du parlement, censurée par la Sorbonne le 27 janvier 1752, et supprimée par mandement de l'archevêque de Paris et par Benoît XIV. Dans cette Thèse, l'auteur avance les propositions les plus hardies et les plus fausses sur l'essence de l'âme, sur les notions du bien et du mal moral, sur l'origine de la société, sur la loi naturelle et la religion révélée, sur la certitude des faits historiques, sur la chronologie et l'économie des lois de Moyse, sur la force des miracles pour prouver la révélation divine, sur le respect dû aux saints Pères : il compare les guérisons d'Esculape à celles qu'a faites Jésus-Christ (1).

---

(1) Cela me rappelle un Traité de Guillaume Ader, médecin de Toulouse, imprimé en 1621, sous ce titre ; de Ægrotis et morbis Evange-

L'abbé de Prades s'étant retiré à Berlin, publia une apologie de son ouvrage qui est dans le même sens, et surtout dirigée contre ses censeurs, qu'il ne ménage nullement ; ensuite il se repentit de ses erreurs, signa, le 6 avril 1754, une rétractation solennelle qui le réconcilia avec le pape et la Sorbonne. Il est mort à Glogaw en 1782.

BURY. The naked gospel, disconvering : 1.° what was the gospel, wich our Lord and his apostles preache ; 2.° what additions and alterations latter ages have made in it ; 3.° what advantages and damages have thereupon enfuld. Now first published by Arthur Bury. *London, Nathan Ranew, 1691, in-4.*

Ce livre impie a été condamné, par l'université d'Oxford, à être brûlé ; aussi est-il très-rare, même en Angleterre. Arthur Bury, dans cet *Evangile nu*, cherche à simplifier le christianisme : il réduit la croyance nécessaire pour être chrétien aux points les plus simples, et croit que, pour être chrétien, il suffit de croire que Jésus-Christ est le Fils unique de Dieu. Selon lui, la consubstantialité du Verbe était un dogme inconnu aux premiers chrétiens. Il prétend que, du temps de S. Justin, dans le second siècle, on regardait encore comme chrétiens ceux qui croyaient que Jésus-Christ était homme, né de l'homme, et que l'on parlait de ces gens-là sans leur dire des injures

---

licis. L'auteur y examine si l'on aurait pu guérir, par la médécine, les maladies que Jésus-Christ a guéries par miracle ; il décide que non, et que ces infirmités étaient humainement incurables. Vigneul Marville prétend qu'Ader n'a composé ce livre que pour en faire oublier un précédent où il soutenait le contraire.

(les temps sont changés). Mais que, depuis que l'on veut disputer sur ces matières, la chaleur des disputes et les partis qui se sont formés dans l'église chrétienne à cause de cela, ont fait paraître ces questions importantes, à peu près comme la peine que l'on a à trouver les diamans et à les polir les rend précieux ; car enfin, quoiqu'il s'agisse de la nature divine, il ne s'ensuit pas que tout ce qu'on en dit soit important. » Tels sont les sentimens erronés d'Arthur Bury. Il ne faut pas le confondre avec Richard de Bury, auteur du *Philobiblion*, dont je parle ailleurs. Fabricius dit que ce *Philobiblion* n'est point de Richard de Bury, mais d'un dominicain nommé Holkot.

BUSEMBAUM. Hermani Busembaüm Societatis Jesu sacerdotis Theologia moralis ; nunc pluribus partibus aucta a R. P. Claudio Lacroix, Societatis Jesu, etc. Editio novissima, diligenter recognita et emendata ab uno ejusdem Societatis Jesu sacerdote Theologo. 1757, 2 *vol. in-fol.*

Le parlement de Toulouse en 1757, et le parlement de Paris en 1761, ont condamné cet ouvrage aux flammes, surtout à cause des *Commentaires*, des additions et des corrections faites à cette édition par les pères Collendal et Montausan, tous deux jésuites. Ce livre a été imprimé plus de cinquante fois avant 1757. Mais, dans l'édition de cette année, on avance des choses assez singulières, telles que celles-ci : Un citoyen proscrit par un prince ne peut être mis à mort que dans le territoire du prince où il a été condamné ; mais le pape, dès qu'une fois il a proscrit un potentat, peut faire exécuter son décret par toute la terre, parce que le pape est souverain de toute la terre. Un homme, chargé de tuer un excommunié, peut donner cette commission à un autre, et c'est un acte de charité que de l'accepter, *etc.*, *etc.* Ces principes, qui ne sont plus de saison, et qui n'auraient jamais dû en être, ont été généralement condamnés, même par les jésuistes. Herman Busembaüm, né en Westphalie en 1600, est mort en 1668.

CALENTIUS. Elysii Calentii poetæ clarissimi opera omnia, scilicet : Elegiarum Libri III; Epigrammatum libellus; Epistolarum Libri III; Hectoris Horrendæ apparitionis liber; de Bello Ranarum Libri III ; Satyrarum Libri, carmen nuptiale et nova Fabula. *Romæ, per Joannem de Besiken*, 1503, *in-fol.*

La rareté de cet ouvrage provient de ce qu'il a été supprimé secrètement, quoique muni du privilége de la cour de Rome. Il renferme des poésies libres et hasardées. Les réimpressions de ces différentes pièces sont peu estimées. Elisius Calentius mourut vers 1503.

CAMPANELLA. Thomæ Campanellæ, Monarchia Messiæ, ubi per philosophiam divinam et humanam demonstrantur jura summi Pontificis, super universum orbem in temporalibus et spiritualibus; et jura principum super populos. *AEsii, Arnazzinus*, 1633, *in-4.* Discorsi del Medesimo Campanella della liberta e della felice suggettione allo stato ecclesiastico. *Jesi, Arnazzini*, 1633, *in-4.*

Ces deux ouvrages ont été supprimés à la réquisition

de plusieurs souverains qui se sont plaints que l'on en ait permis l'impression. Je ne vois pas trop pourquoi la cour de Rome aurait empêché la publication de ces deux livres, puisque, dans le premier, l'auteur se plaît à étendre fort loin les droits des papes sur les souverains ; il semble même inviter les peuples à quitter le gouvernement de leurs princes, pour venir goûter la *douceur* de la domination ecclésiastique, dont il fait un bel éloge dans le second ouvrage, ainsi que le titre l'annonce. Ce Campanella est auteur du livre *Atheismus triumphatus*, production assez médiocre, qui est plutôt en faveur de l'athéisme qu'en faveur de la religion ; et qui a fait plus de bruit qu'il ne vaut. J'en ai parlé dans mon *Dictionnaire Bibliologique*. Campanella est encore connu par un roman politique, intitulé la *Cité du Soleil*, dans lequel il demande la communauté des femmes, et il appelle souvent l'astrologie judiciaire au secours des évènemens. Il a aussi publié un *Discursus de monarchiâ Hispanicâ*, Amsterdam, 1640, *in-12*, dans lequel il indique au roi d'Espagne les moyens de parvenir à la monarchie universelle. Thomas Campanella, dominicain calabrois, né en 1568, eut un sort assez malheureux. S'étant distingué dans sa jeunesse, par une thèse qu'il soutenait contre un vieux professeur de son ordre ; celui-ci, irrité d'avoir été embarrassé par un jeune homme, alla l'accuser d'avoir voulu livrer la ville de Naples aux ennemis de l'état, et, ce qui n'était pas moins grave, d'avoir des sentimens erronés. Campanella paya ses argumens de vingt-sept ans de prison : il y essuya jusqu'à sept fois la question pendant vingt-quatre heures de suite, et ne sortit de prison qu'à la sollicitation du pape Urbain VIII. Il vint à Paris en 1624, fut protégé par le cardinal de Richelieu, et y mourut en 1639, pour avoir pris de l'antimoine.

CAMUS. Les Triomphes des Vertus remportés sur les Vices, par M. Plis de Raynonville, (ou plutôt Camus, évêque de Belley). *Paris, 1633, in-8.*

Cet ouvrage a été supprimé par un arrêt qui fait défense, sous peine de la vie, d'en vendre aucun exemplaire. L'évêque de Belley était l'ennemi déclaré des moines : faisant allusion à la gourmandise et aux révérences de la plupart d'entre eux, il les comparait à des cruches qui se baissent pour se remplir. Dans un sermon qu'il fit aux cordeliers le jour de S. François, « Mes pères, leur dit-il, admirez la grandeur de votre Saint ; ses miracles passent ceux du Fils de Dieu ; Jésus-Christ, avec cinq pains et trois poissons ne nourrit que cinq mille hommes une fois en sa vie, et S. François, avec une aune de toile (la besace), nourrit tous les jours, par un miracle perpétuel, quarante mille fainéans. » Ailleurs il disait : « Dans les anciens monastères, on voyait de grands moines, de vénérables religieux ; à présent, *illic passeres nidificabunt*, l'on n'y voit plus que des moineaux. Jean-Pierre Camus, né en 1582, est mort en 1652. Le cardinal Bembe n'était guère plus ami des moines que M. de Belley : quand il entendait dire quelque sottise, il s'écriait *che le fratte cha detto questo?* quel est le moine qui a dit cela ?

CAPILUPI. Cento Virgilianus de vitâ monachorum quos vulgò fratres adpellant, auctore Lelio Capilupi. *Venetiis, 1550, in-8.*

Cette pièce a été proscrite à Rome : il y a beaucoup de sel, quelquefois il est un peu gros. Virgile ne se serait jamais douté que l'on mettrait en lambeaux ses vers divins pour en faire une satyre impie contre les moines. Lelio Capilupi est mort en 1560 âgé de soixante-deux ans. J'ai parlé des *Centons* dans mon *Dictionnaire bibliologique*.

CARRANZA. Commentarios de Fray Bartholome Carranza de Miranda Arzobispo de Toledo, sobre el Catechismo Christiano. *En Anvers, Nucio*, 1558, *in-fol.*

Ce livre est rare : il a, dit-on, causé la disgrâce de son auteur, et a été mis à l'*Index*. Il est dans la bibliothèque de M. de Laserna Santander, à Bruxelles. Cet ouvrage avait d'abord été approuvé par l'inquisition ; ensuite il fut censuré, puis absous par le concile de Trente en 1563. Barthelemi Carranza a été un modèle de patience dans l'adversité. Arrêté en 1559, par ordre du saint-office en Espagne, il y resta en prison pendant huit ans ; ensuite on le conduisit à Rome où sa captivité fut encore plus longue et plus dure ; enfin, on le jugea en 1576, et on lui lut sa sentence qui portait que : « Quoiqu'il n'y eût aucune preuve certaine de son hérésie, il ne laisserait pas de faire une abjuration solennelle des erreurs qu'il n'avait pas avancées. » Il protesta à sa mort, arrivée au couvent de la Minerve, l'année de son jugement, la soixante-treizième de son âge ; il protesta, dis-je, étant sur le point de recevoir Dieu, que jamais il ne l'avait offensé mortellement en matière de foi. Le peuple méprisa ses oppresseurs, et le jour de ses funérailles, toutes les boutiques furent fermées comme dans une grande fête ; son corps fut honoré comme celui d'un saint.

CASAUBON. Isaaci Casauboni de Libertate ecclesiasticâ liber singularis. *Impr. anno*, 1607, *in-8.*

Ce volume, dont l'impression n'a jamais été terminée,

finit à la page 264 ; c'est Henri IV qui en fit arrêter et supprimer tous les exemplaires lorsqu'il eut terminé les différends qui existaient entre le pape Paul V et la république de Venise. Isaac Casaubon le composa, dans le fort de ces différends, au sujet de la *Défense des Droits des Souverains*. Les fragmens qui restent de ce volume sont ceux qui ont été composés des feuilles que l'auteur envoyait à ses amis, à mesure qu'elles sortaient de la presse. On les a réimprimés dans plusieurs ouvrages. Casaubon naquit à Genève en 1559, mourut à Londres en 1614, et fut enterré à l'abbaye de Westminster. Disons un mot des démêlés de la cour de Rome avec la république de Venise. Ils eurent lieu à l'occasion de la juridiction séculière et de l'ecclésiastique, sur lesquelles les papes et les princes n'ont jamais été d'accord. Le sénat de Venise, par un décret donné en 1603, avait défendu les nouvelles fondations de monastères, faites sans son concours ; et par un autre décret de 1605, il avait défendu l'aliénation des biens-fonds, soit ecclésiastiques, soit séculiers. Cela déplut beaucoup à la cour de Rome ; mais ce qui mit le comble à son mécontentement, c'est que le sénat fit arrêter, vers le même temps, un chanoine et un abbé accusés de rapine et d'assassinat, et en attribua la connaissance à la justice séculière. Le pape se plaignit hautement, et demanda la révocation des deux décrets rapportés ci-dessus, ainsi que la remise des deux ecclésiastiques entre les mains de son nonce. Le sénat soutint qu'il ne tenait que de Dieu le pouvoir de faire des lois. Il refusa de rapporter les deux décrets et de remettre les ecclésiastiques. Paul V irrité excommunie le doge et le sénat, et met tout l'état en interdit, si on ne lui donne satisfaction dans vingt-quatre jours. Le sénat proteste contre ce monitoire et en défend la publication dans ses états. Cependant les capucins, les théatins et les jésuites reconnaissent l'interdit lancé par le pape. Aussitôt le sénat fait embarquer tous ces moines pour Rome, et bannit à perpétuité les jésuites. Paul V, de plus en plus furieux, lève des troupes contre les Vénitiens; mais, comme ceux-ci étaient en force et que leur cause était celle de tous les souverains, le pape n'eut pas beau jeu, et il eut recours à Henri IV pour arranger cette affaire, qui fut terminée par le cardinal de Joyeuse en 1607. Il fut convenu que ce cardinal déclarerait, à son entrée au sénat, que les censures étaient levées, et qu'en même temps le doge lui remettrait la révocation et la protestation. On accorda le rétablissement des religieux bannis, excepté celui des jésuites. Les vénitiens promirent d'envoyer à Rome un ambassadeur extraordinaire pour remercier le pape de leur avoir rendu ses bonnes grâces; mais ils ne voulurent pas qu'on parlât d'absolution. Tel est le précis du différend qui donna lieu à l'ouvrage de Casaubon qui fait l'objet de cet article.

CATULLE. Caii Valerii Catulli quæ extant Opera, cum observationibus Isaaci Vossii. *Londini*, 1684, *et Postea*, *Ultrajecti*, 1691, *in-*4.

Debure prétend (n.° 2649 de sa *Bibliographie instructive*) que cette édition renferme une partie du Traité *de Prostibulis veterum* de Béverland, qui ne put jamais passer à l'impression, tant il était licencieux; que ce Catulle, d'abord imprimé à Londres, fut ensuite réimprimé à Utrecht à la faveur de son intitulé; mais que, lorsque cette édition fut mieux connue, on en arrêta les exemplaires que l'on supprima ensuite. Je n'ai point sous les yeux le *Catulle* de Vossius, et je ne sais point si Béverland y a contribué. Mais M. Lemonnier, bibliographe instruit, qui possède le *Catulle* en question et qui en a lu les notes, m'a assuré qu'elles n'étaient que philologiques ou grammaticales, nullement licentieuses, et qu'elles n'avaient aucun rapport aux ouvrages ni au goût de Béverland; on n'y trouve aucune des infamies si familières à ce dernier auteur. Il est facile de vérifier si Debure a commis une erreur aussi grave. (Voyez BÉVERLAND.)

CAVEIRAC. Appel à la Raison des Ecrits et Libelles publiés contre les Jésuites (par Jean-Novi de Caveirac). *Bruxelles*, 1762, 2 *vol. in*-12.

Cet ouvrage, ou plutôt ce libelle, a été proscrit aussitôt qu'il a vu le jour, et l'abbé Caveirac, atteint et convaincu de l'avoir composé, a été condamné par contumace, au châtelet, en 1764, à être mis au carcan et banni à perpétuité. L'imprimeur, nommé Grangé, a été banni pour cinq ans. C'est cet abbé Caveirac, né à Nîmes en 1713, que l'on accusait d'avoir fait l'apologie de la Saint-Barthelemi dans sa *Dissertation* sur cette affreuse journée, qui se trouve à la suite de l'*Apologie de Louis XIV et de son conseil sur la révocation de l'édit de Nantes*, 1758, *in*-4, composée par le même Caveirac. Il a été lavé de ce reproche par Linguet; mais la tache reste toujours, et j'en crois le fonds indélébile.

CECCO. Opere Poetiche del' illustro poeta Cecco d'Ascoli, cioë, l'acerba. *In Venetia, per Philippum Petri et socios*, anno 1478, *in*-4.

Cet auteur a été brûlé vif à Boulogne en 1327, à cause des absurdités renfermées dans ses poésies, et surtout dans un Traité de la sphère, qui méritait à Cecco une place au

Potites-Maisons, plutôt que le bûcher. Cet extravagant y prétend qu'il s'engendre dans le ciel des esprits malins qui, sous certaines constellations, peuvent faire des choses surprenantes ; que Jésus-Christ, venu sur la terre, est né sous une de ces constellations, qui l'a rendu pauvre nécessairement, et que l'antechrist viendra au monde sous une de ces planettes qui doit le faire prodigieusement riche. Dès 1322, Cecco prêchait ces rêveries à Bologne, où il était professeur d'astrologie et de philosophie : il fut dénoncé au grand inquisiteur, en 1325, comme hérétique et prophète ; mais ayant abjuré ses erreurs, il se soumit à la pénitence. Deux ans après, il voulut continuer à prophétiser et annonça au duc de Calabre, qui lui demandait l'horoscope de sa femme et de sa fille, qu'elles se livreraient au libertinage. Ses ennemis le dénoncèrent de nouveau au saint-office ; il fut arrêté et condamné par l'inquisition à être brûlé ; ce qui fut exécuté à la vue d'une foule immense qui s'attendait à voir quelques-uns des génies familiers qu'on lui supposait, l'arracher des flammes. Cette injustice couvrit d'opprobre les inquisiteurs, et accabla de remords les dénonciateurs d'un vieillard septuagénaire, grand fou à la vérité, mais innocent des absurdités qu'on lui prêtait. Son véritable nom était François de Stabili ; Cecco, sous lequel il était connu, est un diminutif de Francesco. Son ouvrage a eu plusieurs éditions, comme on peut le voir dans la *Bibliographie* de Debure, n.os 3455--3461, et dans le *Dictionnaire historique* de MM. Chaudon et Landine.

CHAPELET. Le Chapelet secret du Saint-Sacrement, (par Catherine-Agnès Arnauld, religieuse de Port-Royal). *Paris*, 1663, *in*-12.

« Cet ouvrage, dit Fortunée B. Briquet, fut le signal

d'un combat d'opinions entre les prélats ; l'écrit fut censuré par M. Hallier et quelques autres docteurs de Sorbonne. Mais l'évêque de Langres, alors supérieur de Port-Royal, fit revoir cet écrit par d'autres docteurs qui l'approuvèrent. Les avis étant ainsi partagés, l'affaire fut portée au tribunal du souverain pontife. Les juges déclarèrent que l'ouvrage ne serait ni censuré ni mis à l'expurgatoire, mais qu'il serait supprimé, pour empêcher les personnes peu instruites d'en faire un mauvais usage. En voyant tant de troubles pour si peu de chose, on serait tenté de désirer que le confesseur d'Agnès eût été aussi ignorant et eût eu autant d'empire sur l'esprit de sa pénitente que celui de Sainte Thérèse. On peut se rappeler en effet que Sainte Thérèse, pour obéir à son confesseur, brûla son commentaire sur les Cantiques de Salomon, dont il fut scandalisé avant de l'avoir lu et même vu. C.-A. Arnauld est morte en 1671, âgée de soixante-dix-sept ans. »

CHARRON. De la Sagesse, trois Livres, par Pierre Charron. *A Bordeaux*, 1601, *in-*8.

Cette édition est remarquable en ce qu'elle contient beaucoup de choses qui ont été adoucies ou retranchées dans les suivantes. Deux docteurs de Sorbonne censurèrent cet ouvrage, et on souleva contre l'auteur l'Université, la Sorbonne et le Châtelet ; mais le président Jeannin dissipa l'orage et permit la vente du livre *comme d'un livre d'état*. Le père Garasse ne fut pas aussi indulgent ; il ne fit point de difficulté de placer Charron à côté des Théophile et des Vanini : il le croit même plus dangereux, *d'autant qu'il dit plus de vilainies qu'eux, et qu'il les dit avec quelque peu d'honnêteté : il le peint livré à un athéisme brutal, acoquiné à des mélancolies langoureuses et truandes.* Voici quelques-unes des pensées hardies que l'on reproche à Charron. Selon lui, les religions viennent des hommes et non de Dieu..... L'immortalité de l'ame est la plus universellement crue, et la plus faiblement prouvée...... Il fait dire à un athée que la religion est une sage invention des hommes pour contenir la populace dans son devoir...... *Page* 137 de l'édition en question, on lit : « Toutes les religions ont cela qu'elles sont étranges et horribles au sens commun......, *etc.* » Ces passages, et plusieurs autres, ont été, comme nous l'avons dit, corrigés dans les éditions suivantes, qui sont en grand nombre : nous citerons celles de *Paris*, 1604, — de *Paris*, 1607; — de *Loyde, Elzevirs*, sans date; — de *Leyde, Elzevirs*, 1646; — de *Leyde, Elzevirs*, 1556; — d'*Amsterdam, Louis et Daniel Elzevirs*, 1662; de *Paris, Bastien*, 17...; — enfin, l'édition des *Œuvres diverses;* savoir, la Sagesse, les Discours Chrétiens, les Trois Vérités, etc. Paris, *Jacques Villery*, 1635, 2 *vol.* in-4. Pierre Charron, né à Paris en 1541, y est mort en 1603. C'était un digne prêtre, qui joignait, aux lumières de la philosophie, les vérités et la morale de la religion.

CHEVRIER. Les Ridicules du siècle, par François-Antoine Chevrier, *in*-12.

Cet ouvrage a été proscrit dans sa nouveauté, parce qu'il est écrit avec beaucoup de fiel, et qu'il attaque plusieurs personnes dont les caractères sont outrés sous la plume de ce virulent écrivain. Presque tous les livres de Chevrier sont marqués au coin de l'impudence, du cynisme et de la scélératesse : ils sont infectés de l'esprit de satyre et du poison de la haine. Son *Almanach des Gens d'esprit par un Homme qui n'est pas sot*, est révoltant par l'indécence, l'obscénité et l'impiété qui y dominent. Son *Colporteur* est rempli d'atrocités dégoûtantes, et pourtant de saillies assez heureuses ; c'est une satyre affreuse des mœurs du siècle. François-Antoine Chevrier, né à Nancy, mourut en Hollande en 1762. On peut placer à côté de lui, comme son digne émule, Thevenot de Morande, qui a composé *le Gazetier cuirassé, ou Anecdotes scandaleuses de la Cour de France, imprimé à cent lieues de la Bastille, à l'enseigne de la Liberté*, suivi des *Mélanges confus sur des matières fort claires*, et du *Philosophe cynique*. (Londres), 1771, *in-12*. Ces trois libelles respirent la méchanceté la plus effrénée. Les personnes de renom y sont déchirées avec le plus cruel acharnement. Le premier de ces libelles est dédié à l'auteur lui-même, le second à un ami, et le troisième aux chœurs de l'opéra. Thevenot de Morande a été massacré à Paris en septembre 1792.

CHORIER. Aloysiæ sigeæ toletanæ Satyra sotadica de arcanis amoris et veneris (auctore Nicolao Chorier), *in-12*.

Production abominable et la plus licentieuse que l'on connaisse. Elle a été faussement attribuée à l'illustre Louise Sigée de Tolède, morte en 1560 ; elle est de Nicolas Chorier, avocat de Grenoble. Cet ouvrage infâme fut reçu comme il le méritait ; c'est-à-dire, qu'il fut proscrit, et l'imprimeur obligé d'abandonner son commerce, et d'éviter par la fuite un châtiment exemplaire. Les six premiers dialogues furent imprimés à Grenoble, et le septième à Genève. Quelques auteurs prétendent que la latinité de cet ouvrage est aussi belle et aussi pure que le sujet en est affreux et impur ; d'autres, au contraire, pensent qu'elle est plus que médiocre. Des personnes très-instruites, qui ont lu ce livre, m'ont assuré que le latin en était fort beau, et que l'auteur avait rendu trop bien, malheureusement, tout ce que la débauche la plus effrénée peut suggérer à un cœur corrompu. On connaît encore cet ouvrage sous le titre de *Joannis Meursii elegantiæ latini Sermonis*, imprimé chez les Elzevirs, (Paris, Bar.....), *in*-12. Cazin en a aussi donné une petite édition en 2 *vol. in*-18. La traduction française a pour titre : *Académie des Dames*, et a été publiée en un volume *in*-8 ou 2 *vol. in*-12.

CLERGÉ. Actes de l'Assemblée du Clergé du.... août 1765.

Ces Actes ont été proscrits par arrêt du parlement de Paris, du 4 septembre 1765. Ils renferment d'abord une condamnation de quantité d'ouvrages au nombre desquels est l'*Encyclopédie*. Ils procèdent ensuite à établir la distinction et l'indépendance des deux puissances, l'incompétence des tribunaux en matière de sacremens et en matière de dissolution des vœux religieux. Enfin, on y remet en lumière la trop fameuse bulle *Unigenitus*, et on l'élève au rang des objets de notre croyance. Ces actes sont assez bien écrits, mais ils sont faibles en raisonnemens. L'arrêt du 4 septembre les regarde comme une production d'une assemblée illégitime en matière de doctrine, même de discipline, et qui n'était que purement économique.

COISLIN. Mandement de monseigneur l'Evêque de Metz (Henri-Charles du Cambout, duc de Coislin), sur l'acceptation de la bulle *Unigenitus*.

Ce Mandement, censuré par la cour de Rome, a été supprimé par arrêt du conseil, du 5 juillet 1714. On se plaignait du double sens que cet évêque donnait aux cent une propositions condamnées. Il est mort en 1732.

COLLIUS. *Francisci Collii de Sanguine Christi, Libri V, in quibus de illius naturâ, effusionibus ac miraculis, copiosè disseritur. Mediolani, è Collegii Ambrosiani typographia*, 1617, *in-*4.

Ouvrage singulier et rare, considéré comme peu orthodoxe ; il a, par conséquent, été arrêté, et jamais on n'en a permis la réimpression. L'auteur s'est attaché à démontrer que la sueur de sang que Jésus-Christ eut avant sa passion, n'eut rien de surnaturel, et qu'elle n'avait pu être causée que par la seule crainte d'une mort prochaine, ce qui pouvait arriver dans les différens tempéramens de la constitution humaine, sans aucun miracle particulier. L'auteur, pour appuyer son système, prétend que, dans un corps mort, il peut se faire un amas d'eau et de sang, causé par la discontinuité de la circulation, qui, venant à cesser, occasionna ce qui coula du côté de J. C. lorsqu'on le lui ouvrit. Il existait un exemplaire de cet ouvrage dans la bibliothèque du duc de la Vallière ; il a été vendu 42 livres en 1784 ; et celui qui existait dans la bibliothèque de M. Crevenna à Amsterdam, a été vendu 15 florins courans de Hollande.

CONDILLAC. Cours d'Etudes pour le prince de Parme, par Etienne Bonnot de Condillac. *Parme, Bodoni*, 1775, (sous le nom de *Deux-Ponts*, 1782,) 13 *vol. grand in-*8, *papier fin*.

La cour d'Espagne a demandé la suppression de cet

ouvrage, et le prince de Parme en a défendu la publication : on n'en connaît que deux ou trois exemplaires avec le titre de *Parme*, Bodoni, 1775; les autres sont mutilés et portent *Deux-Ponts*, 1782. Mais laissons raconter cette anecdote bibliographique à M. Renouard, qui nous la fournit dans son *Catalogue des Livres imprimés par J.-B. Bodoni*. « Cette édition, dit-il, qui est l'originale, imprimée à Parme en 1775, porte la date de Deux-Ponts, 1782; tandis que la contrefaction de Deux-Ponts, en 16 vol. *in*-8., porte celle de Parme, 1776, de l'imprimerie royale. Voici la raison de cette bizarrerie.

» A peine l'édition de Parme fut-elle terminée, que la cour d'Espagne, mécontente de plusieurs passages contenant des vérités qu'elle trouva trop hardies, fit demander au prince de Parme la suppression de cet ouvrage. On en défendit aussitôt la publication; mais deux ou trois exemplaires, qui heureusement étaient déjà sortis des mains de l'imprimeur, préservèrent cet excellent ouvrage de l'anéantissement dont il était menacé. L'un de ces exemplaires servit à la réimpression de Deux-Ponts, que le public, ignorant ce qui s'était passé à Parme, prit pour l'édition originale.

» Enfin!, en 1782, on permit le débit de cette dernière, au moyen d'un titre portant faussement la date de Deux-Ponts, 1782, et de quelques mutilations pour lesquelles on fit des cartons. Les exemplaires dans lesquels les anciennes feuilles sont conservées avec les cartons, sont en conséquence beaucoup plus intéressans, et ceux auxquels tout lecteur éclairé doit donner la préférence. » On a reproché à Condillac d'avoir établi dans son *Traité des Sensations*, des principes dont les matérialistes ont tiré de funestes conséquences. Mais, s'il a adopté quelques opinions hasardées, il les a tempérées par un caractère modéré et un esprit sans enthousiasme. Etienne Bonnot de Condillac, frère de l'abbé de Mably, est né à Grenoble en 1715, et il est mort à Flux, près de Beaugency, département du Loiret, en 1780.

CORIO. Historia di Milano, da messer Bernardino Corio, continente da l'origine di Milano, tutti li gesti, fatti, e detti preclari, e le cose memorande Milanesi, infino al tempo di esso autore. Con somma fede in idioma italico composta, con il repertorio publicato studio de fratelli da Legnano. *In Milano, Alex. Minutiano, 1503, in-fol. grand format.*

Cette édition originale est très-rare, parce qu'elle a été supprimée, à ce qu'on assure, à la réquisition de quelques princes souverains, et de plusieurs familles nobles du milanais, qui se plaignirent amèrement de plusieurs passages qui les regardaient. Ces passages ont été retranchés ou changés dans les éditions postérieures.

CORRECTION. De la Correction fraternelle, *ou* de l'Obligation d'empêcher le mal d'autrui quand on le peut.

Cet ouvrage a été supprimé par arrêt du parlement de Paris, du 27 novembre 1705. Je ne connais cet ouvrage que par son titre et sa condamnation.

COTON. Anti-Coton, *ou* Réfutation de la Lettre déclaratoire de la doctrine des Pères Jésuites conforme aux décrets du concile de Trente, par le Père Coton. *Paris, le 12 décembre 1610, in-8.*

La *Lettre déclaratoire* du père Coton ou Cotton, dont il est question dans ce titre, avait paru la même année 1610; elle est adressée à la reine-régente, mère de Louis XIII, et porte que les ennemis de la compagnie de Jésus, voulant profiter de l'absence des principaux de cet ordre, occupés à la translation du cœur de Henri IV à la Flèche, ont répandu des calomnies atroces contre la compagnie, à l'occasion d'un mauvais livre composé par Mariana, jésuite. (Voyez son article.) On y dit encore que les jésuites de France ne doivent point être responsables des opinions particulières d'un étranger qu'ils ont condamné dans une assemblée provinciale, ainsi que l'a fait le parlement de Paris. Malgré cela, cette lettre attira sur la compagnie de Jésus et sur le père Coton plusieurs satyres, dont la plus violente est celle que nous citons ici, et qui a paru sous le titre d'*Anti-Coton*. L'épître dédicatoire de cette satyre est signée P. D. C.; ce qui l'a fait attribuer à P. Dumoulin, calviniste. On la lui attribuait d'autant plus volontiers, qu'un passage de la Vie de Dumoulin porte: *Post nefariam magni regis cædem, Molinæus Librum edidit cui titulus est* ANTI-COTON, *Libro nomen suum non apposuit Molinæus, eum tamen Libri auctorem fuisse nemo dubitavit.* Cela paraissait décisif; cependant des doutes se sont élevés et se sont fortifiés d'après l'opinion de plusieurs français, et même de plusieurs anglais, qui ont regardé un nommé Pierre Ducoignet comme auteur de l'ouvrage. Ce Ducoignet est un homme obscur qui vivait du temps de Henri IV; rien n'est moins certain que l'opinion qui lui attribue l'*Anti-Coton*, quoiqu'elle ait été partagée par les auteurs du *Dictionnaire historique*. Lamonnoye pense que ce doit être plutôt un jurisconsulte qu'un théologien ; et il s'appuie sur sur ces paroles qui se lisent à la fin du 4.º chapitre de cette satyre : *Car ce sont mots trop difficiles pour nous qui n'entendons que le latin d'Accurse* (1). D'après une lettre de Pardoux de la Perière, et d'après un M. Givez, avocat à Orléans, Lamonnoye croit que l'auteur est un nommé César de Plais, sieur de l'Ormaye, avocat au parlement, qui a interverti l'ordre des lettres initiales de son nom à la fin de l'*épître dédicatoire*.

Nous ne nous étendrons pas davantage sur l'histoire de ce livre, que l'on trouvera très au long dans les *Anti-* de Baillet, avec celles des Réponses, Satyres et Libelles qu'il a occasionnés. Nous dirons seulement qu'il a été saisi, parce qu'il a été vu d'un très-mauvais œil à la cour où le père Coton était puissant. Les exemplaires s'en vendaient d'abord cinq sous ; mais ils montèrent par la suite à dix francs, après que l'imprimeur présumé eut été emprisonné à la poursuite du père Coton.

C'était un jésuite très-adroit, que ce révérend père, et qui ne méritait peut-être pas tout le mal qu'on en a dit. Le bon Henri, dont il était confesseur, lui ayant demandé : *Révéleriez-vous la confession d'un homme résolu de m'assassiner ?* Il répondit : *Non, sire ; mais je mettrais mon corps entre vous et lui.* Cette réponse est belle. Le jésuite Sanctarelli, ayant publié un ouvrage dont nous parlons ailleurs, où il établit la puissance des papes sur les rois, le père Coton fut appelé au parlement le 13 mars 1726,

---

(1) Rabelais, en parlant de la *Glose d'Accurse*, opposée, quant au style, à l'élégance du texte des *Pandectes*, dit que ce texte, bordé de sa Glose, ressemble à une belle robe d'or bordée de m.... Il faut avouer que le style d'Accurse est moins dégoûtant que cette image grossière du facétieux curé de Meudon.

pour rendre compte des opinions de la société : on lui demanda s'il croyait que le pape pût excommunier et déposséder un roi de France : *Ah! répondit-il, le roi est fils aîné de l'église; et il ne fera jamais rien qui oblige le pape à en venir à cette extrémité.* Réponse dilatoire. Mais, reprit le premier président, *ne pensez-vous pas comme le général de votre ordre, qui attribue cette puissance au pape?* Il répondit : *Notre père général suit les opinions de Rome où il est, et nous celles de France où nous sommes.* On l'accuse d'avoir dit à Ravaillac, après son régicide : *Donnez-vous bien de garde d'accuser les gens de bien.* Ces paroles, si elles sont vraies, sont plus qu'indiscrètes. Pierre Coton, né à Féronde en Forès en 1564, est mort en 1626.

COURAYER. Dissertation sur la validité des Ordinations anglicanes, par Pierre-François le Courayer. *Bruxelles*, 1723, 2 *vol. in-12.* Défense de cette Dissertation, 1725, 4 *vol. in-12.* Addition à cette Défense, 1723, 1 *vol. in-12.*

Cet auteur, opposé à la bulle *Unigenitus*, composa la Dissertation ci-dessus, dans laquelle il examina le pouvoir du pontife romain, et les droits qu'ont les premiers pasteurs de juger la doctrine. Il s'engagea dans des opinions contraires à celles de l'église; et sa Dissertation fut vivement attaquée par dom Gervaise, Hardouin et Lequien : il répondit à leurs attaques dans les ouvrages que nous annonçons à la suite de la Dissertation. Sa Réponse, écrite avec autant de hauteur que de vivacité, fut flétrie, ainsi que sa Dissertation, par l'archevêque de Paris, par plusieurs autres évêques, et supprimée par un arrêt du conseil du 7 septembre 1727. Le père Courayer, peu sensible aux censures, le fut cependant beaucoup à l'excommunication que lança contre lui le général de son ordre : il était de l'ordre des chanoines réguliers de Saint Augustin, et bibliothécaire de Sainte Geneviève. Il se retira à Londres en 1728, et y mourut, en 1776, à quatre-vingt-seize ans.

COWARD. Coward's second Thougths concerning human souls, *London*, 1702, in-8., *réimprimé en* 1704, *in-8. Du même auteur :* Forther Thougths, *London*, 1703, *in-8. Du même même auteur :* The grand essai or a vindication of reason and Religion, against impostures of Philosophy, proving, 1.° that de existence of any immaterial substance is a Philosophic imposture and impossibile to be conceveid ; 2.° That all matter has originally created in it a principle of internal of self motion ; 3.° That matter and motion must be the foundation of thougt in man an Brutes, with an answer to M. Broughtons Psychologie. *London*, 1704, *in-8.*

Cet ouvrage a été condamné, par ordre du parlement d'Angleterre, à être brûlé par la main du bourreau. L'auteur y soutient que la doctrine des chrétiens sur l'immatérialité de l'ame vient des payens ; qu'elle est contraire aux principes de la philosophie, de la religion et de la raison ; que, suivant l'Ecriture sainte, l'ame n'est autre chose que la vie de l'homme, cette faculté par laquelle il se meut, il vit, il sent, il raisonne ; qu'elle existe dans le corps tant qu'il est en vie ; mais qu'elle cesse aussitôt qu'il est mort. Cependant, elle doit exister de nouveau lorsqu'au jugement dernier, tous les corps ressusciteront. Telles sont les absurdités qui ont fait condamner le livre de Coward : les exposer, c'est suffisamment les réfuter. Son système a été vivement attaqué par différens écrivains. La chambre des communes intervint dans la querelle et fit brûler l'ouvrage ; genre de réfutation assez commun dans ce temps, mais qui ne vaut pas les bonnes raisons avec lesquelles on pouvait combattre Coward. Ce William Coward, médecin à Londres, né vers 1657, est mort vers 1725.

COWEL. Joannis Cowelli, Juris romani prof. cantab. Institutiones Juris anglicani ad seriem Institutionum imperialium. *Cantabridgiæ*, 1605, *in-*8.

Cet ouvrage, ayant déplu aux différens ordres d'Angleterre, fut brûlé par la main du bourreau, et son auteur condamné à la prison par ordre du parlement. On lui reproche d'avoir voulu confondre le droit anglais et le droit romain ; on sait que les anglais sont très-jaloux de n'être soumis qu'à leurs propres lois ; ils ne souffrent pas que les lois romaines ou les lois étrangères soient citées devant leurs tribunaux. L'ouvrage de Cowel a eu plusieurs éditions ; l'une en Allemagne en 1630, *in-*8, une autre à Oxford, en 1676, *in-*8, *etc.*

CRÉBILLON. Tanzaï et Néadarné, par Crébillon fils, 1734. 2 *vol. in-*12.

Ce roman a été défendu et a fait enfermer son auteur à la Bastille. Il est plein d'allusions satyriques et souvent inintelligibles. La décence n'y est pas plus observée que dans presque tous les romans du même écrivain, qui passe pour assez licencieux. Son style offre beaucoup de phrase longues et confuses. Claude - Prosper Jolyot de Crébillon, né à Paris le 12 février 1707, y est mort le 12 avril 1777. Son père, né à Dijon le 15 janvier 1674, est mort en 1762.

CRELLIUS. Joanis Cirelli (Crellii) germani, ethica Aristotelica ad S. Litteratum normam emendata. *Ejusdem* Ethica christiana, seu explicatio virtuum et vitiorum, quorum in S. Litteris fit mentio. Cum triplice indice : uno Librorum et capitum; altero locorum scripturæ citatorum ; tertio materiarum, quæ in utraque ethica tractantur. *Selenoburgi (Amstelodami), sumptibus asteriorum (Blaeu), in-4.*

Cet ouvrage, qui respire le socianisme le plus pur, a été condamné au feu. Il en a paru une nouvelle édition sous le vrai nom de Crellius, à *Cosmopolis (Amsterdam)*, en 1681, *in-4*. On l'a traduit en allemand et en flamand. (*V.* WOLKELLIUS.)

CRELLIUS. Ad Librum Hugonis Grotii quem de satisfactione Christi adversùs Faustum Socinum senensem scripsit, responsio Joannis Crellii Franci. *Racoviæ, Sternatius, 1623, in-4.*

Ce livre, très-rare, a été brûlé par la main du bourreau. Il est cité dans la *Bibliotheca Anti-trinitariorum.*

CURION. Pasquillorum tomi duo : quorum primus, versibus ac rythmis ; alter, solutâ oratione composita ; quàm plurima continentur ad exhilarandum confirmandumque hoc perturbatissimo rerum statu, pii lectoris animum apprimè conducentia. (Editore Cælio Secundo Curione.) *Eleutheropoli (Basileæ)*, 1544, *2 tomes en 1 vol. in*-8.

Cet ouvrage, excessivement rare, a été supprimé et s'est vendu fort cher, ainsi qu'on en peut juger d'après ces deux vers latins, écrits par Daniel Heinsius sur un exemplaire qu'il avait eu beaucoup de peines à se procurer.

<pre>
Roma meos fratres igni dedit : unica Phœnix
Vivo; aureisque veneo centum Heinsio.
</pre>

Au bas de ces deux vers était la souscription suivante: *Emit Venetiis Daniel Heinsius* 1614, 12 *martii*. Cet exemplaire a passé dans la bibliothèque du baron de Hohendorf, dont l'empereur a fait acquisition en 1720. Il faut faire attention aux erreurs qui se trouvent dans les chiffres au-dessus des pages. (Voyez DEBURE, n.º 2868 de sa *Bibliographie*.) On doit encore à cet auteur plusieurs ouvrages assez singuliers, entre autres, un Traité *de Amplitudine beati regni Dei. Basileæ*, 1550, *in*-8, dans lequel il prétend que le nombre des élus surpasse infiniment celui des réprouvés. Cela n'est point conforme au texte de l'écriture. Mais l'auteur dit que si le règne du Diable était plus étendu que celui de Dieu, Satan le surpasserait en puissance ; que les livres sacrés n'exalteraient pas tant la miséricorde de Dieu, s'il ne voulait sauver qu'un petit nombre d'hommes; que quoique l'Evangile n'ait pas été annoncé à plusieurs peuples, ils ne laisseront pas d'être sauvés, pourvu qu'ils aient observé la loi naturelle. Curion abjura le christianisme pour embrasser les erreurs de Luther. Il lui arriva un jour une aventure qui faillit lui coûter la vie. Voici comme elle est racontée dans l'*Histoire ecclésiastique*, Livre 171 : « Ayant entendu un jour un dominicain déclamer vivement contre Luther et le charger de nouveaux crimes et de nouveaux sentimens hérétiques, dont il n'était pas coupable, il demanda la permission de répondre à ce prédicateur outré. Lorsqu'il l'eut obtenue : Vous avez, mon père, dit-il au moine, attribué à Luther de terribles choses ; mais en quel endroit les a-t-il dites ? Pouvez-vous me marquer le livre où il ait enseigné une telle doctrine ? Le religieux lui répondit qu'il ne pouvait le lui montrer actuellement, mais qu'il le ferait à Turin, s'il voulait l'y accompagner. Et moi, dit Curion, je vais sur l'heure vous montrer le contraire de ce que vous avancez ; puis tirant de sa poche le *Commentaire de Luther sur l'Épître aux Galates*, il réfuta le dominicain avec tant de force, que la populace se jeta sur ce pauvre moine, et qu'il eut beaucoup de peines à se tirer de ses mains. L'inquisition et l'évêque de Turin ayant été informés de cette affaire, Curion fut arrêté. » On le mit au cachot les fers aux pieds et gardé à vue. Cependant il parvint à s'échapper. Il est mort à Bâle en 1569, à soixante-sept ans, après y avoir professé l'éloquence pendant vingt-deux ans.

DARIGRAND. L'Antifinancier, *ou* Relevé de quelques-unes des malversations dont se rendent journellement coupables les Fermiers-généraux, et des vexations qu'ils commettent dans les provinces, *etc.* précédé d'une longue Épître aux Parlemens de France, et d'une estampe ingénieuse, *etc.* (Par M. Darigrand, avocat. *Paris, Lambert*), 1764, 2 *vol. in-*12.

Cet ouvrage, dont la première édition est de 1763, a

fait beaucoup de bruit; on le recherchait avec d'autant plus d'empressement, que la police faisait les perquisitions les plus vives pour le supprimer. Aussi a-t-il conduit son auteur à la Bastille le 4 janvier 1763, ainsi que le libraire Lambert. Il n'est pas possible de s'exprimer avec plus de véhémence contre les fermiers-généraux, contre les receveurs des tailles, et en général contre tous les employés de la régie. Darigrand combat avec force le mode de perception de ces sortes d'impôts trop multipliés alors, qui mettaient les particuliers à la merci d'une nuée de sbires rongeurs, connus, dans le temps, sous la dénomination ridicule de rats-de-cave. Il peint avec horreur les vexations auxquelles tout père de famille était exposé de leur part dans certaines provinces (1). Il cite beaucoup de faits révoltans, qui sont peut-être exagérés sous sa plume vindicative. Darigrand, avocat au parlement de Paris, écrivait avec chaleur ; son style est nerveux : il avait été employé dans la ferme générale ; quelques mécontentemens allumèrent sa bile, et il l'épancha avec amertume dans l'ouvrage en question. On voulut lui fermer la bouche en lui donnant une place avantageuse dans la même partie ; mais il la refusa. Il est mort en 1771.

On peut citer, à propos de l'ouvrage de M. Darigrand, un mémoire de Linguet, relatif à la saisie du vaisseau espagnol *le Saint-Jean-Baptiste*, confisqué en 1770, pour accusation de contrebande. Ce Mémoire, publié en

___

(1) Cela me rappelle que M. le marquis d'Argenson, désirant voir cesser ces vexations, proposa au contrôleur-général des finances d'établir des abonnemens particuliers pour les impôts. Ce qui aurait été avantageux et aux particuliers et au trésor public. *Oui*, dit le contrôleur général, *c'est fort bien ; mais que deviendront les receveurs des tailles ?* Le marquis étonné répondit : *Apparemment, monsieur, que si l'on trouvait le moyen d'empêcher qu'il y eût des scélérats, vous seriez inquiet de ce que deviendraient les bourreaux.*

1771, est encore plus éloquent et plus énergique que les autres plaidoyers de Linguet. Il y traite les fermiers-généraux avec un mépris singulier : il y manifeste une animosité, une chaleur qui donnent la plus grande force à son éloquence. Il débute ainsi : « Dans la liste nombreuse des attentats de toute espèce commis par les suppôts de la ferme générale, sous le prétexte respectable des *droits du prince*, il serait difficile d'en trouver un plus révoltant, plus audacieux, plus criminel en tout sens que la saisie du vaisseau le *Saint-Jean-Baptiste*. »

Voici comme il décrit les différens ordres de la ferme.

« Dans la hiérarchie fiscale de la ferme, les fonctions sont différentes et les rôles artistement distribués. On ne parle pas ici des chefs qui donnent de loin le mouvement à toute la machine, et dont l'unique occupation est de faire couler vers leur voluptueuse résidence les contributions que des armées innombrables lèvent sans cesse à leur profit dans toutes les parties du royaume. Il n'est question que des subalternes, qui supportent seuls la fatigue et le danger des expéditions, et dont on a soin d'entretenir l'ardeur en leur abandonnant une petite portion du butin, quand les prises sont avantageuses. Il y a des directeurs qui imitent, tant qu'ils peuvent, la dignité immobile et lucrative de leurs maîtres. Il y a des chefs de bandes qui s'approprient les dénominations honorables de *capitaines généraux*, etc. Il y a enfin les simples milices, connues sous le nom de *gardes*, de *commis*, d'*employés*, qui se permettent trop souvent les plus frauduleuses manœuvres, sous prétexte d'empêcher la fraude, et des violences continuelles pour prévenir, disent-ils, la rebellion.

« Mais, ce n'est pas assez d'avoir des meutes pour forcer la proie et des piqueurs pour les gouverner, les instituteurs de la régie ont poussé plus loin leur prévoyance et leur sagacité. On n'a pas toujours du gibier à suivre. Ils ont établi dans chaque département une espèce d'emploi, à la faveur duquel ils sont sûrs de n'en jamais manquer. Il consiste à faire naitre la contrebande à propos, à créer la fraude quand elle n'existe pas, et à préparer ainsi une prise factice, mais réelle, aux employés, quand la sagesse ou la timidité des négocians les réduit à une trop longue inaction : c'est ce qu'on appelle dans l'argot de la ferme, des *affidés*. Ce sont des hommes qui se chargent de battre les frontières ou les côtes du royaume : ils vont s'aboucher avec les propriétaires des marchandises ; ils feignent d'en vouloir acheter ; ils en achètent ; ils jouent précisément le rôle de ces animaux dégradés par l'éducation, qui trahissent leur propre espèce en faveur de ses tyrans. Les négocians trop ardens, qui se laissent séduire à leurs invitations, sont amenés peu à peu dans le filet du chasseur : on le baisse à propos : l'oiseau privé recouvre bientôt sa liberté pour recommencer ses trahisons, et les étrangers captifs déplorent en vain l'imprudence qui les a perdus. »

Les *Mémoires secrets de la République des Lettres*, qui nous fournissent cet extrait, ajoutent : « On a rapporté ce morceau un peu long pour faire juger, par cette peinture énergique et vraie des suppôts de la ferme, à quel point doivent être odieux à leurs concitoyens des hommes qui se vouent ainsi par état à espionner, à vexer, à tourmenter, à ruiner leurs semblables, à s'engraisser de leur substance. »

DASSY. Consultation pour le Baron et la Baronne de Bagge, par M. Dassy, Avocat. *Paris, 12 décembre*, 1777, *in-*4.

Cette consultation a été funeste à son auteur, parce qu'il a osé y attaquer M. Titon de Villotran, conseiller de grand'chambre, rapporteur dans cette affaire, et rédacteur d'un arrêt contre les consultans. Dassy regarde cet arrêt comme un ouvrage de prévarication; et, de plus, il se permet de traiter durement et plaisamment tour à tour l'archevêque de Paris impliqué dans cette affaire. Ce Mémoire a fait une telle sensation, que l'ordre des avocats s'est assemblé le 3 janvier 1778, et a rayé M. Dassy du tableau. Le 7 février suivant, le parlement a confirmé cette radiation, a supprimé la *Consultation*, comme contenant les injures les plus graves contre la magistrature et les ministres de l'église, tendant à une diffamation publique contre un des membres de la cour, et comme contraire au respect dû aux arrêts d'icelle, et a ordonné que le procès fût fait à M. Dassy, qui, en conséquence, a été décrété de prise de corps; mais il s'est retiré en Hollande. C'était un avocat riche, charitable et qui travaillait beaucoup pour les pauvres : il paraît qu'il aimait aussi à travailler contre les grands.

DAVESNES. Harmonie de l'amour et de la justice de Dieu. Au Roy, à la Royne et à MM. du Parlement, par François Davesnes. *Imprimée en* 1650, *in-*12.

Cet ouvrage, extravagant comme ceux de Simon Morin dont nous parlons ailleurs, a été supprimé très-exactement. L'auteur avait été disciple de ce Morin. Cette édition de 1650, est la plus rare et la plus recherchée, à cause de sa suppression. Les autres folies que ce fanatique a publiées, sont : *La Phiole de l'ire de Dieu, versée sur le siége du Dragon et de la Bête, par l'Ange et le Verbe de l'Apocalypse.* = *Le Factum de la sapience éternelle au Parlement.* = *Les huit Béatitudes des deux Cardinaux* (Richelieu et Mazarin), *confrontées à celles de Jésus-Christ.* = *Des Tragédies saintes* en trois Théâtres, ou *les Evangiles de Jésus-Christ mis en poëmes*. Paris, 1652, *in-*12, qui a été supprimé ; et beaucoup d'autres pièces que l'on trouvera au n.° 848 de la *Bibliographie* de Debure. On attribue au même François Davennes l'ouvrage suivant : *le Politique du temps, ouvrage qui traite de la puissance, authorité et du devoir des Princes ; des divers Gouvernemens, jusqu'où l'on doit supporter la tyrannie ; et si, en une oppression extrême, il est loisible aux sujets de prendre les armes pour défendre leur vie et liberté, quand, comment, par qui et par quel moyen cela se peut et doit faire*, imprimé en 1650, *in-*12. Cet ouvrage a été supprimé aussitôt qu'il a paru ; et on en a fait une contrefaction quelque temps après. On croit que Davennes est mort avant le supplice de Simon Morin, en 1662. Il avait été mis en prison en 1651 pour des libelles faits contre le roi, et dictés par la folie et le fanatisme.

DÉCOUVERTE. La découverte de la Vérité et le monde détrompé à l'égard de la Philosophie et de la Religion, *in-*8.

Cet ouvrage a été condamné aux flammes, comme rempli d'impiétés. Je n'en connais ni l'auteur, ni la date, ni le lieu d'impression.

DEFORGES. Vers sur l'arrestation du Prétendant d'Angleterre, en 1749, par Deforges ou Desforges.

Cette pièce, qui commence par ces deux vers :

Peuple, jadis si fier, aujourd'hui si servile,
Des princes malheureux, tu n'es donc plus l'asyle ?

coûta cher à l'auteur. Il était à l'opéra, en 1749, lorsqu'on y arrêta le Prétendant. Indigné de cette violation de l'hospitalité, il crut que l'honneur de la nation était compromis par cet acte de violence, et il exhala ses plaintes dans cette pièce de vers. En ayant été reconnu pour auteur, il fut arrêté et conduit au Mont-Saint-Michel, et il y resta enfermé pendant trois ans dans la cage. Cette cage est un caveau de huit pieds carrés, où l'on ne reçoit le jour que par les crevasses des marches de l'église. Desforges soutint avec courage son affreuse captivité. M. de Broglie, abbé de Saint-Michel, eut pitié de cet infortuné : il obtint qu'il eût l'abbaye pour prison. Il fallut prendre des précautions pour le faire passer de cette longue et profonde obscurité à la lumière. Desforges gagna les bonnes grâces de cet abbé par son caractère, son esprit et ses qualités personnelles ; au bout de cinq ans, il obtint sa liberté ; et l'abbé de Saint-Michel le donna au maréchal de Broglie, son frère, en qualité de secrétaire. Après la mort de madame de Pompadour, il fut fait commissaire des guerres. Il mourut en août 1768.

DE LISLE DE SALES. De la Philosophie de la Nature, *ou* Traité de morale pour l'espèce humaine, tiré de la philosophie et fondé sur la nature. (Par M.-J. de Lisle de Sales.) *Paris, Saillant* et *Nyon*, 1769, 6 *vol. in*-12.

Cet ouvrage a fait beaucoup de bruit, non pas au moment où il a paru, mais quelque temps après. Le manuscrit des trois premiers volumes avait été approuvé par l'abbé Chrétien, censeur royal. Malgré cette approbation, l'ouvrage fut dénoncé, en 1770, à l'assemblée du clergé, qui cependant n'y trouva pas de quoi déterminer la censure ecclésiastique. En 1774, parurent trois nouveaux volumes;

dont le manuscrit fut approuvé par M. Lebas, censeur royal de la classe de chirurgie ; mais, en 1776, Audran, conseiller au Châtelet, dénonça cet ouvrage avec beaucoup de chaleur, et conclut, non-seulement à la suppression et à ce qu'il fût brûlé, mais à une punition exemplaire des auteur, censeurs et imprimeurs. L'auteur fut décrété de prise de corps, les censeurs d'assigné pour être ouï, et l'imprimeur d'ajournement personnel. Au mois de mars 1777, intervint jugement au Châtelet qui bannit à perpétuité M. de Lisle, blâme l'abbé Chrétien, admoneste l'autre censeur, M. Lebas, met le libraire Saillant hors de cour, et fait défense aux deux imprimeurs de récidiver, pour s'être écartés du manuscrit censuré. La sévérité de ce jugement ne fut pas approuvée du public ; aussi la détention de M. de Lisle dans la prison du Châtelet, fut pour lui un triomphe plutôt qu'une punition : il y fut logé très-commodément, et y reçut chaque jour des visites nombreuses des hommes de lettres les plus distingués, et d'autres personnes puissantes qui lui offraient toutes sortes de secours et adoucissaient l'amertume de sa situation. Au mois de mai 1777, le parlement, plus indulgent que le Châtelet, se contenta d'admonester M. de Lisle, de faire défense à l'abbé Chrétien, premier censeur, d'exercer désormais les fonctions de cette place, et d'enjoindre à Lebas, second censeur, de la classe de chirurgie, de ne plus approuver que des livres de son état. Les libraires furent déchargés de l'accusation. J'ai oublié de dire qu'il y eut un procès entre M. de Lisle et l'abbé Chrétien à l'occasion de la censure des trois premiers volumes. La *Philosophie de la Nature* a eu un grand nombre d'éditions et a été traduite en langues étrangères. M. Jean de Lisle de Sales est membre de l'Institut national de France. Il a été exposé, comme tant d'autres, aux persécutions pendant le régime de la terreur. En 1793, il continuait chez lui l'impression d'un ouvrage intitulé *Eponine* : un ouvrier, qui travaillait à son imprimerie, le dénonça le 27 ventôse an 2, (17 mars 1793). M de Lisle fut arrêté et enfermé à Sainte-Pélagie ; son arrestation dura cent quarante jours, et il obtint sa liberté peu après le 9 thermidor an 2, jour mémorable qui vit écrouler tous les échafauds alimentés par la féroce anarchie pendant dix-huit mois.

DENYS. Dionysii Carthusiani contrà Alchoranum et sectam Machometicam, Libri V : accedunt ejusdem de Bello instituendo adversus Turcas, necnon de generali concilio celebrando, et contra vitia superstitionum. *Coloniæ, apud Petrum Quentel*, 1533, *in-8.*

Cet ouvrage a été supprimé à cause des plates capucinades qu'il renferme. L'auteur, Denys-le-Chartreux, dans le Traité *de Bello instituendo*, exhorte les princes chrétiens à s'assembler et à déterminer une croisade, afin de détruire l'empire de Mahomet : il appui ses exhortations de plusieurs passages de l'Ecriture sainte arrangés à sa manière, et fortifiés de trois révélations à lui arrivées et faites de la part de Dieu, avec ordre d'en instruire les princes, leur répondant du succès de l'entreprise. On se moqua du visionnaire. Quelques auteurs pensent que ce livre a été entrepris par ordre de quelques puissances, qui faisaient jouer des ressorts pour ébranler les princes chrétiens en faveur du saint siège. Ce Traité, fort rare, n'est point dans les 21 *vol. in-fol.* des *Œuvres* de Denys. Ce docteur extatique, né à Rikel, diocèse de Liége, est mort en 1471, à soixante-neuf ans : il en avait passé quarante-huit chez les chartreux de Ruremonde.

DERODON. Disputatio de supposito, in quâ plurima hactenus inaudita de Nestorio tanquam orthodoxo, et de Cyrillo Alexandrino, aliisque Ephesi in synodum coactis, tanquam hæreticis demonstrantur, ut soli sacræ scripturæ infaillibilitas asseratur. (Authore Davide Derodon.) *Francofurti (Potius in Galliá), anno* 1645, *in-*8.

Cet ouvrage, très-rare, a été condamné et brûlé par arrêt du parlement de Toulouse. David Derodon, professeur de philosophie à Nimes, est auteur de ce livre, quoique plusieurs personnes l'aient attribué à *Ægidius Gaillard*. Il y a établi un système contraire à la religion romaine : outre les erreurs particulières dont ce livre fourmille, on y trouve une satyre violente contre S. Cyrille d'Alexandrie, qui y est taxé d'hérétique. Nestorius y est préconisé ; et, selon l'auteur, il est prouvé que S. Cyrille a confondu les deux natures de Jésus-Christ. Ce volume est composé de 358 pages, sans *index* ni *errata*. On joint ordinairement à cet ouvrage l'*Imposture de la prétendue Confession de foi de Cyrille, patriarche de Constantinople.* Paris, 1629, *in-*8, qui ne contient que deux lettres sur le même sujet, à peu près que celui de l'ouvrage précédent. On a encore du même Derodon, *Disputatio de Libertate et de Atomis. Nemausii*, 1662, *in-*8, volume assez rare, dans lequel le Traité *de Libertate* et celui *de Atomis* sont séparés. L'*Athéisme convaincu*, par David Derodon, *Orange*, 1659, *in-*8; ouvrage qui est peu recherché, parce qu'il est moins curieux et moins rare que les précédens. *Dispute de la Messe*, ou *Discours sur ces paroles :* CECI EST MON CORPS, par David Derodon, *Genève, Aubert*, 1662, *in-*8, assez rare. *Le Tombeau de la Messe*, par le même auteur, *Genève, Aubert*, 1662, *in*-8. Ce livre a été réimprimé à *Amsterdam, en* 1662, *in*-12. L'exécution typographique est meilleure dans la réimpression. On attribue à Derodon *La° Messe trouvée dans l'Ecriture*, imprimé en 1647, *in*-8, assez rare. Il a encore publié *Dispute de l'Eucharistie*, *Genève*, *Aubert*, 1655, *in*-8.

DESFORGES. Avantages du Mariage et combien il est salutaire aux Prêtres et aux Évêques de ce temps-ci d'épouser une fille chrétienne. (Par l'abbé Desforges). *A Bruxelles*, 1758, *in*-8, ou 2 *vol. in*-12.

« Morin d'Hérouville (dans ses *Annales typographiques* de juillet 1760), dit que cet ouvrage est la production d'un esprit en délire, qu'on a soustrait avec raison à la lecture des gens faibles, sur qui les extravagances qu'il contient auraient pu faire une impression dangereuse. L'auteur, se sentant incapable de garder le célibat auquel il était obligé par état, expose ses besoins au roi, aux parlemens du royaume, aux cours souveraines, aux évêques de France, et enfin au pape, pour en obtenir la dispense de ses vœux, ou la liberté de se marier sans renoncer à son caractère de prêtre. La manière indécente dont il peint son état, les écarts qu'il se permet contre les pères de l'église qui ne lui sont pas favorables, le tableau qu'il fait du concile de Trente, ne pouvaient manquer de lui attirer l'animadversion de ses supérieurs et la suppression de son ouvrage. » Je dois la connaissance de cet auteur à M. Ch. Weiss, de Besançon, jeune littérateur, aussi instruit en bibliographie et aussi laborieux que modeste et obligeant.

DESLANDES. Pigmalion ou la Statue animée. (Par Deslandes.) *Paris, Londres, (Harding)*, 1741, *in-12.*

Cet ouvrage a été condamné au feu par le parlement de Dijon : c'est un roman philosophique. L'auteur est André-François Boureau Deslandes, à qui l'on doit l'*Histoire critique de la Philosophie*, 4 vol. in-12. Il existe une édition de *Pigmalion*, Berlin, 1753, *in*-8. Le même littérateur a encore publié *la Fortune*, in-12 ; *la Comtesse de Montferrat*, in-12 ; *Réflexions sur les grands Hommes qui sont morts en plaisantant*, in-12 ; des *Poésies latines*, où la décence n'est pas toujours respectée : quelques-uns de ces petits ouvrages ont été flétris. Il a composé plusieurs autres livres, dont on trouvera la liste dans différens *Dictionnaires historiques*. Deslandes, né à Pondichery en 1690, est mort, en 1757, à Paris.

DESPÉRIERS. *Cymbalum mundi*, en français, contenant quatre Dialogues poétiques, antiques, joyeux et facétieux, par Thomas Duclevier, (Bonaventure Despériers, Valet de chambre de la Royne de Navarre.) *Paris, Jehan Morin*, 1537, *in*-8.

Edition originale qui a été brûlée par arrêt du parlement, du 7 mars 1537, et censurée par la Sorbonne ; elle a été supprimée avec tant de soin, qu'on n'en connaît, dit Debure, (*Bibliothèque instructive*, n.º 4090) qu'un exemplaire qui a été vendu 350 livres chez M. Gaignat en 1769, et 120 livres chez M. de la Vallière en 1784. A la suite de cet exemplaire est une copie de la requête présentée au chancelier par Jean Morin, pour le faire sortir de prison où il était détenu à cause de l'impression de cet ouvrage, Debure dit que cette édition est ornée de quelques figures gravées en bois; c'est une erreur, il n'y en a qu'une, celle du frontispice. L'édition de Lyon, 1538, petit *in*-8, est aussi très-rare, ayant été supprimée aussitôt qu'elle a paru (1). L'édition de Prosper Marchand de 1732, *in*-12, n'est point rare, si ce n'est tirée sur vélin. Celle de 1711, du même éditeur, est encore moins recherchée que celle de 1732. On prétend que l'on n'a point condamné ce livre comme impie et détestable, ainsi qu'on l'a cru long-temps; mais qu'il l'a été, parce qu'on soupçonnait que l'auteur, ami de Clément Marot, et attaché à une cour où la religion réformée était protégée, avait voulu, sous des allégories, prêcher cette religion. D'autres prétendent que l'auteur a voulu caractériser, sous des noms empruntés, une partie des personnes de la cour, dont les mœurs et la conduite lui avaient paru répréhensibles. Quoi qu'il en soit, je n'ai rien trouvé dans cet ouvrage qui m'ait paru blesser la religion; et je crois que la censure est la seule cause de la réputation qu'il a eue. Despériers s'est donné la mort en 1544 dans un accès de frénésie.

DIDEROT. Lettres sur les Aveugles à l'usage de ceux qui voient. (Par Denis Diderot.) 1749, *in*-12.

Ce livre fit beaucoup de bruit lorsqu'il parut. Les opi-

---

(1) Dans un exemplaire de cette édition, qui est à la bibliothèque impériale de France, on trouve sur le feuillet de l'intitulé la note suivante manuscrite: *L'aucteur, Bonaventure Despériers, homme méchant et athée, comme il apparoist par ce détestable livre.* Et plus bas: *Telle vie, telle fin; avéré par la mort de ce misérable, indigne de porter le nom d'homme.* On attribue la première note à de l'Etoile, auteur du Journal de Henri IV.

hions libres et fortement exprimées qu'il renferme, éveillèrent l'attention de l'autorité supérieure, et coûtèrent la liberté à notre philosophe. Il fut enfermé pendant six mois au château de Vincennes, et l'on sait que cette petite correction faillit le faire devenir fou. Ses autres productions philosophiques sont marquées au même coin ; pour s'en convaincre, il suffit de lire quelques pages de ses *Pensées philosophiques*, 1746, in-12 ; de sa *Lettre sur les Sourds et Muets, à l'usage de ceux qui entendent et qui parlent*, 1751, 2 *vol.* in-12 ; de ses *Pensées sur l'interprétation de la Nature*, 1754, in-12 ; de son *Code de la Nature*, 1755, in-12, *etc., etc.* Tous ces ouvrages sont écrits d'un style éloquent, mais souvent diffus, lourd, incorrect ; et quelquefois l'auteur est autant obscur que philosophe. Cependant il y aurait de l'injustice à lui refuser de grands talens, une imagination vive, féconde, brûlante, et une ardeur infatigable pour le travail, ainsi que l'annoncent ses nombreuses productions, dont M. Naigeon a donné une belle édition en 15 vol. *in-8*, chez Deterville, en 1797, non compris l'immense quantité d'articles qu'il a fournis et qu'il a travaillés pour l'Encyclopédie, dont nous allons parler.

DIDEROT et DALEMBERT. Encyclopédie *ou Dictionnaire raisonné des Sciences, des Arts et des Métiers, par une société de Gens de Lettres, mis en ordre et publié par M. Diderot ; et, quant à la partie Mathématique, par M. d'Alembert. Paris, Briasson*, 1751—1772, 17 *vol. in-fol.*; Planches, 11 *vol. in-fol.* = Supplément à l'Encyclopédie. *Amsterdam, (Paris)*, 1776—1777, 4 *vol. in-fol.* ; Planches, 1 *vol. in-fol.* = Table analytique et raisonnée des matières contenues dans les 33 volumes de l'Encyclopédie (par M. Mouchon), *Paris*, 1780, 2 *vol. in fol.*, en tout 35 *vol. in fol.*

Les éditeurs de cet immense ouvrage éprouvèrent des contrariétés dès le commencement de son impression. A peine les deux premiers volumes parurent, que l'impression en fut suspendue par un arrêt du conseil du 7 février 1752, à cause des propositions hardies sur le gouvernement et des opinions très-hasardées sur la religion que l'on y découvrit. On ne leva la défense d'imprimer les volumes suivans qu'à la fin de 1753 : il en parut alors cinq nouveaux tomes ; mais, en 1757, les dénonciations recommencèrent, et un arrêt du 8 mars 1759 révoqua le privilège, et fit défense de continuer l'impression. Cependant, il arriva que, jusqu'en 1766, on en imprima la suite, et on en distribua secrètement des exemplaires. Le clergé, qui avait proscrit authentiquement cet ouvrage en août 1765, en porta des plaintes, et le gouvernement s'étant fait donner la liste des souscripteurs qui avaient retiré des exemplaires, leur envoya un ordre du roi de les rapporter au lieutenant de police ; les libraires, auteurs et coopérateurs des travaux de cette édition furent mis à la Bastille. Toutes ces traverses provinrent du peu de circonspection avec laquelle les auteurs de l'Encyclopédie émirent leurs opinions sur les objets délicats de la religion et de la politique. Cependant, par la suite, on toléra l'impression des derniers volumes, grâces à la protection que MM. de Choiseul, Malsherbes et autres grands accordaient aux auteurs et éditeurs de cette vaste entreprise.

Nous croyons devoir présenter ici une petite notice abrégée de l'origine et de la formation de l'Encyclopédie. Si l'on en croit M. Luneau de Boisjermain, dans son fameux procès avec les libraires-imprimeurs de cette grande collection, ce n'est point à MM. Diderot et d'Alembert que l'on est redevable de la première idée d'une *Encyclopédie française*. On connaissait déjà depuis plusieurs années l'*Encyclopédie anglaise* d'Ephraïm Chambers ; et c'est un anglais, familier avec la langue française, qui, le premier, a voulu traduire Chambers dans notre langue. Voici comment la chose arriva. En 1743, Jean Mills, gentilhomme anglais, entreprit cette traduction, en société avec M. Sellius, natif de Dantzick, et ancien professeur à Halle. Ayant besoin d'un imprimeur, ils s'adressèrent à Lebreton, imprimeur-libraire à Paris. Comme ils étaient étrangers, ils ne connaissaient pas les formalités par lesquelles il fallait alors passer pour mettre un ouvrage sous presse. L'imprimeur se chargea de les remplir toutes, et de solliciter en leur nom un privilége ; mais il ne le fit expédier qu'au sien. Mills, instruit de cette supercherie, s'en plaignit amèrement, et avec tant d'éclat, que Lebreton, dans une reconnaissance en forme de cession, déclara que le privilége du Dictionnaire de Chambers, quoique scellé au nom de Lebreton, appartenait en toute propriété à Jean Mills. Mais ce titre devint bientôt invalide par un défaut de formalité à laquelle il aurait dû être soumis, et dont Lebreton ne prévint pas le traducteur en question. Il y eut un arrangement subséquent, par lequel Mills céda à Lebreton une partie de son privilége. Celui-ci proposa à son associé d'annoncer l'Encyclopédie par souscription : Mills y consentit ; mais, dans cette annonce, Lebreton omit encore les formalités ordonnées. Le concours des souscripteurs fut considérable. Mills crut pouvoir profiter de ces secours ; il demanda un à-compte à Lebreton. Il n'obtint de lui qu'un refus accompagné de mauvais traitemens. Cela donna lieu à un procès criminel. Lebreton accusé fut simplement décrété d'assigné pour être ouï au Châtelet. Mills appela au parlement de ce décret, parce qu'il le trouva insuffisant. Pendant ce temps, Lebreton se prévalut du défaut de formalités pour faire révoquer le premier privilége, et il en obtint un autre en son nom. Ce qui fut exécuté le 21 janvier 1746, pour l'*Encyclopédie* de Diderot et d'Alembert. Alors Mills fut dépouillé d'un ouvrage dont l'idée, le plan, la marche et la première exécution lui appartenaient, sans avoir fait d'autre faute que d'avoir contrevenu, sans le savoir, à des règlemens qu'il ne connaissait pas, et pour avoir été induit en erreur par Lebreton, son imprimeur, qui devait le diriger. Alors il fut obligé de repasser en Angleterre ; et Sellius, son coopérateur, mourut à Charenton en 1767 : il était devenu fou. Les nouveaux libraires-entrepreneurs pour l'*Encyclopédie* de Diderot et d'Alembert, furent Briasson, Lebreton, David et Durand. C'est contre Briasson et Lebreton que Luneau de Boisjermain eut ce procès si connu et si long au sujet de l'Encyclopédie ; les Mémoires qu'il fournit furent accueillis, parce qu'ils renferment des recherches savantes et des détails curieux sur l'histoire de ce volumineux ouvrage, sur la manutention de l'imprimerie, sur le mécanisme de cet art, et sur l'industrie des imprimeurs. L'auteur prétend que, sur les 737 livres, montant de la souscription pour les vingt-six premiers volumes de l'Encyclopédie, chaque souscripteur a payé 154 livres de trop, parce que les libraires n'ont pas rempli en entier les engagemens portés dans leur *prospectus*. Ces 154 livres, multipliées par le nombre des souscriptions, donnent simplement une somme de 1,948,052 liv. que les libraires auraient eu à restituer aux souscripteurs. Selon M. Luneau, les vingt-six volumes, tirés à 4250 exemplaires, ont dû coûter d'impression 1,158,958 livres 3 sous 6 deniers, et rapporter aux libraires, de la part des souscripteurs seulement, 3,789,352 livres. Mais Briasson et Lebreton ont soutenu que Luneau s'était trompé dans ses calculs, et qu'il avait beaucoup atténué le montant des frais; par exemple, il porte à 150,000 livres les acquisitions des manuscrits et les honoraires des éditeurs, tandis qu'ils ont excédé 400,000 livres (1). Il compte 60,000 livres pour les faux frais qui sont allés à 120,000 livres; il passe sous silence les pertes et banqueroutes qui peuvent être évaluées à 100,000 liv. Il doit réduire les 4250 exemplaires à 4200 complets, etc. Nous n'entrerons pas plus avant dans les détails de ce procès curieux, nous dirons seulement qu'après beaucoup de mémoires, de répliques et de plaidoirie de part et d'autre, Luneau de Boisjermain succomba; la victoire demeura aux libraires. Nous avons parlé dans notre *Dictionnaire bibliologique* (tome 2, p. 256 – 268), de l'Encyclopédie, de sa préface et du système des connaissances humaines qui se trouvent en tête, et que l'on doit à Bacon; nous ne répéterons pas ici ce que nous en avons dit. Nous croyons également inutile de présenter de nouveau la notice sur les différentes Encyclopédies nationales et étrangères avec la série de leurs éditions et les marques pour les distinguer; nous avons inséré cette notice dans nos *Curiosités bibliographiques*, pages 41 – 46.

DOLET. Sommaire des faits et gestes de François 1.er, tant contre l'Empereur que ses sujets, et autres nations étrangères, composés d'abord en latin par Dolet, puis translatés en français par

---

(1) Je dirai à ce sujet que Diderot, qui a tant travaillé à cet immense ouvrage, n'en a retiré que 1000 livres de rente viagère; tandis que Robertson, pour son *Histoire de Charles V*, en 5 vol. in-12, a eu de son libraire 4000 guinées, c'est-à-dire, 96,000 livres.

lui-même. *Lyon, Etienne Dolet*, 1540, *in-4.*

Stephani Doleti Carminum Libri IV. *Lugduni*, 1538, *in-4.*

Ejusdem, Cato christianus, id est, Decalogi expositio, accessio ad præcepta Legis ex Christi doctrinâ, etc. *Lugduni, Dolet*, 1538, *in-8.*

Brief Discours de la république françoyse, desirant la lecture des livres de l'Ecriture saincte luy estre loisible en sa langue vulgaire ; ledit Discours est en rimes, etc. *Lyon, Etienne Dolet*, 1544, *in-16.*

La Fontaine de vie (*imprimée vers 1542 par Dolet*), *in-16.*

Les Epistres et Evangiles des cinquante et deux Dimenches de l'an, avec briefves et très-utiles expositions d'ycelles. *Lyon, Dolet*, 1542, *in-16.*

Les Heures de la Compagnie des Pénitens. *Lyon, Dolet*, 1542, *in-16.*

Le vray Moyen de bien et catholiquement se confesser, traduit du latin d'Erasme. *Lyon, Dolet*, 1542, *in-16.*

Le Chevalier chrétien, composé en latin par Erasme, puis traduit en françoys. *Lyon, Dolet*, 1542, *in-16.*

Le Sommaire du Vieil et du Nouveau-Testament, imprimé par ledict Dolet, en françois, vers 1542.

Les Œuvres de Melanchthon, imprimées par Dolet.
Une Bible de Genève, imprimée par Dolet.

Institution de la Religion chrétienne, par Calvin, imprimée par Dolet.

Tous ces ouvrages, dont les uns ont été composés et imprimés par Dolet, et les autres seulement imprimés par lui, sont mentionnés dans un arrêt du parlement de Paris, du 14 février 1543, qui les *condamne à être brûlés et convertis ensemble en cendres, comme contenant damnable, pernicieuse et hérétique doctrine*. Il y en a encore quelques autres qui ont été mis à la censure, tels que l'*Internelle consolation*, Lyon, Dolet, 1542, *in-16*; l'*Epître du Pécheur à Jésus-Christ*, par Victor Brodeau, imprimée par Dolet en 1542; *Les Prières et Oraisons de la Bible faites par les SS. Pères*, etc. aussi imprimées par Dolet. Je ne rapporterai pas ici l'histoire de cet imprimeur malheureux; tout le monde sait qu'il a été condamné à être pendu et brûlé, atteint et convaincu d'être *athée*, *relaps*. La sentence a été exécutée à Paris le 3 août 1546, au milieu de la place Maubert: il était âgé d'environ trente-sept ans. Quand il fut sur l'échafaud, il prononça, dit-on, cette prière: *Mi Deus, quem toties offendi, propitius esto; teque Virginem matrem precor, divumque Stephanum, ut apud Dominum pro me peccatore intercedatis*. On ne sait pas trop quel a été le véritable motif de la condamnation de Dolet. Le 4 novembre 1544, la faculté de théologie de Paris étant assemblée, on lut un Dialogue de Platon, ou attribué à Platon, intitulé AXIOCHUS, traduit en français par Dolet. Ce Dialogue fut vivement censuré, parce que le traducteur, au lieu de traduire un passage par *après la mort, tu ne seras rien*, s'avisa de le rendre ainsi, *après la mort, tu ne seras plus rien du tout*. La faculté décida que ce passage *était mal traduit et contre l'intention de Platon, auquel n'y a en grec ni en latin ces mots*: RIEN

DU TOUT; que cela sentait l'*hérésie* et était conforme à l'opinion des saducéens et des épicuriens. (Voilà de plaisans hérétiques, dit M. Née dans la *Vie de Dolet*. Paris, 1779, in-8, et 25 exemplaires in-4.) On regarde cette accusation comme un des motifs de la condamnation de Dolet. M. Née pense que la véritable cause est plutôt dans la haine que lui portaient des ecclésiastiques qu'il avait outragés, et qu'il avait blessés. « En découvrant le pernicieux dessein que les docteurs de Sorbonne avaient conçu de détruire en France l'art de l'imprimerie, qui y avait été introduit par deux de leurs plus célèbres confrères ; en molestant par des épigrammes sanglantes les moines et les dévots importuns ; en se raillant enfin, dans une édition de Rabelais, de la société de Sorbonne, par des sobriquets indécens donnés à ses membres, etc. » Il n'en fallait pas davantage pour faire poursuivre Dolet avec acharnement. M. Née dit qu'il lançait des épigrammes contre les moines : j'en trouve une assez forte, dans Vogt, adressée par Dolet

Ad Nicolaum Fabricium Valesium
DE CUCULLATIS.

Incurvicervicum cucullatorum habet
Grex id subinde in ore, se esse mortuum
Mundo ; tamen edit eximie pecus, bibit
Non pessime, stertit sepultum crapula,
Operam veneri dat, et voluptatum assecla
Est omnium. Idne est mortuum esse mundo ?
Aliter interpretare. Mortui sunt Hercule
Mundo cucullati, quod iners terræ sunt onus,
Ad rem utiles nullam, nisi ad scelus et vitium.

On avouera que ces injures grossières annoncent une animosité qui sans doute est condamnable, mais qui cependant ne méritait pas le dernier supplice. Cette épigramme me rappelle que le même sujet a été traité par le fameux baron de Born : on croirait même qu'il a puisé dans Dolet ce qu'il dit de plus fort contre les moines. C'est en 1783 qu'il publia sa *Monachologia* ; il saisit le moment où Joseph II venait de commencer ses réformes religieuses. On peut juger du style de cet auteur caustique par l'échantillon suivant :

Descriptio Monachi.

Animal avarum, fœtidum, immundum, siticulosum, iners, inediam potius tolerans quam laborem; — monachi vivunt e rapinâ et questu; mundum sui tantum causa creatum esse predicant; coeunt clandestine, nuptias non celebrant, fœtus exponunt; in propriam speciem sæviunt, et hostem ex insidiis aggrediuntur. — Usus — terræ pondus inutile. Fruges consumere nati.

Relativement à l'ordre des dominicains il dit :

Eximio olfactu pollet, vinum et hæresin è longinquo odorat. Esurit semper polyphagus. Juniores fame probantur. Veterani, relegata omni cura et occupatione, gulæ indulgent, cibis succulentis nutriuntur, molliter cubant, tepide quiescunt, somnum protrahunt, et ex suis diœta curant, ut esca omnis in adipem transeat, lardumque adipiscantur; hinc abdomen prolixum passim præseferunt; senes ventricosi maxime estimantur. Virginitatis sacræ in venerem volgivagam proni ruunt. Generi humano et sanæ rationi infestissima species, in cujus creatione non se jactavit autor naturæ.

L'archevêque de Vienne porta contre cet ouvrage des plaintes à l'empereur, qui lui répondit que cela n'attaquait que la partie inutile et oisive des ordres religieux. Cet ouvrage fut bientôt suivi de la *Defensio physiophili*, et ensuite de l'*Anatomia monachi*. Le baron de Born, né à Carlsbourg en Transylvanie, est mort à Vienne en 1791.

DOMINIS. De Republicâ ecclesiasticâ, auctore Marco-Antonio de Dominis. *Londini* 1617 *et* 1620, 3 *vol. in-fol.*

Cet ouvrage a été censuré le 15 décembre 1627 par la faculté de théologie de Paris, parce qu'il contenait des maximes favorables à l'indépendance des princes séculiers et des principes de tolérance; mais il avait déjà été brûlé par sentence de l'inquisition avec le corps de son auteur, qui a été exhumé à cet effet. Cette exécution a eu lieu à Rome au Champ de Flore en 1625. Quelques auteurs ont regardé M.-A. de Dominis comme une des plus illustres victimes de l'inquisition. Il passait à leurs yeux pour un savant occupé du projet de réunir les communions chrétiennes; projet qui fut celui d'un grand nombre d'esprits sages et amis de la paix, dans un siècle où les principes de la tolérance étaient inconnus. Cependant il faut avouer que sa conduite et ses opinions n'ont pas toujours été exemplaires, surtout aux yeux d'un tribunal aussi sévère et aussi soupçonneux que celui de l'inquisition.

De Dominis, d'abord jésuite pendant vingt ans, puis évêque de Segni, et ensuite archevêque de Spalatro, abandonna son archevêché pour se retirer en Angleterre, où il écrivit avec une liberté dont il ne pouvait jouir en Italie. C'est-là qu'il publia l'*Histoire du Concile de Trente* de Frapaolo, son ami, dont il fit la préface; et son Traité *de Republicâ ecclesiasticâ*, dont nous rapporterons quelques fragmens qui prouvent que l'auteur penchait plus vers le protestantisme que vers le catholicisme. Quoique très-bien venu à Londres, il forma le dessein de revenir en Italie;

le pape Grégoire XV, son ami et son condisciple, ayant été averti de ce dessein, lui fit dire par l'ambassadeur d'Espagne qu'il pouvait se rendre à Rome sans crainte. Il y revint après avoir fait à Londres une rétractation éclatante de ses erreurs, ce qui indisposa contre lui les Anglais. Il renouvela cette rétractation en arrivant à Rome; mais on sut peu à près qu'elle n'était pas très-sincère; car on surprit des lettres qui firent juger qu'il se repentait de sa conversion. Urbain VIII le fit enfermer au château Saint-Ange, où il mourut du poison, selon quelques historiens, en 1625, à soixante-quatre ans. Son cadavre fut brûlé la même année avec son Traité *de Republica*, etc. M. Debure raconte un peu différemment l'histoire de Dominis dans sa *Bibliographie*, n.° 944; mais les principaux faits sont les mêmes. Il dit seulement que cet auteur ne devait pas revenir à Rome; qu'au contraire, il devait profiter de cette maxime si souvent répétée dans ses ouvrages : « Qu'on n'offensait jamais impunément la cour de Rome, qui pardonnait rarement; et que, quand on s'était une fois déterminé à tirer l'épée contre elle, il fallait jeter le fourreau. » Voici quelques opinions hétérodoxes répandues dans ce Traité *de Republica*, etc. « L'église, sous l'autorité du pape, n'est plus l'église, mais un état humain sous la monarchie temporelle du pontife...... L'église n'a point un pouvoir coactif ni ne peut user de contrainte extérieure..... Les prêtres n'offrent point le sacrifice de Jésus-Christ, mais ils en célèbrent seulement la commémoraison....... L'inégalité de puissance entre les apôtres, est une invention humaine qui n'a aucun fondement dans l'Evangile..... Le Saint-Esprit est le véritable vicaire de Jésus-Christ sur terre..... Jean Hus a été mal condamné par le concile de Constance..... Jésus-Christ a promis son St.-Esprit à toute l'église, sans l'attacher aux prêtres, aux évêques.....

8

L'ordre n'est pas un sacrement...... L'église romaine, à cause de la dignité de la ville dont elle porte le nom, est la première en excellence, et non en jurisdiction..... Les ministres de l'église ne sont pas obligés au célibat..... Le vœu solennel des moines n'a point d'effet au-delà du vœu simple.... La papauté est une fiction des hommes....., etc. De Dominis avait composé, vers 1590, un Traité *de Radiis lucis et de iride*, qui ne fut imprimé à Venise qu'en 1611, *in*-4. Il est le premier qui développa avec sagacité la raison des couleurs de l'arc-en-ciel : il fit voir que les rayons du soleil, réfléchis de l'intérieur même des gouttes de pluie, forment cette réunion de couleurs qu'on admire dans le ciel dans certaines circonstances. De Dominis a encore publié *Causa suæ profectionis ex Italia*, 1616, *in*-4, et *Pythagorica nova metempsychosa*, editore Paulo Boudot, *Antverpiæ*, 1617, *in*-8.

DOUCIN. Problême ecclésiastique, proposé à M. l'abbé Boileau de l'archevêché, à qui l'on doit croire de messire Louis-Antoine de Noailles, évêque de Châlons en 1695, approuvant les *Réflexions morales* du père Quesnel ; ou de messire Louis-Antoine de Noailles, archevêque de Paris en 1696, condamnant l'*Exposition de la Foi*, par l'abbé de Barcos ? (Par le père Doucin, jésuite.) *Paris*, 1698.

Ce libelle diffamatoire a été condamné par arrêt du parlement de Paris, du 10 janvier 1699, à être lacéré et brûlé par l'exécuteur de la haute justice ; ce qui a été exécuté le 15 du même mois devant la principale porte de l'église de Paris. Le père Doucin, à qui l'on attribue ce libelle, insinue que l'archevêque doit être mis au nombre des hérétiques convaincus d'une doctrine abominable et impie, comme un des plus déclarés jansénistes qui aient jamais été digne d'être placé à la tête de cette secte. L'avocat-général d'Aguesseau loua beaucoup le prélat, et blâma la calomnie de l'auteur du libelle.

DOUJAT. Rerum gallicarum, impubere Ludovico XIV, Liber I. Res per novennium apud gallos aut à gallis, pace belloque gestas, ab excessu Ludovici XIII ad ann. 1652. (Auctore Johanne Doujat), *in-4.*

Cet ouvrage a été supprimé dès le commencement de son impression ; de sorte qu'il n'en a paru que les premières feuilles. Jean Doujat, né à Toulouse, est mort à Paris le 27 octobre 1688, à soixante-dix-neuf ans, après avoir publié plusieurs bons ouvrages, dont le meilleur est : *Prænotiones canonicæ et civiles. Parisiis*, 1587, *in-4.*

DRUTHMAR. Christiani Druthmari expositio in Mathæum Evangelistam familiaris luculenta et lectu jucunda cum epithomatibus in Lucam, etc. *Argentorati, Gruniger*, 1514, *in-fol.*

L'auteur de cet ouvrage est un moine de Corbie du 9.ᵉ siècle. On prétend que ce sont les novateurs qui firent imprimer, au commencement du 16.ᵉ siècle, ce livre, et qu'ils y semèrent quelques propositions erronées sur la transsubstantiation. Lorsqu'on s'en est aperçu, le livre a été exactement supprimé, mais sourdement, ce qui l'a rendu très-rare. En 1530 on en a publié une seconde édition à Haguenau, qui est également rare, parce qu'elle a été censurée et supprimée publiquement par la cour de Rome, qui a prétendu qu'elle n'était point semblable à la première : ce qui est reconnu pour faux. On peut consulter sur cet ouvrage, les *Amœnitates litter.* de Schelhorn, tome 2, *page* 429; les *Amœnitates histor. eccles.*, tome 1, *page* 823; le *Catalogue* de Vogt, *page* 245; la *Bibliothèque* de Clément, tome 7, *page* 451, et la *Bibliographie* de Debure, qui est d'avis que cet ouvrage est bien éloigné d'être aussi rare que ceux de Michel Servet et de Jordanus Brunus, comme Vogt le prétend.

DUCHATEL. Oraison funèbre de François I.er, par Pierre Duchatel, prononcée en 1547.

Ce Discours scandalisa la faculté de théologie de Paris, parce que l'auteur y disait que *l'ame du roi était allée tout droit en paradis.* Cette phrase se ressent un peu de l'éloquence du 16.e siècle; mais elle donnait aussi à entendre que Duchatel passait un peu légèrement sur le purgatoire, et l'on savait que François I.er avait bien vécu de manière à y faire une petite pause; c'est ce qui alarma les théologiens. Aussi la faculté nomma des députés pour en aller faire des reproches à l'auteur, alors évêque de Mâcon, qui était à Saint-Germain-en-Laye, auprès de Henri II. En attendant que le prélat fût averti, on adressa ces députés à un maître-d'hôtel nommé Mendoze; cet homme facétieux commença par les bien régaler, et ensuite leur dit: « Hé ! messieurs, vous craignez que l'évêque de Mâcon n'ait porté atteinte à la croyance du purgatoire, en envoyant l'ame du roi directement en paradis : rassurez-vous, chacun connait le caractère du feu roi, mon maître; il ne s'arrêtait guère dans le même lieu, quelque plaisir qu'il y trouvât.

A supposer qu'il soit allé en purgatoire, il n'aura fait qu'y passer, et tout au plus goûter le vin en passant. » Cette plaisanterie, plus forte que la phrase de l'évêque du Mâcon, désarma la sévérité des députés et de la faculté en les faisant rire ; et l'affaire en resta là. Pierre Duchatel (Castellanus), dont je m'honore d'être le compatriote, est né à Arc-en-Barrois, en Bourgogne, vers la fin du 15.ᵉ siècle. Il fut évêque de Tulle en 1539, évêque de Mâcon en 1544, grand-aumônier de France en 1548, et évêque d'Orléans en 1551. Il y mourut d'apoplexie, en prêchant le 3 février 1752. Il avait beaucoup d'esprit et d'érudition : il possédait les langues orientales, et était fort éloquent en chaire. C'est à lui qu'appartient cette réponse plaisante faite à François I.ᵉʳ, qui lui demandait s'il était gentilhomme. « Sire, répondit le prélat, ils étaient trois frères dans l'arche de Noé ; je ne sais pas bien duquel des trois je suis sorti. »

DULAURENT. Théologie portative, *ou* Dictionnaire abrégé de la Religion chrétienne, par M. l'Abbé Bernier, Licencié en Théologie (Dulaurent). *Rome (Paris)*, 1775, *in-12*. Le même ouvrage, nouvelle édition, corrigée et augmentée par un disciple de l'auteur, *imprimé à Rome, avec permission et privilége du conclave*, 1776, 2 *vol. in-12*.

Ouvrage infâme, qui a été condamné, par arrêt du parlement, à être brûlé par la main du bourreau le 16 février 1776. L'arrêt porte que cette production est scandaleuse, impie, blasphématoire, tendant à anéantir les fondemens de la religion, et conséquemment à détruire les principes de la sûreté et honnêteté publique. On a long-temps attribué à Voltaire cette œuvre diabolique ; mais elle est d'un nommé Dulaurent, moine apostat, né dans l'Artois, et qui s'est réfugié en Hollande où il a composé plusieurs ouvrages du même genre que celui dont nous parlons, et qui sont tous plus dangereux les uns que les autres. Veut-on avoir une idée du style et de l'orthodoxie de cet auteur effronté, qu'on prenne au hasard quelques définitions de ce Dictionnaire détestable. « ADAM. C'est le premier homme ; Dieu en fit un grand nigaud, qui, pour complaire à sa femme, eut la bêtise de mordre dans une pomme que ses descendans n'ont point encore pu digérer. » Quelle délicatesse dans les expressions de cet auteur ! Mais suivons-le. « ANES. Animaux à longues oreilles, qui sont patiens et malins : ils sont les vrais modèles des chrétiens, qui doivent se laisser bâter et porter la croix comme eux. Jésus monta sur un âne ; action par laquelle il a voulu annoncer que ses prêtres auraient le droit de monter et de bâter les chrétiens et les chrétiennes jusqu'à la consommation des siècles. » Il faut un peu de courage pour rapporter de pareilles citations ; ce ne sont cependant pas les plus fortes du livre. J'en présente encore une ou deux, pour prouver jusqu'à quel degré certains écrivains ont poussé la licence. « CAPUCIN. C'est un bouc à deux pieds chargé de crasse, d'ignorance et de poux, qui chante du nez dans son couvent, et qui se montre dans les rues pour édifier les bonnes femmes et faire peur aux petits enfans. ENFER. C'est le foyer de la cuisine qui fait bouillir en ce monde la marmite sacerdotale : il fut fondé en faveur des prêtres ; c'est pour qu'ils fassent bonne chère que le Père-éternel, qui est leur premier cuisinier, met en broche ceux de ses enfans qui n'auront point pour leurs leçons la déférence qui leur est due. OIE. On appelle de certains contes des contes de ma mère l'oie. Les contes que l'église nous conte, sont des contes de ma mère l'oie, vu que nous sommes des oisons, et que l'église est notre mère, *etc.* » Quel style pitoyable! quelles plaisanteries triviales! Je ne pousserai pas plus loin les citations ; les articles que je rapporte, quoique les plus faibles, comme je l'ai dit, suffisent pour donner une idée de la corruption de cet auteur impudent. Il a été réfuté, article par article, par M. l'abbé François, dans un *vol.* in-8. On doit encore à ce Dulaurent les ouvrages suivans : *Le Compère Mathieu*, 3 *vol.* in-12 ; l'*Arétin moderne*, 2 *vol.* in-12 ; *la Chandelle d'Arras*, 1 *vol.* in-8 ; *le Balai*, 1 *vol.* in-8 ; *Imirce*, 1 *vol.* in-8 ; *l'Abus dans les Cérémonies*, 1 *vol.* in-8. Tous ces ouvrages, qui ont paru entre 1760 et 1770, ont été ou ont dû être condamnés au feu. M. Merc....de Comp..... littérateur très-fécond, a fait imprimer en l'an 4 une mauvaise brochure, pour faire suite aux Œuvres de Dulaurent : elle a pour titre *Lubies théologiques*, ou *Œuvres posthumes du Compère Mathieu*. C'est un bien pauvre ouvrage, digne du sort de celui qui est en tête de cet article.

DUPIN. Observations sur un livre intitulé : *De l'Esprit des Lois* (par M. Dupin). 3 *parties* in-8.

Cette Réfutation a été supprimée et brûlée par l'auteur, sur l'invitation de madame de Pompadour. Quoique cet ouvrage n'ait point été supprimé par autorité de justice, je crois pouvoir en parler ici, parce qu'il me donne lieu à révéler une anecdote bibliographique peu connue, et que, d'ailleurs, il n'est point déplacé parmi les ouvrages supprimés. Ce livre passe pour l'une des meilleures réfutations qui aient été faites sur diverses parties de l'*Esprit des lois*: on la doit à M Dupin, originaire de Château-Roux, d'abord capitaine dans le régiment d'Anjou, ensuite receveur des tailles à Château-Roux, puis fermier-général. On prétend que la famille de Montesquieu et ses amis, ont fait tous leurs efforts pour empêcher la distribution de cette Réfutation, et qu'ils y sont parvenus. Ils s'étaient adressés à madame de Pompadour, qui fit venir M. Dupin, et lui dit qu'elle prenait l'*Esprit des Lois* sous sa protection, ainsi que son auteur. On retira tous les exemplaires, et on brûla l'édition; ce qui a rendu très-rare cet ouvrage, dont cinq à six exemplaires seulement, ont été répandus clandestinement dans le public: le prote de l'imprimerie d'où il est sorti, en a vendu, dans le temps, secrètement et par infidélité, un exemplaire 84 livres. Ce livre a été la source de quelques erreurs qu'il faut relever ici. Les auteurs de *la France littéraire* de 1769 l'annoncent sous le titre de *Réfutation du Livre de l'Esprit des Lois, en ce qui concerne le Commerce et les Finances*, par M. Dupin, 1749, 3 *vol. in-12*. Cet ouvrage n'est point *in-12*, mais *in-8*. Il en existait un exemplaire dans la riche bibliothèque du duc de la Vallière vendue en 1784. M. Debure ne l'a point compris dans les livres rares; et M. Nyon, rédacteur de la seconde partie du *Catalogue de la Vallière*, l'attribue à l'abbé de la Porte (*voyez* le n.º 217). Les *Observations* de l'abbé de la Porte, *Amsterdam* (Paris), 1751, en un seul *vol. in-12*, sont bien inférieures à celles de Dupin, et n'ont qu'un prix très-ordinaire. Ces dernières se sont vendues 120 liv. chez M. d'Hangard, en 1789: elles sont moins chères aujourd'hui.

DUPIN. Bibliothèque universelle des Auteurs ecclésiastiques, contenant l'histoire de leur vie, le catalogue, la critique, la chronologie de leurs ouvrages, tant de ceux que nous avons, que de ceux qui se sont perdus; le sommaire de ce qu'ils contiennent; un jugement sur leur style, leur doctrine et le dénombrement des différentes éditions de leurs ouvrages jusques et compris le 18.ᵉ siècle, avec les prolégomènes et dissertations sur la Bible et la Bibliothèque des Historiens, par Louis-Ellies Dupin. *Paris, Pralard*, 1698 *et suiv.*, 56 *vol. in*-8. — Bibliothèque des Auteurs ecclésiastiques du 18.ᵉ siècle, pour servir de continuation à celle de Dupin, (par Claude-Pierre Goujet.) *Paris, Pralard*, 1736, 3 *vol. in*-8. — Critique de la Bibliothèque des Auteurs ecclésiastiques et des prolégomènes de la Bible, publiés par Dupin, avec des éclaircissemens, par Richard Simon. *Paris, Ganeau*, 1730, 4 vol. *in* 8.

Tel est le titre de la collection des principaux ouvrages qui composent la *Bibliothèque* de Dupin; elle a été condamnée après la publication des onze premiers volumes qui renferment les huit premiers siècles de l'église. La liberté avec laquelle l'auteur s'exprimait sur le style, la doctrine et les autres qualités des écrivains ecclésiastiques, le firent dénoncer par Bossuet à l'archevêque de Paris (de Harlay), qui l'obligea de se rétracter sur plusieurs propositions, dont quelques-unes étaient susceptibles d'un sens favorable. L'auteur se soumit à tout ce que l'on voulut, crainte de voir son ouvrage supprimé. Cependant il le fut le 16 avril 1693; mais on lui permit de le continuer en changeant seulement le titre. Voici les principales erreurs qui ont occasionné la flétrissure de cette *Bibliothèque*. 1.° L'auteur affaiblit le culte d'hyperdulie (1) que l'église rend à la Mère de Dieu,

---

(1) *Hyperdulie* vient du grec *huper*, au-dessus, et *douleia*, servitude,

2.° Il favorise le nestorianisme. 3.° Il affaiblit les preuves de la primauté du saint siége. 4.° Il attribue aux SS. Pères des erreurs sur l'immortalité de l'ame et sur l'éternité des peines de l'enfer. 5.° Il parle des SS. Pères avec trop peu de respect, *etc.*, *etc.* La *Bibliothèque* de Dupin a été réimprimée en Hollande en 19 *vol. in*-4. Cet auteur n'est pas aussi exact que Remi Cellier, qui nous a donné un ouvrage dans le même genre, sous le titre de *Histoire générale des Auteurs sacrés et ecclésiastiques*, etc., publiée depuis 1729 jusqu'en 1763, 23 *vol. in*-4. Mais Cellier est plus diffus, et son ouvrage ne va que jusqu'à Saint Bernard. Dupin a encore vu son *De Antiquâ ecclesiâ disciplinâ*, 1686, censuré par le cardinal de Noailles, archevêque de Paris. Il éprouva aussi du désagrément à l'occasion du *Cas de conscience* ; l'ayant signé il fut privé de sa chaire et exilé à Châtellerault en 1703 ; ce qui fit plaisir à Clément XI, qui remercia Louis XIV de ce châtiment, et, dans son bref, qualifia l'auteur « d'homme d'une très-mauvaise doctrine, et coupable de plusieurs excès envers le siège apostolique ». Louis-Ellies Dupin, né à Paris le 17 juin 1657, y est mort le 6 juin 1719.

DUPLESSIS. Le Mystère d'iniquité, par Philippe de Mornay, Seigneur Duplessis - Marly. *Saumur*, 1621, *in*-4.

Cet ouvrage satyrique du célèbre Duplessis-Mornay a fait beaucoup de bruit dans le temps. Le fonds de l'impression était conservé dans le château de Saumur, dont l'auteur était gouverneur ; mais Louis XIII lui ayant ôté ce gouvernement en 1721, Duplessis fut mis hors du château. Le

---

c'est-à-dire, que le culte d'hyperdulie rendu à la Vierge, est d'un ordre supérieur à celui que l'on rend aux Anges et aux Saints.

roi se trouvait à Saumur dans ce temps ; la veille de son départ, les gens de sa suite brûlèrent, dans la cour du château, la plupart des exemplaires du *Mystère d'iniquité* qui y étaient déposés.

DUPUY. Traités des droits et libertés de l'église gallicane (par Pierre Dupuy). 1639, *in-fol.*

Cet ouvrage a été supprimé, ainsi que nous l'annonce Lelong. Voici ses termes : « Ce Recueil, imprimé à Rouen sur la fin de 1638, contient dix-neuf Traités avec les preuves. Ces Traités sont imprimés plus correctement dans cette édition que dans les précédentes. Elle eut un si prompt débit, qu'en trois mois tous les exemplaires furent enlevés. Mais, comme elle avait été faite sans privilége du roi, quoique tous ces Traités eussent déja paru avec privilége, et quoiqu'il n'y eût de nouveau que le volume des preuves, elle fut supprimée par un arrêt du conseil du roi du 20 décembre 1638, à la sollicitation du cardinal de la Rochefoucault et du nonce du pape, et par complaisance pour le cardinal de Richelieu. »

DURAND. Durand commenté, *ou l'Accord de la Philosophie avec la Théologie, touchant la transsubstantiation de l'Eucharistie.* (Par Pierre Cally, Curé de St. Martin de Caen.) *Cologne, Pierre Marteau*, 1700, *in* 8.

Livre singulier, dont un exemplaire existait à Amsterdam dans la bibliothèque de M. Crevenna ; et à la fin du volume se trouvait le *Mandement* de l'évêque de Bayeux, portant condamnation et défense de lire cet ouvrage. L'auteur est accusé d'avoir renouvelé les sentimens de Durand, qui prétendait que, si jamais l'église décide qu'il y a transsubstantiation dans le mystère de l'Eucharistie, il faut qu'il reste quelque chose de ce qui était auparavant le pain, pour mettre de la différence entre la création ou la production d'une chose qui n'était point, et l'annihilation ou la destruction d'une chose réduite au néant. Ce fut Nesmond, alors évêque de Bayeux, qui s'éleva contre ce sentiment, et Cally se rétracta.

DURANT. Libelle contre le Roi et sur les affaires du temps, par Durant, *en* 1618.

Quel est le véritable titre de cet ouvrage? qui est son auteur? Voilà ce que je n'ai pu encore découvrir. Ce que je sais, c'est qu'un nommé Durant a été rompu vif et brûlé le 16 juillet 1618, pour avoir écrit satyriquement sur les affaires du temps. Le *Dictionnaire historique* de MM. Chaudon et de Landine dit, que ce Durant a été rompu avec deux frères florentins de la maison des Patrices, pour un libelle qu'il avait fait contre le roi. Quelques savans prétendent que cet auteur pourrait bien être Gilles Durant de la Bergerie, qui faisait des vers plaisans relatifs à la ligue, entre autres, une *Elégie adressée à sa Commere sur le trespas de l'Asne ligueur, qui mourut de mort violente durant le siége de Paris*, en 1590. Cette lamentation est naïve et enjouée; on la trouve dans la *Satyre ménipée*, édition de 1717, *in*-8. Mais beaucoup d'autres savans pensent que Durant de la Bergerie n'est point celui qui a subi le triste sort dont nous parlons.

EDER. Georgii Ederi Evangelische inquisition Wahrer und falscher Religion. *Dilingæ, Mayer,* 1572, *in*-4.

Cet ouvrage a été supprimé par ordre particulier de

l'empereur Maximilien II. Vogt rapporte des détails intéressans relatifs à cette suppression. On avait abusé du nom, du privilége et de la permission de l'empereur pour publier ce livre ; aussi le décret de sa majesté porte que, si Eder veut éviter les peines les plus graves, qu'il ait à rapporter tous les exemplaires imprimés. (Voyez VOGT, *Catalog. Libr. rar.*, *edit.* 4.ᵃ, *pag.* 253.) George Eder était un habile jurisconsulte, qui fut honoré de la faveur et du titre de conseiller des empereurs Ferdinand I, Maximilien II et Rodolphe II. Il a laissé plusieurs écrits sur le droit : on estime son *Œconomia bibliorum seu partitionum biblicarum*, *Libri V*, in-fol.

EDZARD. Sebastiani Edzardi, Prof. pub., impietas cohortis fanaticæ, expropriis Speneri, Rechenbergii, Petersenii, Thomasii, Arnoldi, Schutzii, Boehmeri, aliorumque fanaticorum scriptis, plusquam apodictis argumentis, ostensa. *Hamburgi, Koenig,* 1703, *in-4 de 70 pages.*

Ouvrage supprimé par ordre du sénat de Hambourg.

ELWAL. Les Sermons du Frère Elwal. *Londres,* 1737, *in-12.*

Je ne connais cet ouvrage que par le titre et par les principes hardis et impies qu'il renferme ; mais je sais qu'il a été supprimé par tout où il a paru.

EMIGLIAN. Pomponii Emigliani Bella inter austriacos et venetos gesta. *Mediolani, in-4.*

Ce nom d'Emiglian est supposé ; et l'auteur a eu de bonnes

raisons pour cacher son nom. Cet ouvrage est écrit avec beaucoup trop de liberté ; aussi a-t-il été supprimé.

EMMIUS. Ubbonis Emmii, viri celeberrimi, Historia nostri temporis, in quâ duplex controversia ; altera inter Comitem Frisiæ orientalis et civitatem Emdanam separatim ; altera inter Comitem et Comitatus ordines, in quibus Emdani quoque sunt, ab ipsa origine exponitur. Opus posthumum, diu desiratum ; nunc primum ex MSS. vulgatum. *Groningæ*, 1732, *in-4*.

Cet ouvrage a été brûlé par la main du bourreau le 29 février 1733, en vertu d'un ordre de George-Albert, prince de la Frise orientale. Ubbo Emmius, né à Gretha en Frise, l'an 1547, est mort à Groningue en 1625. C'était un écrivain très-estimable, dont on recherche les ouvrages suivans : *Vetus Græcia illustrata*, Elzevir, 1626, 3 *vol. in-8*. = *Decades rerum Frisicarum*, Elzevir, 1616, *in-folio*. = *Chronologia rerum Romanarum, cum serie Consulum*, 1619, *in-fol.*, avec des prolégomènes sur la chronologie romaine, qui sont très-bien écrits.

ENJEDIM. Georgii Enjedimi explicationes locorum difficilium veteris et Novi Testamenti, ex quibus Trinitatis dogma stabiliri solet, *in-4*.

Cet ouvrage d'un savant socinien hongrois, est regardé comme très-pernicieux. L'auteur a défiguré les principaux endroits de l'Ecriture sainte pour les accommoder à son système. Cet ouvrage a été très-sévèrement défendu. On l'a brûlé dans différens endroits, surtout les exemplaires de la première édition qui a paru en Transylvanie. Feurbornius a écrit contre ce livre. George Enjedim passe pour l'un des plus subtils trinitaires qui aient fait des remarques sur l'Ecriture sainte. Il est mort en 1596.

ENZINAS. El Nuevo Testamento de N. Redemptor y Salvador J. C., traduzido de griego en lengua castellana, por Fr. de Enzinas. *En Amberes*, 1543, *in-*8.

Cet ouvrage a été condamné et supprimé aussitôt sa publication; ce qui rend cette édition originale très-rare. Un exemplaire a été vendu 60 livres chez M. d'Hangard, en 1789. L'auteur avait dédié cette traduction espagnole à Charles-Quint; malgré cela, elle fut cause de son emprisonnement pendant quinze mois; mais ayant trouvé le secret de s'évader, il se retira à Genève auprès de Calvin. On connaît en France cet auteur sous les noms de Dryander et de Duchesne. Son *Histoire de l'état des Pays-Bas et de la Religion d'Espagne*, Genève, *in-*8, est rare, et fait partie du *Martyrologe protestant* imprimé en Allemagne. Le frère de François Enzinas, nommé Jean Dryander, fut déféré, comme hérétique, à Rome où il demeurait : il ne dissimulait nullement ses opinions très-libres sur les abus qui régnaient dans l'église. Le pape, assisté des cardinaux, voulut l'interroger. Dryander déclara ses sentimens sans hésiter : il fut condamné au feu et brûlé en 1545.

ERASME. Desiderii Erasmi encomium moriæ, seu Laus stultitiæ.

Erasme a fait cet ouvrage en sept jours : tout le monde sait que c'est une satyre aussi libre qu'ingénieuse de tous les états : elle déplut beaucoup aux théologiens et aux moines, qui n'y sont pas ménagés ; cependant elle eut l'approbation de Léon X, de plusieurs cardinaux et de beaucoup d'évêques ; mais la Sorbonne n'a pas été aussi indulgente ; elle a censuré cet ouvrage, et ensuite il a été mis à l'*index* à Rome. On raconte que lorsque Léon X lut cet *Eloge de la Folie*, il dit : l'auteur a aussi la sienne. Ce pape eut le bon esprit de rire de cette satyre, où les souverains pontifes ne sont pas épargnés ; et le cardinal Ximénès, quoique plus sévère que Léon X, ne put s'empêcher de répondre à un des censeurs d'Erasme : ou faites mieux, ou laissez faire ceux à qui Dieu en a donné le talent. La meilleure édition latine de l'*Eloge de la Folie*, est celle de *Basle*, 1676, *in*-8, avec les notes de Gerard Listrius et les figures d'Holbein ; et la meilleure française est celle d'Amsterdam, 1728, *in*-8, fig. On estime aussi la jolie édition de 1751, *in*-8. J'ai lu dans la Vie d'Erasme, par M. Coupé, que le *Saint Hilaire* de ce savant homme, dédié à Carondelet, archevêque de Palerme, a été censuré dans le temps par la Sorbonne, et depuis critiqué par les bénédictins : il y reproche aux théologiens leur vaine curiosité sur des questions inutiles et dangereuses. L'esprit de tolérance qui règne dans cet ouvrage a été, dit-on, cause de la censure. On peut dire en général que tous les écrits d'Erasme n'ont pas été vus d'un œil bien favorable par les théologiens, quoiqu'il soit un des premiers qui aient traité les matières théologiques d'une manière noble et dégagée des vaines subtilités et des expressions barbares de l'école. Son mérite, l'indécision qu'il montra quelquefois sur certains sujets dogmatiques, la liberté avec laquelle il reprenait les vices de son temps, l'ignorance, la superstition, le mépris de la belle littérature, l'oisiveté de certains moines, la mollesse des riches ecclésiastiques, lui firent une foule d'ennemis. La Sorbonne, poussée par son syndic, Noël Beda, homme aussi ignorant que passionné, censura une partie de ses ouvrages, et ne craignit point de charger son anathême des qualifications de fou, d'impie, d'ennemi de Jésus-Christ, de la Vierge et des Saints. Erasme essuya d'autres orages qu'il ne supporta pas avec trop de patience. M. Coupé parle, dans son ouvrage que j'ai cité, de la fin tragique de Louis de Berquin, ami de notre illustre savant. « Ce Louis de Berquin, dit-il, gentilhomme d'Artois, que Badius appelle le plus savant de la noblesse, était conseiller de François I.er ; la liberté qui règne dans les ouvrages d'Erasme lui inspira une amitié vive pour l'auteur ; il traduisit son *Symbole*, son *Pater* et sa *Complainte de la Paix*, en y ajoutant beaucoup de traits hardis qui n'étaient point dans le texte. La faculté de théologie de Paris trouva dans les traductions de Louis Berquin des propositions qu'elle taxa d'hérétiques. L'infortuné gentilhomme fut livré à la justice : François I.er voulut assister à son jugement, où il traîna les princes, M. de Vendôme, M. de Guise et les grands seigneurs de cour. Berquin fut brûlé vif en 1529. » (Voyez le tome 7 des *Soirées Littéraires*.) D. Erasme, né à Roterdam le 28 octobre 1467, est mort à Basle le 12 juillet 1536.

ESPRIT. L'Esprit du Pape Clément XIV, mis au jour par le R. V. B.***, Confesseur de ce souverain Pontife, et dépositaire de tous ses secrets ; traduit de l'italien par l'abbé C***, 1775.

Cet ouvrage a été très-sévèrement proscrit par le lieutenant de police, à Paris. C'est une satyre dans laquelle l'auteur s'élève avec force contre les abus et les erreurs qui se sont glissés dans l'église romaine : il y règne une grande causticité ; mais rien de bien neuf : ce sujet a été tant rebattu.

ESTIENNE. Introduction au Traité des Merveilles anciennes avec les modernes, *ou* Traité préparatif à l'Apologie pour Hérodote, par Henri Estienne. *Imprimée en 1566 au mois de novembre, in-8.*

Cette édition est la meilleure et la plus recherchée. On la distingue des autres, en ce que le volume doit avoir 572 pages, avec le fleuron du frontispice représentant un olivier. Cet ouvrage renferme beaucoup d'invectives contre la religion catholique, et des contes sur les prêtres et sur les moines. Le but de l'auteur est de justifier les fables d'Hérodote par celles qu'il prétend que les catholiques ont débitées ; ou, pour mieux dire, c'est une satyre du catholicisme comparée au paganisme. Elle a fait condamner Henri Estienne à être brûlé en effigie. Obligé de s'enfuir, et réfugié dans les montagnes d'Auvergne au milieu des neiges, il dit très-plaisamment qu'il n'avait jamais eu aussi froid que le jour qu'on le brûlait à Paris. Le Duchat a donné une édition estimée de l'*Apologie pour Hérodote*, avec des notes et des remarques particulières, *la Haye*, 1735, *3 vol. in-8*. Henri Estienne, fils de Robert, né à Paris en 1528, est mort à l'hôpital à Lyon en 1598, dans un état approchant de l'imbécillité. Il a laissé nombre d'excellens ouvrages dont nous parlons ailleurs.

EXAMEN. Examen impartial des principales Religions du monde, *in-8*.

Cet ouvrage a été condamné au feu par arrêt du parlement

de Paris, du 18 août 1770. « L'auteur, dit le réquisitoire de l'avocat-général, attaque, dans un examen prétendu des principales religions du monde, tous les faits qui établissent la divinité du christianisme ; et, par une injustice commune à tous les écrivains prévenus, il s'arme, d'un côté, d'un pyrrhonisme outré contre ce que la religion a de plus évident ; et, de l'autre, il tombe dans une crédulité puérile sur tout ce qu'il est obligé de supposer pour se dispenser de la foi. » Je n'ai jamais vu cet ouvrage, et j'ignore qui en est l'auteur.

FABRIZI. Libro della origine delli volgari Proverbi di Aloyse Cynthio delli Fabritii, della citta di Vinegia cittadino, delle arti et di medecina dottore, ad Clemente Settimo. *In Vinegia (con la gratia del sommo Pontifici) per Maestro Bernardino et Maestri Matheo de i vitali, fratelli; adi ultimo septembrio, 1526, in-fol.*

Ouvrage excessivement rare, qui a été supprimé avec le plus grand soin, et brûlé par l'inquisition. On est surpris que ce livre, rempli d'obscénités, ait été dédié au papa Clément VII, et qu'il soit revêtu de son privilége et de celui de la république de Venise. On a vendu, chez M. Méon, pour la somme de 506 livres, en 1803, un exemplaire provenant de la bibliothèque de M. Paris de Meyzieu, que l'on croit être celui de l'auteur ; ce qui le fait présumer, c'est qu'on trouve à la fin un proverbe manuscrit de près de 500 vers, écrit sur le même papier que celui de l'ouvrage imprimé. A la suite de ce proverbe, sont deux notes aussi manuscrites ; l'une porte que cette satyre est vraiment écrite de la propre main de l'auteur, et qu'il n'en existe aucune autre copie ; que Fabrizi est mort il y a peu de jours, on ne dit pas de quelle manière. Ensuite vient l'autre note et trois sonnets, dont le premier est contre le noble François Pezaro, chef du conseil des dix, et les deux autres contre les récollets de Venise, qui avaient dénoncé ce livre au conseil des dix comme hérétique et scandaleux. D'après cette dénonciation, l'ouvrage fut condamné, et la publication en fut strictement défendue.

FAYDIT. Vie de Saint Amable, Prêtre et Curé de Riom, par Amable Faydit. *Paris*, 1702, *in-12.*

Cet ouvrage a été supprimé par l'autorité publique.

FALKEMBERG. Diatribe contre Ladislas, Roi de Pologne. Par Jean de Falkemberg.

Ce libelle, dont je ne connais pas textuellement le titre, mais dont l'auteur était religieux dominicain, fut condamné dans le concile général de Constance, tenu en 1414. Cependant la condamnation n'en fut confirmée dans aucune session publique, malgré les sollicitations des Français réunis aux Polonais, parce que les principes de Falkemberg étaient les mêmes que ceux de Jean Petit, autre prédicateur de l'homicide, dont nous parlons ailleurs. Ce mauvais livre fit mettre son auteur en prison à Constance : il est, comme nous le disons plus haut, dirigé contre Ladislas, roi de Pologne et contre les Polonais. Le fanatique Falkemberg l'adresse à tous les rois, princes, prélats et généralement à tous les chrétiens : il y promet la vie éternelle à tous ceux qui se ligueront pour exterminer les Polonais et Ladislas. Cette production virulente vit le jour au commencement du 15.ᵉ siècle ; elle a rapport aux querelles des chevaliers Teutoniques avec le roi de Pologne.

FAVEREAU. Le Gouvernement présent, *ou Eloge de son Eminence*; pièce de mille vers, et appelée par cette raison la Miliade, *imprimée à Anvers. Petit in-8, de 66 pages.*

Cette satyre, très-forte contre le cardinal de Richelieu et ses partisans, a été supprimée avec le plus grand soin. Les uns l'attribuent à un nommé Favereau, conseiller à la cour des aides; les autres à M. d'Estelan, fils du maréchal de Saint-Luc.

FELIBIEN. Jacobi Felibien Pentatheucus Historicus, sive quinque Libri historici, Josue, judices, Ruth et I et II Regum, cum Commentariis, ex fonte hebraïco, versione LXX interpretum et variis collectionibus. *Parisiis*, 1704, *in-4.*

Un arrêt du conseil a supprimé cet ouvrage, qui a fait beaucoup de bruit lorsqu'il a paru. Les exemplaires ont souffert un grand nombre de cartons; et on n'estime que ceux qui ont ces cartons imprimés à la fin du volume. Jacques Félibien est mort en 1716, dans un âge avancé.

FÉNÉLON. Explication des Maximes des Saints sur la Vie intérieure, par M. de Fénélon, archevêque de Cambray. *Paris*, 1697, *in-12.*

Cet ouvrage de l'immortel auteur du *Télémaque*, a été supprimé par bref du pape Innocent XII, du 12 mars 1699. Ce bref porte: « Nous, de notre propre mouvement et de notre science certaine, après une mûre délibération, avons, de notre pleine puissance et autorité apostolique, condamné et réprouvé par ces présentes ledit livre, comme capable, par la lecture et par l'usage, d'induire insensiblement les fidèles dans des erreurs déjà condamnées par l'autorité de l'église catholique, et, de plus, comme contenant des propositions qui sont téméraires, scandaleuses, mal sonnantes, offensantes les oreilles pieuses, pernicieuses dans la pratique, et même erronées respectivement, *etc.* » Le 4 août 1699, il y eut déclaration du roi, ordonnant l'exécution de la constitution du saint père en forme de bref, dont nous venons de parler; cette déclaration a été enregistrée au parlement le 14 août, mais sans approbation de la clause portant que ladite constitution est donnée du *propre mouvement* du pape, et de la défense qu'elle contient de lire le livre qui est condamné, *même à l'égard des personnes qui ont besoin d'une mention expresse*. Ces deux clauses n'ont pu être approuvées, parce qu'elles touchent de trop près aux libertés de l'église gallicane. Rien n'est plus beau, plus édifiant et plus admirable que la soumission du vertueux auteur des *Maximes* à la décision de l'église; on en connaît les détails : nous ne les rapporterons pas ici ; mais chaque fois qu'on se les rappelle, ainsi que toutes les actions de la vie de cet homme si respectable, on éprouve toujours de nouveaux sentimens d'une tendre admiration, et on paie à sa mémoire le tribut de cette douce émotion qu'il est impossible de lui refuser. Aussi le pape Innocent XII disait qu'il avait été moins scandalisé du livre des *Maximes*, que de la chaleur emportée de ses adversaires : il écrivait à quelques prélats : *Peccavit excessu amoris divini, sed vos peccastis defectu amoris proximi*. Et ce reproche s'adressait sans doute au fougueux et implacable Bossuet, qui mit dans cette affaire un acharnement plus propre à faire triompher les vertus de son illustre adversaire, qu'à monter l'opinion publique contre lui. Je ne dois pas oublier de parler ici des difficultés que le *Télémaque* a éprouvées pour voir le jour. Un valet de chambre, à qui

Fénélon donnait à transcrire cet ouvrage, en prit une copie pour lui-même. Il n'en fit imprimer d'abord furtivement qu'une petite partie ; et il n'y en avait encore que 208 pages sorties de dessous presse, lorsque l'ombrageux Louis XIV fit arrêter l'impression de cet admirable ouvrage, et ordonna des visites très-exactes chez les imprimeurs : on aurait anéanti ce chef-d'œuvre, s'il n'en avait existé qu'une copie. Les imprimeurs furent sévèrement punis ; les éditions clandestines furent confisquées et jetées au feu ; toutes celles antérieures à 1720 sont incomplètes. Il n'a pas été permis d'y travailler en France, tant que Louis XIV a vécu. Il y voyait sans doute la satyre de son gouvernement ; le langage de la raison, de la vérité et de la vertu ne lui plaisait pas autant que les basses adulations de l'Horace français. Dans les applications que la malignité a faite sur cet ouvrage, on a cru reconnaître madame de Montespan dans Calypso ; mademoiselle de Fontanges dans Eucharis ; la duchesse de Bourgogne dans Antiope ; Louvois dans Prothésilas ; le roi Jacques dans Idomenée et Louis XIV dans Sésostris. La réputation de cet ouvrage inimitable est telle, que tout ce qu'on en pourrait dire devient superflu ; cependant, il faut citer ce vers de M. Fontanes, qui peint si bien son auteur :

Son goût fut aussi pur que son ame était belle.

Un autre ouvrage de Fénélon, qui fit encore plus de peine à Louis XIV que le *Télémaque*, fut celui qui a pour titre : *Directions pour la conscience d'un Roi*. Ce livre est le fruit d'une correspondance secrète entre Fénélon et le duc de Bourgogne, son élève, lorsque ce prélat fut exilé dans son diocèse à la suite de ses démêlés avec Bossuet, au sujet du quiétisme. Lorsque Louis XIV en trouva le manuscrit dans les papiers du Dauphin, après sa mort, il le jeta au feu avec indignation ; sans doute parce qu'il trouva dans la peinture énergique des devoirs de la royauté, que traçait Fénélon, une satyre amère de son règne. Cependant, qu'y a-t-il de plus beau que cette pensée! « Tout prince sage doit souhaiter de n'être que l'exécuteur des lois, et d'avoir un conseil suprême qui modère son autorité. » On en trouve un grand nombre de pareilles dans les *Directions*. J'en citerai quelques-unes que Fénélon adresse à son auguste élève : « Avez-vous étudié la vraie forme du gouvernement de votre royaume? Il ne suffit pas de savoir les lois qui règlent la propriété des terres et autres biens entre les particuliers ; c'est sans doute la moindre partie de la justice : il s'agit de celle que vous devez garder entre votre nation et vous, entre vous et vos voisins. Avez-vous étudié sérieusement ce qu'on nomme le droit des gens, droit qu'il est d'autant moins permis à un roi d'ignorer, que c'est le droit qui règle sa conduite dans ses plus importantes fonctions ?...... Avez-vous cherché à connaître, sans vous flatter, quelles sont les bornes de votre autorité?...... comment les choses ont passé à l'état présent? sur quoi ce changement est fondé? ce que c'est que l'anarchie ; ce que c'est que la puissance arbitraire, et ce que c'est que la royauté réglée par les lois, milieu entre ces deux extrémités?..... N'avez-vous point toléré des injustices lors même que vous vous êtes abstenu d'en faire? Avez-vous choisi avec assez de soin toutes les personnes que vous avez mises en autorité, les intendans, les gouverneurs, les ministres, *etc.*?...... N'avez-vous point donné ou laissé prendre à vos ministres des profits excessifs que leurs services n'avaient point mérités? Les récompenses que le prince donnent à ceux qui servent sous lui doivent avoir certaines bornes......... Un ministre, quelques services qu'il ait rendus, ne doit point parvenir tout à coup à des biens immenses pendant que les peuples souffrent. Il est encore moins permis de donner de telles fortunes à des favoris, qui d'ordinaire ont encore moins servi l'état que les ministres...... Avez-vous cherché les moyens de soulager les peuples, et de ne prendre sur eux que ce que les vrais besoins de l'état vous ont contraint de prendre pour leur propre avantage ? Le bien des peuples ne doit être employé qu'à la vraie utilité des peuples mêmes.... N'avez-vous point mis sur les peuples de nouvelles charges pour soutenir vos dépenses superflues, le luxe de vos tables, de vos équipages, de vos meubles ; l'embellissement de vos jardins et de vos maisons ; les grâces excessives que vous avez accordées à vos favoris ? N'avez-vous point multiplié les charges et les offices pour tirer de leur création de nouvelles sommes ? De telles créations ne sont que des impôts déguisés ; elles se tournent toutes à l'oppression des peuples. Ceux qui achètent ces offices créés veulent trouver au plutôt leur argent avec usure, et vous leur livrez le peuple pour l'écorcher; pour 100,000 livres qu'on vous donnera sur une création d'offices, vous livrez le peuple pour 500,000 livres de vexations qu'il souffrira sans remède.....« N'avez-vous point toléré des enrôlemens qui ne fussent pas véritablement libres ? Il est vrai que les peuples se doivent à la défense de l'état. Mais les princes ne doivent faire que des guerres justes et absolument nécessaires ; mais il faudrait qu'on choisît en chaque village les jeunes hommes libres dont l'absence ne nuirait en rien, ni au labourage, ni au commerce, ni aux autres arts nécessaires, et qui n'ont point de famille à nourrir ; mais il faudrait une fidélité inviolable à leur donner leur congé après un petit nombre d'années de service, en sorte que d'autres vinssent les relever et servir à leur tour. Mais laisser prendre des hommes sans choix et malgré eux ; faire languir et souvent périr toute une famille abandonnée par son chef ; arracher le laboureur de sa charrue, le tenir dix ou quinze ans dans le service, où il périt souvent de misère dans des hôpitaux dépourvus des secours nécessaires ; c'est ce que rien ne peut excuser ni devant Dieu ni devant les hommes..... N'avez-vous point regardé votre gloire personnelle comme une raison d'entreprendre quelque chose, de peur de passer votre vie sans vous distinguer des autres princes ? comme si les princes pouvaient trouver quelque gloire solide à troubler le bonheur des peuples, dont ils doivent être les pères! Comme si un père de famille pouvait être estimable par les actions qui rendent ses enfans malheureux! comme si un roi avait quelque gloire à espérer ailleurs que dans sa vertu, c'est-à-dire, dans sa justice et dans le bon gouvernement de son peuple!..... Avez-vous fait justice au mérite de tous les principaux sujets que vous pouviez mettre dans les emplois ?.... En ne comptant pour rien, dans le choix des hommes, ni la vertu ni les talens, c'est à tout votre état que vous avez fait une injustice irréparable..... Les hommes d'un esprit élevé et d'un cœur droit sont plus rares qu'on ne saurait le croire ; il faudrait les aller chercher jusqu'au bout du monde..... N'avez-vous point trop répandu de bienfaits sur vos ministres, sur vos favoris et sur leurs créatures, pendant que vous avez laissé languir dans le besoin des personnes de mérite qui ont long-temps servi et qui manquent de protection?.... Ne vous laissez point éblouir par certains hommes vains, hardis et qui ont l'art de se faire valoir, pendant que vous négligez et laissez loin de vous le mérite simple, modeste, timide..... N'avez-vous point entassé trop d'emplois sur la tête d'un seul homme, soit pour contenter son ambition, soit pour vous épargner la peine d'avoir beaucoup de gens à qui vous soyez obligé de parler?.... Cette multitude d'emplois sur une seule tête, souvent assez faible, exclut tous les meilleurs sujets qui pourraient se former et faire de grandes choses ; tout talent demeure étouffé..... L'amour du peuple, le bien public, l'intérêt général de la société, doivent être la loi immuable et universelle des souverains; cette loi est antérieure à tout contrat; elle est fondée sur la nature même; elle est la source et la règle sûre de toutes les autres lois; celui qui gouverne doit être le premier et le plus obéissant à cette loi primitive : il peut tout sur les peuples; mais cette loi doit tout pouvoir sur lui..... Ce n'est pas pour lui-même que Dieu l'a fait roi; il ne l'est que pour être l'homme des peuples; et il n'est digne de la royauté, qu'autant qu'il s'oublie réellement lui-même pour le bien public. Le despotisme tyrannique des souverains est un attentat sur les droits de la fraternité humaine; c'est renverser la grande et sage loi de la nature, dont ils ne doivent être que les conservateurs. Le despotisme de la multitude est une puissance folle et aveugle qui se forcène contre elle-même. Un peuple gâté par une liberté excessive, est le plus insupportable de tous les tyrans. La sagesse de tout gouvernement, quel qu'il soit, consiste à trouver le juste milieu entre ces deux extrémités affreuses, dans une liberté modérée par la seule autorité des lois..... Triste état de la nature humaine! Les souverains, jaloux de leur autorité, veulent toujours l'étendre. Les peuples passionnés pour leur liberté, veulent toujours l'augmenter. Il vaut mieux cependant souffrir pour l'amour de l'ordre, les maux inévitables dans tous les états, même les plus réglés, que de secouer le joug de toute autorité, en se livrant sans cesse aux fureurs de la multitude, qui agit sans règle et sans loi. Quand l'autorité souveraine est donc une fois fixée par les lois fondamentales dans un seul, dans peu ou dans plusieurs, il faut en supporter les abus, si l'on ne peut y remédier par des voies compatibles avec l'ordre. » Je finirai ces citations par les sages et judicieux conseils que notre illustre prélat donne à son élève en matière de religion. « Sur toutes choses, lui dit-il, ne forcez jamais vos sujets à changer de religion ; nulle puissance humaine ne peut forcer le retranchement impénétrable de la liberté du cœur. La force ne peut jamais persuader les hommes : elle ne fait que des hypocrites. Quand les rois se mêlent de religion, au lieu de la protéger ils la mettent en servitude. Accordez à tous la tolérance civile, non en approuvant tout, comme indifférent, mais en souffrant avec patience tout ce que Dieu souffre, et en tâchant de ramener les hommes par une douce persuasion,..... *etc. etc.*»

On conçoit bien qu'un pareil avis devait déplaire à l'auteur de la révocation de l'édit de Nantes ; et qu'en général tous les passages que nous venons de citer, et beaucoup d'autres qui ont également trait aux abus du règne de Louis XIV, devaient indisposer contre Fénélon, ce despote sous qui tout avait plié et qui n'osait pas regarder la vérité en face. Il est si doux, si agréable de s'entretenir avec Fénélon, que l'on me pardonnera d'avoir prolongé ces citations ; j'aurais pu en prendre mille autres du même genre dans *Télémaque;* mais ce que j'ai rapporté suffit pour faire connaître la belle ame de notre illustre auteur, et les vices du gouvernement et du gouvernant, dont il voulait inspirer l'horreur à l'héritier du trône, et qu'il a peints avec une énergie et une vérité si louables. J'oubliais de dire que les *Directions pour la conscience d'un Roi*, ont vu le jour, pour la première fois, en 1734, dans les grandes éditions du *Télémaque* faites en Hollande sous les yeux du marquis de Fénélon, qui y avait ajouté la *Vie* de son oncle ; mais cette *Vie* et les *Directions* furent retranchées en vertu d'ordre supérieur. M. Félix de Saint-Germain fit une édition des *Directions* à la Haye en 1747, et elles ne purent être imprimées en France qu'en 1774, époque où Louis XVI monta sur le trône ; et l'éditeur eut soin d'avertir qu'elles étaient publiées de *consentement exprès du roi.* Les citations ci-dessus sont extraites de la dernière édition publiée en l'an XIII — 1805, chez Collin, à Paris, *in*-18.

François de Salignac de la Motte Fénélon, né le 6 août 1651, est mort le 7 janvier 1715, trois ans après le duc de Bourgogne, son élève, mort à l'âge de trente ans, le 18 février 1712, et huit mois avant Louis XIV, qui mourut le premier septembre 1715, âgé de soixante-dix-sept ans. Bossuet était mort le 12 avril 1704, à l'âge de soixante-dix-sept ans.

FERGUSON. Inquisitio et detectio horribilis homicidii Comitis d'Essex. (Auctore Roberto Ferguson.) *Sine loco et anno.*

Cet ouvrage, qui a paru en anglais, en français et en flamand, a été sévèrement prohibé en Hollande.

FINANCES. Sur les Finances. Ouvrage posthume de Pierre-André ***, fils d'un bon Laboureur, mis au jour par M. le Curé de ***. *Londres,* 1775, 1 *vol. in*-8, avec 6 planches.

Cet ouvrage a été proscrit en 1776, et la police a fait tous ses efforts pour en arrêter le débit. C'est une diatribe sanglante contre les fermiers-généraux et contre ceux qu'ils employaient. Pour la rendre plus touchante, l'auteur met en scène un malheureux, dont les suppôts de la ferme ont ruiné la famille et fait périr le père de chagrin : son curé est l'autre interlocuteur. Le premier se livre à toutes les imprécations que lui doivent naturellement inspirer sa misère et son désespoir ; le second tempère sa fougue par un esprit sage et philosophique. On ne peut s'empêcher de frémir à la lecture de cet ouvrage, qui parait composé par un homme très au fait des manœuvres et extorsions des agens de la ferme. Les partisans de cette dernière accusaient cet auteur de partialité, de calomnie et d'ineptie.

FLEURY. Institution au Droit ecclésiastique, par l'Abbé Fleury. *Paris*, 1687, 2 *vol. in*-8.

Cet ouvrage, si estimable et si souvent réimprimé, a été mis à l'*index* par la congrégation du saint office, à Rome. Fleury a été accusé de prévention et de partialité ; sans doute, parce qu'il a présenté un tableau de la discipline de l'église conforme aux usages et aux libertés de l'église gallicane, et qu'il s'est opposé, avec autant de justice, que de force et de vérité, aux prétentions souvent exagérées de la cour de Rome. Son *Histoire ecclésiastique* n'a point été non plus exempte de reproches de la part de quelques censeurs atrabilaires, et entre autres d'un père Baudoin de Housta, religieux augustin. Fleury a été accusé de mauvaise foi, d'avoir omis, tronqué ou infidèlement traduit plusieurs passages des SS. Pères, des conciles et des auteurs ecclésiastiques ; d'avoir parcouru les siècles de l'église depuis son établissement, pour répéter les blasphèmes des hérétiques contre l'église romaine, le saint siége et les papes ; d'avoir dévoilé avec trop de naïveté, ou plutôt de partialité, les abus de la cour de Rome, *etc.*, *etc.*, *etc.* Mais l'estime de tous les gens de bien, des savans et des personnes sincèrement religieuses, a vengé le respectable Fleury de ces reproches mal fondés ; et ses nombreux ouvrages, aussi instructifs que savans et curieux, jouissent d'une réputation solide qu'aucune critique ultramontaine ou autre, ne pourra jamais altérer : ils sont si connus que nous n'en donnerons pas ici la liste, ni nous n'entrerons point dans le détail des écrits publiés contre et pour ce laborieux écrivain, cela nous conduirait trop loin; d'ailleurs, cette matière ne serait ni neuve ni intéressante après tout ce qui a été si souvent répété à ce sujet dans plusieurs volumes. Claude Fleury, né à Paris en 1640, est mort en 1723, à quatre-vingt-deux ans.

FOI. La Foi réduite à ses justes bornes. (Seu Fides intra justos terminos reducta.) *Roterdam*, 1687.

Cet ouvrage a été condamné publiquement en 1688, parce que l'auteur y dit que les dogmes de la Trinité et de l'Incarnation sont très-indifférens. Pierre Jurieu l'attribue à un certain français qui a été aidé dans ce travail par quelqu'un. Il était protestant; se voyant condamné et privé de sa place de ministre, il abjura la religion réformée, et publia une lettre pastorale au sujet de ce livre, afin de prévenir le scandale qu'il pouvait occasionner.

FRANCO. Dialoghi piacevolissimi di Nicolo Franco da Benevento, in *Venetia, Zuliani,* 1593, *in*-8.

L'auteur de ce petit ouvrage, né à Bénévent en 1510, a été condamné à être pendu en 1569, par ordre du pape Pie V, à cause de ses libelles dirigés contre des grands: on prétend qu'il s'est évadé de prison, et qu'il n'a été pendu qu'en effigie. Cependant, les détails qu'on a sur sa mort, et son épitaphe, qui est assez plaisante, ne permettent guère de douter qu'il n'ait été vraiment exécuté. On connait une édition française de son ouvrage sous le titre de *Dix plaisans Dialogues du sieur Nicolo Franco, traduit d'italien en français*, par G. C. (Gabriel Chapuis), *Lyon, Jean Beraud*, 1579, *in*-16. On dit que Nicolo Franco écrivait avec beaucoup de délicatesse en vers et en prose: son imagination était féconde en saillies. Il se déchaîna contre le pape Paul III, contre tous les Farnèses, contre les pères du concile de Trente et contre Charles-Quint. Il fut l'ami, puis le rival de l'Arétin; il censura, comme lui, les vivans et les morts; mais il fut moins heureux. On assure cependant qu'avec son penchant à la satyre, il avait d'excellentes qualités, et qu'il ne fut jamais calomniateur. « Son crime, dit l'auteur de l'*Année littéraire de 1778*, fut celui d'une ame altière que tourmente le spectacle du vice heureux, qui ne sait point dévorer les injures et les repousse par des vérités dures et hardies. Placez Nicolo Franco dans un autre siècle et sous un autre gouvernement, il ne sera qu'un écrivain libre et courageux. Les Athéniens l'auraient applaudi comme ils applaudissaient Aristophane. On le louerait aujourd'hui de s'être armé du fouet de la satyre contre les méchans et les sots. Mais il ne sentit pas que la différence des temps et des mœurs corrompt assez souvent le jugement de la postérité, et toujours celui des contemporains. Chez une nation frivole et abâtardie, au milieu d'une foule de *monsigners*, plus vains de leur mollesse, que les Scipions ne l'étaient de leurs exploits, il osa faire entendre une voix républicaine; son génie, plus sévère que les lois et l'opinion dominante, combattit des abus, flétrit des vices qu'elles avaient respectés ou anoblis. L'ardeur de se montrer, et je ne sais quelle audace naturelle lui firent illusion. Telle fut la source de ses malheurs, de ses fautes et de sa déplorable réputation. » On a publié, en 1777, *la Vie de Nicolo Franco, ou les Dangers de la Satyre*, Paris, Debure, *in*-12. Cet auteur, outre ses *Dialogues*, a fait plusieurs *Sonnets* sur l'Arétin;

qui furent imprimés avec ses *Priapeia*, 1584, *in*-8 de 225 pages. Les *Sonnets satyriques* dirigés contre l'Arétin sont divisés en cinq parties, dont la première contient quarante-un sonnets, la seconde trente-neuf, la troisième cinquante-deux, la quatrième quarante-six et la cinquième quarante ; en tout deux cent dix-huit. Il s'avisa, étant déjà vieux, de commenter les *Priapées*. Paul IV en ayant fait brûler les copies et le manuscrit autographe, Nicolas Franco déchira la mémoire de ce pape. Pie IV, successeur de Paul IV, dissimula cette injure, parce que le cardinal Moron était protecteur du poète ; mais Pie V, successeur de Pie IV, la vengea cruellement, comme nous l'avons dit.

FRANCOWITZ. Missa latina quæ olim ante romanam circa annum Domini 700, in usu fuit, bonâ fide ex vetusto authenticoque codice descripta ; item quædam de vetustatibus Missæ, scitu valde digna : adjuncta est beati Rhenani præfatio in Missam Chrysostomi à Leone Thusco, anno 1070, versam ; edita verò à (Matthiâ Francowitz) Flaccio Illyrico. *Argentinæ*, *Mylius*, 1557, *in*-8.

Le sort de cet ouvrage de lithurgie, qui contient la foi et les usages anciens de l'église romaine dans la célébration de la messe, est des plus singuliers ; il a été supprimé d'abord par les catholiques, parce que, sortant de la plume du célèbre luthérien Francowitz, connu sous le nom de Flaccius Illyricus, on croyait qu'il était fait pour le parti protestant ; et ensuite par les luthériens, parce qu'on a reconnu qu'il servait aux catholiques romains à prouver l'antiquité et l'authenticité de la messe. Matthias

Francowitz, né à Albano, en Illyrie, en 1520, est mort, en 1575, à Francfort-sur-le-Mein, après avoir publié beaucoup de Traités violens contre l'église romaine, et surtout contre le pape, dans lesquels il cherche à prouver que la papauté est de l'invention du diable, et que le pape est un diable lui-même. Le titre de ses principaux ouvrages en annoncera suffisamment l'esprit. *De Sectis, dissentionibus, contradictionibus, et confusionibus doctrinæ et Religionis Pontificiorum liber. Basileæ*, 1565, *in-*4. = *Notæ quædam clarissimæ veræ, de falsâ Religione quibus etiam rudiores statuere queunt, Papistarum esse falsam Religionem. Magdeburgi*, 1549, *in-*8. = *Contra Papatum Romanum à Diabolo inventum.* 1545, *in-*8. Ce volume est très-rare : on y trouve une préface singulière, qui commence par *Satanicissimus Papa*, etc. On n'est pas bien sûr que cet ouvrage soit de Francowitz. Il a été traduit sous ce titre : *Contre la papauté de l'Evêque romain*, Lyon, Ravot, 1564, *in-*8. = *Antilogia Papæ hoc est de corrupto ecclesiæ statu et totius cleri Papistici perversitate, edita cum præfatione Wolfgangi Wuissemburgii. Basileæ*, Oporinus, 1555, *in-*8.

FRERET. Examen critique des Apologistes de la Religion chrétienne. Par M. Freret, Secrétaire perpétuel de l'Académie des Inscriptions et Belles-Lettres, 1767, *in-*12.

Cet ouvrage a été brûlé par arrêt du parlement de Paris, du 18 août 1770. L'auteur, qui, selon M. de la Lande, n'est pas Freret, mais M. Lévêque de Burigny, examine les motifs de crédibilité que l'on allègue en faveur du christianisme, et il cherche à les détruire, ou du moins à les bien affaiblir. Freret a encore publié des *Lettres de Thrasybule* à *Leucippe*, *in*-12, qui ont aussi mérité d'être condamnées, puisque l'on y plaide la cause du matérialisme. Ce savant académicien signala son entrée dans la carrière des lettres par un Discours, *De l'origine des Français, et de leur établissement dans les Gaules*, 1 vol. *in*-12. Cet ouvrage savant, mais hardi, joint à des propos indiscrets sur l'affaire des princes avec le régent, le fit mettre à la Bastille. Il soutient, dans ce Discours, que les Francs étaient une nation, ou plutôt une ligue de plusieurs peuples de Germanie établis sur le Rhin ; que ces mêmes Francs servaient dans les armées romaines ; enfin, que leurs rois ou chefs, lorsqu'ils étaient reconnus par les empereurs, recevaient d'eux le titre de patrice avec le diadême, *etc*. C'est l'abbé de Vertot qui, trouvant que l'opinion de Freret sur l'origine des Français n'était pas assez glorieuse pour la nation et pour ses premiers rois, la dénonça au ministre, qui fit enfermer l'auteur. Freret est mort le 8 mars 1749, âgé de soixante-deux ans, avec la réputation d'un homme extraordinairement érudit.

FROULLÉ. Liste comparative des cinq appels nominaux sur le procès et jugement de Louis XVI, avec les déclarations que les Députés ont faites à chacune des séances, *etc. Paris, FROULLÉ*, 1793, *in*-8. — La Convention telle qu'elle fut et telle qu'elle est, faisant suite à la Liste comparative, 1793, *in*-8.

L'impression de cette Liste fut fatale au malheureux libraire qui l'entreprit. Jacques-François Froullé, homme respectable, reçu libraire depuis 1771, ne partageait pas les opinions exagérées qui dominaient en 1793. Il fut condamné à mort pour avoir publié l'une des opérations les plus marquantes de la convention nationale, convertie en tribunal redoutable. Voici le résultat de ces cinq appels nominaux qui ont eu lieu à la convention nationale composée de sept cent cinquante députés. Le premier est relatif à la mise en jugement de Louis XVI : il passa à l'unanimité le 3 décembre 1792. Le second appel, du 15 janvier 1793, a pour objet cette question : « Louis XVI est-il coupable de conspiration contre la liberté de la nation, et d'attentat contre la sûreté générale de l'état ? » *Réponse*. Sur sept cent quarante-cinq députés, six cent quatre-vingt-seize ont voté OUI ; vingt étaient absens par congé, cinq pour cause de maladie, un absent sans raison, et vingt-six n'ont pas voulu voter. Le troisième appel du même jour que le précédent, a lieu sur cette question : « Le décret de la convention sera-t-il envoyé à la sanction du peuple ? » *Réponse*. Sur sept cent quarante-cinq députés, quatre cent quatre-vingt-quatre ont voté contre l'appel au peuple, deux cent vingt-trois pour, vingt se sont trouvés absens par commission, cinq pour cause de maladie, trois sans raison, dix ont refusé de voter. On procède au quatrième appel, le 17 janvier 1793, sur la peine que l'on infligera à Louis XVI. Sur sept cent vingt-un députés (la majorité absolue étant de trois cent soixante-un), trente-quatre votent pour la mort avec des restrictions et avec sursis, deux pour les fers, trois cent dix-neuf pour la détention pendant la guerre et le bannissement à la paix, et trois cent soixante-six pour la mort. Quant au cinquième appel du 19 janvier 1793, sur cette question : « Sera-t-il sursis à l'exécution du jugement rendu contre Louis XVI ? » Le résultat donne trois cent dix voix pour le sursis, et trois cent quatre-vingts voix contre. A Dieu ne plaise que je rapporte ici les noms de ceux qui ont figuré dans ces terribles listes ; il est bien temps d'effacer jusqu'au moindre souvenir de tout ce qui peut entretenir la division parmi les Français, ou rappeler des temps malheureux dont il serait à souhaiter que la mémoire ne souillât jamais les pages de notre Histoire. Les *Ephémérides littéraires, politiques et religieuses* (1.ere édition de 1796). rapportent, au sujet du supplice de Louis XVI, un tableau rapide de ceux qui ont attenté aux jours de Henri III, de Henri IV et de Louis XV ; nous nous permettrons de le placer ici, puisque, dans plusieurs articles de notre ouvrage, nous parlons de ces événemens. » Commençons par Henri III, le premier des rois de France qui soit mort assassiné (1).

Assassin de HENRI III.

Jacques Clément, moine jacobin, poignardé par ceux qui étaient chez le roi, au moment où il l'assassina (le 1.er août 1589).

Assassins de HENRI IV, *ou conspirateurs contre sa vie.*

Barrière, batelier de la Loire, écartelé le 31 août 1593.
Chatel, fils d'un marchand drapier de Paris, écartelé le 29 décembre 1594.
Guignard, jésuite, pendu le 7 janvier suivant.
Gueret, jésuite, condamné à un bannissement perpétuel.
Varade, Aubri, Ethoral, s'étant enfuis, furent écartelés en effigie le 25 janvier, 1595.
Merleau, pendu le 2 mars 1595.
Guedon, avocat d'Angers, pendu le 16 février 1596.
La Ramée, pendu le 8 mars 1596.

---

(1) Si nous en exceptons Chilpéric, fils puîné de Clovis, qui fut assassiné en revenant de la chasse en 584. Frédegonde, son épouse, et Landri, amant de cette indigne reine, furent soupçonnés d'avoir eu part à ce meurtre.

N..... : *(Le Journal de l'Etoile n'en dit pas le nom)* pensionnaire du cardinal d'Autriche, pendu à Meaux en 1596.

N..... tapissier, pendu le 4 janvier 1597.

Charpentier, pendu le 10 avril 1597.

Desloge, son complice, pendu le même jour.

Ouin, chartreux, enfermé par ses supérieurs, comme fou, dans une prison souterraine.

Ridicovi, moine jacobin de Flandres, pendu en 1597.

Arger, moine du même ordre, et son complice, pendu avec lui.

N...... capucin de Milan, surpris à la suite de la cour, déguisé en habit de marmiton, pendu en 1597.

Richard, seigneur de la Voute en Dauphiné, décapité le 10 février 1603.

Le maréchal de *Biron*, ayant conspiré contre l'état et la personne du roi, décapité le 31 juillet 1602.

Le comte d'*Auvergne*, le comte d'*Antraigues*, la marquise de *Verneuil*, ayant formé une semblable conspiration, et condamnés à mort le 2 février 1605, excepté la marquise, qui fut condamnée à une prison perpétuelle, obtinrent leur grâce; mais la marquise de *Verneuil* fut obligée de remettre au roi la promesse de mariage qu'il lui avait faite dans un de ces momens où les plus grands hommes s'oublient.

Desisles, procureur au parlement de Paris : le 19 décembre 1606, il arrêta, un poignard à la main, le roi qui passait à pied sur le Pont-Neuf, le secoua par le collet de son habit; mais comme, dans son interrogatoire, il persista toujours à dire qu'il n'avait voulut qu'effrayer le roi;

ce bon prince voulut absolument qu'on se
contentât de le renfermer comme fou.

Nous voilà enfin arrivés au nom de ce monstre d'exécrable mémoire.

Ravaillac, écartelé le 27 mai 1610.

Assassin de. LOUIS XV.

Damiens, écartelé le 28 mars 1757.

LOUIS XVI.

Ce prince, le mieux intentionné des hommes, et le plus
infortuné des rois, dit M. Lesage, a été décapité le 21
janvier 1793.

Les réflexions de ce même M. Lesage sur le supplice du
malheureux Louis XVI et sur le sort de sa famille, sont
dignes de figurer ici. « La maison de Bourbon, dit-il, la
plus ancienne de l'Europe, ainsi que la plus puissante et
la plus nombreuse, comptant plusieurs siècles d'une illustre
existence et d'un bonheur constant, victorieuse de ses
ennemis ou héritière de ses rivaux, occupant plusieurs trônes
et régnant sur les deux hémisphères, comblée de gloire,
d'honneurs et de pouvoir, était destinée à donner à la terre,
dans la personne de son chef, un grand et terrible exemple
de la fragilité des grandeurs humaines. Un gouffre effroyable
s'est ouvert tout à coup sous ses pieds, et il s'y est irrésis-
tiblement englouti, lui, son trône, sa puissance et sa
famille. A peine l'imagination peut-elle suivre la rapidité
d'une telle catastrophe. Les effets de la foudre ne sont ni
plus terribles ni plus prompts ; en un instant tout a disparu ;
et l'esprit consterné cherche en vain quelques vestiges de
tant de grandeurs...... Hommes du monde, grands de la

terre, philosophes de toutes les sectes, politiques de tous les pays, lisez et méditez ! ! ! ! ! (Voyez l'*Atlas historique, généalogique, chronologique* et *géographique*, par A. Lesage. Paris, 1804, grand in-fol.

FROUMENTEAU. Le Cabinet du Roy de France, dans lequel il y a trois perles précieuses d'inestimable valeur, par le moyen desquelles Sa Majesté s'en va le premier monarque du monde, et ses Sujets du tout soulagés, par N. D. C. A. (Nicolas Froumenteau), 1581, *in-8*.

Satyre très-vive et très-mordante, qui contient la description de la France sous Henri III : il est rempli de faussetés et d'infamies. Les trois perles dont il y est question sont les trois états du royaume. La première est la parole de Dieu ou le *clergé*, la seconde la *noblesse*, et la troisième le *tiers-état*. On y trouve un détail singulier de ces trois perles. Ce livre a été supprimé par ordre de la cour, parce qu'il révèle plusieurs secrets relatifs au roi et à l'état. Le Duchat pense que l'auteur est Nicolas Froumenteau, et il est assez généralement reconnu pour tel.

FULMEN. Fulmen de Cœlo delapsum Trinitariorum Deum Triunum contundens. *Claudiopoli, in Transylvaniâ.* — Tormentum Throno Trinitatem deturbans.

Ces deux ouvrages ont-ils existé? est-ce le même sous deux titres différens? Dans le cas où ils ont existé, ont-ils été supprimés comme Schelhorn l'annonce, du moins quant au premier? C'est ce que je ne puis décider.

FUSI. Le Mastigophore, *ou* Précurseur du Zodiaque, auquel, par manière apologétique, sont brisées les brides à veaux de maistre Juvain Solanicque, Pénitent repenti, Seigneur de Mordrect et d'Amplademus, en partie du côté de la Moue : traduit du latin en français, par maistre Victor Grévé, Géographe microscomique (Antoine Fusi). *Imprimé en 1609, in-8 très-mince.*

Cette satyre personnelle contre Vivian, marguillier de Saint Leu, dont était curé Antoine Fusy, a été supprimée par sentence de l'officialité. Ce livret fut la cause d'un procès considérable, qui fit perdre à Fusi, curé de S. Barthelemi et de S. Leu, son annexe, ses bénéfices et sa réputation. Condamné, par l'officialité, sur accusation de magie et d'incontinence, il se retira à Genève en 1619, et s'y maria. Il y publia le *Franc Archer de la véritable Eglise*, 1619, *in*-8. Ce curé apostat eut un fils qui se fit turc.

GABRIELIS. Specimina Moralis christianæ et Moralis diabolicæ in praxi, autore Ægidio Gabrielis S. Theologiæ Lovanii Baccal., etc. — Echantillon de la morale chrétienne et de la Morale diabolique, par le R. P. *Gilles Gabrielis*, Bachelier en Théologie à Louvain, etc. 1675.

Cet ouvrage a été condamné par un décret de l'inquisition de Rome, du 27 septembre 1679, comme capable d'infecter d'erreurs le peuple fidèle. L'inquisition d'Espagne le condamna, par décret du 28 août 1681, « comme contenant des propositions hérétiques de Michel Baïus, et des propositions jansénistes, sentant l'hérésie, schismatiques, erronées, fausses, téméraires, scandaleuses, mal sonnantes, injurieuses à Jésus-Christ, aux conciles et aux SS. Pères. » Gabrielis prétend que quelques commandemens de Dieu sont impossibles ; que, dans l'état de la nature tombée, on ne résiste jamais à la grâce intérieure ;.... que la grâce était due à Adam ;..... qu'il n'y a que deux amours, la charité et la cupidité. L'*Essai de Théologie morale*, du même Gabrielis, traduit en français par le P. Gerberon en 1682, et publié en latin en 1679, a été condamné à Rome le 27 septembre 1679, « comme un livre capable d'infecter les fidèles. » Et en conséquence il fut défendu en quelque langue qu'il pût être traduit par la suite. L'inquisition de Tolède le condamna le 21 août 1681, « comme contenant les propositions hérétiques de Baïus et de Jansénius. » La traduction française a été condamnée par le saint office avec la seconde édition latine faite à Rome, en 1680, chez Tironni.

GAÇON. Le Poëte sans fard, *ou* Discours satyriques sur toutes sortes de sujets (par Gacon), 1696, 2 *vol. in*-12.

Cet ouvrage a été réimprimé en 1701 avec quelques changemens. C'est un recueil de satyres si méchantes, que le chancelier Boucherat, à qui il fut dénoncé, en fit supprimer les exemplaires, et condamna l'auteur à quelques mois de prison. François Gacon mourut en 1725, âgé de cinquante-huit ans, après avoir composé un grand nombre d'ouvrages satyriques assez médiocres. Voici un quatrain tiré du *Poëte sans fard*, qui annonce de la facilité :

> Une beauté, quand elle avance en âge,
> A ses amans inspire du dégoût;
> Mais, pour le vin, il a cet avantage,
> Plus il vieillit, plus il flatte le goût.

L'*Homère vengé* de Gacon, 1715, *in-*12, dirigé contre La Mothe, fut aussi dénoncé au chancelier; et la duchesse du Maine, à qui cette satyre était dédiée, désavoua hautement cette dédicace.

GAFFAREL. Curiosités inouies. Hoc est Jacobi Gaffarelli Curiositates inauditæ de figuris persarum talismanicis, horoscopo Patriarcharum et characteribus cœlestibus, latinè cùm notis ac figuris editæ, opera M. Gregorii Michaelis. *Hamburgi, Schultzen*, 1676—1678, 2 *vol. in-*12. *fig.*

Cette édition d'un ouvrage assez singulier, qui a été censuré par la Sorbonne, est la plus complète et la plus estimée, à cause des savantes notes de Michaelis; l'édition française de 1637, 1 *vol.*, est assez rare. L'auteur était très-versé dans les sciences mystérieuses des rabbins et des cabalistes: il se déchaîne, dans son livre, contre les talismans et contre toutes les autres folies de ce genre; cependant il est assez faible pour accorder quelques vertus à certains talismans; c'est ce qui a provoqué la censure de la Sorbonne. Il se proposait de publier une *Histoire universelle du Monde souterrain, contenant la description des plus beaux antres et des plus rares grottes, caves, voûtes, cavernes et spelonques de la terre.* Le prospectus seul a paru: il est rare, et prouve jusqu'où allait la folie de cet auteur, qui prétendait nous donner la description topographique et exacte des cavernes sulphureuses de l'enfer, du purgatoire et des limbes. Jacques Gaffarel, né à Mannes en Provence, est mort à Sisteron en 1681, âgé de quatre-vingts ans : il possédait beaucoup de langues mortes et vivantes.

GARASSE. Le Banquet des sept Sages, dressé au logis de M. Louis Servin, par M. d'Espinœil (François Garasse). *Paris*, 1617, *in-*8.
Somme de Théologie, par le même Garasse, 1625, *in-fol.*

Le premier de ces ouvrages, devenu fort rare, a été supprimé ; il s'y trouve quelques bonnes plaisanteries, ce qui n'est pas commun chez cet auteur. Le second a été censuré par la Sorbonne, comme dégradant la majesté de la religion par un style bas, trivial et trop familier. On sait que Garasse a toujours été regardé comme le plus bouffon, le plus grossier et le plus insolent des écrivains ; son nom même a passé en proverbe. Il est bon d'en donner la preuve dans quelques citations. Il appelle le célèbre avocat Pasquier « sot par nature, sot par bécarre, sot par bémol, sot à la plus haute game, sot à double semelle, sot à double teinture, sot en cramoisi, sot en toutes sortes de sottises. » Ailleurs, il lui fait ainsi faire ses adieux : « Adieu, maître Pasquier ; adieu plume sanglante ; adieu avocat sans conscience ; adieu monophyle sans cervelle ; adieu homme sans humanité ; adieu chrétien sans religion ; adieu capital ennemi du saint siége de Rome ; adieu fils dénaturé, qui publiez et augmentez les opprobres de votre mère ;..... adieu jusqu'au grand parlement où vous ne plaiderez plus pour l'université. » Je ne me bornerai point à cette citation puisée dans les *Recherches des Recherches d'Etienne Pasquier* ; j'en trouverais d'à peu près pareilles à chaque page de ses Œuvres ; mais j'en vais rapporter une qui a quelque rapport à l'objet de mon travail. La dixième section du livre huitième de sa *Doctrine curieuse*, offre l'opinion de ce virulent Zoïle sur quelques livres qu'il condamne avec son amertume ordinaire ; j'analyserai le passage tout en conservant la richesse des expressions de l'auteur. Selon lui, « il n'y eut jamais méchante faction qui n'eût ses livres particuliers et cabalistiques. Saint Irénée est un des plus anciens qui ait pris les armes contre les hérétiques et leurs livres. Le premier de tous les méchans qui se soit avisé de mettre en lumière certains livres apocryphes, qui ne se lisaient que sous la cape, est un Cléobius, compagnon de Simon le Magicien. Par la suite toutes les sectes d'hérétiques qui ont eu quelques vogues jusques à maintenant, ont fait état d'avoir leurs livres secrets ; ainsi les manichéens avaient leur *Thrésor*, leur *Modius*, leur *Epistre fondamentale*, leur *Livres des Géans*; les novatiens avaient leur livre appelé *Aurea Theologica dicta Chrysomali*; les éluzéens avaient leur *Palladium* ; les valentiniens leur *Alphabet de Jésus-Christ* ; ceux de la cabale huguenote et luthérienne eurent au commencement de leur soulevement, la *Palercée* ou la *Royne de la grande Cité de Babylone* ; ils eurent la *Polymachie des Marmitons*, la *Boutique du Pape*, le *Razoir des Razés*, l'*Agonie de la Messe*, et plusieurs autres livres qui ne se débitaient qu'en cachette, à cause qu'ils contenaient des invectives dangereuses et sujètes à la corde contre la sacrée personne des rois et des princes, comme il se voit communément en deux livres très-impudens, qui s'appellent la *Gynecocratie*, qui fut composée par le ministre Chandieu contre la royne mère Catherine Médicis, et les *Parallèles de Henry II avec Pilate*, qui furent faits par Théodore de Beze...... Je vois cinq ou six espèces de livres, qui sont comme la bibliotheque des libertins. Le premier rang contient le *Pomponace*, le *Paracelse* et *Machiavel*. Quant à la *Clavicule de Salomon*, ce ne sont que des imaginations de quelque teste creuse, c'est la quadrature du cercle des athéistes. Pour le *Pomponace*, je n'en puis dire autre chose, sinon que c'est un très-méchant homme, à ce que je puis voir dans le misérable Lucilio (Vanini). Car, n'ayant jamais, grâces à Dieu, perdu le temps à la lecture de ses impiétés, je n'en saurais porter tesmoignage, sinon sur le rapport d'autrui. Il est vrai que dans les *Dialogues* de ce misérable vilain (Vanini), je le vois toujours qualifié de *tuus Pomponatius*, ou *Pomponatius Philosophorum Deus*, par son disciple Alexandre, l'un des interlocuteurs; et lisant les impiétés par lui rapportées, je dis que cet homme devait être quelque diable incarné, comme Cornelio Agrippa. Paracelse est plutôt un resveur et alchymiste dangereux, qu'un athéiste ou libertin.... En lisant quelques lambeaux de ses ouvrages sur la magic, rapportés dans les Disquisitions de Martin del Rio, il semble que la teste de cet homme fût comme une vive lanterne remplie d'étranges fantaisies et d'imaginations frénétiques. Machiavel est aussi et plus coupable que ceux dont nous venons de parler....... Le second rang de la bibliotheque de nos athéistes contient Hierosme Cardan, Charron et Lucilio Vanino. Pour Cardan, les impiétés fourmillent à centaine dans ses Œuvres; les plus méchans livres qui soient sortis au jour de sa façon, ont été sa *Sapience*, son *Immortalité de l'Ame* et son *Livre des Démons*. Dans le second de ces trois livres, il est entierement brutal et dogmatise que l'ame de l'homme n'est point d'autre nature que celle d'un cheval. Dans le troisieme, il est ouvertement magicien, et, sous ce titre, défendu dans l'indice du concile de Trente. Pour Charron (nous en avons déjà parlé *page 76*), c'est un très-pernicieux ignorant, qui a voulu parler de ce qu'il n'entendait pas; il a fait comme les mauvais maçons, bâtissant sur sa tête..... Il lui est échappé des impiétés par ignorance ou par malice, comme sont celles qu'il avance touchant le mystère de la Sainte Trinité, de l'incarnation de Jésus-Christ, de l'exécution des hommes défaits par justice, à laquelle tout le monde court. Sa *Sagesse* et sa *Divinité* en sont quasi toutes pleines. Quant au maudit Lucilio Vanino, il ne fit jamais action que de poltron ou d'enragé; tant qu'il fut en sa liberté, c'estait le plus lâche vilain que la terre porta jamais. Il criait et déclamait contre les athéistes, crainte d'estre estimé libertin; il commença même son *Amphithéâtre* par ces mots : *Atheismus secta pestilentissima quotidiè latiùs et latiùs vires acquirit eundo*..... Mais une fois que ce méchant homme fut découvert et déféré par Francon, il se porta à une rage désespérée, qui lui tira du cœur et de la bouche des blasphêmes si horribles, qu'ils font cognoistre que le bon Dieu est grandement patient. Il a composé trois ouvrages; savoir, son *Amphithéâtre*, dans lequel il parle en hypocrite, sa *Sagesse* où il parle en cynique, et ses *Dialogues* où il parle en parfait athéiste; ce dernier est le plus pernicieux ouvrage qui soit sorti en lumière il y a cent ans en matière d'athéisme........ Le troisieme ordre qui se voit en la bibliotheque des libertins, sont des livres qui concernent, non-seulement la créance, mais qui touchent aussi les moines; ce sont des livres d'une si horrible impudicité, que j'ai honte d'en parler clairement. Seulement dirai-je que ces vilains ont fait en sorte qu'on estimera désormais comme honnêtes et passables les *Priapées*, le *Petronius*, le *Martial* et les impudicités de Beze. Par dessus ces trois ordres de livres, les libertins ont en main le *Rabelais*, comme l'enchiridion du libertinage. Ce vaurien ne mérite pas la peine qu'on en parle;

je dis seulement que, pour le bien qualifier, il faut dire de lui que c'est la peste et la gangrene de la dévotion ; il est impossible d'en lire une page sans danger d'offenser Dieu mortellement ; je dis quand même il ne serait point défendu par les censures ecclésiastiques...... Enfin, j'estime que Rabelais est un très-maudit et très-pernicieux écrivain, qui succe peu à peu l'esprit de piété, qui dérobe insensiblement l'homme de soi-même, qui anéantit le sentiment de religion ; en un mot, qui a faict plus de dégât en France par les bouffoneries, que Calvin par ses nouveautés. Et nos athéistes, si on ne leur coupe les racines, empruntant la malice de l'un, l'insensibilité de l'autre, y ajoutant l'impudicité de leur crû, sont sur le point de nous faire voir d'étranges et horribles malheurs. » Tel est le style du père Garasse, de ce bateleur théologien, dont la plume était remplie du fiel le plus amère et le plus grossier ; tandis qu'on prétend, chose incompréhensible ! qu'il était doux et honnête en société. François Garasse, jésuite, né à Angoulême en 1585, est mort à Poitiers, où il était allé secourir les pestiférés, le 14 juin 1631. Il faut dire, en son honneur, qu'il avait lui-même demandé à ses supérieurs d'aller remplir cette mission, aussi périlleuse, qu'honorable pour son humanité et sa religion.

GENEBRARD. De sacrarum electionum jure et necessitate ad Ecclesiæ Gallicanæ redintegrationem, auctore, G. Genebrardo. *Parisiis, Nivellius,* 1593, *in-8.*

Cette édition est plus rare et plus recherchée que celle de 1601. Ce livre a été brûlé par arrêt du parlement d'Aix, en date du 26 janvier 1596, et l'auteur banni du royaume, avec défense d'y revenir, sous peine de mort. Cependant on lui permit d'aller finir ses jours dans son prieuré de Semur en Bourgogne, où il mourut en 1597, âgé de soixante ans. Gilbert Génébrard fut un déterminé ligueur. Le duc de Mayenne, chef de la confédération, le fit nommer à l'archevêché d'Aix : Génébrard y fut la trompette de la révolte. La ville s'étant soumise, malgré ses sermons séditieux, et les esprits cessant d'être favorables à son parti, il se retira à Avignon, d'où il décocha des écrits pleins de hardiesse ; tel est celui que nous citons, et qu'il composa pour soutenir les élections des évêques par le clergé et par le peuple, contre la nomination du roi. Génébrard était très-savant, comme on le voit par ses écrits ; mais il n'était pas un auteur judicieux. Dans ses ouvrages polémiques, les injures lui tenaient lieu de raisons. Il épanchait sa bile contre ceux qui n'étaient pas de son avis. Sa gloire littéraire fut obscurcie par l'emportement qu'il fit éclater contre les princes et les auteurs ; et cet emportement est poussé à l'excès dans son livre latin intitulé : *Excommunication des Ecclésiastiques qui ont assisté au Service divin avec Henri de Valois après l'assassinat du cardinal de Guise*, 1589, *in-8*.

L'épitaphe que l'on mit sur le tombeau de Gilbert Génébrard est un peu exagérée :

Urna capit cineres, nomen non orbe tenetur.

» Des cendres d'un savant, cette urne est la prison,
» Et l'univers entier ne l'est pas de son nom.

GERBAIS. Dissertatio de causis majoribus, ad caput concordatorum de causis ; autore Johanne Gerbais, regio Eloquentiæ Professore. *Parisiis*, 1679, *in-4*.

Cet ouvrage a été condamné par bref d'Innocent XI, en

1680, parce qu'il contient des vérités exprimées assez durement sur les libertés de l'église gallicane; ce qui déplut à la cour de Rome. L'assemblée du clergé de France de 1681, ordonna à Gerbais de publier une nouvelle édition de son livre avec des corrections, afin de donner quelque satisfaction à la cour de Rome. Cette édition parut, je crois, en 1691. Cette Dissertation a pour objet de prouver que les causes des évêques doivent être jugées en première instance par le métropolitain et par les évêques de la province. Jean Gerbais, né dans le diocèse de Rheims, est mort en 1699, à soixante-dix ans, après avoir publié plusieurs ouvrages estimés.

GEWOLDUS. Christophori Gewoldi Defensio Ludovici IV. Imper. ratione electionis contra Bzovium. *Ingolstad*, 1618, *in-4*.

Ouvrage excessivement rare, parce qu'il a été supprimé avec grand soin, et que l'on en connaît peu d'exemplaires.

GIANNONE. Dell' Historia civile del Regno di Napoli, dopo l'origine sino ad re Carlo VI, da messer P. Giannone. *Napoli, Nicolo Naro*, 1723, 5 *vol. in-4*.

Edition entière et très-estimée, dont il existe des exemplaires en grand papier, et dont la majeure partie a été brûlée par l'inquisition. L'*Opera posthume* forme sans doute le 5.ᵉ volume; car cette Histoire n'en a que 4. Les 5 volumes ont été vendus 200 livres chez M. Paris, à Londres, en 1791. Cet ouvrage, écrit avec pureté, mais avec beaucoup de hardiesse, contre les papes et contre les ecclésiastiques, irrita la cour de Rome, qui fit tous ses efforts pour supprimer et le livre et l'auteur ; celui-ci eut beaucoup de peine à échapper au supplice. Comme ce livre fit beaucoup de bruit aussitôt qu'il parut, l'auteur s'expatria pour éviter les mauvais traitemens qu'il courait risque d'essuyer ; et il fit très-bien ; car à peine fut-il évadé, qu'il vint un ordre de l'arrêter de la part de l'inquisition. Mais, comme on ne put le mettre à exécution, on fit saisir sur le champ tous les exemplaires de son ouvrage, que l'on supprima avec grand soin, et qui furent condamnés au feu, ainsi que l'aurait été l'auteur s'il n'eût pris ses précautions. Fugitif, il trouva un asyle dans le Piémont, où le roi de Sardaigne feignit de le retenir comme prisonnier, pour ménager, et ses jours et la cour de Rome justement offensée. Il mourut, en 1748, âgé de soixante-huit ans. Son Histoire est divisée en quarante Livres. Desmonceaux l'a traduite assez exactement ; mais son style est bien éloigné de la pureté de l'original. Cette traduction, recherchée à cause des remarques qu'elle contient, parut à la Haye en 1742, 4 vol. in-4, dont quelques exemplaires sont aussi en grand papier. L'ouvrage posthume de l'auteur italien a pour titre : *Opere posthume de Pietro Giannone in difensa della sua Storia civile del Regno di Napoli con la di lui professione di fede*. In Lausana, 1760, in-4. Cette édition est préférée, parce qu'elle renferme la profession de foi de l'auteur, qui ne se trouve pas dans les autres.

On a réimprimé l'ouvrage de Giannone à Genève ; mais cette réimpression est bien moins estimée que l'édition originale. Un extrait de ce corps d'ouvrage a été publié à Amsterdam en 1738, sous le titre d'*Anecdotes ecclésiastiques*, in-12. Il y a des sentimens hardis sur l'origine de la puissance pontificale. L'original de ces *Anecdotes* a été brûlé à Rome en 1726.

Giannone consulta un de ses amis sur son ouvrage lorsqu'il voulut le mettre au jour. « Cela est très-beau, mais bien hardi, lui dit son ami ; vous allez vous mettre sur la tête une couronne d'épines très - piquantes. » Cet ami avait raison.

GIGLI. Vocabulario di Santa Caterina e della lingua Sanese, per Girolamo Gigli. *Sanese, in·4.*

Satyre très-mordante, qui a été condamnée aux flammes le 21 août 1717, avant que l'impression en fût terminée : elle a été défendue à Rome sur les instances de la cour de Florence. Les 312 premières pages sont les seules qui aient paru.

GILBERT. Histoire de Calejava, *ou* de l'Isle des hommes raisonnables, avec le parallèle de leur morale et du christianisme, (par Claude Gilbert, Avocat.) *Dijon, Jean Ressayre,* 1700, *in-12.*

L'édition entière a été brûlée par l'auteur, à la réserve d'un exemplaire qui a été vendu 120 livres chez le duc de la Vallière, en 1784. (Voyez son *Catalogue*, première partie, n.º 936.) Cet ouvrage renferme des choses hardies ; cependant l'imprimeur avait retranché plusieurs endroits dangereux concernant le christianisme et le judaïsme. L'auteur place l'île de Calejava en Lithuanie. L'ouvrage est en dialogues : il est divisé en douze livres, et les livres en chapitres. Il a en tout 329 pages.

GODONESCHE. Explication abrégée des principales questions qui ont rapport aux affaires présentes, (par Jean-Laurent Boursier, avec des figures dessinées par Nicolas Godonesche.) 1731, *in*-12.

Cet ouvrage est une des nombreuses brochures que Boursier a publiées sur les malheureuses contestations qui ont trop long-temps déchiré l'église. Godonesche a été enfermé à la Bastille pour avoir fait les figures de ce livre; et l'auteur a été proscrit, tant pour cet ouvrage que pour d'autres. Nicolas Godonesche, graveur, est mort en 1761, et Jean-Laurent Boursier, docteur de Sorbonne, est mort à Paris, où il était caché, en 1749, âgé de soixante-dix ans.

GOETZMANN. Les quatre âges de la Pairie en France, *ou* Histoire générale et politique de la Pairie de France dans ses quatre âges, par L.-V. Zemganno, (Goetzmann.) *Maëstricht, Jean-Edme Dufour, 1775, 2 vol. in-8.*

Cet ouvrage a été proscrit par la police. Le premier âge de la pairie contient celle de naissance; le second, la pairie de dignité; le troisième, la pairie d'apanage, et le quatrième, la pairie moderne ou pairie de gentilhomme. Louis-Valentin Goetzmann de Thurn, ancien conseiller au conseil supérieur d'Alsace, conseiller au parlement de Paris en 1771, est celui qui a eu le fameux procès avec Beaumarchais (voyez l'article de ce dernier); il était membre de l'académie de Metz, et a composé plusieurs ouvrages.

GORIN. Journal de Louis Gorin de Saint-Amour, au sujet de ce qui s'est passé à Rome dans l'affaire des cinq Propositions, depuis 1646 jusqu'en 1653. *(Hollande.) Imprimé pour l'auteur*, 1662, *in-fol.*

Cet ouvrage satyrique est curieux. Un arrêt du conseil d'état de 1664, donné sur les Mémoires de plusieurs prélats et docteurs, qui y avaient trouvé les cinq propositions de Jansénius, le condamna à être brûlé par la main du bourreau.

GOUVERNEMENT. Ethocratie, *ou* le Gouvernement fondé sur la morale, 1777.

Cet ouvrage a été sévèrement proscrit, quoiqu'il ait eu des partisans qui l'ont beaucoup loué. Selon eux, « c'est un projet d'union entre la morale et la politique. L'auteur présente l'idée d'une législation conforme à la vertu, qui peut être également avantageuse aux souverains, aux nations, aux familles, à chaque citoyen : il mérite la reconnaissance de tous les ordres de la société ; il ne propose rien de chimérique, et son plan peut être aisément exécuté par tout législateur sincèrement animé du désir de faire le bonheur des hommes. » Voilà ce que disaient, dans le temps, les prôneurs de cet ouvrage ; mais il n'aurait point été défendu, s'il n'eût renfermé que des principes sages et modérés.

GRANDCOLAS. Histoire abrégée de l'Eglise de la Ville et de l'Université de Paris, par Grandcolas. *Paris*, 1728, 2 *vol. in-*12.

Le cardinal de Noailles, n'étant point ménagé dans cet

Histoire, en a sollicité la suppression près le ministère public, et ce livre a été supprimé; cependant il n'est pas infiniment rare.

GRONOVIUS. Joannis-Frederici Gronovii elenchus antidiatribes Mercurii frondatoris ad P. Papinii statii silvas. Accessit Epistola Claudii Salmasii ad auctorem. *Parisiis, Pelé, 1640, in-8.*

Ce livre est excessivement rare, parce que Gronovius en avait retiré et brûlé les exemplaires : il en refusa un à son intime ami Grævius. L'abbé Rive, qui en possédait un, a souvent refusé de le vendre, quoiqu'on lui en offrît une somme considérable.

GUENARD. Déclaration des causes de la conversion de Constance Guenard. *Sine loco et anno*, 1 *vol.*

Cet ouvrage a été condamné aux flammes par arrêt du parlement de Dole. L'auteur, né dans les environs de cette ville, était capucin; il prêcha pendant quelque temps avec succès dans les principales villes de Franche-Comté et des provinces voisines. Ayant eu à se plaindre des religieux de son ordre, il alla à Rome solliciter sa sécularisation, qui lui fut refusée par le pape. Cela l'aigrit au point que, de Rome, il se rendit à Genève, où il abjura publiquement: Il fit aussitôt paraître un exposé des motifs de sa conduite dans l'ouvrage que nous annonçons. Malgré que ce livre ait été brûlé, il en pénétra plusieurs exemplaires dans la province, et Denys de Formond, théologien, le réfuta. On lit dans l'épître dédicatoire au parlement de Dole, qui est en tête de cette Réfutation, que Charles-Quint a rendu une ordonnance par laquelle il défend, sous peine de mort, la lecture des Œuvres de Luther et autres hérésiarques. M. Ch. Weiss, qui m'a fait connaître Constance Goenard, possède la Réfutation de son ouvrage.

GUIARD. La Fatalité de Saint-Cloud, près Paris. (Par le Père Guiard, Jacobin.) 1764, *in-fol.*

Exemplaire que l'on regarde comme unique, par la suppression exacte que l'auteur en fit; vendu 30 livres chez le duc de la Vallière en 1784. La réimpression *in-12* n'est ni rare ni chère. Cet ouvrage est une dissertation dans laquelle on cherche à prouver que Jacques Clément n'était pas jacobin. Cependant on trouve encore quelquefois des estampes du temps où cet assassin est représenté en habit de jacobin, le couteau à la main, comme S. Barthelemi; d'ailleurs, M. de Thou, qui a été l'un des juges de Jacques Clément, assure qu'il était jacobin, et tous les historiens l'assurent de même. Jean Godefroi a publié un ouvrage très-curieux contre le livre du père Guiard. Un docteur de Sorbonne, nommé Aujet, prétend avoir vu, au commencement du 18.ᵉ siècle, les actes d'une assemblée de la faculté où il fut délibéré, du temps de la ligue, de demander au pape la canonisation de Jacques Clément; et que le doyen ne trouva pas d'autre moyen de l'empêcher, que de proposer de chercher auparavant dans les registres de la faculté, s'il se trouverait des exemples que la faculté eût demandé des canonisations. Au reste, ajoute l'abbé de Longuerue, vous savez que cette pauvre faculté était alors privée de ses docteurs les plus sages, et qu'on n'y avait laissé que des fanatiques. Mais il ne serait point surprenant que l'on eût demandé cette canonisation. On a bien vu Sixte-Quint tenir un consistoire le 11 septembre 1589, dans lequel il loue le zèle et le courage de Jacques Clément, qu'il compare à Judith et à Eléazar. « On n'ignore pas de quelle manière fut reçue la nouvelle de l'assassinat de Henri III parmi les ligueurs : pour en témoigner leur joie, ils se vêtirent d'habits de couleur verte ; et la duchesse de Montpensier sut si bon gré à celui qui lui en apporta la nouvelle, qu'elle lui sauta au cou, et lui dit en l'embrassant : « Ah ! mon ami, soyez le bien venu. Mais est-il vrai au moins ? ce méchant, ce perfide, ce tyran est-il mort ? Grand Dieu ! que vous me causez de joie ! Je ne suis fâchée que d'une chose, c'est qu'il n'ait pas su avant de mourir, que c'est moi qui l'ai fait assassiner. » Les théologiens et les prédicateurs crièrent au peuple, dans leurs sermons, que Jacques Clément, qui avait souffert la mort avec tant de constance pour délivrer le royaume d'un misérable tyran, était un vrai martyr. On le comparait à Judith, Henri III à Holopherne, et la délivrance de Paris à celle de Béthulie. On ordonna des prières publiques dans toutes les églises, pour rendre à Dieu de solennelles actions de grâces de cet assassinat. On fit des processions qui durèrent une semaine, et dans lesquelles les paroisses allaient à l'église des jacobins pour honorer la mémoire de leur confrère, dont on exposait l'image sur les autels à la vénération du peuple. Il y eut même des ligueurs assez insensés qui proposèrent de lui ériger une statue dans l'église de Notre-Dame. (Voyez l'*Histoire ecclésiastique* de Fleury, livre 178.°, n.° 119 et 120.) » Henri III fut assassiné par Jacques Clément à sept heures et demie du matin du premier août 1589, et il n'expira que le lendemain à deux heures après midi. Il existe deux ouvrages très-curieux sur Jacques Clément. Le premier est intitulé : *Le Martyre de Frère Jacques Clément, de l'ordre de Saint*

Dominique, contenant toutes les particularités les plus remarquables de sa résolution et heureuse entreprise à l'encontre de Henri de Valois. Paris, 1589, *in*-8, *avec la figure.* Ce livre est regardé comme le plus détestable qui ait été publié du temps de la ligue : il est aussi le plus rare ; l'aveuglement et le fanatisme des ligueurs y sont exprimés dans toute leur fureur. L'autre ouvrage a pour titre : *Lettre de l'Evesque du Mans, avec la Réponse à elle faite par un Docteur en Théologie, en laquelle est répondu à ces deux doutes : Si l'on peut suivre en sûreté le Roi de Navarre et le reconnaître pour Roi ? Et si l'acte de Frère Jacques Clément doit être approuvé en conscience, et s'il est louable ou non ?* Paris, 1589, *in*-8. On croit que cette Lettre est de Claude d'Angennes, évêque du Mans, et que la Réponse est de Jean Boucher, si connu par ses infâmes écrits contre Henri III et Henri IV. On sait que le père Bourgoing, prieur des jacobins, a été tiré à quatre chevaux à Tours, comme le plus criminel complice de Jacques Clément : ce supplice eut lieu en 1590. Hurault de l'Hôpital, depuis archevêque d'Aix, et l'un des juges de Bourgoing, opina, dans le cours du procès, que, dorénavant en horreur de l'ordre dont était ce monstre, il fallait que le bourreau fût vêtu en jacobin.

GUIBERT. Essai général de Tactique, précédé d'un Discours sur l'état actuel de la politique et de la science militaire en Europe. (Par M. le Comte de Guibert.) *Londres, chez les Libraires associés,* 1772, 2 *vol. in*-4.

Cet ouvrage a été très-recherché et très-défendu, à cause des choses extrêmement fortes et hardies qui se trouvent dans le discours préliminaire, et qui ont paru très-répréhensibles aux yeux du gouvernement ; cependant il faut avouer que ce discours, à part quelques opinions exagérées, est plein d'enthousiasme national et de vues profondes ; les militaires ont beaucoup loué cette production, qui est la meilleure de M. Guibert. Il ne faut pas oublier son *Eloge de l'Hôpital*, chancelier de France. Il parut sans nom d'auteur; mais avec cette devise : « Ce n'est point aux esclaves à louer les grands hommes. » On y trouve beaucoup de hardiesse dans les idées, une attaque directe contre le ministère, une marche rapide, un morceau éloquent, où l'écrivain reproche à la France de souffrir un commissaire anglais à Dunkerque. Voici ce morceau. « Nos ministres actuels voient patiemment la nation humiliée sous le poids de ses anciennes injures. Ils ne comptent pour rien l'énergie à redonner à nos esprits, et l'honneur à rendre à nos armes. Le Havre n'est point aux Anglais comme du temps de l'Hôpital ; mais *Dunkerque* est pour nous un monument de honte bien plus grand. Un député de cette fière nation y commande en républicain. Semblable à cet ambassadeur romain qui traçait un cercle sur le sable autour d'Antiochus, en lui disant ces paroles terribles : *Vous ne sortirez pas de ce cercle que vous ne m'ayiez répondu ;* tous les jours il nous dit : *Vous n'élèverez pas une pierre sur cette pierre, ou nous vous en punirons.* O l'Hôpital ! l'Hôpital ! tu étais magistrat et philosophe, et tu aurais soulevé toutes les forces du royaume contre cet intolérable affront. C'est devant tes mânes que je dénonce ces ministres coupables ! Ils se disent pacifiques et ils ne sont que faibles. Ce n'est point la paix qu'ils veulent conserver, ce sont les places qu'ils occupent. Ils sentent que leur activité ne suffirait pas à des mouvemens plus vifs, et que le choc des grandes occasions briserait leur caractère...... » Apolline, comte de Guibert, né à Montauban le 12 novembre 1743, est mort, en 1790, du chagrin qu'il éprouva de n'être pas nommé, en 1789, député à l'assemblée constituante, non du Bourbonnais, comme l'ont dit les auteurs du *Dictionnaire historique*, mais du Berry. M. de Guibert a donné au théâtre, en 1775, une tragédie intitulée *le Connétable de Bourbon*. Louis XVI, qui assistait à la représentation, fut surpris que l'on mit sous ses yeux et sous ceux de sa famille, un semblable sujet : il se récria qu'il avait été trompé à la lecture, et qu'il ne souffrirait pas que cette tragédie reparût. En conséquence, les comédiens français reçurent ordre de remettre chacun leur rôle sur le champ, et de brûler les copies qu'ils pourraient en avoir tirées, avec défense d'en tirer à l'avenir. Cependant, cette pièce a été jouée depuis, avec des changemens (grâces à la protection que la reine accordait à l'auteur); mais avec un succès plus qu'équivoque.

GUIMENIUS. Adversùs quorumdam expostulationes contra nonnullas Jesuitarum opiniones morales, autore Amadæo Guimenio, etc. *Bambergæ et Panorum*, 1657 ; subindè, *Valentiæ, Lugduni, Madriti, anno*, 1664.
Amadæi Guimenii Lomariensis, olim primarii S. Theol. Professoris, Opusculum, singularia universæ ferè Theologiæ moralis complectens, adversus quorumdam expostulationes, contrà nonnullas Jesuitarum opiniones morales. *Typis Recusus*.

Dès l'année 1665, le pape Alexandre VII s'était réservé l'examen du livre de Guimenius que la Sorbonne avait entrepris de censurer ; mais Innocent XI, par décret du

16 septembre 1680, le condamna définitivement, à cause de la pernicieuse doctrine qu'il renferme.

GULLENSTOLPE. Michælis O. (Olai) Vexonii (id est Gullenstolpe seu Gullenstope Olai filii) epitome descriptionis Sueciæ, Fenningiæ, et subjectarum provinciarum. *Aboæ, apud Petrum Bald, anno, 1560, in-8.*

« Cet ouvrage, fort rare, dit M. Debure, a été, à ce que l'on croit, supprimé avec grand soin, parce qu'il découvrait différens secrets de la monarchie de Suède. »

HARDOUIN. Adjunctio Senatus-consulto decreta ad novam conciliorum collectionem à P.-J. Harduino confectam. — Addition ordonnée par Arrêt du Parlement, pour être jointe à la nouvelle collection des Conciles, par le Père Jean Hardouin. *Lutetiæ, in typ. reg., 1722, in-fol.*

Ce volume est composé de plusieurs cartons qui ne se trouvent pas facilement ainsi réunis. Voici ce qui a donné naissance à ces changemens. Lorsque le père Hardouin eut terminé son édition des *Conciles* en 12 *vol. in-fol.*, le débit en fut arrêté par le parlement sur le rapport des docteurs Witasse, Pirot, Dupin, Bertin, Anquetil et Lemerre, nommés pour examiner son ouvrage. On y trouva plusieurs maximes contraires à celles de l'église gallicane ; et l'éditeur avait écarté plusieurs pièces essentielles et authentiques qu'il avait remplacées par des pièces futiles et fausses. Il fut donc obligé de faire beaucoup de changemens qui produisirent plusieurs cartons qui sont rares. On défendit expressément de vendre des exemplaires sans que l'*addition* ci-dessus s'y trouvât. Et le roi ordonna qu'on livrât aux flammes le petit nombre des exemplaires de cette *addition* qui se trouveraient isolés et séparés de la grande collection. Jean Hardouin, l'un des plus habiles, et peut-être l'érudit le plus fou des jésuites, né à Quimper en 1646, est mort à Paris en 1729.

HAUDICQUER. Le Nobiliaire de Picardie, contenant les Généralités d'Amiens, de Soissons, des pays reconquis, et partie de l'Election de Beauvais, le tout justifié conformément aux Jugemens rendus en faveur de la Province. Par François Haudicquer de Blancourt. *Paris*, 1693, *in-4*.

Cet ouvrage, proscrit sur les plaintes qu'il a occasionnées, a fait condamner son auteur aux galères. Haudicquer avait employé, dit-on, de faux actes et de faux diplômes à dessein de déshonorer plusieurs familles dont il était mécontent. Ce livre, tout infidèle qu'il est, a conservé quelque crédit aux yeux des curieux, parce que les exemplaires en sont rares. Mais il est bon de savoir que, parmi le petit nombre d'exemplaires échappés à la suppression, il en existe bien peu qui soient entiers, par rapport aux cartons que le livre a soufferts. Pour qu'un exemplaire soit complet, il faut trouver après la généalogie de la famille *Faguet*, page 185, les généalogies des familles suivantes : *Failly*, *Famechon*, *Favier*, *Favin*, *Fauvilliers*, *Fay*, *Eustache Le Febvre*, *Jean Le Febvre*, *François Le Febvre*, *La Felonière* et *Ferault*. Ces onze familles ont été supprimées, et ne se trouvent plus dans les exemplaires imparfaits, qui, de la famille

Faguet, passent immédiatement à la famille *Le Feron*. Il y a des exemplaires dont le frontispice a été changé, et portent la date de 1595. On pense que Louis XIV a ordonné à M. Bignon, intendant de Picardie, d'entreprendre un nouveau nobiliaire de cette généralité, pour effacer celui de Haudicquer. Ce *Nouveau Nobiliaire*, ou *Recherches de la Noblesse de Picardie, de la Généralité d'Amiens*, etc. a commencé à être publié (par grandes feuilles détachées, *grand in-fol. atlantique*,) en 1708, et les dernières ont été achevées en 1717. On en porte le nombre jusqu'à 427.

HÉDOUIN. Esprit de l'Abbé Raynal (par Hédouin), 1777, *in-8*.

Cet ouvrage, qui est extrait des *Etablissemens des Européens dans les deux Indes*, a été proscrit, par le garde des sceaux, dans le mois de juin 1777. L'imprimeur, nommé Lequatre, établi à Montargis, et les libraires de Paris, Hardouin et Lejay, ont été destitués de leur état et condamnés à l'amende. Il y a une édition de cet *Esprit*, Genève, 1782, *in-8*. On prétend que l'auteur, nommé Hédouin, était un fou né à Rheims, et qu'il a composé son livre au château de Ham, où il était enfermé.

HELOT. L'Escole des Filles, par dialogues, (par Hélot). *Paris*, 1672, *in-12*.

Cet ouvrage, très-scandaleux, a été composé par un nommé Hélot, fils d'un lieutenant des Cent-Suisses du roi. La justice, ayant pris connaissance de ce livre, a condamné l'auteur, qui s'était enfui, à être pendu en effigie, et tous les exemplaires de son livre ont été brûlés au pied de la potence. Le libraire a été condamné à une peine afflictive.

Chauveau, le célèbre graveur, avait fait un joli dessin demandé par Hélot, sans savoir que ce dessin était destiné à être mis en tête du livre en question. Il n'en fut pas moins inquiété ; mais comme il ignorait l'usage que l'on voulait faire de son dessin, il en fut quitte pour voir casser la planche qu'il avait gravée, avec défense de récidiver. On a réimprimé ce mauvais livre en Hollande ; mais il s'en faut beaucoup que l'estampe qui est en tête de cette réimpression soit aussi correcte que celle de Chauveau. Peu de personnes ont des épreuves de celle qui fut brûlée à Paris avec le livre.

HELVÉTIUS. De l'Esprit (par Helvétius). *Paris, Durand*, 1758, 1 *vol. in-*4.

Cet ouvrage fit beaucoup de bruit lorsqu'il parut, et causa du désagrément et des persécutions à son auteur et à M. Texier, son censeur. Plus les philosophes le prônèrent, plus les théologiens firent d'efforts pour faire proscrire et le livre et l'auteur. La Sorbonne s'apprêtait à le foudroyer de ses censures, lorsque Helvétius, par égard et par amitié pour son censeur, signa une rétractation : cela ne désarma point ses ennemis ; on continua à l'accuser ; les haines et le désir de la vengeance ne furent assouvis qu'après qu'un arrêt du conseil eut supprimé le livre *de l'Esprit*, « comme bornant les facultés de l'homme à la sensibilité physique, et comme encourageant au vice, en donnant des motifs trop peu nobles à la vertu. » Il est vrai que l'auteur pose en principe dans cet ouvrage, que « l'intérêt personnel est l'unique et universel appréciateur du mérite des actions des hommes ; et que la probité, par rapport à un particulier, n'est que l'habitude des actions personnelles utiles à ce particulier. » Ainsi, l'intérêt personnel est donc l'unique appréciateur du mérite et de la probité. L'homme vraiment vertueux sent combien de pareilles opinions sont dénuées de fondement et avilissantes pour l'espèce humaine. Les exemplaires du livre *de l'Esprit*, de 1758, en grand papier et sans cartons, sont très-rares. Il existe un autre ouvrage d'Helvétius, qui n'a été publié qu'après sa mort, et qui n'est pas moins fortement écrit que le précédent, c'est son *Traité de l'Homme, de ses facultés et de son éducation*, 1772, 2 *vol.* in-8. L'homme y est représenté tel que la nature et la société l'ont fait dans tous les temps et dans tous les lieux. L'auteur soutient d'un bout du livre à l'autre cet étrange paradoxe, « que les hommes naissent avec les mêmes talens, et qu'ils doivent tout leur esprit à l'éducation. » On trouve quelque chose d'assez fort dans la préface de cet ouvrage, et je pense qu'Helvétius n'aurait pas osé publier de pareilles tirades de son vivant; les persécutions qu'il avait essuyées relativement au *Traité de l'Esprit*, l'avaient rendu circonspect. Voici comme il s'exprime dans la préface en question. « Ma patrie a reçu enfin le joug du despotisme; elle ne produira donc plus d'écrivains célèbres. Le propre du despotisme est d'étouffer la pensée dans les esprits et la vertu dans les ames. Ce n'est donc plus sous le nom de Français que le peuple pourra de nouveau se rendre célèbre; cette nation avilie est aujourd'hui le mépris de l'Europe. Nulle crise salutaire ne lui rendra la liberté; c'est par la consomption qu'elle périra; la conquête est le seul remède à ses malheurs. » Lorsque Helvétius a tracé ces lignes, il était loin de prévoir que la nation française, après avoir éprouvé une révolution qui l'a bouleversée de fond en comble, en sortirait triomphante, plus majestueuse et plus puissante qu'elle n'a jamais été. Claude-Adrien Helvétius, philosophe aussi aimable que bienfaisant, est né à Paris en 1715; il est mort le 26 décembre 1771.

HEMMERLIN. Clàrissimi viri juriumque Doctoris Felicis Malleoli Hemmerlini variæ oblectationis Opuscula et Tractatus. *Basileæ*, 1494, *in-fol.*

Cet ouvrage, très-rare, a été funeste à son auteur, en ce qu'il lui a fait perdre ses bénéfices et sa liberté. Ce sont des satyres contre la ville de Zurich, patrie d'Hemmerlin, et contre le clergé séculier et régulier. Le volume renferme deux parties ; dans l'une, on trouve *Dialogus de Nobilitate et Rusticitate*, etc. ; et dans l'autre, *Tractatus contra validos mendicantes, Beghardos et Beghinas, Monachos*, etc. Ces facéties ne sont pas très-fines, cependant on les recherche. Felix-Malleolus Hemmerlin était chantre et chanoine de Zurich en 1428. Pauzer regarde comme douteuse l'édition que nous annonçons sous la date de 1494. Il en existe une de Bâle, 1497, *in-folio*, très-avérée ; une autre sans date et sans désignation de lieu ; mais elle est de Nicolas Kessler, de Bâle. Il en existe encore une autre sans date, que l'on croit de Strasbourg ; et enfin une qui est également sans date et sans désignation de lieu. (Voyez *Annales typographici*, tom. 1, *pag.* 92, 177, 199; tom. 4, *pag.* 238, et tom. 11, *pag.* 314.) Debure parle de cet ouvrage dans sa *Bibliographie*, n.º 4048, et Freytag dans ses *Analecta litteraria*, Lipsiæ, 1750.

HÉROS. Les Héros de la Ligue, *ou* Procession monacale pour la conversion des Protestans de France. *Paris (Hollande), chez père Peters,* 1691, *in* 4.

Ouvrage satyrique et grotesque en vingt-quatre figures gravées en manière noire. Il a été sévèrement défendu en France, et le ministère a fait faire les perquisitions les plus exactes pour le supprimer. On y a dépeint, sous la représentation la plus grotesque, différens personnages des plus qualifiés de France, jouant un rôle particulier dans les troubles de religion qui agitèrent la monarchie sous le règne de Louis XIV, à l'occasion de la révocation de l'édit de Nantes. Chaque estampe est accompagnée d'explication d'un style très-satyrique.

HERSENT. Optati Galli (Caroli Hersent) de Cavendo schismate liber paræneticus, ad illust. Galliæ primates, Archiep., etc. *Parisiis*, 1640, *in-*8. — Arrêt de la Cour du Parlement de Paris, du 23 mars 1640, qui ordonne que cet ouvrage sera lacéré et brûlé, *etc. Paris*, 1640, *in-*8.

Le but principal de cet ouvrage est d'engager les prélats de France à s'opposer fortement au projet que l'on formait d'élire un patriarche dans le royaume. Ce livre est très-rare de cette édition, parce que le cardinal de Richelieu, contre qui cette satyre est dirigée, en a fait scrupuleusement rechercher les exemplaires pour les supprimer. L'arrêt porte, que ce libelle diffamatoire contre l'honneur du roi, la souveraineté de sa couronne, tend à sédition; qu'il peut troubler le repos et la tranquillité publique: ordonne en conséquence qu'il sera brûlé en la cour du palais, au-devant des grands degrés, par l'exécuteur de la haute-justice. Il y a une contre-faction de cet ouvrage portant même date: on peut la distinguer à différentes marques que rapporte Debure, *Bibliogr. instr.*, tom. 11, pag. 49. (Voyez d'ailleurs les n.os 981, et les six Réponses à ce libelle contenues dans les n.os 982, *etc.* de cette *Bibliographie*.)

HETZER. Biblia Germanica, ex versione Ludovici Hetzeri, juvante Joanne Denckio, populari suo. *Vormatiæ, Vangionum*, 1529, *in-fol.*

Cet ouvrage, publié par les sociniens, a été supprimé avec grand soin, ce qui rend les exemplaires de cette édition très-rare, ainsi qu'on peut le voir dans la *Bibliotheca sacra* du père Lelong.

HOLBAC. La Contagion sacrée, *ou* l'Histoire naturelle de la Superstition : ouvrage traduit de l'anglais (par le Baron d'Holbac), avec cette épigraphe : *prima mali labes. Londres*, 1768, *in-*8.

Cet ouvrage a été brûlé par arrêt du parlement de Paris, du 18 août 1770. « C'est, dit l'arrêt, une invective amère contre la révélation prise en elle-même. L'auteur la montre comme une imposture, comme une contagion sacrée, dont tous les esprits et tous les gouvernemens ont éprouvé les sinistres effets, comme le fatal instrument dont l'ambition s'est servi pour opprimer la terre, et enfin comme une invention funeste, incompatible avec la saine morale, et nécessairement liée avec la servitude, le fanatisme et la superstition. » On a réimprimé et répandu en grande profusion cet ouvrage pendant la révolution française. On sait, à n'en pas douter, que le baron d'Holbac a pris la plus grande part à la rédaction et à la publication clandestine de la plupart des ouvrages du même genre que celui-ci, et qui ont paru anonymement à peu près dans le même temps.

HOLBAC. Système de la Nature ou des Lois du monde physique et du monde moral. Par M. Mirabaud, secrétaire perpétuel, l'un des quarante de l'Académie française (le Baron d'Holbac). *Londres, 1770, 2 vol. in-8.*

Cet ouvrage a été condamné à la suppression et au feu, par arrêt du parlement de Paris du 18 août 1770. On sait combien il a fait de bruit dans le temps. Il est divisé en deux parties; dans la première, l'auteur examine ce que c'est que la matière et le mouvement : il traite ensuite de l'homme, de son origine et de sa fin ; delà il passe à la nature de l'ame. Cette discussion le conduit à agiter les fameuses questions de la liberté, de l'immortalité, du dogme de la vie future, du fanatisme, de la nécessité et du suicide ; il finit par apprécier les devoirs de l'homme envers ses semblables, par déterminer l'origine de la société et par fixer tous les droits de la souveraineté. Dans la seconde partie, on traite de la religion, de l'existence de Dieu, des preuves de cette existence ; du déisme et de l'optimisme, de l'utilité de la théologie et de l'inutilité de la conduite des hommes envers Dieu ; enfin, on termine par l'apologie de l'athéisme et par un abrégé du code de la nature. Voici quelques-uns des principes faux et abominables répandus dans cet ouvrage monstrueux. Je vais les puiser dans le réquisitoire de l'avocat général Seguier, d'après lequel le livre a été condamné aux flammes. « *Les hommes*, dit l'auteur, *en tout pays ont adoré des Dieux bizarres, injustes, sanguinaires, implacables, dont ils n'osèrent jamais examiner les droits. Ces Dieux furent partout dissolus, cruels, partiaux; ils ressemblèrent à ces tyrans effrénés qui se jouent impunément de leurs sujets malheureux. C'est un Dieu de cet affreux* caractère que même aujourd'hui l'on nous fait adorer: le Dieu des chrétiens, comme ceux des grecs et des romains, nous punit en ce monde, et nous punira dans l'autre, des fautes dont la nature qu'il nous a donnée nous a rendu susceptibles ; semblable à un monarque enivré de son pouvoir, il fait parade de sa puissance...... Et la théologie nous montre, dans tous les âges, les mortels punis pour des fautes inévitables et nécessaires, et comme les jouets infortunés d'un Dieu tyrannique et méchant.

« Il paraît, ajoute-t-il, qu'un Dieu raisonnable ne conviendrait pas aux intérêts des prêtres ; aussi ses ministres fournissent aux scélérats *les moyens de parvenir à la félicité éternelle* ; et, dans le fait, la religion accorde le ciel aux méchans... Elle y place les plus inutiles et les plus méchans des hommes.

« Tels sont, dit cet auteur, Moyse, Samuel, David, chez les juifs ; Mahomet chez les musulmans ; chez les chrétiens Constantin, Saint Cyrille, Saint Athanase, Saint Dominique, et tant d'autres brigands religieux, et zélés persécuteurs que l'église révère : on peut encore leur joindre les croisés, les ligueurs, etc.

« Les opinions religieuses mettent les hommes perpétuellement en dispute : ils se haïssent et se persécutent, et croient souvent bien faire en commettant des crimes pour soutenir leurs opinions. C'est ainsi que la religion enivre les hommes, dès l'enfance, de vanité, de fanatisme et de fureur, s'ils ont une imagination échauffée ; si, au contraire, ils sont flegmatiques et lâches, elle en fait des hommes inutiles à la société ; s'ils ont de l'activité, elle en fait des frénétiques, souvent aussi cruels pour eux-mêmes qu'incommodes pour les autres.

« Non-seulement la religion est le principe des malheurs de l'humanité, mais encore elle a rendu les ministres des autels orgueilleux, fourbes, vicieux et malfaisans; *et entre les mains des prêtres de tout pays, la Divinité ressemble à la tête de Méduse, qui, sans nuire à celui qui la montrait, pétrifiait tous les autres.*

« Le sacerdoce et l'empire savent combiner leurs intérêts. La religion, soutenue de la tyrannie, tient lieu de tout. *Elle a rendu aveugles et souples les peuples que le gouvernement se propose de dépouiller.*

« *La religion corrompt les princes, les princes corrompent la loi, qui, comme eux, devient injuste;..... et, dans une société corrompue, il faut se corrompre pour devenir heureux.*

« Le despote trouva la religion merveilleuse quand elle l'assura qu'il était Dieu sur la terre; il la négligea quand elle lui dit d'être juste; *et d'ailleurs il fut assuré que son Dieu lui pardonnerait tout, dès qu'il consentirait de recourir aux prêtres, toujours prêts à le réconcilier.* » L'auteur conclut que l'athéisme n'est point un système dangereux pour la société; que la morale naturelle, les lois, la politique, un gouvernement sage et l'éducation, suffisent pour réprimer les passions; en un mot, l'impiété, selon lui, n'est qu'une accusation vague et imaginaire; et le superstitieux mérite plutôt le nom d'athée que le matérialiste. L'auteur, en finissant, se caractérise par cette assertion impie : « Que l'ami des hommes ne peut être l'ami des Dieux, qui furent, dans tous les âges, les vrais fléaux de la terre. » On sent bien que toutes les absurdités répandues dans cet ouvrage se réfutent d'elles-mêmes, et que l'homme réfléchi et impartial les fera tourner plutôt au triomphe de la religion qu'à son détriment. Revenons à l'auteur de ce livre infernal. On sait depuis long-temps, et je l'ai dit ailleurs, que ce n'est point Mirabeau, l'académicien, mort en 1760, qui a mis au jour cette insolente philippique contre Dieu, mais c'est le baron d'Holbac; et s'il n'en est pas tout-à-fait l'auteur; il en est au moins le rédacteur, et c'est lui qui l'a fait imprimer. Comme il avait érigé en principe que les rois et les prêtres font cause commune, cela frappa tellement le grand Frédéric, qu'il cessa tout à coup de protéger les philosophes. D'Alembert, qui rapporte cette anecdote, ne parvint à guérir ce roi de ses terreurs, qu'après deux années de soins assidus. Paul Thiry, baron d'Holbac, membre de l'Académie de Berlin, est mort le 21 janvier 1789, âgé de soixante-six ans. Il a publié un grand nombre d'ouvrages, surtout sur la minéralogie, etc. Un nommé Holland a fait une Réfutation du *Sytême de la Nature*. Cette Réfutation a été supprimée. (V. HOLLAND.)

HOLINSHED. Raph. Holinshed, Guill. Harrisson, et aliorum Chronica Angliæ, Scotiæ et Hiberniæ, continuata ad annum 1587, per Johann. Hooker, seu Wowell et alios, Anglicè. *Londini*, 1587, *3 vol. in-fol.*

Le ministère anglais a fait supprimer cet ouvrage, parce qu'il renferme des traits hardis qui firent beaucoup de bruit dans le temps. La première édition de cet ouvrage est de 1577, *2 vol. in-fol.* Celle que nous annonçons est plus ample. Mais on y a retranché les passages qui attaquaient le gouvernement : il est donc bon de réunir les deux éditions. Raoul Holinsbed est mort en 1580, à peu près.

HOLLAND. Réflexions philosophiques sur le Système de la Nature, par M. Holland. *Paris, Valade,* (1772), *2 tomes, in-8.*

Ce livre, imprimé d'abord chez l'étranger, et ensuite réimprimé en France avec une approbation très-longue de

Ribailler, docteur en Sorbonne et syndic de la faculté, a été supprimé par arrêt du parlement du 17 janvier 1773, quoiqu'il fût destiné à réfuter le *Système de la Nature*. Le gouvernement y a reconnu des principes dangereux en morale, en politique et en religion, et c'est ce qui l'a engagé à en arrêter le débit. Voici quelques-uns des passages sur lesquels a porté particulièrement l'arrêt : « Un homme a droit de faire une chose, lorsqu'en la faisant il n'agit point contre son bonheur réel et durable. La même maxime a lieu par rapport à une société, qui est alors envisagée comme une personne morale...... Le despotisme, qui ne connait d'autre loi que la volonté capricieuse du souverain, est en contradiction avec tous les intérêts du corps politique. Le peuple, qui se met en devoir de le secouer, ne risque jamais rien, parce que l'esclavage est assurément le dernier degré de la misère. Non-seulement il a le droit de ne point recevoir cette forme de gouvernement, il a encore celui de la détruire, s'il a le malheur d'y tomber.......... Le gouvernement est insupportable s'il tend à la ruine de la liberté ; s'il est manifestement dégénéré en tyrannie, alors il est de l'intérêt de la nation de réprimer efficacement les violences du souverain, non pas en le destituant, mais en lui donnant un conseil, par exemple, ou un tuteur qui gouverne en son nom. Nulle société n'a pu vouloir conférer irrévocablement à ses chefs le droit de lui nuire. Je dis plus, nulle société n'a jamais donné ce droit contradictoire à personne........... Il est incontestable que les souverains ne tiennent leur autorité que du consentement de la nation...... Dans un état où, par la constitution, le souverain est tenu de conférer avec son conseil sur l'administration publique, il est clair, qu'outre la Divinité, il y a des hommes sur la terre légitimés à lui demander compte de sa conduite...........

Un prince esclave de ses passions, et qui, plongé sans cesse dans un tourbillon de distractions, n'a ni le temps ni la volonté de se replier sur soi-même, est aussi peu athée que religieux ; il n'est pas même homme. C'est un être perverti, un frénétique, qui n'a point de système, parce qu'il passe sa vie dans un délire continuel. Il croit en Dieu par préjugé et malgré lui ; mais il fait tous ses efforts pour en éloigner l'idée. Lorsque, dans les angoisses de sa conscience bourrelée, la voix du cœur et les préjugés de l'enfance reprennent quelque force, il passe d'une espèce de vertige et de démence à l'autre ; il tâche de se réconcilier par des pratiques futiles, et souvent par des forfaits, avec une divinité qu'il ne connaît pas. Dans le cours de ses injustices et de ses débauches, il pense à l'éternité, comme un criminel pense au gibet et à la roue. Sa dévotion est celle d'un malfaiteur qu'on va exécuter. » On a cru reconnaître dans ce dernier portrait une allusion très-ressemblante à Louis XV. C'est sans doute ce que n'avait pas vu le docteur Ambroise Ribailler ; lorsqu'il avait approuvé ce livre, il ne songeait qu'à louer un livre qui en réfutait un aussi dangereux que le *Système de la Nature*.

HUGO. Traité historique et critique de l'origine et de la généalogie de la Maison de Lorraine, avec les chartres servant de preuves aux faits avancés dans le corps de l'ouvrage, et l'explication des sceaux, des monnaies et médailles des Ducs de Lorraine ; par le sieur de Baleicourt (Louis-Charles Hugo). *Berlin*, (*Nancy*), 1711, *in* 8.

Ce livre, rempli de traits hardis et séditieux qui déplurent au gouvernement français, a été flétri par arrêt du parlement, du 17 décembre 1712, avec le suivant du même auteur : *Réflexions sur les deux ouvrages nouvellement imprimés, concernant l'Histoire de la Maison de Lorraine*, 1712, *in-12*.

HUMBLOT. Sacrorum bibliorum notio generalis, seu compendium Biblicum in quo de sacra scriptura in se de ejusdem auctoritate, de auctoribus sacris, de variis editionibus, de Antologiis agitur, in usum Theologiæ candidatorum. (Auctore Mar. Humblot). *Parisiis*, 1700, *in-12*.

Cet ouvrage est rare, parce que les exemplaires ont tous été saisis, à cause de quelques opinions sur l'infaillibilité du pape et sur les traductions de la Bible en langue vulgaire, au sujet desquelles l'auteur dit : *Hoc esse opus Satanæ transfigurantis sese in Angelum lucis.*

HUSS. Joannis Huss et Hironymi Pragensis, Historia et monumenta, *Noribergæ, Montanus*, 1558, 2 *vol. in-fol.* Le même ouvrage, 1715, 2 *vol. in-fol.* Joan. Huss Opuscula in tres tomos dinstincta cum appendice Othonis Brunsfelsii, absque nota editionis. — Epistola LIV nobilium Moraviæ pro defensione Joannis Huss, ad Concilium Constantiense. — Processus Consistorialis martyrii Joannis Huss cum correspondantiâ legis gratiæ ad jus papisticum, in simoniacos et fornicatores papistas et de victoriâ Christi, denique Anti-Christi degradatione ac depositione, *fig.*

Hæc omnia *absque notâ editionis et anni*, *in-4*. — Joannes Huss de unitate Ecclesiæ, 1520, *in-4*. Tres Epistolæ è carcere Constantiensi ad Bohemos scriptæ, cum præfatione Lutheri. *Witteb. Klug*, 1536, *in-8*. — Epistolæ quædam piissimæ et eruditissimæ quæ solæ satis declarant papistarum pietates esse Satanæ furias, cum Lutheri præfatione, *Wittemb.*, 1537, *in 8*. — Diputatio Joan. Hussi quam absoluit dùm ageret Constantiæ, priusquam in carcerem conjiceretur; condemnatio utriusque speciei in Eucharistiâ à Concilio Constantiensi. Et protestatio quam in Epistolis conservatam cupit, *Witteb.*, 1537, *in-8*. — Joan. Hussi Postilla linguæ Bohemica conscripta, 1564, *in-fol*.

Je nomme ici la majeure partie des ouvrages de ce célèbre hérésiarque, soit réunis, soit détaillés. On sait qu'ils ont tous été condamnés aux flammes dans la 15.ᵉ session du concile de Constance en 1414. L'histoire de J. Huss est tellement connue, que je crois qu'il est inutile de s'appésantir ici sur les détails. Il avait un sauf-conduit de l'empereur Sigismond pour se rendre au concile de Constance et y défendre ses opinions. Les pères de ce concile l'entendirent et lui présentèrent vingt-neuf articles renfermant les principales erreurs tirées de son ouvrage sur l'église; il les soutint conformes à sa conscience. Ne voulant point se rétracter, il fut condamné à la dégradation et livré au bras séculier, malgré le sauf-conduit de l'empereur. Le magistrat de Constance le condamna à expirer dans les flammes. Les valets de ville se saisirent de lui, et après l'avoir fait passer devant le palais épiscopal pour voir brûler ses livres, ils le conduisirent au lieu du supplice. Après l'exécution, ses cendres furent soigneusement ramassées, et on les jeta dans le Rhin. Cette exécution eut lieu en 1415. Elle n'éteignit ni les erreurs de J. Huss ni l'enthousiasme de ses sectateurs ; au contraire, pour venger la mort de leur chef, ils remplirent la Bohême de sang et de carnage : ils étaient au nombre de 40,000 ; tous les prêtres qu'ils rencontraient payaient de leur tête la rigueur du magistrat de Constance. Jean Huss avait été recteur de l'université de Prague et confesseur de Sophie de Bavière, épouse de Venceslas, roi de Bohême. Il partagea la plupart des erreurs de Viclef, ou plutôt il y trouva la source des siennes. Je ne les rappellerai pas ici, parce qu'elles m'entraîneraient trop loin ; d'ailleurs, on les trouve dans une infinité d'auteurs.

HUTTEN. Epistolæ obscurorum virorum ad Dominum Magistrum Ortuinum gratium. (Attribuées à Ulric de Hutten, à Reuchlin, à Crotus, etc.) 1516 et 1517, 2 *parties*, *in-4*.

Léon X a condamné ce livre le 15 mars 1617, parce qu'il préparait, dit-on, les esprits aux nouveautés du luthérianisme. C'est une plaisanterie fort ingénieuse attribuée, par les uns, à Reuchlin, parce qu'il avait eu de fortes disputes avec les dominicains ; et par les autres, à Ulric de Hutten. J'ai lu quelque part que Jean Crotus, ami de Luther (et surnommé Rubianus par Camerarius), est auteur du premier volume de ces *Lettres*, qui parut en 1516, *in-4*. Ce Jean Crotus était ami de Ulric de Hutten qui lui dédia son poëme du *Nemo*, imprimé en 1519, *in-4*. Ils ont bien pu y travailler en commun. Quoi qu'il en soit, ces *Lettres* sont très-plaisantes : on y tourne en ridicule le langage barbare des théologiens scholastiques et quelques-unes de leurs opinions, en imitant leur style. Elles ont été souvent réimprimées, surtout à Londres, en 1710, *in-12.* Gratius, ou plutôt Graës, car c'est son vrai nom, opposa à cette plaisanterie dirigée contre lui : *Lamentationes obcurorum virorum non prohibitæ per sedem apostolicam.* Coloniæ, 1518, *in-8*, réimprimées en 1649.

IGNACE. Traduction de trois Sermons prononcés à la Fête de la béatification de Saint Ignace, faits, l'un par Pierre Valderame, Augustin de Séville ; l'autre par *Pierre Deza*, Dominicain de Valence, et le troisième par Jacques Rebullosa, Dominicain de Barcelone. *Paris*, 1611, *in-8.*

Ces trois sermons ont été censurés par la faculté de Paris le 1.er octobre 1611, quoique la traduction en ait été approuvée par Mathieu le Heurt, docteur en Sorbonne. Les causes de la censure portent sur quatre propositions, plus ridicules et plus blâmables les unes que les autres. Les voici. « 1.° *Le nom de Saint Ignace, écrit sur du papier, fait plus de miracles que Moyse avec sa baguette sur laquelle était écrit le nom de Dieu, et autant que les Apôtres au nom de Dieu et par la vertu qu'il leur avait donnée. Son nom a tant d'autorité, que toutes les créatures lui obéissent sur le champ.* 2.° *Quand Saint Ignace vivait, sa vie et ses mœurs étaient si graves, si saintes et si relevées, même en l'opinion du ciel, qu'il n'y avait que les papes, comme Saint Pierre, les impératrices, comme la mère de Dieu, quelques souverains monarques, comme Dieu le Père et le Fils qui eussent le bonheur de le voir.*

3.° Les fondateurs des autres ordres religieux furent envoyés en faveur de l'église : *Novissime autem locutus est in filio suo Ignatio quem constituit hæredem universorum.* 4.° Le martyr Ignace porte au saint père une affection particulière, comme au successeur de Jésus-Christ et son vicaire en terre. » Il est difficile de réunir plus de sottises en peu de mots. On ne conçoit pas comment les jésuites ont laissé publier de pareilles absurdités.

INCONVÉNIENS. Des inconvéniens des Droits féodaux. (*Voyez* BONCERF, *page* 43.)

Quoique nous ayons déjà parlé de cet ouvrage, nous y revenons pour réparer une omission qui a eu lieu lors de l'impression de cet article. Les motifs de la condamnation de cette production hardie, sont qu'elle a été considérée « comme injurieuse aux lois et coutumes de la France, aux droits sacrés et inaliénables de la couronne, et aux droits des propriétés des particuliers ; comme tendant à ébranler toute la constitution de la monarchie, en soulevant tous les vassaux contre leurs seigneurs et contre le roi même, en leur présentant tous les droits féodaux et domaniaux comme autant d'usurpations, de vexations et de violences également odieuses et ridicules, et en leur suggérant les prétendus moyens de les abolir, qui sont aussi contraires au respect dû au roi et à ses ministres, qu'à la tranquillité du royaume. » Le libraire Valade débitait l'ouvrage de Boncerf, approuvé par l'avocat Coqueley de Chaussepierre. Je crois que Boncerf a été mis à la Bastille pour cette production. Il était destiné à être en but aux gouvernans sous les différens régimes. En 1793 il a paru au tribunal révolutionnaire, et n'a échappé à la mort qu'à la majorité d'une seule voix. Il n'a survécu à cet évènement que peu de temps.

INFORMATIO. Informatio pro Veritate contra iniquiorem famam sparsam per sinas cum calumnia in Patres Soc. Jesu, et detrimento missionis; communicata missionariis, *in Imperio sinensi. Anno*, 1717, *in-4.*

Ce volume a été défendu par décret de la sainte inquisition de Rome, du 24 janvier 1720. Il a été réimprimé à la Chine sur papier de soie.

ISLA. Historia del famoso Predigador fray Gerundio de Compazas, alias Zotes; escrita por el Lic. don Francisco Lobon de Salazar (Isla). *Madrid*, 1758 — 1770, *2 tomes en un vol. in-4.*

Ce livre, rare et curieux, dont le père Isla, jésuite, est auteur, a été défendu et supprimé en Espagne peu de temps après sa publication. C'est une critique fine, gaie et judicieuse des prédicateurs espagnols : il est à leur égard ce que *Don Quichotte* est à l'égard des romans de chevalerie.

JANSENIUS. Augustinus Cornelii Jansenii Episcopi, seu doctrina Sancti Augustini de humanæ naturæ sanitate, ægritudine, medicinâ, adversùs Pelagianos et Massilienses tribus tomis comprehensa. *Lovanii*, 1640, *in-fol.* 2.ª editio, *Lutetiæ* et 3.ª *Rothomagi*, 1652, *in-fol.*

Ce fameux ouvrage de l'évêque d'Ypres a été condamné par la bulle *In eminenti*, du 6 mars 1641, donnée par Urbain VIII, ainsi que les deux ouvrages suivans : *Liberti*

Fromondi, S. Th. D. *Brevis anatomia hominis*. Lovanii; 1641; et *Conventus Africanus sive disceptatio judicialis apud tribunal præsulis Augustini*, etc. *Enarratore Artemidoro Oneiro-critico*. Rouen, 1641. Voici l'opinion du père de Colonia, auteur du *Dictionnaire des livres jansénistes*, sur ce que l'*Augustin* de Jansénius lui a paru renfermer de répréhensible. « Tout le système de ce livre, dit le fougueux anti-janséniste (1), se réduit à ce point capital : que, depuis la chûte d'Adam, le plaisir est l'unique ressort qui remue le cœur de l'homme ; que ce plaisir est inévitable quand il vient, et invincible quand il est venu. Si ce plaisir est céleste, il porte à la vertu ; s'il est terrestre, il détermine au vice ; et la volonté se trouve nécessairement entraînée par celui des deux qui est actuellement le plus fort. Ces deux délectations, dit l'auteur, sont comme les deux plats d'une balance ; l'un ne peut monter, sans que l'autre ne descende. Ainsi l'homme fait invinciblement, quoique volontairement, le bien ou le mal, selon qu'il est dominé par la grâce ou par la cupidité. Voilà le fonds de l'ouvrage, et tout le reste n'en est qu'une suite nécessaire.

» Au reste, Jansénius prétend qu'avant Saint Augustin, tout ce système de la grâce était dans d'épaisses ténèbres, et qu'il y est de nouveau retombé depuis cinq ou six cents ans. D'où il s'ensuit visiblement que, selon lui, l'ancienne

---

(1) N'oublions pas que ce jésuite (le père de Colonia) avait d'abord composé une *Bibliothèque des livres jansénistes*, qui a été censurée à Rome en 1749; elle a ensuite été reproduite sous le titre de *Dictionnaire des livres jansénistes*, 1752, 4 vol. *in-12* ; et postérieurement on a changé le frontispice seul de cet ouvrage et supprimé la préface. Cette édition, qui est absolument la même que celle du *Dictionnaire*, a pour titre : *Dictionnaire des livres opposés à la morale des soi-disant jésuites*. Bruxelles, 1763, 4 vol. *in-12*. L'auteur s'est livré, dans ce livre, à un zèle très-amer. Il est mort à Lyon en 1741, âgé de quatre-vingt-deux ans.

tradition sur un point de foi essentiel, s'est perdue dans l'église depuis cinq à six siècles.

» Or, ce système du plaisir prédominant détruit visiblement tout mérite et tout démérite, tout vice et toute vertu. Il livre l'homme à un libertinage affreux et à un désespoir certain ; enfin, il fait de l'homme une bête, et de Dieu un tyran. C'est le pur calvinisme tant soit peu déguisé. L'un et l'autre s'appuient sur les mêmes principes, et se prouvent par les mêmes argumens ; de sorte que le jansénisme peut être défini en deux mots : *le huguenotisme un peu mitigé.* » On voit aisément que l'auteur de cette opinion n'est point impartial. Racine, dans son *Histoire ecclésiastique*, a parlé de Jansénius avec moins de passion et d'une manière différente de celle du père de Colonia. La Sorbonne censura cinq propositions extraites de l'*Augustin* en question ; et Innocent X les condamna par sa bulle *Cum occasione*, du 31 mai 1653. Je vais faire connaître ces cinq propositions par un extrait de cette bulle, où elles sont nominativement condamnées. «......Or, comme nous avions, dès le commencement de cette discussion, ordonné des prières, tant en particulier qu'en public, pour exhorter les fidèles d'implorer le secours de Dieu, nous les avons encore ensuite fait réitérer avec plus de ferveur ; et nous-mêmes, après avoir imploré avec sollicitude l'assistance du Saint Esprit, enfin secourus de la faveur de cet esprit divin, nous avons fait la déclaration et définition suivante.

» La première des propositions susdites : *Quelques commandemens de Dieu sont impossibles aux hommes justes, lors même qu'ils veulent et s'efforcent de les accomplir selon les forces qu'ils ont présentes, et la grâce leur manque par laquelle ils soient rendus possibles ;* nous la déclarons téméraire, impie, blasphématoire, condamnée d'anathème et hérétique, et comme telle nous la condamnons.

» La seconde : *Dans l'état de la nature corrompue, on ne résiste jamais à la grâce intérieure ;* nous la déclarons hérétique, et comme telle nous la condamnons.

» La troisième : *Pour mériter et démériter dans l'état de la nature corrompue, la liberté qui exclud la nécessité n'est pas requise en l'homme, mais suffit la liberté qui exclud la contrainte ;* nous la déclarons hérétique, et comme telle nous la condamnons.

» La quatrième : *Les semi-pélagiens admettaient la nécessité de la grâce intérieure prévenante pour chaque acte en particulier, même pour le commencement de la foi ; et ils étaient hérétiques, en ce qu'ils voulaient que cette grâce fût telle, que la volonté pût lui résister ou obéir ;* nous la déclarons fausse et hérétique, et comme telle nous la condamnons.

» La cinquième ; *C'est semi-pélagianisme de dire que Jésus-Christ est mort, ou qu'il a répandu son sang généralement pour tous les hommes ;* nous la déclarons fausse, téméraire, scandaleuse : et étant entendue en ce sens *que Jésus-Christ soit mort pour le salut seulement des prédestinés ;* nous la déclarons impie, blasphématoire, contumélieuse, dérogeante à la bonté de Dieu, et hérétique, et comme telle nous la condamnons. » Cette bulle est fort claire ; cependant les jansénistes ne la trouvèrent pas telle ; « et ils crurent, disent les auteurs du *Dictionnaire historique*, l'éluder en distinguant entre le sens hérétique, et le sens orthodoxe : ils prétendirent que ces cinq propositions n'étaient point dans l'ouvrage de l'évêque flamand, ou que, si elles y étaient, on leur donnait un mauvais sens. » Le même *Dictionnaire* va nous fournir la suite de l'histoire abrégée de l'origine de cette fameuse querelle qui a tant fait couler de flots d'encre, de bile et d'injures. « Trente-huit évêques, assemblés à Paris, écrivirent à ce sujet une lettre au pape le 28 mars 1654, dans laquelle ils marquaient « qu'un petit nombre d'ecclésiastiques rabaissaient honteusement la majesté du décret apostolique, comme s'il n'avait terminé que des controverses inventées à plaisir ; qu'ils faisaient bien profession de condamner les cinq propositions, mais en un autre sens que celui de *Jansénius*; qu'ils prétendaient, par cet artifice, se laisser un champ ouvert pour y rétablir les mêmes disputes : qu'afin de prévenir ces inconvéniens, les évêques soussignés, assemblés à Paris, avaient déclaré, par une lettre circulaire, jointe à celle qu'ils écrivaient au pape, que ces cinq propositions sont de *Jansénius*; que sa sainteté les avait condamnées en termes exprès et très-clairs au sens de *Jansénius*, et que l'on pourrait poursuivre comme hérétiques ceux qui les soutiendrait. » — *Innocent X* répondit par un bref du 29 septembre, dans lequel il déclara que, dans les cinq propositions de *Corneille Jansénius*, il avait condamné la doctrine contenue dans son livre. *Alexandre VII* confirma la décision d'*Innocent X* par une bulle du 16 octobre 1656. Il y déclare que *les cinq propositions sont tirées du livre de Jansénius, et qu'elles ont été condamnées dans le sens de cet auteur*. Ce pape agissait de concert avec le plus grand nombre des évêques de France. Ces évêques, non contens d'un formulaire qu'ils avaient déjà fait, en dressèrent un second. En voici les termes : *Je condamne, de cœur et de bouche, la doctrine des cinq propositions contenues dans le livre de* Corneille Jansénius*, laquelle doctrine n'est point celle de Saint Augustin, que* Jansénius *a mal expliquée*. Cette formule fit une foule de rebelles, et encore plus d'hypocrites. On exigea la signature de tous ceux qui prétendaient aux ordres et aux bénéfices. Le mépris des gens sages, le ridicule répandu par les beaux-esprits sur les fanatiques des deux partis, ont éteint ces tristes querelles, et il faut espérer qu'il n'en sera plus question en France. Un auteur moderne a cherché à prouver qu'elles avaient été l'une des causes de la révolution française. » Corneille Jansénius, né en Hollande en 1585, est mort à Ypres, dont il était évêque, le 8 mai 1638.

Je pourrais donner ici une longue liste de tous les livres relatifs au jansénisme, qui ont été censurés par le pape ou par des évêques, et défendus sous peine d'excommunication; mais cela présenterait une nomenclature aussi volumineuse que peu intéressante, dans ce moment, pour la plupart des lecteurs; d'ailleurs, je me suis attaché aux plus importans, et j'en ai parlé dans le cours du présent volume; quant aux autres que je n'ai pas cru devoir mentionner, on les trouvera dans un livre ayant pour titre: *Recueil historique des Bulles et Constitutions, Brefs, Décrets et autres actes concernant les erreurs de ces deux derniers siècles, tant dans les matières de la foi, que dans celle des mœurs, depuis le saint Concile de Trente jusqu'à notre temps.* 5.e *édition.* Mons, 1710, *in*-8; dans le *Dictionnaire des livres jansénistes* ou *qui favorisent le jansénisme* (par le père de Colonia, jésuite,), Anvers, 1752, 4 *vol. in*-12, et dans d'autres ouvrages.

JEAN. Discours d'Erasme Jean, où l'on fait voir clairement que le règne de l'Antichrist commença à paroître dans l'Eglise immédiatement après la mort des Apôtres; et par conséquent que tous les Conciles qui se sont assemblés et tous les livres des Pères, qui ont été écrits depuis ce temps-là, sont infectés de plusieurs erreurs antichrétiennes, et même le fameux Concile de Nicée qui se tint en l'an 318,

Erasmi Johannis antithesis Christi et Anti-Christi de vero et uno Deo. Impr. anno, 1585, in-8.

L'un de ces deux ouvrages est-il une traduction de l'autre ? Plusieurs savans sont de cet avis ; mais je ne puis rien décider à ce sujet : ce que je sais, c'est que le premier a été supprimé, et que l'on fit semblant de vouloir arrêter l'auteur, qui sortit de Hollande secrètement. Le second ouvrage a fait également beaucoup de bruit : l'auteur n'y avait pas mis son nom. On prétend que cet Erasme Jean est le premier qui a cherché à établir le socinianisme en Hollande. Son livre a pour objet la Trinité, qu'il attaque grossièrement : il est divisé en deux parties ; la première contient vingt-une antithèses tirées de différens passages de l'Ecriture, que l'auteur oppose aux sentimens de l'église et qu'il explique à sa manière. La seconde renferme quarante-cinq autres antithèses tirées, pour la plupart, des passages des théologiens et des docteurs chrétiens, qu'il a dénaturés et qui paraissent se contredire, pour en établir des conséquences conformes à son système.

JÉSUS. Jésus-Christ sous l'anathême. *Amsterdam*, 1731, in-8.

Cet écrit est dirigé contre la constitution *Unigenitus*. Il a été brûlé par la main du bourreau en 1734.

JOLY. Recueil des Maximes véritables et importantes pour l'institution du Roi, contre la fausse et pernicieuse politique du cardinal Mazarin, prétendu surintendant de l'éducation de Louis XIV. Par (Claude Joly), *Paris*, 1652, in-8.

Le même ouvrage, *Paris (Amsterdam)*, 1653, *in*-12. Le même ouvrage, avec deux Lettres apologétiques pour ledit Recueil, contre l'extrait du S. N., Avocat du Roi au Châtelet. *Paris (Amsterdam)*, 1663, *in*-12.

Cet ouvrage, écrit avec beaucoup de vivacité et de hardiesse, a été brûlé par la main du bourreau en 1665 ; la sentence du châtelet qui l'a condamné, doit être ordinairement jointe à la fin des premières éditions : elle se trouve presque toujours dans l'édition de 1663. L'auteur a encore publié un autre ouvrage relatif au précédent, sous le titre de *Codicille d'or*, qui renferme des maximes tirées d'Erasme et d'autres écrivains pour l'éducation d'un prince chrétien. Le même auteur, dans un autre livre qu'il a composé sous le nom de Stella, et qui a pour titre : *De Reformandis horis canonicis, ac rité constituendis clericorum muneribus consultatio ; auctore Stella*, 1644—1675, *in*-12, recherche l'origine de réciter l'Office divin en particulier ; et il penche à croire qu'un ecclésiastique peut, sans pécher, se dispenser de réciter son Bréviaire, lorsqu'il a des occupations indispensables. Claude Joly, né à Paris en 1607, fut chanoine de la cathédrale en 1631, et mourut, en 1700, d'une chûte, après avoir légué sa nombreuse bibliothèque à son chapitre.

JORGER. *Jo. Quintini Comitis Jorger de Tollet et Zagging, intimi status ministri Cæsarei, Commentarii Historici de rebus memorabilibus sui temporis*, 8 *vol. in* 8.

Cet ouvrage fut supprimé par ordre de l'empereur aussitôt

qu'il vit le jour, parce qu'il renfermait des secrets que sa majesté ne voulait pas voir divulguer.

JOUVENCY. Josephi Juvencii Historiæ Societatis Jesu, partis quintæ tomus posterior, ab anno 1591, ad annum 1616. *Romæ*, 1710, *in-fol.*

Ce volume est le plus intéressant de cette collection, dont nous donnerons le détail à la fin de cet article. Il a été condamné par deux arrêts du parlement de Paris; l'un du 22 février et l'autre du 24 mars 1713. Ce dernier arrêt supprime l'ouvrage, et contient la déclaration des jésuites français touchant la souveraineté du roi. On ne peut concevoir comment un français a pu manifester les sentimens dont le jésuite Jouvency a souillé l'Histoire de son ordre. En parlant du fameux arrêt rendu en 1594 contre Jean Chatel (1), il fait l'apologie du jésuite Guignard, pendu et brûlé à l'occasion du crime de cet assassin. Il regarde l'arrêt du parlement qui condamne son confrère comme un jugement inique; il loue surtout ce *martyr de la vérité*, ce *héros chrétien*, cet *imitateur de la charité de Jésus-Christ*, de n'avoir jamais voulu demander pardon au roi et à la justice lorsqu'il fit amende honorable. Les juges qui le condamnèrent sont à ses yeux des persécuteurs; et il ne craint pas de comparer le premier président de Harlay à Pilate, et le parlement aux juifs. On voit, par ce que nous venons

---

(1) Il est vrai que cet arrêt, après avoir porté contre ce monstre les peines accoutumées pour semblables parricides, ordonne *que les prêtres et autres soi-disant de la société de Jésus, comme étant corrupteurs de la jeunesse, perturbateurs du repos public, ennemis du roi et de l'état, videront dans trois jours de leurs maisons et collèges, et dans quinze de tout le royaume.*

de dire, combien ce livre a mérité la condamnation qu'il a encourue. Cependant il faut dire qu'il est estimable à quelques égards : il est écrit avec autant de pureté que d'élégance. On trouve un détail fort exact et fort instructif sur la suppression de cet ouvrage dans un volume imprimé sous ce titre : *Recueil de pièces touchant l'Histoire de la Compagnie de Jésus, publié par le père Jouvency, et supprimé par arrêt de la cour du Parlement de Paris.* Liége (Hollande), 1713, in-12. Il faut faire attention si, dans ce volume, existe une estampe représentant la fameuse pyramide élevée, en 1595 à Paris, devant la porte du palais, au sujet de l'exécrable assassinat commis en la personne de Henri IV par Jean Chatel. Souvent cette gravure est arrachée, comme dans l'exemplaire que j'ai sous les yeux; elle est cependant intéressante; car elle sert à conserver la représentation d'un monument que la société des jésuites est parvenue à faire abolir. Voici le détail de la collection de l'Histoire des jésuites..

Nicolai Orlandini Historiæ Societatis Jesu, pars prima, sive Ignatius. Romæ, 1615, seu Antverpiæ, 1620, *in-fol.*

Francisci Sacchini, Hist. Soc. Jesu, pars secunda, sive Lainius. Antverpiæ, 1620, *in-fol.*

Fr. Sacchini, Hist. Soc. Jes. pars tertia, sive Borgia. Romæ, 1649, *in-fol.*

Fr. Sacchini, Hist. Soc. Jes., pars quarta, sive Everardus. Romæ, 1652, *in-fol.*

Fr. Sacchini, necnon Petri Possini, Histor. Soc. Jes., pars quinta, sive Claudius, Romæ, 1661, *in-fol.*

Josephi Juvencii, etc. Romæ, 1710, *in-fol.*

Le père Joseph Jouvency, né à Paris en 1643, est mort le 29 janvier 1719 à Rome, après avoir donné d'excellens ouvrages classiques.

JUENIN. Institutiones Theologicæ ad usum Seminariorum, autore Gaspare Juenin, Oratorii gallicani Presbyteri. *Lugduni*, 1704, 7 *vol. in-*12, *tertia editio.*

Cet ouvrage a été proscrit à Rome par décret du 25 septembre 1708, et par plusieurs évêques français. Le père de Colonia dit, avec son aigreur ordinaire, que « ce cours de théologie n'est pas un des moins funestes présens que la congrégation de l'Oratoire ait fait à l'église. Le jansénisme, quoique déguisé avec quelqu'art, s'y rencontre à chaque instant ; tout y est semé de propositions entortillées, captieuses et tendantes à renouveler les erreurs condamnées. » L'auteur, dit l'évêque de Meaux, enseigne aux ecclésiastiques l'art pernicieux de tenir un double langage en matière de foi. Le père Gaspard Juenin, oratorien, est mort à Paris le 16 décembre 1713, à soixante-trois ans.

KELLER. G. G. R. Theologi, admonitio ad Ludovicum XIII, quâ breviter et Nervosè demonstratur galliam fædè et turpiter impium fœdus iniisse, et injustum bellum hoc tempore contrà catholicos movisse ; salvâque religione prosequi non posse (auctore Kellero). *Augustæ Francorum*, 1625, *petit in-*4.

Cet écrit est un libelle séditieux rempli d'injures et de calomnies, auquel la guerre de la Valteline avait donné lieu. Les uns l'attribuent à Jean Boucher, fameux ligueur ; les autres à un grec nommé André-Eudæmon Johannes ; mais, suivant l'arrêt du parlement qui condamne ce livre, l'auteur s'appelait Jacques Cellarius, autrement Keller. Le

Dictionnaire historique de MM. Chaudon et Landine l'attribue à André Eudæmon-Jean. Ce libelle a été réfuté par Garasse. Il en a été imprimé une traduction française en 1627, in-4; mais on a toujours donné la préférence à l'original latin, que l'auteur voulait faire passer pour une version latine d'un ouvrage français. Il parut en même temps que l'*Admonitio*, plusieurs autres ouvrages du même genre, qui furent censurés par le clergé de France; mais cette censure excita des altercations assez vives entre le parlement de Paris et plusieurs évêques. L'auteur du *Dictionnaire des Arrêts* s'en explique ainsi : « Le clergé de France, représentant en son assemblée l'église gallicane, avait censuré, non-seulement le livre intitulé : *Admonitio ad Regem Ludovicum XIII*, mais aussi quelques autres qu'on semait à mauvais dessein parmi le peuple, comme un *Quodlibetariæ quæstiones*, un *Veritas odiosa*, et autres semblables. Les auteurs, pour énerver la censure, feignaient d'improuver la doctrine; mais ils disaient que la censure péchait en la forme, et blâmaient l'assemblée, tant par défaut de puissance, que pour avoir même erré en la doctrine qu'elle contenait; et sur la plainte qu'en fit M. Servin, premier avocat général du roi, le 21 janvier 1726, est intervenu arrêt, par lequel, vû la censure du clergé du 13 décembre précédent, la cour, les grand'chambre, tournelle, et édit, assemblés, a ordonné que le procureur-général du roi aura commission pour informer des menées, pratiques, sollicitations et assemblées secrètes, faites contre l'autorité royale et lois de l'état; fait inhibitions et défenses à toutes personnes de s'assembler, écrire, imprimer ni publier aucune autre déclaration que celle de l'assemblée du clergé du 13 décembre, à peine, contre les contrevenans, d'être punis comme perturbateurs du repos public; ordonne que cet arrêt sera signifié au syndic des libraires et imprimeurs de Paris; et à lui enjoint de le faire savoir à tous les autres libraires, à ce qu'ils n'en prétendent cause d'ignorance. Quelques-uns du clergé tinrent une assemblée à Sainte Geneviève, les 16 et 17 février 1626, où ils désavouèrent cette censure et l'arrêt du parlement; sur quoi la cour, par arrêt du 3 mars 1626, donné, les trois chambres assemblées, cassa et annulla tout ce qu'ils avaient fait, comme attentat; ordonna qu'il serait informé des contraventions, réitéra les défenses, et ordonna que l'arrêt serait signifié aux prélats étant en la ville et aux agens du clergé; à eux enjoint de se retirer chacun en leur diocèse. Cet arrêt fut signifié à l'archevêque d'Auch. Il répondit, par l'avis unanime de tous, que messieurs du parlement n'ont aucune autorité sur le clergé de France, qu'ils représentent, soumis au roi seul; que les arrêts dont il s'agit sont un attentat intolérable; que les prélats ont pouvoir et obligation de tout droit divin et humain de s'assembler pour les affaires de la religion; et qu'à présent ils sont assemblés, tant pour l'ouverture du jubilé, que pour aviser ce qu'ils peuvent et doivent faire pour obtenir du roi la cassation des arrêts dont il s'agit.

» Le lundi 9 mars 1626, arrêt par lequel il fut dit que cette réponse serait brûlée au bas des grands degrés du palais par l'exécuteur de la haute justice, et ajournemens personnels décernés contre les prélats, conformément aux conclusions des gens du roi; l'exécution néanmoins différée au lendemain.

» Le mardi 10 mars, lettres du roi au parlement, par lesquelles il était mandé à la cour de surseoir l'exécution de son arrêt. On trouva une clause étrange et insolite, *sur peine d'encourir l'indignation du roi*, attendu que ce qu'en avait fait le parlement, n'était que pour maintenir l'autorité royale. »

KELLER. Mysteria politica, auctore Jacobo Cellario (aliàs Kellero), 1625, *in-4.*

Cet ouvrage a été censuré par la Sorbonne, condamné par le clergé de France et brûlé par sentence du Châtelet. Ce fut Léonor d'Estampes qui rédigea la censure de l'assemblée du Clergé en 1626. Keller, confesseur du prince et de la princesse de Bavière, a composé plusieurs ouvrages contre les Luthériens et contre les puissances ennemies de l'Allemagne ; c'est sous ce dernier rapport que son livre a encouru l'animadversion de l'église et de la justice en France. Keller déguisait souvent son nom sous ceux de *Fabius Hercinianus,* de *Didacus Tamias,* d'*Aurimontius,* etc. Ce jésuite, bon professeur de belles-lettres, de philosophie et de théologie, né à Seckinghen en 1568, est mort à Munich le 23 février 1631.

KEMPE. Andreæ Kempii Israëls erfreuliche botschaft (*Hamburgi*), *anno,* 1688.

Cet ouvrage a été supprimé et tous les exemplaires en ont été confisqués. Il est rempli d'invectives et de blasphèmes contre Jésus-Christ ; le sénat de Hambourg, après avoir condamné l'ouvrage, fit enfermer l'auteur. On lui envoya des ecclésiastiques dans sa prison pour l'engager à se rétracter ; mais, comme on ne put rien gagner sur son esprit, et qu'il répétait toujours les mêmes blasphèmes, un décret du sénat le bannit à perpétuité de Hambourg. On le regardait comme un fou : il en donne une assez forte preuve dans son ridicule ouvrage *des Langues du Paradis* : il y soutient que Dieu parla à nos premiers parens en suédois, qu'Adam répondit en danois, et que le serpent tenta Eve en français. C'est faire remonter un peu haut l'origine de la galanterie française. L'auteur a-t-il voulu montrer que notre langue est la plus propre à persuader le beau sexe? André Kempe, médecin suédois, est mort à Altona en 1689.

KORB. Itinerarium Moschoviæ perillustris Domini de Guarient à Leopoldo I° ad Tzarum et magnum Moschoviæ Ducem Petrum Alexiowicium anno 1698 ablegati extraordinarii; descriptum à Jo. Georgio Korb : accessit reditus suæ Tzareæ majestatis à provinciis Europæis ad proprios limites periculosæ rebellionis Streliziorum et latæ in eosdem sententiæ, cum subsecutâ sanguineâ executione : necnon præcipuarum Moschoviæ rerum compendiosa et accurata descriptio; cum figuris æneis. *Viennæ Austriæ, typ. Leopoldi Voigt, anno, 1700, in-fol.*

Cet ouvrage a été supprimé par la cour de Vienne, et presque tous les exemplaires en ont été enlevés sur les plaintes que porta le Czar Pierre I.er, parce qu'on y trouvait certaines choses qui n'étaient point à l'honneur des Moscovites. Ce livre est curieux et renferme beaucoup d'anecdotes historiques très-intéressantes sur l'empire de Russie, et même un grand éloge de Pierre I.er

KUNRATH. Amphitheatrum sapientiæ æternæ, christiano-cabalisticum, divino-magicum, auctore Henrico Kunrath. *Hanoviæ*, 1609, *in-fol*; avec un nouveau titre, 1653, *in-fol.*

Ce livre a été censuré par la faculté de théologie de Paris;

il est très-obscur, et renferme des opinions hasardées. Henri Kunrath, médecin, est mort à Dresde en 1607.

KYRIANDER. Guillelmi Kyriandri Jurisconsulti, et Syndici Trevirensis, Augustæ Trevirorum annales, et commentarii historici, quibus urbis in universo terrarum orbe antiquissimæ origo et status, ab anno mundi 1966 usque ad hanc nostram ætatem, ex ipsis archivis conscripti. *Coloniæ*, 1576, *in-fol.*

Cet ouvrage a été imprimé secrètement à Cologne en 1576 ; mais l'imprimeur ayant été découvert, tous les exemplaires furent supprimés par ordre de l'archevêque de Trèves, Jacques de Heltz. Il s'en fit une seconde édition en 1603, en 1609 et en 1625 : on croit que c'est la même édition dont on a changé la date. La cause de la suppression de cette histoire provient de ce que l'auteur, syndic de Trèves, soutenait les intérêts du peuple de cette ville dans ses démêlés avec l'archevêque. En donnant l'histoire des prélats, il se déclare toujours contre eux, et entre-mêle son Histoire de quelques traits contre la religion catholique. Il n'en fallait pas davantage pour que l'autorité sévit contre ce livre. L'électeur-archevêque ne se contenta pas de le proscrire, il lui opposa *Antiquitatum et Annalium Trevirensium Libri XXV*, auctoribus *Christophoro Browero et Jacobo Masenio*, 2 vol. *in-fol.* Ouvrage qui, par la suite, a été aussi supprimé.

LABORDE. Témoignage de la vérité dans l'Église, Dissertation théologique où l'on examine quel est ce témoignage, tant en général qu'en particulier, au regard de la dernière constitution, pour servir de précaution aux fidèles et d'apologie à l'église catholique contre les calomnies des protestans. (Par le P. Laborde, oratorien.) 1714, *in*-12.

Cet ouvrage, qui a rapport aux querelles du jansénisme, a été proscrit par arrêt du parlement du 21 février 1715. Il a été également condamné par le pape, par l'assemblée du clergé, par les archevêques de Lyon, de Rheims, *etc.* et réfuté par le père Daniel. Veut-on savoir les causes de la condamnation de cet ouvrage ; que l'on consulte le père Colonia, il dira, avec son aménité ordinaire, que l'auteur, « non content d'avancer que la constitution *Unigenitus* condamne des vérités et qu'elle autorise des erreurs ; que l'acceptation de cette bulle par le clergé de France, est l'effet de l'ignorance, de la surprise, de la faiblesse, de la politique ; que c'est l'autorité de la cour qui a entraîné les suffrages des prélats, *etc.* Non content de semblables expressions, toutes injurieuses qu'elles étaient, le père Laborde a porté l'outrage et l'insolence jusqu'à oser dire que la constitution ébranle les fondemens de la religion, et qu'elle altère sans ménagement le dépôt sacré ; jusqu'à soutenir qu'en acceptant cette bulle, les prélats ont dit anathème à Jésus-Christ ; qu'ils se sont chargés d'une iniquité plus criante que ne le fut la prévarication de ceux qui signèrent contre la divinité du Verbe à Rimini ; jusqu'à mettre en parallèle la conduite du roi dans l'affaire de la constitution avec celle d'un empereur arien, l'ennemi déclaré des catholiques, et à la représenter même comme plus injuste et plus violente ; c'est-à-dire, que l'on n'ajouterait rien à la force des expressions de l'auteur, quand, avec Luther et Calvin, on donnerait au pape le nom d'antechrist ; au siége de Saint Pierre le nom de la prostituée de l'Apocalypse ; à l'assemblée du clergé le nom de conciliabule et de brigandage ; au roi le nom de persécuteur et de tyran, *etc.* » Le père Laborde, oratorien, est mort en 1748.

LA GRANGE. Les Philippiques, Odes, par M. de la Grange-Chancel, seigneur d'Antoniat en Périgord, avec des notes historiques, critiques et littéraires (composées en 1720). *Paris*, 1795, *in-*12.

On sait combien cette pièce a été funeste à son auteur, qui, poursuivi par le régent justement courroucé, fut obligé de fuir à Avignon. Trahi par un faux ami qui l'attira hors des limites du Comtat et le livra lâchement à des gens apostés pour le prendre ; il fut conduit aux îles Sainte-Marguerite, et mis au cachot. Le gouverneur, enchanté de ses talens et de sa gaîté, lui accorda quelque liberté dans le château ; mais la Grange fit une épigramme contre son bienfaiteur qui le fit remettre au cachot. Une Ode que ce poëte adressa au régent et dans laquelle il avouait sa faute et implorait son pardon, lui valut d'être traité un peu moins durement dans sa prison. Il s'échappa et parcourut différens pays étrangers jusqu'à la mort du duc d'Orléans, en 1723, époque de son retour en France. On ne sait pas ce qui peut avoir inspiré à la Grange tant d'animosité et tant de fiel contre ce prince ; l'audace est poussée jusqu'à la frénésie dans la plupart des strophes. On peut en juger par quelques-unes que je vais extraire d'un manuscrit que l'on possède à la bibliothèque de la ville de Vesoul, et qui a pour titre : *Les Philippiques, divisées en quatre Odes, dédiées à son Altesse Royale Monseigneur le Duc d'Orléans*, *Régent de France.* La première Ode, composée de trente-quatre strophes, commence ainsi :

1. Vous, dont l'éloquence rapide,
Contre deux tyrans inhumains,
Eut jadis l'audace intrépide
D'armer les Grecs et les Romains !
Contre un monstre encor plus farouche,
Versez votre fiel dans ma bouche :
Je brûle de suivre vos pas ;
Et je vais tenter cet ouvrage,
Plus charmé de votre courage,
Qu'effrayé de votre trépas.

2. Il ouvrit à peine les paupières,
Que, tel qu'il se montre aujourd'hui,
Il fut indigné des barrières
Qu'il vit entre le trône et lui.
Dans ces détestables idées
De l'art des Circés, des Médées,
Il fit ses uniques plaisirs :
Il crut cette voie infernale
Digne de remplir l'intervalle
Qui s'opposait à ses désirs.

5. Nocher des ondes infernales,
Prépare-toi, sans t'effrayer,
A passer les ombres royales
Que Philippe va t'envoyer.
O disgrâces toujours récentes !
O pertes toujours renaissantes !
Eternels sujets de sanglots ;
Tels dessus la plaine liquide,
D'un cours éternel et rapide,
Les flots sont suivis par les flots.

6. Ainsi le fils, pleurant le père,
Tombe frappé des mêmes coups ;
Le frère est suivi par le frère,
L'épouse devance l'époux.

Mais, ô coups toujours plus funestes!
Sur deux lys, nos uniques restes,
La faulx de la Parque s'étend.
Le premier est joint à sa race,
L'autre, dont la couleur s'efface,
Penche vers son dernier instant.

7. Que de divorces, que d'incestes,
Seront le fruit de ses complots !
Verrons-nous les flambeaux célestes
Reculer encor sous les flots ?
Peuple, arme-toi, défends ton maître;
C'est peu que la main de ce traître
Cherche à lui ravir ses états.
Le lit même de ton Philippe
Doit voir de Thieste et d'Œdipe
Renouveler les attentats.

18. Vous, dont les palais magnifiques,
Se sont formés de nos débris;
Auteurs des misères publiques,
Monstres de notre sang nourris;
Tels qu'on vit les Fils de la Terre
Dans un champ semé pour la guerre,
Aussitôt détruits qu'enfantés;
Thémis s'arme pour vous poursuivre,
Rentrez, troupe indigne de vivre,
Dans le néant d'où vous sortez.

22. Royal enfant, jeune monarque,
Ce coup a réglé ton destin;
Par lui l'inévitable Parque
Ne lâchera plus son butin.
Tant qu'on te verra sans défense
Dans une assez paisible enfance,
On laissera couler tes jours;
Mais quand, par le secours de l'âge,
Tes yeux s'ouvriront davantage,
On les fermera pour toujours.

26. Ombres dont, par toute la terre,
   On connaît les illustres noms,
   Polignac, Bauffremont, Tonnerre,
   Et vous, mânes des Châtillons,
   Je vous vois sur le noir rivage
   Frémir de l'indigne esclavage
   Où vos neveux sont retenus,
   Pour des noms égaux à tant d'autres,
   Des noms obscurcis par les vôtres,
   Et qui ne vous sont point connus.

27. Contre vous, Filles de mémoire,
   Le tyran n'est pas moins aigri;
   Des traits d'une fidèle histoire
   Il voudrait se mettre à l'abri.
   Surtout ennemi de la scène,
   Que, par une rivale obscène (*la comédie italienne*),
   Il a cru pouvoir avilir:
   Il craint que vos jeux dramatiques
   N'étalent, sous des noms antiques,
   Ce qu'il voudrait ensevelir.

28. De cette crainte imaginaire
   Arouet ressent les effets;
   On punit les vers qu'il peut faire
   Plutôt que les vers qu'il a faits.
   C'est sur des alarmes pareilles,
   Que l'imitateur des Corneilles
   Gémit au fond du Périgord.
   Et quoiqu'atteint de mille crimes,
   Celui dont on craint peu les rimes
   Ne craindra pas le même sort.

30. Infâmes Héliogabales,
   Votre temps revient parmi nous;
   Voluptueux Sardanapales
   Philippe va plus loin que vous.
   Vos excès n'ont rien qui le tente;
   Son ame serait peu contente

  De les avoir tous réunis,
  S'il n'effaçait votre mémoire,
  En faisant revivre l'histoire
  De la naissance d'Adonis.

32. Toi [*la duchesse de Berri*], qui joins au nœud qui vous lie
  Des nœuds dont tu n'as point d'effroi :
  Ni Messaline ni Julie
  Ne sont plus rien auprès de toi :
  De ton père, amante et rivale,
  Avec une fureur égale
  Tu poursuis les mêmes plaisirs ;
  Et toujours plus insatiable,
  Quand le nombre même t'accable ;
  Il n'assouvit point tes désirs.

Telles sont les strophes de la première Ode qui m'ont paru les plus poétiques et les plus fortes. La seconde, dans laquelle l'auteur peint les intrigues de la cour, m'a paru plus faible du côté de la poésie ; cependant les trois dernières strophes, adressées au roi d'Espagne, sont écrites avec chaleur, surtout cette dernière contre Philippe :

34. Poursuis ce prince sans courage,
  Par ses frayeurs déjà vaincu,
  Fais que, dans l'opprobre et la rage,
  Il meure comme il a vécu ;
  Que sur sa tête scélérate
  Tombe le sort de Mithridate
  Pressé des armes des Romains ;
  Et que son désespoir extrême
  Ait recours à ses poisons même
  Pour se garantir de tes mains.

La troisième Ode a rapport aux débauches incroyables

qui ont souillé la cour du régent (1). Voici ce qui m'y a paru de plus audacieux et de plus criminel.

9. . . . .
. . . .
Aujourd'hui son pouvoir plus vaste
Porte sa fureur et son faste
Dans un excès encore plus grand ;
Et de tant d'horreurs qu'il prodigue,
Le fer serait la seule digue
Qui pût arrêter ce torrent.

10. Quoi ! Thémis, ta brillante épée
Est inutile dans ta main ?
Pourquoi n'est-elle pas trempée
Dans le sang de cet inhumain ?
Pourquoi, pour prévenir leur chûte,
Sous tant de bras qu'il persécute,
N'est-il pas encor abattu ?
Soit par force ou par industrie,
Tout crime fait pour la patrie
Devient un acte de vertu.

Voici une strophe qui ne se trouvait que dans le manuscrit de Mirabeau, vendu en 1792 ; elle y était écrite de sa main, et a été imprimée pour la première fois en l'an VI — 1795.

11. La patrie en vain vous implore,
Vils français ! tremblez que sur vous
Le ciel n'appésantisse encore
Les fers dont vous semblez jaloux,
Qui vit esclave est né pour l'être.
Armez-vous : dans le sang du traître

---

(1) Ce prince souffrait avec assez de complaisance les plaisanteries de ses maîtresses et de ses favoris. La comtesse de Sabran lui dit un jour en plein souper : « Que Dieu, après avoir créé l'homme, eut un petit reste de boue avec lequel il forma l'ame des princes et des laquais. » Le régent rit de cette espèce de bon mot, qui aurait beaucoup mieux convenu à son petit-fils Philippe-Égalité, dont l'ame se ressentait bien plus de cette fangeuse origine.

Effacez votre déshonneur.
Dieu suspend souvent son tonnerre;
Mais il mit le fer dans la terre
Pour en frapper l'usurpateur.

Dans la 4.ᵉ Ode le poëte suppose que Philippe, à sa mort, est reçu dans le Tartare, par tous les monstres qui l'habitent, comme un scélérat bien digne d'avoir place au milieu d'eux. Je n'ai rien trouvé de bien saillant dans cette Ode, qui est la dernière des *Philippiques* que j'ai sous les yeux. A la suite des quatre Odes, il en est une cinquième adressée, par la Grange, à madame la princesse de Conti, dans laquelle il parle de ces quatre productions monstrueuses et de l'histoire des malheurs qu'elles lui ont attirés : en voici quelques passages.

2. . . . .
. . . .
Tantôt plus charmé pour Athènes
Des traits lancés par Démosthènes,
Qu'intimidé par ses malheurs,
Je n'ai pas craint sous vos auspices, (ô *Muses!*)
De parcourir des précipices
Que vous m'aviez semés de fleurs.

3. Que de jours remplis d'amertume
M'attira le courroux du ciel,
Quand je laissai couler le fiel
Où vous aviez trempé ma plume!
N'aurais-je pas perdu le jour
Dans l'horreur d'un affreux séjour,
Voisin de l'empire des mânes,
Si mes vœux s'étaient reposés
Sur vos Hercules supposés
Ou sur vos feintes Arianes?

4. J'adressai mes humbles regrets
Au Dieu qu'adore une princesse,

Dont on prise autant la sagesse
Qu'on fut charmé de ses attraits.
Alors, agréable surprise !
L'airain de mes portes se brise ;
Ma fuite devance les vents ;
Et je vois la plaine liquide
M'ouvrir une route solide
A travers deux remparts mouvans.

6. Armé d'un si puissant secours (*de Dieu*),
J'ai rendu ma course célèbre
Depuis le Pô, le Tage et l'Ebre,
Jusqu'où l'Amstel finit son cours.
De l'Apennin aux Pyrénées,
J'ai vu des têtes couronnées
Relever mon sort abattu :
Souvent les ames généreuses
Donnent aux fautes malheureuses
Les éloges de la vertu.

7. Sorti des terres étrangères
Où j'ai vu dix ans s'écouler,
Qu'il m'est doux de ne plus fouler
Que l'héritage de mes pères !
Je vis sous leurs antiques toits,
Qu'aux superbes palais des rois,
Préfère mon ame charmée,
Où plus heureux et plus chrétien
Mon cœur ne se plaint plus de rien
Que d'un peu trop de renommée.

. . . .
. . . .

Cette Ode a dix strophes. Je ne prolongerai pas davantage les citations ; peut être même on trouvera qu'elles sont déja trop longues ; mais on voudra bien faire attention que ces *Philippiques* ont été imprimées avant la révolution, si furtivement qu'elles n'existaient qu'en manuscrit dans les bibliothèques les plus curieuses. Dans la bibliothèque de

M. Filheul, on en voyait une copie *in*-8 très-bien écrite, et transcrite sur l'original de 1720 : elle a été vendue 24 liv. 6 sous, en 1779. Dans celle de Mirabeau, on en trouvait un manuscrit également *in*-8, mais plus précieux en ce qu'on y avait ajouté beaucoup de portraits et de figures qui avaient rapport à l'ouvrage, et à la fin duquel on trouvait une strophe des plus hardies que j'ai citée plus haut : elle avait été supprimée dans le temps avec le plus grand soin, et n'avait jamais paru dans les *Philippiques* imprimées ; aussi ce manuscrit a-t-il été vendu 113 livres 10 sous en 1792. Dans la bibliothèque de M. Delcroz, il existait un manuscrit du même ouvrage, de 1755, *in*-4, qui a été vendu 30 livres, en 1802. Les *Philippiques* ont été publiées à Paris en 1795, *in*-12. Un exemplaire a été vendu 12 livres papier vélin, relié en maroquin, chez M. Renouard, en 1804. On voit dans la préface de cette édition, où les *Philippiques* sont au nombre de cinq, que cet ouvrage a été imprimé en Hollande, format *in*-12, dès 1723 ; mais cette édition ne renfermait que les trois premières Odes. On en trouve cinq dans les pièces justificatives de la *Vie privée de Louis XV*, 4 vol., publiée, pour la première fois, en 1779 ; le texte y est défiguré par des fautes grossières, et même par des contre-sens. La meilleure, la plus complette et la plus belle édition est donc celle de 1795, en 132 pages *in*-12, dont 65 pour les notes. La première Ode renferme trente-quatre strophes ; la seconde, vingt-quatre ; la troisième, quatorze ; la quatrième, seize, et la cinquième, huit. J'aurais désiré qu'on ajoutât à cette jolie édition la vie de l'auteur et toutes les pièces littéraires relatives aux *Philippiques* ; telle que l'*Epître au Régent*, toute faible qu'elle est, et qui se trouve dans les *Œuvres* de la Grange ; l'*Épître à madame la Princesse de Conti*, qui est en tête de la *Tragédie de Cassius et Victorinus* du même auteur, et plusieurs autres morceaux qui auraient complété tout ce qu'il y avait à dire sur ces fameuses *Philippiques*. Joseph de la Grange Chancel, né en 1676, près Périgueux, à Antoniat, est mort dans son endroit natal en 1758, après avoir composé beaucoup de pièces de théâtre et d'autres poésies.

LAHARPE. Éloge de François de Salignac de la Mothe de Fénélon, Archevêque de Cambrai, par M. de Laharpe, qui a remporté le prix à l'Académie française le jour de Saint Louis, 1771.

Cet Eloge a été supprimé par arrêt du conseil du 22 septembre 1771, sur les plaintes de l'archevêque de Paris. On reproche à l'auteur d'avoir rempli son ouvrage de traits capables d'altérer le respect dû à la religion ; de ne voir dans les vertus héroïques des Saints qu'un pur enthousiasme, ouvrage de l'imagination ; de chercher à flétrir la réputation de Bossuet, en travestissant son zèle pour la pureté du dogme, en haine et en jalousie ; et enfin de blâmer dans ce célèbre évêque (de Meaux) une conduite justifiée par le jugement du souverain pontife et par l'approbation de l'église. Le même arrêt a condamné également à la suppression un second Discours sur le même sujet, dans lequel on déclame contre les engagemens sacrés de la religion ; l'on donne à ses dogmes le nom d'opinions, et l'on se déchaîne contre des opérations que les circonstances avaient fait juger à Louis XIV nécessaires à l'intérêt de la religion et à la tranquillité de l'état. J'ignore quel est l'auteur de ce second Discours. Jean-François Laharpe, né à Paris en 1739, est mort le 22 pluviôse an 11 (1803). On a long-temps empêché la représentation de son drame de *Mélanie*, parce qu'il y a mis en scène des personnages religieux, tels qu'un curé, une jeune novice, *etc.* Il a ordonné, par son testament, que cette pièce ne fût plus jouée. Tant de journaux et de biographes ont parlé des nombreux ouvrages et de la conversion de Laharpe, que je me crois dispensé de répéter ici ce qu'ils en ont dit. Cependant je crois pouvoir citer ici un fragment de son *Apologie de la Religion*, ouvrage qu'il n'a pu achever et que l'on doit regretter. Après avoir parlé de l'importance d'un travail de cette nature, il dit : « Les hommes peuvent me demander comment, occupé depuis si long-temps d'études si différentes, et, pour dire encore plus, si opposées, je puis me flatter sitôt d'en avoir assez appris pour enseigner aux autres ce qu'à peine puis-je encore savoir bien moi-même ; comment j'ai la confiance, après tant de voix religieuses et vénérables, de faire entendre une voix profane. Que dis-je, hélas! de monter dans la chaire de vérité, après avoir été assis dans celle du mensonge et du blasphème. On peut me demander ce que je crois pouvoir ajouter à une évidence de dix-huit siècles ; et si une religion, enseignée depuis ce temps par tant d'illustres maîtres, peut encore avoir besoin de la plume d'un cathécumène si récemment réconcilié? pourquoi j'ose approcher une main si novice à l'appui de l'arche du Seigneur, oubliant que, quand elle fut tombée aux mains des Philistins, il ne se servit pas, pour l'en tirer, de celle des Israélites, qu'il châtiait encore, et força ses propres ennemis à la renvoyer chez son peuple ? C'est à ces questions, toutes naturelles, que je crois devoir répondre, et nullement à ceux qui m'ont fait un si étrange reproche d'être revenu, dans l'âge de la maturité et des réflexions, à la foi que j'avais si follement abjurée dans les égaremens de la jeunesse et dans les vanités du monde. C'est peut-être la première fois que le repentir s'est appelé inconstance ; et j'avoue que ces invectives déhontées m'avaient d'abord indigné. Mais j'ai compris depuis que c'était encore une leçon de celui qui veut si justement que toujours le péché soit puni par le péché même ; et comme je n'avais jamais été plus coupable que lorsque je m'étais associé aux impies, je ne pouvais non plus être jamais plus humilié, que lorsqu'ils ont pu me dire pour toute réponse : Souviens-toi du moins que tu as été long-temps comme un de nous. » On trouve à la suite de ce morceau un magnifique éloge des livres saints. « Tout est dans ces livres divins, dit Laharpe ; et le malheur le plus commun et le plus grand est de ne pas les lire. Il y a, entre autres, un sermon de la Cène, qui me parut contenir toute notre religion, et où chaque parole est un oracle du ciel ; je ne l'ai jamais lu sans une émotion singulière....... » Plus loin : « Depuis que j'ai le bonheur de lire les divines écritures, chaque mot, chaque ligne appelle en moi une abondance d'idées et de sentimens qui semblent se réveiller dans mon ame, où ils étaient comme endormis dans le long sommeil des erreurs de ma vie !....... »

LALLI-TOLENDAL. Mémoire du Comte de Lalli-Tolendal, en réponse au dernier libelle de M. Duval d'Eprémesnil, conseiller de la première des Enquêtes. (*Paris*) 3 *juin*, 1781, *in-4.*

Cette brochure a été supprimée le 7 août 1781, par arrêt du parlement sur réquisitoire de l'avocat général Seguier. Selon ce dernier, ce *Mémoire*, ne portant ni le lieu de l'impression, ni le nom de l'imprimeur, est dans le cas de la clandestinité, et par conséquent répréhensible comme contraire aux règlemens de la librairie. De plus, il sort des bornes de la modération, de la décence, du respect dû aux personnes revêtues d'un caractère public. Il est rempli de sarcasmes amers, de plaisanteries indécentes, de méchancetés grossières, d'injures même les plus graves. Tels sont les termes de M. Seguier. On voit par là que M. d'Eprémesnil est tourné en ridicule dans ce *Mémoire*, et qu'il y est on ne peut pas plus maltraité. Le fond de cet écrit a rapport à l'affaire de Lalli père, qui a été condamné à avoir la tête tranchée le 6 mai 1766 (1). M. Lalli-Tolendal avait obtenu, le 21 avril 1777, un arrêt du conseil pour la révision du procès de son père. En vertu de cet arrêt, le conseil, sur le rapport de M. Lambert, maître des requêtes et conseiller d'état, et après trente-deux séances des commissaires, cassa, le 25 mai 1778, l'arrêt du parlement prononcé contre M. Lalli père. Le fond de l'affaire fut renvoyé au parlement de Dijon; et l'on voit dans le *Mémoire* que nous citons, que M. Lalli-Tolendal y va poursuivre avec chaleur la justification de son père; mais il n'y réussit pas; car le parlement de Dijon, au lieu de réhabiliter la mémoire du comte de Lalli père, confirma, le 23 août 1783, le jugement du parlement de Paris; mais, par la suite, cette réhabilitation eut lieu. Thomas-Arthur, comte de Lalli, a été décapité en 1766, à soixante-huit ans. Trophime-Gérard de Lalli-Tolendal a été l'un des membres distingués de l'assemblée constituante:

---

(1) L'arrêt qui l'a condamné a porté suppression des *Mémoires* qu'il avait publiés pour sa défense, et dans lesquels il accusait M. Duval de Leyrit, gouverneur de Pondichery, et le conseil supérieur de la ville, d'avoir été cause de la reddition de cette ville aux anglais. M. de Leyrit était mort en 1764 avec la réputation d'un brave homme. M. Déprémesnil, son neveu, a voulu venger sa mémoire contre M. de Lalli-Tolendal : telle est la cause de l'écrit dont il est question dans cet article. L'arrêt du parlement de Dijon, qui a confirmé celui de Paris, ainsi que je le dis plus bas, l'a également confirmé dans ce qui regarde M. de Leyrit.

Il a publié plusieurs ouvrages de politique et de littérature qui sont estimés.

LANGLE. Voyage en Espagne (par M. le marquis de Langle), sixième édition, seule avouée par l'auteur. *Paris, Perlet et Lebour*, 1803, 1 *vol. in-*8.

Cet ouvrage, piquant par son originalité, quoiqu'il soit, dit un auteur, aussi dépourvu de style que de bon sens, a été condamné par le parlement de Paris à être brûlé en 1788. Il avait paru, dès 1785, sous le titre de *Voyage de Figaro en Espagne*, 2 vol. *in-*12. Cette flétrissure lui a donné de la vogue, et il en est à sa sixième édition. Voici le compte qu'ont rendu de cette condamnation les *Mémoires secrets* du temps : « Aujourd'hui 26 février 1788, le parlement de Paris a condamné le *Voyage en Espagne*, sans nom d'auteur ni d'imprimeur, à être lacéré et brûlé au pied du grand escalier du palais. Le nom de l'auteur, au reste, n'est pas un mystère ; on le nomme hautement, c'est le marquis de Langle ; tout le monde veut le voir et le connaitre. Beaucoup plus jeune que le comte de Mirabeau, moins instruit, mais plus gai, il a de commun avec lui d'avoir été persécuté par sa famille, et d'être resté exilé pendant deux ans dans une petite ville de province. » L'ouvrage de M. de Langle a été traduit en anglais, en allemand et en italien. Cependant des critiques ont dit que cette production se faisait lire avec le plus grand intérêt, mais qu'il n'en restait rien dans la mémoire après qu'on l'avait lu. D'autres ont parlé plus librement et de l'auteur et du livre. Un nouveau voyageur en Espagne prétend « que de Langle n'a fait qu'un roman ; qu'il n'est allé en Espagne que pour y bâtir des châteaux ; que ses jugemens sont aussi faux que ses faits; qu'il n'a vu ce pays qu'à travers le prisme de son impiété, et que, tout barbouillé d'idées révolutionnaires, il ne parle de politique qu'en illuminé, de tolérance qu'en énergumène, et d'humanité qu'en orateur de club. » Ce jugement est un peu dur, quoiqu'il soit fondé à bien des égards; mais il paraîtra bien doux, si on le compare à celui porté par Ebel, auteur des *Instructions pour un Voyageur qui se propose de parcourir la Suisse*, etc. Bâle, 1795, 2 vol. *in-12* De Langle est singulièrement maltraité dans cet ouvrage, au sujet de son *Tableau pittoresque de la Suisse*. Paris, 1790, *in-12*. Ce *Tableau* est presque entièrement le même livre que le *Voyage en Espagne*; l'auteur n'a fait que changer les noms des villes et un très-petit nombre de phrases; aussi Ebel attaque vigoureusement sa délicatesse, sa probité, ses principes philosophiques, son style, *etc*. Mais faisons connaître, par quelques citations, la manière d'écrire de M. de Langle. « En Espagne, dit-il, pour peu qu'un ouvrage soit un peu libre, on le brûle. Si jamais celui-ci passe les Pyrénées, il sera brûlé sans doute. Tant mieux : salut aux ouvrages qu'on brûle ! Le lecteur aime les livres qu'on brûle ; le libraire aussi, l'auteur aussi ; c'est son cordon bleu. » L'auteur, à l'article LÉGENDE, s'exprime ainsi : « Hume, qui félicitait le clergé anglican d'avoir purifié la légende britannique, eût trouvé bien des réformes à faire dans le calendrier espagnol. Ce calendrier fourmille de saints qu'aucun pays ne connaît.

» Si l'on en croit la plupart des habitans de Madrid, presque tous ont un bienheureux dans leur famille ; et je connais vingt femmes qui ont le bonheur inestimable d'être ou mères, ou sœurs, ou nièces d'un Saint.

» Benoît XIV répétait souvent : *qu'on n'accuse pas Rome d'ouvrir au plus offrant les barrières du ciel*. Rien pourtant ne coûte plus cher qu'une canonisation ; et cet argent, qui passe à Rome, qui reste à Rome, est pour le pape ou pour les siens.

» *Soyez honnêtes gens, jamais saints*, disait à ses enfans un oncle, à la mode de Bretagne, du cardinal Borromée; c'est la canonisation du cousin qui a ruiné la famille; c'est sa fureur de faire des miracles qui vous réduit à l'aumône.

» Depuis que les bourreaux payens ne peuplent plus les voûtes célestes; depuis la mort de Saint Bernard et de Paul l'hermite, depuis que des rois fainéans, des princes vagabonds ne vont plus chercher, sur le tombeau du Christ, des indulgences, des chiffons, des images et la peste, les canonisations sont devenues rares, et le fisc du paradis rapporte peu.

» Il n'y a pas six semaines cependant qu'on canonisa un dominicain de Tolède, pour être resté trente ans dans sa cellule, seul, absolument seul, sans sourire et sans parler.

» Telles sont les vertus que la cour de Rome place sur l'autel, tels sont les gens qu'elle ordonne d'invoquer; car, depuis l'invention du ciel, je défie qu'on me cite pour saint un homme aimable, un homme de bonne compagnie, que j'eusse avoué pour mon ami. » M. de Langle, qui est, comme l'on voit, un peu trop libre sur des choses qu'il aurait dû respecter, voudrait, qu'excepté la *Bible*, l'*Imitation de Jésus-Christ*, *Bourdaloue* et *Nicole*, on mît en pièce, et l'on jetât au feu tous les ouvrages religieux, tous les livres ascétiques; qu'on lût sans cesse, qu'on méditât sans cesse les *Œuvres de Rousseau*; alors, dit-il, on adorera Dieu, on aimera Dieu, on aimera les hommes. » Je ne sais pas si Rousseau aimait beaucoup les hommes; mais sa manière de vivre ne l'annonçait guère. M. de Langle, parlant de l'inquisition, dit : « L'effigie des victimes que l'inquisition s'est immolées depuis environ deux siècles, est suspendue dans les cathédrales et dans les principales paroisses ou convens. Les temples, en Espagne, sont remplis de ces épouvantables tableaux ; ce fut toujours, ce sont encore les sujets favoris de l'école espagnole. Quand on s'attend à voir sur le maître-autel, ou dans quelque chapelle latérale, ou dans la sacristie, *Sainte Thérèse*, *la Magdeleine*, *les Noces de Cana*, ou quelqu'autre chef-d'œuvre de Raphaël, de Luc Jourdain, *etc.* on voit un bûcher, des bourreaux, une jeune fille, un vieillard, une famille toute entière marcher au bûcher et expirer dans les flammes.

Le nom de ces malheureux est tracé au bas de chaque tableau. On y lit des noms connus, des noms célèbres, des noms qui honorèrent l'Espagne durant ses beaux jours et durant ses rêves d'ambition et d'orgueil...... Dans je ne sais quelle église de Burgos, j'ai craché trois fois sur un de ces tableaux. Le chanoine, ou plutôt le moine Marsollier, auteur de la *Vie du Cardinal Ximenès*, de celle de *Henri VIII* et d'un *Panégyrique de Louis XII*, s'est amusé à faire l'*Histoire de l'Inquisition* ; mais sa plume, amie du saint office, a dénaturé tous les faits : ce prêtre, pensionné par la cour de Madrid, et payé pour mentir, a menti. Jamais l'inquisition ne s'immola de victime plus intéressante que Cornelia Borhorquia, fille unique du marquis de Borhorquia, capitaine général de l'Andalousie, puis vice-roi du Pérou. Jamais assassinat plus révoltant n'a souillé les pages de l'Histoire. Rien n'égalait la beauté de Borhorquia ; l'archevêque de Séville la vit, en devint éperdument amoureux, la fit enlever et voulut...... Borhorquia, furieuse, veut le poignarder ; et, de rage, ce monstre la livre au tribunal du saint office : elle est condamnée et brûlée comme athée. Borhorquia invoqua Dieu jusqu'au dernier soupir. Elle criait, du milieu des flammes, en fixant le ciel : *Dieu est là ; il me voit ; il m'appelle ; il me tend les bras.* C'est le bourreau qui l'a entendue ; c'est le bourreau qui l'a dit. Henri IV, qui vécut adoré, qui fut pendant son règne l'honneur et la gloire de la monarchie française, Henri IV, l'objet de l'amour, de l'admiration des siècles, a été assassiné; et Torquemada, inventeur de l'inquisition, est mort paisiblement dans son lit! Quand on songe à ce Torquemada; quand on pense à ses forfaits et qu'on lit son histoire, on se demande avec étonnement si l'Espagne n'avait pas, de son temps, des gibets, des bourreaux, ou quelques bras assez hardis pour le poignarder. Au reste, chargé de la haine et du mépris des nations, Torquemada, en dépit de lui, et malgré lui est immortel. Voyez s'avancer, à travers les siècles, un moine au front sinistre, au regard furieux, une torche à la main, et laissant derrière lui des tourbillons de flammes et des traces de sang; c'est...... c'est TORQUEMADA. » M. de Langle ajoute en note : « Ce Torquemada se vantait d'avoir fait brûler plus de quatre-vingt mille hérétiques dans l'espace de trente ans. Quand Chaulieu a dit :

Ce doux inquisiteur, le crucifix en main,
Au feu, par charité, fait jeter son prochain.

Chaulieu peignait Torquemada.

C'est aussi Torquemada qui inspirait à l'auteur de la *Henriade* ces vers que tout le monde sait par cœur :

...... Ce sanglant tribunal,
Ce monument affreux du pouvoir monacal,
Que l'Espagne a reçu, mais qu'elle-même abhorre,
Qui venge les autels, et qui les déshonore;
Qui, tout couvert de sang, de flammes entouré,
Egorge les mortels avec un fer sacré.

Au sujet des jugemens de l'inquisition, l'auteur annonce « Qu'en dépit du moine jacobin, Macanaz, qui publia, il y a vingt ans, un écrit très-volumineux, sous le titre d'*Eloge de l'Inquisition*, l'adoucissement des mœurs et les principes de philantropie connus de la dynastie régnante, promettent à l'Espagne l'abolition totale des *auto-da-fé*, le licenciement de la Sainte-Hermandad et la démolition absolue des cachots du saint office.

» Ce bienheureux jour se fait attendre : l'inquisition va son train ; elle procède, elle condamne, si ce n'est pas au feu, c'est au fouet, c'est à la réclusion. Les villes de Tolède, de Valence, de Valladolid, en offrent des exemples récens. Rien au monde de plus inique et de plus odieusement mystérieux, que le mode des jugemens rendus par le saint office. La page la plus sanglante du code noir et ces sentences prononcées à huis clos, sans témoins et sans examen contre les malheureux ilotes, ne présentent pas dans leur ensemble autant de férocité.

» Le malheureux condamné par le saint office, ou à la réclusion, ou au feu, ignore toujours pourquoi on l'enferme, ou pourquoi on le brûle ; jamais la sentence n'est motivée. Semblables aux muets du grand-seigneur, les inquisiteurs vous condamnent et vous tuent sans vous parler. » Finissons ces citations par ce que M. de Langle dit des *auto-da-fé*. « Ce spectacle, qui, sous Philippe II, Philippe III, était presque journalier, est devenu très-rare depuis un siècle. Quelquefois néanmoins, pour égayer le peuple, pour appeler sur le souverain les bénédictions du ciel, pour obtenir du Très-Haut de la pluie ou du beau temps, on brûle quelques sorciers.

Il y a deux ans qu'on brûla à Séville une femme jeune et belle, *convaincue* d'aimer le diable, de coucher avec lui, et de savoir l'avenir par cœur. Il y a six mois qu'un tailleur de Cordoue, aussi sorcier, mais plus heureux, en fut quitte pour la détention et pour les étrivières.

« C'est dans une salle attenante au couvent du saint office, que s'instruit le procès et que la sentence est prononcée. Une place est exclusivement consacrée aux exécutions ordonnées par ce tribunal. C'est à l'issue d'un sermon qu'on traine le criminel sur cette place pour entendre la messe, demander pardon à Dieu, au roi, au saint office, et pour être brûlé. On dresse, à cet effet, un autel, un bûcher; *ite missa est* sert de signal pour jeter ce malheureux dans le feu; on asperge le bûcher, le patient; on chante le *miserere*; à chaque verset, on arrange les tisons, on retourne le cadavre. Vingt mille ames, plus ou moins, sont là qui frémissent, qui regardent; et le saint office s'en retourne en chantant. »

LANGUET. Vindiciæ contra tyrannos, sive de principis in populum, populique in principem legitimâ potestate. Auctore Stephano Junio Bruto (Huberto Langueto), *Edimburgi*, 1579, *in*-8.

Cet ouvrage, dont la matière est intéressante et délicate, est attribué à Hubert Languet : il y en a eu plusieurs éditions latines, dont la plus estimée est celle-ci. Il a été traduit en français par François Etienne, à ce que l'on croit, sous ce titre : *De la puissance légitime du Prince sur le Peuple, et du Peuple sur le Prince*, 1581, *in*-8 de 264 *pages*. Les personnes instruites savent que ce livre a fait beaucoup de bruit dans son temps et a été supprimé, ce qui a causé la rareté des exemplaires de cette traduction française, la seule qui en ait été faite; aussi la recherche-t-on avec empressement. Cette production est celle d'un ardent républicain, qui, en traitant du pouvoir du prince sur le peuple et du peuple sur le prince, penche toujours pour le peuple. Elle avait été attribuée à François Hotman, auteur du *Brutum fulmen*, écrit en faveur du roi de Navarre, excommunié à Rome, et du *Franco-Gallia*, 1573, *in-8*, dans lequel cet écrivain dit : « Que le royaume de France n'est point successif, comme sont les héritages des particuliers ; et qu'autrefois on ne venait à la couronne que par les suffrages de la noblesse et du peuple ; si bien que, comme anciennement, le pouvoir et l'autorité d'élire les rois appartenaient aux états du royaume et à toute la nation assemblée en corps ; aussi était-ce les états qui les déposaient du gouvernement. » Là-dessus il apporte les exemples de Philippe-de-Valois, de Jean, de Charles V, de Charles VI et de Louis XI ; mais il s'attache principalement à démontrer *comme, de tout temps, on a jugé que les femmes étaient incapables de la royauté, on doit aussi les exclure de toute charge et administration publique.* » Ce passage est tiré des additions aux éloges de M. de Thou. Je crois que le dernier article de ce passage, relatif à la nécessité d'exclure les femmes du droit de régner, a fait attribuer à Hotman un Traité, dont le titre singulier est *De regno vulvarum*, et dont la réalité est un problème. Ce Traité pourrait bien se réduire à une épigramme qui a couru en 1561, époque à laquelle la plupart des états de l'Europe étaient administrés par des femmes. La voici telle qu'elle est rapportée dans le *Dictionnaire* de Bayle :

Vulva regit Scotos (1), hæres tenet (2) illa Britannos,
Flandros et Batavos, nunc Notha vulva (3) regit.

---

(1) Marie Stuart.
(2) Elisabeth d'Angleterre.
(3) Marguerite, fille naturelle de l'empereur Charles V, duchesse de Parme.

Vulva regit populos quos signat Gallia-Portu (1);
Et fortes Gallos itala vulva regit (2).
His furiam furiis, vulvam conjungite vulvis,
Sic natura capax omnia regna capit.
Ad medicem (3) artem incertam Gallia saucia tendit (4).
Non uti medicis est medicina tibi.
Non credas medicis, vena qui sanguinis hausta
Conantur vires debilitare tuas.
Ut regi matrique suæ sis fida deoque,
Utere consilio Gallia docta meo,
Et pacem tu inter proceres non ponito bellum,
Hospita (5) lis artus rodit agitque tuos.

Je pense que le Traité *De regno vulvarum* n'a jamais existé. Hubert Languet, né en 1518, est mort en 1581, et François Hotman, né à Paris en 1524, est mort à Bâle en 1590.

LANJUINAIS. Le monarque accompli, *ou Prodiges de bonté, de savoir et de sagesse, qui font l'éloge de Sa Majesté impériale Joseph II, et qui rendent cet auguste monarque si précieux à l'humanité, discutés au tribunal de la raison et de l'équité, par M. Lanjuinais, principal du Collége de Moudon. Lausanne, Jean-Pierre Heubach, 1774, 3 vol. in-8.*

Cet ouvrage a été condamné à être brûlé par arrêt du

---

(1) Catherine d'Autriche, sœur de Charles V, veuve de Jean III, roi de Portugal, et régente pendant la minorité de Sébastien, son fils.
(2) Catherine de Médicis.
(3) *Medicam.*
(4) *Tendis.*
(5) Allusion sur le nom du chancelier de l'Hôpital, à qui Catherine de Médicis était principalement obligée de la régence.

parlement de Paris en 1776. L'avocat général Seguier a reproché à l'auteur d'avoir prêché la sédition, la guerre civile, la vengeance contre les tyrans, et de mettre ses projets sanguinaires dans la bouche de sa majesté impériale. En conséquence le livre a été proscrit comme séditieux, tendant à la révolte et à soulever les esprits contre toute autorité légitime, attentatoire à la souveraineté des rois, et destructive de toute subordination, en cherchant à anéantir dans les cœurs des peuples les sentimens d'obéissance, de respect et d'amour qu'ils doivent à leurs souverains. M. de Lanjuinais, principal du collége de Moudon en Suisse, était d'abord ecclésiastique : il a quitté la religion catholique pour la réformée.

LAS - CASAS. D. Bartholomæi de Las - Casas, Episcopi Chiapensis, viri in omni doctrinarum genere exercitatissimi, erudita et elegans explicatio quæstionis : *Utrùm reges vel principes jure aliquo vel titulo, et salvâ conscientiâ, cives ac subditos à regiâ coronâ alienare, et alterius Domini particularis ditioni subjicere possint? antehàc nunquam ab ullo doctorum ita luculenter tractata.* Adtinguntur ibi passim, vera politices imperiorum, ac juris imperandi, eaque fundamenta, ex quibus omnes ferè circa potestatem legibus solutam, majestatemque realem occurentes quæstiones operâ facillimâ decidi possunt. *Edita quondàm curâ et studio Wolfgangi Griestetteri ; nunc verò multo correctiùs recusa, curante Jacobo Kyl-*

lingero, J. C. et inclutæ reip. *Nordlingensis consiliario*, etc. Accessit Tractatus Guillelmi de Monserrat de successione regum et precipuè Galliæ. (Editus verò à Christophoro Besoldo) *Tubingæ ex officinâ typographicâ Eberhardi Wildii, anno 1625, petit in-4.*

Cet ouvrage du vertueux Las-Casas a été supprimé avec la plus grande exactitude, à cause de certains articles où l'auteur touche de trop près des points délicats, en réglant les droits des princes souverains envers leurs peuples et leurs sujets. Ceux qui désireront des détails bibliographiques sur ce livre, les trouveront dans la *Bibliographie instructive* de Debure, n.° 1355. Nous nous contenterons de dire qu'il a été imprimé deux fois en Allemagne, et que les deux éditions sont aussi rares l'une que l'autre, ayant été supprimées avec la même exactitude.

LAU. Meditationes philosophicæ de Deo, mundo et homine. (Auctore Theodoro-Ludovico Lau.) *Francofurti, 1717, in-8.*

Ce livre a été proscrit à juste titre ; c'est un recueil des plus impies : l'auteur y dit (paragraphe IV) : *Deus est materia simplex, ego modificata...... Deus oceanus, ego fluvius..... Deus terra, ego gleba........* On doit encore au même Lau un ouvrage plus fort que le précédent, et qui a paru sous ce titre : *Meditationes, Dubia Philosophico-theologica, placidæ eruditorum disquisitioni Religioni cujus-vis et nationis, in magno mundi auditorio submissa à veritatis electicæ amico.* Freystadii (Francofurti ad Mænum), 1719, *in-8.* Ce fameux spinosiste s'est rétracté de ses erreurs avant de mourir. On trouve sa confession de foi dans différens ouvrages.

LEMNIUS. *Simonis Lemnii Epigrammatum*, Libri II. *Vitembergæ*, 1538, *in-8.*

Ces Epigrammes très-satyriques sont dirigées contre Luther et contre les autres professeurs witembourgeois; l'électeur de Saxe et beaucoup d'autres personnes n'y sont pas ménagés. L'auteur fut obligé de fuir de Wirtemberg. Le sénat de cette ville l'ayant cité à comparaitre, mais en vain, le bannissement fut prononcé, et tous les exemplaires de son ouvrage que l'on put découvrir furent condamnés au feu. Un auteur a ainsi caractérisé les Epigrammes de Lemnius : *Maledici versus pleni mendaciorum et calumniarum, in quibus partim eos, qui præsunt, seditiose et falso criminatur, partim alios intolerabili afficit injuriâ.*

LENGLET DUFRESNOY. Mémoires de Condé: nouvelle édition, augmentée de plusieurs pièces, avec des notes historiques, par Denys-François Secousse, et d'un Supplément qui contient la légende du Cardinal de Lorraine, celle de Claude de Guise, l'apologie et le procès de Jean Chatel, *etc.*, par l'Abbé Lenglet Dufresnoy. *Paris*, 1743, 6 *vol. in-*4.

Le tome VI a été supprimé par ordre des magistrats, à cause des pièces satyriques qu'il renferme. Il forme le supplément de ces *Mémoires*, et a été rédigé par Lenglet Dufresnoy, ce qui lui a valu un assez long séjour à la Bastille. Il y a été mis dix à douze fois dans le cours de sa vie, pour différens ouvrages dans lesquels il s'exprimait avec une liberté excessive; c'est ce qui lui occasionnait tant de querelles avec les censeurs de ses manuscrits; il ne pouvait souffrir qu'on lui retranchât une seule phrase ; et s'il arrivait que l'on rayât quelqu'endroit auquel il fût attaché, il le rétablissait à l'impression. La cinquième édition de sa *Méthode pour étudier l'Histoire*, 1729, 4 *vol. in-*4, et le *Supplément*, 1740, 2 *vol. in-*4, a attiré l'attention du ministère qui y fit mettre un grand nombre de cartons. Le Recueil des morceaux supprimés forme un *in-*4 qui se vendait sous le manteau. (Voyez le *Catalogue de la Vallière*, n.° 4467.) Nicolas Lenglet Dufresnoy, né à Beauvais en 1674, est mort à Paris, d'une manière funeste, en tombant dans son feu, le 16 janvier 1755. Il a composé un très-grand nombre d'ouvrages, dont la plupart sont très-estimés. Je n'en donnerai pas ici la liste ; mais on la trouvera très-détaillée dans les *Mémoires pour servir à l'Histoire de la vie et des ouvrages de l'Abbé Lenglet Dufresnoy*, par M. Michaud, de Dijon, 1761, *in-*12. Ces *Mémoires*, qui sont très-curieux, renferment, non-seulement la liste des ouvrages imprimés, mais encore celle de ceux qui sont restés manuscrits.

LENOIR. Recueil de Requêtes et de Factums, composés par Jean Lenoir, Chanoine et Théologal de Séez, *in fol.*

Ce Recueil, et d'autres ouvrages de Lenoir, dans lequel on trouve une éloquence impétueuse et une grande connaissance du droit, renferme des pièces qui ont été fatales à leur auteur. Il a été condamné, le 24 avril 1684, à faire amende honorable devant l'église Notre-Dame, à Paris, et aux galères à perpétuité. On fit courir à ce sujet une *Complainte latine*, dans laquelle on disait que cet écrivain était *noir* de nom, mais blanc par ses vertus et par son caractère. La peine des galères fut commuée contre celle de la prison qu'il a subie, tant à Saint-Malo qu'à Brest, et à Nantes, où il est mort le 22 avril 1692. Son *Hérésie de la domination épiscopale que l'on établit en France*, in-12, son *Evêque de Cour*, in-12; sa *Protestation contre les Assemblées du Clergé de* 1681, in-4, etc., n'ont pas peu contribué à ses malheurs. Il a laissé en manuscrit un écrit contre le *Catéchisme* de Séez, qui est curieux. Cet ouvrage, publié par le sieur Enquessen, sous le titre de *Catéchisme champêtre*, est singulier, si, comme on l'assure, il y est dit : « Qu'il y a quatre personnes divines qui doivent être l'objet de la dévotion des fidèles ; savoir, Jésus-Christ, Saint Joseph, Sainte Anne et Saint Joachim ; ..... que notre Seigneur est dans le Saint Sacrement de l'autel, comme un poulet dans la coque d'un œuf. » Quelles trivialités ! Ce *Catéchisme* fut dénoncé à l'évêque de Séez par Lenoir ; l'évêque ne tint aucun compte de cette dénonciation, et Lenoir accusa juridiquement l'évêque de favoriser des erreurs ; il présenta même requête au roi à ce sujet, et publia plusieurs écrits contre le corps épiscopal, dans lesquels il franchit les bornes de la modération. Voilà la source des persécutions et des malheurs dont il a été la victime.

LESSIUS. De justitiâ et jure Libri IV, auctore Leonardo Lessio. *Lugduni*, 1622, *in-fol.*

Cet ouvrage a été proscrit par plusieurs parlemens, parce que l'auteur y a inséré quelques propositions qui ont choqué les idées reçues en France. Le *De potestate summi Pontificis* du même auteur a également été condamné par quelques parlemens, comme accordant au souverain pontife une autorité trop grande sur les puissances temporelles. Selon l'auteur, le pape est le roi des rois, et il a le droit de les déposer à son gré. Le jésuite Léonard Lessius eut de fortes querelles avec les jacobins au sujet de la grâce. Voici comment les auteurs de la dernière édition du *Dictionnaire historique* en parlent : « La doctrine de Saint Thomas sur la grâce avait été recommandée par Saint Ignace à ses enfans : *Lessius* ne la goûtait pas ; et malgré les conseils de son fondateur, il fit soutenir, de concert avec *Hamélius*, son confrère, en 1586, des *Thèses* qui étaient entièrement opposées aux sentimens de l'ANGE de l'école. La faculté de théologie de Louvain alarmée censura, en 1588, trente-quatre *propositions* tirées des thèses de *Lessius*. Elle crut voir que le jésuite, en combattant le *baïanisme*, s'était jeté dans le *sémi-pélagianisme*. L'université de Douay se joignit à celle de Louvain ; et une partie des Pays-bas s'éleva contre la nouvelle doctrine. Cette dispute fut portée à Rome sous *Sixte V*, qui ne trouva pas les propositions de *Lessius* dignes de censure. Ce jésuite fit déclarer pour lui les universités de Mayence, de Trèves et d'Ingolstad ; et mourut à Louvain le 15 janvier 1623, à soixante-neuf ans, regardé dans sa compagnie comme le vainqueur des thomistes. On a prétendu que ses confrères firent enchâsser dans un reliquaire le doigt avec lequel il avait écrit ses ouvrages sur la grâce. On ajoute même qu'ils voulurent s'en servir pour chasser le diable du corps d'une possédée ; et que ce doigt, qui avait fait trembler les jacobins, ne put rien sur les démons. »

LETI. Teatro Britannico, ò verò Istoria della Grande-Britannia. (Par Gregoire Leti.) *Amsterdam*, 1684, 5 *vol. in-*12.

Cet ouvrage, qui avait d'abord été imprimé à Londres, en 2 vol. *in*-4, est écrit avec beaucoup de licence ; ce qui n'avait point empêché l'auteur de le présenter à Charles II, qui l'aimait, et qui même lui avait fait précédemment une pension de mille écus, et lui avait promis la place d'historiographe. Ce roi avait même très-bien accueilli cette Histoire ; mais les traits hardis que l'on découvrit dans ce livre par la suite le firent supprimer et firent donner le congé à l'auteur. C'est à cette occasion qu'un seigneur anglais lui dit : « Leti, vous avez fait une histoire pour les autres et non pour vous ; il fallait au contraire la faire pour vous, sans vous embarrasser des autres. » Leti a composé un très-grand nombre d'ouvrages ; entre autres, *le Syndicat d'Alexandre VII avec son Voyage en l'autre monde*, 1669, in-12. C'est une satyre emportée, comme beaucoup d'autres, que l'on doit à l'humeur querelleuse de cet écrivain, dont la plume, tantôt flatteuse et tantôt passionnée, est souvent souillée par des injures, par des mensonges et par des inexactitudes. Son style est cependant assez vif, mais diffus, mordant, hérissé de réflexions pédantesques et parfois dangereuses. Comme historien, il s'attache plus aux faits extraordinaires qu'à la vérité. On le regarde comme le Varillas de l'Italie. Gregoire Leti, né à Milan en 1630, est mort à Amsterdam en 1701.

LETTRE. Lettre de sept Evêques à notre Saint Père le Pape Innocent XIII, au sujet de la Bulle *Unigenitus*, datée du 19 juin 1721, *in-4.*

Cette Lettre a été supprimée par un arrêt du conseil, du 19 avril 1722, « comme téméraire, calomnieuse, injurieuse à la mémoire du feu pape (Clément XI), au saint siège, aux évêques et à l'église de France, contraire à l'affermissement de la paix de l'église et aux déclarations de 1714 et 1720, attentatoire à l'autorité royale, séditieuse et tendante à la révolte. » Elle a été flétrie à Rome le 8 janvier 1722 par un décret de l'inquisition, rendu en présence du pape, portant : *Damnamus ut .... injuriosam quam plurimis episcopis catholicis et praesulibus Galliae, et sedi apostolicae, et uti secundùm se totam schismaticam, et spiritu haeretico plenam.* Les sept évêques qui ont souscrit cette lettre, sont François de la Salle, ancien évêque de Tournon; J. B. de Verthamont, évêque de Pamiers; Jean Soanen, évêque de Senez; de Torcy, évêque de Montpellier; de Langle, évêque de Boulogne; de Caylus, évêque d'Auxerre, et Michel Tilladet, évêque de Mâcon.

Ces évêques écrivirent au roi une *Lettre au sujet de l'arrêt ci-dessus du* 19 avril 1722: cette Lettre, datée de juillet 1722, éprouva le même sort que la précédente; elle fut supprimée par un autre arrêt du conseil du 19 décembre 1723.

LETTRE. Lettre pastorale de M. de Montpellier, au sujet du miracle de l'hémerroïsse arrivé à Paris. 1725, *in-4*.

On porte le saint Sacrement à une femme malade; cette femme guérit; on regarde cela comme un miracle. Mais M. Goy, curé de Sainte Marguerite, qui avait porté le saint Sacrement, était appelant de la bulle *Unigenitus*. Aussitôt on crie que le miracle a été fait en faveur de la cause des appelans. C'est à ce sujet qu'a paru la Lettre ci-dessus du 20 octobre 1725, qui a été supprimée par arrêt du parlement de Paris, du 15 avril 1726. Cet arrêt porte que : « Sous prétexte de célébrer le miracle que le bras tout-puissant de Dieu vient d'opérer sous nos yeux, on entreprend de pénétrer dans les secrets impénétrables de la Providence; on ne se contente pas de l'employer contre les excès les plus énormes, condamnables par eux-mêmes, on s'en fait un argument de parti, et une vaine idée de triomphe. » Une autre Lettre du même évêque, du 1.er décembre 1725, a été foudroyée par le même arrêt, qui porte : « Qu'on oublie ce que l'autorité royale a fait de plus solemnel, soit au sujet du formulaire, soit sur la constitution *Unigenitus*. On s'élève contre la constitution, et il semble qu'on se fasse un devoir de la combattre. On applaudit, dans cette vue, jusqu'aux écrits les plus outrés, qui sont moins une apologie du scandale qu'a causé la fuite de quelques religieux sortis du royaume, qu'une déclamation contre la constitution *Unigenitus*. » Voici comme le père Colonia s'exprime sur la fuite de ces religieux, en rendant compte de *l'appel de la bulle* UNIGENITUS *par quinze chartreux du couvent de Paris*. « Le jansénisme s'étant glissé dans cette maison, on engagea quinze chartreux à se déclarer pour les appelans. Ils ne le firent pas impunément ; quelques-uns furent interdits et les autres excommuniés par le chapitre général. Mais la séduction ne fit qu'augmenter. Vingt-six chartreux sautèrent de nuit les murailles de leur couvent, trouvèrent des chevaux tout prêts avec des habits de cavaliers et des gens pour les conduire, et se retirèrent en Hollande, aux environs de la ville d'Utrecht. Le père général n'en fut pas plutôt informé, qu'il les exhorta, par des lettres paternelles, à revenir, et leur promit, à ce prix, le pardon et une entière impunité. Quelques-uns, en petit nombre, revinrent à résipiscence : les autres s'endurcirent et sont demeurés dans leur double apostasie. Peu de temps après, quinze religieux d'Orval suivirent l'exemple des chartreux, et allèrent les joindre auprès d'Utrecht. Le tour des religieuses est venu ensuite, et l'évasion scandaleuse de plusieurs filles, tant carmélites, que de Fontevrault, de l'Hôtel-Dieu de Paris et de celui de Reims, a fait comprendre que le libertinage étoit presque toujours la cause ou l'effet de l'hérésie. » On reconnaît bien là le style et l'acrimonie de l'auteur du *Dictionnaire des livres jansénistes*.

LETTRE. Lettre à un Prêtre de l'Oratoire, au sujet de l'assemblée de cette Congrégation, indiquée au 12 juin 1733.

« Cet écrit, dit le père Colonia, a été supprimé par arrêt du conseil, du premier juin 1733, comme un libelle qui porte avec lui tous les caractères d'un ouvrage séditieux, et dont l'auteur s'élève avec témérité contre la déclaration du 4 août 1720, au sujet de la constitution *Unigenitus*. »

LETTRE. Lettre sur le nouveau Breviaire de Paris, imprimé en 1736, datée du 26 mars de la même année, *onze pages* in-4.

Cette Lettre a été condamnée à être brûlée par arrêt du parlement de Paris, le 8 janvier 1737. Elle contient les accusations les plus ridicules contre les auteurs du nouveau Breviaire de Paris, et particulièrement contre M. Cossin, que l'archevêque de Paris avait chargé de retoucher le style un peu suranné de quelques hymnes. L'arrêt du parlement n'arrêta pas les ennemis de ce savant professeur; et il parut, sur le même sujet, deux nouvelles Lettres qui ne restèrent pas sans réponse, mais qui sont totalement oubliées. Je dois la connaissance de cette brochure condamnée à M. Ch. Weiss.

LETTRE. Lettre d'un Chevalier de Malthe à M. l'Evêque de..... (1764), *in-12 de 62 pag.*

Cette lettre, relative aux jésuites, a été brûlée par arrêt

de plusieurs parlemens. On l'attribue au père Patouillet ; elle est écrite avec beaucoup de chaleur. « C'est, dit Bachaumont, l'écrit le plus fougueux et le plus fanatique qui ait paru (contre la destruction des jésuites) : il respire la vengeance par les voies les plus odieuses et les plus criminelles.» (Voyez les *Mémoires secrets*, tome 11, page 120.)

LINGUET. Histoire impartiale des Jésuites, depuis leur établissement jusqu'à leur première expulsion. (Par Linguet.) 1768, 2 *vol. in*-12.

Cet ouvrage a été brûlé par arrêt du parlement de Paris, du 29 janvier 1768. On reproche à l'auteur d'avoir émis des maximes dangereuses, des principes erronés, et de déclamer indécemment contre les ordres monastiques. « Linguet, dit un biographe instruit, obtint au barreau de l'éclat et des contradictions, de la renommée et des revers : il mérita les uns et les autres par la hardiesse de son caractère, un esprit novateur, l'art de maîtriser la multitude en paraissant la mépriser ; des connaissances littéraires supérieures à celles de ses auditeurs ; une diction vive et pétillante qui lui attira des admirateurs et un plus grand nombre d'ennemis. » Les productions de cet écrivain original sont en grand nombre, et la plupart lui ont attiré des désagrémens assez graves. Dans la carrière du barreau, il a vu supprimer plusieurs de ses *Mémoires*. Celui pour le duc d'Aiguillon a été brûlé par arrêt du parlement de Rennes du 14 août 1770. La *Réponse* des états de Bretagne à ce *Mémoire* a été proscrite par arrêt du conseil du 2 janvier 1771. Linguet a donné des *Observations* sur cette *Réponse* qui ont été condamnées par arrêt du parlement de Rennes du 27 juillet 1771. En 1772, l'avocat général Vaucresson, donnant ses conclusions dans l'affaire de M. de Bombelles, fit une sortie vigoureuse contre Linguet. « Il exhorte les jeunes orateurs à ne le point prendre pour modèle, soit dans son peu de délicatesse à présenter comme vrais des faits faux, soit dans son art dangereux de couvrir tout de ses sarcasmes, et de travestir en satyres des plaidoyers faits pour défendre l'innocence ou atténuer le crime, soit enfin dans son audace effrénée à faire des apostrophes indécentes au public, comme pour s'en faire un rempart et forcer les suffrages des juges. » La plupart de ces griefs étaient fondés ; et Linguet, s'étant mis dans le cas de les mériter encore par la suite, fut rayé du tableau des avocats par arrêt du parlement. Dès-lors il se jeta dans la littérature, composa un *Journal politique et littéraire* commencé en 1774, et qui fut supprimé en 1776. Ses *Annales politiques, civiles et littéraires*, commencées en 1777, furent interrompues et le firent enfermer à la Bastille en 1779 : il y resta long-temps ; il s'évada, s'expatria et continua ses *Annales*, qui furent dénoncées au parlement par M. d'Eprémenil. Voici comme les *Mémoires secrets* rendent compte de cette dénonciation. « M. d'Eprémenil commence par un exorde oratoire, où il cherche à éloigner de lui la mauvaise opinion que semble faire naître d'abord le rôle de dénonciateur, surtout à l'égard d'un homme fugitif, expatrié, et que son malheur semblerait devoir rendre respectable et sacré. Il entre ensuite en matière ; et, après un historique de ce qu'a précédé l'évasion du journaliste, il en vient aux *Annales*, dans lesquelles il distingue cinq objets : les particuliers, la constitution française, la magistrature, les souverains, les peuples. Il suit l'auteur sur chacun de ces articles, et le prenant toujours par ses propres paroles, par ses écrits, dont il cite d'amples fragmens, il le convainc d'avoir, dans ses *Annales* destructives de tous les droits de l'homme :

Erigé la force en véritable droit.

Fondé toutes les couronnes sur des titres de sang.

Soutenu que les rois sont propriétaires des biens et des personnes de leurs sujets.

Soutenu qu'entre les rois et les sujets, le ciel s'explique par des victoires.

Traité la magistrature française de corps de séditieux, inconséquent, et ses remontrances de déclamations monotones, pédantesques et incendiaires.

Insulté tous les tribunaux français par des accusations continuelles d'inconséquence, d'oppression, de meurtre.

Fait de la banqueroute publique un droit de la couronne, un devoir de chaque nouveau roi.

Outragé le barreau, travaillé à semer la division dans le sein de la cour.

Et tout cela, non dans un passage, dans un article, dans une feuille, mais dans les volumes de ses *Annales*, qui forment un corps de doctrine médité, suivi, combiné, développé, dans la vue de prêcher aux souverains le despotisme, aux peuples la révolte, au genre humain la servitude, aux français la haine de leurs lois et de leurs juges ; ce qui tend à détruire les principes fondamentaux de la société, les règles générales de tout bon gouvernement, les maximes constitutives de la monarchie française, les droits et l'influence des corps dépositaires et gardiens de ces maximes ; en un mot, à compromettre les personnes mêmes de tous les souverains, et la tranquillité de tous les peuples. » Les *Annales* furent encore interrompues et reprises pour quelque temps, en 1790. Linguet publia en 1774 sa *Théorie des Lois*, qui augmenta sa réputation et le nombre de ses détracteurs par les opinions singulières qu'on y trouve, par une opposition constante aux idées reçues, par la critique de Montesquieu, par l'apologie du despotisme, et par le tableau du bonheur de ceux qui vivent dans la servitude. Son *Essai philosophique sur le monachisme*, 1776, *in*-8, a été proscrit. Sa *Cacomonade* (1) a mérité le même sort. Linguet était fort pour le paradoxe. Je ne sais dans lequel de ses ouvrages il soutient que le pain est un poison; que les gouvernemens de l'Asie, si monstrueux par leur despotisme atroce, sont préférables à ceux de l'Europe, *etc*. Simon-Nicolas-Henri Linguet, né à Reims le 14 juillet 1736, a été condamné à mort, par le tribunal révolutionnaire, le 9 messidor an 2 (27 juin 1794), un mois avant Robespierre. Le prétexte de sa condamnation, fut qu'il avait encensé, dans ses écrits, les despotes de Vienne et de Londres.

L'ISLE. Lettre de l'abbé de L'Isle sur les Miracles de M. Pâris. 1731—1732, *in* 4.

Ces Lettres sont au nombre de trois. La première est relative aux affaires du jansénisme, dont l'auteur est partisan. Les deux autres ont été flétries et supprimées par arrêt du conseil du 24 avril 1737, et un exemplaire a été lacéré et brûlé sur la place du parvis de l'église Notre-Dame, à Paris, par l'exécuteur de la haute-justice. « On trouve dans cet ouvrage, dit l'arrêt, tous les caractères des libelles diffamatoires et séditieux, soit par la licence et la malignité avec laquelle l'archevêque de Paris y est attaqué témérairement, sans aucun respect ni pour sa personne ni pour sa dignité, soit par les traits artificieux que

---

(1) Ce mot vient de *cacos*, mauvais, malfaisant, cuisant, et de *monade*, mot emprunté du système de Leibnitz, et qui exprime à peu près la même chose que *molécule* dans Buffon. Linguet, sous le mot de *cacomonade*, désigne cette honteuse maladie, fruit du libertinage, qui attaque les sources de la génération, et qui ne laisse à ceux qui en sont atteints que l'espoir de traîner une vie languissante, si une mort cruelle ne met d'abord fin à leurs maux.

l'auteur de ce libelle y a semés pour révolter les inférieurs contre les supérieurs.

LISZINSKI. Manuscripta atheistica.

Cazimir Liszinski a été brûlé vif, le 30 mars 1689, comme athée, et ses cendres, mises dans un canon au lieu de boulet, ont été dispersées dans les airs. Ce gentilhomme polonais a été accusé d'athéisme à la diète de Grodno, en 1688, par l'évêque de Postdam. Sa condamnation eut pour base des écrits trouvés chez lui, dans lesquels il avançait plusieurs propositions criminelles, entre autres celles-ci : « Dieu n'est pas le créateur de l'homme ; mais c'est l'homme qui est le créateur d'un Dieu tiré du néant. » Ces écrits renferment encore plusieurs autres extravagances du même genre. L'auteur crut s'excuser, en disant qu'il ne les avait mises par écrit que pour les réfuter ; mais ses excuses ne purent le sauver, et il fut condamné à périr sur le bûcher.

LIVRES BRULÉS. Des Livres qui ont été condamnés au feu, sans être nominativement désignés.

Quoique l'ouvrage que nous publions soit spécialement consacré aux livres condamnés au feu, supprimés ou censurés nominativement, nous regarderions comme une omission impardonnable de ne point parler des bibliothèques ou des collections de livres qui ont été livrées aux flammes par ordre de quelques souverains, sans distinction d'ouvrages. Nous en dirons donc un mot, en commençant par la bibliothèque qui était conservée dans le temple de Jérusalem.

Cette collection, plus estimable par sa valeur intrinsèque

que par le nombre des volumes, a été brûlée par ordre d'Antiochus, ainsi qu'on le lit dans le premier chapitre du premier livre des Macchabées, v. 59. « *Et libros legis combusserunt igni; scindentes eos : 60. Et apud quemcumque inveniebantur libri Testamenti Domini, et quicumque observabat legem Domini, secundùm edictum regis trucidabant eum.* » Cet évènement eut lieu vers les commencemens du 6.ᵉ siècle avant Jésus-Christ.

Les fameux livres sibyllins des Romains furent brûlés lors de l'incendie du Capitole, l'an 671 de Rome, sous la dictature de Sylla. Les nouveaux livres sibyllins qui succédèrent aux premiers, furent déposés dans le temple d'Apollon Palatin jusqu'en 363 de J.-C., époque à laquelle le feu consuma ce temple. On les transporta ailleurs; et Stilicon les fit jeter au feu en 406 ou 407.

Tout le monde connait le sort de la fameuse bibliothèque d'Alexandrie ; nous allons en retracer rapidement l'histoire et la fin déplorable. Elle a été fondée par Ptolémée Soter, roi d'Egypte, qui avait cultivé les belles-lettres. On rapporte qu'il avait composé une *Vie d'Alexandre* très-estimée des anciens; mais le temps nous l'a dérobée. On croit que cette bibliothèque a été fondée sur l'avis et par les soins de Demétrius de Phalère, savant politique qui avait gouverné Athènes en souverain pendant dix ans, et qui, obligé de fuir, se retira d'abord chez Cassandre, puis ensuite vers Ptolémée Soter qui le reçut à bras ouverts, le combla d'honneurs et en fit son confident (1). Non-seulement ce roi s'occupa de fonder cette bibliothèque si renommée, mais il établit aussi une espèce d'académie à laquelle

---

(1) Cette confiance de Ptolémée Soter dura toute sa vie; mais, à sa mort, son fils Ptolémée Philadelphe, qui avait à se plaindre de Demetrius, fit arrêter et conduire sous bonne garde dans un fort écarté, où

on donna le nom de musée. Une société de savans s'y occupait à des recherches de philosophie et à perfectionner toutes les sciences ; ce qui avait beaucoup de rapport aux académies modernes.

La bibliothèque en question commença à se former dans le musée qui était d'abord dans le quartier de la ville nommé Bruchion, près le palais du roi. Elle y attirait beaucoup de monde ; mais quand elle fut tellement augmentée qu'on y comptait déjà quatre cent mille volumes, on fut obligé de recommencer une nouvelle bibliothèque qu'on plaça dans le Sérapeon, et on la composa de tous les nouveaux ouvrages qui survenaient. Ce Sérapeon était un temple fameux dédié à Sérapis, et construit dans l'endroit du faubourg Rhacotis, où l'on avait élevé la statue de cette idole que Ptolémée avait fait venir de Sinope. Ce temple, au rapport d'Ammien Marcellin, surpassait en beauté et en magnificence tous les temples du monde, excepté le Capitole de Rome. Cette dernière bibliothèque du Sérapeon était donc comme un supplément de la première ; aussi voit-on qu'on l'appelait sa fille ; et, avec le temps, il se trouva dans cette dernière jusqu'à trois cent mille volumes ; ce qui formait, pour les deux, le nombre de sept cent mille volumes, que les anciens donnent à la bibliothèque des Ptolémées à Alexandrie.

Revenons à l'origine de cette collection. Demetrius travailla avec tant d'activité à sa formation, qu'après avoir fait rechercher à grands frais des livres chez toutes les nations, il en porta la collection jusqu'à cinquante-quatre

---

il ordonna qu'il fût retenu jusqu'à nouvel ordre. Une piqûre d'aspic mit fin aux jours de Demetrius pendant qu'il dormait. Mais sa perte n'entraîna pas celle du plan qu'il avait donné à Ptolémée Soter pour sa bibliothèque et pour son muséum.

mille huit cent volumes, selon Saint Epiphane, et à deux cent mille volumes, selon Josephe, qui ajoute que Demetrius espérait dans peu en avoir cinq cent mille. Mais ce récit de Josephe me paraît exagéré; car Eusèbe assure qu'à la mort de Philadelphe, fils et successeur de Soter, cette bibliothèque de Soter n'était composée que de cent mille volumes. Voici comment on s'y prit pour former et pour accroître cette fameuse collection. Tout livre qui entrait en Egypte, dans quelle langue qu'il fût écrit et de quelle matière qu'il traitât, était saisi et envoyé au musée, où l'on en faisait faire des copies par des scribes que l'on y entretenait exprès; ensuite on rendait ces copies aux propriétaires, et on retenait les originaux pour la bibliothèque.

On raconte que Ptolémée Evergete emprunta des Athéniens les Œuvres de Sophocle, d'Eurypide et d'Eschyle, qu'il ne leur en renvoya que des copies qu'il fit faire très-proprement; mais qu'il en retint les originaux qu'on déposa dans la bibliothèque. Galien, qui rapporte ce trait, dit que Ptolémée donna quinze talens (81,000 livres) aux Athéniens; qu'en outre il les exempta de tout tribut, et qu'il leur envoya un grand convoi de vivres.

Passons à la destruction de ce superbe monument; c'est le principal objet du présent article. Le premier échec qu'elle eut date du temps de Jules-César. Dans la guerre qu'il eut avec les habitans d'Alexandrie, un incendie consuma les quatre cent mille volumes qui étaient dans la bibliothèque de Bruchion. Celle du Sérapeon n'eut point de mal. On pense que Cléopatre réunit à cette dernière les deux cent mille volumes de la bibliothèque de Pergame dont Marc Antoine lui fit présent. Cette addition, avec les autres qui s'y firent de temps en temps, rendit la nouvelle bibliothèque d'Alexandrie plus belle et plus nombreuse que la première. Quoique pillée plus d'une fois pendant les troubles et les révolutions qui arrivèrent dans l'empire romain, particulièrement du temps d'Orosius, elle se remettait toujours de ses pertes et recouvrait son nombre de volumes. Elle a ainsi subsisté un grand nombre de siècles, ouvrant ses trésors aux savans et aux curieux jusqu'au 7.ᵉ siècle où elle eut enfin le même sort que sa mère, et où elle fut brûlée par les Sarrazins, quand ils prirent la ville en 642. Voici comment la chose se passa. Jean-le-Grammairien, surnommé Philoponus, fameux sectateur d'Aristote, se trouvait à Alexandrie lorsqu'elle fut prise. Comme il était dans les bonnes grâces d'Amri-ebnol-as, général des Sarrazins, il lui dit : Vous avez mis sous les scellés tous les effets qui se trouvaient dans les magasins d'Alexandrie ; mais les livres vous étant inutiles, permettez-moi de disposer des écrits philosophiques qui se trouvent dans la bibliothèque. Amri lui répondit qu'il ne pouvait lui accorder sa demande sans en avoir prévenu Omar, caliphe d'alors ou chef des fidèles. Il lui écrivit en conséquence ; il en reçut la réponse suivante : « Quant aux livres dont vous m'avez parlé, si ce qu'ils contiennent s'accorde avec le livre de Dieu (le Koran), ils sont inutiles ; le livre de Dieu contenant tout ce qui est suffisant ; mais s'ils renferment quelque chose de contraire à ce livre, il faut les supprimer ; ainsi faites-les tous brûler. » Amri les fit donc distribuer, au lieu de bois, dans les bains d'Alexandrie, pour les chauffer, et tout fut consumé dans six mois. Ainsi périt, au récit d'Abulpharage (1), ce trésor inappré-

---

(1) Gibbon, et plusieurs auteurs modernes d'après lui, pensent que la relation d'Abulpharage n'est qu'une fiction. Mais cette opinion se trouve démentie par les nouvelles recherches que M. Langlès a fait insérer à ce sujet dans le *Magasin encyclopédique*, [an 5, tom. 2, n.° 11, page 384].

ciable, qui renfermait sans doute tant d'ouvrages précieux dont les anciens ont parlé, et dont nous regrettons la perte.

Dans le sixième siècle, Gregoire-le-Grand fit brûler les livres des auteurs payens, si l'on en croit Jean de Sarishery, écrivain du 12.ᵉ siècle, et plusieurs autres savans qui l'ont dit sans doute d'après cet évêque; ce qui a donné lieu à cette accusation, est peut-être le conseil que S. Gregoire donne à Didier, archevêque de Vienne, de ne pas s'amuser à enseigner la grammaire, parce qu'un évêque a des occupations plus importantes. Landi, traducteur de Tiraboschi, et plusieurs autres modernes, ont cherché à justifier Gregoire-le-Grand de cette imputation.

Les livres runiques ont été livrés aux flammes par ordre d'Olaüs, roi de Suède, au commencement du 11.ᵉ siècle. C'est Éric Schroderus qui a trouvé cette anecdote dans un manuscrit ancien qu'il a vu en 1637. Il y est dit qu'Olaüs, attribuant aux runes la difficulté qu'éprouvait la religion chrétienne à s'introduire dans ses états, assembla, en 1001, tous les grands du royaume. Il fut décidé dans cette assemblée qu'on substituerait les lettres romaines aux runes, et qu'on brûlerait tous les livres relatifs à l'idolâtrie. Malheureusement la majeure partie de ceux qui contenaient l'histoire et les antiquités de la nation furent la proie des flammes. On présume que les ouvrages de Jorunderus-Gissurus, de Schulemontanus et d'Alterus Magnus y périrent.

Vers 1508, le cardinal Ximenès, voulant ramener les mahométans à la religion chrétienne, en assembla plus de trois mille dans une place spacieuse, et leur fit donner le baptême; ensuite il fit apporter dans la même place tous les livres mahométans qu'il put ramasser, de quelqu'auteur qu'ils fussent et quelque matière qu'ils traitassent; il en réunit jusqu'à cinq mille volumes et les brûla publiquement, sans épargner ni enluminure, ni reliure de prix, ni autres ornemens d'or et d'argent, quelque prière qu'on lui fit de les destiner à d'autres usages. Comment ce cardinal, qui aimait les lettres, a-t-il pu détruire si promptement des livres précieux sur la religion, les arts et les sciences des turcs, puisque c'est par eux seuls qu'on aurait peut-être pu véritablement s'instruire de la littérature orientale? Quelques auteurs pensent que Ximenès n'a fait brûler que des exemplaires du Koran et de ses commentaires.

En 1510, Maximilien I.er, empereur d'Allemagne, publia un édit portant que tous les livres hébraïques, exceptée la Bible, seraient brûlés, parce qu'ils contiennent des blasphèmes, de la magie et autres choses aussi dangereuses. Cet édit fut rendu sur la demande de Pfeffercorn, juif converti. Les juifs en sollicitèrent la révocation. Le fameux Jean Reuchlin fut consulté dans cette affaire : il distingua deux sortes de livres chez les Juifs ; les indifférens, qui traitent de divers sujets, et ceux qui sont composés directement contre la religion chrétienne. Il fut d'avis qu'on laissât les premiers qui pouvaient avoir leur utilité et qu'on supprimât les derniers. Cet avis sage souleva les théologiens de Cologne, et fit publier au fanatique Pfeffercorn un *Miroir manuel*, dans lequel il soutint qu'il fallait brûler tous les livres de ses anciens frères. Reuchlin répondit à cet écrit par le *Miroir oculaire ;* mais cet ouvrage-ci fut condamné, non-seulement par les théologiens de Cologne, qui auraient voulu faire subir à l'auteur le même sort qu'aux livres juifs, mais par la faculté de théologie de Paris et par le père Hochstrat, dominicain, inquisiteur de la foi. Heureusement Maximilien ne voulut pas se prêter à la sainte colère des théologiens de Cologne.

Un peu avant le milieu du 16.e siècle, Charles-Quint

rendit une ordonnance par laquelle il proscrivit tous les livres hérétiques, et défendit, sous peine de mort, de lire les Œuvres de Luther et des autres hérésiarques. Je ne sais pas au juste la date de cette ordonnance.

Vers le milieu du 16.ᵉ siècle, les protestans et leurs livres furent proscrits de la manière la plus barbare, par Marie I.ʳᵉ, reine d'Angleterre. Voici comment le *Dictionnaire historique* en parle, d'après l'abbé Pluquet. « La nouvelle reine était attachée à la religion romaine : pour la faire triompher, elle épousa, en 1554, *Philippe II*, fils de *Charles-Quint*. Ces deux époux travaillèrent à ce grand ouvrage avec toute la hauteur, toute la dureté, toute l'inflexibilité de leur caractère. Le parlement entra dans leurs vues. Il avait poursuivi sous *Henri VIII* les protestans, dit *Voltaire*; il les encouragea sous *Edouard VI*; il les brûla sous *Marie*. Sur l'avis que l'on eut que l'Angleterre était pleine de livres hérétiques et séditieux, la reine, dit M. *Pluquet*, donna un édit, qui portait que, quiconque aurait de ces livres, et ne les brûlerait au plutôt sans les lire, sans les montrer à personne, serait estimé rebelle et exécuté sur-le-champ, selon le droit de la guerre. Elle fit défendre ensuite de parler aux protestans qu'on conduisait au supplice, de prier Dieu pour eux, et même de dire *Dieu les bénisse*. « Plus de deux cents protestans, ajoute M. l'abbé *Pluquet*, périrent dans les flammes ; plus de soixante moururent en prison, beaucoup sortirent d'Angleterre, et un plus grand nombre dissimula ses sentimens pour conserver sa liberté et sa fortune. Ces derniers éprouvèrent les plus cruels remords, et conçurent une haine mortelle contre les catholiques qui les avaient réduits à ces extrémités. » La cruauté fut extrême, lorsque les hérétiques furent livrés à des juges ou sévères ou prévenus. Une femme grosse accoucha dans le bûcher même ; quelques citoyens, touchés de pitié, arrachèrent l'enfant du feu : le juge l'y fit, dit-on, rejeter. Le cardinal *Polus*, envoyé par le pape *Jules III*, pour réunir l'Angleterre à l'église romaine, désapprouva hautement ces rigueurs, que le père d'*Orléans* ne peut s'empêcher de trouver excessives. Ce prélat disait, avec raison, « que le seul moyen d'éteindre l'hérésie, était d'édifier les hérétiques, et non pas de les égorger. » Ces mesures atroces ont été par la suite très-funestes à la religion catholique en Angleterre.

Je pourrais encore ajouter à cet article plusieurs exemples de bibliothèques publiques ou particulières incendiées, soit à dessein, soit par hasard ; mais cela me conduirait au delà des bornes que je me suis prescrites ; d'ailleurs, j'en ai parlé dans mon *Dictionnaire bibliologique*.

LIVRES CONDAMNÉS ET CENSURÉS. Des Livres condamnés et censurés par l'Inquisition, ainsi que de ceux qui sont mis à la censure dans différens états de l'Europe.

Si l'on voulait donner la liste de tous les livres condamnés par l'inquisition, il faudrait se résoudre à mettre sous presse plusieurs *in-folio* ; et le nombre en augmenterait bien davantage si l'on y ajoutait la liste des livres dont l'entrée est défendue dans les états de l'empereur d'Allemagne, en Espagne, en Portugal, en Russie, *etc*. Il faut donc nous borner à donner ici une notice des *index librorum prohibitorum* qui ont été publiés tant à Rome qu'à Madrid, en la faisant précéder de la définition du mot *index*. Ce mot latin a maintenant une acception française : il désigne des *Recueils*, *Catalogues* ou *Tables* de livres défendus et proscrits pour cause d'hérésie par une congrégation établie à Rome, et qui, par cette raison, s'appelle congrégation de *l'index*. On ajoute ordinairement au mot *index* ou *indice* l'épithète *expurgatoire* ; cependant on fait une différence entre *l'index* simple et *l'index* expurgatoire. *L'index* simple regarde les livres dont la lecture est absolument défendue, et *l'index* expurgatoire indique seulement ceux dont la lecture est défendue jusqu'à ce qu'on les ait corrigés (*donec corrigantur*). La raison et la justice n'ont pas toujours présidé aux jugemens portés par la congrégation de *l'index* ; « car, dit l'Encyclopédie (1), il est sûr qu'il n'y a presque pas un seul bon livre de piété ou de morale dans notre langue qu'elle n'ait proscrit ;..... et, ajoute l'un des auteurs de l'Encyclopédie méthodique (2), ces ridicules *indices* expurgatoires sont, pour le dire en passant, les fruits de l'intolérance et de la barbarie ; ils ne servent à rien ; et d'ailleurs tout livre étranger, jusqu'aux almanachs inclusivement, doit être hérétiques en Espagne. » Ajoutons à ce passage l'opinion que M. de Langle a émise sur cet objet dans son *Voyage en Espagne*. « Que peut-on attendre, dit-il, d'un peuple toujours enfant, toujours jeune, qui, toujours sur les bancs de l'école, n'a pas le courage de mettre en pièces, de jeter au feu le martinet de ses prêtres ? qu'espérer d'un peuple déshonoré par le fanatisme, qui attend d'un moine, et qui demande à son confesseur la permission de lire et la liberté de penser ?

Le livre d'un protestant traitât-il de la cuisine, du jardinage ou de l'horlogerie, est proscrit de droit, mis à *l'index*, et défendu sous des peines très-sévères, par la seule et unique raison que l'auteur n'est point de la communion romaine, et qu'il ne va pas à la messe.

Tout ouvrage, soit étranger, soit naturel, subit la censure

---

(1) Edition de Genève, in-4, tome XVIII, page 580.
(2) Partie géographique, tome III, page 383.

la plus rigoureuse : une espèce de commission ou de chambre syndicale, nommée *ad hoc*, l'examine et le commente syllabe par syllabe. S'il est rempli d'absurdités et de lieux communs, s'il fait l'apologie des prêtres, des moines et de toutes ces billevesées qui déshonorent le sacerdoce, il est hautement proclamé bon ouvrage, excellent ouvrage ; on le laisse librement circuler, les journalistes en parlent avec complaisance, et l'auteur reçoit d'eux le brevet de *grand homme*. Si, au contraire, cet ouvrage est, ou savant, ou bien écrit, ou profondément pensé ; si l'auteur n'est pas prosterné devant tous les abus, toutes les vexations ; si son livre étincelle de vérités lumineuses, de vues utiles, de révélations hardies, il est défendu, condamné, et souvent brûlé comme attentatoire à la religion, aux mœurs et au gouvernement.

Aussi, quand la Suède, la Russie, l'Allemagne et la France, toutes ces nations, tour-à-tour ennemies, mais toujours rivales, brûlent toutes, concourent toutes avec orgueil à offrir à l'Europe quelques découvertes utiles et nouvelles, quelques ouvrages marquans et qui fassent époque, l'Espagne seule n'invente rien, ne produit rien. »

Ce passage, où l'on reconnaît le style original et les idées, souvent condamnables, de M. de Langle, sent un peu l'humeur, et n'est pas, ou du moins n'est plus dans l'exacte vérité. Les bons ouvrages français sont maintenant reçus et applaudis, non-seulement en Espagne, mais même chez toutes les puissances de l'Europe, et on ne donne l'exclusion qu'aux livres destructeurs des principes de la saine politique, de la religion et de la morale. Cependant la censure de Vienne paraît quelquefois mettre une excessive sévérité dans ses décisions. On peut en dire de même de la censure d'Espagne, puisqu'on prétend qu'elle s'est étendue dernièrement jusques sur les rapports de M.

le ministre des cultes, Portalis, relatifs au concordat. « En Stirie, la censure des livres s'exerce d'une manière assez singulière, et qui prouve que cette fonction, dans les états autrichiens, n'est pas confiée à des hommes fort éclairés. En l'an VI, un de ces censeurs condamna, comme hérétiques, deux livres, dont l'un était intitulé : *Principes de la Trigonométrie*, et l'autre de la *Destruction des Insectes*. Il crut que la trigonométrie avait au moins de grands rapports avec la Trinité, sur laquelle il est défendu d'écrire; et dans le titre du second livre, il a lu *jésuites* au lieu d'*insectes*, et il a cru que ces religieux étaient malignement désignés sous ce nom. »

Il me paraît naturel de finir cet article par une liste bibliographique des *index librorum prohibitorum* les plus remarquables. Je vais la donner par ordre chronologique.

INDEX generalis scriptorum interdictorum. *Venetiis*, 1543.

Reimmann cite, dans son *Catalogus Bibliothecæ theologicæ*, Hildesiæ, 1731, *in-8*, cet *index* comme le premier et le plus rare.

Il Catalogo de' Libri, li quali nuovamente nel mese di maggio nell' anno presente M. D. XLVIII. sono stati condannati et scommunicati per heretici, da M. Giovan della Casa, legato di Venetia et d'Alcuni frati E aggiunto sopra il medesimo Catalogo un judicio et discorso del Vergerio, 1549, *in-4*.

Franckius, dit, dans le *Catalogue* de Bunau, d'après Vergerio, que cet *index* est le premier de tous ceux qui ont été publiés en Italie.

Die Cataloguen of Inventarisen vanden quaden verboden boucken : ende van andere goede, die men den jongen schulieren leeren mach, na aduys der universiteyt van Loeuen. Met een edict oft mandement der keyserlycker majesteyt. (*C'est-à-dire* : les Catalogues *ou* Inventaires *des* livres mauvais défendus, et d'autres bons qu'on peut apprendre aux jeunes écoliers, suivant l'avis de l'université de Louvain, avec un édit ou mandement de sa majesté impériale.) *Te Loeuen, by Seruaes van Sassen*, 1550. (*A Louvain, par Servais Sassenus*), 1550, *in-4*.

Ce petit volume est infiniment rare et peu connu. L'édit impérial, en français, qui est à la suite, a pour titre : *Ordonnance et édict de l'empereur Charles-Quint, renouvellé en sa cité impériale d'Augspurg, ou mois de septembre MCCCCC cincquante, pour l'extirpation des sectes et conservation de notre saincte foy catholicque.* Louvain, par Servais Sassenus, *in-4*, sans date. Le privilége qui est sur le *verso* de l'intitulé, est daté du 20 octobre 1550, ce qui fait conjecturer qu'il a été imprimé cette année.

Le Catalogue des Livres examinés et censurés par la faculté de théologie de l'université de Paris, depuis 1544 jusqu'en 1551. *Paris*, 1551, *in-8*.

A gl' inquisitori che sono per l'Italia del Catalogo di Libri eretici, stampato in Roma nell' anno presente, 1559, *in-8*.

Cette diatribe est de Pierre-Paul Vergerio. On croit qu'elle a été imprimée à Tubinge, et le *Catalogue*, contre lequel elle est dirigée, a été imprimé à Rome *apud Antonium Bladum*, en 1559, au mois de janvier, in-4, et à Venise, la même année, *apud Hieronymum Lilium et socios*, in-8.

Index seu Catalogus Librorum, qui prohibentur mandato Ferd. de Valdes Hispal. archiep. inquisitorjs generalis Hispaniæ. *Pinciæ*, 1559, *in-4*.

Index librorum prohibitorum cum regulis auctoritate Pii IV P. M. comprobatus. *Romæ, P. Manutius*, 1564, *in-4* ; idem, *Venetiis*, 1564, *in-8*.

Index librorum prohibitorum cum regulis confectis per patres à Tridentina synodo delectos auctoritate Pii IV. *Colon. Agripp.*, 1564, *in-8* ; idem, *Coloniæ*, 1568, *in-8* ; idem, *Venetiis*, 1570, *in-8*.

Index librorum prohibitorum. *Leodii*, 1568 et 1569, *in-8*.

Cet *index* passe pour très-rare : Reimmann et Vogt en parlent.

Philippi II regis catholici edictum de librorum prohibitorum Catologo observando (cum ipso Catologo), *Antverpiæ*, *Christ. Plantinus*, 1570, *in-8*.

Index expurgatorius librorum, qui hoc seculo prodierunt, vel doctrinæ non sanæ erroribus inspersis, vel inutilis et offensivæ maledicentiæ fellibus permixtis, juxta sacri concilii Tridentini decretum ; Philippi II regis cath. jussu et auctoritate, atque Albani ducis concilio ac ministerio in Belgiâ concinnatus, anno 1571. *Antverpiæ, ex Officina Chr. Plantini prototypographi regii*, 1571, *in-4*.

Cet *index* est très-rare ; c'est ce qui a engagé M. Crevenna à en donner une description dans son *Catalogue* de 1776, 6 vol. *in-4*. Voici le commencement de cette notice. « L'intitulé, dit M. Crevenna, est mot à mot tel que nous l'annonçons. Il est suivi d'un édit en langue françoise de *Philippe* II., qui occupe deux feuillets, et d'un autre feuillet contenant un avertissement et des passages extraits du *concile de Trente* touchant la défense des livres. On trouve ensuite une préface de *Bened. Arias Montanus*, qui occupe quatre feuillets signaturés *. Après vient le corps de l'ouvrage, dont la totalité est de 104 pages chiffrées. *Vogt* dit aussi que cette édition est très-rare ; mais il ajoute que ce même livre avoit déjà paru pour la première fois *Leodii, impensis Henr. Hovii*, 1569, *in-8*. Nous sommes portés à croire que *Vogt*, n'aiant jamais vu ce livre, ni celui de 1569., a pris le change ; car ces deux livres doivent être dans leur contenu tout à fait différents ; c'est à dire que celui de 1569. ne doit être qu'un Catalogue de livres défendus, et celui de 1571., dont il est ici question, est un *index expurgatoire*, qui n'avoit pas paru auparavant. En effet, 1.º cette édition de 1571. est absolument la première de ce livre, parce que l'édit de *Philippe* II. porte la date du 31 juillet de la même année 1571., et la préface de *B. Arias Montanus* celle de *cal. Jun.* 1571. 2.º Le commencement de l'édit de *Philippe* II., prouve que les Catalogues de 1569., qui sont même deux, ne doivent être que de simples Catalogues de livres défendus.» Nous terminerons cette notice, par dire que cet *index* de 1571 n'a point été imprimé pour être vendu, mais pour être seulement distribué aux visiteurs chargés de l'expurgation des livres; et même il était défendu d'en avoir un exemplaire ou d'en tirer une copie manuscrite sans la permission des supérieurs.

Index librorum prohibitorum, cum regulis confectis per patres à Tridentina synodo collectos. *Venetiis*, 1575, *in-8*.

Index librorum prohibitorum, de mandato D. Georgii Dalmeida inquisitoris generalis in lucem editus. *Olyssipone, Riberius*, 1581, *in-8*.

Index librorum prohibitorum. *Monachii, Adamus Berg*, 1582, *in-4*.

Index et Catalogus Librorum prohibitorum mandato illustrissimi Gasp. à Quiroga cardinalis, etc., denuo editus, cum consilio supremi senatus sanctæ generalis inquisitionis. *Madriti, apud Gomezium*, 1583, *in-4*; idem, *apud eumdem*, 1584, *in-4*.

Index expurgatorius librorum Philippi II auctoritate concinnatus in Belgio. *Lugd.*, 1586, *in-12*.

Le titre de cet *index* est le même que celui rapporté ci-dessus, sous le nom de ville d'*Anvers*, *Plantin*, 1571, *in-4*. Cependant il faut y ajouter, après *in Belgio*: Primum in lucem editus et præfatione auctus, ac regii diplomatis interpretatione (à Franc. Junio), Ap. Joh. *Mareschallum, Lugdunensem*, 1586, *in-12*.

Index librorum prohibitorum cum regulis, etc. : auctoritate Pii IV primum editus, postea verò à Sixto V auctus et nunc demum Clementis IX jussu recognitus et publicatus; instructione adjecta de exequendæ prohibitionis, deque sincere emendandi et imprimendi libros ratione. *Romæ*, 1596, *in-8*; *Romæ et Mediolani*, 1596, *in-12*; *Pragæ*, 1596, *in-8*; *Venetiis*, 1597, *in-12*; *Taurini*, 1597, *in-12*; *Colon.*, 1598, *in-12*.

Index librorum prohibitorum, cum regulis concilii Tridentini. *Ferrariæ*, 1599, *in-8*.

Index expurgatorius librorum qui hoc sœculo prodierunt, etc., juxta concilii Tridentini decretum : Philippi II jussu concinnatus anno 1571. Accessit huic editioni collatio censuræ in glossas juris canonici jussu Pii V, anno 1572, editæ, cum iisdem glossis Gregorii XIII, mandato A. 1580 recognitis et approbatis. Rationem et usum collationis hujusce demonstrat præfatio D. Joannis Pappi, etc. *Argentorati impensis Lazari Zetzneri*, anno 1599, *in-12*.

Cet *index* est rare et recherché.

Index librorum expurgatorum card. Gasp. Quiroga jussu editus de consilio S. generalis inquisitionis juxta exemplar excusum Madriti, 1584. *Salmuri*, *Thom. Portau*, 1601, *in-4*.

Index librorum expurgandorum, in quo quinquaginta auctorum libri præ cœteris desiderati emendantur, per Jo. Mariam Brasichellen. *Romæ*, *ex typographia rom. cam. apost.*, 1607, *in-8*; idem, *Bergomi*, 1608, *in-8*.

Index librorum expurgandorum. *Romæ*, 1608, *in-8*.

Index expurgatorius, ad exemplar illius jussu Philippi II et ministerio ducis Albani 1571 concinnati, cum excerptis aliorum librorum expurgatorum, juxta editionem Gasparis Quirogæ quæ typis mandata est Madriti anno 1581. *Argentorati, impensis Lazari Zetzneri*, 1609, *in-8*.

Cet *index* est rare.

Indices expurgatorii duo, testes fraudum ac falsationum pontificiarum, quorum prior jussu Philippi II et Albani ducis consilio concinnatus est, *in Belgio*, 1571. Posterior editus jussu Gasp. Quiroga, *Madriti*, 1571, recusus primò *Salmuri* in Galia et nunc secundò in Germaniâ. Additus est majoris commoditatis gratiâ index librorum prohibitorum cum registris, etc. auctoritate Pii IV primùm editus, postea verò à Sixto V auctus, denique Clementis VIII jussu recognitus et publicatus. *Hanoviæ*, 1611, *in-8*.

Index librorum prohibitorum et expurgandorum Bernardi de Sandoval et Roxas cardinalis autoritate editus. *Madriti*, 1612, 1614; et *Panormi*, 1628, *in-fol.*

Index librorum prohibitorum et expurgandorum Bernardi de Sandoval et Roxas cardin., etc. Auctoritate editus de consilio supremi senatûs S. gen. inquisitionis Hispaniarum; juxta exemplar excusum. *Madriti*, *Sanchez*, 1612; cum appendice anni 1614; auctus Bened. Turrettini præfatione et Hispanici decreti latinâ versione. *Genevæ*, *Crispinus*, 1619, *in-4.*

Index librorum prohibitorum et expurgandorum card. Bernardi de Sandoval et Roxas auctoritate et jussu editus de consilio S. generalis inquisitionis Hispaniarum. Juxta exemplar excusum *Madriti*, anno 1612, cum appendice anni 1614. *Anno 1620*, *in-4.*

Index librorum prohibitorum : cum regulis, etc., et cum adjecta instructione, de emendandis imprimendisque libris et de exequenda prohibitione. Nunc in hac editione congregationis cardinalium edictis aliquot, et librorum nuper scandalose evulgatorum descriptione auctus. *Cracoviæ*, 1617, *in-12.*

Cet opuscule est assez rare.

Index auctorum damnatæ memoriæ, tum etiam librorum,

qui vel simpliciter ; vel ad expurgationem usque prohibentur, vel denique jam expurgati permittuntur ; editus de consilio S. generalis inquisitionis Lusitaniæ, etc. *Ulyssipone*, 1624, *in-fol.*

Cette édition est fort rare.

Novus index librorum prohibitorum, juxta decretum sacræ congregationis illustrissimorum S. R. E. cardinalium, à S. D. N. Urbano VIII sanctàque sede apost. publicatum Romæ 4 febr. 1627 auctus. Primùm auctoritate Pii IV editus ; deinde à Sixto V ampliatus ; tertiò à Clemente VIII recognitus. Præfixis regulis ac modo exequendæ prohibitionis per R. P. F. Franc. Foretium ord. præd. à deputatione SS. Tridentin. synodi secretarium. Ante quemlibet librum noviter prohibitum præfixum est signum †. *Colon., Agrippinæ, Boetzeri Hæredes*, 1627, *in-8.*

Index novus librorum prohibitorum et expurgatorum Antonii Zapatæ, cardinalis et inquisitoris generalis. *Hispali*, 1631, *in-fol.*

Index Franc. Magdal. Capiferrei librorum omnium prohibitorum. *Romæ*, 1632, *in-8.*

Index librorum prohibitorum et expurgandorum auctoritate Pii IV et Sixti V cum regulis, etc. *Romæ*, 1634, *in-12*; idem, usque ad annum, 1640, continuatus. *Romæ*, 1640, *in-8.*

Elenchus librorum omnium tum in Tridentino Clementinoque indice, tum in aliis omnibus sacræ indicis congregat. particularibus decretis hactenus prohibitorum, ordine vero alphabetico per Fr. Franciscum Magdalenum Capiferreum dictæ congregationis secretarium digestus.

Mediolani, 1635, *in-8*; idem, usque ad annum 1640, editio secunda aucta. *Romæ*, 1640, *in-8*.

Index librorum prohibitorum et expurgatorum novissimus Antonii à Sotomaior jussu ac studiis luculentissime ac vigilantissime recognitus. *Madriti*, 1662, idem, *ibidem*, 1666. *Genev.*, 1667, *in-fol.*

Index librorum prohibitorum et expurgandorum novissimus, pro catholicis Hispaniarum regnis Philippi IV, etc, de consilio Antonii à Sotomaior, inquisitoris generalis. *Juxta exemplar excusum*, *Madriti*, 1667, *in-fol.*

La première édition est de Madrid, 1640, *in-fol.*

Index librorum prohibitorum Alexandri VII jussu editus. *Juxta exemplar excusum Romæ, ex typ. rev. cam. apost.*, 1667, *in-fol.* Il y en a une édition de Rome, 1664 et 1667, *in-4.*

On relie ordinairement ces deux *index in-folio* pour avoir un Catalogue à peu près complet de tous les livres défendus jusqu'en 1667. On est surpris de trouver dans celui de Madrid un grand nombre d'auteurs qui paraissent ne pas mériter d'y être, entre autres, Calvisius (pag. 888), qui n'a jamais publié d'ouvrages théologiques, et à qui l'on doit un excellent *Opus chronologicum* réimprimé à Francfort en 1685, *in-fol.*, et une critique du Calendrier grégorien sous ce titre : *Elenchus Calendarii à Gregorio XIII comprobati*, publié en 1611. C'est sans doute à ce dernier ouvrage qu'il doit la place qu'on lui a accordée un peu légèrement parmi les hérétiques.

Index librorum prohibitorum Clementis X jussu editus. *Romæ*, 1670, *in-8.*

Index librorum prohibitorum Innocentii XI jussu editus. *Romæ*, 1682, *in-8.*

Arrêts du parlement et ordonnances de l'archevesque de Paris, portant la défense et suppression des livres hérétiques, avec l'édit du roi portant défenses de faire aucun exercice public de la religion prétendue réformée dans son royaume, registré en la chambre des vacations le 22 octobre 1685. *Paris, Léonard*, 1685, *in-8.*

Index librorum prohibitorum Innocentii XI editus. *Romæ, ex typ. rev cameræ apostolicæ*, 1681, *in-8*; idem, *Romæ*, 1683, *in-8*; idem, *Romæ*, 1685; idem cum appendice usque ad annum 1696. *Romæ*, 1696, *in-8*; idem usque ad mensem junii anni 1704. *Romæ*, 1704, *in-8.*

Index expurgatorius librorum prohibitorum et expurgandorum pro catholicis Hispaniarum regnis Philippi V de consilio supremi senatus inquisitionis generalis. *Madriti*, 1707, *in-fol.*

Index ou Catalogue des principaux livres condamnés et défendus par l'église, extrait fidèlement du grand *index* romain, et d'un appendice fidèle; avec des réflexions historiques et théologiques sur les plus considérables décrets et constitutions des souverains pontifes touchant les matières du temps. Par Jean-Baptiste Hannot. *Namur, Hinne*, 1714, *in-8.*

Index librorum prohibitorum, usque ad totum mensem martii 1716, regnante Clemente XI. *Romæ*, 1716, *in-8.*

Racolta d'Alcune particolari operette spirituali proibite, fatta dal P. Ant. Leoni, data alla luce con altre operette dal P. Giuseppe Maria Berti. *In Pavia*, 1717, *in-8.*

Index librorum prohibitorum usque ad annum 1711, regnante Clemente XI P. O. M. *Romæ*, 1711, *in-8*; idem usque ad annum 1711, regnante eodem pontifice. *Romæ*, 1717, *in-8.*

Index librorum prohibitorum Innocentii XI jussu editus usque ad annum 1681. Accedit in fine appendix usque ad mensem junium 1704. *Romæ*, 1704, *in*-8. Recusus *Prag.*, 1726, *in*-8. Et cum appendicibus usque ad mensem octobris, 1746. *Romæ*, *in*-8.

Clavis hæresim claudens et aperiens. Id est, clavis doctrinas hæreticas ad intelligendum reserans et ad extirpandum claudens : sive index librorum quorumdam decipientium, scandalosorum, suspectorum, et prohibitorum præmissâ ratione, qua libri mali et noxii inquiri et extirpari possint. *Reginæ Hadrecii*, *typis Tybelii*, 1729, *in*-12.

Schoettgenius a parlé de cet *index* dans son *Comment. III, de indicib. librorum prohibit.*, pag. 41—42.

Index librorum prohibitorum usque ad diem IV junii 1744, regnante Benedicto XIV. additis prohibitionibus à S. C. emanatis usque ad annum 1752. *Romæ*, *in*-8.

Index librorum prohibitorum, Benedicti XIV jussu recognitus atque editus. *Romæ*, *ex typogr. cam. apost.*, 1758, *in*-4.

Je ne pousserai pas plus loin cette liste des indices; ceux qui désireront plus de détails les trouveront dans le Traité de Daniel Francus *de Papistarum indicibus librorum prohibitorum*. Lips., 1684, *in*-4; dans le Fabricius *Centifol. Luth.*, *pars II*, pag. 549; dans la *Biblioth.* de Labbe, pag. 168; dans le *Sinceri Nachrichten*, etc., p. 269, et dans d'autres auteurs cités dans ces ouvrages; la *Bibliothèque* de Dupin, l'*Histoire des Auteurs sacrés et ecclésiastiques* de Ceillier, le *Dictionnaire des Livres jansénistes* du père de Colonia, de l'édition de 1752, augmentée par

Patouillet ; enfin, le *Recueil historique des Bulles concernant les erreurs des deux derniers siècles* ; tous ces livres, dis-je, seront encore d'un grand secours à ceux qui voudront approfondir la partie de la bibliographie qui a rapport aux ouvrages proscrits et censurés.

Ce serait peut-être ici le cas de parler de la censure ou approbation des livres, qui était autrefois confiée à des gens de lettres distingués par leurs lumières et par leurs connaissances. Ils étaient commis par le chancelier pour l'examen des ouvrages que l'on voulait mettre sous presse. Ils ne donnaient leur approbation qu'à des livres qui ne contenaient rien de contraire à la religion et aux bonnes mœurs. D'où date l'origine de la censure et du privilége en librairie ? On croit que la censure est du 15.e siècle, et que le premier ouvrage qui a été corrigé et approuvé est un Traité contre la perfidie des hérétiques, par un frère prêcheur, nommé Pierre Lenoir. En voici le titre : *Petri Nigri Tractatus contra perfidiam Judæorum; in Eslingen, per discretum et industrium virum Conradum Fyner de Gerhusen*, 1475, *in-fol.* Cet ouvrage, dans lequel il a paru, pour la première fois, du caractère hébreu imprimé, est aussi le premier où il est fait mention de correction et d'approbation. C'est l'évêque de Ratisbonne qui l'a corrigé et approuvé. Quant aux priviléges en librairie, les premiers furent accordés pour des ouvrages anciens. Le premier est, dit-on, de 1507, pour les *Epîtres de Saint Paul*, traduites trois cens ans avant par Desmoulins, et glosées par un augustin inconnu. En 1508, on voit un privilége pour les *ouvrages de Saint Bruno*; en 1509, pour l'impression de *Major in Sententias*; en 1511, pour la *Chronique de Sigebert*; en 1518, pour les *ouvrages d'Ange Politien*, etc. On prétend qu'Erasme est le premier qui demanda un privilége pour l'impression de ses ouvrages, et qu'il le demanda en faveur de Jean Froben pour tous les livres que ce typographe imprimerait, afin de le protéger contre l'avidité des contrefacteurs. Revenons à la censure. Il y a apparence que la censure ecclésiastique a précédé la censure laïque. Les docteurs de la faculté de théologie ont toujours prétendu que ce privilége leur appartenait, et que les papes l'avaient accordé à leur corps; et en effet, ils ont été long-temps en possession de ce droit. Mais, en 1624, par lettres-patentes du roi, on établit quatre docteurs de la faculté pour être censeurs et approbateurs de tous les livres concernant la religion, et en être responsables en leur nom. Quant aux livres qui ne traitent point des matières de religion, il parait que les maîtres des requêtes ont eu le pouvoir de les examiner, et qu'ils l'ont conservé jusqu'au règne de Henri IV. Il n'est cependant pas bien sûr si ce droit était annexé à leur charge, ou si c'était une commission personnelle dont on chargeait quelques maîtres des requêtes : il semble même qu'ils n'examinaient que les livres de droit et d'histoire, dans lesquels on peut agiter des questions qui intéresseraient l'état. Quant aux censeurs modernes qui étaient nommés par le chancelier, on n'obtenait pas toujours facilement, ni leur approbation, ni le plaisir d'être expédié promptement. Aussi Bayle compare-t-il très-ingénieusement les auteurs sollicitans l'approbation des examinateurs, à ces ames errantes sur les bords du Styx, et attendant, avec impatience, d'être transportées sur l'autre rive. Il leur applique ces vers de Virgile :

> Tendentesque manus, ripæ ulterioris amore:
> Navita sed tristis nunc hos, nunc accipit illos.
> Ast alios longè, summotos arcet arenâ.

Nous avons déja donné suffisamment à entendre dans le cours de notre ouvrage que le mot *censure* signifie aussi un jugement par lequel on condamne des livres qui regardent la religion, la doctrine ou les mœurs. Nous avons vu que la Sorbonne a souvent exercé la censure sur différens ouvrages. La lettre du pape Gélase aux évêques de Lucanie, contient une censure des livres authentiques et apocryphes, c'est-à-dire, un décret qui distingue les livres authentiques et reçus pour tels dans l'église, de ceux qui ne le sont pas, et qui marque les uns et les autres. Le pape Hosmidas, dans sa lettre à Possessor, dit positivement que l'on doit suivre la censure de Gélase et ne recevoir que ce qu'elle a reçu.

LEOMMELIUS. Hermanni Loemmelii spongia contra censuram Facultatis Parisiensis, et Ecclesiæ anglicanæ querela apologetica de censura Episcoporum Galliæ in duos libros anglicanos, *Andomoropoli*, 1631, *in-8*.

Cet ouvrage a été brûlé par la main du bourreau.

LOLME. Constitution de l'Angleterre, comparée avec la forme républicaine et les monarchies de l'Europe. Par de Lolme. *Londres*, 1770, *in-8*.

Cet ouvrage a été sévèrement prohibé en France en 1771. Et l'on n'en sera pas surpris, lorsqu'on saura que l'auteur, après avoir tracé rapidement l'histoire des trois grandes époques de la constitution anglaise (1); savoir, du

---

(1) Sous Jean-sans-Terre parut la grande charte qui fixe les bornes

règne de Jean-sans-Terre, de celui d'Edouard I.er, et de l'expulsion de Jacques II, ou plutôt de l'exaltation de la maison de Brunswick sur le trône en 1688, s'exprime ainsi sur cette dernière révolution. « C'est à cette époque que se posèrent les grands et vrais principes des sociétés, par l'expulsion d'un roi violateur de ses sermens. La doctrine de la résistance, cette ressource finale des peuples que l'on opprime, fut mise à l'abri du doute par l'exclusion donnée à une famille héréditairement despotique. Il fut décidé que les nations n'appartiennent pas aux rois. Tous ces principes d'obéissance passive, de droit divin, de pouvoir indestructible ; en un mot, cet échafaudage de notions fausses sur lesquelles l'autorité royale avait porté jusques-là, fut détruit ; et l'on y substitua les appuis solides et durables de l'amour de l'ordre et du sentiment de la nécessité d'un gouvernement parmi les hommes. » L'auteur prétend que la constitution de la Grande-Bretagne est indélébile, parce qu'elle est dictée par la nature elle-même. Elle a une forme très-marquée de gouvernement, ayant pour appui l'opinion, cette cause puissante qui maintient les gouvernemens les plus absurdes, et qui est ici l'attachement d'une nation éclairée. D'ailleurs par le balancement de toutes ses parties, cette constitution regagne nécessairement d'un côté, ce qu'elle perd de l'autre.

LORRAINE (DE). Instruction pastorale de M.

---

où doit se renfermer la puissance du roi. Sous Edouard I, on trouve le premier exemple de l'admission des députés des villes dans le parlement ; nouvelle barrière élevée contre le pouvoir royal ; et enfin, lors de l'exclusion de Jacques II, la Grande-Bretagne donna le rare spectacle d'un contrat primitif et formel entre le peuple et le souverain.

de Lorraine, Evêque de Bayeux. 15 *janvier* 1727, *in*-4.

Cette instruction a été supprimée par arrêt du parlement de Rouen, du 8 juillet 1727. Elle a rapport aux querelles du jansénisme. M. de Lorraine, y attaque ouvertement la constitution *Unigenitus*, les lettres-patentes du 14 février 1714 et la déclaration du 4 août 1720, enregistrées dans tous les parlemens du royaume. On prétend que cette Instruction tend à rendre suspectes les vérités de la religion, à inspirer du mépris pour les décisions de l'église et à soulever les sujets contre l'autorité du roi.

Précédemment M. de Lorraine avait donné un double mandement; le premier contient le jugement que cet évêque porte sur différentes propositions qui lui avaient été dénoncées par le père de Gênes, jésuite, et le second porte approbation et confirmation de la censure de la théologie de Caen du 31 décembre 1720, contre dix-sept propositions tirées, tant des cahiers, que des thèses publiques des jésuites du collège de Caen. Ce double mandement, donné le 25 janvier 1722, a été proscrit par décret du saint siége du 14 juillet 1723, « comme contenant quelques opinions et doctrines téméraires, suspectes, injurieuses au siége apostholique, et favorisant des erreurs condamnées. » M. de Lorraine, nommé évêque de Bayeux sous la régence, est mort, à Paris, le 19 juin 1728.

LUBOMIRSCIUS. Consultationes XXV, sive de vanitate consiliorum liber unus, in quo vanitas et veritas rerum humanarum politicis et moralibus rationibus claré demonstratur et dialogicè exhibetur. Auctore Stanisl. Lubomirscio. *Varsoviæ*, 1700, *in-*4, et *Lipsiæ*, *in-*12.

Cet ouvrage a été très-sévèrement défendu.

LUPI. I Lupi Smascherati nella confutatione e traduzione del libro intitolato : *Monita secreta Societatis Jesu*, in virtù de' quali Giunsero i Gesuiti all' orrido, ed esegrabile assassinio di sua sagra reale maestà fedelissima don Giuseppe I. Re di Portogallo; con un' appendice di documenti rari, ed inediti. *Ortignano, nell' officina di Tancredi, e Francescantonio Padre e Figlio Zaccheri de Strozzagriffi*, 1760, *in*·8.

Ce livre, très-mordant et rempli d'injures, fit beaucoup de bruit à Rome lorsqu'il parut : il fut défendu et supprimé ; l'imprimeur fut arrêté.

LUTHER. Biblia Germanica, ex versione Lutheri. *Lipsiæ, Wotrabianá ex officiná*, 1541, *in-fol.*

Cette édition est très-rare, parce qu'elle a été supprimée par Luther lui-même. La raison de cette suppression, est que cette Bible a été imprimée à l'insu de l'auteur, qui en avait déjà publié de plus correctes.

Biblia Germanica, ex versione Lutheri. *Wittemberg*, 1624, 2 vol. *in*·4.

Cette édition a été supprimée avec le plus grand soin,

parce qu'on y a reconnu quelques changemens qui corrompaient le sens ; par exemple, au 6.e verset du XIV.e chapitre, au lieu des mots : *Ein ewig Evangelium (Evangelium æternum)* on a substitué malicieusement : *Ein neu Evangelium (Evangelium novum)*.

C'est à la diète de Worms, en 1521, que les livres de Luther furent condamnés au feu ; mais ils avaient été précédemment anathématisés par une bulle de Léon X, du 20 juin 1520. Ces ouvrages consistent en Traités contre le purgatoire, (1) le libre arbitre, les indulgences, la confession auriculaire, la primauté du pape, les vœux monastiques, la communion sous une seule espèce, les pélerinages, *etc.* Luther, pour se venger de la bulle de Léon X, la fit brûler publiquement à Wittemberg avec les *Décrétales* des prédécesseurs de ce pape. Ensuite donnant un libre cours à son système d'innovation, il supprima quatre sacremens, et ne reconnut plus que le baptême, la pénitence et le pain ou eucharistie. En 1517 le luthéranisme n'était qu'une étincelle ; mais, en 1518, ce fut une incendie. Erasme, contemporain de Luther, tout en admirant les bonnes qualités que pouvait avoir ce fameux réformateur, disait qu'il avait fait deux grandes fautes, *en touchant la tiare du pape et le ventre des moines.* Martin Luther, né à Islèbe dans le comté de Mansfeld en Allemagne, le 10 novembre 1483, mourut au lieu de sa naissance, le 18 février 1546. Son animosité contre Rome et le pape est allée jusqu'à la fureur. Selon lui, Rome n'est plus que la racaille

---

(1) Le père Colonia accuse Jean Obstract, *théologien flamand*, d'avoir dit dans ses *Theses theologicæ*, publiées en 1706, que les messes qu'on fait dire pour les morts servent bien plus au réfectoire qu'au purgatoire : *missæ non refrigerant animas in purgatorio sed in refectorio.* Il est reconnu que cette plaisanterie basse et impie est une calomnie du révérend père jésuite.

de Sodome, la prostituée de Babylone ; le pape n'est qu'un scélérat qui crache des diables ; les cardinaux des malheureux qu'il faut exterminer. « Si j'étais maître de l'empire, disait il, je ferais un même paquet du pape et des cardinaux, pour les jeter tous ensemble dans la mer ; ce bain les guérirait ; j'en donne ma parole ; j'en donne Jésus-Christ pour garant. » Si Luther n'avait jamais débité que de pareilles bouffonneries, à coup sûr il n'aurait pas joué un aussi grand rôle. Ailleurs, il compare le pape à un loup enragé contre lequel tout le monde doit s'armer au premier signal, sans attendre l'ordre du magistrat. « Il faut poursuivre à outrance cette bête féroce, et attaquer impunément ceux qui empêcheraient qu'on s'en défit. Si l'on est tué dans cette attaque avant d'avoir donné à la bête le coup mortel, il n'y a qu'un seul sujet de repentir, c'est de ne lui avoir pas enfoncé le couteau dans le sein. Voilà comme il faut traiter le pape : tous ceux qui le défendent, doivent aussi être traités comme les soldats d'un chef de brigands, fussent-ils des rois et des Césars. » Quels principes atroces ! On ne peut guère leur comparer que l'exécrable mot lâché par un fougueux philosophe du 18.ᵉ siècle, D.....t, qui disait : « Que, pour le bonheur du genre humain, il serait à souhaiter que le dernier R.. fût étranglé avec les boyaux du dernier Pr...e. » Et c'est dans un siècle de lumières et d'urbanité, trente ans avant la révolution française, que l'on a osé proférer de pareilles infamies ! C'est le cas de s'écrier : *O tempora ! O mores !*

LYSER. Theophili Alethei (Joannis Lyseri) discursus politicus de polygamiâ. Salomo : eme veritatem, nec vende illam. Johannes : si malè locutus sum, proba ; si verò benè, quare verberas me ? *Friburgi, ap. Henr. Cunrath,* 1674, *in-*12.

Das Konigliche Marck aller Lander, *Freyburg,* 1676, *in-*4.

Politischer discours zwischen polygamo und monogamo von der polygamia oder vielweiberey aufgesetzet und mit mehr als hundert anmerkungen erklaret von J. L. (Joan. Lyseri.) *Freiburg,* 1676, *in-*4.

Theophili Alethei (Joannis Lyseri) polygamia triumphatrix; id est discursus de polygamiâ, cum notis Athanasii Vincentii (idest, auctoris). *Londini Scanorum,* 1682, *in-*4.

Tous ces titres annoncent des éditions différentes du même ouvrage. Il est assez rare, quoique réimprimé plusieurs fois. Christian V, roi de Danemarck, l'a fait brûler par la main du bourreau, et a menacé l'auteur de la peine capitale, s'il osait paraître dans ses états. Voici les propres termes de cet édit :

Nos Christianus V, Dei gratia, Daniæ et Norvegiæ rex, etc., etc. quemlibet certiorem facimus sequentium : Nempe quum acceperimus quemdam, Johannem Lyserum, scandali plenum conscripsisse Librum, cum titulo : Das Konigliche Marck aller Lander; *eumque in Germania typis descriptum in nostra regna importasse ; nos severe hoc nostro edicto prohibitum velle, ne illud scriptum in terris nostræ ditionis vendatur, neve penes ullum ex nostris dilectissimis civibus toleretur celeturve. Itaque omnibus serio præcipimus, ut non tantum ab eo legendo abstineant, sed et si quæ habeant exempla, illa in civitatibus nostris ad*

Consules deferant et senatores ; in agro autem ad præfectos nostros, qui ad cancellariam omnia transmittent, unde postmodo deprompta carnifici tradentur publicitus comburenda. Si quis reperiatur ejus modi quoddam exemplar abdere mulctabitur mille imperialibus : quorum alterum dimidium in nostri publici Valetudinarii ; alterum illorum in pauperum cedet usum, qui in eo versaniur loco, ubi delictum committitur. Idem si opibus ita haud valeat, ut resolvere hanc possit mulctam, corpore luet. Præterea eundem, quem diximus Lyserum, protinus nostræ ditionis terris cedere jubemus, in illisque nunquam amplius apparere, nisi capitis plecti velit supplicio. Datum in arce Hafniensi d. 15 *Martii* 1677. *CHRISTIANUS.*

Jean Lyser, docteur de la confession d'Ausbourg, s'est déclaré l'apôtre de la polygamie avec une passion difficile à concevoir. Il consuma sa vie et ses biens pour prouver que, non-seulement la pluralité des femmes est permise, mais qu'elle est même commandée en certains cas (1). Il voyagea avec assez d'incommodités en Allemagne, en Danemarck, en Suède, en Angleterre et en France, pour rechercher de quoi appuyer son système. « Son entêtement sur la pluralité des femmes, dit Bayle, surprend d'autant plus, qu'une seule l'en... fort embarrassé. » C'était un petit homme un peu bossu, maigre, pâle, rêveur et inquiet. Après bien des courses, il se fixa en France : il vécut dans la misère à Paris. Comme il était très-fort aux échecs, il alla à Versailles, espérant trouver, par le moyen de ce jeu,

---

(1) Un nommé Martin Madan, ministre anglais, a fait un livre intitulé : *Theliptora* ou *Traité de la séduction des Femmes*, dans lequel il soutient l'utilité et la légitimité de la polygamie. Ce Madan est mort en 1790.

quelques ressources à la cour ; mais, la fortune lui étant toujours contraire, il voulut, quoique malade, retourner à pied à Paris ; et la fatigue augmentant son mal, il mourut dans une maison sur la route, en 1684. On trouva, dans ses papiers, une liste curieuse de tous les polygames du siècle. Brunsmann, ministre à Copenhague, a réfuté sa *Polygamia triumphatrix* dans un ouvrage intitulé : *Polygamia triumphata*, 1689, et dans un autre ouvrage intitulé : *Monogamia victrix*, 1689, *in*-8.

MABLY. Observations sur l'Histoire de France, Par M. l'abbé de Mably. 1765, 2 *vol. in*-12.

Cet ouvrage, écrit comme tous ceux de ce célèbre publiciste, avec beaucoup de chaleur et d'un style ferme et noble, a été proscrit par l'autorité supérieure en 1765. Le gouvernement n'a point vu avec plaisir la liberté et la manière courageuse avec lesquelles l'auteur défend, dans ce livre, les droits de l'humanité contre les princes ambitieux, qui regardent les autres hommes comme nés pour l'esclavage. L'abbé Bonnot de Mably, né à Grenoble, en mars 1709, est mort à Paris le 23 avril 1785. Il était le frère aîné de Condillac. On trouve à la tête des *Entretiens de Phocion*, jolie édition stéréotype publiée dernièrement chez M. Renouard, une notice raisonnée, très-bien faite, des ouvrages de l'abbé de Mably.

MAFFEI. Scipionis Maffei Commentatio de Fabulâ equestris ordinis Constantiniani, ad Gisbertum Cuperum. *Parisiis*, 1724, *in*-4, et prius *Tiguri*, 1712, *in*-4.

Cet ouvrage a été supprimé, parce que l'auteur combat

l'opinion de ceux qui pensent que l'ordre dont il est question, a été créé par Constantin-le-Grand, et conféré par ses successeurs, tandis que cet ordre a été institué en 1190 par l'empereur Isaac-Ange Comnène.

MAHOMET. Alcoranus Mahometicus. Editio litteris arabicis excusa, operâ Pagnini Brixiensis. *Venetiis, circa* 1530.

Les exemplaires de cette édition sont excessivement rares, parce qu'ils ont été supprimés et condamnés au feu par la cour de Rome. J'ajouterai à cet article le suivant : « *L'Alcorano di Macometto, nel quale si contiene la dottrina, la vita, i costumi e leggi sue, tradotte nuovamente, dall'arabo in lingua italiana,* (*per And. Arrivabene.*) In Venezia, 1547, *in-*4. On est assez d'accord que cette édition est fort belle, recherchée des curieux et des amateurs, à cause de sa rareté occasionnée par la suppression exacte qui en a été faite. On prétend que cette traduction n'a point été faite sur l'original arabe, comme le titre le dit, mais sur la mauvaise version latine de *Robert Retenensis*. L'Alcoran a été traduit en latin par Maracci, en anglais par Salle, en français par Duryer et Savary, en allemand par Salomon Schweiggern, *etc., etc.* Mahomet, né à la Mecque en 570, mourut l'an 632.

MALAGRIDA. Tractatus de vita et imperio Antichristi, auctore Gabrieli Malagrida.

Cet ouvrage a été condamné en Portugal par l'inquisition. Voici le compte qu'en rendent les auteurs du *Dictionnaire historique*. « Lorsque la Sainte Vierge, dit le père Malagrida, lui ordonna d'écrire sur cette matière, elle lui dit »

« *Tu es* JEAN *après un autre* JEAN, *mais beaucoup plus clair et plus profond.* Si l'on entend bien les saintes Ecritures, dit-il ensuite, on doit s'attendre à voir paraître trois *Antechrists*, le Père, le Fils et le Petit-Fils. Comme il est impossible qu'un seul puisse subjuguer ou ruiner tout le monde, il est plus naturel de croire que le premier Antechrist commencera l'empire, que le second l'étendra, et que le troisième fera les désordres et causera les ruines dont il est parlé dans l'*Apocalypse*. Le dernier Antechrist aura pour père un moine et pour mère une religieuse. Il verra le jour dans la ville de Milan en Italie, l'an 1920, et il épousera une des Furies infernales nommée *Proserpine*. Le seul nom de *Marie*, sans être accompagné des mérites des bonnes œuvres, ayant fait le salut de quelques créatures, la mère de ce dernier Antechrist, qui sera appelée *Marie*, sera sauvée à cause de ce nom, et par égard pour l'ordre religieux dont elle sera professe. Les religieux de la *société de Jésus* seront les fondateurs d'un nouvel empire destiné à Jésus-Christ, et ils feront la découverte de plusieurs nations très-nombreuses. » Un autre ouvrage du père Malagrida, qui n'est pas moins ridicule que le précédent, est celui que nous allons citer, et qui est écrit en portugais.

MALAGRIDA. La Vie de Sainte Anne, composée avec l'assistance de la bienheureuse Vierge Marie, et de son très-saint Fils.

Cet ouvrage a été condamné par le tribunal de l'inquisition ; et on n'en sera pas surpris quand on verra l'extrait suivant, tiré de je ne sais quel auteur, et rapporté dans le *Dictionnaire historique* que j'ai cité plus haut. « Sainte Anne, dit le jésuite visionnaire, fut sanctifiée dans le sein de sa mère, comme la bienheureuse Vierge *Marie* le fut dans celui de Sainte *Anne* : privilége qui n'a jamais été accordé qu'à elles deux. Quand *Sainte Anne* pleurait dans le sein de sa mère, elle faisait aussi pleurer les Chérubins qui lui tenaient compagnie. *Sainte Anne*, dans le sein de sa mère, entendit, connut, aima, servit Dieu de la même manière que font les Anges dans le ciel ; et afin qu'aucune des trois personnes de la Sainte-Trinité ne fût jalouse de son attention particulière pour l'une d'entre elles, elle fit vœu de pauvreté au Père éternel, vœu d'obéissance au Fils éternel, et vœu de chasteté au Saint-Esprit... *Sainte Anne*, qui demeurait à Jérusalem, y fonda une retraite pour soixante-trois filles. L'une d'elles, nommée *Marthe*, achetait du poisson, et savait le revendre dans la ville avec beaucoup de profit. Quelques-unes de ces filles ne se marièrent que pour obéir à Dieu, qui, de toute éternité, avait destiné ces heureuses vierges à une plus haute sainteté, que ne fut celle des Apôtres et de tous les Disciples de Jésus-Christ. *St. Lin*, successeur de *St. Pierre*, naquit d'une de ces vierges ; une autre fut mariée à *Nicodème* ; une troisième à *St. Mathieu*, et une quatrième à *Joseph d'Arimathie*, etc., etc. Cet enthousiaste s'attribuait le don des miracles. Il confessa de vive voix devant les inquisiteurs, que Dieu lui-même l'avait déclaré son *ambassadeur*, son *apôtre* et son *prophète* ; que Dieu l'avait uni à lui par une union habituelle ; que la Vierge *Marie*, avec l'agrément de Jésus-Christ et de toute la Sainte-Trinité, l'avait déclaré son fils. Enfin, l'on prétend qu'il avoua avoir éprouvé dans sa prison, à soixante-douze ans, des mouvemens qui ne sont point ordinaires à cet âge ; et que ces turpitudes lui avaient fait dans le commencement beaucoup de peine ; mais que Dieu lui avait révélé que ces mouvemens ne provenaient que de l'effet naturel d'une agitation involontaire, par laquelle il avait autant mérité, que par la prière. » De pareilles rêveries ne méritaient sans doute pas que l'on fît périr par les flammes le père Malagrida ; mais il fut accusé de quelque chose de plus sérieux. Lorsque le duc d'Aveiro forma sa conspiration contre le roi de Portugal, il consulta, dit-on, trois jésuites ; savoir, le père Malagrida, le père Alexandre et le père Mathos. Ces casuistes, ajoute-t-on, décidèrent « que ce n'était pas seulement un péché véniel de tuer un roi qui persécutait les Saints. » La conspiration ayant été découverte, le roi chassa les jésuites, et ne retint que les trois en question ; mais il ne put obtenir de Rome la permission de faire juger le père Malagrida : il le livra donc à l'inquisition, qui le condamna au feu, non pas comme complice de régicide, mais comme faux prophète, parce que ce fou prétendit avoir eu, dans sa prison, une révélation de la mort du roi (1). Il affirma, de plus, au tribunal de l'inquisition, qu'il avait eu une vision intellectuelle des peines auxquelles sa majesté était condamnée pour avoir persécuté les religieux de son ordre. Ces absurdités firent hâter son supplice ; et il fut brûlé le 21 septembre 1761, à soixante-quinze ans.

---

(1) Le roi n'était point mort, mais bien le marquis de Tancours ; et Malagrida, enfermé dans sa prison, ayant entendu les décharges d'artillerie qui avaient lieu à l'occasion de la mort de ce marquis, général en chef de la province d'Estramadure, crut que ces décharges annonçaient la mort du roi, et il débita le lendemain ses rêveries contre le roi : il n'en fallut pas davantage pour presser son supplice. Je n'affirme rien sur la vérité de tous ces faits ; les ennemis des jésuites les ont singulièrement grossis et envenimés ; leurs partisans les ont beaucoup atténués : c'est au lecteur sage à se placer entre les deux excès ; cela lui est d'autant plus facile, que nous sommes éloignés de la fermentation qu'a occasionnée dans les esprits, à cette époque, la prochaine destruction des jésuites.

MALDONAT. Summula casuum conscientiæ, auctore Joanne Maldonat. *Lugduni*, 1664.

Cet ouvrage posthume a été condamné, parce que la morale y est trop relâchée. Les bibliothécaires des jésuites l'ont désavoué comme indigne de Maldonat. Ce jésuite, célèbre théologien, né à Casas de la Reina dans l'Estramadure, en 1534, est mort à Rome le 5 janvier 1583.

MANDEMENT. Mandement de l'Evêque d'Alais sur la mort de Louis XV. 1774, *in-4.*

Ce Mandement a été proscrit, parce que l'auteur s'est élevé avec une sainte hardiesse contre le débordement des mœurs du roi : il peint les suites malheureuses de ce débordement et les funestes effets du luxe des grands et des courtisans. Voici l'un des passages de ce Mandement, qui a sans doute contribué à sa suppression. « Que le monarque aime Dieu, et il aimera son peuple, et il portera ses regards bienfaisans des pieds du trône jusqu'au fond de ces provinces, dont les tristes habitans manquent quelquefois de pain ou le trempent souvent de leurs larmes.....; et l'on cessera bientôt de voir le royaume partagé, pour ainsi dire, en deux classes ; dans l'une, les dépouilles des provinces servir de trophée au luxe et au faste de quelques familles, méprisables autant par leur origine que par leurs mœurs, qui ne voient jamais de superflu dans leur opulence ; tandis que, dans l'autre, des milliers de familles, tirant à peine le nécessaire d'un travail pénible, semblent reprocher à la Providence cette humiliante iniquité. » Le Mandement en question est très-étendu, et, comme nous l'avons dit, il contient des choses fortes et des peintures énergiques des évenemens du règne de Louis XV, de la révolution arrivée dans la magistrature, etc.

MANDEVILLE. The fable of the Bees or private vices publick benefits, etc. (par Bernard de Mandeville). *London*, 1725, *in* 8. — The fable of the Bees, part. II. *London*, by Robert *Warwick*, 1729, *in*-8.

Ce livre a été condamné aux flammes, comme renfermant beaucoup de principes pernicieux. L'auteur prétend que les vices des particuliers tournent, ainsi que le luxe, au bien et à l'avantage de la société. Les crimes, selon lui, sont utiles, en ce qu'ils servent à établir une bonne législation. Ce livre, réimprimé en 1732, a été traduit en français. Cette version a paru à Londres en 1740, 4 vol. *in*-8. Dulaurent a, dans son *Arétin moderne*, un chapitre sur l'*utilité des vices*. Voici comment cet auteur effronté, qui a imité Mandeville, a traité cette matière. Je me garderai bien de citer le chapitre en entier ; le style et les principes de cet écrivain sont trop dégoûtans, pour qu'on ait le courage de prolonger la citation. Dulaurent prend d'abord pour épigraphe : « Le mal est nécessaire au bonheur des humains. » Ensuite il dit : « Les vices ont été plus utiles à la société que les vertus. Cette proposition n'est point un paradoxe : elle peut épouvanter les oreilles des docteurs, des casuistes et des moines ; je n'écris point pour les sots. Le Créateur, qui avait donné une petite étincelle de sa liberté à l'homme, savait que l'homme était défectueux ou devait le devenir : le Créateur savait tout. Les défauts de la figure de boue devaient entrer dans l'harmonie de la boue de l'univers. La nature, qui ne fait rien en vain, en mettant le mal dans le monde, avait ses vues, et ses vues sont toujours admirables. Un peuple vertueux aurait été inutile ; il n'eût formé qu'un peuple lâche, une race propre à figurer les bras croisés sur les arbres, comme Siméon Stilite, à nourrir un cochon comme Antoine, ou à se donner des coups de pierres dans l'estomac comme un ancien docteur de l'église, à cause que la nature l'excitait à conserver son espèce. »

« Les vices, dans leur origine, étaient aussi brutes que les hommes. Ils marchaient, pour ainsi dire, à quatre pattes avec le roi des animaux. Les arts et les sciences les ont éclairés de leurs flambeaux ; les charmes de la poésie leur ont donné ce ton de la bonne compagnie qui commence à les rendre respectables parmi nous. Nos pères se soûlaient du gros vin de leur crû, nous autres nous ne buvons plus ; et si nous nous avisions d'enterrer notre raison dans le vin, nous la perdrions dans le meilleur vin de Champagne ou des meilleures côtes de Bourgogne ; car, dans ce siècle, un homme obligé de manger des pierres, choisirait assurément les plus blanches. »

« La vertu qu'on oppose aux vices, est une chimère qui amuse les hommes depuis la création. Les profondes têtes de l'aréopage ont cherché long-temps ce qu'elle était. Désespérés de la connaître, ils ont placé ce mot sur l'autel : *Ignoto Deo*. Le mot de vertu a passé par mille générations, sans rendre nos devanciers ni plus vertueux ni plus savans. Brutus, illustre dans l'ancienne Rome, pour avoir prononcé ou fait prononcer ce mot plus souvent dans le sénat, avoua qu'elle n'était rien, et se repentit de n'avoir embrassé que la nue d'Ixion. Salomon, le plus sage des rois, selon les vieux livres, et le moins sage selon les modernes, prononça qu'elle n'était que vanité. Il voulut la suivre ; il la demanda au ciel ; il ne la trouva ni dans le temple magnifique qu'il avait fait bâtir, ni dans les bras de ses maîtresses. »

« La boue qui forma l'univers et le premier homme, n'eut d'autre perfection que celle d'altérer sa forme. Le désordre qui devait naître de cette altération, était le seul bien qui pouvait former l'ordre général. L'optimisme du monde était dans la décadence des choses essentiellement changeantes. La boue ne pouvait produire d'autre effet. Les vertus qu'on pouvait imprimer sur cette boue, ne pouvaient être que des caractères imprimés sur le sable; l'argile grossière que la nature avait animée était changeante : pouvait-elle être capable d'un état permanent comme la vertu ? »

« Les vices, leur variété, leur changement convenaient à l'optimisme du monde ; c'était de cette multitude de défauts que devait naître le bien général (1). L'ordre imprimé sur toute la nature, n'est que l'heureux effet des changemens qui lui arrivent : les vices sont pour l'homme, ce que les défectuosités que nous appercevons dans la nature sont pour l'univers. La nature ne pouvait agir qu'avec la chimère du bien et l'essence du mal : elle n'avait point d'autre fonds sur lequel elle pouvait travailler pour le faire: elle a réussi par les vices ; l'ouvrage était manqué par les vertus. » Revenons à Mandeville. Il a composé encore des *Pensées libres sur la Religion*, qui firent autant de bruit que la *Fable des Abeilles*, qui fait l'objet de cet article. Bernard de Mandeville, médecin hollandais, né à Dort, est mort à Londres en 1733, âgé de soixante-trois ans.

MANTUANUS. Baptistæ Mantuani (Spagnoli).

---

(1) Voyez la *Fable des Abeilles*.

Carmelitæ opera omnia. *Antverpiæ, apud Joannem Bellerum*, 1576, 4 vol. in-8.

Cette édition de ce poëte singulier est fort bonne, mais excessivement rare, parce que les exemplaires en ont été presque tous brûlés. Celui que nous citons existait dans la bibliothèque de M. Crevenna à Amsterdam. « L'esprit de cet auteur était si fécond, dit le *Dictionnaire historique*, qu'il enfanta plus de cinquante-neuf mille vers, dont la plupart sont semés de pointes, et n'offrent qu'une facilité molle et languissante. Parmi ses poésies, on distingue ses *Eglogues*, dans lesquelles il est tour à tour épicurien et dévot. Il détruit, dans l'une, la croyance d'une autre vie ; et dans l'autre, la *Vierge* apparait à un berger, et lui promet que « quand il aura passé sa vie sur le Carmel, elle l'enlèvera dans des lieux plus agréables, et l'y fera à jamais habiter les cieux avec les Dryades et les Hamadryades. » Nouvelles Saintes, que nous ne connaissions pas encore dans le paradis. Ses bergers sont d'une grossièreté dégoûtante. Il s'emporte jusqu'à la fureur contre les femmes et contre les ecclésiastiques. Contre les femmes, parce qu'apparemment le versificateur *Mantouan* n'avait pas pu leur plaire ; et contre les ecclésiastiques, parce que les charges de son ordre n'avaient pas pu satisfaire son ambition. C'est surtout dans son poëme de *la Calamité des Temps*, qu'il s'acharne contre ces derniers avec un emportement digne de l'*Arétin*. Ses autres poésies ont pour objet des sujets de morale, ou les éloges des Saints. » Baptiste Spagnoli, dit le Mantouan, né en 1444, est mort en 1516, trois ans après être parvenu au généralat de son ordre. Il était carme.

MARÉCHAL. Almanach des honnêtes gens (par Sylvain Maréchal). 1788, *in*-8 ou *in*-12.

Voici comment M. D. L. L..... raconte le sort qu'a eu cet ouvrage, et ce qu'il a valu à son auteur. « En 1788, Maréchal fit imprimer son *Almanach des honnêtes gens*: y mit Jésus-Christ; mais il y plaça Ninon. L'avocat général Séguier, déjà déshonoré parmi les gens de lettres, crut y voir des rapprochemens peu favorables à la religion. Il fit, le 7 janvier 1788, un réquisitoire au parlement, et il y eut décret de prise de corps. Les parlementaires étaient ignorans et superstitieux: ils n'aimaient pas les gens de lettres. Pour soustraire Maréchal à cette persécution, on demanda une *lettre de cachet*; mais le commis qui l'expédia, eut la maladresse de mettre Saint-Lazare; car je ne crois pas que les gens en place aient eu envie de flétrir un jeune homme pour un motif si ridicule. Ce petit événement lui fit un très-grand tort. L'opinion publique n'admet point de ménagement; et Diderot avait été refusé à l'académie française, parce qu'il avait été enfermé quelque temps à Vincennes. (Voyez la *Notice sur Sylvain Maréchal*, 8 novembre 1803, page 3.) « Il s'en faut beaucoup que cet *Almanach des honnêtes gens* soit la plus mauvaise des nombreuses et abominables productions de Sylvain Maréchal. On a encore de lui ses *Fragmens d'un Poëme moral sur Dieu, ou le Nouveau Lucrèce*, 1781; — son *Livre échappé au Déluge*, 1784; ce livre lui fit perdre sa place à la Bibliothèque Mazarine. — Son *Culte et Lois d'une Société d'hommes sans Dieu*, 1797, *in*-12. — Ses *Pensées libres sur les Prêtres*, 1798, *in*-12. — Son *Lucrèce français*, 1798, *in*-8, etc., etc. etc. Mais ses deux ouvrages les ridicules dans ce genre, sont: le *Dictionnaire des Athées* fait en société avec M. D. L. L....., et imprimé par

Comminge; il renferme huit cents articles; c'est-à-dire, huit cents noms de prétendus athées, parmi lesquels on est tout surpris de trouver Jésus-Christ, Socrate, Fénélon, Bossuet, etc. L'autre ouvrage est: *Pour et contre la Bible, par Sylvain M.......*, avec cette épigraphe, tirée du vénérable Bède: « Le Livre de l'Ecriture sainte doit être fermé au peuple. » *A Jérusalem*, (Paris) 1801, 1 *vol. in-8*. C'est dans cette étrange production que Sylvain Maréchal épanche le plus sa bile acrimonieuse sur ce que la religion a de plus sacré. Qu'on en juge par l'extrait suivant que me fournit la *Bibliothèque française* du savant M. Pougens, 2.e année, n.º III. Qui pourrait lire en entier un livre aussi exécrable? On verra jusqu'à quel point de démoralisation nous étions parvenus, puisqu'un écrivain a eu l'impudeur de publier une pareille diatribe. Voici comme il s'exprime sur le saint Evangile: « Livre affreux, dont chaque ligne a fait couler des flots de sang et de fiel! un jour nos neveux feront amende honorable de la crédulité de leurs ancêtres. Devançant cette époque, peut-être, hélas! bien éloignée, et rougissant pour l'espèce humaine à laquelle j'appartiens, je veux du moins marquer la première année du dix-neuvième siècle, par une solennelle protestation contre le culte prostitué depuis si long-temps au plus absurde, au plus inutile, au plus immoral et au plus malfaisant de tous les livres. »

« Et toi (Jésus-Christ), dont la vie fut si conforme au scandale de ta naissance (page 397) et à l'infamie de ta mort! Enfant ingrat, parent dur, citoyen dangereux! Egoïste vil, qui ne *fut* ni époux ni père! Bateleur maladroit, mauvais génie, qui te vantais grossièrement d'avoir des légions d'anges à ton service! Toi, qui, pendant ta mission infernale, *reniait* ta mère, *troublait* les familles, *débauchait* les enfans de la maison paternelle, *refusait* la sépulture aux morts, *prêchait* l'intolérance et la persécution ! Hypocrite ambitieux qui voulus effacer Moyse, si supérieur à toi ! Avanturier ignorant comme tes complices, que tu allais chercher sur le port et dans les tavernes ! Misérable chef de secte, lâche et fanatique, qui ne sus pas même mourir, et qui, aux approches de ton châtiment suas du sang, tant la peur agissait sur tes organes ! Je ne souillerai pas la mémoire de Socrate, en t'opposant les derniers et sublimes momens de ce vénérable philosophe ! Christ, périsse ton nom ! ou plutôt qu'il soit voué au mépris du sage et à l'exécration des peuples enfin détrompés ! » L'auteur qui nous fournit cet extrait, y ajoute : « Après cette apostrophe, le berger Sylvain a la bonté de nous rassurer, en nous affirmant que ce *Dieu-homme, ce monstre, n'a jamais existé.* » Et notez qu'il l'avait placé parmi les *honnêtes gens* dans le bel *Almanach* qui est en tête de cet article. Le même auteur de l'extrait y dit un peu plus bas, toujours en parlant de l'ouvrage de Sylvain M....... : « Est-ce là le langage d'un ami de la vérité ? Le philosophe éclaire ses semblables sans secousses, sans moyens coercitifs ; et quand il leur présente le flambeau de la raison, il a soin d'en adoucir l'éclat, et de les accoutumer par degrés, à en supporter les bienfaisans rayons. L'athéisme, que prêche si scandaleusement le berger Sylvain, n'aura jamais, quoiqu'il dise, de nombreux prosélytes ; cette funeste doctrine ne convient pas aux états civilisés où l'instruction n'est point égale partout. Nous ne craignons pas d'être accusés ici de fanatisme ; mais nous dirons au citoyen S. M. ... : la religion qui remédie aux maux que les lois humaines ne peuvent pas toujours prévenir ; la religion qui épure le bonheur et adoucit l'infortune, qui établit la véritable et parfaite égalité entre les hommes ; la religion enfin qui dispenserait peut-être de toute loi pénale, si tous les hommes la pratiquaient exactement, entre nécessairement dans la constitution d'un état, comme principe ou comme moyen : elle existe avant les nations. La religion naturelle a gravé dans le cœur de l'homme les principes de la morale et de la justice ; elle lui inspire, dans ses souffrances ou ses dangers, ce recours naturel et de premier mouvement vers l'Être suprême. »

Je ne parlerai point ici des autres productions littéraires de Sylvain Maréchal, elles sont étrangères à mon sujet : cependant on remarque dans toutes une teinte des principes anti-religieux de leur auteur. Né à Paris le 15 août 1750, il y est mort le 18 janvier 1803.

MARGAT. Histoire de Tamerlan, Empereur des Mogols et conquérant d'Asie. Par le père Margat. *Paris*, 1732, 2 *vol. in*-12.

Cet ouvrage a été prohibé, et les exemplaires en ont été confisqués ; cependant il n'est ni rare ni cher.

MARGUERITE. Le Miroir de l'ame pécheresse, par Marguerite de Valois, Reine de Navarre, 1533, *in* 12.

Qui croirait que la main qui a tracé l'*Heptaméron*, ou les *Nouvelles* (*de la Reine de Navarre*), eût écrit un livre de dévotion qui a été censuré et condamné par la Sorbonne, mais dont l'université a ensuite désavoué la censure ? Voici à quel sujet ce *Miroir* a vu le jour. Marguerite, passionnée pour les belles-lettres, protégeait les savans et désirait beaucoup s'instruire. Cette ardeur de tout apprendre lui fit prêter l'oreille à quelques théologiens protestans, qui cherchèrent à l'attirer dans leur parti : elle les écouta, et composa à ce sujet le *Miroir* en question. La censure de la Sorbonne, bien loin de la faire rentrer dans le chemin dont on l'avait écartée, lui inspira encore plus d'intérêt pour les protestans, qui étaient malheureux et persécutés. Elle les traita le plus favorablement qu'il lui fut possible, et en déroba beaucoup à la sévérité des lois ; ce fut même à sa sollicitation que son frère, François I.er, écrivit au parlement en faveur de quelques hommes de lettres poursuivis, parce qu'on les soupçonnait de favoriser la réforme naissante. Marguerite de Valois, duchesse d'Alençon, reine de Navarre, sœur de François I.er, et fille de Charles d'Orléans, duc d'Angoulême, et de Louise de Savoie, naquit à Angoulême en 1492, et mourut au château d'Odos, en Bigorre le 2 décembre 1549. Elle a composé, outre les deux ouvrages dont nous avons parlé (le *Miroir* et les *Nouvelles*), plusieurs pièces en vers qui ont été recueillies sous ce titre: *Les Marguerites de la Marguerite des Princesses*, Lyon, Jean Detournes, 1547, *in*-8. Marguerite de Valois, quoique auteur d'ouvrages fort libres, avait des mœurs très-pures; et en cela elle différait beaucoup de Marguerite de France, sœur de Charles IX et première femme de Henri IV, qui était seulement prince de Béarn, lorsqu'il l'épousa en 1572, peu avant le massacre. Cette Marguerite était si débauchée, que Charles IX, après avoir signé son contrat de mariage, dit : « En donnant ma sœur Margot au prince de Béarn, je la donne à tous les huguenots du royaume. »

MARIE. De Mariâ Scotorum regina, totâque ejus contra regem conjuratione, fœdo cum Bothwelio adulterio, nefaria in maritum crudelitate et rabie, horrendo insuper et deterrimo ejus parricidio : plena et tragica planè historia. *Sine loco et anno.*

Cet ouvrage, extrémement rare, a été supprimé et très-prohibé en Angleterre. Marie Stuart, reine d'Ecosse, née en 1542, a été décapitée, par ordre d'Elisabeth, dans le château de Fothering-Gay, le 8 février 1587.

MARIAGE. Les avantages du Mariage, et combien il est nécessaire et salutaire aux Prêtres et aux Evêques de ce temps-ci d'épouser une fille chrétienne. *Bruxelles* (Paris), 1758. 2 *tom. en un vol. in-12.*

J'ai déjà parlé de cet ouvrage à l'article DESFORGES; tel est le nom de l'auteur : j'ajouterai ici que ce livre a été condamné par arrêt du parlement, et que le Traité *de Cœlibatu et Viduitate* d'André-Rodolphe Carlostadt a eu le même sort ; le parlement l'a supprimé le 22 mars 1511. Un autre Traité, *Contra papisticas leges sacerdotibus prohibentes matrimonium apologia Pastoris Combergensis qui nuper sine ecclesiæ consensu uxorem duxit*, a été également condamné par le même arrêt, sur la requête du concile de Trente.

MARIANA. Joannis Marianæ Hispani, è Soc. Jesu, de rege, et regis institutione Libri III ad Philippum III Hispaniæ regem catholicum. *Toleti, apud Petrum Rodericum*, 1599, *in-4.*

Cette édition originale est aussi rare que les éditions

postérieures (mutilées) sont communes. Elle parut dans le temps (chose singulière) avec plusieurs approbations et avec le privilége du roi d'Espagne; mais la cour de France, qui découvrit dans ce livre des sentimens séditieux et injurieux à la majesté et à l'autorité des rois, le fit condamner au feu par arrêt du parlement de Paris, le 8 juin 1610, et obtint la suppression des exemplaires en Espagne. Les éditions postérieures n'ont qu'un prix commun : on n'y trouve plus les passages abominables qui ont fait condamner ce livre aussitôt qu'il parut. L'auteur y soutient qu'il est permis de se défaire d'un roi pour cause de religion; il y admire l'action détestable de Jacques Clément, et ne craint pas de l'y nommer *Galliæ æternum decus*. Aussi prétendait-on que Ravaillac avait puisé dans cet ouvrage l'exécrable dessein qu'il exécuta contre la vie de Henri IV. Mais cela n'est point avéré. La Sorbonne censura cette production dangereuse, et le parlement de Paris la condamna par arrêt à être brûlée; elle fut même désapprouvée par les supérieurs de l'ordre des jésuites; cela n'empêcha pas qu'elle ne fît ensuite beaucoup de tort à cet ordre. La seconde édition de ce libelle injurieux a paru à Mayence chez Balthazar Lippius, en 1605. On prétend que ce sont les jésuites qui ont fait imprimer cette seconde édition, après en avoir retranché ce qu'il y avait de trop fort dans la première; et qu'ensuite ils ont fait courir le bruit que c'étaient leurs ennemis qui avaient fait réimprimer ce livre. Ce qu'il y a de certain, c'est que Lippius était ami des jésuites.

On a publié à Paris un ouvrage ayant pour titre : *Anti-Mariana, ou Réfutation des propositions de Mariana ; pour montrer que les princes souverains ne dépendent que de Dieu en leur temporel*. Paris, Métayer, 1610, in-8.

MARIANA. Joa. Marianæ è Societate Jesu Tractatus septem, de adventu B. Jacobi in Hispaniam : pro editione vulgata : de spectaculis : de monetæ mutatione : de die mortis christi : de annis Arabum : de morte et immortalitate. *Coloniæ, Agrippinæ, Hieratus,* 1609, *in-fol.*

C'est un de ces sept Traités (*de Monetæ mutatione*), qui a suscité un procès très-sérieux au jésuite Mariana, et non pas son *Liber de ponderibus et mensuris*, Toleti, 1599, *in*-4, comme l'ont prétendu Debure dans sa *Bibliographie*, n.º 5857, Crevenna dans son premier *Catalogue*, *in*-4, tom. 5, pag. 242, et plusieurs autres. Ce procès a été intenté audit Mariana, par le fiscal don Lilimon de la Mota, en 1610, et instruit par-devant don François de Lossa, évêque des Canaries, juge à ce délégué par le nonce apostolique. Dans le rapport du fiscal, le jésuite est accusé de crime de lèse-majesté, pour avoir osé affirmer dans son Traité de *Monetæ mutatione*, sans aucun égard au respect dû à sa majesté et à ses ministres, que le changement opéré dans la valeur de la monnaie, portait un coup pernicieux au crédit de l'état, et que les représentans de la nation n'envisageaient que leur intérêt particulier, se souciant peu des calamités publiques, pourvu qu'elles leur procurassent la grâce du prince. Plus bas, il est accusé d'avoir déclamé injurieusement contre le gouvernement, l'inculpant de venalité, *etc.* Décrété de prise de corps par suite de ces accusations, Mariana fut mis aux arrêts dans le couvent des religieux franciscains de Madrid, où il s'occupa d'un Mémoire justificatif, dans lequel il dit, qu'âgé de soixante-treize ans, quand il s'attendait à recevoir quelques rétributions pour les nombreuses fatigues qu'il avait endurées l'espace de cinquante-six ans employés au service de la religion et de l'état, il ne trouve, pour toute récompense, que la rigueur d'une prison. Cette défense est datée du 3 novembre 1609. Le procès ne fut pas jugé, et l'accusé recouvrit sa liberté un an après son emprisonnement. Ce qui rend cet ouvrage très-rare, c'est qu'il y eut un ordre secret du roi, consigné dans une lettre écrite par sa majesté catholique à don François de Gastro, pour faire acheter et recueillir avec soin, et sans bruit, tous les exemplaires de ce livre, avec injonction expresse de les brûler.

L'erreur de Debure, dont j'ai parlé plus haut, a donné beaucoup de célébrité au Traité de *Ponderibus et mensuris*, pour lequel l'auteur n'a point été inquiété.

Tout le monde sait que le père Mariana est auteur d'une bonne Histoire d'Espagne, qui a d'abord paru en vingt-cinq livres (latin), à *Tolède, chez Pierre Roderigo*, 1592, *in-folio*. Elle a eu beaucoup d'éditions; il y en a une également en vingt-cinq livres, imprimée à *Tolède, chez Thomas Gusman*, 1595, *in-fol*. Celle de Francfort, *Marnius*, 1606, *in-fol*. a trente livres. La traduction du latin en espagnol, faite par Mariana lui-même, a été donnée à *Madrid*, en 1608, 2 *vol. in-fol*. Autre édition de la même traduction, *Madrid*, 1650, 2 *vol. in-fol*. Autre de la même, *Madrid*, 1669, 2 *vol. in-fol*. Autre de la même, *Ambères* (*Leon de Francia*), *Bousquet*, 1737 — 1739, 16 *vol. in-12*. Cette édition est la seule qui contienne la continuation de Miniana; mais elle est pleine de fautes typographiques. Autre édition de la même traduction espagnole, magnifiquement exécutée par *Ibarra*, à *Madrid*, en 1780, 2 *vol. in-fol*. L'édition latine de *la Haye*, 1733, 4 tomes en 2 *vol. in-fol*. renferme dix nouveaux livres de continuation donnés par le père Miniana, avec portraits des rois. La traduction française, par le père Joseph-Nicolas Charenton, a paru chez Lemercier, à *Paris*, en 1725, 5 *vol. in-4*, avec les médailles des rois Goths.

MARMONTEL. Bélisaire, par Marmontel. *Paris*, 1767, *in-8, fig.*

Cet ouvrage si connu, a été condamné et censuré par la Sorbonne, en 1767, à cause des écarts, dit la faculté, que l'auteur s'est permis contre la foi catholique dans le 15.ᵉ chapitre de cet ouvrage. Marmontel avait écrit à l'archevêque de Paris pour lui déclarer qu'il signerait la profession de foi qui lui serait proposée, et qu'il donnerait toutes les explications qu'on voudrait exiger. Cela n'a point désarmé la Sorbonne, parce qu'elle se rappelait que les explications données en pareil cas par Montesquieu au sujet du livre de l'*Esprit des Lois*, et par Buffon sur l'*Histoire naturelle*, avaient été insuffisantes pour réparer le scandale donné (1). En conséquence, elle a procédé à la censure, qui a porté sur trente-sept impiétés extraites de *Bélisaire*. Cela a donné lieu à un petit écrit intitulé : *Les trente-sept Vérités opposées aux trente-sept Impiétés de Bélisaire, par un bachelier ubiquiste.* Le Mandement de l'archevêque de Paris, publié au commencement de 1768, contre *Bélisaire*, le condamne comme contenant des propositions fausses, captieuses, téméraires, scandaleuses, impies, erronées, respirant l'hérésie. M. Bret, censeur de l'ouvrage, ayant été rayé du tableau pour avoir donné son

---

(1) Ces deux ouvrages, l'*Esprit des Lois* de Montesquieu et *les Epoques de la Nature* de Buffon, devaient être censurés par la Sorbonne ; mais la soumission des auteurs à ce que le clergé exigea d'eux, et les explications qu'ils donnèrent, empêchèrent la censure.

approbation, répondit au lieutenant de police, qui semblait le plaindre en lui annonçant sa radiation : « Eh bien, monsieur, ne me plaignez pas tant ; c'est un malheur, mais ce n'est pas un déshonneur. » Le comte d'Artois, causant avec le dauphin sur *Bélisaire* et sur son auteur, disait qu'il trouvait fort plaisant qu'un cuistre, un pédant de collége, comme Marmontel, s'avisât de s'ériger en précepteur des rois et de leur donner des leçons ; que, s'il dépendait de lui, il ferait fustiger l'auteur aux quatre coins de Paris ; et moi, reprit le dauphin, je le ferais pendre. Une pareille anecdote est-elle bien digne de foi ? Laharpe dit que *Bélisaire* a le défaut de commencer par être un roman, et de finir par être un sermon ; mais que, malgré cela, c'est dans ce livre que se trouve ce que l'auteur a fait de plus réellement beau : il y a de la véritable éloquence. Le marquis de Langle dit : « Que l'époque où parut *Bélisaire* fit son seul mérite. Ce roman n'est qu'une capucinade prêchée par un athée devant l'académie française. Les *Incas*, ajoute de *Langle*, autre capucinade qui n'eut pas, comme *Bélisaire*, la bonne fortune de la persécution. » On reconnait bien à ce style l'auteur du *Voyage en Espagne*. Marmontel, né à Bort, dans le Limousin, en 1719, est mort à Abboville, en Normandie, en 1798.

MARSILE DE PADOUE. Defensor pacis.

Cet ouvrage, fait en faveur de Louis de Bavière, contre le souverain pontife, a été condamné par le pape Jean XXII. Marsile de Padoue, surnommé Menandrin, quoiqu'il ait publié son écrit sous le titre de *Défenseur de la Paix*, y déclare la guerre à la papauté. Voici quelles sont les cinq erreurs principales que Jean XXII a foudroyées dans cet ouvrage. « 1.º Quand Jésus-Christ paya le tribut de deux drachmes, il le fit parce qu'il y était obligé; et par conséquent, les biens temporels sont soumis à l'empereur. 2.° *Saint Pierre* ne fut pas plus chef de l'église que les autres apôtres : il n'eut pas plus d'autorité qu'eux, et Jésus-Christ n'en fit aucun, en particulier, son vicaire, ni chef de l'église. 3.° C'est à l'empereur de corriger et de punir le pape, de l'instituer ou le destituer. 4.° Tous les prêtres, le pape, l'archevêque, le simple prêtre, ont une égale autorité, par l'institution de Jésus-Christ même, pour la juridiction ; et ce que l'un a de plus que l'autre, vient de la concession de l'empereur, qui peut la révoquer. 5.° Le pape, ni toute l'église ensemble, ne peut punir personne, quelque méchant qu'il soit, de peine coactive, si l'empereur ne lui en donne l'autorité. Le pape condamna ces cinq articles comme hérétiques, et *Marsile* comme hérésiarque. *Fleury* remarque que la condamnation du dernier article tend à la confusion des deux puissances, la spirituelle et la temporelle. Les peines coactives appartiennent à la puissance temporelle, que Jésus-Christ n'a point donnée à son église. Mais il faut prendre garde, qu'en voulant trop resserrer le pouvoir des pontifes, on ne contribue à le détruire. » Marsile de Padoue a été recteur de l'université de Paris : il y avait professé la théologie en 1312. Dans ses ouvrages sur les droits du sacerdoce et de l'empire, il défend les empereurs contre les entreprises des papes, et quelquefois les défend avec un zèle outré.

MARTENNE. Vie de don Claude Martin, Bénédictin. Par Edmon Martenne, Bénédictin. 1697, *in-8*.

Cet ouvrage a été supprimé par ordre supérieur ; j'en ignore la raison : il est vrai que cette Vie renferme bien des détails puérils; mais on y trouve quelques particularités curieuses sur l'édition de *St. Augustin* de 1679. Edmond Martenne, savant bénédictin de Saint Maur, né au diocèse de Langres en 1654, est mort le 20 juin 1739. Claude Martin, né à Tours en 1619, est mort à l'abbaye de Marmoutier en 1696.

MARTIN. L'Ami des Lois (attribué à M. Martin de Marivaux, Avocat,). 1775, *brochure*.

Cet ouvrage a été condamné au feu par arrêt du parlement du 30 juin 1775, comme séditieux, attentatoire à la souveraineté du roi, et contraire aux lois fondamentales du royaume. Ce qui a donné lieu à cette brochure, ce sont des assertions aussi fausses que despotiques, que le chancelier Maupeou mit dans la bouche du roi au lit de justice du 7 septembre 1770. Les voici : « Nous ne tenons notre couronne que de Dieu : le droit de faire des lois nous appartient à nous seuls, sans dépendance et sans partage. » L'auteur prouve, par l'Histoire, que les rois n'ont jamais tenu leur couronne que de la nation ; ce qui est avoué, non-seulement par l'Histoire, mais par le bon sens, et que le droit de faire des lois n'appartient point au monarque seul, *etc*. L'auteur avait envoyé un paquet d'exemplaires au parlement, afin que chaque membre eût le sien. Cette audace a excité la vindicte de la cour, et a provoqué le réquisitoire de Seguier. L'arrêt qui a condamné l'*Ami des Lois*, a flétri de la même peine une autre brochure intitulée : *Le Catéchisme du Citoyen*, ou *Elémens du Droit public françois, par demandes et par réponses*. Cet écrit, de 112 pages, est dans le même genre que le précédent. Ce M. Martin de Marivaux, présumé auteur de l'*Ami des Lois*, était un jeune avocat bouillant et plein de zèle pour ses cliens. Un jour qu'il plaidait une cause à la Tournelle (le 22 juillet 1775), l'avocat général d'Aguesseau donna des conclusions contre lui ; Martin releva vigoureusement ce magistrat, le taxa d'avoir fait des réticences coupables et d'avoir admis des faits faux : il pérora si éloquemment, que la cour donna gain de cause à ses cliens. Mais M. d'Aguesseau, vivement offensé, était tenté de faire un réquisitoire contre le violent orateur. Cependant la chose s'arrangea avec les avocats, et il fut convenu que Martin de Marivaux irait faire des excuses à M. d'Aguesseau. Notre avocat ne s'y refusa pas. Il monte en fiacre, va à l'hôtel du magistrat, et demande s'il y est ? On lui répond qu'oui. Aussitôt il détache son rabat, se dépouille de sa robe, les met en monceau dans la cour avec son bonnet carré, puis son mémoire par dessus. Ensuite il remonte dans son fiacre et s'en retourne chez lui, avec le dessein de ne plus retourner au barreau.

MATTHIAS. Joannis Matthiæ Ramus olivæ septentrionalis decem partibus editus. 1661 et 1662, *in*-12.

Cet ouvrage a été condamné et supprimé en Suède.

MELANCHTHON. Loci communes theologici, per Messer Filippo di Terra nera (Philippe Melanchthon). *Venetiis*, *in* 8.

La suppression de cet ouvrage est assez singulière. Le cardinal Séraphin l'a racontée à Joseph Scaliger, et l'en a beaucoup amusé. Cet ouvrage, publié sous le nom de Philippe de Terre-Noire (*Mélanchthon* signifie *Terre-Noire*), a été débité à Rome avec beaucoup de succès. On en redemandait continuellement des exemplaires au libraire de

Venise qui pouvait à peine y suffire. Par hasard un franciscain découvrit que l'ouvrage était du luthérien Mélanchthon. Il n'en fallut pas davantage pour faire condamner aux flammes un livre qu'on avait approuvé auparavant, et qui ne renfermait rien d'hétérodoxe ; et, bien plus, on voulait faire le procès au libraire de Venise : il en fut quitte pour brûler tous les exemplaires qui lui restaient.

MÉLANGES. Mélanges historiques et critiques, contenant diverses pièces relatives à l'Histoire de France. *Amsterdam*, 1768, 2 *vol. in*-12.

Cet ouvrage a été supprimé le 23 novembre 1768, sur le réquisitoire de M. Pierre Perrot, avocat général à la chambre des comptes. L'auteur, dit ce réquisitoire, attribue les droits du despotisme le plus rigoureux au roi de France : il regarde l'établissement de l'impôt comme une marque distinctive de la majesté suprême ; il ne met point de bornes à cette ressource malheureuse : il veut qu'on puisse lever les subsides sur les peuples, sans admettre la nécessité absolue de l'enregistrement dans les tribunaux. Il propose d'exclure de toute charge et de tout emploi public les célibataires ; il veut que les rois puissent s'emparer à leur gré des biens de l'église ; que l'on diminue le nombre des charges qui donnent la noblesse ; qu'on en augmente considérablement le prix, et que l'on supprime presque tous les tribunaux, puisque les parlemens sont plus que suffisans pour administrer la justice, et remplacer les tribunaux chargés de veiller à l'établissement des impôts, à la perception et à la fidélité de leur manutention, et à leur exacte comptabilité. Je ne connais point l'auteur de cet ouvrage, qui, quoique sans privilége ni permission, se vendait publiquement chez Dehansy le jeune, libraire à Paris. Il a été supprimé le 4 février 1769, par arrêt du parlement de Paris, dans lequel arrêt ce parlement déclare la chambre des comptes absolument incompétente en matière de police, et regarde comme non avenu l'arrêt de cette chambre du 23 novembre 1768, dont nous avons parlé plus haut.

MÉMOIRES. Mémoires anonymes de l'origine, du progrès et de la condamnation du Quiétisme répandu en France.

Cet ouvrage n'est pas commun; je n'en connais ni l'auteur, ni la date, ni le format : il est traité dans Vogt de *Liber infamis qui de gestis in causa Quietistica exponit.* Il a été brûlé publiquement par la main du bourreau le 9 décembre 1733; et trois libraires, chez qui l'on en a trouvé un exemplaire, ont été mis au pilori. (Voyez sur le *Quiétisme* l'article MOLINOS.)

MÉMOIRE. Mémoire touchant l'origine et l'autorité du Parlement de France appelé *Judicium Francorum.* 7 pages *in*-4.

L'avocat général déféra ce libelle au parlement le 13 août 1732 : il représenta : « Qu'on essaie dans cet ouvrage, par de fausses et pernicieuses couleurs, d'ébranler jusqu'aux lois fondamentales du royaume, et d'altérer, s'il se peut, cette autorité souveraine qui réside en la personne de nos rois..... » Puis il ajoute : « Que la cour du parlement ne connait pour elle d'autre grandeur et d'autre gloire, que le dépôt inviolable de cette autorité sacrée qu'il a plu à nos rois de lui confier, *etc.* » Le parlement, faisant droit sur ces remontrances, ordonna que « Le libelle intitulé *Judicium*

Francorum, fût lacéré et brûlé par l'exécuteur de la haute justice, comme attentatoire à la souveraineté de nos rois, et contraire aux ois fondamentales du royaume. Ce qui a été exécuté au pied du grand escalier du palais le même jour 13 août 1732; et le 2 septembre suivant, ce libelle a eu le même sort à Aix. Il n'était pas nouveau, et ce n'est qu'une réimpression que l'on a brûlée; car ce livre avait paru, il y avait près de cent ans, sous ce titre: *Les Véritables maximes du Gouvernement de la France, justifiées par l'ordre des temps, depuis l'établissement de la Monarchie jusqu'à présent; servant de Réponse au prétendu Arrêt de cassation du Conseil du 18 janvier 1652, dédiées à S. A. R. Paris*, veuve *Guillemot*, 1652. J'ignore qui est l'auteur de cet ouvrage; Mezerai pourrait bien n'y être pas étranger.

MERCIER. Tableau de Paris (par L. S. Mercier). 1781, 2 *vol.*, 4 *vol.*, 8 *vol.*, *et enfin* 12 *vol. in*-8.

Les deux premiers volumes de cet ouvrage ont été publiés en 1781 : ils ont fait d'abord grand bruit à Paris. La préface est datée du 8 octobre 1780, et a paru d'abord très-piquante. Un particulier de Soleure, ayant apporté en France un nombre d'exemplaires de ce livre, a été arrêté à Paris et mis à la Bastille. La réputation de cette production, originale à certains égards, ne s'est pas soutenue. On a trouvé que tout y était vague, décousu, et souvent traité superficiellement. *C'est*, on dit quelques critiques, *un tableau fait à la brosse.* Malgré cela, le débit de l'ouvrage a été très-grand, et l'auteur a multiplié les volumes, au point que son *Tableau*, qui était d'abord en deux volumes, est allé jusqu'à douze. J'ignore quelle a pu être la cause de la proscription des deux premiers. On a dit quelque part que « l'auteur a voulu être méchant, et qu'il n'en a pas eu la force ; que le style en est plus emphatique que noble, et que les pensées, sous un air de profondeur, n'ont rien que de triviales. » Ce jugement paraît un peu sévère. Le style de M. Mercier est original, piquant ; on en peut juger par cette tirade sur les procureurs d'autre fois, que je prends au hasard dans son *Tableau*. On verra aisément que cette espèce de diatribe n'est plus de saison. « Si vous avez dans votre maison un endroit sale, obscure, fétide, malpropre, plein d'ordures, les souris et les rats s'y logent infailliblement. Ainsi, dans la fange et le cahos abominable de notre jurisprudence, on a vu naître la race rongeante des procureurs et des huissiers.

» Ils se plaisent dans les détours ténébreux de la chicane ; ils vivent grassement dans le labyrinthe de la procédure : il faut les y suivre malgré vous ; vous êtes forcé de vous soumettre à leur ministère. Ces paperasseurs ont acheté la déplorable charge qui en fait des vampires publics et privilégiés ; mais comme le premier mal est dans une législation contradictoire et embrouillée, le praticien se rit de la misère du plaideur, et tient au vice antique qui lui est si profitable.

» Notre jurisprudence n'est qu'un amas d'énigmes prises au hasard dans les ouvrages de quelques jurisconsultes d'une nation étrangère ; et quand les coutumes et les lois différentes sont privées de clarté, ne vous étonnez pas des monstruosités de la procédure.

» Entrez dans un greffe de procureur, appelé improprement *étude* : huit à dix junes gens, piquant la dure escabelle, sont occupés à gratter du papier timbré du matin au soir. Bel emploi ! Ils copient des *avenirs*, des *exploits*, des *significations*, des *requêtes* : ils grossoient. Qu'est-ce que *grossoyer* ? C'est l'art d'alonger les mots et les lignes, pour employer le plus de papier possible, et le vendre ainsi tout barbouillé aux malheureux plaideurs ; de sorte qu'on puisse en former des *dossiers épais*. Et qu'est-ce qu'un *dossier* ? C'est la masse bizarre de ces épouvantables procédures. Et un *dossier épais*, que coûte-t-il bien ? Sept à huit mille francs pour commencer à éclaircir un peu les choses.

» Mais toutes ces paperasses servent-elles du moins au juge ? Jamais. Quand il y a un rapporteur, son secrétaire fait, sur une feuille volante, un extrait de ces énormes grosses, et toutes les raisons du procureur restent au fond du sac ; ainsi ce déluge d'écritures ne servira pas même dans la cause dont il s'agit ; le juge ne verra que l'extrait du secrétaire fidèle ou infidèle. Et voilà ce qu'on appelle *l'instruction* chez un peuple civilisé, ou soi-disant tel.

» Le procureur, dans son greffe, est environné de ces dossiers érigés en trophées et qui montent jusqu'au plancher, à peu près comme le sauvage de l'Amérique s'environne dans sa hutte et suspend autour de lui les chevelures de ceux qu'il a *scalpés*.

» Il y a environ huit cents procureurs, tant au châtelet qu'au parlement, sans compter cinq cents huissiers exploitans ; et tout cela vit de l'encre répandue à grands flots sur le papier timbré.

» Dites à un patricien qu'il y a plusieurs pays en Europe où la justice se rend sans le fatal ministère d'un procureur ; où les frais de justice sont nuls, pour ainsi dire ; où des *pacificateurs*, dans le vestibule du temple de la justice, vous arrêtent avec un intérêt tendre, prennent à cœur d'arranger les parties et y parviennent ordinairement. Le praticien levera les épaules, sonnera et dira à son clerc : *grossoyez, multipliez les incidens, et songez que la philosophie est dangereuse.*

» Les brigandages qui s'exercent dans ces greffes poudreux, sont légitimés par les friands amateurs d'épices ; on ne se fait point la guerre ; on partage paisiblement le tiers des successions. *Ils sont toujours en noir,* disait un paysan : *savez-vous pourquoi ? c'est parce qu'ils héritent vraiment de tout le monde.*

» Il faut que le brigandage soit porté loin, pour qu'il soit réprimé. Les procureurs en sont presque toujours quittes à l'audience pour des sarcasmes de la part des avocats, et des menaces d'interdiction de la part des juges. L'un d'eux disant un jour au plus effronté : *Maître un tel, vous êtes un fripon.* — *Monseigneur a toujours le petit mot pour rire,* répondit le patricien......

» Les huissiers, qui marchent à la suite des procureurs, ne sont pas moins redoutables et plus ardens encore à la curée. Quand une fois la brèche est ouverte, alors ils montent à l'assaut, et traitent une maison comme une ville livrée au pillage. Voyez le vautour acharné sur sa proie, et qui la dépèce avec son bec noir et crochu ; c'est l'image de leur joie avide, quand leurs mains, armées de la fatale plume, saisissent les meubles pour les porter en vente sur la place publique.

» Ces mêmes huissiers qui, comme une meute dévorante, se déchaînent contre les particuliers pour peu que la bride leur soit lâchée, n'osent porter un exploit à un membre du parlement ou à un homme en place. » Voyons maintenant ce qu'il dit des avocats « Lucien nous peint quelque part un homme qui va réciter sa cause à un avocat. Celui-ci écoute froidement : il est d'abord incertain, chancelant, dans un état douteux, inhabile à se décider, à peu près comme l'*âne de Buridan*. Vous croyez qu'il ne pourra sortir de cette indifférence où le tient un cas vraiment problématique. Le consultant tire une bourse ; alors l'équilibre cesse dans l'entendement du patron, il conçoit, il s'échauffe, il découvre de nouvelles lumières ; sa volonté est toute entière de votre bord. Il apperçoit une vérité incontestable, pour laquelle il va écrire six mois et s'enrhumer dix fois. Il épouse avec chaleur cette même cause qu'il ne voyait qu'avec indifférence.

» Tel est l'avocat en général. L'incertitude des lois l'a rendu pyrrhonien sur l'issue de tous les procès, et il entreprend tous ceux qui se présentent. Celui qui l'aborde le premier détermine la série de ses raisonnemens, et commande à son éloquence.

» Une légère teinte de pédantisme, toujours inséparable de la robe, le place entre l'homme de lettres et un professeur de l'université, *etc.*, *etc.* » Voici comment M. Mercier peint le palais de justice de Paris. « L'antre de la chicane sert de vestibule au sanctuaire de Thémis. Voyez cette foule de noirs individus qui s'empressent, qui se heurtent, qui se parlent, s'interrompent, s'interrogent. Quels groupes de sangsues autour de ces colonnes sinistres ! Parmi ces robes, ces rabats, des marchandes de modes et des vendeuses de brochures. De jolies têtes ornées de rubans, à côté de ces figures de jurisconsultes. Des sacs de procureurs reposent sur des pièces à ariettes, et tous ces loups en perruques font les galans auprès de ces petites marchandes.

» Entrez dans la grande salle. Quel bruit ! quel cahos ! quel murmure ! C'est-là qu'un avocat donne les éclats de sa voix pour des raisons, et son verbiage pour de la profondeur. Il passe pour orateur, parce qu'il a une forte poitrine. Admirez le courage des magistrats, qui passent la moitié de leur vie dans cette arène tumultueuse. L'homme sage n'en peut sortir sans être pénétré d'horreur pour le meilleur procès.

» C'est-là, comme l'a si bien dit Boileau, que l'infernale chicane

Rend, pour des monceaux d'or, un vain tas de papiers.

La rapacité des officiers de justice est connue : ils dévorent les pierres des maisons ; mais sont-ils les seuls qu'on doive accuser ?

» La ferme du *papier timbré* rapporte des sommes immense ; elle est, dans tous les procès, de moitié avec les procureurs : plus on plaide, plus elle s'enrichit. Singulière combinaison ! L'état gagne quand les fluxions de poitrine enlèvent les rentiers : il gagne quand les enfans du même père se disputent une mince succession : il gagne quand un étranger vient à décéder. Sur quoi et quand ne gagne-t-il pas ? Et l'on parle de la reforme de la procédure civile ! N'y croyez point.

» Quel dédale que la coutume de Paris ! Que de lois fabriquées, changées, cassées, rétablies selon le hasard des événemens et le caprice des souverains ! Notre Code est un mélange de ces lois rédigées dans un siècle à demi-barbare, par ce méprisable Justinien, qui les vendit au gré d'une fille de théâtre qu'il avait épousée. Surchargées des constitutions particulières de Louis XIV, elles sont devenues équivoques et contradictoires.

» De ce vice naquit la procédure qui tue la loi. Cette coutume mine et dévore la capitale On ne peut calculer ce que les formes judiciaires, entre les mains des procureurs, des huissiers et des greffiers, enlèvent au peuple. Comment peut-il suffire à entretenir sans cesse ce régiment dévorateur ? » Un autre ouvrage de M. Mercier, qui a paru en 1770, et qui a fait également beaucoup de bruit, est l'*An 2440*, *Amsterdam*, *in-8*. Ce livre annonce, dans son auteur, beaucoup d'énergie et de philosophie. La préface surtout est écrite d'un ton fier et sublime. Il a beaucoup plus mérité d'être à l'œil de la police que le *Tableau de Paris*, à cause des opinions hardies qu'il renferme, et de la guerre ouverte qu'il déclare à beaucoup de choses que l'on qualifiait du nom d'abus, et qui n'ont pas beaucoup augmenté notre bonheur depuis qu'elles sont supprimées. On peut dire que l'auteur est allé quelquefois trop loin; j'en citerai un exemple. C'est une imprécation contre Rome, dans laquelle l'auteur aurait pu respecter davantage la religion. Voici cette imprécation, qui fera juger du style de ce fécond écrivain, dans un genre différent de celui que nous avons déjà cité. « Que le nom de Rome est exécrable à mon oreille! que cette ville a été funeste à l'univers! Où trouver une ambition plus ardente, plus profonde, plus inhumaine? Elle a étendu les chaînes de l'oppression sur l'univers connu; ni la force, ni la valeur, ni les vertus les plus héroïques n'ont préservé les nations de l'esclavage. Quel démon présidait à ses conquêtes et précipitait le vol de ses aigles? O funeste république! ô Rome! que je te hais! Quel peuple que celui qui allait par le monde, détruisant la liberté de l'homme, et qui a fini par abattre la sienne! Quel peuple que celui qui, environné de tous les arts, goûtait le spectacle des gladiateurs, fixait un œil curieux sur un infortuné dont le sang s'échappait en bouillonnant; qui exigeait encore que cette victime, en repoussant la terreur de la mort, mentît à la nature à son dernier moment, en paraissant flatté des applaudissemens que formaient un million de mains barbares! Quel peuple que celui qui, après avoir été injuste dominateur de l'univers, souffrit, sans murmurer, que tant d'empereurs tournassent le couteau dans ses propres flancs, et qui manifestât une servitude aussi lâche que sa tyrannie avait été orgueilleuse! C'était peu : la superstition la plus absurde, la plus ridicule devait s'asseoir à son tour sur le trône de ces despotes ; elle devait avoir pour ministres l'ignorance et la barbarie. Après avoir égorgé, au nom de la patrie, on égorgea au nom de Dieu. Pour la première fois, le sang coula pour les intérêts chimériques du ciel..... Rome fut le gouffre empesté d'où s'exhalèrent ces fatales opinions qui divisèrent les hommes....... Bientôt elle engendra, sous le nom de pontifes, qui se disent vicaires de Dieu, les monstres les plus odieux. Comparés à ces tigres, qui portaient les clefs et la thiare, les Caligula, les Néron, les Domitien ne sont plus que des méchans ordinaires. Les peuples, comme frappés d'une massue pétrifique, végètent mille ans sous une théocratie despotique. L'empire sacerdotal couvre tout, éteint tout dans ses ténèbres. L'esprit humain ne marque son existence que pour obéir aux décrets d'un homme déifié. Il parle et sa voix est un tonnerre qui consume : on voit les croisades, un tribunal d'inquisiteurs, des proscriptions, des anathèmes, des excommunications, foudres invisibles qui vont frapper au bout du monde. Le chrétien, la foi et la rage dans le cœur, n'est point rassasié de meurtres : un nouveau monde, un monde entier est nécessaire pour assouvir sa fureur....... Partout où paraît l'image du Christ, le sang coule par torrens ; et encore aujourd'hui, cette même religion légitime l'esclavage des malheureux qui arrachent des entrailles de la terre cet or dont Rome est idolâtre. O toi! ville aux sept montagnes! quel essaim de calamités est sorti de ton sein infernal ? Qu'es-tu ? pourquoi influes-tu si puissamment sur ce globe infortuné ? Le malfaisant Arimane a-t-il son siège sous tes murailles ? Quand sera brisé ce talisman fatal qui a perdu, il est vrai, de sa force, mais à qui il en reste assez pour nuire au monde? O Rome! que je te hais! que du moins la mémoire de tes iniquités vive! qu'elle fasse ton opprobre et qu'elle ne s'efface jamais! » On ne peut pas dissimuler que ce morceau est écrit avec beaucoup de chaleur; mais le tableau est chargé; et il respire plutôt le fiel et l'acrimonie, que la véritable philosophie. Louis-Sébastien Mercier, né à Paris le 6 juin 1740, est l'un des plus féconds écrivains du 18.ᵉ siècle. On trouvera dans les *Siècles littéraires* de M. Desessarts la longue série des titres de ses ouvrages.

MERCURE. Le Mercure françois, *ou* la suite de l'Histoire de la paix, *etc. Paris*, 1611—1648, 25 *vol. in* 8.

Le premier volume de cette collection a été prohibé et supprimé.

MESLIER. Testament de Jean Meslier, Curé d'Etrepigni, *in* 8.

Cet ouvrage, qui se trouve dans l'*Evangile de la Raison*, ouvrage très-anti-religieux, et dans le *Recueil nécessaire*, 1765, *in*-8, production du même genre, a été sévèrement proscrit par la police, et condamné au feu, ainsi que les libelles dangereux auxquels il est accolé. Cette diatribe attaque les dogmes du christianisme d'une manière très-grossière; le style en est pesant. Jean Meslier, fils d'un ouvrier en serge du village de Mazerni, est mort en 1733, à l'âge de cinquante-cinq ans.

METTRIE. L'Homme machine, par Julien Offray de la Mettrie. (*Leyde*), 1748, *in*-12.

Cet ouvrage a été livré aux flammes en Hollande, et il le méritait bien, ainsi que presque toutes les autres rêveries philosophiques ou satiriques du même auteur; savoir, l'*Histoire naturelle de l'ame*.....; l'*Homme plante*....; l'*Art de jouir*.....; le *Discours sur le Bonheur*.....; *Pénélope*, ou *le Machiavel en Médecine*, 1745, 3 *vol. in*-12, etc. Dans l'*Homme machine*, on trouve une supposition continuelle de principes en question; des comparaisons ou des analogies imparfaites érigées en preuves; des observations particulières assez justes, d'où il tire des conclusions générales qui n'en naissent point; l'affirmation la plus absolue continuellement mise à la place du doute. Voilà la philosophie de ce médecin ou plutôt de ce charlatan philosophe. L'enthousiasme avec lequel il declame, dit un écrivain respectable, l'air de persuasion qu'il prend, est capable de séduire ces esprits faibles qui se parent de l'esprit fort pour cacher leur faiblesse. Julien Offray de la Mettrie, né en 1709, est mort en 1751. Je vais donner un échantillon du style et de quelques opinions de cet écrivain audacieux, que l'on range, avec raison, parmi les apôtres de l'athéisme; je ne le prendrai pas dans ce qu'il a écrit de plus répréhensible; mais il suffira pour prouver que Voltaire avait raison, quand il disait que c'était un fou qui n'écrivait que dans l'ivresse (1). « Je n'ai, dit-il, ni craintes ni espérances; il ne m'est resté nulle empreinte

---

(1) Le marquis de Langle dit que la Mettrie était un fou abhorrant Dieu : sa passion tenait du délire; il éprouvait souvent des accès de frénésie, et choisissait, pour écrire, ces momens d'accès.

de ma première éducation ; cette foule de préjugés, sucés, pour ainsi dire, avec le lait, a heureusement disparu à la clarté de la philosophie. Cette substance molle et tendre, sur laquelle le cachet de l'erreur s'était si bien imprimé, parfaitement plane aujourd'hui, n'a conservé aucuns vestiges ni de mes collèges ni de mes pédans. J'ai eu le courage d'oublier ce que j'ai eu la faiblesse d'apprendre ; tout est rayé ; quel bonheur ! tout est effacé ; tout est extirpé jusqu'à la racine ; et c'est le grand ouvrage de la réflexion et de la philosophie ; elles seules pouvaient arracher l'ivraie et semer le bon grain dans les sillons que la mauvaise herbe occupait.

» Laissons-là cette épée fatale qui pend sur nos têtes : si nous ne pouvons l'envisager sans trouble, oublions que c'est par un fil qu'elle est suspendue : vivons tranquilles pour mourir de même......

» La transition de la vie à la mort n'est pas plus violente que son passage. L'intervalle qui les sépare n'est qu'un point, soit par rapport à la nature de la vie qui ne tient qu'à un fil, que tant de causes peuvent rompre, soit dans l'immense durée des êtres. Hélas ! puisque c'est dans ce point que l'homme s'inquiète, s'agite et se tourmente sans cesse, on peut bien dire que la raison n'en a fait qu'un fou.

» Quelle vie fugitive ! Les formes des corps brillent comme les vaudevilles se chantent. L'homme et la rose paraissent le matin, et ne sont plus le soir. Tout se succède, tout disparait, et rien ne périt.

» Trembler aux approches de la mort, c'est ressembler aux enfans qui ont peur des spectres et des esprits. Le pâle fantôme peut frapper à ma porte quand il voudra, je n'en serai point épouvanté. Le philosophe seul est brave, ou la plupart des braves ne le sont point.

» Lorsqu'une feuille d'arbre tombe, quel mal se fait

elle? la terre la reçoit bénignement dans son sein ; et lorsque la chaleur du soleil en a exhalé les principes, ils nagent dans l'air et sont le jouet des vents.

» Quelle différence y a-t-il entre un homme et une feuille réduits en poudre ? les cendres animales ne ressemblent-elles pas aux végétales ?

» Pour être vraiment sage, il ne suffit pas de savoir vivre heureux dans la médiocrité, il faut savoir tout quitter de sang-froid, quand l'heure en est venue. Plus on quitte, plus l'héroïsme est grand. Le dernier moment est la principale pierre de touche de la sagesse ; c'est, pour ainsi dire, dans le creuset de la mort qu'il la faut éprouver........

» Gémissez, pauvres mortels ! qui vous en empêche ? mais que ce soit de la brièveté de vos égaremens : leur délire est d'un prix fort au dessus d'une raison froide qui déconcerte, glace l'imagination et effarouche les plaisirs.

» Jouissons du présent ; nous ne sommes que ce qu'il est. Morts d'autant d'années que nous en avons, l'avenir, qui n'est point encore, n'est pas plus en notre pouvoir, que le passé qui n'est plus. Si nous ne profitons pas des plaisirs qui se présentent, si nous fuyons ceux qui semblent aujourd'hui nous chercher, un jour viendra que nous les chercherons en vain ; ils nous fuiront bien plus à leur tour. »

Tels sont les principes et le style de la Mettrie : en général tous ses écrits sont marqués au coin du matérialisme. Dans son *Discours sur le Bonheur*, il a révolté jusqu'à Diderot, qui dit, en parlant de l'auteur de cette diatribe philosophique, qu'il est un écrivain sans jugement, « Qui confond partout les peines du sage, avec les tourmens du méchant, les inconvéniens légers de la science avec les suites funestes de l'ignorance ; ce qui donne à reconnaître la frivolité de l'esprit dans ce qu'il dit, et la corruption du cœur dans ce qu'il n'ose pas dire ; qui prononce ici que l'homme est pervers par sa nature, et qui fait ailleurs, de la nature des êtres, la règle de leurs devoirs et la source de leur félicité; qui semble s'occuper à tranquilliser le scélérat dans le crime, le corrompu dans ses vices; dont les sophismes grossiers, mais dangereux par la gaieté dont il les assaisonne, décèle un écrivain qui n'a pas les premières idées des vrais fondemens de la morale..... Le cahos de raison et d'extravagance de cet auteur, ne peut être regardé sans dégoût, que par ces lecteurs futiles qui confondent la plaisanterie avec l'évidence, et à qui l'on a tout prouvé, quand on les a fait rire. » Ses principes, poussés jusqu'à leurs dernières conséquences, renverseraient la législation, dispenseraient les parens de l'éducation de leurs enfans, renfermeraient aux Petites-Maisons l'homme courageux qui lutte fortement contre ses penchans déréglés, et assureraient l'immortalité au méchant qui s'abandonnerait sans remords aux siens. »

MEY. Maximes du Droit public français. (Par Mey.) *En France*, 1772, 2 *vol. in*-12. Le même ouvrage, seconde édition (par Mey Maultrot, Blonde et autres). *Amsterdam, Marc-Michel Rey*, 2 *tom. in*-4, ou 6 *vol. in*-12.

Cet ouvrage a été proscrit, et le gouvernement en a fait faire des recherches très-sévères : il est divisé en six chapitres. Dans le premier, on établit que les rois sont pour les peuples, et non les peuples pour les rois. Dans le second, on prouve que le despotisme ou pouvoir arbitraire, est contraire au droit divin, au droit naturel, et même au but du gouvernement : on fait voir que, dans toute monarchie bien réglée, les sujets ont la propriété de leurs biens, la liberté de leur personne ; que l'usage du pouvoir souverain est borné par des lois fixes, et qu'il y a un corps dépositaire des lois chargé de veiller à leur conservation. On démontre dans le troisième chapitre, que la France est une monarchie et non un état despotique ; que les citoyens ont la propriété de leurs biens, la liberté de leur personne. Dans le quatrième, on voit que la France est une monarchie tempérée par des lois fixes. Le cinquième présente les cours souveraines comme des corps dépositaires des lois où toutes les nouvelles doivent être librement vérifiées. Le sixième répond à quelques objections, et ces réponses donnent un nouveau degré de certitude aux vérités énoncées dans l'ouvrage. Le morceau de ce livre qui a le plus offensé le gouvernement, est celui relatif aux lettres de cachet. L'auteur prouve qu'elles sont contraires à la liberté des actions et des personnes, second attribut de la liberté française. Que les lois des empereurs romains, les décisions des ordonnances en proscrivent l'usage. Il en développe les inconvéniens et l'injustice : il fait voir qu'elles sont contraires au but de toute société. Il examine et réfute les raisons sur lesquelles on prétend les justifier. Il décide enfin qu'on n'est pas obligé d'y obéir. On voit que cet ouvrage est une espèce d'*Encyclopédie politique* qui traite à fond des droits du souverain et des peuples. On y trouve beaucoup d'érudition. On avait attribué cette production à M. Michaut de Montblin, conseiller au parlement, exilé aux confins du Poitou et de la Bretagne, lors de l'affaire des parlemens ; mais il est de M. Claude Mey, ecclésiastique respectable, né à Lyon en 1712, mort à Sens en 1796. M. Maultrot, avocat au parlement de Paris, a donné la seconde édition, avec des augmentations considérables, entre autres, les *Réflexions sur le droit de vie et de mort*, de M. Blonde, avocat.

MEZERAI. Mémoires historiques et critiques sur divers points de l'Histoire de France et plusieurs autres sujets curieux, par François Eudes de Mezerai. *Amsterdam, Bernard,* 1732, 2 *vol. in-*12.

Cet ouvrage, dont je ne connais pas l'éditeur, a été condamné par M. le cardinal de Tencin, archevêque d'Embrun. Je présume que c'est parce qu'il renferme le *Mémoire touchant le* JUDICIUM FRANCORUM, dont nous avons parlé plus haut, page 301. Mezerai a publié une *Histoire de France*, Paris, Guillemot, 1643, 1646 et 1651, 3 *vol. in-fol.*, qui a été plus lue qu'elle ne le sera. Les deux derniers volumes valent mieux que le premier. Il faut prendre garde si les cartons s'y trouvent ; on les reconnait quand le portrait de Charlemagne est double, et que les médailles de la reine Louise, *page* 683 du troisième *volume* s'y trouvent. Cette édition est, à cause des traits hardis qu'elle renferme, plus recherchée que celle de Thierry, 1685, 3 *vol. in-fol.*, qui est plus exacte et plus ample. Mezerai ne dissimula point dans son Histoire que Louis XI fut mauvais fils, mauvais père, mauvais ami et mauvais mari. Le cardinal Mazarin lui fit des reproches d'avoir si maltraité un roi de France : « J'en suis fâché, répondit l'auteur ; mais comme historien, je dois être l'interprète de la vérité. » Dans l'*Abrégé chronologique de l'Histoire de France*, que Mezerai donna en 1668, 3 *vol. in-*4, réimprimé en Hollande, 1673, 6 *vol. in-*12, il se montre frondeur à chaque page. Il y fit l'histoire de l'origine de toutes nos espèces d'impôts, avec des réflexions fort libres. Colbert s'en plaignit. Mezerai promit de se corriger dans une seconde édition : il le fit ; mais en annonçant au public qu'on l'y avait forcé. Ses corrections n'étant d'ailleurs que des palliatifs, le ministre fit supprimer la moitié de sa pension. Mezerai murmura : on supprima l'autre moitié. Son aversion pour les traitans n'en devint que plus forte. Il disait qu'il réservait deux écus d'or frappés au coin de Louis XII, le père du peuple ; il en destinait un pour louer une place en Grève lorsqu'on exécuterait quelque traitant, et l'autre à boire à la vue de son supplice. Travaillant au *Dictionnaire de l'Académie*, il ajouta cette phrase au mot COMPTABLE : « Tout Comptable est pendable. » On ne voulut point la lui passer ; il l'effaça, et mit en marge de son manuscrit : « Rayé quoique véritable. La dernière édition de l'*Abrégé chronologique* est de 1755, 14 *vol. in-*12. On y a joint les endroits de l'édition de 1668 qui avaient été supprimés. Limiers a fait la continuation et une bonne Table des matières dans cette édition. On attribue à Mezerai plusieurs satyres contre le gouvernement, et particulièrement celles qui portent le nom de Sandricourt. Il pourrait bien avoir eu part aux *Véritables maximes du Gouvernement*, etc., dont je parle plus haut, page 302, à l'occasion du *Mémoire sur le* JUDICIUM FRANCORUM. François Eudes de Mezerai, né en 1610, en Normandie, est mort, à Paris, le 10 juillet 1683.

MILAN. Historia di Milano, da Bern. Corio, etc.

Nous avons parlé de cette Histoire au mot CORIO, p. 82 de ce volume ; mais, comme nous n'avons pas donné les véritables motifs de la condamnation de cet ouvrage, nous allons les rétablir ici. La congrégation de l'*index* en a défendu le débit par un décret du 16 mars 1521, à moins qu'elle ne fût corrigée. Voici le motif de cette défense, ou plutôt la correction qu'on exigeait. On désirait voir supprimer l'endroit où Corio parle d'une indulgence assez singulière accordée aux milanais en 1391, par bulle de Boniface IX, à la prière de Jean Galearro Viscenti. Le pape dit, dans cette bulle, que tous les sujets de ce prince qui n'avaient pu se rendre à Rome l'année précédente à cause de la guerre, seraient absous de tous péchés dans la ville de Milan, quoiqu'ils ne fussent ni contrits ni confessés (*si anche non fusse contrito ne confesso, fusse absoluto di qualumque peccato in questa civita*), à condition d'y demeurer dix jours, d'y visiter chaque jour cinq églises, d'offrir à la première les deux tiers de la dépense qu'on aurait fait en allant à Rome; que deux parties de cette oblation demeureraient à la fabrique de cette église, que l'autre tiers reviendrait au pape. Il est sûr que cette bulle n'est pas infiniment honorable à la mémoire de Boniface IX, et que la cour de Rome n'avait pas grand tort de vouloir la supprimer. Cependant, malgré la défense de l'*index*, on lit encore le passage en question dans l'édition de Padoue, 1646, *page* 528. Les éditions de Venise, 1554, 1565, sont assez estimées. Bernardin Corio, né à Milan en 1460, est mort, en 1500, de douleur d'avoir vu les Français s'emparer du Milanez, et faire prisonnier le duc de Milan, son protecteur.

MILTON. Joannis Miltoni angli pro populo anglicano defensio contra Claudii anonymi, aliàs Salmasii, defensionem regiam. *Londini, typ. Du. Gardianis*, 1651, 1 *vol. in-fol.*

Cet ouvrage a été brûlé à Paris par la main du bourreau, tandis que l'auteur recevait, à Londres, un présent de 1000 livres sterl. Il a été fait en réponse à celui de Saumaise, connu sous ce titre : *Defensio regia pro Carolo I.*

ad Magnæ Britanniæ regem Carolum II, sumptibus regiis, 1649, *in-fol.* Ce livre est écrit d'un style très-ampoulé et souvent ridicule. Je ne l'ai pas sous les yeux; mais on prétend qu'il commence ainsi : « Anglais, qui vous renvoyez les têtes des rois comme des bales de paume, qui jouez à la boule avec les couronnes, et qui vous servez des sceptres comme de marotes...... » On avouera qu'un pareil style est fait pour gâter la meilleure cause. Saumaise est beaucoup plus raisonnable dans une lettre qu'il écrit à l'abbé Bourdelot le 1.er mars 1649, au sujet de la mort de Charles I.er Voici un extrait de cette lettre. « .... Je serais bien aise aussi d'apprendre de quelle façon votre cour (celle de France) aura reçu et pris la tragédie qui a été jouée sur le théâtre d'Angleterre. C'est une grande leçon pour les rois, quoiqu'elle soit donnée par de méchans maîtres. Depuis l'origine des siècles, je ne crois pas qu'un acte aussi horrible et aussi détestable ait jamais été fait. Ceux qui l'ont commis doivent passer pour des monstres d'hommes; mais ..sque l'Europe commence à les produire, VŒ REGIBUS, dans les royaumes desquels tels prodiges se rencontrent. » Il pouvait ajouter prophétiquement, et dans les royaumes voisins de l'Angleterre. On sait que Milton était un ardent ennemi des rois : il composa plusieurs ouvrages où ses principes républicains sont développés avec beaucoup d'énergie, et quelquefois avec une espèce de fureur. L'un des plus remarquables est son Traité *sur le droit des Rois et des Magistrats.* Il y soutient qu'un tyran sur le trône est comptable à ses sujets; qu'on peut lui faire son procès; qu'on peut le déposer et le mettre à mort. Milton a composé un *Traité de la vraie Religion, de l'Hérésie, du Schisme, de la tolérance et des meilleurs moyens qu'on puisse employer pour prévenir la propagation du papisme.* L'auteur montre, dans cet ouvrage, beaucoup d'animosité contre la religion catholique, qu'il appelle faction tyrannique, qui cherche à opprimer toutes les autres. Il y prêche une tolérance tout-à-fait singulière : il n'exclut du salut aucune société chrétienne, excepté les catholiques romains : il a sans doute voulu faire la parodie de l'axiome, « Hors l'église point de salut. » Il ne faut pas être surpris des principes erronés de ce fougueux républicain en matière de religion, puisqu'il fut de toutes les sectes, et qu'il finit par n'être d'aucune. Dans ses poëmes épiques, il parle de J.-C. en véritable arien. Jean Milton, né à Londres le 9 décembre 1608, a fini sa carrière, à Brunnhill, le 15 novembre 1674.

MIRABEAU, PÈRE. Théorie de l'Impôt, par M. de Mirabeau (père). *Paris*, 1760, *in*-4.

Cet ouvrage a conduit son auteur à la Bastille. On y trouve, à travers plusieurs paradoxes, des idées saines sur les finances, et des vérités un peu dures sur les financiers, qui se sont vengés de l'écrivain en le faisant mettre à la Bastille. Mirabeau a publié l'*Ami des Hommes* dès 1755, 3 *vol. in*-12. Il a refondu la *Théorie de l'Impôt* et plusieurs écrits sur l'économie. Dans une nouvelle édition de l'*Ami des Hommes*, en 8 *vol. in*-12, Laharpe ne flatte pas beaucoup Mirabeau père, dans le portrait qu'il en fait ; et le public a trouvé que le peintre avait assez bien attrapé la ressemblance. « Ecrivain-législateur et homme à système, dit Laharpe, il avait jeté quelques idées utiles sur l'économie rurale et sur l'impôt dans de gros ouvrages, remplis d'ailleurs du plus ridicule fatras. Fier comme gentilhomme et vain comme auteur, il s'enorgueillissait d'être un des chefs de la secte économiste, conjointement avec Quesnai, Turgot, Dupont, Roubaud, qui avaient plus de principes et de mérite que lui, et qui écrivaient beaucoup mieux. Entêté et inconséquent comme les gens médiocres, il détériorait systématiquement ses terres en se flattant d'enrichir l'état par sa théorie, et tyrannisait sa famille, en prêchant la liberté politique, unissant, par un mélange assez commun, tous les préjugés de la féodalité, qui étaient dans son cœur, avec tout l'étalage des maximes philosophiques qui n'étaient que sous sa plume. » Victor Riquetti, marquis de Mirabeau, d'une ancienne famille de Provence, originaire de Naples, est mort en 1790.

MIRABEAU, FILS. Histoire secrète de la Cour de Berlin. (Par Honoré-Gabriel Riquetti, Comte de Mirabeau.) 2 vol. in 8.

Ce libelle a été brûlé par la main du bourreau : il provoqua des plaintes très-vives contre l'auteur, qui en fit une espèce de désaveu, au moins quant à la publicité et à la forme.

MIRABEAU, FILS. Erotika Biblion. (Par Honoré-Gabriel Riquetti, Comte de Mirabeau.) 1783, in-8.

Cet ouvrage monstrueux a été si sévèrement proscrit par la police lorsqu'il a paru, qu'il ne se répandit que quatorze exemplaires de cette première édition. Mais malheureusement ce livre a été réimprimé depuis et répandu avec profusion. C'est une production licencieuse et remplie d'obscénités, dans laquelle l'auteur prétend prouver que, malgré la dissolution de nos mœurs, les anciens, et surtout les Juifs, étaient beaucoup plus corrompus que nous. Il passe en revue tous les genres de débauche et de libertinage, et cherche à prouver que non-seulement les anciens les mettaient en pratique mieux que les modernes, mais que ceux-ci ne les connaissent pas tous. Mirabeau a composé un grand nombre d'ouvrages, dont la plupart sont marqués au coin d'une mâle éloquence ; mais quelques-uns sont d'un cynisme dégoûtant, comme le *Libertin de qualité*, *le Rubicon*, etc., etc. Honoré-Gabriel Riquetti-Mirabeau, né en 1749, est mort à Paris le 2 avril 1791, après avoir joué l'un des plus grands rôles au commencement de la révolution française. Il a laissé une bibliothèque précieuse, dans laquelle se trouvait fondue celle de Buffon. Le Catalogue de vente en est bien fait et bien imprimé : j'en parle dans un autre ouvrage.

MODESTUS. Publii Francisci Modesti, Ariminensis Venetiados Libri XII, et Silvæ. *Ariminii, per Bernardinum Venetum de Vitalibus, anno* 1521, *in-fol.*

Cet ouvrage a été supprimé aussitôt qu'il a paru, parce qu'il renfermait plusieurs anecdotes qui ont déplu à quelques familles nobles. Leurs plaintes ont occasionné, par cette suppression, la rareté excessive de l'ouvrage.

MODREVIUS. De Republicâ emendandâ Libri V, silicet : 1.° de Moribus, 2.° de Legibus, 3.° de Bello, 4.° de Ecclesiâ, 5.° de Scholâ ; auctore Andrea-Fricio Modrevio. *Basileæ*, 1569, *in-fol.*

Ce Traité *de la Réforme de l'Etat* a fait chasser de Pologne et dépouiller de ses biens son auteur, qui était secrétaire du roi Sigismond-Auguste. L'esprit républicain y domine d'un bout à l'autre ; mais le goût n'y brille pas également. Le Traité *de Originali peccato* du même Modrevius, 1562, *in-*4, renferme bien des choses hardies. Cet auteur avait, dit-on, beaucoup d'esprit ; mais il le déshonora *dicendo quæ non oportuit, scribendo quæ non licuit, agenda quæ non decuit*. Il travailla beaucoup à réunir toutes les sociétés chrétiennes en une même communion ; et Grotius le compte entre les conciliateurs de religion. André-Fricius Modrevius florissait vers le milieu du XVIe siècle.

MOINE. Le Moine sécularisé. *Cologne, Pierre Marteau*, 1675, *in-*16.

Cet ouvrage, peu volumineux, est une satyre très-emportée, faite par un moine apostat : elle est très-rare, ayant été brûlée à Grenoble. On trouvera l'histoire de l'auteur du *Moine sécularisé* dans l'*Esprit d'Arnaud* ; tom. 1, pag. 65, *etc*. Ce satyrique a encore fait les *Prévarications du père la Chaise*. Il est mort, dit-on, empoisonné, à Pierre-Ancise, après avoir fait une rétractation intitulée : *L'Auteur du Moine sécularisé se rétractant, et faisant amende honoraire*. Cologne, *Marteau*, 1676, *in*-12. Il a paru en 1683 ou 85, une critique du *Moine sécularisé*, *in*-16. J'ai emprunté cette notice d'un exemplaire du *Moine sécularisé*, qui est entre les mains de M. Lemonnier, bibliographe instruit, employé dans les salines. Cette notice est écrite de la main de l'abbé Sépher, à qui avait appartenu l'exemplaire en question ; et il y avait ajouté un petit Traité *de la Vie des Moines*, 1676, *in*-12, la figure et une première préface du *Moine sécularisé*.

MOLINOS. La Conduite spirituelle, par Michel Molinos, Prêtre espagnol.

Ce fameux ouvrage a été condamné aux flammes, après avoir fait enfermer son auteur dans les prisons de l'inquisition, en 1685. Il y est mort en 1696. Soixante-huit propositions, qui ont été extraites de ce livre, ont été condamnées, en 1687, comme hérétiques et scandaleuses. Ce livre, divisé en trois parties, parut d'abord admirable. Molinos dit dans sa préface : « La théologie mystique n'est pas une science d'imagination, mais de sentiment.... ; on ne l'apprend point par l'étude, mais on la reçoit du ciel. Aussi, dans ce petit ouvrage, je me suis plus servi de ce que la bonté infinie de Dieu a daigné m'inspirer, que des pensées que la lecture des livres aurait pu me suggérer. On sait que cet ouvrage a donné lieu à l'espèce d'hérésie appelée *quiétisme*. Il eut, dans le principe, beaucoup de vogue, à cause de la réputation de vertu qu'avait l'auteur. « Ce ne fut, dit un écrivain respectable, qu'en creusant dans cette espèce d'abîme où Molinos s'enfonce et veut entraîner son lecteur, qu'on apperçut tout le danger de son système. L'homme prétendu parfait de ce mystique, est un homme qui ne réfléchit ni sur Dieu ni sur lui-même, qui ne désire rien, pas même son salut ; qui ne craint rien, pas même l'enfer ; à qui les pensées les plus impures, comme les bonnes œuvres, deviennent absolument étrangères et indifférentes. La souveraine perfection, suivant Molinos, consiste à s'anéantir pour s'unir à Dieu, de façon que toutes les facultés de l'ame étant absorbées par cette union, l'ame ne *doit plus* se troubler de ce qui peut se passer dans le corps. Peu importe que la partie inférieure se livre aux plus honteux excès, pourvu que la supérieure reste concentrée dans la Divinité par l'oraison de quiétude. » Tel est le système de

Molinos, auquel on a donné le nom de quiétisme. Il eut un grand partisan dans Malaval, ecclésiastique marseillais, qui, quoiqu'aveugle, a beaucoup travaillé, et a publié sa *Pratique facile pour élever l'Ame à la contemplation*. Ce livre fut censuré à Rome. C'est moins une méthode d'élever l'ame à la contemplation, que de s'élever au délire. L'auteur se jète dans les rêveries extravagantes de la mysticité de Molinos, dans les raffinemens d'amour pur, dans tout ce pieux galimathias d'anéantissement des puissances, de silence de l'ame, d'indifférence totale pour le paradis ou pour l'enfer, *etc*. Malaval reconnut ses erreurs et se rétracta. Madame Guyon fut aussi une chaude partisane du quiétisme : elle fut l'élève du barnabite Lacombe. « Cette vie, selon elle, n'est qu'une anticipation de l'autre, une extase sans réveil. » *Les Dictionnaires historiques* donnent tant de détails sur la vie et sur les extravagances mystiques de cet enthousiaste, que je n'en dirai rien ici : on y trouve aussi la liste de ses ouvrages, qui forment un certain nombre de volumes. On sait que l'illustre Fénélon a formé avec madame Guyon un commerce d'amitié, de dévotion et de spiritualité, inspiré et conduit par la vertu, et qui devint depuis si fatale à tous les deux. Cette malheureuse affaire du quiétisme se termina par l'incarcération de madame Guyon à Vincennes, puis à Vaugirard, et enfin à la Bastille ; et pour Fénélon, par la condamnation de son livre des *Maximes des Saints*, et par la soumission édifiante qui l'honora tant aux yeux de l'église et de toute la France. (Voyez l'article FÉNÉLON.) On trouvera une *Histoire abrégée du Quiétisme* à la tête du 6.ᵉ vol. des *Œuvres de Bossuet*.

MONASTERIUM. Monasterii B. V. M. sacri ordinis Cisterciensis in Franconia brevis notitia ex probatis autoribus tum impressis, tum scriptis ex originalibus diplomatibus, antiquis documentis et scripturis desumta et in ordinem redacta à quodam ejusdem loci et ordinis religioso. *Anno* 1738, *in-*4.

Cet ouvrage a été sévèrement prohibé à Wursbourg, parce qu'il est dirigé contre les droits territoriaux de l'évêque de cette ville.

MONTGERON. La Vérité des Miracles opérés à l'intercession de M. Pâris et autres appelans, démontrée contre M. l'Archevêque de Sens. Par M. Louis-Basile Carré de Montgeron. Le 1.er *vol.* 1737, les 2.e et 3.e 1747, *in-*4.

Ce premier volume a valu à son auteur une place à la Bastille, et il lui en méritait plutôt une aux Petites-Maisons. Carré de Montgeron avait été, dans sa jeunesse, incrédule, libertin, débauché. Il alla, le 7 septembre 1731, sur le tombeau du diacre Pâris pour y examiner, avec les yeux de la plus sévère critique, les miracles qui s'y opéraient. La grâce l'y toucha, il se convertit; d'incrédule frondeur, il devint chrétien fervent, et de détracteur de Pâris, il en fut le zélé défenseur ; il devint le martyr de son fanatisme pour les convulsions. Il consigna, dans l'ouvrage dont nous parlons, tout ce que sa tête exaltée lui fournit pour prouver que le diacre Pâris était un vrai thaumaturge; et le 29 juillet 1737, il alla offrir au roi, au sortir du dîner de sa majesté, son premier volume très-bien relié. Le roi le prit, et fit expédier sur-le-champ une lettre de cachet, qui relégua l'enthousiaste Montgeron à la Bastille. On le transféra au bout de quelques mois dans une abbaye de bénédictins du diocèse d'Avignon, d'où il fut conduit peu de temps après à Viviers; enfin, on le renferma dans la citadelle de Valence, où il mourut, en 1754, à soixante-huit ans. Montgeron avait été maître des requêtes à Paris, lieu de sa naissance. L'esprit de parti est tel, que les auteurs des *Nouvelles ecclésiastiques* (année 1737) ne se contentèrent pas de parler avec éloge de l'ouvrage de Montgeron, mais ils le représentèrent au frontispice de leur journal écrivant son livre, et ayant au-dessus de lui le St.-Esprit en forme de colombe, au milieu d'une lumière céleste, qui semble lui inspirer ce qu'il écrit. Quelle profanation de faire jouer un pareil rôle au Saint-Esprit!

Il parut, en 1731, trois *Vies* différentes *du diacre Pâris*, in-12, l'une à Bruxelles et les autres en France. Elles furent foudroyées par plusieurs évêques et archevêques. L'officialité de Cambray rendit, le 25 avril 1733, une sentence qui ordonna: « Que les fragmens des prétendues reliques de François de Pâris, diacre, trouvées chez un nommé Bosquet, avec quatre images en papier, et un petit mémoire contenant l'abrégé de la vie du diacre Pâris, seraient lacérés et brûlés en place publique par l'exécuteur de la haute-justice. » Ce qui fut exécuté à Mons sur la place, ensuite d'autorisation de la cour, le 6 mai 1733. Ces mêmes *Vies* eurent le même sort à Rome: elles y furent chargées des plus fortes qualifications et condamnées au feu. François Pâris, fils aîné d'un conseiller au parlement de Paris, diacre, est mort dans cette ville le 1.er mai 1727, à l'âge de trente-sept ans. Voué à l'état ecclésiastique, il en remplissait les fonctions avec zèle, et était un exemple de désintéressement et de charité envers les pauvres: il avait adhéré à l'appel de la bulle *Unigenitus*, interjeté par les quatre évêques de Mirepoix, de Montpellier, de Boulogne et de Senez, en 1717; et il avait renouvelé son appel en 1720. Après la mort de ce pieux diacre, son frère lui ayant fait ériger un tombeau dans le petit cimetière de Saint Médard, les pauvres, qu'il avait secourus, quelques riches qu'il avait édifiés, plusieurs femmes qu'il avait instruites, allèrent y faire leurs prières. On lui attribua des guérisons, qui parurent merveilleuses : il y eut des convulsions qu'on trouva dangereuses et ridicules. La cour fut enfin obligée de faire cesser ce spectacle, en ordonnant la clôture du cimetière le 27 janvier 1732. C'est ce qui a donné lieu à ce plaisant distique :

> De par le roi, défense à Dieu
> De faire miracle en ce lieu.

MONTGON. Recueil des Lettres et Mémoires écrits par l'Abbé de Montgon, concernant les négociations dont il a été chargé. *Liége, Broucart*, 1732, *in* 12.

Cet ouvrage a été très-défendu : il contient des choses qui ne sont point dans les derniers *Mémoires* imprimés à Lausane en 1750. Il est dirigé contre le cardinal de Fleury. L'abbé de Montgon cherche à y prouver les injustices de ce ministre à son égard ; mais il exagère ses défauts, et il n'est pas aussi impartial qu'il le prétend. « Les citations même de l'Ecriture et des pères, dont il hérisse quelquefois ses pages, dit l'abbé Millot, le rendent suspect d'avoir eu ce qu'on appelle le fiel d'un dévot avec l'humeur d'un mécontent. » L'abbé Charles-Alexandre de Montgon, né à Versailles en 1690, est mort à peu près en 1776.

MORIN. Des défauts du gouvernement de l'Oratoire, par Jean Morin, oratorien, 1653, *in*-8.

Presque tous les exemplaires de cet ouvrage ont été

brûlés ; et l'auteur fut obligé de faire réparation au père Bourgoing, général de l'Oratoire, dont il avait fait un portrait peu avantageux. Ce livre est un détail des abus qui s'étaient glissés dans la congrégation. Morin y censure avec beaucoup de liberté la conduite des chefs, et surtout celle du père Bourgoing. Cet ouvrage est dans le même genre que celui que le père Mariana, jésuite, a publié sur *les défauts du Gouvernement de sa Société*, qui a été imprimé en espagnol, en latin, en italien et en français. La différence qu'il y a entre ces deux auteurs, c'est que Morin a rendu le sien public de son plein gré ; au lieu que Mariana n'avait composé le sien que pour son usage particulier, et avec de bonnes intentions. Pendant qu'il était en prison, un franciscain le lui enleva et le fit imprimer à Bordeaux en 1625, in-8. Mariana avait attaqué particulièrement Aquaviva, général de la société, comme Morin a attaqué Bourgoing. Jean Morin, né à Blois en 1591, est mort à Paris le 28 février 1659.

MORIN. Pensées de Simon Morin, avec ses Cantiques et Quatrains spirituels. (*Paris*) 1647; in-8 de 146 *pages.*

Ouvrage supprimé, rare et cher (30 à 40 livres), auquel il faut ajouter les suivans.

Factum contre Simon Morin, dans lequel se trouve l'analyse de ses ouvrages, en 1652.
Déclaration de Morin depuis peu délivré de la Bastille, sur la révocation de ses pensées, 1649, *in*-4 et *in*-8 (*de la réimpression*).
Déclaration de Morin, de sa femme et de made-

moiselle Malherbe, touchant ce qu'on les accuse de vouloir faire une secte nouvelle. 1649, in-4 et in-8 (*de la réimpression*).

Arrest de la Cour de Parlement, rendu à l'encontre de Simon Morin, qui le condamne à faire amende honorable et à être brûlé en place de Grève avec son livre *des Pensées. Paris, Barbotte*, 1663, in-8.

Procès-verbal d'exécution de mort de Simon Morin, brûlé vif en place de Grève le 14 mars 1663, in-8.

Abrégé de l'Arsenal de la Foi, par Franc. Doches, sectaire de Simon Morin. *In-4 de quatre pages.*

Il est nécessaire de réunir toutes ces pièces pour avoir la collection complète de tout ce qui regarde Simon Morin. Ce malheureux fut exécuté le 14 mars 1663, avec tous les exemplaires de son ouvrage qu'on put rassembler. Ce qui a rendu fort rares ceux qui restent. Les premières éditions de ces différentes pièces sont de différens formats; mais les réimpressions sont *in-8*, sous les mêmes anciennes dates. La collection se rencontrait chez M. Crevenna, à Amsterdam, et chez le duc de la Vallière, à Paris, où elle a été vendue 75 liv. 19 s. en 1784.

Simon Morin était un véritable extravagant; on en peut juger par les folies répandues dans ses ouvrages. Il prétendait «. Qu'il était le fils de l'Homme.....; qu'il tenait sa mission de Jésus-Christ même, qui s'était incorporé en lui pour le salut de tous les hommes. » Voici le titre de son ouvrage intitulé PENSÉES: *Au nom du Père, du Fils et du*

Saint-Esprit. PENSÉES DE MORIN, *dédiées au Roi*. Naïve et simple déposition que Morin fait de ses pensées aux pieds de Dieu, les soumettant au jugement de son église très-sainte, à laquelle il proteste tout respect et obéissance ; avouant que, s'il y a du mal, il est de lui ; mais s'il y a du bien, il est de Dieu, et lui en donne toute gloire. On trouve en tête du livre un *Avant-propos*, puis trois oraisons, à *Dieu*, à *Jésus-Christ* et à la *Vierge*. Quatre Epîtres, la première au *roi*, la seconde à la *reine* et à *nosseigneurs de son conseil* ; la troisième *aux lecteurs*, et la quatrième aux *faux frères fourrés dans l'église romaine*; ensuite vient le corps de l'ouvrage. Les erreurs, ou plutôt les folies de Morin qui s'etait jeté dans les rêveries des illuminés, alors fort communes à Paris, portent sur ces différentes assertions, la plupart inintelligibles et incohérentes. « Le corps de l'église romaine est *l'Antechrist*, parce qu'elle est corrompue ; mais elle est fidelle en l'esprit de chacun qui est fidèle, et qui est au dessus de la loi, de la foi et de la grâce, et par conséquent au-dessus de l'usage des prières, des sacremens, de la messe et de toutes les choses extérieures, parce qu'il est alors impeccable, et n'a plus besoin de grâce, et par conséquent n'a plus besoin de rien demander à Dieu, parce qu'il est à Dieu même et qu'il est Dieu. Dieu et le Diable ont fait alliance ensemble pour sauver tout le monde, tant justes que pécheurs. Ceux-ci sont sauvés par le moyen du péché, qui, en les humiliant, les porte à la pénitence. Le temps de la grâce de Jésus-Christ est passé, et il ne faut plus s'adresser à lui, mais seulement adhérer au Père en esprit. Le temps de la gloire est maintenant par le jugement du Fils de l'Homme en son second avènement, qui rend à la nature ce qui lui appartient après la consommation de la grâce. Les corps ne doivent pas ressusciter, parce que la chair et le sang n'hériteront point du ciel ; mais l'ame suivra partout le corps céleste de Jésus Christ. Jésus-Christ, avant de prendre sur la terre un corps céleste, avait un corps terrestre; chacune des trois personnes divines en a un pareil sur lequel subsiste sa personne, *etc.*, *etc.* » C'est Desmarets de Saint-Sorlin qui, par un fanatisme aussi lâche que perfide, a été cause du supplice de Simon Morin. Pour lui arracher ses secrets et pour pouvoir le dénoncer comme hérétique, il feignit d'être un de ses zélés partisans, et lui écrivit qu'il le reconnaissait pour *le Fils de l'Homme et pour le Fils de Dieu en lui comme un tout.* Cette lettre, du 1.er février 1662, fut si agréable à Morin, que celui-ci, pour témoigner sa reconnaissance à Desmarets, lui fit le lendemain une réponse par laquelle il lui donna, comme par grâce particulière, la qualité de son précurseur, le nommant un *véritable Jean-Baptiste ressuscité.* Alors s'établit entre ces deux hommes le commerce le plus intime, qui dura jusqu'au moment où le fourbe Desmarets alla dénoncer Morin comme un hérétique très-dangereux. Lorsqu'on vint prendre Morin, il mettait au net un discours qui commençait par ces mots : *Le Fils de l'Homme* au *roi de France*...... Sur la déposition de Desmarets, *le Fils de l'Homme* fut condamné à être brûlé vif avec son livre et tous ses autres écrits. Lorsqu'on fit des reproches à Desmarets sur sa perfidie, il s'en défendit par le motif de la gloire de Dieu. Je crois que, par un motif de justice, on aurait mieux fait de punir très-sévèrement le frénétique Desmarets, et de mettre Morin aux Petites-Maisons ; car il était plus fou que criminel. Après la condamnation de Morin au feu, le premier président de Lamoignon lui demanda s'il était écrit quelque part que le nouveau Messie dût subir le supplice du feu. L'infortuné répondit par ce verset du Psaume XVI : *Igne me examinasti et non est inventa in me iniquitas.* Cette réponse n'annonce pas autant la démence qu'on a bien voulu le dire. Morin a été exécuté à l'âge de quarante ans. La plupart de ses sectaires ont été punis ; mais aucun ne l'a été de la peine capitale. Morin avait été commis des finances, et depuis écrivain copiste pour les uns et pour les autres : son écriture était très-belle.

MORISOT. Alitophili veritatis lacrymæ (auctore Claudio-Barth. Morisoto, Divionense). *Genevæ*, 1625, *in-12*.

Cet ouvrage n'est point une continuation de l'*Euphormion* de Barclay, comme le dit Debure, sous le n.° 3740 de sa *Bibliographie*; c'est une satyre virulente contre les jésuites, qui obtinrent arrêt du parlement de Dijon pour la faire brûler, le 4 juillet 1625, par la main du bourreau. La dédicace de cette satyre est : *Patribus Jesuitis sanitatem.* L'auteur la fit réimprimer quelque temps après, non pas sous le nom d'*Alitophile* (1), mais sous celui de *Gabriel à Stupen*. Elle a été imprimée à la suite de l'*Euphormion* de Barclay, chez Blaeu, à *Amsterdam*, en 1634. On doit encore au même Morisot un roman politique assez rare et assez recherché, intitulé : *Peruviana (seu Hisoria sui temporis, sub larvatis nominibus latens)*, 1644, *in-4*. Il y donne l'histoire des démêlés du cardinal de Richelieu avec la reine Marie de Médicis et Gaston de France, duc d'Orléans. Pour avoir

---

(1) Michaut dit, dans ses *Mélanges historiques et philologiques*, que Morisot ne savait point le grec, et qu'il l'a bien prouvé, puisque, voulant prendre un nom grec qui signifiât l'*Ami de la verité*, au lieu d'*Aletophilus*, il a pris *Alitophilus*, dont la signification donne une idée toute contraire.

cet ouvrage complet, il faut y joindre une *Conclusion* de 35 pages imprimée en 1646. Claude-Barthelemi Morisot, né à Dijon en 1592, y est mort en 1661. On a vu, par l'ouvrage que nous rapportons ci-dessus, que cet auteur n'aimait pas les jésuites; mais les révérends pères le lui rendaient bien: ils lui firent une épitaphe dans laquelle ils dirent qu'il aurait dû vivre et mourir dans des sentimens plus sages que ceux qu'il avait, *Sed voluit Mori-sot.* Assez mauvaise pointe. On trouve, à la fin de l'un des volumes des *Œuvres* du jésuite Théophile Raynaud, ce vers:

> Vivere qui renuit sapiens vult ille Mori-sot.

Ce jésuite rapporte ce vers à l'occasion des auteurs déguisés sous des noms qui ne leur conviennent pas. Morisot a écrit contre les jésuites, pour se venger du père Monet qui l'avait un peu maltraité dans ses classes.

MORLIÈRE. Les Lauriers ecclésiastiques, *ou* Campagnes de l'Abbé de T***; (par Jacques-Auguste de la Morlière.) *in*-12.

Ouvrage libre qui a été très-sévèrement proscrit. Il se vendait fort cher dans le temps; mais maintenant il est heureusement oublié. L'*Angola*, du même auteur, 2 *vol. in*-12, est un peu plus gazé, mais ne vaut guère mieux. J. A. de la Morlière, né à Grenoble, est mort à Paris en 1785.

MORLINI. Hieronymi Morlini novellæ, Fabullæ et Comoedia. *Neapoli, Joannes Pasquetus de Sallo*, 1520, *in*-4.

Ce qui doit le plus surprendre dans cet ouvrage, excessivement rare et très-licencieux, c'est l'intitulé qui est ainsi conçu : *Morlini novellæ cum gratia et privilegio Cesareæ majestatis et summi pontificis decennio duratura.* Il est bien singulier que l'on y trouve un tel privilége et que cette production ait été publiée au sein de l'inquisition. Aussitôt qu'elle a vu le jour, elle a été supprimée. Morlini, avocat napolitain, était ou maître ou ami de l'Arétin ; car le génie de ce dernier se trouve dans l'ouvrage que nous citons. Il est divisé en trois Traités séparés l'un de l'autre, et qui contiennent ; le premier, des *Contes* et des *Nouvelles* ; le second, des *Fables*, et le troisième une *Comédie*. Les obscénités qui y règnent, surtout dans cette dernière pièce, sont révoltantes. Les exemplaires échappés à la proscription sont en très-petit nombre, et la plupart sont imparfaits.

MORTIER. De la Correction fraternelle, *etc*. (Par Médéric Mortier.) *Paris*, 1705, *in-12*.

Nous avons parlé de cette brochure (p. 82 de ce volume.); nous ignorions que l'auteur était un ecclésiastique nommé Médéric Mortier, qu'il a été interdit par le cardinal de Noailles ; qu'il a reçu ordre de sortir de la communauté de Saint-Sulpice, *etc*.

MOTHE-LE-VAYER. Traité de la Vertu des Payens, par Fr. de la Mothe-le-Vayer.

La condamnation de cet ouvrage est fort singulière. Il ne se vendait pas, et le libraire en faisait des plaintes à l'auteur. « Ne soyez pas en peine, lui dit la Mothe-le-Vayer ; je sais un secret pour le faire vendre. » Effectivement il alla solliciter l'autorité de défendre la lecture de son livre. A peine cette défense fut-elle connue, que chacun eut envie de le lire, et l'édition fut bientôt épuisée. Le docteur

Arnaud a réfuté cet ouvrage dans son Traité de la *Nécessité de la Foi en Jésus-Christ.* François de la Mothe-le-Vayer, né à Paris en 1588, est mort en 1672.

MOULIN. (DU) Abus des petites Dates, Réservations, Préventions, Annates et autres usurpations et exactions de la Cour de Rome, contre les Edits et Ordonnances des Rois de France ; par Charles du Moulin ; jadis en latin, (*Lugduni*, 1552) et par lui-même mis en français et augmenté de nouveau. *Lyon*, 1564, *in*-4.

Cet ouvrage a été censuré par la Sorbonne, et le parlement de Paris en a défendu la distribution. Il faut se rappeler qu'un édit de Henri II tendait à réprimer les abus qui se commettaient par les notaires, banquiers et juges, en matière bénéficiale. Ces abus provenaient plutôt de l'avidité des aspirans aux bénéfices, que de la connivence des officiers de la cour de Rome. Cependant Dumoulin s'en prit uniquement aux papes et à ceux qui les approchaient ; ce qui déplut beaucoup au souverain pontife, et ce qui fut très-agréable à la cour de France, qui vit dans Dumoulin le défenseur des libertés de l'église gallicane. Ce qu'il y a de sûr, c'est que dès-lors la cour de Rome ménagea davantage les français. Aussi, lorsqu'Anne de Montmorenci présenta l'ouvrage de Dumoulin au roi, il lui dit : « Sire, ce que votre majesté n'a pu faire exécuter avec trente mille hommes, qui est de contraindre le pape à lui demander la paix, ce petit homme l'a achevé avec un petit livre. » La liberté avec laquelle Dumoulin parla de la cour de Rome, le fit soupçonner d'être favorable aux nouvelles erreurs ; le peuple le prit en haine et pilla sa maison en

1552 : il s'enfuit à Bâle, puis à Tubinge, à Strasbourg, à Dole, à Besançon, travaillant toujours à ses ouvrages, et enseignant le droit avec une réputation extraordinaire partout où il s'arrêtait. Il eut beaucoup de traverses à essuyer. Revenu à Paris, il en trouva de nouvelles dans la publication de trois *Consultations*, dont la dernière regardait le concile de Trente. Il fut mis en prison à la Conciergerie : Jeanne d'Albret l'en fit sortir ; mais la cour lui défendit d'écrire désormais sur les matières qui appartenaient à l'état, ou qui dépendaient de la théologie. Sa *Consultation* sur le concile de Trente est ordinairement jointe à la *Réponse* qu'y fit Pierre Gringoire, et qui est fort recherchée. Charles Dumoulin, né à Paris en 1500, mourut dans la même ville en 1566. Ses *Œuvres* ont été recueillies en 1681, 5 *vol. in-fol.*

Nous ne donnerons point d'article particulier à Pierre Dumoulin, ministre protestant, né en 1568, dans le Vexin, et mort à Sedan en 1658. Il n'était nullement parent au précédent. On connaît avec quel emportement il a écrit contre la religion catholique : il suffit de rapporter ici le titre de ses ouvrages, dont quelques-uns sont rares. *L'Anatomie de l'Arminianisme*, latin, *Leyde*, 1619, *in-fol.* = *Traité de la Pénitence et des Clefs de l'Eglise.* = *Le Capucin*, ou *Histoire de ces Moines*, Sedan, 1641, *in-12.* = *Nouveauté du papisme*; la meilleure édition, 1633, *in-4.* = *Le Combat chrétien*, *in-8.* = *De Monarchia Pontificis romani*, Londres, 1614, *in-8.* = *Le Bouclier de la Foi*, ou *Défense des Eglises réformées* contre le Jésuite Arnoux. = *Fuites et évasions du Jésuite Arnoux.* = *Du Juge des controverses et des traditions*, *in-8.* = *Anatomie de la Messe*, Sedan, 1636, *in-12*, qu'il ne faut pas confondre avec une autre *Anatomie de la Messe* dont l'original est italien, 1552, *in-12*, et la traduction française de Genève, 1555, *in-12.*

MOULIN. (DU) Parænesis ad ædificatores imperii in imperio; in quâ defenduntur jura magistratûs adversùs Mosem Amyraldum et cæteros vindices potestatis ecclesiasticæ presbyterianæ in præfatione excurritur in Joh. Dallæi apologiam, pro duabus synodis; auctore Ludovico Molinæo. *Londini*, 1656, *in-4.*

Cet ouvrage a été supprimé; ce qui le rend assez rare.

MUSSEY. La Lorraine ancienne et moderne, *ou* l'ancien Duché de la Mosellane, véritable origine de la Maison royale et du Duché de Lorraine, avec un abrégé de l'Histoire de chacun de ses Souverains. Par Jean Mussey, 1712, *in 8.*

Cet ouvrage a été défendu.

(Article omis à la page 276, après MABLY.*)*

MACHIAVEL. Le Prince, de Nicolas Machiavel, traduit de l'italien, avec des remarques, par Abr.-Nic. Amelot de la Houssaye. *Amsterdam, Wetstein*, 1683, *in-12.*

L'original italien de cet ouvrage trop fameux, a d'abord circulé sans opposition par toute l'Italie; mais ensuite il a été condamné par bref de Clément VIII. On le regarde, en fait de politique, comme l'ouvrage le plus dangereux qui ait existé; et effectivement l'auteur y donne aux gouvernans des leçons de fourberie, d'assassinats et d'empoisonnemens. Aussi a-t-on appelé ce livre le bréviaire des ambitieux et des scélérats. Quelques-uns cherchent à excuser

Machiavel, en disant qu'il est douteux s'il a voulu donner des règles pour gouverner ou seulement dépeindre des abus ; et que, sans doute, il n'a eu d'autre but que de dévoiler la conduite artificieuse des mauvais princes et des tyrans. D'autres disent encore que ses maximes exécrables tiennent plus à la situation particulière de l'Italie, telle qu'elle était de son temps, qu'à la trempe de son esprit et de son caractère. Mais peut-on douter de la perversité de ses intentions, quand on le voit proposer pour modèle à tous les souverains un César Borgia, bâtard d'Alexandre VI, monstre qui se souilla de tous les crimes pour se rendre maître de quelques petits états. Voilà le prince que Machiavel préférait à tous les gouvernans de son temps. Les principales maximes de ce publiciste sont, qu'un prince, pour se maintenir sur le trône, ne doit être vertueux qu'autant que son intérêt l'exige, et qu'il doit fouler aux pieds la vertu dans les circonstances critiques, tout en ayant l'air d'en conserver le masque ; qu'il doit être économe de son bien, et n'être libéral que du bien public ; qu'il ne doit être esclave de sa parole, que lorsque cela lui est avantageux ; qu'il doit paraître clément, intègre, religieux ; mais au fond n'être rien de tout cela ; qu'il ne doit se faire aucun scrupule de commettre des crimes qui assurent sa puissance et le repos de l'état ; qu'il ne doit point hésiter d'agir contre la charité, l'humanité et même contre la religion, quand cela lui parait nécessaire ; enfin, que tous les moyens, quelqu'extrêmes qu'ils soient sont, bons pour étendre, conserver et faire respecter le pouvoir. On sait que le roi de Prusse, Frédéric II, a réfuté, dans son *Anti-Machiavel*, 1740, in-8, ces maximes abominables. Il dit : « Le Prince de Machiavel, est, en fait de morale, ce qu'est l'ouvrage de Spinosa en matière de foi. Spinosa sapait les fondemens de la foi, et ne tendait pas moins qu'à renverser l'édifice de la religion : Machiavel corrompit la politique, et entreprit de détruire les préceptes de la saine morale. Les erreurs de l'un n'étaient que des erreurs de spéculation ; celles de l'autre regardaient la pratique. » Nicolas Machiavel, né à Florence en 1469, mourut, en 1530, pour avoir pris une trop forte dose d'opium. Il était secrétaire de la république de Florence. Gabriel Naudé dit qu'il n'était pas fort savant, mais qu'il avait un esprit excellent et prodigieux : il était d'une bonne famille, et parent du pape Urbain VIII. On connait même un Machiavel qui a été promu au cardinalat à cause de la parentée. Naudé raconte ailleurs que Machiavel et Cardan ont accusé Grégoire VII (je présume qu'il veut dire Grégoire-le-Grand) d'avoir brûlé la plupart des bons livres des anciens, et entre autres toutes les *Œuvres de Varron*, qui fut le plus savant des romains ; et pourquoi, disent-ils, ce pape fit-il brûler les livres de Varron ? c'est afin qu'on ne s'apperçût pas du plagiat de Saint Augustin, qui avait pris tout son *Traité de la Cité de Dieu* dans les *Œuvres* du savant romain. On se doute bien que cette anecdote est dénuée de toute espèce de fondement ; elle n'a, sans doute, pris sa source que dans l'accusation vague de Jean de Salisberi, écrivain du 12.ᵉ siécle, contre St. Grégoire. Revenons à Machiavel. M. Charles-Philippe-Toussaint Guiraudet, mort préfet du département de la Côte-d'Or, a donné une bonne traduction des *Œuvres de Machiavel* en l'an 7 — 1799, 9 *vol. in-*8. Elle est bien préférable à celle de Tilard, calviniste réfugié, qui a paru en 1723, 6 *vol. in-*12, dans lesquelles on ne trouve pas la version des *Comédies* ni des *Contes*. Cette traduction a été réimprimée à la Haye en 1743, et augmentée de l'*Anti-Machiavel* de Frédéric. On a publié, en 1767, la correspondance de Machiavel pendant le cours de ses négociations. M. Landi, traducteur de Tiraboschi, dit qu'on y voit le ministre sage, adroit, habile, mais point du tout le politique scélérat, comme il paraît dans quelques-uns de ses livres. Ses enfans lui étaient très-attachés : on assure qu'il était d'un caractère obligeant et que toutes les personnes remarquables de Florence l'estimaient et s'assemblaient dans les jardins de Cosmo-Ruccelaï pour jouir des agrémens de sa conversation, de sa familiarité et de ses lumières. Ses ouvrages sont, 1.° l'*Ane d'or*, à l'imitation de Lucien et d'Apulée ; 2.° *Belphegor*, conte que la Fontaine a imité et surpassé ; 3.° des petits *Poëmes* historiques et moraux ; 4.° deux Comédies, *la Mandragore* et *Clitia*; 5.° *Discours sur la première Décade de Tite-Live* : il s'y déclare partisan de la liberté, et y développe la politique du gouvernement populaire ; 6.° le *Traité du Prince*, qui fait l'objet de cet article ; 7.° l'*Histoire de Florence* depuis 1205 jusqu'en 1494 ; 8.° la *Vie de Castrucio Castracani*, souverain de Lucques, traduite en français par Dreux du Radier ; 9.° un *Traité de l'Art militaire*, et enfin, 10.° un *Traité des Emigrations des Peuples septentrionaux*. Les différentes éditions des *Œuvres de Machiavel*, en italien, sont celle des Aldes, de Venise, 1540, 3 *vol. in-8*; celle de Florence qui a paru en 1550, sans nom de ville, 2 *vol. in-4* ; celle d'*Amsterdam*, 1725, 4 *vol. in-12* ; celle de *Londres*, 1747, 2 *vol. in-4*, et 1772, 3 *vol. in-4* ; celle de *Paris*, 1768, 6 *vol. in-12*, etc. N'oublions pas de dire que Machiavel a eu beaucoup de critiques ; mais qu'il a trouvé un grand apologiste dans Caspard Scioppius.

(*Article omis à la page 277, après* MAHOMET.)

MAILLY. Lettre de l'Archevêque de Rheims (Mailly) au Duc d'Orléans, Régent.

On sait que cet archevêque était grand partisan de Rome,

et qu'il fut fait cardinal pour s'être fortement prononcé contre les jansénistes. Il écrivit au duc d'Orléans une Lettre fort singulière, que le parlement fit lacérer et brûler. M. Mailly écrivit une seconde Lettre aux doyens ruraux de son diocèse : il leur manda que, loin de s'attrister d'une telle flétrissure, il s'en glorifiait dans le Seigneur; que, pour perpétuer le souvenir de l'arrêt, il le ferait enregistrer au greffe de l'officialité, et que, dans la chapelle de son palais, il fonderait une messe à perpétuité le jour de son exécution. Quelque temps après, il s'avisa d'écrire encore une autre Lettre à tous les évêques acceptans. Le parlement sévit de nouveau contre cette Lettre. A cette nouvelle, l'archevêque se tourne vers un de ses prêtres, et dit : Je viens d'apprendre que ma lettre sera brûlée à Rheims; je m'y attends, et j'ai pris le parti d'assister à l'exécution, revêtu de mes habits pontificaux, avec mon clergé, chantant des hymnes et des cantiques. Cette belle résolution fut imitée par un évêque de Soissons. Le parlement le traita comme il avait fait l'archevêque de Rheims, et le condamna, comme lui, à dix mille livres d'amende; mais le régent ne voulut pas qu'il les payât, de peur, disait-il plaisamment, que Rome ne lui envoyât pareillement le chapeau. (Cette anecdote m'est fournie par l'auteur des *Amusemens d'un Philosophe solitaire*.)

NOTA. Nous nous proposons de donner à la fin du dernier volume, une notice des personnes qui, sans avoir écrit, ont été condamnées à des peines capitales pour cause d'opinions répréhensibles en matière de religion ou de politique. Nous parlerons aussi de ceux qui ont échappé au supplice par la fuite ou par la protection des souverains, tel qu'un Jérome Borro, professeur à Pise dans le seizième siècle : il était à l'œil de l'inquisition comme athée. Un jour il dit que *supra octavam sphæram nihil est*; l'inquisiteur voulut l'obliger de se dédire. Effectivement Borro monta en chaire le lendemain, et dit à ses auditeurs : « Messieurs, je vous ai maintenu et prouvé que *supra octavam sphæram nihil est*, on veut que je me dédise; je vous assure que, s'il y a autre chose, ce ne peut être qu'un plat de macarons pour M. l'inquisiteur. » On peut croire qu'après cette mauvaise plaisanterie, l'orateur prit lestement la fuite, et il fit bien ; car il aurait été infailliblement brûlé, malgré la protection que lui accordait le grand-duc. Il est mort en fuite. Nous parlerons donc dans notre notice de ceux qui se sont trouvés dans le même cas que ce Borro, ainsi que de ceux qui n'ont pas été aussi heureux, et qui ont payé de leur tête ou de leur liberté leur crime, ou au moins leur imprudence.

Fin du Tome premier.

DICTIONNAIRE
DES LIVRES
CONDAMNÉS AU FEU.

DICTIONNAIRE
CRITIQUE, LITTÉRAIRE
ET
BIBLIOGRAPHIQUE

Des principaux Livres condamnés au feu, supprimés ou censurés :

PRÉCÉDÉ D'UN DISCOURS SUR CES SORTES D'OUVRAGES.

Par G. PEIGNOT, Bibliothécaire de la Haute-Saône, Membre de l'Académie Celtique de Paris, et de plusieurs Sociétés littéraires.

TOME SECOND.

A PARIS,

Chez A. A. RENOUARD, Libraire, rue Saint-André-des-Arts, N.º 55.

AN 1806.

LE BUCHER
BIBLIOGRAPHIQUE.

NAVARETTE. Traité historique, politique et moral de la Monarchie de la Chine, par Ferdinand Navarette, dominicain. *Madrid, 1676. Le 1.er vol. in-fol.*

Cet ouvrage devait avoir trois volumes; le second a été supprimé par l'inquisition, sans doute parce que les jésuites n'y étaient pas ménagés; et le troisième n'a jamais vu le jour. Le premier volume, qui est peu commun, est intéressant et même nécessaire pour connaître la Chine. Le père Navarette, missionnaire dans ce pays, fut envoyé par ses confrères, à Rome, pour se plaindre des jésuites, également missionnaires, dont les conversions, disait-on, tenaient plus de la finesse attribuée aux enfans de Loyola que de la force victorieuse de la grâce. Ferdinand Navarette, dominicain espagnol, est mort en 1689.

NEBULONES. De tribus Nebulonibus. *Anno 1655. Impress. in Belgio.*

Cet ouvrage a été supprimé aussitôt qu'il a paru. Les trois fourbes dont on y parle sont, 1.° Thomas Aniello, gouverneur à Naples, pendant une révolte qu'il avait provoquée : il fut assassiné le 16 juillet 1647. 2.° Ollivier

Cromwel, protecteur d'Angleterre, mort le 3 septembre 1658. 3.º Jules Mazarin, né en 1602 et mort le 9 mars 1661.

NÉERCASSEL. Amor pœnitens sive de recto clavium usu, auctore Joanne de Néercassel, episcopo Castoriensi, vicario apostolico. *A Utrecht, 1683; la meilleure édition, 1684, 2 vol. in-12.*

Cet ouvrage a été censuré par le pape Alexandre VIII, et défendu par un décret de la sacrée congrégation; il avait été dénoncé à Innocent XI qui, loin de le condamner, dit : *il libro è buono è l'autore è un sancto* : le père Colonia traite ce dernier article de fable. Le docteur Arnaud parlant de la censure d'Alexandre VIII, portée contre l'*Amor pœnitens*, dit à M. Steyaert : « Vous imaginez-vous qu'après le *Donec corrigatur*, que vous appelez *Solemne decretum pontificis jussu editum*, nous soyons obligés de prendre l'excellent livre de ce saint prélat pour un méchant livre? » Ce qu'il y a de certain, c'est que l'ouvrage de Néercassel est très-estimé. Il a été traduit en français sous ce titre : l'*Amour pénitent*. Livre premier: *De la nécessité et des conditions de l'amour de Dieu pour obtenir le pardon des péchés*. Livre second : *De l'usage légitime des clefs, ou Conduite des confesseurs et des pénitens, par rapport au sacrement de pénitence. 1740, 3 vol. in-12.* Jean de Néercassel, né à Gorcum, en 1623, fut oratorien à Paris, puis évêque de Castorie, en Hollande, et mourut en 1686, regardé comme un saint.

NICOLAI. De duobus Antichristis, Mahumete et Pontifice romano; auctore Philippo Nicolaï. *Marpurg, 1590, in-8.*

De Antichristo romano perditionis filio conflictus; eodem auctore. *Rostock*, 1609, *in-8.*

Ces deux satyres, très-violentes contre le pape, ont été supprimées avec beaucoup d'exactitude, la première surtout. Philippe Nicolaï était un luthérien emporté, qui vit le jour dans le Landgraviat de Hesse, vers la fin du 16.ᵉ siècle.

NOAILLES. Lettre pastorale et mandement de M. le cardinal de Noailles, archevêque de Paris, au sujet de la constitution *Unigenitus Dei filius.* 1714, *in-*4.

Ce mandement du 25 février 1714, a été condamné à Rome le 26 mars suivant, « comme étant au moins captieux, scandaleux, téméraire, injurieux au saint Siége apostolique, sentant le schisme et conduisant au schisme. » M. de Noailles défend dans ce mandement, sous peine de suspense, de recevoir la constitution *Unigenitus.* Un docteur nommé Bigre, effrayé par ce mandement, s'écria, *nolo mori suspensus.* Le père Colonia dit que ce Bigre était censeur royal et qu'il ne voulut approuver aucun livre où il est fait mention que la Sainte Vierge est au ciel en corps et en ame, et qu'elle a été conçue sans péché. Cela est-il bien vrai? Au reste, l'opinion du docteur Bigre dans une querelle tout-à-fait terminée et oubliée, est maintenant de la plus grande indifférence. Par la suite, le cardinal de Noailles rétracta son appel; et son mandement de rétractation fut affiché le 21 août 1720. Louis-Antoine de Noailles, né le 27 mai 1651, reçu docteur en Sorbonne en 1676, nommé à l'évêché de Cahors en 1679, transféré à celui de Châlons-sur-Marne en 1680, enfin nommé à l'archevêché de Paris en 1695, est mort le 4 mai 1729.

NOBLE. (LE) Dialogue d'Ésope et de Mercure, (par Eustache le Noble).

Cet opuscule est une satyre contre les Hollandais : elle a été brûlée à Amsterdam par la main du bourreau. *L'histoire de l'établissement de la république de Hollande*, par le même Eustache le Noble, *Paris*, 1689 et 1690, 2 *vol. in-12*, a été proscrite dans les états de la république, parce que l'auteur y a dit des vérités désagréables aux Hollandais. Et c'est peut-être à ce sujet qu'a eu lieu le dialogue dont nous parlons. Cette *histoire* de le Noble n'est qu'un extrait de l'ouvrage de Grotius, sur le même sujet. Eustache le Noble, né à Troyes en 1643, fut d'abord procureur-général du parlement de Metz ; il fit de faux actes, fut condamné au bannissement ; il eut en prison des intrigues avec Gabrielle Perreau, connue sous le nom de la belle épicière ; il s'en fuit avec elle et en eut trois enfans : il mourut dans la misère, le 31 janvier 1711, après avoir fait gagner plus de cent mille écus aux libraires par ses nombreux ouvrages.

NOBLE. (LE) L'esprit de Gerson, (ouvrage attribué à le Noble), 1692, *in-12*.

Ce livre a été condamné par décret de Clément XI, du 15 septembre 1707. On le traduisit en italien en 1765, et Clément XIII le condamna par décret du 4 juillet 1765.

NOGARET. La Capucinade, (par M. Nogaret) 1765.

Espèce de roman ordurier dont les héros sont des

capucins. L'auteur est M. Nogaret qui, d'après les *Mémoires* de Bachaumont, a été mis à la bastille pour cette production dont la police s'est emparée. Pierre Dumoulin, violent protestant, a fait une satyre assez rare, intitulée : le *Capucin* ou l'*Histoire de ces Moines*. Sedan, 1641, in-12. Nous l'avons déjà citée.

NOUVEAU TESTAMENT. Le nouveau Testament de N. S. J. C., traduit en français selon l'édition Vulgate, avec les différences du grec. *A Mons, chez Gaspard Migeot, 1667, 2 vol. in-12.*

Ce fameux ouvrage, connu sous le nom de *Nouveau Testament de Mons*, a été condamné par plusieurs papes, par plusieurs évêques, par le conseil d'état, *etc.* Avant d'entrer dans le détail de ces condamnations, disons un mot sur l'histoire de ce livre. Cette traduction, dit le père Colonia, est de M. de Sacy et de M. le Maistre, son frère ; elle a été retouchée par MM. Arnaud et Nicole. Pontanus, docteur de Louvain, approbateur de l'ouvrage, assure que la version française répond fidèlement au texte grec ; il a été privé de son emploi de censeur apostolique. Dupin dit que cet ouvrage n'a point été imprimé à Mons, mais en Hollande, ce qui, je crois, n'est pas très-avéré ; l'impression en est belle. Ce *Nouveau Testament* a été condamné par le pape Clément IX, le 20 avril 1668, « comme traduction téméraire, pernicieuse, différente de la Vulgate, et contenant des choses propres à scandaliser les simples. » Innocent XI l'a proscrit par décret du 19 septembre 1679. Clément XI en parle dans la constitution *Unigenitus*. L'archevêque de Rheims l'a condamné par mandement du 18 novembre 1667 ; l'archevêque de Paris par ordonnances du 18 novembre 1667 et 20 avril 1668 ; l'évêque d'Evreux par mandement du 27 novembre 1667 ; celui d'Amiens par mandement du 20 octobre 1673 ; enfin celui de Toulon par mandement du 19 février 1678, condamnant cette traduction « comme téméraire, dangereuse, différente de la *Vulgate* dont elle s'éloigne pour suivre la version des hérétiques et les dépravations de la *Bible* de Genève, et qui insinue les erreurs des propositions condamnées dans Jansénius. » L'arrêt du conseil d'état du 22 novembre 1667, foudroyant cet ouvrage, dit positivement que les auteurs sont des gens notoirement désobéissans à l'église. « Il défend à tous libraires et imprimeurs de vendre ou débiter ladite version, sous peine de punition ; ordonne à toutes personnes qui en auront des exemplaires, de les porter incessamment au greffe pour y être supprimés, à peine de 1500 livres d'amende. » La raison de tant d'anathèmes lancés contre cette traduction, est, dit-on, l'altération de la version latine qui est la seule authentique dans l'église ; de sorte qu'on prétend que cette traduction française a beaucoup de conformité avec celle de Genève. Il faut avouer que sans les querelles du jansénisme, on n'aurait pas poursuivi cet ouvrage avec autant d'acharnement. Louis-Isaac le Maistre, plus connu sous le nom de Sacy, est né à Paris en 1613 ; il est mort à Pompone en 1684. On sait qu'il a été enfermé à la bastille en 1666, comme grand partisan du jansénisme ; il était directeur des religieuses et des solitaires de Port-Royal-des-Champs, qui pensaient comme lui. Ses opinions l'obligèrent de se cacher dès 1661. C'est à la bastille qu'il composa les *Figures de la Bible*, sous le nom de Royaumont ; quelques-uns les attribuent à Nicolas Fontaine, son compagnon de prison. Quoi qu'il en soit, on prétend que ces *Figures* présentent beaucoup d'allusions aux traverses que les jansénistes avaient à souffrir. Selon un auteur jésuite, les solitaires de Port-Royal sont représentés dans la figure 92 par David, et leurs antagonistes par Saül. Louis XIV est représenté par Roboam dans la figure 116, par Jozabel dans la figure 130, par Assuérus dans les figures 148 et 150, enfin par Darius dans la figure 162. On ajoute que quand Sacy veut dire quelque injure à ses persécuteurs, c'est toujours par les saints pères qu'il la leur fait dire. Ces allusions sont-elles bien vraies ? Sacy ou Fontaine n'y ont peut-être jamais pensé.

NYMPHE. La Nymphe de Spa à l'abbé Raynal, pièce de vers publiée en 1781.

Ces vers, où la religion n'est pas respectée, ont été foudroyés par le prince-évêque de Liége, dans un mandement qui commence ainsi : « Ce n'est point sans la plus vive douleur que nous venons de voir s'élever du sein des brebis confiées à nos soins, un homme turbulent assez audacieux pour oser publier, par une témérité inouie, une pièce de vers insultante pour tous les genres d'autorités. Ne pouvant ni tolérer ni dissimuler une entreprise aussi dangereuse, nous jugeons devoir rendre publique l'indignation que nous avons ressentie à la lecture de cette pièce scandaleuse dont nous entendons punir l'auteur suivant la rigueur des loix.... » Le reste de ce mandement est une exhortation du prince-évêque à ses peuples et ouailles de conserver le précieux trésor de la foi.... d'avoir du mépris et de l'horreur pour les sophismes et les attentats d'une philosophie insensée. Ce mandement a suivi de près la publication de cette diatribe poétique dont je ne connais, du nom de l'auteur, que la lettre initiale B******. Il n'était, dit-on, âgé que de 22 ans. Il l'a composée pour faire sa cour à l'abbé Raynal, qui, fugitif à cause de son *Histoire philosophique*, se trouvait alors aux eaux de Spa, avec l'empereur et le prince Henri, frère du Roi de Prusse. Cette affaire n'eut aucune suite fâcheuse pour le jeune auteur: Raynal lui adressa une lettre dirigée contre les ecclésiastiques, et surtout contre les évêques qu'il appelle audacieusement des Busiris en soutane, dont la conduite est, dit-il, absurde, ridicule et horrible. On voit par l'animosité qui règne dans cette lettre, que Raynal se doutait bien que le mandement de l'évêque de Liège, l'avait plutôt en vue, lui Raynal, que le jeune poëte. La *Nymphe de Spa* se trouve dans un ouvrage ayant pour titre : *Réponse à la censure de la faculté de théologie de Paris, contre l'Histoire philosophique et politique des établissemens et du commerce des Européens dans les deux Indes*, par M. l'abbé Raynal. C'est une espèce de suite à l'ouvrage de cet abbé. On croit qu'il en est auteur, quoiqu'il y parle en tierce personne : le style en est emphatique : ce n'est qu'une excursion violente contre les théologiens. L'auteur lève l'étendard de la rebellion dès l'épigraphe :

> Les prêtres ne sont pas ce qu'un vain peuple pense;
> Notre crédulité fait toute leur science.

Après un *avis au peuple* et un *avant-propos* dictés dans le même esprit, vient la *réponse à la censure* où l'auteur est de mauvaise foi, en ce qu'il ne cite point le texte original qu'il aurait fallu donner, et qu'il le morcelle et n'en rapporte que ce qu'il trouve propre à paraître absurde ou ridicule. Cette longue dissertation est moins une apologie de Raynal qu'une satyre contre la religion et ses ministres.

OBRECHTUS. Ulrici Obrechti alsaticarum rerum prodomus. *Argentorati, ap. Simonem Pauli, bibliopol.*, 1681, in-4.

Cet ouvrage a été supprimé par ordre du roi de France. La première édition est de 1671, même lieu d'impression et même format.

OCHIN. Bernardini Ochini opera omnia.

On sait que tous les ouvrages de ce fameux apostat ont été supprimés par la cour de Rome, et qu'ils sont la plupart très-rares. Voici la liste des principaux qui me sont connus.

Le Prediche di messer Bernardino Ochino da Siena. In Basilea, 1562, 5 vol. in-8.

Les 4.e et 5.e volumes sont les seuls rares de cette collection.

Il Catechismo overo institutione christiana, in forma di dialogo : interlocutori, il ministro et illuminato. In Basilea, 1561, *in-8.*

Rare.

Sermons très-utiles de B. Ochin, traduits en français. 1561, in-8.

Peu rare.

Dialogorum de trinitate et messia libri duo : ex italicá linguá in latinam translati ex versione Sebastiani Castalionis. Basil., 1563, 2 vol., in-8.

Cette version est très-rare: on doute que l'original italien ait été imprimé. Quelques-uns le soutiennent.

Dialogo del purgatorio, anno 1556, in-8.

Cet ouvrage est très-curieux ; cette édition est la plus rare ; les interlocuteurs sont un bénédictin et quatre religieux mendians, dont les sentimens sont combattus par un nommé Théodidacte, mis en prison pour avoir nié le purgatoire. Ce livre a été traduit en latin en 1555, ou plutôt en 1556, selon Crevenna, *in-*8, moins rare que la traduction française de 1559, *in-*8.

Dialogi VII *sacri*, L'anno 1542, *in-*8.

Rare.

Le Prediche nomate Labyrinthi. Basilea, senza anno, *in-*8.

Ce volume est ordinairement réuni au suivant :

Disputa di Ochino intorno alla presenza del corpo di Giesu-Christo, nel Sacramento della cena. In Basilea, 1561, *in-*8.

Ce traité est l'un des plus dangereux d'Ochin. Il est rempli d'erreurs et d'invectives contre la doctrine de l'église romaine sur la présence réelle de J. C. dans le Saint Sacrement de l'eucharistie. L'ouvrage est divisé en douze discours qui sont précédés d'un traité en forme de dialogue sur l'eucharistie, entre un évêque, des curés, des bacheliers et un hérétique. Cet ouvrage et le précédent ont été traduits en latin, et imprimés ensemble à Basle, sans date.

Synceræ et veræ doctrinæ de cœna domini defensio, per Ochinum, contra libros Joachimi Westphali. Tiguri, 1556, *in-*8.

Cet ouvrage est l'un des plus rares d'Ochin.

Espositione sopra la epistola di san Paolo alli romani, 1545, *in-*12. *Espositione sopra la epistola di san Paolo a i galati.* 1546, in 12.

Ces deux petits volumes sont peu recherchés.

B. Ochini liber adversùs papam, qui anglicè excusus fuit sub titulo sequenti : A tragedies or dialogue of the bishop of Rome and of alle the just abolishing of the same. *Londini, apud Gualtherum Lynnium*, 1549, *in-*4.

Ouvrage cité par Vogt comme infiniment rare. Il contient

neuf dialogues. Ce bibliographe parle dans le même article d'un *acta Pilati* du même Ochin.

Apologi nelli quali si scuoprano gli abusi errori della sinagoga del papa, e de suoi preti, monaci et frati. Geneva, Gerardo, 1554, in-8.

Cet ouvrage a été supprimé très-exactement, ce qui l'a rendu l'un des plus rares d'Ochin. Ce petit volume, très-mince, de 78 pages (car il n'a que le premier livre, dit Debure), renferme cent apologues que l'auteur fit pour tracer un tableau affreux de la cour de Rome, et non pas pour se justifier, comme le prétend Debure; celui-ci a traduit *apologi* par *apologie*, tandis que ce mot signifie *contes, anecdotes*. Ochin n'a point songé à se justifier; il fait parler des interlocuteurs et ne se nomme jamais.

Vier boecken der apologen, beschreven in 't italiaensch, door Bernhardinum Ochinum, etc. Dordrecht, by Jacob Jantz Canin, 1607, in-8.

Cette version hollandaise des apologues que nous venons de citer a été faite par Gerardus Suetonus, sur la traduction allemande que Christophe Wirsing a faite sur l'original italien en 1556. Debure assure qu'il n'a paru que le I.er livre; cependant la version en question en a quatre. Ce qui donnerait à penser, ou que Debure s'est trompé, ou qu'il avait un exemplaire incomplet, ou que le traducteur a ajouté lui-même trois livres; ce dernier cas ne paraît pas présumable.

B. Ochini responsio quâ rationem reddit discessus ex Italiâ. Venetiis, 1543, in-8.

Rare.

Epistola di B. Ochino, alli molt. magnifici senori di Siena. Genova, 1543, in-8.

Ce petit volume est recherché, ainsi séparé, quoiqu'on le retrouve dans la collection des sermons d'Ochin en 5 vol. dont nous avons parlé. Il a été traduit de l'italien en français en 1544, *in*-12. C'est un discours adressé aux seigneurs et magistrats de Sienne, dans lequel Ochin rend compte de sa doctrine et expose les vices et la corruption générale des principaux ministres de la cour de Rome, avec les raisons qui l'ont engagé à quitter une religion qui avait pour ministres des gens aussi corrompus.

Il faut ajouter à la collection des ouvrages d'Ochin, les trois suivans, qui sont assez rares :

Rimedio a la pestilente doctrina di B. Ochino, da Ambrosio Catarino Lancelotto Polito. In Roma, 1544, in-8.

Ce petit livret renferme beaucoup d'injures, et on verra, par le titre du suivant, qu'Ochin n'était pas embarrassé pour répondre sur le même ton.

Riposta di B. Ochino alle false calumnie e impie biassemmie di frate amb. Catarino Polito. 1546, in-8.

Le Mentite Ochiniane del Mutio justinopolitano. In Venetia, 1551, in-8.

Tel est le recueil des ouvrages d'Ochin qui font collection ; il est rare de les trouver réunis. Voyons maintenant quelles sont les maximes les plus pernicieuses que cet hérésiarque a débitées. « Il n'a jamais lû dans l'écriture sainte, dit-il, que le Saint-Esprit fût Dieu, et il aimerait mieux rentrer dans son cloître que de le croire. Jésus-Christ n'est pas le grand Dieu, mais seulement le fils de Dieu ; et il n'a cette qualité que parce qu'il a été plus aimé et plus gratifié de Dieu que les autres hommes ; ce n'est que par flatterie et par invention monacale qu'il a été appelé Dieu. Comme c'est par seule flatterie que l'on appelle la Vierge-Marie, mère de Dieu, reine du ciel, maîtresse des anges ; c'est aussi par pure flatterie que les moines ont établi et prêché la consubstantialité de Jésus-Christ, sa coéternité et son égalité avec son père...... Tout homme marié qui a une femme stérile, infirme et de mauvaise humeur, doit demander à Dieu la continence ; ce don demandé avec foi sera obtenu ; mais si Dieu ne l'accorde pas, ou qu'il ne donne pas la foi nécessaire pour l'obtenir, alors on pourra suivre sans péché l'instinct que l'on connaîtra venir de Dieu..... » Cet apostat mêlait à ces dangereuses maximes de vraies folies ; il se donnait pour un vrai apôtre de J. C., qui avait plus souffert pour éclaircir les mystères de la religion qu'aucun des douze apôtres ; il disait que si Dieu ne lui avait pas donné comme à eux le don des miracles, on ne devait pas pour cela ajouter moins de foi à sa doctrine, puisqu'il l'avait reçue de Dieu même. Bernardin Ochin (Ochinus ou Ocellus) né à Sienne en 1487, entra jeune chez les capucins ; il montra d'abord tant de zèle, de piété et de talens qu'il devint général de son ordre ; on ne parlait que de sa vertu dans toute l'Italie, quand tout-à-coup il embrasse l'hérésie de Luther, va à Genève épouser une fille de Lucques, qu'il avait séduite, parcourt différentes villes où il sème ses erreurs, et enfin va mourir dans la misère, à Slaucow, en Moravie, en 1564.

ORLÉANS. Expostulatio Ludovici d'Orléans ; 1593, *in-8*.

Cet ouvrage infâme, dirigé contre Henri IV, a été condamné au feu par arrêt du parlement de Paris ; et le même arrêt oblige l'évêque de Senlis, nommé Rose, à supprimer des notes marginales qu'il avait mises de sa propre main à cet écrit, en signe d'approbation. Le bon Henri est appelé dans ce livre dégoûtant *fœtidum satanœ stercus*. Ce n'est pas la seule production de ce genre qu'a vomie contre son souverain le fanatique Louis d'Orléans. On a encore *Banquet du comte d'Arète*, 1594, in-8, satyre sanglante pleine d'invectives grossières. = *Premier et deuxième avertissement des catholiques anglais*, 1590, *in-8*, etc. etc. Louis d'Orléans, avocat au parlement de Paris, est mort en 1627, à 87 ans.

OYE. Essai du nouveau conte de ma mère l'Oye, ou les enluminures du jeu de la constitution. 1722, *in-8*.

Cette satyre a été condamnée par sentence de l'officialité d'Arras du 17 juin 1726, « comme remplie de principes et de propositions erronées et schismatiques, d'injures et de diffamations contre la mémoire de deux papes respectables et les prélats les plus qualifiés de l'église, n'ayant pour but que de renouveler les erreurs condamnées. » L'auteur de cette satyre annonce que la constitution *Unigenitus* sera regardée avant la fin du siècle (le dernier) comme un *conte de ma mère l'Oye*. Il ne respecte pas les évêques. « Que les évêques, dit-il, se déshonorent tant qu'ils voudront par des mœurs toutes mondaines, ils verront si nous savons nous taire. Puisque la lâcheté, l'intérêt, l'ambition, le faux honneur et l'entêtement leur font sacrifier les anciens dogmes de l'église et les plus saintes loix, nous ne croirons pas les respecter trop peu si nous révélons leur turpitude. » L'auteur traite la bulle *Unigenitus* de monstrueuse et de ridicule; il dit que la constitution ne doit ses progrès qu'à la violence; que la consternation de Paris, au bruit de l'acceptation du cardinal de Noailles (qu'il traite de Nicodème et de *reculante éminence*), égala celle de la ville de Troye prise par les Grecs. Il appelle Clément XI, Jean des vignes, par allusion à sa bulle *vineam Domini Sabbaoth*. Enfin il annonce que si les lettres de cachet subsistent encore quelques temps, « Rome publiera sans obstacle mille décrets antichrétiens. »

Combien les personnes sages et vraiment impartiales ont dû gémir de ces divisions alimentées par mille ouvrages qu'enfanta l'esprit de parti! On ne se contenta pas de faire des livres on fit aussi des carricatures. Dans l'une, on représentait l'entrée du Nonce à Paris, et le Diable était sur l'impériale de son carrosse. Dans une autre, faite à l'occasion du mandement de M. de Ventimille (archevêque de Paris) qui fut supprimé par le parlement, on dépeignait les magistrats assemblés, des langues de feu dispersées sur leur tête et le Diable qui tient dans ses griffes le mandement du prélat et qui l'emporte en enfer. Une troisième représente le démon qui tente J. C. dans le désert et qui lui présente la bulle *Unigenitus*. Enfin dans une quatrième le pape Clément XI est porté en enfer par les prélats et les docteurs qui ont accepté la bulle, etc. Le père Colonia prétend qu'on peut garder chez soi les portraits de Luther, de Calvin, de Bucer, de Mélanchton, de Mahomet, d'Arius, de Nestorius; mais qu'il faut bien se garder d'en faire autant de ceux de Baïus, de Jansénius, de Saint-Cyran, d'Arnauld, de Quesnel, de Colbert, de Soanen, *etc.*; qu'un bon catholique « ne doit point balancer à lacérer avec indignation et à jeter au feu avec horreur ces scandaleux portraits. »

PAGNINI. Biblia sacra latina ex hebræo, per Sanctem Pagninum, cum præfatione et scholiis Michaelis Villanovani (Michel Servet). *Lugduni, à Porta,* 1542, *in-folio.*

Cette édition a été recherchée à cause des notes du fameux Servet, dont elle est ornée en marge, et qui sont cause de sa suppression. Il y développe les opinions que l'on remarque dans ses autres ouvrages. Un passage de la description de la Judée qui se trouvait dans la première édition, à la tête de la douzième carte, forma un chef d'accusation contre Servet, dans le procès qui le conduisit au bûcher à Genève. Il tâche d'infirmer tout ce que l'écriture a dit sur la fertilité de la Palestine ; il se fonde sur ce qu'aujourd'hui ce pays n'a plus le même air de fertilité et d'abondance. Les exemplaires de cette Bible ont été supprimés et défendus avec soin, ce qui rend très-rares et très-chers ceux qui ont échappé à la proscription. Sanctes Pagnini, né à Lucques en 1470, est mort en 1536.

PALEARIUS. Inquisitionis detrectator Palearius.

Ce n'est point pour ses ouvrages, mais pour ses opinions sur l'inquisition, qu'Aonius (Antonius) Palearius a été non pas décapité en 1570, comme l'assure J. J. Frisius, continuateur de la *Bibliothèque de Gesner* (1), mais pendu, étranglé et brûlé en 1566, à Rome. Les auteurs de la dernière édition du *Dictionnaire historique* ont eu tort de placer son supplice en 1570 ; ils ont partagé l'erreur de Frisius. Cet Aonius Palearius, né à Veroli dans la campagne de Rome, écrivait très-bien en latin ; son poëme *De animarum immortalitate libri tres*. Lugduni, 1536, in-8, a été plusieurs fois réimprimé en Italie et en Allemagne, quoique le style en soit très-inégal. A l'imitation de Virgile, il a laissé quelques hémistiches de vers ; ces vers non

---

(1) Bayle reprend Simler d'avoir dit dans son *Abrégé de la Bibliothèque de Gesner*, que Palearius a été décapité à Rome en 1570 ; ce n'est point Simler qui l'a dit, puisqu'il n'a continué Gesner que depuis 1545, jusqu'en 1555 ; mais c'est Jean-Jacques Frisius qui a continué l'ouvrage jusqu'en 1583.

terminés sont au nombre de cinq. Palearius a été professeur de grec et de latin à Sienne, à Lucques, puis à Milan; c'est dans cette dernière ville qu'il a été arrêté par ordre du pape Pie V et conduit à Rome. Il fut convaincu d'avoir parlé en faveur des Luthériens, et de s'être expliqué sur le compte de l'inquisition avec un peu trop de liberté. Il disait *inquisitionem sicam esse districtam in jugula litteratorum*. L'inquisition est un poignard dirigé sur la gorge des gens de lettres. Croirait-on qu'un sot, ou plutôt un fou, nommé Latinus Latinius, a fait un crime capital à Palearius d'avoir changé son prénom *Antonius* en *Aonius*; (changement que le goût de Palearius pour la poésie lui avait fait adopter, et en cela il se conformait à l'usage du temps; car on voit la plupart des savans en *us*, aux 16.e et 17.e siècles, convertir leurs prénoms en noms anciens des Grecs et des Romains.) Revenons à notre Latinus Latinius qui, dans une lettre datée de Rome le 22 mai 1571, a la puérilité de dire que Palearius a préféré *Aonius*, où le T est retranché, à *Antonius* où se trouve cette lettre, parce que le T a la figure de la croix; ce qui annonçait que cet auteur *hérétique* avait renoncé par-là au signe du christianisme, ne prévoyant pas que le mépris de cette croix lui en attirerait un jour une funeste en punition. Ce Latinius fit à ce sujet des vers si pitoyables que je ne les rapporterai pas ici. Ceux qui voudront les lire pourront se satisfaire à la page 217 du 1.er vol. du Menagiana. On trouvera à la page suivante un quatrain grec et un latin sur le même sujet. Voici le quatrain latin qui m'a paru assez ingénieux:

> Aonius qui nunc es, eras Antonius olim,
> Aonii Aonidum dat tibi nomen amor.
> Quin et amans Tulli, merito, quem Tullius hostem
> Sensit, ab hoc renuis nomen habere viro.

PALINGÈNE. Marci Palingenii (Petri Angeli Manzoli) Zodiacus vitæ, id est de hominis vitâ, studio ac moribus optimè instituendis libri XII, cum variis accessionibus. *Roterdami, Hofhout,* 1722, *in-*8.

Ce poëme a été mis au nombre des livres hérétiques de la première classe par la congrégation de l'*Index* à Rome. Et bien plus, il est la cause, dit-on, que le cadavre de l'auteur a été exhumé et brûlé. Ce traitement rigoureux provient, sans doute, de quelques traits satyriques dont l'ouvrage est semé contre le clergé, l'église catholique, le pape, les cardinaux et la vie des moines. On apperçoit aussi qu'on y fait trop valoir les objections des libertins contre la religion. Cependant l'auteur le dédia à Hercule d'Est, duc de Ferrare ; et dans sa préface, il soumit ses vers à l'autorité de l'église. Voici une pensée très-philosophique extraite de ce poëme :

> Quid populos magnasque urbes ditione tenere,
> Marmoreos que habitare lares, vultuque superbo
> Omnes despicere, atque parem se credere divis?
> Si mors cuncta rapit, si tanquam pulvis et umbra,
> Deficimus miseri, si tam citò fastus et omnis
> Gloria nostra perit, nullum reditura per ævum.

Colletet dit qu'on trouve dans cet ouvrage mille endroits remplis d'une doctrine assez bonne et assez solide. Jules Scaliger, tout en blâmant le titre de l'ouvrage, qui n'a aucun rapport avec ce qu'on entend par le mot *Zodiaque,* dit que ce poëme n'est qu'une satyre continuelle, mais sans aigreur, sans emportement, et qu'il n'y a rien de contraire à l'honnêteté ni à la bienséance. La diction en est pure, mais le style un peu bas ainsi que la versification.

On connaît plusieurs éditions de cet ouvrage, entr'autres celles de 1569, *in*-8; de Lyon, 1556 et 1559, *in*-8; d'Amsterdam, 1698, *in*-8; de Lyon, 1567, *in*-16. Je possède cette dernière : on trouve dans le frontispice l'épithète de *Stellati* ajoutée à *Palingenii*, ce qui signifie que Palingène, ou plutôt Manzoli, était de Stellada, dans le territoire de Ferrare, sur la rive du Pô ; quelques-uns l'ont appelé *Stellatensis*. Il est né l'an 1503. il vivait encore en 1550. La traduction française du livre de Palingène, par la Monnerie, 1732, n'est nullement estimée.

PALLAVICIN. Opere scette di Ferrante Pallavicino, cioè il divortio celeste; il corriero svagligiato; la Baccinata; dialogo tra due soldati del duca di Parma; la rete di Vulcano; l'anima; di nuovo ristampato, corretto et aggiuntovi la vita dell' autore e la continuatione del corriero. *In Villafranca*, 1660, 2 *vol. in*-12 ; ibidem, 1666, *in*-12 ; ibidem, 1673, *in*-12 ; *Venetiis*, 1687, *in*-12.

Les satyres de cet auteur contre Urbain VIII ont été cause que ce pape l'a poursuivi à toute outrance et est parvenu à lui faire trancher la tête à Avignon, en 1644. Ces satyres sanglantes ont été faites dans le temps que ce pontife, de la famille des Barberins, était en guerre avec Odoard Farnèse, duc de Parme et de Plaisance. Elles coururent d'abord manuscrites ; mais peu après elles furent imprimées avec une gravure représentant un crucifix planté dans des épines ardentes et environné d'abeilles, avec ce verset : *circumdederunt me sicut apes, et exarserunt sicut ignis in spinis*, faisant allusion aux abeilles que les Barberins portent dans leurs armes. Pallavicin sachant que sa tête était à prix à Rome, se retira à Venise, où il vivait tranquille. Mais un fourbe se disant son ami, l'engagea à venir en France, où il aurait de grands avantages; Pallavicin, trop confiant, s'abandonna à ce traître. Quand il fut sur le pont de Sorgues, dans le comtat Vénaissin, des gens apostés le saisirent et le conduisirent à Avignon, où il fut décapité à l'âge de 29 ans, après avoir publié plusieurs ouvrages. Un de ses amis poignarda quelque tems après le traître qui l'avait livré.

PALMIERI. Citta divina (Poëme en trois livres, manuscrit, composé par Mathieu Palmieri.)

Cet ouvrage, quoique non imprimé, a attiré des désagrémens à son auteur et a été condamné au feu. Il y dit: « que nos ames sont les anges qui, dans la révolte de Lucifer, ne voulurent s'attacher ni à Dieu ni à ce rebelle; et que Dieu, pour les punir, les relégua dans des corps afin qu'ils pussent être sauvés ou condamnés suivant la conduite bonne ou mauvaise qu'ils meneraient dans ce monde. » Mathieu Palmieri, né à Florence en 1405, y est mort en 1475.

PANCKOUCKE. Encyclopédie méthodique ou Dictionnaire raisonné des sciences, des arts et des métiers, précédé d'un Vocabulaire universel, servant de table pour tout l'ouvrage; rédigé par une société de gens de lettres, de savans et d'artistes; et publié par Charles-Joseph Panckoucke. *Paris, Panckoucke, 1781, et années suivantes, 243 parties, in-4, dont 38 de planches et 105 vol. de discours, in-4.*

Cette Encyclopédie, ainsi que la grande *in-folio* qui

l'avait précédée et dont nous parlons ailleurs, éprouva des oppositions à son débit dès qu'elle vit le jour. Le chancelier en fit arrêter les deux premiers volumes et les fit déposer à la Bastille. Mais cette proscription ne fut que momentanée, et par la suite M. Panckoucke en a continué l'impression à Paris. On s'imagine bien que les motifs qui avaient fait suspendre la publication de la première Encyclopédie firent suspendre celle-ci. Effectivement, il y a une infinité de traits hardis et beaucoup plus forts que ceux que l'on a reprochés à la précédente. Cependant il faut dire qu'il y a plusieurs parties bien faites et exemptes de tous reproches, même aux yeux de la cour de Rome; ce qui est prouvé par une lettre en date du 26 juillet 1783, adressée par le nonce du pape, à Vienne, à l'abbé Bergier, chargé de la partie de la théologie. « L'imprimeur Mausje, dit le nonce, a déjà demandé et obtenu le privilége pour réimprimer la nouvelle Encyclopédie par ordre de matières, c'est votre nom qui l'y a principalement engagé...... etc. » A coup sûr le nonce n'aurait pas écrit ainsi, s'il avait vu quelques articles excessivement philosophiques qu'on a insérés dans ce grand ouvrage, depuis 1783. Revenons à son origine. L'objet que s'est proposé Panckoucke en formant cette vaste entreprise, était de perfectionner la première Encyclopédie en la refondant toute entière, en en corrigeant les fautes et les erreurs, en en réparant les omissions, et en y ajoutant, disait-il, à-peu-près trente mille nouveaux articles. Il comptait qu'elle aurait 40 volumes *in-4* ou 84 *in-8* de discours, et 7 volumes *in-4* ou *in-8* de planches; et il en faisait monter les frais par apperçu à près de deux millions. On voit par l'exécution de cet interminable monument, combien Panckoucke s'est trompé dans son calcul, et pour le nombre de volumes et pour les frais. On compte déjà 67 livraisons et l'ouvrage est bien éloigné d'être fini;

on croit qu'il pourra bien avoir 80 ou 90 livraisons. Plusieurs parties sont terminées (1), mais il y en a quelques-unes qui ont besoin de supplément, à raison des progrès qu'ont faits les arts et les sciences dans ces derniers temps ; et c'est ce qui fait craindre que ce grand ouvrage ne soit jamais terminé.

Charles-Joseph Panckoucke, si connu par ses grandes entreprises typographiques (2), est né à Lille en 1736; il est mort à Paris en 1799.

Les personnes qui désireraient quelques notices historico-littéraires sur les différentes Encyclopédies qui ont été publiées tant en France qu'à l'étranger, et en diverses langues, pourront consulter, outre les *prospectus* de ces grands ouvrages, le *Dictionnaire bibliologique*, tome II, pages 256 — 268, tome III, pages 118 — 120; les *Curiosités bibliologiques*, pages 41 — 45, et le premier volume du

---

(1) Les parties terminées sont: les Amusemens des sciences physiques, 2 *vol.*, dont un de discours et un de planches. = Les Antiquités, 5 *vol.* = L'Art militaire, 4 *vol.* = L'Art aratoire, 2 *vol.*, dont un de pl. = Les beaux Arts, 2 *vol.* = La Chasse, 1 *vol.* = La Chirurgie, 3 *vol.*, dont un de pl. = L'Économie politique, 4 *vol.* = L'Encyclopediana, 1 *vol.* = L'Équitation, l'Escrime, etc., 2 *vol.*, dont un de pl. = Les Finances, 3 *vol.* = La Géographie ancienne, 4 *vol.*, dont un de cartes. = La Géographie moderne, 4 *vol.*, dont un de cartes. = La Grammaire et Littérature, 3 *vol.* = L'Histoire naturelle, 17 *vol.*, dont 10 de pl. = Jeux mathématiques, un *vol.* = La Logique et la Métaphysique, 4 *vol.* = La Marine, 3 *vol.* = Les Mathématiques, 4 *vol.*, dont un de pl. = La Philosophie ancienne et moderne, 3 *vol.* et la Théologie, 3 *vol.*

(2) Le *Vocabulaire français*, en 30 vol. in-4.° Le *Répertoire de jurisprudence*, en 17 vol. in-4.° Les *Œuvres de Buffon*. Le *Voyageur français* de Delaporte. Les *Mémoires* de l'académie des sciences. Les *Mémoires* de l'académie des belles-lettres. Le *Mercure de France*. L'*Encyclopédie méthodique*, etc., etc., etc., etc.

présent ouvrage, pages 103— 107. Nous nous proposons de publier ailleurs une notice historique, littéraire et bibliographique de tous les ouvrages qui ont paru depuis 200 ans, sous le titre d'*Encyclopédie*, en quelque langue que ce soit, et d'indiquer toutes les éditions.

PAPEKOST opgedist in geuse Schotelen, handelende van de Pausselyke opkomst, in niederduitsche dichtkonst gebraght. *Te Blockziel*, 1720, *in·8. Fig.*

Geusekost opgedist in paapsche Schotelen, handelnde van de souveraine oppemagt en heerschappye des roomschen Pausen, 1725, *in 8. Fig.*

Jesuitenkost of de Maaltyd der jesuiten op de Welcke verscheide vaaderen der voorsz. Societeit niet alleen hebben koomen te noodigen de roomse Pausen. *Gedruckt in de Kook-Keusen der jesuiten*, 1726, *in·8.*

Ces trois satyres sont dirigées contre le pape, contre les jésuites, et contre d'autres ordres religieux dont on attaque les mœurs et la conduite ; elles ont été sévèrement prohibées en Hollande.

PARACELSE. Expositio vera harum imaginum Nurembergæ repertarum, ex fundatissimo veræ magiæ vaticinio deductæ. (Attribué à Paracelse.) 1570, *in·8.*

Ouvrage assez rare qui a été condamné par la congrégation du saint-office : c'est un livre satyrique contre la cour de Rome. Il est composé de plusieurs figures énigmatiques sous lesquelles on a voulu désigner le pape et ses ministres ; l'auteur, que l'on croit être Paracelse, les explique avec autant de licence que de malignité. Ce médecin, aussi fou que savant, prétendait que le ciel l'avait envoyé pour être le réformateur de la médecine ; il traitait Hippocrate et Galien de charlatans, dont la méthode était peu sûre. A la première leçon de médecine qu'il donna à Basle, après s'être assis gravement dans sa chaire, il fit brûler devant lui les *œuvres* d'Hippocrate, de Galien, d'Avicenne, etc., et dit : « Sachez, médecins, que mon bonnet est plus savant que vous, et que ma barbe a plus d'expérience que vos académies. Grecs, Latins, Français, Italiens, je serai votre roi ». Il est à remarquer que la bibliothèque de ce *roi* de la médecine ne contenait pas dix pages. Aurel-Philippe-Théophraste Bombast de Hohenheim Paracelse naquit en Suisse en 1493, et mourut à Saltzbourg le 24 septembre 1541, après s'être vanté de pouvoir conserver la vie aux hommes pendant plusieurs siècles, par le moyen de ses remèdes.

PARALLELE. Parallèle de la doctrine des Payens avec celle des jésuites, et de la constitution du pape Clément XI, qui commence par ces mots : UNIGENITUS DEI FILIUS. *Amsterdam, 1726, in-8.*

Cet ouvrage a été brûlé par la main du bourreau à Paris, le 29 août 1726. L'objet de cette satyre est de prouver que la doctrine des payens était plus pure que celle de la bulle *unigenitus* ; on y dit que cette bulle condamne la foi de nos pères ; qu'elle favorise l'infamie, l'impiété, le blasphême ; qu'elle fait le procès à un innocent, à un saint prêtre, à un docteur de la vérité ; qu'elle contient un mystère d'iniquité, etc., etc. On s'apperçoit aisément que ce livre est écrit avec une partialité et une animosité qui tient de la frénésie.

PARAMO. Ludovici à Paramo de origine et progressu officii sanctæ inquisitionis, ejusque dignitate et utilitate libri III. *Matriti, ex typ. regia*, 1598, *in-fol.*

Le saint-office a fait supprimer, sans éclat, ce curieux ouvrage, quoiqu'il soit écrit avec toute la franchise et toute la bonhomie d'un historien très-simple, membre et zélé partisan de l'inquisition. On en a empêché la réimpression. La cause de cette suppression provient de ce que plusieurs ministres de ce tribunal redoutable, ne trouvèrent pas à propos qu'on eût distribué dans le public un livre qui donnait, en quelque façon, des bornes à leur pouvoir, et qui paraissait fait à dessein de restreindre leur autorité. On y trouve des recherches curieuses au sujet de l'origine de ce tribunal rigoureux (1), et des dissertations

---

(1) Sans doute que l'auteur n'est pas tombé dans les absurdités du jésuite Macédo, qui, dans son *Schema sanctæ congregationis* 1676, in-4°., fait remonter l'origine de l'inquisition au paradis terrestre : il prétend que Dieu y fit les fonctions d'inquisiteur, d'abord sur Adam et sur Eve ; ensuite il les exerça sur Caïn, puis après sur les ouvriers de la tour de Babel, etc. C'était un rude et fécond auteur que ce père Macédo ; il se vante d'avoir prononcé 53 panégyriques, 60 discours latins, 32 oraisons funèbres; d'avoir fait 48 poëmes épiques, 123 élégies, 115 épitaphes, 212 épîtres dédicatoires, 700 lettres familières, 2600 poëmes héroïques, 110 odes, 3000 épigrammes, 4 comédies latines, et d'avoir écrit ou prononcé 150000 vers sur-le-champ. Il est mort en prison à Venise, en 1681, à 85 ans.

savantes sur les droits qui lui ont été accordés ; mais l'auteur est très-minutieux dans les détails ; fort exact dans les dates, il n'omet aucun fait intéressant ; il supute avec scrupule les hérétiques que le saint-office a condamnés, et le nombre n'en est pas petit. Il y a une grande quantité d'ouvrages sur l'histoire de l'inquisition ; quelques-uns ont été mentionnés dans la *Bibliographie* de Debure, n.° 4689 et suivans ; il en existe encore d'autres fort intéressans ; je ne les rapporterai point ici, parce qu'ils sont très-connus, et que cela m'entraînerait trop loin.

PARIZOT. La foi dévoilée par la raison dans la connaissance de Dieu, de ses mystères et de sa nature, par Jean-Patrocle Parizot. *Paris*, 1681, *in-8*.

Ce livre a été supprimé avec soin ; aussi est-il rare. Il a été vendu 15 livres sterlings chez M. Pâris à Londres, en 1791. Il est, dit-on, rempli d'impiétés révoltantes ; l'auteur y attaque Dieu, la religion, ses mystères et tout ce qu'il y a de plus respectable aux yeux de tous les hommes. On connaît peu d'ouvrages aussi licencieux. Sallengre le juge moins sévèrement. « Cet ouvrage, dit-il, renferme quelques vérités hardies parmi un grand nombre de pensées obscures et fausses. On confisqua d'abord les exemplaires de manière que ce livre est devenu fort rare. On emprisonna aussi l'auteur, qui fit dans sa prison un *Mémoire*, etc. » Jean-Patrocle Parizot était conseiller et maître-ordinaire à la chambre des comptes. Il est mort vers la fin du 17.ᵉ siècle.

PASCAL. Lettres écrites à un provincial, (M. Perrier, beau-frère de Pascal) par un de ses amis (Pascal), sur le sujet des disputes présentes de la Sorbonne. *La première lettre est datée de Paris, ce 23 janvier 1656; la dix-huitième et dernière est du 24 mars 1657, toutes in-4.*

Ces fameuses lettres ont été condamnées par décret du pape Alexandre VII, en date du 6 septembre 1657. Elles ont été brûlées par la main du bourreau, en vertu d'arrêt du parlement d'Aix, du 9 février 1657; traduites en latin sous le titre de *Ludovici Montaltii* (Pascal) *Litteræ provinciales*, avec les *Notes* de Guillaume Wendrock (Pierre Nicole), en 1658, et les *Disquisitions* de Paul-Irénée (le même Nicole), et condamnées par arrêt du conseil d'état, du 23 septembre 1660, à être brûlées, ce qui fut exécuté le 14 octobre suivant. L'arrêt porte: « qu'outre les propositions hérétiques que cet ouvrage contient, il est outrageux à la réputation du feu roi Louis XIII, de glorieuse mémoire, et à celle des principaux ministres qui ont eu la direction de ses affaires. » Les évêques français nommés par l'arrêt précédent, pour examiner les *Lettres à un provincial, par Louis Montalte*, condamnèrent cet ouvrage comme n'épargnant la condition de personne, non pas même du souverain pontife, ni des évêques, ni du roi, ni des principaux ministres du royaume, ni la sacrée faculté de Paris, ni les ordres religieux; et par conséquent ce livre est digne de la peine ordonnée de droit contre les libelles diffamatoires et les livres hérétiques. Ce jugement des évêques est du 7 septembre 1760. Il est souscrit par *Henricus de la*

Mothe, *episcopus Redonensis* (de Rennes), par *Harduinus*, *E. Rutenensis* (de Rodez), par *Franciscus*, *E. Ambianensis* (d'Amiens), par *Carolus*, *E. Suessionensis* (de Soissons). Je ne m'étendrai pas ici sur la réputation des *Lettres provinciales*. On sait que nos plus grands écrivains rapportent à ces lettres la fixation du langage français. Elles sont un mélange de plaisanterie fine, d'éloquence forte, du sel de Molière et de la dialectique de Bossuet. Boileau les regardait comme le plus parfait ouvrage en prose qui fût dans notre langue ; il prétendait même qu'elles surpassaient tout ce qu'il y avait de mieux chez les anciens. Bossuet interrogé, lequel de tous les ouvrages écrits en français il voudrait avoir fait ? répondit : les *Provinciales*. Le fougueux père Colonia, dans son *Dictionnaire des livres jansénistes*, n'en parle pas de même. Il s'exprime ainsi : « Souvent pour engager les fidèles à se défier d'un ouvrage, il suffit de leur nommer l'écrivain qui l'a publié. Arnauld, Pascal, etc. Ces noms seuls font tomber un livre des mains à quiconque est un enfant docile de l'église. Il se souvient d'abord que ces hommes trop connus ont été maitres d'erreurs, et que bien loin d'être de *très-bons catholiques*, comme on ose l'assurer dans un ouvrage récent (1), ils ont, au contraire, enseigné des hérésies formelles, pour lesquelles l'un a été chassé de son corps, et l'autre a vu son livre brûlé par la main du bourreau ». Blaise Pascal, né à Clermont en Auvergne le 19 juin 1623, est mort à Paris le 19 août 1662. Le père Daniel a combattu les *Provinciales* dans son *Entretien de Cléandre et d'Eudoxe*.

---

(1) L'*Encyclopédie*, article *Aristotélisme*. On y lit ces paroles dignes d'un aussi mauvais ouvrage : « On a vu de grands philosophes qui étaient très-bons catholiques. Gassendi, Arnauld, Pascal, en sont des preuves sans réplique. » (*Note du père de Colonia*).

PASSION du jeu. Les joueurs et M. Dusaulx, 1780.

Brochure qui doit le jour à l'excellent ouvrage que M. Dusaulx a publié, en 1779, sur la passion du jeu. Ce livre a été sévèrement proscrit, parce que l'auteur n'a pas respecté l'autorité supérieure, ainsi qu'on peut s'en convaincre par l'extrait de cette brochure, que nous fournissent les *Mémoires secrets*. « C'est, disent-ils, un dialogue entre M. Dusaulx et quelques joueurs ruinés. Ceux-ci, parfaitement au fait des tripots de Paris, lui en rendent un compte détaillé. Ils chargent malheureusement le tableau de tant d'horreurs qu'on ne peut les croire, et que les calomnies dont ce récit est mêlé, détruisent l'impression salutaire qu'il devait faire naturellement. D'ailleurs, l'auteur s'ôte toute créance par son impudence d'associer aux brigandages qu'il décrit le lieutenant-général de police et le ministre de Paris : sans doute ils peuvent être trompés par leurs subalternes ; mais s'ils ont toléré les coupe-gorges qu'on peint, s'ils tolèrent encore des maisons de jeu, c'est qu'ils sont nécessaires dans une capitale immense, et que de plusieurs maux il faut choisir le moindre ; c'est que la police concentre ainsi dans des réceptacles communs cette foule de crocs, d'escrocs, de mauvais sujets de toute espèce qu'elle a sous ses yeux, et dont elle s'assure facilement dès qu'ils méritent correction ; c'est qu'elle les fait tous se surveiller réciproquement, et les contient par-là ; c'est qu'elle les tourne à des fonctions utiles et nécessaires, mais que d'honnêtes gens ne voudraient pas remplir ; c'est qu'enfin, par les sommes qu'on prélève sur ces maisons et sur ceux qui les fréquentent, elle forme et entretient des établissemens sages qui ne pourraient subsister faute de fonds ; c'est, qu'en un mot, elle rend par-là la crapule, la scélératesse, le vice, tributaires de l'honnêteté, de l'humanité, de la vertu.

Il est fâcheux que l'auteur n'ait pas tiré le parti qu'il pouvait de son cadre, pour rendre sa brochure piquante et véridique. » J'ignore quel est l'auteur de cette brochure.

PASTORIUS. *Francisci Dan. Pastorii vier tractatlein de omnium sanctorum vitis ; de omnium Pontificum statutis ; de conciliorum decisionibus ; de episcopis et patriarchis Constantinopolis.* *Germanopoli*, 1690, *in-*8.

Ces différens écrits ont été sévèrement prohibés.

PAU. Oraison funèbre du Dauphin, par le père Fidèle de Pau, capucin. *Paris*, 1766.

Cette oraison funèbre, prononcée au couvent des capucins, a été arrêtée et supprimée par la police, qui en a fait saisir 200 exemplaires chez l'auteur. Sa proscription n'a pas eu lieu précisément à cause du fond, mais à cause du style de l'ouvrage. C'est une espèce de galimathias singulièrement ridicule, et qui a beaucoup prêté à la plaisanterie. Cependant on y découvre une imagination vive et ardente, un génie hardi et fécond, mais pas le moindre jugement pour diriger ces deux facultés ; ce qui fait que l'auteur a fait un abus de termes qui a tout-à-fait dénaturé ses idées. Une oraison funèbre, à-peu-près dans le même genre, avait déjà été prononcée à la mort du grand Dauphin. Elle était si plaisante, que madame de Maintenon ne trouva point de meilleur moyen de mettre un terme à la douleur de Louis XIV, que de lui faire lire cet ouvrage, dont il ne put s'empêcher de rire. Je pense qu'il y a eu deux éditions de l'oraison du père de Pau, l'une sans notes et la dernière avec des notes.

PAVILLON. Lettre écrite au Roi, par M. Pavillon, évêque d'Alet, 1664, *in*-4.

Cette lettre a été supprimée sur le réquisitoire de M. Talon, avocat-général, par un arrêt du parlement du 12 décembre 1664, avec ordre d'informer contre ceux qui l'avaient imprimée ou fait imprimer. Ce magistrat démontre dans son réquisitoire, « qu'on ne peut rien se figurer qui choque plus ouvertement l'honneur du saint-siège, la dignité épiscopale et l'autorité royale ; que l'évêque, protecteur des jansénistes, rompt toutes les mesures du devoir et du respect, et passe par-dessus toutes les règles de la modestie et de la bienséance ; que menaçant d'anathème les ecclésiastiques de son diocèse qui signeront le formulaire, il sonne le tocsin de la guerre, pour renouveler un combat d'autant plus dangereux, qu'il s'adresse directement à la piété et à l'autorité royale ; qu'en un mot, c'est un libelle rempli d'erreurs et de propositions périlleuses. » Pavillon a donné un *Rituel à l'usage du diocèse d'Alet, avec les instructions et rubriques en français*. Paris, 1667 et deuxième édition 1670, *in*-4, qui passe pour un des mieux faits qu'on connaisse en ce genre. Cet ouvrage, que Dupin attribue à Arnauld, a été condamné par décret de Clément IX, le 9 avril 1668, et par ordonnance de M. de Vintimille, évêque de Toulon, du 19 février 1678. Malgré cela, l'évêque d'Alet, Nicolas Pavillon, a continué de faire observer ce Rituel dans son diocèse jusqu'à sa mort, arrivée le 8 décembre 1677. Il était né à Paris en 1597.

PELLINI. La istoria de Perugia da messer Pompeo Pellinie *in Venegia*, 1664, 3. *vol. in* 4.

Le troisième volume de cette histoire est rare, parce qu'il a été supprimé aussitôt qu'il a vu le jour. Il renferme l'état historique des familles nobles de Perouse.

PETIT. Justification de Jean sans peur, duc de Bourgogne, qui a fait assassiner Louis de France, duc d'Orléans, frère unique du roi Charles VI. *Jean Petit est auteur de cette horrible production.*

Cette fameuse *Justification*, monument honteux de ce qu'il y a de plus atroce en politique et en matière de religion, se trouve dans le cinquième tome de l'édition *in-folio* des *Œuvres* de Gerson, avec tous les actes concernant l'assassinat en question. On sait que cet évènement arriva le 23 novembre 1407, entre sept et huit heures du soir. Le lendemain, le scélérat Jean sans peur assista aux funérailles de sa victime, la plaignit et la pleura ; mais voyant qu'on allait faire des perquisitions exactes, il s'enfuit en Irlande. Ensuite revenant en force, il osa faire trophée de son crime : c'est alors que Jean Petit, savant docteur de Paris, qui lui était vendu, soutint, dans la grande salle de l'hôtel-royal de Saint-Paul, le 8 mars 1408, à une audience à laquelle le Dauphin présidait, que le meurtre du duc d'Orléans était légitime, puisque ce prince s'était montré un impie et un tyran. Il avança qu'il est permis d'user de surprise, de trahison et de toutes sortes de moyens pour se défaire d'un tyran, et qu'on n'est pas obligé de lui garder la foi qu'on lui avait promise : il ajouta que celui qui commettait un tel meurtre, ne méritait non-seulement aucune peine, mais même devait être récompensé, comme l'avait été l'archange saint Michel pour avoir chassé Lucifer, et Phinées pour avoir tué Zambri. Il s'éleva un cri général contre cette doctrine meurtrière ; mais le grand crédit du duc de Bourgogne mit à couvert Petit pendant quelque temps. Cela n'empêcha pas que cette abominable doctrine ne fût dénoncée par Gerson et autres personnes à Jean de Montaigu, évêque de Paris, qui la condamna comme hérétique le 23 novembre 1414; le concile de Constance l'anathématisa l'année suivante à la sollicitation de Gerson, mais en épargnant le nom et l'écrit de Jean Petit. Enfin le roi fit prononcer, le 16 septembre 1416 par le parlement de Paris, un arrêt sanglant contre ce pernicieux libelle, et l'université le censura. Mais le duc de Bourgogne eut le crédit, en 1418, d'obliger les grands-vicaires de l'évêque de Paris, pour lors malade à Saint-Omer, de rétracter la condamnation faite par ce prélat en 1414. Jean Petit était mort en 1411. Son digne héros, Jean sans peur a été assassiné à son tour, par Tannegui, sous les yeux du Dauphin, sur le pont de Montereau-sur-Yonne le 10 septembre 1419. Jean Petit était-il cordelier ? C'est ce qui n'est pas encore bien éclairci parmi les érudits. Les religieux de cet ordre ont toujours prétendu qu'il ne l'était pas.

PETIT. Le B**** céleste, Chansons et autres Poésies libres, par Pierre Petit. *Manuscrit.*

Pierre Petit, auteur de ces infâmes productions, en a

été puni bien sévèrement ; puisqu'il a été condamné à être pendu et brûlé pour les avoir faites. Le B**** céleste est imprimé dans un petit ouvrage excessivement rare, intitulé : *Recueil de Poésies (libres), choisies, rassemblées par les soins du Cosmopolite. A Ancône, chez Uriel B****t, à l'enseigne de la Liberté*, 1735, in-4. Ce volume n'a été tiré qu'à douze exemplaires, selon les uns, et à sept, selon les autres ; il a été imprimé par le duc d'Aiguillon, qui en a rassemblé les matériaux. J'en parle plus en détail ailleurs (1) : revenons à Pierre Petit. Il doit, au hasard, d'avoir été découvert pour l'auteur des chansons impies et libertines qui font l'objet de cet article. Un jour, avant de sortir de chez lui, il avait laissé ses fenêtres ouvertes ; le vent enleva, de dessus sa table, quelques carrés de papier qui tombèrent dans la rue. Un prêtre qui passait par-là les ramassa, et voyant que c'était des vers impies, il alla sur-le-champ les dénoncer au procureur du roi. Celui-ci prit aussitôt des mesures pour faire arrêter Petit dans le moment qu'il rentrait chez lui ; et l'on trouva, dans ses papiers, les brouillons des chansons qui couraient alors. Pierre Petit était encore très-jeune ; son âge, et sans doute d'autres qualités, firent que des personnes du premier rang s'intéressèrent pour lui ; mais rien ne put fléchir la sévérité de la justice et de la religion ; le malheureux fut condamné à être pendu et brûlé, ce qui fut exécuté vers le milieu du 17.e siècle. Voilà où l'ont conduit quelques plaisanteries criminelles. J'ai oublié de dire qu'il est encore auteur d'un poëme intitulé : *Paris burlesque*.

---

(1) Dans mes *Nouvelles Curiosités Bibliographiques, ou Notice des Ouvrages imprimés à moins de cent exemplaires*, etc. Cet ouvrage sera tiré à 99 exemplaires, tous sur papier vélin.

PEYRÈRE (la). Præadamitæ sive exercitatio super versibus XII, XIII, XIV, capitis V, epistolæ divi Pauli ad romanos. Quibus inducuntur primi homines ante Adamum conditi. (Authore-Isaaco la Peyrère.) *Anno salutis*, 1655, *in-12*.

Il existe encore une édition *in-4*. (même année) de cet ouvrage qui a été condamné aux flammes à Paris; et l'auteur a été mis en prison à Bruxelles, par le crédit du grand-vicaire de l'archevêque de Malines; mais il en est sorti en 1656 par la protection du grand Condé. Ménage avait prié l'auteur de lui envoyer un exemplaire des *Préadamites*, avant que cet ouvrage fût mis en *lumière*. la Peyrère, qui comprit ce mot, lui envoya le livre avec ces vers d'Ovide :

Parve, nec invideo, sine me, liber, ibis in *ignem.*

Jean Hilpert a publié contre la Peyrère *Disquisitio de Præadamatis*, 1656, *in-4*.; et il a paru, en 1663, une *Apologie de la Peyrère. Paris, Th. Joly, in-12*. Voici les trois versets sur lesquels la Peyrère a bâti son système des Préadamites. XII.ᵉ verset : *Propter ea sicut per unum hominem peccatum in hunc mundum intravit, et per peccatum mors, et ita in omnes homines mors pertransiit, in quo omnes peccaverunt.* XIII.ᵉ verset : *Usque ad legem enim peccatum erat in mundo : peccatum autem non imputabatur, cum lex non esset.* XIV.ᵉ verset : *Sed regnavit mors ab Adam usque ad Moysen etiam in eos, qui non peccaverunt in similitudinem prævaricationis Adæ, qui est forma futuri.* Traduction. « XII.ᵉ *verset* : Car comme le péché est entré dans le monde par un seul homme, et la mort par le péché;

ainsi la mort est passée dans tous les hommes *par ce seul homme* en qui tous ont péché. XIII.ᵉ *verset* : Car le péché a *toujours* été dans le monde jusqu'à la loi ; mais la loi n'étant point *encore*, le péché n'était pas imputé. XIV.ᵉ *verset* : Cependant la mort a exercé son règne depuis Adam jusqu'à Moyse, même à l'égard de ceux qui n'ont pas péché par une transgression de la loi de Dieu, comme a fait Adam qui est la figure du futur (Jésus-Christ). »

La Peyrère ayant été pressé, à l'article de la mort, de rétracter son opinion sur les Préadamites, répondit par ces paroles de l'épitre de saint Jude : *Hi quœcumque ignorant blasphemant.*

PEYRÈRE, Du rappel des Juifs, par Isaac la Peyrère (*sans nom de ville ni d'imprimeur*), 1643, in-8.

Cet ouvrage a fait beaucoup de bruit lorsqu'il a paru, et les exemplaires en ont été arrêtés et supprimés par ordre des magistrats. Il est divisé en cinq livres, qui contiennent ensemble 375 pages. L'auteur y développe un système tout-à-fait original. Selon lui il n'y a que Jésus-Christ qui soit et qui puisse être fils de Dieu par nature ; les autres hommes n'ont pu le devenir que par adoption. Les juifs ont été les premiers élus ; mais comme ils se sont rendus indignes de cette faveur, les gentils ont été admis à leur place. Cependant, ils seront un jour rappelés, et redeviendront de nouveau enfans de Dieu. Ils rentreront en possession de la Terre-Sainte qui reprendra son ancienne fertilité. Dieu leur donnera un roi plus juste et plus victorieux que n'ont été leurs derniers princes ; et ce roi temporel doit être le roi de France, par plusieurs raisons ; 1.º parce qu'il est roi très-chrétien et fils aîné de l'église ; 2.° parce qu'il est à présumer que si les rois de France ont la vertu de guérir les écrouelles qui affligent les juifs dans leurs corps, ils auront aussi la faculté de guérir les maladies invétérées de leurs ames, telles que sont l'incrédulité et l'obstination ; 3.° parce que les rois de France ont, pour armes, des fleurs de lys, et que la beauté de l'église est comparée, dans l'Ecriture, à la beauté des lys ; 4.° parce qu'il est probable que la France sera le lieu où les juifs seront d'abord invités à venir pour se faire chrétiens, et où ils se retireront contre la persécution des peuples qui les dominent. Car la France est une terre de franchise : elle ne souffre point d'esclaves ; quiconque la touche est libre. Ensuite la Peyrère cherche à convertir les juifs au christianisme, et il réduit toute la religion à la croyance en Jésus-Christ, supposant que nos articles de foi sont plus difficiles à comprendre, que les cérémonies de Moyse ne sont difficiles à observer. Il reviendrait, dit-il, de cette conduite, un double avantage, la réunion des juifs et celle de tous les chrétiens séparés du corps de l'église. Il est inutile de relever toutes les absurdités dont fourmille cet étrange système. La Peyrère est mort le 30 janvier 1676, à 82 ans, avec la réputation d'un homme doux, simple, et ne tenant à aucune religion, moins par corruption du cœur que par bizarrerie d'esprit.

PIC-DE-LA-MIRANDOLE. Theses de omni re scibili. (Thèses sur tous les objets des sciences, soutenues par Jean Pic-de-la-Mirandole.)

Le pape Innocent VIII, après avoir fait examiner ces thèses par des commissaires, en censura treize propositions. L'un de ces commissaires, à qui l'on demandait ce qui signifiait le mot *cabale* contre lequel il déclamait tant, répondit que c'était un hérétique qui avait écrit contre Jésus-Christ, et que ses sectateurs avait eu de lui le nom de *cabalistes*. On trouve à la tête des ouvrages de Pic, quatorze cents conclusions générales sur lesquelles il offre de disputer. On prétend qu'à dix-huit ans il savait parler vingt-deux langues ; qu'à vingt-quatre il soutint ces fameuses thèses sur toutes les sciences sans en excepter aucune. Il est vrai que ces thèses sont un fatras de questions ineptes de l'école, un mauvais mélange de théologie scholastique et de philosophie péripatéticienne. On y voit qu'un ange est infini, *secundùm quid* ; que les animaux et les plantes naissent d'une corruption animée par la vertu productive, etc. Malgré cela on peut dire que Pic a été un homme étonnant pour son âge et pour son siècle. Il est mort le 17 novembre 1494, à trente-un ans.

PICARD. Pouillé de Toul, par le père Benoît Picard, 2 *vol. in*·8.

Cet ouvrage a été défendu par arrêt du parlement. Le père Benoît Picard, capucin de Toul, né en 1580, est mort en 1720.

PICHON. Traité de la fréquente communion, ou l'esprit de Jésus-Christ dans la fréquente communion, par le père Pichon. *Paris, Guérin*, 1745, *in*·12.

Ce livre a été condamné à Rome en 1748 ; plusieurs évêques de France l'ont également condamné ; et l'auteur lui-même, par un acte public, prononça sa propre condamnation à Strasbourg, le 24 janvier 1748. Pichon voyant que quelques docteurs trop sévères éloignaient les fidèles de la communion, publia son livre, dans lequel, en condamnant des excès, il tomba dans un excès contraire. Ce traité donna lieu à quantité de pièces, instructions pastorales et mandemens de différens évêques qui se sont élevés contre, et qui en ont défendu la lecture. Ces pièces sont assez curieuses ; il est difficile de les réunir ; elles sont de différens formats : l'ouvrage de Jean Pichon a été réimprimé à Liége. Ce jésuite, né à Lyon en 1683, est mort à Sion en Valais, le 5 mai 1751.

PIDANZAT. Correspondance secrète et familière du chancelier Maupeou avec Sorhouet, (par M. Pidanzat de Mairobert), 1771 et 1772, *brochures*, *in-12*.

Cette correspondance, qui a paru en 1771 et qui a été réimprimée en 1775, sous le titre de *Maupeouana*, 2 *vol. in-12*, a été condamnée à être lacérée et brûlée par la main du bourreau, ainsi que le *Supplément à la gazette* ; l'arrêt de condamnation est du 14 mars 1772 : il porte que ces brochures sont « impies, blasphématoires et séditieuses, attentatoires à l'autorité du roi, injurieuses à la famille royale et aux princes du sang, tendantes à soulever les peuples contre le gouvernement, et détourner les sujets de l'obéissance qu'ils doivent au souverain, et du respect dû aux ministres et aux magistrats, ect. ; ordonne qu'à la requête du procureur-général du roi, il sera informé contre les auteurs desdits libelles, comme coupables du crime de lèze-majesté divine et humaine, au second chef, et lui permet d'obtenir et faire publier monitoire, etc., etc., etc. » Rien n'est plus caustique ni plus plaisant que cette *Correspondance* supposée, où le chancelier Maupeou et le parlement de sa création, sont tournés dans le plus grand ridicule ; ils y sont déchirés à belles dents. Aussitôt après la publication de l'arrêt du 14 mars 1772, dont nous venons de parler, l'auteur de la *Correspondance*, M. Pidanzat de Mairobert (1) fit paraître une brochure dans le même genre, intitulée : *A M. Jacques de Vergès et aux donneurs d'avis* (2). Jacques de Vergès était l'avocat du roi qui avait donné les conclusions dans l'arrêt du 14 mars précité. M. Pidanzat suppose un second arrêt du 3 avril 1792, qui condamne au feu cette nouvelle brochure. Cet arrêt, de sa façon, est dans le genre burlesque, et couvre de ridicule les membres du nouveau parlement, et M. de Vergès lui-même. C'est une espèce de pièce historique infiniment plaisante, qui peint l'esprit public sur les affaires du temps. Nous aurions désiré en enrichir notre ouvrage ; mais cette pièce est d'une trop grande étendue. On la trouvera dans le *Maupeouana*, 2ᵉ vol., pages 285--293. A la suite de cet arrêt piquant on trouve un *Mandement de l'archevêque de Paris qui proscrit l'usage des* ŒUFS ROUGES, *à commencer du vendredi dans l'octave de l'Ascension inclusivement, jusqu'à la résurrection des morts exclusivement*. Cette pièce est aussi satyrique que la précédente. On suppose que l'archevêque y fait très-expresses inhibitions et défenses, sous peine d'excommunication, de prendre lecture des ouvrages suivans : Le

---

(1) Il était censeur royal en 1778, et il montra beaucoup de fermeté en défendant Roucher des inculpations dont on l'accusait au sujet de son Poëme des *mois*.

(2) C'est une facétie très-ingénieuse et très-gaie, dans laquelle on se moque du chancelier et de ses émissaires, sur les peines qu'ils se donnaient pour découvrir l'auteur de la *Correspondance*. On y trouve quantité d'anecdotes piquantes.

Maire du Palais, les trois *Correspondances*, la Lettre à M. Jacques de Vergès, l'écrit intitulé les *Œufs rouges*, et tous autres écrits de même nature, ensemble les arrêts des 14 mars et 3 avril, comme également illégaux et déraisonnables; ordonne en sus que pour purger l'air de cette fiente diabolique, il sera fait des exorcismes dans chaque paroisse et dans chaque couvent, et des prières des quarante heures, dans lesquelles il sera chanté un *répons* en l'honneur du sacré cœur du bienheureux Guignard, jésuite, et trois *De profundis* en mémoire du sacré cœur de Marie à la Coque; et comme à la prière il faut joindre l'abstinence, l'archevêque proscrit l'usage des *Œufs rouges*, à quelque sausse qu'on puisse les mettre, et de quelque nature qu'ils puissent être, même imprimés et gravés, à compter du vendredi dans l'octave de l'Ascension inclusivement, jusqu'à la résurrection des morts exclusivement. On devine aisément ce que l'auteur entend par les *Œufs rouges*.

Le 15 avril 1773 a paru une nouvelle brochure intitulée: *Maupeou tyran, sous le règne de Louis le bienaimé; deuxième Anniversaire de l'installation du monstrueux Parlement*. Elle commence ainsi: « Je parle pour mon roi, contre Maupeou, son ministre, qui est un tyran. Je parle pour une cour ancienne, qui tient à l'essence de la monarchie, et que le tyran a chassée du sanctuaire de la justice. Je parle pour ma nation qu'il écrase, et j'espère...... Puisse le roi entendre ma voix! »

PIERRE D'OSMA. Traité de la Confession, par Pierre d'Osma, théologien espagnol du 15.e siècle.

Cet ouvrage a été brûlé avec la chaire de l'auteur.

d'après la condamnation qu'en fit l'archevêque de Tolède, Alphonse Carillo, qui ayant assemblé et pris les avis des plus célèbres théologiens de son diocèse, censura comme hérétiques, erronées, scandaleuses et mal sonnantes, les propositions suivantes : « 1.º Les péchés mortels, quant à la coulpe et à la peine de l'autre vie, sont effacés par la seule contrition du cœur; 2.º la confession des péchés en particulier et quant à l'espèce n'est point de droit divin, mais seulement fondée sur un statut de l'église universelle; 3.º on ne doit point se confesser des mauvaises pensées qui sont effacées par l'aversion qu'on en a, sans rapport à la confession; 4.º la confession doit se faire des péchés secrets et non de ceux qui sont connus. » On voit, par ces propositions condamnables, que Pierre d'Osma a été l'un des précurseurs du calvinisme. Sixte IV a confirmé le jugement de l'archevêque de Tolède, en 1479.

PIERRE DE SAINT-LOUIS. L'Éliade, ou Poëme spirituel sur le prophête Élie, par le père Pierre de Saint-Louis, carme. *Manuscrit.*

Ce poëme qui devait être sans doute aussi plaisamment extravagant que celui de la *Magdeleine* du même auteur, a été supprimé par les carmes. Pierre de Saint-Louis l'avait achevé et en avait grande idée, à cause de la ressemblance, disait-il, du nom *Éliade* avec *Iliade*. Cet ouvrage ne doit être regretté que par ceux qui ont du goût pour la poésie burlesque, bizarre, gigantesque; mais ils ont de quoi se dédommager dans l'autre poëme de ce carme, intitulé : *La Magdeleine au désert de la Sainte-Baume en Provence, poëme spirituel et*

chrétien, en XII livres. Lyon, J. B. Deville, 1694, *in-12.*
Cette production originale était devenue fort rare. Lamonnaie l'a fait réimprimer dans son *Recueil de pièces choisies,*
à la Haye (Paris), 1714, 2 *vol. in-12.* Pierre de Saint-Louis y prodigue l'esprit, le ridicule, les allusions burlesques, les hyperboles gigantesques et des métaphores bizarres. On en peut juger par quelques passages que nous allons en extraire. Au premier livre, il apostrophe ainsi les arbres de la forêt de Sainte-Baume :

>   Majestueux titans, vénérables vieillards,
>   Suppôts silencieux de tant de babillards;
>   J'entends des oisillons les familles nombreuses,
>   De tant de rossignols les troupes amoureuses,
>   Qui, par cent gazouillis à l'envi des pinsons,
>   Sur vos bras verdoyans dégoisent leurs chansons.
>   . . . .
>   Colosses éternels, hautains, fiers et superbes,
>   Grands géants qui foulez l'humilité des herbes,
>   Qui poussez jusqu'au ciel vos panaches altiers.
>   . . . .
>   Volumes étendus jusqu'aux plus hauts étages,
>   Mis au ciel pour marquer les siècles et les âges, etc.

Dans le second livre il peint ainsi l'aurore :

>   J'admire cette fille au sortir de sa couche,
>   Dans son déshabillé de rouge cramoisi,
>   Ou de jaune doré que son père a choisi,
>   Avec sa coiffe d'or et sa jupe éclatante;
>   Après avoir tenu tout le monde en attente,
>   Je la vois donc ici monter sur l'horizon,
>   Pour venir délivrer la nature en prison;
>   Chasser bien loin de soi l'ombre qui la dévance,
>   Qui couve le repos et garde le silence,
>   Et remettre en son jour cet excellent tableau,
>   Charbonné par la nuit avec son noir pinceau.

La description de l'arc-en-ciel est dans le même genre; Magdeleine, par la contemplation de son crucifix, apprend la grammaire ; l'auteur lui fait faire toutes ses basses classes depuis la sixième jusqu'à la réthorique inclusivement. Elle frémit de voir que par un *cas du tout déraisonnable*, l'amour du Sauveur lui ait rendu la mort du tout *indéclinable* ; qu'à force d'être *actif*, il se fait lui-même *passif*.

>Pendant qu'elle s'occupe à punir le forfait,
>De son temps *prétérit* qui ne fut qu'*imparfait*;
>Temps de qui le *futur* réparera les pertes
>. . . . .
>Et le présent est tel que c'est l'*indicatif*.
>D'un amour qui s'en va jusqu'à l'*infinitif*;
>Mais c'est dans un degré toujours *superlatif*,
>En tournant contre soi toujours l'*accusatif*.
>Direz-vous pas après qu'ici notre écolière,
>Faisant de la façon est vraiment *singulière*
>D'avoir quitté le monde et sa *pluralité*.

Le second livre finit par un grand nombre de vers en écho. Magdeleine interroge dans le vers, et l'écho répond par la répétition de la dernière syllabe.

Si de mes yeux coulans je fais deux chantes-pleures...... *Pleures*.

Parlant de sa chair, elle dit à l'écho :

Que faut-il dire après d'une telle infidelle ?...... *Fi d'elle*.

Interrogeant l'écho sur le temps qu'elle doit encore rester dans sa grotte, elle dit :

>Serai-je ici longtemps ?

Écoutez-moi, rocher, et toi, mon antre, entends. *Trente ans*.

Comme cette tyrade en écho a plus de cent vers, je ne la rapporterai pas ici.

Dans le troisième livre, le poëte parle des irrévérences que les dames commettent à l'église ; il leur dit :

> Vous veniez tous les jours morguer le souverain,
> Aux lieux plus éminens pour voir et être vues;
> De mille faux appas toujours fort bien pourvues,
> Pour cajoler et rire à des complimenteurs
> Qui vous louant n'étaient que d'accomplis menteurs.

Et puis il dit qu'elles parlaient

> Tantôt au demoiseau, puis à la demoiselle,
> Amusant celui-ci, parlant à celle-là ;
> Au scandale public de ceux qui venaient-là,
> Et faisant dans l'église avecque votre tête,
> Ce que sur le clocher faisait la girouette.

Et plus bas :

> Si vous avez tenu le livre des prières ;
> Vous n'en avez jamais lu les pages entières;
> Sans faire parenthèse avec quelque douillet,
> Tournant en même temps la tête et le feuillet ;
> Cependant l'oraison, pour n'avoir fait que rire,
> Ne s'achève pas là, cela s'en va s'en dire.
> Que direz-vous après à Dieu pour ce délit ?
> Que direz-vous après que vous n'aurez rien dit ?
> Que si vous avez dit, ce n'était rien qui vaille,
> Faisant comme Caïn à Dieu barbe de paille.

Quelle élégance d'expression !

Mais le bon religieux se surpasse dans sa morale contre les joueuses.

> Voilà quand à l'église : allons à la maison ;
> Pour voir après cela si ma rime a raison.
> Les livres que j'y vois de diverse peinture,
> Sont les livres des rois, non pas de l'écriture ;
> J'y remarque en dedans différentes couleurs,
> Rouge aux carreaux, aux cœurs, noir aux picques, aux fleurs;

Avecque ces beaux rois je vois encor des dames,
De ces pauvres maris les ridicules femmes.

Puis dans son enthousiasme notre poëte s'écrie :

Battez, battez-les bien, battez, battez les tous,
N'épargnez pas les rois, les dames, ni les fous;
Je ne sais pas pourtant si vous les ferez sages,
Ou si vous le serez en feuilletant ces pages.

Il exhorte ensuite les dames à quitter le jeu.

Renoncez à carreaux, à cœurs, à fleurs, à picques,
Suivant de point en point ces deux suivans distiques,
Piquez-vous seulement de jouer au piquet,
A celui que j'entends, qui se fait sans caquet,
J'entends que vous preniez par fois la discipline,
Et qu'avec ce beau jeu vous fassiez bonne mine.

Il propose ensuite pour modèle sainte Magdeleine qui, dit-il,

Pour le grand roi des cœurs couchait sur le carreau.

Il dit que c'est par les femmes que *Satan fait moissons et vendanges. Que ce que saint Michel foule aux pieds, se trouve dans leur tête,*

Que cet oiseau de nuit vient jusques-là nicher.

Le quatrième livre est consacré à la conversion de Magdeleine; elle raconte qu'elle alla en carrosse au temple entendre Jésus-Christ qui prêchait; lorsqu'elle fut convertie elle retourna chez elle.

Je jette mes parfums, je brise mes miroirs;
Ces pendus sont roués quoiqu'ils me représentent, etc.

Ses larmes coulent abondamment sur son sein,

Sein dont mon œil enflé fit un vallon de larmes,
Quand ces monts désenflés perdirent tous leurs charmes.

L'auteur déclame au cinquième livre contre les alchymistes. Il prétend que leurs soufflets en soufflant les appellent fous; sans doute parce que l'air, en sortant du soufflet, imite à-peu-près le son *foue, foue*. Il dit ailleurs que l'amour fit de Salomon

>Du plus sage des rois le plus grand roi des fous.

Il parle de la croix

>Où les nerfs de Jésus, souffrant pour son salut,
>Son tendus et tirés ainsi que sur un luth.

Et Marie *marie l'harmonie de ce luth à ses soupirs*.

Le temps

>Est un cheval ailé qui va sans éperon.

Les piquantes orties dont se sert Magdeleine par pénitence, sont

>Les nouveaux éventails des femmes repenties.

Nous ne pousserons pas plus loin les citations; car si l'on voulait rapporter tout ce qu'il y a de très-burlesque et de très-trivial, il faudrait citer presque tout l'ouvrage, que l'auteur appelle modestement *Plate peinture*, et qu'on pourrait plutôt baptiser grotesque peinture. Ce poëme lui coûta cinq ans de travail; il le fit imprimer à Lyon, non pas sans difficultés, en 1694. Le nom de famille de cet auteur est Barthelemy; il est né à Valreas en 1626, et est mort vers la fin du 17.ᵉ siècle.

PIERRE DE **SAINT-ROMUALD**; Ademari seu Adelmi Chabanensis Chronici epitome à Faramundo usque ad annum 1029, cum *continuatione usque ad annum* 1652, *per Petrum à sancto Romualdo. Parisiis, Chamhoudry*, 1652, 2 *vol. in*-12. = Le même Abrégé, traduit en français par l'auteur. *Paris*, 1652, 2 *vol. in*-12.

Cet ouvrage a été censuré par l'archevêque de Paris, en 1653; mais la censure a été supprimée, par arrêt du parlement. Pierre Guillebaud de Saint-Romuald, chanoine, puis feuillant, né à Angoulême en 1585, est mort en 1666. Ademar, Adelme ou Aymar de Chabanois, vivait au commencement du onzième siècle; il n'est point exact pour la chronologie : sa chronique est imprimée dans Labbé, *tome* 2 de sa *nouvelle Bibliothèque des Manuscrits*, page 151. On la trouve aussi par parties dans la *Collection* de Bouquet. Voyez sur Ademar ou Adhémar et sur son ouvrage, les préfaces de Bouquet, etc., *tome VI*, p. XII, et tome *X*, *page* XXIV, et dans le corps de ce dernier *vol.*, p. 144.

PLAN. Plan de l'Apocalypse, 1773, *in*-8, de 96 *pages.*

Cette brochure a été condamnée à être lacérée et brûlée par arrêt du parlement de Paris, du 19 avril 1777, sur le réquisoire de l'avocat-général Seguier. Le motif de cette condamnation est non-seulement dans la folle prétention où était l'auteur que, d'après l'Apocalypse, les jésuites devaient être rétablis en 1777, mais encore dans les assertions dangereuses qu'il a écrites sur la politique et le gouvernement. Il prédit, en véritable enthousiaste, l'empire universel de l'église, dans laquelle l'état sera désormais confondu. J'ignore qui est l'auteur de cette folle production.

PLATINA. Baptistæ Sacchi, cremonensis, è vico Platinâ, vulgò appellati Platinæ, historia inclytæ urbis Mantuæ, et serenissimæ familiæ Gonzagæ, in libros VI divisa, et à Petro Lambecio primùm edita, cum annotationibus. *Vindobonæ*, 1675, *in*-4.

Cet ouvrage a été supprimé peu de temps après avoir été mis au jour, à cause de plusieurs traits historiques que l'auteur y avait insérés sur la maison de Gonzague. Les exemplaires en étaient devenus excessivement rares. Cette histoire est très-estimée. Baptiste Sacchi, dit Platine, né à Piadena (*Platina*), entre Crémone et Mantoue, en 1421, est mort en 1481. Il est particulièrement connu par son *Histoire des papes*, qui est, dit-on, écrite avec plus de liberté que celle de Mantoue. La première édition de l'*Histoire des papes* est de 1479 ; elle a été suivie de beaucoup d'autres, dans lesquelles on a retranché les traits trop hardis.

POMPONACE. Petri Pomponatii Mantuani tractatus de immortalitate animæ. *Bononiæ*, 1516, *in* 8.

Théophile Raynaud assure que cet ouvrage a été condamné au feu par les Vénitiens. Pomponace y soutient qu'Aristote ne croit point à l'immortalité de l'ame, et qu'on ne la peut prouver que par l'Ecriture-Sainte et par l'autorité de l'église. Son livre parut dangereux ; on prit le cardinal Bembo pour décider s'il l'était en effet. Bembo pencha pour l'auteur : alors il eut grand nombre d'apologistes ; il lui resta cependant des adversaires. Son

Traité *de incantationibus*, Basileæ, 1556, *in-8.*, a été mis a l'*index*. L'auteur cherche à prouver que tout ce que l'on dit de la magie et des sortilèges, ne doit point être attribué au démon, mais aux astres; il leur attribue tous les effets miraculeux, jusqu'à en faire dépendre les lois et la religion. Pomponace, professeur de philosophie dans plusieurs villes d'Italie, est mort en 1526, avec la réputation d'un impie et d'un athée; ce qui ne peut guères être prouvé par ses ouvrages. Voici l'épitaphe qu'il s'est faite :

> Hic sepultus jaceo. Quare? Nescio;
> Nec, si scis aut nescis curo.
> Si vales, bene est : vivens valui.
> Fortasse nunc valeo.
> Si, aut non, dicere nequeo.

J'ai oublié de rapporter la manière dont Pomponace prouve l'immortalité de l'ame dans son *Defensorium*; il dit : *Si Christus resurrexit, nos resurgemus. Si nos resurgemus, anima est immortalis. At Christum verè à mortuis surrexisse scimus ex tantorum et sanctissimorum virorum testimonio, ex ecclesiâ militante; ergo verè anima est immortalis.* A coup sûr on ne peut guères traiter d'impie et d'athée un homme qui raisonne ainsi. Vogt a donné une liste des ouvrages publiés par Pomponace.

PORPHYRE. Tractatus contra Christianos; auctore Porphyrio.

Ce traité, qui ne subsiste plus, a été livré aux flammes par ordre de Théodose le Grand en 388. Il fallait qu'il fût bien dangereux et bien répandu, puisqu'une partie des Saint-Pères l'a réfuté. « Porphyre frappé, dit-on, de la conformité de l'histoire avec les prophéties, voulut prouver que celles de Daniel avaient été faites après coup, et formées sur les historiens par un écrivain qui avait emprunté le nom de ce prophète. Mais on lui démontra le contraire, en lui exposant la tradition constante des juifs, et la manière dont s'est formé le canon des Livres saints. » Porphyre, philosophe platonicien, est né à Tyr en 223; il est mort sous l'empire de Dioclétien. Il a composé un grand nombre d'ouvrages dont quelques-uns nous sont restés.

POUPELINIERE. Les Mœurs du siècle, en dialogues, par M. de la Poupelinière. *Sine loco et anno, cum figuris sotadicis.*

Ce livre, de l'existence duquel je doute, se trouvait, dit-on, dans la succession de M. de la Poupelinière, ancien fermier-général mort en 1762; il a été supprimé et enlevé par ordre du roi, si l'on en croit l'anecdote suivante qu'on lit dans les *Mémoires secrets de la république des Lettres*, du 15 juillet 1763. Cette production infâme serait l'un des livres les plus rares connus, si elle existait encore, et que ce qu'on en a dit fût vrai. En tous cas voici l'anecdote: « Tout le monde sait que M. de la Poupelinière visait à la célébrité d'auteur; on connaissait de lui des comédies, des romans, des chansons, etc.; mais on a découvert, depuis quelques jours, un ouvrage de sa façon qui, quoiqu'imprimé, n'avait point paru; c'est un livre intitulé: *Les Mœurs du siècle, en dialogues*. Il est dans le goût du P..... des Ch..... Ce vieux débauché s'est délecté à faire cette œuvre licencieuse. Il n'y en a que trois exemplaires existans. Ils étaient sous les scellés. Un d'eux est orné d'estampes en très-grand nombre ; elles sont relatives au sujet, faites exprès et gravées avec le plus grand soin. Il en est qui ont beaucoup de figures toutes très-fines. Enfin, on estime cet ouvrage, tant pour sa rareté que pour le nombre et la perfection des tableaux, plus de vingt mille écus. Lorsqu'on fit cette découverte, mademoiselle Vandi, une des héritières, fit un cri effroyable, et dit qu'il fallait jeter au feu cette production diabolique. Le commissaire lui représenta qu'elle ne pouvait disposer seule de cet ouvrage, qu'il fallait le concours des autres héritiers ; qu'il estimait convenable de le remettre sous les scellés jusqu'à ce qu'on eût pris un parti : ce qui fut fait. Ce commissaire a rendu compte de cet évènement au lieutenant-général de police, qui l'a renvoyé à M. de Saint-Florentin ; le ministre a expédié un ordre du roi, qui lui enjoint de s'emparer de cet ouvrage pour S. M., ce qui a été fait. » Alexandre-Jean-Joseph le riche de la Poupelinière était né à Paris en 1692. Il aimait beaucoup les femmes, la musique et les plaisirs ; sa fortune lui permettait d'avoir une nombreuse société, et surtout beaucoup de gens de lettres qui lui rendaient en encens l'argent et les bons dîners qu'il leur donnait. Piron ne le flattait pas et ne le traitait pas de Pollion comme la plupart des autres. Un jour étant choqué de ses airs d'importance, il lui dit : Allez cuver votre or. La Poupelinière n'a fait que des ouvrages très-médiocres.

PRIMI. Historia della guerra d'Olanda nell'anno 1672, (par Jean-Baptiste Primi, visconti et comte de Saint-Majole.) *In Parigi*, 1682, *in*-12. La même histoire en français. *Paris*, 1682, *in*-12.

Cette histoire a été supprimée, parce que l'auteur y

a fait mention du traité de Douvres, et qu'il y a découvert les liaisons qui existaient entre les rois de France et d'Angleterre pour l'entreprise de cette guerre. Cet auteur a été envoyé à la Bastille sur les plaintes que mylord Preston, ambassadeur de Charles II, fit à la cour de France. Cette édition a été supprimée à l'exception de 67 exemplaires italiens et 88 français qui furent débités. Le comte de Saint-Majole est mort en 1714.

PRINCESSES. Les Princesses Malabares, ou le Célibat philosophique, ouvrage intéressant et curieux, avec les notes historiques et critiques. *Andrinople (Paris), Thomas Franco, 1734, petit in-8. de 204 pages sans la préface.*

Cet ouvrage, attribué à Lenglet Dufresnoy, a été condamné à être lacéré et brûlé par arrêt du parlement du 31 décembre 1734, ce qui a été exécuté le 4 janvier suivant. L'abbé Rive soutient que ce livre a été composé par un nommé Quesnel, fils d'un quincaillier de Dijon, mort à la Bastille. Ce Quesnel a encore fait *Don Diégo de Guipuscoa* et *l'Almanach du Diable* : il portait un nom différent de celui de sa famille. Mon exemplaire des *Princesses Malabares* est enrichi de l'arrêt du parlement, à la fin du livre. Monsieur Michaut attribue ce livre à M. de Longue, auteur des *Raisonnemens hasardés sur la Poésie française*. Paris, 1737, *in-12*. « Quoi qu'il en soit, ajoute M. Michaut, l'attribution de ce roman licencieux, ouvrage infâme, brûlé publiquement, ne peut que déshonorer celui qu'on soupçonne d'en être l'auteur. Le père Bougeant, qui a parcouru les divers états de *Romancie* (1), exprime ainsi le caractère des *Princesses Malabares* : « Ce nom, dit-il, excita la curiosité dans le pays. On s'empressa de les recevoir ; mais dès qu'elles eurent commencé à vouloir s'expliquer, tout le monde se regarda avec étonnement pour demander ce qu'elles voulaient dire. C'était un langage allégorique, métaphorique, énigmatique, où personne ne comprenait rien. Elles déguisaient jusqu'à leurs noms sous de puériles anagrammes. Elles parlaient l'une après l'autre sans ordre et sans méthode, affectant un ton de philosophe et une emphase d'enthousiaste pour débiter des extravagances. On ne laissa pas d'appercevoir, au travers de ces obscurités insensées, plusieurs impiétés scandaleuses et des maximes d'irréligion qui révoltèrent tous les habitans contre ces ridicules princesses. Il s'éleva un cri général pour les faire chasser ; elles furent enfin bannies à perpétuité. »

PRINCIPES. Principes de Législation française, prouvés par les monumens de l'histoire de cette nation, relatifs aux affaires du temps, 1771, *in-8.*

Cet ouvrage relatif aux affaires des parlemens a été sévèrement proscrit. L'auteur cherche à y résoudre les problèmes suivans : « L'autorité souveraine et législative réside-t-elle dans un seul ou dans le corps entier de la nation française ? A-t-elle eu le droit de se gouverner originairement par des lois émanées de sa volonté seule

---

[1] Voyez le *Voyage merveilleux du prince Fanférédin dans la Romancie*, par le père Bougeant : cette fiction est dirigée contre l'*Usage des romans*, de Lenglet Dufresnoy ; elle a eu peu de succès ; le tour n'en est point agréable, et les idées n'en sont point riantes.

et dictées par son pouvoir ? » Pour parvenir à la solution de ces deux problêmes *intéressans*, l'auteur s'occupe plus des faits que du raisonnement, et il s'appuie de deux autorités assez respectables, de Mezeray et du comte de Boulainvilliers. Il résulte de ses recherches « que les Français, originairement peuple libre, se choisissaient des chefs, à qui ils donnaient le nom de rois, ou pour faire exécuter les lois qu'eux-mêmes avaient établies, ou pour les conduire à la guerre. Il ne reste aucune ordonnance des premiers temps de la monarchie qui ne soit caractérisée du consentement des assemblées générales du champ de mars ou de mai, où elles avaient été dressées.

« Que ces assemblées, connues aujourd'hui sous le nom d'états, commencèrent avec la monarchie, et subsistèrent pendant près de trois siècles, durée de la première race de nos rois.

« Que Charles Martel, chef de la seconde race, les ayant abolies pendant les vingt-deux années de sa domination, ses enfans furent obligés de les rétablir; que Charlemagne sur-tout rendit aux assemblées de la nation tout le pouvoir légitime qui leur appartenait.

« Que pendant son règne et depuis, ces assemblées communes ont 1.° jugé souverainement des causes majeures, infraction de foi, révoltes, félonies, attentats, conjurations et troubles de l'état, et qu'elles en ont jugé par rapport à toutes les conditions, sans en excepter même la royale ni l'impériale; suivant le principe fondamental, que tous les Français étant justiciables et égaux de leurs pareils, les dignités accidentelles ne changent point le caractère intime formé par la nation française.

« 2.° Que ces assemblées ont réglé et déterminé le gouvernement intérieur de la monarchie, soit à l'égard des impôts, de leur quotité, répartition, nature et manière d'en faire le recouvrement, soit à l'égard de la distribution des emplois, tant civils que militaires.

« 3.º Que ces assemblées furent admises à toutes les délibérations de guerre, pour en régler les entreprises, les distributions et la marche des troupes, l'exécution des lois militaires, et l'observation de la discipline.

« 4.º Que le pouvoir de faire des traités d'alliance, de se donner des secours mutuels, et de prendre des sûretés de garantie, fut remis aux états ou parlemens, avec celui de juger de la suffisance des satisfactions exigibles par les peuples auxquels on aurait déclaré la guerre, c'est-à-dire, le droit de faire la paix et d'en régler les conditions.

« 5.º Que Chárlemagne voulut que, selon l'ancien usage, les assemblées communes jugeassent souverainement de tous les différends qui pourraient survenir entre les seigneurs laïques et les seigneurs ecclésiastiques, suivant la loi primitive.

« 6.º Qu'il voulut encore que les assemblées communes nationales, ou états, fussent le tribunal public où chaque sujet lésé, opprimé et maltraité par un plus puissant que lui, pût s'adresser pour faire réparer ses griefs.

« L'auteur prouve ensuite par les faits, que même sous la troisième race, les états-généraux jouirent, en tout ou en partie, de ces mêmes fonctions jusqu'en 1258 sous la régence du dauphin, pendant la captivité du roi Jean, où les princes profitant des troubles, empiétèrent successivement sur ces fonctions ; et qu'enfin la tenue des derniers états sous Louis XIII, en 1614, a porté les coups les plus violens à la liberté française ; mais que les droits de la nation n'en sont pas moins imprescriptibles.

« Que ces droits ont été reconnus tout récemment encore, ainsi que le fait se trouve prouvé par une multitude de passages extraits du recueil des pièces concernant l'affaire des princes légitimes, contre les princes légitimés sous la minorité du roi régnant, (Louis XV). »

PROVINCIALES. Lettres Provinciales, ou Examen impartial de l'origine de la constitution et des révolutions de la monarchie française, suivies du tableau historique, généalogique et chronologique des trois cours souveraines de France, d'observations sur ce tableau, et d'un Recueil de pièces justificatives, traduites et commentées, le texte à côté; (par Boucquet). *La Haye, (Paris), Merlin,* 1772, *in-*8.

Ce volume a été supprimé, par arrêt du conseil du 28 novembre 1772, comme contenant des assertions hasardées et des notions peu exactes sur l'Histoire de la monarchie. On est surpris que cet ouvrage ait été supprimé, puisque l'auteur y exalte beaucoup la puissance royale; on regarde ce livre comme très-savant, plein de recherches, et distribué dans un ordre clair, précis et méthodique. Voici les propositions qui ont provoqué sa suppression. « *Association au trône*. L'élévation sur le trône de l'un des fils du roi, était alors, comme sous la première et seconde races, une cause de l'assemblée générale, etc.

« Une lettre d'*Odofric*, évêque d'Orléans, sur la manière de terminer le différend qui s'élèvera entre les hauts-seigneurs au sujet du choix de celui des deux fils du roi qui serait associé au trône, nous apprend qu'il ne devait point y avoir d'association au trône, et que si le roi insistait trop à ce sujet, *il fallait donner sa voix à celui qu'il croirait le plus en état de régner....*

« En cas d'association, le choix du roi et des grands devait concerner l'aîné. *Il n'y avait que le défaut de qualités nécessaires pour régner qui dût l'exclure du trône.* Les avis ne furent pour lors partagés que par les intrigues de la reine *Constance*, qui voulait, au préjudice du droit d'aînesse et de l'usage, faire élever le fils puîné au trône par préférence au fils aîné... » L'auteur de cet ouvrage est M. Pierre Bouquet, avocat et pour lors bibliothécaire de la ville. Il a placé à la suite de ses lettres un Tableau des trois cours souveraines de France: cour législative, cour de la pairie et cour palatine. Il prétend démontrer par ce Tableau, une distinction marquée et soutenue entre ces trois cours sous la première race. La cour législative, le dépôt des lois est sous le chancelier de France. La cour de la pairie, présidée par le roi, où a toujours été jugé le premier ordre de l'état, était composée des pairs de France et des grands officiers de la couronne. La cour palatine était ordinairement présidée par un comte, appelé comte palatin, ou du palais, dans laquelle était jugé le second ordre de l'état, consistant dans les personnes libres. Ce morceau est appuyé d'un recueil de pièces justificatives, traduites et commentées, qui font de cet ouvrage un traité rempli d'érudition, mais peu agréable à la lecture.

PRYNN. Histriomastix, ou le Fouet des histrions, par Guillaume Prynn. *Londres*, 1632, *in-folio de 1000 pages.*

Cet ouvrage, le premier qu'on a brûlé en Angleterre, a été composé par Guillaume Prynn, avocat anglais. Le but principal de l'auteur était de faire voir que les comédies, les bals, les mascarades, étaient illégitimes et contraires au christianisme. Mais en traitant sa matière il y avait semé diverses réflexions qui pouvaient porter sur le roi, sur la reine, sur l'église, lesquels approuvaient ou toléraient ces abus. On prétendait que son but général était de faire voir qu'il y avait un dessein formé de réduire la religion à une espèce de paganisme, afin d'avoir ensuite plus de facilité à rétablir la religion catholique en Angleterre. Cet attentat fut exagéré par les gens du roi, avec les plus noires couleurs; et après une audience solennelle qui dura trois jours, en février 1634, le livre fut condamné à être brûlé par la main du bourreau, quoique jusqu'alors ce fût une chose inusitée en Angleterre. L'auteur fut condamné à être chassé de la société des avocats, dégradé du degré qu'il avait reçu à Oxford, à être mis au pilori, à avoir les oreilles coupées, à une prison perpétuelle, et à une amende, envers le roi, de 5,000 livres sterlings. Le libraire qui avait imprimé le livre, fut condamné à une amende de 500 livres, et celui qui avait donné la licence pour l'imprimer, à une amende de 50 livres. Prynn recouvra la liberté en 1640 par ordre de la chambre des communes et fut élu membre du parlement. Il a contribué au rétablissement de Charles II, qui le nomma garde des archives de la tour, avec 500 livres sterlings d'appointemens; c'est dans cette place qu'il a travaillé à son *Antiquæ Constitutiones regni Angliæ, sub Joanne, Henrico III et Edoardo I, circa jurisdictionem et potestatem ecclesiasticam, ex archivis turris Londinensis, collectæ et editæ, per Guill. Prynn. Londini, 1672, 2 vol. in-folio*, ouvrage estimé et peu commun. Il a composé plusieurs autres livres de théologie et de controverse. « Cet homme était, selon Voltaire, scrupuleux à outrance ; il se serait cru damné s'il avait porté un manteau court au lieu d'une soutane ; et il aurait voulu que la moitié des hommes eût massacré l'autre pour la gloire de Dieu et de la *propaganda fide*. » Ce portrait n'est-il pas un peu chargé ? Guillaume Prynn est mort à Lincoln's-inn le 24 octobre 1669, à 69 ans.

PSALMI. Psalmorum Davidis liber ; Tralatio duplex vetus et nova. *Oliva Roberti Stephani*, 1556, *in-8*.

Très-belle édition qui a été supprimée et proscrite par la faculté de théologie de Paris.

PSALTERIUM. Psalterium quincuplex Gall. Rom. Hebr. Vetus et conciliatum ; cum præfatione Jac. Fabri stapulensis et ejus curâ editum. *Parisiis*, *H. Stephanus*, 1509, *in-folio*.

Ce Pseautier a été proscrit.

QUESNEL. Le Nouveau Testament en français, avec des réflexions morales sur chaque verset (par Pasquier Quesnel). *Paris*, *Praslard*, 1671, 1 *vol. in-12*, pour les quatre *évangiles* seulement. ═ Le Nouveau Testament avec des réflexions morales (plus étendues, non-seulement sur les quatre *évangiles*, mais sur les *actes* et les *épîtres des*

Apôtres), par le même. *Paris, Praslard,* 1693 et 1694, 4 *vol. in-*8.; 1699 et 1705, 4 *vol. in-*8.; 1727 et 1736, 8 *vol. in-*12.

Nous allons tracer, en peu de mots, l'histoire de ce fameux ouvrage qui a été condamné avec tant d'éclat, comme nous le verrons par la suite. P. Quesnel, oratorien, nommé, à l'âge de 28 ans, premier directeur de l'institution de Paris, dans sa congrégation, rassembla quelques pensées sur les plus belles maximes de l'évangile, sous le titre de *Réflexions morales*, pour l'usage des jeunes élèves confiés à ses soins. Cet essai ayant plu à M. Vialard, évêque de Châlons-sur-Marne, Pasquier l'augmenta et le publia en 1671 avec l'approbation de ce prélat et de plusieurs docteurs. Cet auteur n'ayant pas voulu reconnaître la bulle d'Alexandre VII, dont nous parlons ailleurs, fut obligé de quitter Paris; on exigea des oratoriens qu'ils signassent un formulaire de doctrine qui défendait à tous les membres de la congrégation d'enseigner le jansénisme et le cartésianisme; Pasquier préféra quitter la congrégation de l'oratoire plutôt que de signer ce formulaire. Il se retira à Bruxelles où il mit la dernière main à ses *Réflexions morales*, c'est-à-dire, qu'il ajouta, à ce qu'il avait publié dès 1671 sur les *évangiles*, de nouvelles *réflexions* sur les *actes* et sur les *épîtres des apôtres*; de sorte que l'ouvrage, ainsi complet, parut en 1693 et 1694. Le cardinal de Noailles, alors évêque de Châlons, successeur de Vialart, invita, par un mandement en 1695, son clergé et son peuple à lire les *Réflexions morales*. Les jésuites voyant qu'on multipliait les éditions de ce livre, y soupçonnèrent un poison caché. Le signal de la guerre se donna en 1696.

Noailles, devenu archevêque de Paris, publia une *Instruction pastorale sur la prédestination*, qui occasionna une mauvaise brochure du jésuite Doucin. Cette brochure éphémère dont nous parlons à la page 114 du premier volume, roulait presqu'entièrement sur les *Réflexions morales*. Elle donna lieu à examiner ce livre. Noailles y fit faire quelques corrections, et l'ouvrage ainsi corrigé, parut à Paris en 1699. On prétend que Bossuet, indigné des tracasseries que les *Réflexions morales* occasionnaient, en fit une justification qui servit à cette édition de 1699; cette justification n'a été publiée qu'en 1710. Les ennemis de Quesnel, après lui avoir suscité toutes sortes de persécutions, l'avoir fait arrêter à Bruxelles et enfermer à Malines, d'où il s'enfuit en septembre 1703, s'attachèrent à faire condamner le livre des *Réflexions morales*. On accusa l'auteur d'avoir affecté de peindre les partisans de Jansénius, comme des martyrs de la vérité persécutée par toutes les puissances ecclésiastiques et temporelles; d'avoir représenté l'église dans un état de vieillesse, de caducité et de ruine; d'attribuer la juridiction ecclésiastique et le pouvoir des clefs aux laïques et au peuple; d'avoir du zèle pour faire lire indifféremment à toutes sortes de personnes, les Saintes-Ecritures en langue vulgaire, etc. Toutes ces accusations, vraies ou fausses, déterminèrent la condamnation des *Réflexions morales*. L'évêque d'Apt les proscrivit en 1703. Un décret de Clément XI les foudroya le 13 juillet 1708 (1). L'Evêque de Gap

---

(1) Clément XI n'a pas toujours été indisposé contre cet ouvrage. On raconte que l'abbé Renaudot étant à Rome la première année du pontificat de ce pape, en 1701, alla voir sa sainteté qui accueillait très-bien les savans; il la trouva occupée à lire le livre de Quesnel. « Voilà, dit le pape, un livre excellent; nous n'avons

les condamna le 4 mars 1711; elles furent supprimées par arrêt du conseil-d'état du 11 novembre 1711, et proscrites par le cardinal de Noailles, le 28 septembre 1713, après qu'il eut révoqué son approbation. Enfin, elles furent solennellement anathématisées par la constitution *Unigenitus*, publiée à Rome le 8 septembre 1713, sur les instances de Louis XIV. Cette bulle fut acceptée le 25 janvier 1714 par les évêques assemblés à Paris, enregistrée en Sorbonne le 5 mars, et reçue ensuite par le corps épiscopal, à l'exception de quelques évêques français qui en appellèrent au futur concile. De ce nombre furent le cardinal de Noailles; Labroue, évêque de Mirepoix; Soanen, évêque de Senez; Colbert, évêque de Montpellier, et de l'Angle, évêque de Boulogne. *L'acte d'appel* de ces quatre derniers évêques est du 5 mars 1717; il a été condamné par un décret du saint-siége en 1718; et l'appel du cardinal de Noailles l'a été en 1719. Trois conciles, savoir, celui de Latran, celui d'Avignon, et celui d'Embrun, ont anathématisé, dit Colonia, le livre de Quesnel, et applaudi à sa condamnation.

Le père Pasquier Quesnel, né à Paris le 14 juillet 1634, fut arrêté à Bruxelles le 30 mai 1703; il s'échappa de Malines le 12 septembre de la même année, et se retira, en 1704, à Amsterdam, où il est mort le 2 décembre 1719, après avoir composé un grand nombre d'ouvrages. Son excellente édition des *Œuvres de saint Léon* fut mise à l'index à Rome; il s'en plaignit au cardinal Barberin, qui lui répondit : Ne vous fâchez pas, mon père, la censure du saint-siége ne gâtera pas votre livre.

---

personne à Rome qui soit capable d'écrire ainsi; je voudrais attirer l'auteur auprès de moi. » Il paraît que Clément XI ne pensait plus de même en 1708.

QUIGNONES. Breviarium romanum, è sacrâ potissimùm scripturâ et probatis sanctorum Historiis confectum, à Francisco de Quignones. *Romœ*, 1536.

Pie V a supprimé cet ouvrage d'après les plaintes qu'on lui porta sur le retranchement de plusieurs légendes apocryphes qu'avait fait l'auteur. Ce Bréviaire est curieux et rare ; la préface en est belle et mérite d'être lue. On l'a réimprimé à Paris en 1676, *in-8*. François de Quignones, nommé cardinal par Clément VII, est mort à Véroli en 1540.

QUIGNONES. Discurso de la compagna de Villilla, por et dotor Juan de Quignones. *En Madrid*, 1625, *in-4*.

On prétend que les ecclésiastiques de Villilla ont fait supprimer ce petit ouvrage, dont les exemplaires sont très-rares, parce qu'il renferme une singularité qui tient à la superstition. C'est l'histoire d'une cloche, dite des *miracles*, qui se trouvait à la campagne de Villilla. Les gens d'église du temps assurent qu'elle avait la faculté de sonner toute seule, sans que personne y mit la main, lorsque la religion était menacée de quelque échec. Mais les gens sensés, dit Debure, se sont toujours bien doutés de la manœuvre qui produisait ce miracle. On ne doit point être surpris que cet auteur ait traité un pareil sujet quand on voit son *Traité des Langoustes* ou *Sauterelles*, Madrid, 1620, in-4., dans lequel il a inséré plusieurs oraisons mystérieuses qui prouvent combien on était encore superstitieux en Espagne, puisqu'on leur attribuait, dans ce temps, le pouvoir de chasser ces insectes. Ce traité, ainsi que le précédent, est rare. On recherche encore son livre *el monte Vesuvio*, Madrid, 1632, *in*-4., et son *Traité* espagnol *sur quelques monnaies des Romains*, Madrid, 1620, *in*-4.

RABELAIS. Les Faits et Dicts héroïques du bon Pantagruel, par maître François Rabelais.

Cette satyre, dans laquelle les moines sont couverts de ridicule, a été censurée par la Sorbonne et condamnée par le parlement, à cause des obscénités qui y sont répandues. Cet ouvrage inintelligible a eu beaucoup de vogue, et depuis peu M. Bastien en a publié une édition en différens formats; on en avait déjà plusieurs, faites en différens temps, depuis 1545 ou 50, époque de la publication de ce livre singulier. Les personnes sensées adhèrent assez volontiers au jugement qu'en a porté Voltaire; « dans cette extravagante et inintelligible production, Rabelais, dit-il, a répandu, à la vérité, une extrême gaîté, mais une plus grande impertinence; il a prodigué l'érudition, les obscénités et l'ennui; un bon conte de deux pages est acheté par des volumes de sottises. » Les principales éditions de Rabelais sont celles de *Paris*, 1552, 2 vol. in-8.; de *Troyes*, 1556, in-16; des *Elzevirs*, 1663, 2 vol. in-12; des mêmes, 1666, 2 vol. in-12; d'*Amsterdam*, édition de Duchat et Lamonoye, 1711, 5 vol. in-8.; de *Londres*, en anglais, 1708, 2 vol. in-8.; d'*Amsterdam*, 1741, 3 vol. in-4., fig.; de *Paris*, Bastien, 1783, 2 vol. in-8.; de *Paris*, Bastien, an 6- 1798, 3 vol. *in*-8., 3 vol. *in*-4. et 2 vol. *in*-fol. avec 78 figur. François Rabelais, cordelier, puis bénédictin, puis chanoine, ensuite curé de Meudon, né à Chinon en 1483, est mort à Paris en 1553.

RABUTIN. Histoire amoureuse des Gaules (par M. Roger, comte de Bussi-Rabutin). *Paris, vers 1665, 1 vol. in-12.*

Cet ouvrage qui, dans le principe, était en un volume, et qui, par la suite et après la mort de l'auteur, a été en 2 vol., puis en 5, a conduit, en 1665, le comte de Bussi-Rabutin à la Bastille. Ce n'est point lui qui avait livré à l'impression ce livre un peu trop libre; il s'en serait bien gardé, puisqu'il y satyrisait des dames de la cour, très-puissantes, entre autres mesdames d'Olonne et de Chatillon. Mais il avait confié son manuscrit à madame la marquise de Beaumo, son intime amie, qui, s'étant brouillée avec lui, fit imprimer cette satyre pour lui jouer pièce. La perfide réussit; car les personnes attaquées dans cet ouvrage portèrent plainte au roi, qui était déjà mécontent de l'auteur à cause d'une chanson qui commence ainsi :

> Que Deodatus est heureux
> De baiser ce bec amoureux,
> Qui, d'une oreille à l'autre va.
>   Alleluia, etc.

Et Bussi-Rabutin fut envoyé à la Bastille, d'où il ne sortit après dix-huit mois, que pour aller passer dix-sept ans d'exil dans ses terres. J'ai parlé, dans mes *Curiosités bibliographiques*, du *Livre d'heures*, manuscrit de cette auteur, *in-16*, avec migniatures. Cet ouvrage a été vendu 2400 livres chez M. de la Vallière, en 1784 : voyez son catalogue, n.° 5235. Roger, comte de Bussi-Rabutin, né à Epiry en Nivernais, le 30 avril 1618, est mort à Autun le 9 avril 1693. Il fut reçu de l'académie française en 1665.

RADZIWILL. Biblia polonica Radziwiliana, seu Biblia à Pinczowianis edita et à socianis publicata, ex hebraïcis et græcis fontibus curâ et sumpt. Nicol. Radzivillii, Palatini vilnensis, cum ejus epistolâ nuncupatâ Sigismundo Augusto Poloniæ regi. *Impressa Brestiæ (urbis in Lithuaniâ), anno domini,* 1563, *in-folio.*

Peu d'ouvrages le disputent en rareté à cette Bible. Elle a été entreprise par ordre du prince Nicolas Radziwil, Palatin de Wilna qui la fit imprimer à ses frais ; il lui en coûta, dit-on, jusqu'à dix mille écus d'or. Ceux qui travaillèrent à cette traduction furent Pierre Stator, Simon Zacius, Grégoire Orsacius, André Tricesius, Jacques Lublinius, et plusieurs autres chefs unitaires ou sociniens, parmi lesquels on compte même Servet, dont on a inséré quantité de morceaux séparés que l'on trouva dans ses papiers. La cause de sa grande rareté, dit Vogt, provient de ce que *exempla ferè omnia adversariorum malitia sunt cœmpta, et Vulcano tradita.* M. Debure n'en connaît que deux exemplaires, l'un à Vienne dans la bibliothèque de l'empereur, et l'autre en France dans la bibliothèque impériale ; il en existe un troisième dans la bibliothèque de Stutgard. Radziwil embrassa publiquement la religion protestante à la sollicitation de sa femme ; il fit prêcher des ministres dans Wilna, et les chargea de la traduction de la Bible en langue polonaise ; elle fut imprimée à Breste ou Brescie, ville de Lithuanie. Le nonce du pape reprochant à Radziwil son hérésie, celui-ci se contenta de lui répondre : Vous êtes vous-même hérétique, et vous accusez les

autres d'hérésie. Il mourut en 1567, laissant quatre fils;
c'est sans doute un de ses descendans qui avait une riche
collection de livres à Rewitz ; les Russes s'en emparèrent
en 1772, pendant les troubles de la Pologne.

RAMUS. Animadversiones in dialecticam
Aristotelis libri XX, auctore Petro Ramus.
Parisiis, 1543, *in-8.* Institutiones dialectiæ,
libri III, eodem auctore. *Parisiis*, 1543, *in-8.*

Ces deux ouvrages dirigés contre Aristote, firent le
plus grand bruit aussitôt qu'ils parurent ; ils causèrent
une espèce de sédition dans l'université de Paris ; la querelle s'envenima, et alla non-seulement au parlement,
mais même à François premier. On nomma des commissaires arbitres ; les uns pour défendre le philosophe
grec, et les autres pour juger des accusations dirigées
par Ramus contre lui. Après des débats assez vifs et
assez prolongés, Ramus succomba, et les commissaires
rendirent une sentence arbitrale contre ses ouvrages et
contre lui : ce qui fut consacré dans un arrêt du parlement, donné le 30 mai 1543 et confirmé le 19 mars 1544.
Cet arrêt condamna les *Animadversions* et les *Institutions*
à être supprimées, comme remplies de faussetés, de
médisances et de bouffonneries. Telles sont les expressions de la sentence arbitrale qui eut la sanction du roi ;
il proscrivit les deux ouvrages de Ramus et lui défendit
d'enseigner la philosophie jusqu'à nouvel ordre. Il fut
déclaré que, témérairement et insolemment, il s'était
élevé contre la logique d'Aristote ; qu'il avait témoigné
dans la dispute beaucoup d'ignorance et de mauvaise
foi, etc. Ramus, condamné par la cour, fut en même
temps bafoué par le public, joué sur les théâtres, et il

souffrit tout sans murmurer. Ce n'est point là le premier échec qu'ait éprouvé la philosophie d'Aristote ; dès 1209 ses livres de métaphysique avaient été brûlés à Paris, et l'on avait fait défense de les lire ou de les retenir sous peine d'excommunication, parce qu'ils donnaient lieu à de nouvelles hérésies ; c'est ce que dit Rigord en la *Vie de Philippe Auguste* (1). L'an 1215, les mêmes livres, avec ceux de la physique, furent de nouveau introduits à Paris par un légat-cardinal : sa dialectique fut toutefois permise. Revenons à Ramus : ayant obtenu la permission de professer, il réforma bien des abus, entres autres la prononciation vicieuse de la lettre Q. Au lieu de *quisquis*, *quanquam*, on disait *kiskis*, *kankan* ; il eut bien des obstacles à surmonter pour opérer cette réforme. C'est ce qui fit dire à un plaisant que la lettre Q faisait plus de kankan que toutes les autres lettres ensemble. Ramus ayant embrassé le calvinisme, brisa les images du collège de Presle où il enseignait, disant *qu'il n'avait pas besoin d'auditeurs sourds et muets*. Pierre Ramus, né à Cuth en Vermandois, vers 1502, a été enveloppé dans le massacre de la Saint-Barthelemi, en 1572. Il était au collège de Presle ; dès la première émotion il fut se cacher dans une cave où il demeura deux jours. Charpentier, un de ses ennemis, l'y découvrit et l'en

---

(1) Cette vie de Philippe Auguste a pour titre : *Gesta Philippi Augusti, Francorum regis* ; elle se trouve dans la collection du Duchesne, tome 3, et renferme l'intervalle de 1160 à 1209. L'auteur qui a été témoin des faits dont il parle, donne quelquefois dans la crédulité la plus absurde : par exemple, il dit : « Que depuis que la vraie croix a été prise par les Turcs, les enfans n'ont plus que 20 ou 23 dents, au lieu qu'ils en avaient 30 ou 32 auparavant. » Quand l'auteur ne raconte pas de pareilles sottises, il est fort intéressant, et on loue son exactitude.

fit arracher. Ramus lui demande la vie ; Charpentier consent à la lui vendre, et après avoir exigé tout son argent, il le livre aux assassins qui étaient à ses gages : il fut égorgé et jeté par les fenêtres. Ce célèbre professeur n'eut jamais d'autre lit que la paille, et ne but de vin que dans sa vieillesse par ordre des médecins. Il passa sa vie dans le plus austère célibat ; il distribuait ses revenus à ceux de ses écoliers qui étaient dans le besoin.

RAUCH. Joan. Fr. Rauch disputatio medico-diætetica, de aëre et esculentis. *Viennæ Austriæ, Schilgen*, 1622, *in-4.* de 36 pages. *Ejusdem autoris*, de Potulentis, *Viennæ*, 1624.

Ces petits traités, assez singuliers, ont été supprimés avec tant de soin qu'on n'en voit presque plus d'exemplaires. Voici en quoi consiste la singularité du premier : L'auteur, à la fin de sa dissertation sur les effets que peuvent produire le chocolat et le vin, prétend qu'on devrait en interdire l'usage aux moines ; ce qui aurait épargné, dit-il, et épargnerait encore bien du scandale. Cet avis n'a pas été du goût de ceux à qui il s'adressait, car ils ont supprimé le plus d'exemplaires qu'il leur a été possible. Vogt, en rendant compte de cet ouvrage, dit : *Auctor philosophiæ et medicinæ doctor, in hac disputatione, quædam de lascivo vitæ genere monachorum, chocolatæ potu, vero veneris pabulo, sese ingurgitantium, scripsit*, etc.

RAVANNE. Mémoires du chevalier de Ravanne, page de son altesse le duc régent et mousquetaire. *Liége*, 1740, 2 *vol. in-*12.

Cet ouvrage fut sévèrement proscrit la première fois

qu'il parut, sous la régence, parce qu'il donne des détails sur la vie privée du duc d'Orléans. C'est ce roman que Lagrange-Chancel avait en vue, lorsqu'il dit dans la vingt-septième stance de la première philippique :

> Des traits d'une fidelle histoire,
> Il voudrait se mettre à l'abri,
> Etc.

RAYNAL. Histoire philosophique et politique des établissemens et du commerce des Européens dans les deux Indes, par Guillaume Thomas Raynal. *Genève, Pellet,* 1780, 5 *vol. in-*4., *fig., et* 1781, 10 *vol. in-*8., *fig.*

Cet ouvrage, publié dès 1771 et qui a eu, dit-on, plus de cinquante contrefaçons, dont plusieurs sont antérieures à 1780, a été supprimé par arrêt du conseil le 19 décembre 1779, de l'avis du chancelier, comme introduit de l'étranger en France, attendu que le roi a reconnu qu'il contenait des propositions hardies, dangereuses, téméraires et contraires aux bonnes mœurs et aux principes de la religion. Par la suite il a été condamné au feu par arrêt du parlement de Paris, du 25 mai 1781, sur les conclusions de l'avocat-général Séguier; « comme impie, blasphématoire, séditieux, tendant à soulever les peuples contre l'autorité souveraine, et à renverser les principes fondamentaux de l'ordre civil. » L'auteur a été décrété de prise de corps; mais on lui donna le temps de s'évader et de se rendre aux eaux de Spa.

On prétend que le parlement n'a rendu un arrêt contre Raynal, qu'après y avoir été excité par ordres supérieurs;

et voici comme on raconte la chose : « Un ennemi de cet écrivain philosophe affecta de mettre, sur le bureau de Louis XVI, un des volumes de la nouvelle édition de l'*Histoire philosophique*, tellement relié et arrangé, qu'il s'ouvrait naturellement aux endroits les plus répréhensibles. Le roi ne manqua pas d'y tomber ; il fut effrayé des assertions de l'auteur, et sur-le-champ il envoya chercher le garde des sceaux et lui fit des reproches de ce qu'il avait laissé pénétrer en France un ouvrage aussi condamnable. Le roi ajouta même qu'il savait que lui, garde des sceaux, avait souscrit pour un exemplaire, ainsi que M. de Vergennes, et qu'il était surpris que des gens aussi religieux voulussent avoir un pareil livre dans leur bibliothèque. Le garde des sceaux alla sur-le-champ chez le ministre des affaires étrangères. Celui-ci écrivit à Genève pour solliciter, auprès de cette république, la proscription de l'ouvrage ; on prit, en même temps, les précautions nécessaires afin d'en arrêter l'introduction en France, et le parlement reçut injonction de poursuivre, avec toute la sévérité possible, et le livre et l'auteur qui avait eu l'audace de l'avouer et d'y mettre son nom. Telle est, dit-on, la source de la proscription de l'édition de Genève dont nous rapportons le titre en tête de cet article. Comme l'*Histoire philosophique* est entre les mains de tout le monde, nous n'en donnerons aucun extrait ; mais nous ferons connaître les principaux griefs que l'avocat-général Séguier a développés dans son réquisitoire du 25 mai 1781. » Il a peint ce livre comme entremêlé de déclamations impies, de reproches amers, de sarcasmes indécens et d'impostures grossières sur tout ce qui est relatif à la religion chrétienne ; comme contenant des dissertations révoltantes sur les préjugés, sur l'influence de l'opinion à l'égard des mœurs, et sur le bonheur de l'homme ; comme cherchant à substituer partout aux dogmes, aux lois et aux principes, une philosophie audacieuse et sacrilège ; comme assurant que les lettres et les arts décorent l'édifice de la religion, et que la philosophie le détruit : que l'imposture parle dans tous les temples, et la flatterie dans toutes les cours : que tout écrivain de génie est magistrat né de la patrie ; que son tribunal est la nation entière, le public son juge, non le despote qui ne l'entend pas, ou le ministre qui ne veut pas l'écouter ; que c'est aux sages de la terre qu'il appartient de faire des lois, et que tous les peuples doivent s'empresser de les adopter ; comme vomissant des atrocités contre la souveraineté, calomniant sans pudeur la mémoire de Louis XV; comme critiquant témérairement les opérations et la politique du gouvernement, et rejetant sur la nation française, sur les ministres du roi, sur le roi même, tous les malheurs de la guerre actuelle. L'avocat-général finit par observer « que c'est un homme qui a fait profession dans un ordre religieux (des jésuites), un homme revêtu du caractère et de la dignité sacerdotale, un homme qui se qualifie de citoyen et d'ami de tous les hommes, un homme qui veut être le contemporain de tous les âges, qui ose avancer de pareilles propositions ! » L'archevêque de Vienne s'exprime encore plus durement dans son mandement du 3 août 1781, « .... Un prêtre, dit-il, un ancien religieux, déployer l'étendard de l'impiété : il n'y a rien de plus odieux ni de plus vil sur la terre qu'un prêtre impie et affectant de le paraître ; il ne peut inspirer de la confiance parce qu'on le méprise ; son apostasie le déshonore. » L'*Histoire philosophique* a été brûlée au pied du grand escalier, le 29 mai 1781. Guillaume-Thomas Raynal, né à Saint-

Geniez en 1713, est mort à Paris en 1796. (Voyez au mot *Nymphe.*)

RAYNAUD. Theophilus Raynaldus de Martyrio per pestem. *Lugd.* 1630, *in-*8.

Theophili Raynaldi Erotemata de bonis ac malis libris. *Lugdini*, 1653, *in-*4.

Hipparchus de religioso negociatore. *Traduit en français sous ce titre*: Hipparque, du Religieux marchand, par Réné de la Vallée. (Théoph. Raynaud.) 1645, *in-*12.

De immunitate autorum Cyriacorum à censurâ. Diatribæ Petri à Valleclausa. (Theoph. Raynaldi.) S. T. D.

Theophilus Raynaldus de communione pro mortuis.

Ces ouvrages, du père Raynaud, ont été flétris par l'inquisition. Lorsque le *De Martyrio per pestem* fut mis à l'index, l'auteur demanda aux cardinaux Altieri et Brancatio quels étaient les endroits de son livre que la congrégation jugeait répréhensibles. On lui répondit de retrancher quelques lignes dans l'endroit où il soutient qu'on peut souffrir le martyre pour l'immaculée conception; et qu'à l'égard de sa doctrine du martyre, des personnes qui meurent de la peste en assistant ceux qui en sont attaqués, il eût à ajouter à la fin, que ce sentiment n'est pas probable, et que ce martyre théologique ne ressemble point au martyre ecclésiastique que les tyrans faisaient souffrir dans les temps de persécutions. J'ignore si Raynaud a adhéré à ce qu'on exigeait de lui ; mais j'en doute. Son *Erotemata de malis et bonis libris* a été fait à cause de la censure du précédent, et il a été également condamné. Raynaud en rapporte deux raisons dans son *Syntagma de libris propriis*. La première, c'est qu'il avait avancé que la fantaisie fait souvent condamner les meilleurs ouvrages ; et pour le prouver, il rapporte (page 294) une censure du *Symbole* des apôtres. La seconde raison de la condamnation de son livre, a pour motifs les règles qu'il avait prescrites aux censeurs, et qu'il voulait qu'ils observassent dans leurs jugemens. Son traité *de Immunitate Cyriacorum* qui est dirigé contre les dominicains, fut condamé au feu par les parlemens d'Aix et de Toulouse, comme rempli de propositions diffamatoires et sacrilèges contre l'honneur de la sainte Vierge, de saint Thomas d'Aquin, de sainte Catherine de Sienne et des Frères prêcheurs. Il se déchaina dans cet ouvrage contre les horribles blasphémateurs, (c'est ainsi qu'il les appelle) qui ont osé mettre la Vierge parmi les signes du zodiaque. Jean Casalas, dominicain, a réfuté cet ouvrage dans son *Candor lilii*. Raynaud, dans son *Hypparchus*, examine s'il est permis aux religieux de se mêler du commerce, et il déclame contre la société des jésuites, dont il était membre, parce que l'on s'y permettait de trafiquer. Rien n'est plus original que certains traités de cet auteur. Dans son livre qui a pour titre : *Laus brevitatis* (1), il passe

---

(1) *Sect.* 3. *Dictyaca de brevitate et longitudine in naturalibus*. *Dictyaca*, c'est-à-dire, *Raiseaux*, parce que l'auteur a composé ce livre de plusieurs fils disposés en compartimens et qui en font la texture. *Voy. le chap.* VII de cette troisième section.

en revue une grande quantité de nez : il s'arrête à celui de la Vierge Marie, et prétend qu'il était long et aquilin, comme l'a représenté saint Luc, suivant quelques auteurs, ce qui est une marque de dignité et de bonté; comme Jésus-Christ ressemblait parfaitement à sa mère, il en conclut qu'il devait avoir un grand nez. Nicéphore dit, *lib.* 2, *cap.* 37 : que les apôtres avaient aussi le nez très-grand. Raynaud ayant fait un chapitre sur la bonté du Sauveur, l'a intitulé : *Christus bonus, bona, bonum.* Cela me rappelle un petit traité du R. P. Pilartius, *de singulari Jesu-Christi pulchritudine*, Parisiis, 1641, *in-*12, dans lequel l'auteur veut prouver que Jésus-Christ a été le plus beau d'entre les enfans des hommes, ce qui est opposé au sentiment du célèbre Nicolas Rigault, qui, dans son édition de *Tertullien*, *gr.-lat.*, de Paris, 1664, *in-fol.*, et dans ses notes sur *saint Cyprien*, veut que Jésus-Christ ait été laid de visage. Le père Vavasseur, qui a écrit avec autant de prudence que d'érudition sur la figure et les traits de Jésus-Christ, soutient qu'il n'était ni difforme ni extrêmement beau, mais d'une physionomie noble et aimable. Voici comme il termine son ouvrage : *Ad humiliora atque abjectiora descendere, et minima quæque et occultissima scrutari, quemadmodùm non nulli otiosè curiosi fuerunt....... Non solùm minutum ac supervacaneum puto, verùm etiam illiberale per se atque indecorum, neque Deo dignum, neque lectoribus consentaneum.* Il n'a donc traité cette matière que pour prendre un milieu entre ceux qui exagéreraient la beauté de la figure corporelle de Jésus-Christ, et ceux qui en voudraient établir la difformité. Pierre de Saint-Louis, religieux carme, auteur du bizarre *Poëme de la Magdeleine*, commence ainsi le portrait du Sauveur du monde.

> Sa perruque est dorée et sa mine si belle
> Qu'il ne s'en vit jamais sur la terre une telle ;
> Qui le voit est ravi de son bel entregent ;
> Que si son poil est d'or et sa voix est d'argent,
> Sa taille avec cela ne peut être que riche.
> . . . .

Ce poëte finit par un vers qui rachète tout ce qu'il y a de burlesque et de trivial dans ce portrait

> Ou plutôt c'est un Dieu dans le plus grand des hommes.

Ces vers sont tirés du quatrième livre, dans lequel l'auteur parlant des amans de Magdeleine, dit : Que Jésus-Christ fut l'*Hercule qui purgea l'étable de son cœur.* Revenons à Raynaud, dont la singularité a été poussée à l'excès dans son *Trinitas patriarcharum* ; il y demande fort sérieusement si un *chartreux* ou tout autre fidèle, pendant le carême, peut, en conscience, user de lavemens composés de jus de viandes, ou de topiques de la chair même. Il se fonde sur la règle de saint Bruno, pour leur interdire absolument ces sortes de remèdes, à moins que, manquant de tous les autres alimens, ils ne se trouvent forcés pour vivre de prendre en lavemens ces jus nutritifs, ou d'appliquer sur le nombril ces sortes d'emplâtres. Cependant il leur permet d'user de remèdes dans lesquels il entrerait, parmi plusieurs drogues, quelques petits morceaux de viande, qui deviendraient pour lors imperceptibles et si insensibles, qu'ils perdraient leur nom. Cela ne doit point, dit-il, embarrasser les chartreux, *quia de minimis non curat prætor*. Le père Raynaud aurait dû profiter de cet avis, et ne pas entrer dans de pareils détails. Théophile Raynaud, dont tous les ouvrages ont été recueillis en vingt volumes *in-folio*, est né à Sospello au comté de Nice en 1583 ; il est mort à Lyon en 1663. Il y a un autre Jean Raynaud ou Raynold, théologien anglais, qui a composé une satyre véhémente contre les catholiques, sous ce titre *De Romanœ ecclesiœ idolatriâ. Oxoniœ*, 1596, *in-*4. : il y dit que les catholiques adorent les saints, leurs reliques et leurs images ; l'eau, le sel, l'huile, le pain, le vin, etc. Il est mort en 1607, à 58 ans.

REBOUL. Apologie pour ceux d'entre les Anglais catholiques qui refusent de prêter le serment d'allégeance (1), exigé par Jacques premier en 1606. Composée à Rome (par Reboul) en 1611.

Cet ouvrage est cause que l'auteur a été pendu, et non pas décapité comme quelques-uns l'ont prétendu. Lorsque Jacques I.er lut cet écrit virulent dans lequel Reboul s'y vante de passer incessamment en Angleterre, pour y exciter un soulèvement contre le roi, et y étrangler de ses mains ce tyran, il en attribua la composition au cardinal Duperron : mais celui-ci en fut justifié par Casaubon, qui, dans Paris même, avait su certainement que la pièce était de Reboul. C'est le pape qui a ordonné le supplice de cet écrivain furieux, comme coupable d'avoir violé la majesté royale en la personne du roi Jacques. On ne sait pas ce qui a pu porter le pape à s'intéresser de la sorte pour un prince qu'il regar-

---

(1) Jacques premier, après la fameuse conspiration des poudres, fit dresser le serment d'allégeance pour s'assurer des catholiques. Par ce serment, ces derniers promettaient d'obéir fidèlement au roi comme à leur légitime souverain, et ils protestaient contre le pouvoir que quelques controversistes attribuaient alors aux papes, de déposer les monarques et de délier les sujets du serment de fidélité.

dait comme hérétique. Je crois que c'est parce que ce faible monarque, plutôt pédant que roi, flattait le pape quand il en avait besoin. On trouve l'histoire du supplice de Reboul dans les lettres mille cinquante et mille quatre-vingt-dix de Casaubon, édition de 1709. Elle lui a été écrite de Venise par un sénateur vénitien.

REBOULET. Histoire des filles de la congrégation de l'enfance. (Par Simon Reboulet, ex-jésuite et avocat à Avignon.) 1734, 2 vol. in-12.

Cet ouvrage a été condamné au feu par le parlement de Toulouse, comme contenant des faits faux ou altérés; il est dirigé contre madame de Mondonville et contre l'institut qu'elle avait fondé à Toulouse, sous le nom de *Congrégation des Filles de l'enfance*; fondation confirmée par bref d'Alexandre VII, en 1662, autorisée par lettres-patentes en 1663, puis ensuite supprimée par arrêt du conseil de 1686, à la suite des querelles que les jésuites suscitèrent à la pieuse fondatrice. Les causes de la suppression, selon Reboulet, sont que « la cour eut des preuves incontestables que cette fondatrice avait donné asile à des hommes de mauvaise doctrine et mal intentionnés pour l'état, tels que le père Cerle et l'abbé Dorat; qu'elle avait fourni à ceux-ci les moyens de sortir du royaume; qu'elle avait fait imprimer, dans sa maison et par ses filles, plusieurs libelles contre la conduite du roi et de son conseil. On enleva cette imprimerie; on dressa des procès-verbaux; et sur tous ces faits on eut quantité de dépositions authentiques et juridiques, avec les témoignages des plus anciennes filles de cette maison. » Nous sommes bien éloignés d'affirmer la véracité de toutes ces accusations. C'est M. l'abbé de Juliard, parent de madame de Mondonville, qui sollicita l'arrêt du parlement de Toulouse contre l'*Histoire* de Reboulet, et qui la réfuta par un *Mémoire* en deux parties, qui contient, 1.º l'*Innocence justifiée* ou l'*Histoire véritable des Filles de l'enfance* ; 2.º le *Mensonge confondu* ou la *Preuve de la fausseté de l'Histoire calomnieuse des Filles de l'enfance* (par Reboulet). Ce mémoire ne resta pas sans réponse de la part de l'ex-jésuite : il écrivit avec vivacité pour soutenir la vérité de son ouvrage. Cette *Réponse* irrita de nouveau la famille de madame de Mondonville ; et son neveu, le marquis de Gardouche, obtint un arrêt du 27 février 1738, qui condamna au feu ce nouvel écrit, et qui ordonna des recherches rigoureuses contre l'auteur. Ces deux productions, de Reboulet, sont écrites avec plus de vivacité, de chaleur et d'agrément que ses autres ouvrages historiques, qui auraient cependant mérité la préférence, surtout son *Histoire de Louis XIV*, dont le sujet est un peu plus intéressant que l'histoire de la suppression d'un couvent ignoré. Madame de Mondonville est morte en 1703.

REBOULET. Histoire de Clément VI. (Par Simon Reboulet.) 2 *vol. in*-4.

Cette histoire a été supprimée sur la demande du roi de Sardaigne, dont le père y était maltraité. Reboulet était ex-jésuite, et il se rappelait que ce prince avait persécuté les jésuites ; il ne pouvait donc le peindre que sous des couleurs désagréables. Il faut cependant dire que cette histoire est très-bien écrite. Simon Reboulet, né à Avignon le 9 juin 1687, est mort, dans la même ville, le 27 février 1752.

RÉFLEXIONS. Réflexions d'un Universitaire, en forme de mémoire à consulter, concernant les lettres-patentes du 20 août 1767.

Ces réflexions ont été brûlées par arrêt du parlement du 9 décembre 1767, parce qu'elles sont dirigées contre les lettres-patentes du 20 août, et cherchent à prouver qu'elles ont porté atteinte, 1.° à la dignité et aux droits de l'université de Paris, quant au temporel, 2.° à l'autorité de cette université relativement à l'ordre moral. Comme les objets de cette discussion ne subsistent plus, l'histoire en serait peu intéressante pour la plupart des lecteurs ; c'est pourquoi nous renvoyons à l'ouvrage même les personnes qui désireraient en être instruites.

RÉFLEXIONS. Réflexions sur l'attentat commis (par Damiens) le 5 janvier 1757, contre la vie du roi, 1757.

Lettre d'un Patriote, 1757.

Déclaration de guerre, 1757.

Ces trois imprimés ont été condamnés au feu par arrêt du parlement de Paris, du 28 mars 1757, comme contenant des faits calomnieux, faux dans leur substance, dans leur énoncé et dans leurs circonstances, tendant à émouvoir les esprits, contraires au respect dû à la magistrature, et composés dans le dessein criminel d'altérer la juste confiance qui lui est due. Damiens a frappé Louis XV d'un coup de couteau au côté droit, le 5 janvier au soir, à six heures moins un quart, et il a subi le supplice des régicides le 28 mars suivant.

RELATION. Relation d'un voyage en Angleterre. *Paris*, 1664, *in-12.*

Cette relation a été supprimée.

RELAZIONE. Relazione dello stato in cui si trova l'opera del censimento universale del ducato di Milano, nel mese di Maggio dell' anno 1750. *In Milano*, 1750, *in-fol.*

Ouvrage très-rare, soit parce qu'il a été tiré en très-petit nombre d'exemplaires aux frais de l'empereur François premier, soit parce que cet empereur, ayant reconnu que la publication de ce livre était préjudiciable à ses intérêts, en a fait rechercher et supprimer les exemplaires avec le plus grand soin.

RELIGION. Die einzige wahre religion von gott selbst unmittelbar und mittelbar geoffenbaret, von Christo und seinen aposteln erlautert, durch den abfall im alten und neuen bunde verdunckelt, rach dem grunde de wahrheit kürtzlich entworfen und vorgelet von einem aufrichtigen liebhaber derselben. (Halbestad) *anno* 1739.

Cet ouvrage a été sévèrement proscrit.

RELIGION. La Religion à l'assemblée du clergé de France. Poëme, 1762.

Cette petite pièce très-satyrique et très-licencieuse dans laquelle on peint les mœurs des évêques du temps, sous des couleurs peu favorables, a été condamnée à être brûlée par arrêt du parlement de Paris, du 11 juin 1763.

RÉMI. Éloge du chancelier de l'hôpital, par l'abbé Joseph-Honoré Rémi, couronné par l'académie française en 1777.

Cet ouvrage a été censuré par la Sorbonne; l'auteur répondit à cette censure en annonçant qu'il avait puisé les articles condamnés dans l'abbé Fleury et dans le jurisconsulte de Laurière. J. H. Rémi, né à Remiremont en 1738, est mort à Paris le 12 juillet 1782.

RÉMONDE. Remarques sur la *Morale de Grenoble* (1715, 8 *vol. in-12*), par Jacques de Rémonde, 2 *vol. in-12*.

Ces remarques qui attaquent la *théologie* composée par François Genet, évêque de Vaison, et connue sous le nom de *Morale de Grenoble*, ont été censurées par le cardinal le Camus, évêque de Grenoble et mises à *l'index* à Rome. On trouve que cette *Morale* que Genet fit à la prière de ce le Camus, est trop sévère et bien inférieure aux conférences d'Angers. Le huitième volume renferme une idée du droit civil et canonique et un abrégé des *Institutes* de Justinien. Je crois que le nom de Jacques de Rémonde est un pseudonyme.

RÉPONSE. Réponse à l'auteur de l'*Antifinancier* (dont nous avons parlé *page* 90 du premier *volume*).

Cet ouvrage a été condamné à être brûlé par arrêt du parlement de Normandie, du 9 avril 1764. L'auteur et l'écrit ne sont nullement ménagés dans cet arrêt. La *réponse* en question traite d'enthousiastes et de turbulens ceux qui proposaient l'impôt unique comme le vœu de la nation ; elle entreprend de justifier tout ce qui paraissait depuis plusieurs années. L'auteur, sous un éloge affecté de la justice des magistrats qui ont réclamé contre les abus et vexations relevés dans l'*Anti-financier*, ridiculise leurs demandes et renverse leurs remontrances.

RÉPONSE. Réponse du peuple Anglais à leur roi Édouard, sur certains articles qui, en son nom, leur ont été envoyés touchant la religion.

Cet ouvrage a été condamné par arrêt du parlement de Paris du 13 février 1550, sur la plainte qu'en a portée au roi de France l'ambassadeur d'Angleterre.

RICHER. De la puissance ecclésiastique et politique (latin et français). (Par Edouard Richer.) *Caen*, 1612, *in-8*.

La première édition est de 1611, *in-4*. Cet ouvrage souleva contre l'auteur le nonce du pape et quelques docteurs. On voulut faire anathématiser son livre par la faculté de théologie, mais le parlement s'y opposa. Cependant le cardinal Duperron assembla à Paris huit évêques de sa province en 1612, et leur fit faire ce que la Sorbonne n'avait osé faire. Richer interjeta appel, comme d'abus, de cette censure au parlement, et y fut reçu appelant. Mais la chose en demeura là. Son livre fut proscrit à Rome, ainsi que par l'archevêque d'Aix et par trois évêques de sa province, le 24 mai 1612.

Il parut une foule d'écrits contre cet ouvrage. L'auteur reçut un ordre exprès de la cour de ne point écrire pour sa défense. (Voyez l'article RICHER, dans le *Dictionnaire historique*, en 13 *vol.*)

ROCCABERTI. Roccaberti Bibliotheca maxima pontificia, cum indice. *Romæ*, 1698, *et seqq.* 21 *vol. in-fol.*

Ce volumineux ouvrage a été proscrit en France par le parlement de Paris. C'est un immense recueil de tous les traités composés par différens auteurs en faveur de l'autorité et de l'infaillibilité du pape. Il est, dit-on, rempli de préjugés et d'erreurs. Roccaberti a encore composé un traité *De Romani pontificis auctoritate*, 3 vol. *in-fol.*, écrit dans le même esprit que le précédent, et qui, par conséquent, a été plus agréable aux ultramontains qu'aux français. Jean-Thomas Roccaberti, né vers 1624, fut dominicain; il devint provincial d'Aragon en 1666, général de son ordre en 1670, archevêque de Valence en 1676, grand inquisiteur de la foi en 1695, et deux fois vice-roi de Valence. Il mourut le 13 juin 1699.

ROCHE-FLAVIN. Treize Livres des parlemens de France, esquels est amplement traité de leurs origine et institution, des présidens, conseillers, gens du roi, etc.; ensemble, de leurs rangs, séances, gages, priviléges, réglemens et mercuriales, par la Roche-Flavin. *Bourdeaux*, 1617, *in-fol.*

On ignore pourquoi cet ouvrage estimé a été vu de mauvais œil par le parlement de Toulouse, qui en a arrêté le débit, par un arrêt rendu contre l'auteur et contre son livre. Les exemplaires en grand papier sont recherchés, et les réimpressions *in-4* peu estimées. Bernard de la Roche-Flavin, né en 1552, est mort en 1617.

ROMÆ animale exemplum in Apocalyptischen figuren und erklœrungs-gesprœchen, im jahr, 1677, *in-8*.

Cet ouvrage a été proscrit et brûlé.

ROSIÈRES. Stemmatum Lotharingiœ et Barri ducum tomi VII, ab Antenore Trojano ad Caroli III ducis tempora, in quibus præterea habes ubique gentium gestorum per utile compendium chronologicum. Auctore Francisco de Rosieres, archidiacono Tullensi. *Parisiis*, 1580, *in-folio*.

Ce François de Rosières, mort en 1607, est accusé d'avoir supposé et altéré plusieurs diplômes et chartes anciennes pour mieux venir à son but dans son histoire de Lorraine, et ce but était tout simplement de prouver que la couronne de France appartenait à la maison de Lorraine; il la faisait descendre de Pharamond et de Charlemagne. Les faux titres ayant été reconnus pour être de la fabrique de ce faussaire, il fut condamné à faire amende honorable devant Henri III; son livre fut proscrit et brûlé, l'auteur courait même grand risque pour sa personne, sans la protection de la maison de Guise. Il en fut quitte pour être enfermé à la bastille.

ROSOI (DU) ou DUROSOI. Les jours d'Ariste, ouvrage propre à servir de pendant ou plutôt de parodie aux nuits d'Young. Par M. Durosoi, 1770.

Le Nouvel Ami des hommes, par le même, 1770.

Ces deux ouvrages qui ont été arrêtés avant que l'impression en fût terminée, ont conduit leur auteur à la bastille, où il est entré le 12 mai 1770, et d'où il est sorti le 21 juillet suivant. La cause de cette peine est, 1.° d'avoir fait imprimer les deux ouvrages en question sans permission, et 2.° d'y avoir inséré des maximes nouvelles et hardies que le gouvernement a désapprouvées et qu'il a voulu réprimer. Les *Jours d'Ariste* roulent sur la morale, et le *Nouvel ami des hommes* sur la politique; on regardait ce dernier comme une espèce de parodie de l'Ami des hommes de Mirabeau. On accusait dans le temps M. Palissot d'avoir dénoncé ces deux ouvrages comme s'imprimant furtivement. Je crois que cette accusation n'a jamais été fondée. Barnabé-Firmin du Rosoi, né à Paris en 1745, fut mis à mort le 26 août 1792, pour avoir travaillé au journal intitulé : *La Gazette de Paris*, 1791 et 1792, et non pas l'*Ami du Roi*, comme le dit le *Dictionnaire historique*. Ce dernier journal était rédigé par Royou. Durosoi s'était retiré à la campagne à l'époque du trop fameux 10 août; mais il en fut bientôt arraché pour être traduit devant le tribunal extraordinaire établi par l'assemblée législative, pour juger les ennemis du nouveau régime. Durosoi y comparut avec courage. Après quarante-huit heures de séance il fut condamné à mort; il remit au président une lettre dans laquelle on remarqua cette phrase : « Un ami du roi comme moi était digne de mourir hier, le jour de Saint-Louis. » Etant descendu en prison, il écrivit une seconde lettre pour demander que son trépas fût utile au genre humain ; il s'offrait pour l'expérience de la transfusion du sang, et priait que l'on fît passer le sien dans les veines d'un vieillard. Sa demande fut rejetée, et il fut exécuté à neuf heures du soir au flambeau. Durosoi a composé plusieurs ouvrages tant dramatiques qu'autres, qui ne le font pas sortir de la classe ordinaire des littérateurs. Son *Journal* est celui qui lui a acquis le plus de célébrité.

R O U. Tables chronologiques de l'Histoire ancienne et moderne, depuis la création du monde jusqu'à présent, en 16 grandes planches. Par Jean Rou. *Paris*, 1672---1675, *grand in-fol.* (*gravé*).

Cet ouvrage a été condamné par arrêt du parlement, qui a ordonné que les planches fussent brisées, de sorte qu'on prétend qu'il n'y en a eu que 12 exemplaires de tirés. Ce sont des passages relatifs à la religion protestante que professait l'auteur, qui ont été cause de la suppression de l'ouvrage. Bayle cite ces tables avec éloge. Debure les regarde comme un bon ouvrage de bibliothèque. Il en existait un exemplaire dans la *bibliothèque* de M. l'abbé Rive.

ROUSSEAU. (J.-B.) Couplets satyriques attribués à Jean-Baptiste Rousseau, et que Rousseau a attribués à Joseph Saurin, 1709.

Ces couplets, dont on va tracer l'histoire abrégée, occasionnèrent un procès criminel très-long et très-sérieux, lequel fut terminé par un arrêt rendu le 7 avril 1712 ;

qui condamna Jean-Baptiste Rousseau au bannissement du royaume à perpétuité, non-seulement comme suborneur de témoins, mais comme auteur et distributeur des *Vers impurs et satyriques qui sont au procès*. Cet arrêt, qui fut affiché à la Grève, justifia pleinement Saurin, sur qui Rousseau avait voulu rejeter ces horreurs. Voici à quelle occasion parurent ces fameux couplets. Un café, nommé le café de la Laurent, était, en 1708, le rendez-vous littéraire et politique des oisifs et des beaux esprits de Paris. Lamothe et Rousseau étaient les chefs de ce parnasse, lorsque l'opéra d'Hésione de Danchet vit le jour. Un poëte très-méchant, et que l'on soupçonne être Rousseau, osa publier contre ceux qui fréquentaient ce café, des couplets très-satyriques : je ne rapporterai pas ici les premiers couplets qui renferment beaucoup d'infamies, mais qui, cependant, n'ont pas été cause du fameux procès dont nous parlons ; ils occasionnèrent seulement la désertion du café de la Laurent. Les littérateurs, si maltraités dans ces couplets, ayant résolu de ne plus aller à ce café, se rassemblèrent chez M. de Liviers ; mais le poëte satyrique les y poursuivit, et lança contre eux de nouveaux couplets du même genre que les premiers. On prétend que ces seconds couplets n'ont point encore occasionné le procès en question, mais qu'il eut lieu après la publication de troisièmes couplets, que nous allons rapporter et que Rousseau attribuait à Saurin. C'est cette inculpation qui fut, dit-on, la source du procès et des malheurs qu'éprouva Rousseau le reste de sa vie. Je rapporte ces couplets, aussi défectueux par la poésie que par les pensées, et qui par-là même me paraissent indignes d'être attribués à Rousseau. Les voici tels qu'on les trouve dans plusieurs éditions de cet auteur célèbre :

Quelle fureur trouble mes sens !
Quel feu dans mes veines s'allume !
Démon des couplets je te sens ;
Le fiel va couler de ma plume.
Livrons-nous à l'esprit pervers !
Quelle foule d'objets divers,
Vient ici s'offrir à ma vue !
Quelle matière pour mes vers !
De nouveaux fats quelle recrue !

Je vois arriver maint cadet,
Qui se croit monté sur l'Pegaze,
Mais son cheval n'est qu'un baudet,
Et son Phébus n'est qu'un viédaze.
Beaux complimens, discours polis,
Courage ! Muse tu mollis,
Laisse leur fausse politesse :
De leur cœur montre les replis,
Et les noirs tours de leur souplesse.

Dis qu'un jeune et subtil escroc,
Qui cherche à duper mainte grue,
A les mains plus faites en croc,
Que ceux qui volent dans la rue.
Mais que ne dis-tu d'un aîné,
Qu'à son visage boutonné,
On reconnaît le mal immonde ;
Mal, qu'à sa femme il a donné,
Et qu'elle rend à tout le monde.

A son retour de Dauphiné,
Nouvelle province de Suéde,
Où dans un réduit confiné,
Il éprouva le grand remède.
Il vint à nous d'un air humain,
Canne de Grenoble à la main,
Pour faire croire son voyage :
Canne à RAUSIN le lendemain,
Qui ne le crut pas davantage.

Au nom qui vient de me frapper;
Ma fureur s'irrite et redouble.
Comment se laisse-t-on duper,
Par ce cœur faux, cette ame double ?
Son zèle contre les frondeurs;
Contre nos mœurs ses airs grondeurs.
Dont il croit se faire un mérite,
Cache les noires profondeurs,
Du plus scélérat hypocrite.

Je le vois ce perfide cœur,
Q'*aucune religion ne touche*,
Rire au dedans d'un ris moqueur;
Du Dieu qu'il confesse de bouche.
C'est par lui que s'est égaré,
L'impie au visage effaré,
Condamné par nous à la roue,
DINBOIN, *athée déclaré*;
Que l'hypocrite désavoue.

Par l'un et l'autre est débauché,
Le jeune abbé de BELLESOGNE,
Petit philosophe ébauché,
Au nez fait en bec de cigogne.
Quand je dis qu'il est débauché,
J'entends aussi le gros péché,
Le vrai péché philosophique,
Aux jésuites tant reproché,
Dont EDOUART *fait leçon publique.*

Quel EDOUART ! *le poëte* EDOUART,
Ce moine vomi de la trape,
Qui sera brûlé tôt ou tard,
Malgré le succès qui nous frappe.
Etrange spectacle à nos yeux !
Quel exemple prodigieux,
Des traits de l'aveugle fortune ?
MALOTTE a le front dans les cieux;
Et CHANDET *rampe avec* CHOREBRUNE.

Je te vois innocent CHANDET,
Grands yeux ouverts, bouche béante
Comme un sot pris au trébuchet,
Ecouter les vers que je chante.
J'en mettrois bien mieux mon bonnet,
Si je voyais le café net,
De ce niais plus niais que Jocrisse.
Et du fade CHOREBRUNET,
Bien plus doux que le doux réglisse.

O mon cher abbé MEMONET,
Digne d'ailleurs de mon estime;
Si je reviens au cabinet,
J'y suis entrainé par la rime.
Qu'il est sale ce cabinet;
Que tu pèses, cher MEMONET;
Ta seule présence m'assomme.
Quand tes vers plairont, REPINES
Quittera Genève pour Rome.

Qu'entends-je ? c'est le ROITELET;
Il fait plus de bruit qu'une pie,
Mais plus il force son sifflet,
Plus il semble avoir la pépie,
Eviterais-tu le couplet,
Petit juge du Châtelet,
Et fils d'un procureur avide,
Qui te laisse assez rondelet,
Mais bourse pleine, et tête vuide ?

Où va cet Icare nouveau
Et jusqu'où sa raison s'égare !
Il prend un transport au cerveau
Pour le feu du divin Pindare.
Qu'incessamment il soit baigné,
Qu'après le bain il soit saigné,
Et saigné jusqu'à défaillance.
Des humeurs, s'il est bien soigné,
On rétablira l'alliance.

Quel brillant habit, BECRILLON,
Flatteur gagé *d'un riche* suisse,
Sans ses présens un vieux haillon,
Couvrirait à peine ta cuisse.
Mais de vices quel bordereau!
. . . .
. . . .
Il faut qu'enfin l'orage crève :
Dans le funeste tombereau
Je te vois traîner à la Grève.

Ainsi finit l'auteur secret,
Ennemis irréconciliables;
Puissiez-vous crever de regret!
Puissiez-vous être à tous les diables !
Puisse le démon Couplegor,
S'il se peut, embrâser encor,
Le noir sang qui bout dans mes veines!
Bien pour moi *plus précieux que l'or*,
Si je puis augmenter vos peines.
   A U R E V O I R.

Continuons l'histoire de ces trop fameuses infamies. « Paris et Versailles, dit le *Dictionnaire historique*, furent inondés de ces horreurs. Les tribunaux fatigués par les plaintes des personnes outragées, recherchèrent l'auteur de ces monstruosités. Tout le monde nomma Rousseau; on crut y reconnaître sa verve. Ses épigrammes infâmes, qu'il appelait les *Gloria Patri* de ses pseaumes, plusieurs couplets malins contre diverses personnes, ses contes libres, son penchant à la médisance, semblaient déposer contre lui aux yeux de ses adversaires. On rapprocha les circonstances; on rappela les différens propos qu'on lui avait entendu tenir. On observa que les victimes immolées dans les couplets, étaient précisément les personnes qu'il haïssait le plus. Malgré ces présomptions, il était impossible qu'on portât un jugement certain sur cette funeste affaire, parce que d'un autre côté on savait que Rousseau avait des ennemis violens, qu'il devait autant à l'envie qu'inspiraient ses talens qu'à son esprit satyrique. Ce poëte n'eût peut-être pas été condamné s'il se fût borné à nier qu'il était l'auteur des couplets. Mais non-content de vouloir paraître innocent, il voulut que le géomètre Saurin fût coupable du crime dont on l'accusait. Guillaume Arnould, jeune savetier d'un esprit faible, fut, dit-on, l'instrument que Rousseau mit en œuvre pour accabler son ennemi. Ce misérable déposa que Saurin lui avait remis les couplets, et les avait donnés à un petit décrotteur pour les faire passer en d'autres mains. Le procès porté au Châtelet passa au parlement, et le coup dont Rousseau voulait accabler le géomètre, retomba sur sa tête. Saurin fit valoir le contraste de ses mœurs et de celles de son ennemi. Il l'attaqua comme suborneur de témoins, en particulier de ce Guillaume Arnould auquel il avait donné de l'argent. Les preuves de cette subornation parurent évidentes, et Rousseau fut banni à perpétuité du royaume. » Après avoir erré en Suisse, en Allemagne et dans le Brabant, il mourut à Bruxelles le 17 mars 1741 ; il était né à Paris, d'un cordonnier, le 6 avril 1671. Joseph Saurin, géomètre de l'académie des sciences, naquit à Courteson dans la principauté d'Orange, en 1659, et mourut à Paris le 29 décembre 1737.

ROUSSEAU. (J.-J.) Emile ou de l'éducation, par J.-J. Rousseau, citoyen de Genève. *A Amsterdam, chez Jean Neaulme, libraire,* 1762, 4 *vol. in*-12.

« Le parlement de Paris, par arrêt du 9 juin 1762, ordonne que ce livre sera lacéré et brûlé en la cour du palais, au pied du grand escalier d'icelui, par l'exécuteur de la haute-justice...... Que le nommé J.-J. Rousseau, dénommé au frontispice du livre, sera pris et appréhendé au corps, et amené ès prisons de la conciergerie du palais pour être ouï et interrogé sur les faits dudit livre et répondre aux conclusions que le procureur-général entend prendre contre lui, etc. etc. Le vendredi 11 juin 1762, ledit écrit mentionné ci-dessus a été lacéré et brûlé au pied du grand escalier du palais par l'exécuteur de la haute-justice. » Il avait rapporté 7000 liv. à son auteur. Le 20 août 1762, M. Christophe de Beaumont, archevêque de Paris, a publié un mandement portant condamnation de l'ouvrage en question. Enfin le 18 novembre 1762, J.-J. Rousseau a répondu à ce mandement; et cette réponse, datée de Motiers, a fait beaucoup de bruit dans le temps; à coup sûr elle méritait le même sort que l'Emile, et même on y trouve des propositions inconcevables plus hardies et plus condamnables que celle du *Vicaire Savoyard*; entre mille j'en citerai une qui attaque le clergé de la manière la plus indécente. « On sait, j'en conviens, dit Rousseau, qu'il y a peu de prêtres qui croient en Dieu, mais encore n'est-il pas prouvé qu'il n'y en ait point du tout. » Ce mot, indigne de l'auteur d'Emile, doit surprendre, sortant de la plume de cet écrivain renommé plutôt par ses paradoxes que par l'exagération de ses principes, toujours exposés avec plus d'éloquence que de fiel et d'animosité. Le livre d'Emile a été aussi condamné à être brûlé par la main du bourreau à Genève, et l'auteur y a été décrété de prise de corps le 19 juin 1762. Les députés de la faculté de théologie de Paris se sont assemblés pour censurer le livre en question; M. Gervaise, syndic de la faculté, a représenté « qu'il se répandait de toutes parts un livre intitulé : Emile *ou de l'Éducation*, et que son auteur étant malheureusement trop connu pour un grand maitre de corruption et d'erreurs, son ouvrage également contraire à la foi et aux mœurs, était lu avec une avidité qui ne pouvait que leur être funeste. etc. » La censure est datée du 20 août 1762 ; elle contient 58 propositions censurées. On trouvera cette censure en entier dans un volume *in-12* de 561 pages, *Paris*, *Leprieur*, 1763. *L'arrêt du parlement* et le mandement de M. de Beaumont y sont réunis.

La lecture du *Contrat social* a été sévèrement défendue en France ; on en a confisqué plusieurs éditions en 1762, et un libraire de Lyon, nommé de Ville, a été arrêté et conduit à Pierre-Encyse, parce qu'on en a trouvé chez lui une édition commencée.

Les *Lettres de la Montagne* ont été condamnées au feu par arrêt du parlement de Paris du 19 mars 1765. J.-J. Rousseau parle, dans ce livre, d'un ouvrage relatif à la discipline ecclésiastique, composé par un nommé Jean Morelli, à Genève, en 1563. Cette production de Morelli fut d'abord censurée au synode d'Orléans, et ensuite condamnée au feu le 16 septembre 1563, par le conseil de Genève. Rousseau rapporte tout au long la sentence des juges qui ont proscrit ce livre, pour faire voir quelle différence il existe entre la manière dont on a procédé contre Morelli et celle que l'on a suivie à son égard dans la condamnation de son Emile. Il vante beaucoup la douceur des juges de Morelli, et se plaint amèrement de la rigueur avec laquelle on l'a traité lui Jean-Jacques. La sentence de Morelli est extraite des *procédures faites et tenues contre Jean Morelli*, imprimées à Genève, chez *François Perrin*, 1563. J.-J. Rousseau, né à Genève, le 28 juin 1712, mourut à Ermenonville, à dix lieues de Paris, le 2 juin 1778.

ROUSTAN. Offrande aux autels et à la patrie, contenant défense du christianisme, ou réfutation du chapitre VIII du *Contrat social*. Examen historique des quatre beaux siècles de M. de Voltaire. Quels sont les moyens de tirer un peuple de sa corruption ? Par M. Antoine-Jacques Roustan. *Amsterdam*, 1764, *in-*8.

Cet ouvrage a été très-prohibé. L'auteur y réfute Rousseau comme ami ; il y traite des matières fort délicates ; et ses assertions sont quelquefois plus que hardies. J'en citerai quelques exemples pris au hasard : « O Rome (s'écrie Roustan avec autant d'amertume que de boursouflure) Rome, destinée dans tous les temps à être le fléau du monde ! Ce furent au moins tes vertus qui lui donnèrent autrefois des chaînes ; mais tes prêtres barbares ne l'ont asservi que par des forfaits, et je te vois cent fois plus éloignée aujourd'hui du christianisme que tu ne le fus sous tes aïeux idolâtres, parmi lesquels on comptait au moins des Fabrice et des Caton. » En parlant du 16.ᵉ siècle, il dit : Le pape Léon X l'ouvre ; son intronisation coûte cent mille écus d'or ; dépense insensée dans quelque prince que ce soit, mais odieuse sur-tout dans un prêtre qui se dit le vicaire de Jésus-Christ.

« Le luxe et la magnificence de la cour papale répondent à ce prélude ; on y joue les comédies lascives de Machiavel et de l'Arioste ; dans tout le reste de l'Europe les prélats imitent leur chef ; les arts et la corruption s'étendent ; les peuples déjà foulés par leur prince, sont encore extorsionnés par leurs prêtres (1) ; un cri de douleur se fait

---

(1) On me dira peut-être que ces pilleries avaient lieu depuis

entendre de presque toutes les parties de la chrétienté.

« Dans cette misère générale, Léon X, épuisé par ses plaisirs et ses profusions, veut continuer la Basilique que Jules II, son prédécesseur avait commencée : il vend le pardon de tous les crimes, et même la permission d'en commettre ; l'orage creva ; et il ne faut pas dire que sans Luther la révolution n'eût pas eu lieu ; Zwingle la commença et la fit en Suisse sans le consulter et peut-être sans le connaître ; la rapidité de leurs progrès montra la disposition des esprits. » Lorsque Roustan parle du siècle de Louis XIV et de la révocation de l'édit de Nantes sur-tout, il s'exprime en protestant, dont le cœur est encore bien ulcéré. « Louis XIV brida le pouvoir des papes et les contint dans le respect ; ou plutôt il les insulta d'abord, les brava ensuite, et finit par permettre que les évêques qui, en 1682 avaient soutenu l'indépendance de sa couronne, se rétractassent sept ans après : il extirpa l'hérésie, c'est-à-dire qu'il commit un parjure criant envers la quatrième partie de ses sujets, dont les pères avaient élevé son aïeul au trône, qui l'y avaient maintenu lui-même, et de qui, de son propre aveu, il ne craignait rien.

« Hélas ! que ne se borna-t-il à leur manquer de parole, à faire abattre leurs temples, à disperser leurs pasteurs ? Fallait-il encore les forcer à abjurer leur foi, à trahir leur conscience et leur Dieu ? O vanité ! O néant de la politesse et de l'humanité que les lettres et les arts inspirent ! La postérité saura que dans ce même siècle qui les porta à leur perfection, de barbares dragons, des soldats féroces inondèrent sept à huit provinces, arrachèrent les enfans du

---

longtemps. A la bonne heure ; depuis longtemps la plupart des évêques ne valaient rien. Mais ce pontife qui rallumait le flambeau des sciences, eût bien dû rallumer un peu de vertu. Il donnait l'exemple du vice. (*Note de Roustan.*)

sein de leurs pères, en égorgèrent plusieurs dans les bras tremblans de leurs mères, allèrent à la chasse des fugitifs, jetèrent les uns dans les cachots, conduisirent les autres aux galères, trainèrent sur la claye ceux qui osaient redevenir libres en mourant, firent périr sur les gibets, ou torturèrent sur les roues les ministres qui n'avaient pu se résoudre à abandonner leurs travaux désolés.

« Si du moins les gens de lettres avaient réclamé contre ces horreurs, s'ils avaient couvert d'opprobre les perfidies qui aveuglaient le monarque et les scélérats qui exécutaient si horriblement ses ordres ! Mais non, ils réservaient leur fiel et leurs injures pour le sauveur de la Hollande, le libérateur de l'Angleterre, le défenseur de l'Europe, le refuge des persécutés ; les lâches recevaient leurs pensions, et au lieu de les mériter en veillant sur la vertu de leur bienfaiteur, ils s'attachèrent à l'envi à pallier ses vices, et plus d'une fois à les célébrer : Bossuet même, ce prétendu père de l'église, ce rival des Cicéron et des Tite-Live, ou plutôt ce tartuffe mitré, après avoir tâché d'abuser les protestans par un livre, fut l'instigateur du parjure qui les perdit.

« Les gens de lettres furent d'autant moins excusables qu'ils purent aisément le prévoir, l'orage gronda longtemps avant d'éclater, et la cour mit plusieurs années à saper l'édifice avant de l'abattre ; aujourd'hui on ôtait un privilége aux protestans, le lendemain on les privait d'un autre; un édit abolissait les chambres mi-parties, un second les excluait des emplois; un troisième fermait un de leurs colléges ou cassait une de leurs académies, le sceptre s'appesantissait sans cesse sur eux, et chaque instant voyait leur ruine approcher. Si donc les savans s'étaient hâtés de plaider la cause des opprimés, s'ils avaient montré le danger de les désespérer ou de les perdre, qui sait s'ils n'eussent point fait contre-poids aux déclamations des prêtres, épargné à la France des milliers de crimes, et conservé à leur prince huit cent mille fidèles sujets ? Toujours auraient-ils honoré les lettres et sauvé quelque malheureux. » M. Roustan était ministre du saint évangile. On lui doit plusieurs ouvrages, entre autres un *Abrégé d'histoire universelle*. Paris, 1790, 9 vol. *in*-12.

SACHEVEREL. Henrici Sacheverell sacræ conciones.

Les deux derniers sermons de ce prédicateur anglais furent brûlés par la main du bourreau, parce qu'il y désigna d'une manière odieuse l'administration de Marlborough et le parti qui avait donné la couronne au roi Guillaume. Il fut interdit pour trois ans. C'est le 23 janvier 1710 que ce théologien, du parti épiscopal, prêcha à St. Paul, de Londres, l'obéissance absolue aux rois, parce que le clergé en espérait plus d'obéissance pour lui-même. La sentence qui le condamna fit sa fortune : la reine Anne qui favorisait, dit-on, secrètement sa hardiesse, le nomma, un mois après, recteur de St. André. On trouve quelques détails sur ce docteur dans les *Amusemens d'un philosophe solitaire*, tom. III, pag. 234. Il y est dit que jamais prédicateur ne fut suivi avec tant de zèle et d'empressement que ce hardi et dangereux enthousiaste. Londres courait en foule à ses sermons, sur-tout à celui qu'il prêcha à S. Paul *sur le danger des faux-frères dans l'église et dans l'état*. Il eut des partisans à l'infini, sur-tout dans le beau sexe; une dame lui légua 1000 liv. sterlings par testament. Lorsque ses trois ans d'interdiction furent expirés, il remonta en chaire et prit pour texte de son discours : *Pardonnez-leur, mon père, car ils ne savent ce qu'ils font.* Un libraire acheta ce sermon 100 liv. sterlings. Henri Sacheverell, ou Sachaverell, mourut en 1724, regardé comme un incendiaire impudent, par les partisans de Malborough, et comme un grand orateur par les siens.

SADOLET. Jacobi Sadoleti episcopi carpentoractis in Pauli epistolam ad romanos commentariorum libri tres. *Lugd. Seb. Gryphius*, 1535, *in-fol.*

Édition très-rare d'un ouvrage qui a été mis à l'*Index* par la cour de Rome, et qui, dit-on, a été brûlé à Paris par la main du bourreau. Tiraboschi regarde cette anecdote comme fabuleuse. On serait assez de son avis, sur-tout connaissant le caractère de douceur, les principes religieux du cardinal Sadolet, et la réputation dont il jouissait ; cependant il est certain que la première édition de 1535 est très-rare, qu'elle a été remplacée par une de 1536 qui est aussi fort rare : cela ferait présumer que la censure de Rome a été levée, et que la seconde édition est corrigée. Les biographes ne disent rien de la condamnation de cet ouvrage.

SAGITTARIUS. Caspari Sagittarii compendium historiæ saxonicæ successionem ab Alberto Urso usque ad nostra tempora breviter explicans. *Cygneæ*, 1687, *in-8.*

Il n'existe de cet ouvrage que les six premières feuilles imprimées aux dépens de l'auteur, et supprimées par ordre supérieur.

SAINJORE. (Voyez SIMON, Richard.)

SAINT-AMOUR. (Voyez GORIN, *tome premier*, *page* 166.)

SAINT-AMOUR. De Periculis novissimorum temporum. (Par Guillaume de Saint-Amour.)

Cet ouvrage a été condamné par Alexandre IV et l'auteur privé de tous ses bénéfices. Ce livre *Des périls des derniers temps* est une déclamation contre les religieux mendians et en particulier contre les dominicains qui avaient attaqué les droits de l'université de Paris. Saint-Amour, député à Rome, les défendit avec beaucoup de zèle et de force dans l'ouvrage en question. Quand il apprit que son livre était condamné, il en fit l'apologie, et le pape le renvoya absous. A peine l'auteur fut-il sorti de Rome que le pape lui défendit d'entrer en France et de prêcher. Il fut obligé de rester à Saint-Amour, bourg de Franche-Comté (département du Jura) jusqu'après la mort d'Alexandre. Il revint alors à Paris, où il fut très-bien accueilli. Les mendians l'ont mis au nombre des hérétiques ; mais cet anathème n'est d'aucune autorité. Le savant Grappin, auteur de plusieurs ouvrages remplis d'érudition, en rendant hommage à la mémoire des célèbres Francs-Comtois dans son intéressant abrégé de l'*Histoire du Comté de Bourgogne*, n'a pas oublié Guillaume de Saint-Amour, docteur de Sorbonne et chanoine de Bauvais, mort dans sa ville natale le 13 septembre 1272.

SAINT-CYRAN. Petri Aurelii theologi opera. (Par l'abbé de Saint-Cyran.) *Parisiis*, 1634, 2 *vol.*

in-4., 1642, quatre parties *in-fol.*, et 1646, également *in-fol.*

Cet ouvrage, dont l'objet est de démontrer la nécessité de l'épiscopat contre les erreurs répandues alors par les jésuites, parut d'abord sans que l'on en connût l'auteur; mais c'est l'assemblée du clergé de 1641 qui a fait faire l'édition de 1642, dans laquelle se trouvent deux écrits *confutatio collectionis locorum quos jesuitæ compilarunt*, et *convitia petulantiæ*, qui ne sont pas dans la troisième édition de 1646 donnée aussi aux frais du clergé. On peut croire que les jésuites furent très-mécontens de l'édition de 1642, ils agirent en dessous, et un beau jour, Vitré, l'imprimeur du clergé, fut arrêté chez lui par le lieutenant criminel, et tous les exemplaires de cette édition furent saisis et transportés chez le chancelier. Le clergé alla porter des plaintes à ce magistrat, qui répondit qu'il n'avait point les exemplaires, et que quand il les aurait, il ne pourrait les délivrer, ayant eu un ordre exprés du feu roi de les supprimer. Alors l'assemblée du clergé ordonna que les *Œuvres de P. Aurelius* seraient de nouveau imprimées à ses dépens, par Vitré, en grand volume, pour ne pas laisser perdre des ouvrages où l'autorité épiscopale est si vigoureusement défendue. Le clergé arrêta en outre qu'il serait fait de nouvelles recherches de l'auteur pour lui offrir la gratification qui a été arrêtée dans l'assemblée de 1635, et que l'on ferait de nouvelles instances au chancelier pour la restitution des exemplaires saisis : le chancelier répondit que ce qui avait été fait, l'avait été par les ordres du feu roi, *peut-être à cause que son confesseur était repris dans ce livre*; qu'au surplus la nouvelle édition ne serait point saisie, ni le débit des exemplaires empêché. Tels sont les détails qu'on lit dans l'éloge composé par Godeau, évêque de Vence, et qui est en tête de l'édition de 1646. Voyons maintenant comment le jésuite Colonia s'exprime sur l'histoire de ce livre: « La haine de Saint-Cyran pour les jésuites le détermina à composer son *Petrus Aurelius*. En voici l'occasion. Richard Smith, anglais, fut envoyé par Urbain VIII en Angleterre, avec le caractère d'évêque de Calcédoine. Les réguliers qu'il troubla dans l'exercice de leurs fonctions, s'en plaignirent, et la division augmentant chaque jour, ils publièrent quelques ouvrages, dont deux surtout parurent contraires à l'autorité épiscopale. Saint-Cyran saisit cette occasion pour attaquer la compagnie, et vomir contre elle les plus grossières injures. Il se masqua sous le nom de *Petrus Aurelius*, et composa sous ce titre un gros *in-folio*, qu'il regardait comme son chef-d'œuvre, et comme *le meilleur ouvrage qui eût paru depuis six cents ans*. Il trouva le moyen de le faire imprimer aux dépens du clergé de France, qui dans cette occasion fut surpris (comme nous l'apprend M. Habert) *par des personnes auxquelles il n'en fut pas beaucoup redevable*. (Défense de la foi de l'église, p. 44.) Mais le clergé s'apperçut dans la suite de la surprise qui lui avait été faite, et bien loin d'avouer un si pernicieux écrit, il fit un décret exprès dans une assemblée générale, pour rayer du *Gallia Christiana* l'éloge de l'abbé de Saint-Cyran. La cour, de son côté, supprima l'ouvrage et en fit saisir les exemplaires.

« Le *Petrus Aurelius* est rempli des erreurs les plus monstrueuses, mais débitées avec un air de hauteur, qui a imposé à bien des personnes ou peu éclairées, ou peu attentives. » On voit par cette citation combien le révérend père jésuite est passionné. Opposons lui un fragment extrait *du borboniana*, manuscrit qui est rapporté dans les *mélanges de* M. Michaut : « Le livre de *Petrus Aurelius*, y est-il dit, est fort bien fait, c'est dommage qu'on n'en connait pas l'auteur. Le clergé lui a offert une grosse pension, s'il voulait se nommer: aussi a fait M. le président de Mesmes. *Vix mihi persuadeo tantum opus esse unius hominis.* Quelques-uns disent que c'est de M. de Filesac et de M. de Fresne de Minée; plusieurs croient que c'est de M. Aubert, principal du collège de Laon. » *Petrus Aurelius* est le nom qu'a pris *Saint-Cyran* ou Saint-Siran, en latin *Siriganus*. On croit que l'abbé de Barcos, son neveu, a travaillé avec lui à cet ouvrage.

J'ai parlé, *page 75*, de mon premier volume, du *Chapelet secret du Saint-Sacrement*, que j'ai attribué à la sœur Catherine Agnès de S. Paul (Arnauld) d'après Dupin et d'après Fortunée Briquet; de Colonia prétend qu'il est de l'abbé de Saint-Cyran; qu'on y reconnaît « son esprit, son style, ses expressions et cet impie galimathias qui lui est propre : » il dit ensuite que sept docteurs de Paris consultés en 1633, portèrent sur ce *détestable* libelle le jugement qui suit : « Nous certifions que le livre qui a pour titre *Chapelet du Saint-Sacrement*, contient plusieurs extravagances, impertinences, erreurs, blasphêmes et impiétés qui tendent à séparer et à détourner les ames de la pratique de la vertu, etc. » Jugement équitable, dit le jésuite, et qui a été confirmé par celui du saint-siége.

Un autre ouvrage de l'abbé de Saint-Cyran, qui a fait beaucoup de bruit, est sa *Question royale où il est montré en quelle extrémité, principalement en temps de paix, le sujet pourrait être obligé de conserver la vie du prince aux dépens de la sienne*, 1609, imprimé par Toussaint Dubray, *in-12*. Les jésuites représentèrent l'auteur comme un apôtre du suicide. D'Avrigny a donné un extrait fort malin de ce livre dans ses mémoires;

cependant il est évident que Saint-Cyran veut prouver seulement qu'il est des occasions où l'on peut sacrifier sa vie à ses amis ou à sa patrie. Voici quelques passages extraits de cet ouvrage par des jésuites. « Le manquement de propriété sur sa vie n'empêche point qu'on ne puisse se tuer soi-même ; car on voit tous les jours que la chose publique qui n'a point d'autorité sur nos vies, les détruit avec autorité et sans reproche par le glaive de la justice. » Ailleurs l'auteur dit: « Je crois que sous les empereurs Néron et Tibère, les pères étaient obligés de se tuer eux-mêmes pour le bien de leurs familles et de leurs enfans ; et c'est au tribunal de la raison qu'il doit être décidé de cette obligation. » Plus loin Saint-Cyran indique le moyen de se détruire de la manière la moins violente, » comme par rétention d'haleine, par la suffocation des eaux, par l'ouverture de la veine, etc. » Puis il ajoute : « Toutes choses sont pures et nettes à ceux qui le sont. »

L'abbé de Saint-Cyran a encore composé plusieurs autres ouvrages parmi lesquels on distingue la *somme des fautes et faussetés capitales contenues en la somme théologique du P. François Garasse*, 1626, 3 vol. in-4. = Des *Lettres chrétiennes et spirituelles*, 2 vol. in-4. = Une *Théologie familière*, condamnée à Rome le 23 avril 1654. = Une *Apologie pour M. de la Roche-Posay contre ceux qui disent qu'il n'est pas permis aux ecclésiastiques d'avoir recours aux armes en cas de nécessité*, 1615, in-8, etc. etc. Les jésuites ont été ennemis acharnés de Saint-Cyran qui peut-être le leur rendait bien ; voici une liste des maximes pernicieuses qu'ils prétendent qu'on a tirées des informations faites contre cet abbé. « 1.º L'absolution n'est qu'une déclaration et une marque du pardon accordé ; mais elle ne conférera jamais la grâce, et elle doit toujours être précédée de la satisfaction. 2.º Le concile de Trente n'a été qu'un concile de scholastiques, qui a fait grand tort à l'église et corrompu la saine doctrine. 3.° La fréquentation des sacremens est nuisible. 4.° La théologie scholastique est une théologie pernicieuse, qu'il faudrait bannir des écoles, et qu'on ne peut pas rendre un plus grand service à Dieu, que de travailler à décréditer les jésuites. 5.° S. Thomas, avec son nom d'ange de l'école, a ruiné la théologie. 6.° Les curés sont égaux aux évêques. 7.° L'église de ces derniers temps est corrompue dans les mœurs et dans la doctrine ; elle a commencé à dégénérer depuis le dixième siècle, et enfin il n'y a plus d'église. 8.° Un chrétien peut renoncer à la communion, même à l'heure de la mort, pour mieux imiter le désespoir et l'abandonnement de J. C. par son père. 9.° Les vœux de religion sont blamables. 10.° L'oraison purement passive est la meilleure de toutes. 11.° Les évêques d'aujourd'hui n'ont plus l'esprit de Dieu, et un péché d'impureté détruit l'épiscopat et le sacerdoce. 12.° L'attrition conçue par la crainte de l'enfer est un péché. 13.° Les justes doivent suivre en toutes choses le mouvement et l'instinct de la loi intérieure, sans se mettre en peine de la loi extérieure, quand elle est contredite par les mouvemens intérieurs. 14.° Et enfin les sentimens communs ne sont que pour les ames communes. »

Jean du Verger de Haurane, abbé de Saint-Cyran, né à Bayonne en 1581, est mort à Paris en 1643, après avoir essuyé des persécutions.

SAINT-DOMINGUE. Considération sur l'état présent de la Colonie française de Saint-Domingue, ouvrage politique et législatif. Par M. H.-D. *Paris, Grangé,* 1776 et 1777, *2 vol. in-8.*

Cet ouvrage avait d'abord été approuvé ; mais ensuite

il a été supprimé par arrêt du conseil du 17 décembre 1777. Le roi, après s'être fait rendre compte de ce livre, a reconnu qu'indépendamment de ce qu'il contenait d'ailleurs de répréhensible, l'auteur s'y était permis par des imputations très-graves, contraires à la vérité, d'attaquer la réputation des chefs de Saint-Domingue. En conséquence, il a jugé qu'il était de sa sagesse et de sa justice d'arrêter le cours dudit ouvrage, et de donner cette marque de sa satisfaction à la mémoire de M. Dhennery, gouverneur de cette colonie, et au sieur de Vaivre, intendant, qui y remplissait ses fonctions avec autant de zèle que de probité.

SAINT-ÈVREMONT. Mémoires de la vie du comte D****. avec la suite, par M. de Saint-Èvremont. *Bruxelles*, 1696, 3 *vol. in-*12. *Paris*, 1966, 4 *vol. in-*12.

Mencken met ce livre au rang de ceux qui ont été supprimés et défendus.

SAINT-IGNACE. Ethica amoris sive theologia sanctorum. = La Morale de la Charité ou la Théologie des Saints. Par le père Henri de Saint-Ignace, ex-provincial des grands carmes. *Liége*, 1709, 3 *vol. in-fol.*

Cet ouvrage a été condamné par la cour de Rome, par l'archevêque de Cologne, et supprimé par le parlement de Paris. On accuse l'auteur d'avoir renouvelé les erreurs de Baïus et de Jansenius; d'avoir avancé cette proposition condamnée dans Baïus : *Philosophorum virtutes sunt vitia*; d'avoir dit qu'on a vu dans Saint-Pierre un juste à qui la grâce a manqué; d'avoir cité avec éloge les *Réflexions morales de Quesnel*, et d'en avoir regardé la condamnation comme l'effet d'une cabale, etc., etc.

SAINT-PIERRE. Discours sur la Polysynodie (1) ou pluralité des conseils, par Charles-Irénée Castel de Saint-Pierre, avec cette épigraphe: *Ubi multa consilia salus*, tirée de Salomon. Amsterdam, Duvillard, 1719, in-12.

Cet ouvrage fit exclure l'abbé de Saint-Pierre de l'académie, parce qu'il y préférait l'établissement des conseils faits par le régent à la manière de gouverner de Louis XIV. Il pouvait avoir raison à certains égards; cependant, il convint lui-même qu'il est également nécessaire que quelqu'homme éclairé prépare les questions soumises aux conseils, et que l'autorité décide lorsque les affaires sont pressées ou qu'elles ont été mûrement discutées. Quoi qu'il en soit, le cardinal de Polignac fit une brigue pour son exclusion, et il n'y eut que Fontenelle qui s'y opposa. Voici comment les *Siècles littéraires* racontent la chose: « Le cardinal de Polignac, qui, disgracié sous Louis XIV, n'avait pas à craindre qu'on lui reprochât trop de reconnaissance pour le monarque, crut faire un acte de générosité ou de justice en vengeant la mémoire d'un roi dont il paraissait oublier la rigueur à son égard. Il apporta le livre à l'académie, y lut, en frémissant, l'endroit où les mânes du souverain défunt étaient attaqués, communiqua son indignation à ses confrères, et insista sur la

---

(1) *Polysynodie* vient du grec *polus*, plusieurs, et *sunodos*, conseil, assemblée, c'est-à-dire, multiplicité de conseils.

punition de l'auteur. L'abbé de Saint-Pierre écrivit de son côté à la compagnie, et demanda la permission de se défendre avant d'être condamné. Sa demande fut rejetée à la grande pluralité des voix, par la raison, que dans le cas où il viendrait pour se rétracter, la rétractation seroit secrète et renfermée dans l'enceinte de la compagnie, tandis que l'offense avait été publique. De vingt-quatre académiciens, dont l'assemblée était composée, quatre seulement furent d'avis qu'on écoutât l'accusé; c'étaient Sacy, la Motte, Fontenelle et l'abbé Fleury. Quoi qu'il en soit, la grâce ou la justice que l'abbé de Saint-Pierre désirait, ne lui ayant pas été accordée, on opina par boules sur la punition qu'il avait encourue; et toutes les boules, à l'exception d'une seule, furent pour l'exclure des séances de l'académie. Cette boule courageuse fut donnée par Fontenelle, qui, toujours sage et réservé dans ses écrits et dans ses discours, mais toujours ferme et décidé dans ses procédés et dans sa conduite, crut devoir réclamer, au moins tacitement, contre une rigueur qui lui paraissait précipitée. On accusa de cette réclamation secrète Sacy, fort lié avec l'abbé de Saint-Pierre : l'accusation obligea Fontenelle à déclarer qu'il était le coupable; et personne n'osa s'élever contre une action que plusieurs se reprochaient de n'avoir osé commettre. Comme l'abbé de Saint-Pierre avait été seulement exclus de l'assemblée, sans que sa place fût déclarée vacante, le fauteuil qu'il occupait demeura vide pendant le reste de sa vie, » et cela par ordre du duc d'Orléans. L'abbé de Saint-Pierre, né au Château de Saint-Pierre-Eglise en Normandie, en 1658, mourut à Paris le 29 avril 1743. Boyer, ancien évêque de Mirepoix, son confrère, empêcha qu'on ne prononçât à sa mort son éloge à l'académie. M. Boyer ne travailla pas beaucoup au sien propre par cette proposition, car l'abbé de Saint-Pierre était généralement aimé et estimé, malgré ce que ses rêveries politiques pouvaient quelquefois présenter de singulier.

SAINTE-CROIX. L'ancienne nouveauté de l'Ecriture-Sainte ou l'Eglise triomphante en terre, par Nicolas Charpy de Sainte-Croix, 1657, *in-8*.

Cet ouvrage a été supprimé en 1660; il est dans le genre des *Pensées* de Simon Morin, ou des écrits de Desmarets de Saint-Sorlin. Ce sont des extravagances mystiques, la plupart inintelligibles.

SAINTE-FOI. Miroir de la vérité chrétienne, où l'on considère, avec des réflexions morales, l'enchaînement des vérités catholiques de la prédestination et de la grâce de Dieu, et leur alliance avec la liberté de la créature. Par Flore de Sainte-Foi (Gabriel Gerberon), 1670, seconde et troisième *éditions. Liége, Bonard*, 1677.

Cet ouvrage a été condamné en 1678 par plusieurs évêques et archevêques, et il a été brûlé par la main du bourreau par suite d'arrêt du parlement d'Aix, du 14 janvier même année. L'auteur s'en consola, en disant: « Ne vous imaginez pas que cet ouvrage passe pour l'ouvrage de quelque démon, parce qu'il a subi ce que les démons souffrent, c'est-à-dire, qu'il a été brûlé. C'est ce qui fait aujourd'hui la gloire de cet ouvrage, puisque c'est en cela qu'il a eu le sort qu'ont eu les plus excellens livres, et ceux mêmes que le Saint-Esprit a dictés. » Le père Colonia dit « que cet ouvrage n'est propre qu'à faire regarder Dieu comme un tyran. Il ébranle la foi, renverse l'espérance, éteint la charité, et précipite l'ame dans le désespoir, ou la pousse au libertinage et à l'irréligion........ Cet ouvrage, ajoute le père jésuite, n'est en effet qu'un précis du livre de Jansenius mis en lambeaux, et tourné en réflexions et en sentimens. Chaque page est marquée par quelque hérésie. » On a beaucoup d'ouvrages du père Gerberon, sur les disputes du jansénisme et sur des querelles particulières, dont la plupart sont oubliés. La liste en serait trop longue pour la rapporter ici. Il suffit de dire qu'ils ont presque tous été condamnés ; l'auteur a été persécuté et a mené une vie très-agitée, à cause de l'impétuosité de son caractère et de la chaleur de son zèle pour le parti qu'il avait embrassé. Gabriel Gerberon, bénédictin de Saint-Maur, né à Saint-Calais dans le Maine, en 1628, est mort à Saint-Denis, près Paris, en 1711.

SALLO. Journal des Savans pour l'année 1665, par le sieur d'Hédouville, (Denis de Sallo, seigneur de la Coudraye, conseiller au parlement). *Paris, 1665, in 4.*; et depuis 1666 jusqu'à l'année 1790, (par Gallois de la Roque, Cousin, Dupin, Rassicod, Andry, de Vertot, Fraguier, Duresnel, Joly, de Quignes, Dupuis, Macquer, de Lalande, Gaillard, etc.) *Paris, Jean Cusson, et Bureau du Journal des Savans*, 1665--1790. *En tout*

104 *vol. in-*4.; et avec la Table de M. l'abbé de Claustre, en 10 *vol. Paris*, 1754, 114 *vol. in-*4. Le même Journal, édition d'*Amsterdam*, à-peu-près 466 *vol. in-*12.

Ce Journal, le premier de ceux de cette espèce que l'on connaisse en France, fut supprimé en 1666, treize mois après sa création, parce que M. de Sallo qui le publia sous le nom d'Hédouville, son domestique, avait piqué l'amour-propre de certains écrivains dont il analysait les ouvrages. Sallo, obligé d'interrompre son travail, en laissa le soin à l'abbé Gallois, qui se borna à de simples extraits, sans censurer, ni les auteurs, ni les ouvrages. L'abbé de la Roque, du diocèse d'Albi, lui succéda en 1675, et eut, pour successeur, le président Cousin, etc., etc. La Table de M. l'abbé de Claustre est très-bien faite; elle est suivie d'un Mémoire historique sur le *Journal des Savans*, et d'une notice des journaux formés à l'imitation de celui-ci. Le *Journal des Savans* a cessé de paraître en 1792. Denis de Sallo, né à Paris en 1626, est mort à Paris en 1669.

S A L M U T H. Biblia germanica à cryptocalvinianis saxonicis, interque hos præprimis à L. Jo. Salmuth, concinatore aulico, 1589, *in-folio*.

Cette Bible a été supprimée pendant qu'on l'imprimait, de manière que l'impression n'en a point été terminée. Il n'existe que le commencement de la Bible jusqu'aux livres des *Paralipomènes*. (Voyez VOGT. *Catalogus librorum rariorum.*)

SANCTAREL. Antonii Sanctarelli ex soci. Jes. Tractatus de hæresi, schismate, apostasia, sollicitatione in sacramento pœnitentiæ et de potestate romani pontificis in his delictis puniendis. *Romæ, Zanetti*, 1625, *in*-4.

Ce livre est rare, ayant été censuré par la Sorbonne, supprimé par arrêt du parlement de Paris, du 13 mars 1626, et condamné au feu comme contraire aux lois du royaume, attentoire à l'autorité du roi et aux libertés de l'église gallicane. Ce qui a contribué encore à le rendre plus rare, c'est que la suppression en a été faite aussi en Angleterre, à l'instigation de la cour de France. L'auteur y soutient que le pape a droit de donner des tuteurs aux rois incapables de régner, et même de les déposer s'il le juge à propos. Bien plus, il lui donne un pouvoir exorbitant, non-seulement sur le trône, mais même sur la vie des princes. Ce livre a été approuvé par le général des jésuites. Mais ces religieux ayant été mandés pour être interrogés sur leurs sentimens au sujet de cet ouvrage, ils tâchèrent d'excuser leur général. Ils avouèrent franchement que, quoiqu'ils désapprouvassent en France la doctrine de ce livre, ils l'approuveraient à Rome s'ils y étaient. Ils demandèrent du temps pour délibérer : on leur accorda trois jours ; et il fut arrêté que, si ces pères ne désapprouvaient pas la doctrine de Sanctarel, ils seraient traités comme criminels de lèze-majesté. La crainte les obligea de condamner la doctrine de leur confrère, par un acte authentique qu'ils signèrent le 16 mars 1626. C'est cette même année que la Sorbonne le censura ; et le 13 mars, le parlement de Paris le condamna à être lacéré et brûlé par la main du bourreau.

Plusieurs facultés du royaume suivirent l'exemple de la Sorbonne. Le volume de Sanctarel fit beaucoup de bruit, et servit à fournir beaucoup de preuves à l'université de Paris, qui pour lors était en procès avec cet ordre, et cherchait à les faire chasser. Edmond Richer a donné, en 1629, *in*-4., la relation et le recueil des pièces que cette affaire produisit.

SANFELICIUS. Eusebio Philopatro riflessioni morali e theologiche sopra l'istoria civile del Regno Napoli, esposte al publico in più lettere familia di due amici, e divise in due tomi. (Auctore Josepho Sanfelicio.) *Coloniæ* (revera *Romæ*), 1728, *in*-4.

C'est un tissu d'horreurs et d'infamies contre Pierre Giannone, auteur de l'*Histoire civile de Naples*, dont nous avons parlé, *tome premier*, *page* 162. Cet affreux libelle a été proscrit publiquement; et son auteur, dont le véritable nom est J. Sanfelicius, a été condamné à l'exil.

SCHILLING. Wenceslai Schillingii ecclesiæ metaphysicæ visitatio concionibus metaphysicalibus novem exquisitissimis discutiens præcipuos articulos metaphysicos et ad unguem demonstrans, quo ejuratæ impietatis, vanitatisque deploratæ metaphysici doctores delabantur, ad metaphysicas speculationes mysteria cœlitus patefacta violentissime detorquendo atque exigendo metaphysice. *Magdeburgi*, 1616, *in*-8.

Livre très-rare et très-caustique, qui a été supprimé

à cause du grand bruit qu'il a fait. On a encore du même Venceslas Schilling, *De Notitiis naturalibus succincta consideratio, quâ mentis cæcitas adumbratur, enormis metaphysicæ doctrinæ abusus perstringitur, contumacia impietas et error hominis suæ naturæ inhærentis depinguntur, Alstedii, Suaresii, et aliorum Calvinistarum et Jesuitarum vanitatibus metaphysicis opposita. Magdeburgi*, 1616, *in*-8. On voit, par ce titre, que cet ouvrage est dans le même genre que le précédent.

SCHLICHTINGIUS. Jonæ Schlichtingii confessio fidei christianæ illarum ecclesiarum, quæ in Poloniâ unum Deum et filium ejus unigenitum Jesum-Christum et spiritum sanctum corde sancto profitentur. *Anno* 1642, *in* 4.

L'auteur de cet ouvrage a été chassé de Pologne, en 1646, pour l'avoir composé ; et le livre a été brûlé à Varsovie par la main du bourreau, en vertu d'un décret de la diette. Jonas-Bukowiec Schlichting, l'un des premiers sociniens, homme inquiet et remuant, était toujours en guerre avec les catholiques et les protestans. Il est mort à Zullickaw, en 1661, à 65 ans.

SCHRŒRIUS. Samuelis Schrœrii dissertatio de sanctificatione seminis Mariæ Virginis, in actu conceptionis Christi, sine redemptionis pretio. *Lipsiæ, Braunius*, 1709. *Brochure in* 4.

Le sujet de ce livre et la manière dont il est traité, l'ont fait supprimer aussitôt qu'il a paru ; ce qui l'a rendu fort rare : mais on l'a réimprimé par la suite, sous le même format et avec la même date; c'est ce qui fait que ces deux éditions sont estimées, et qu'on ne met aucune différence entre elles. Pierre Aretin, dans un sujet à-peu-près pareil, consigné dans son *De la Humanita di Cristo, Venise*, 1535, *in*-4., compare la conception de Jésus-Christ dans le sein de la Vierge Marie, avec la fable de Jupiter et de Léda, sous la transformation d'un cygne. Voici ses expressions : *Quasi spiritus sanctus in formâ avis, ut Jupiter cum Leda in formâ cygni, cum eadem concubuerit et strepitum cum alis excitaverit*, etc.

SCHULCKCNIUS. (Voyez BELLARMIN, tome premier, *page* 29.).

SCIOPPIUS. Ecclesiasticus, auctore Gasp. Scioppio. *Hartbergæ*, 1611, *in*-4.

Cet ouvrage est dirigé contre Jacques premier, roi d'Angleterre, qui y est traité avec le dernier mépris, et contre Casaubon et Duplessis-Mornay : ces deux derniers étaient les zélés partisans de ce fougueux auteur; mais comme ils l'avaient contredit sur un point d'érudition, il n'en fallut pas davantage pour allumer la bile de ce virulent écrivain. Le libelle en question fut brûlé publiquement à Londres; et l'effigie de l'auteur fut pendue dans une comédie représentée devant le roi, qui le fit gratifier de quelques coups de bâton, par le moyen de son ambassadeur en Espagne ; gratification peu digne d'un monarque. Par arrêt du parlement de Paris, du 24 novembre 1611, l'ouvrage de Scioppius a été condamné à être brûlé, « à cause, dit l'arrêt, des blasphêmes et diffamations exécrables y contenues contre la très-heureuse et la noble mémoire du feu roi très-chrétien Henry le grand, quatrième du nom ; et autres propositions tendantes à troubler le repos de toute la chrétienté, et contre la sûreté de la vie et états des rois et princes souverains. » Voici le portrait que fait Chaudon de cet auteur singulier. « Naturellement emporté et méchant, il devint l'Attila des écrivains : il avait tout ce qu'il fallait pour bien remplir ce rôle ; de l'imagination, de la mémoire, une profonde littérature et une présomption démesurée. Les mots injurieux de toutes les langues lui étaient connus, et venaient d'abord sur la sienne. Il joignait à cette singulière érudition, une ignorance complette des usages du monde : il n'avait, ni décence dans la société, ni respect pour les grandeurs. C'était un frénétique d'une espèce nouvelle, débitant, de sang-froid, les calomnies les plus atroces, un vrai fléau du genre-humain. Joseph Scaliger fut surtout l'objet de ses satyres et de sa fureur. » Baillet dit que dans un ouvrage qu'il fit contre ce Scaliger, *il passa les bornes d'un correcteur de collége et d'un exécuteur de la haute justice.* Il faut dire aussi qu'on traita cet auteur comme il avait traité les autres ; et si l'on veut avoir une idée des *Honnêtetés littéraires* de ce temps, on verra un M. Ogier qui, au *chap.* 10 de sa *Censure de la doctrine curieuse de Garasse*, appelle Scioppius, *la plume la plus vénale et la plus infâme sycophante qui fût jamais.* Gaspard Barthius, sous le nom de *Tarreus Hebius*, en parle comme du *plus médisant* et du *plus grand calomniateur de la terre.* Casaubon lui prodigua, avec beaucoup de délicatesse, l'épithète de *la plus cruelle de toutes les bêtes farouches*, *d'ennemi déclaré de Dieu*, etc. Les jésuites, dont il avait quitté la compagnie, le dépeignent comme *le plus grand fripon*, et *le plus scélérat des hommes*, comme *la peste publique des lettres et de la société*. Nous ne multiplierons pas ces gentillesses littéraires. Scioppius, né le 27 mai 1575 ou 1576, est mort le 19 novembre 1649. Il a laissé cent quatre ouvrages qui annoncent qu'il avait de l'esprit et de la littérature.

SCOT. Discovery of witchcraft, by Reginald Scot, (ou la Sorcellerie découverte). Par Reynold Scot, 1584, *in* 4.

Cet ouvrage a été condamné aux flammes en Angleterre. Cette ile était alors soumise, comme le reste de l'Europe, aux préjugés populaires. Le grand crime de l'auteur était de ne pas croire à la sorcellerie : il explique dans son ouvrage les pratiques et les artifices que mettent communément en usage les devins et sorciers pour tromper les simples ; et il sollicite la compassion en faveur de ceux qui sont accusés de sorcellerie. Ce livre fut sévèrement critiqué par plusieurs savans, et Jacques premier y fit une réponse sous le titre de *Démonologie*. Reynold Scot, né dans la province de Kent en 1545, est mort en 1599.

SEGNI. Storie fiorentine di Messer bern. Segni, d'all' anno 1527 al 1555, colla vita di Nicol. Capponi gonfaloniere di Firenze, descritta dal medesimo Segni. *In Augusta*, 1723, *in-fol.*

Le grand duc de Toscane ayant acheté une grande partie de l'édition, fit supprimer tous les exemplaires qu'il put se procurer. Aussi le peu qui en est resté est très-rare.

SEGUENOT. Traité de la Virginité, traduit du latin de saint Augustin, avec des notes, par Claude Seguenot, oratorien, 1638, *in-8.*

La Sorbonne a censuré cet ouvrage, et son auteur a été mis à la bastille, sur la demande du fameux père Joseph, capucin, qui crut voir dans ce livre le tableau et la satyre de sa conduite.

SEPULVEDA. Joannis Genesii de Sepulvedæ Democrates secundus, seu de justis belli caussis : an liceat bello indos prosequi auferendo ab iis dominia possessionesque et bona temporalia, et occidendo eos si resistentiam opposuerint, ut sic spoliati et subjecti, facilius per prædicatores suadeatur eis fides. *Romæ, sine anno et loco, in-4.*

Charles-Quint a fait défendre la publication de ce livre dans ses états, et en a ordonné la suppression de tous les exemplaires. Il n'est personne qui n'approuve la conduite de ce prince. Il me semble qu'on peut mettre Sepulveda à côté des Cortez et des Pizarre, et même au-dessus; puisque de sang-froid et dans le recueillement du cabinet, non-seulement il excuse toutes les cruautés commises par ces monstres contre les Indiens, mais même il veut prouver qu'elles sont permises par les lois divines et humaines, et par le droit de la guerre ; que c'est en égorgeant, en dépouillant et en mettant dans les fers les malheureux Indiens, qu'il sera plus facile aux missionnaires de les soumettre à la foi catholique. Quels horribles principes ! ils sont consignés dans l'ouvrage dont nous parlons, et qui a été composé à l'occasion du démêlé très-vif qu'a eu l'auteur avec le vertueux Las-Casas. Lorsque le manuscrit fut terminé, il éprouva des difficultés pour voir le jour. Les théologiens d'Alcala et de Salamanque qui l'examinèrent, furent d'avis qu'il était de l'intérêt de la religion chrétienne de ne point l'imprimer, parce qu'il renfermait une mauvaise doctrine. Sepulveda, sans avoir égard à leur avis, envoya son livre à Rome; il y fut publié sans difficulté. Charles-Quint indigné, fit supprimer l'ouvrage comme nous l'avons dit : ce fut alors que Sepulveda sollicita une conférence publique avec Las-Casas; il l'obtint : mais il ne céda point à l'humain évêque de Chiapas, et les cruautés des Espagnols continuèrent d'être tolérées. On a beau dire que Sepulveda fut un des plus savans hommes de son temps, que l'élégance de son style lui mérita le surnom de *Cicéron espagnol*; son *Démocrates secundus* suffit pour le rendre exécrable aux yeux de l'homme ami de l'humanité et de la religion.

SERVET. Michælis (Revès) Serveti, aliàs Renès, ab arragoniâ hispani, de trinitatis erroribus Libri VII, *anno* 1531. = Ejusdem Serveti de trinitate dialogorum libri duo, et de justitia regni Christi capitula quatuor, *anno* 1532, *in*-8.

Ouvrage excessivement rare.

Ejusdem Serveti de trinitate Libri VII, linguâ Belgicâ editi, per R. T. *Impressum, anno* 1620, *in*-4.

Très-rare.

Ejusdem Serveti Christianismi restitutio, hoc est totius ecclesiæ ad sua limina vocatio, in integrum restitutâ cognitione Dei, fidei Christi, justificationis nostræ, regenerationis baptismi, et cœnæ domini manducationis, restituto denique nobis regno cœlesti, Babylonis impiæ captivitate solutâ, et Anti-Christo cum suis penitùs destructo. *Viennæ Allobrogum*, 1553, *in-8.*

On prétend que cet ouvrage est le plus rare de tous les livres.

Joannis Calvini defensio orthodoxæ fidei, de sacrâ trinitate contra Serveti errores, ubi ostenditur hereticos jure gladii coercendos esse et nominatim de hoc homine impio justè sumptum fuisse supplicium. *Olivâ Rob. Stephani*, 1554, *in-8.*

Rare.

Déclaration pour maintenir la vraie foi de la trinité des personnes en un seul Dieu, contre les erreurs de Michel Servet, où il est aussi montré qu'il est licite de punir les hérétiques, et qu'à bon droit ce méchant a été exécuté par justice dans la ville de Genève. Trad. du latin du livre précédent de Jean Calvin, par

Colladon. *Genève, Crespin*, 1554 ou 1560, *in-8.*

Ouvrage plus recherché que le précédent. Ce Colladon a été l'un des juges de Servet.

Apologia pro Serveto de anima mundi : sive de ea naturâ quæ omnino necessaria est, et habenda est media inter æternam immobilemque, estque consubstantialiter in ipso Christo, sicuti est etiam habenda : contra aspergines et præcipitatum Calvini in hanc causam judicium. Authore Guillelmo Postello restitutionis omnium primogenito, à Calvino hâc in causâ malignè perstricto. *In-8., manuscrit qui n'a jamais été imprimé.*

Celui qui posséderait ces cinq ouvrages aurait peut-être la collection la plus précieuse et la plus rare que l'on connaisse. Le *Christianismi restitutio* seul a été vendu 4120 livres chez M. de la Vallière en 1784. On sait que tous les livres de Servet ont été brûlés, soit avec l'auteur à Genève, soit ailleurs, ce qui les a rendus excessivement rares. Il dirigea toutes ses attaques contre la Trinité. Voici quelles sont ses principales erreurs : « Ceux-là sont athées, ou ont plusieurs divinités, qui mettent l'essence divine dans trois personnes réellement distinctes. Il n'y a qu'une image ou une face personnelle, et cette image est la personne de Jésus-Christ en Dieu, et qui a été communiquée aux anges. L'ame participe de Dieu et de sa substance. Le baptême des enfans est inutile, il est d'une invention humaine ; on ne connait point de péché avant l'âge de vingt ans, et l'ame se rend mortelle par le péché. » Servet, en correspondant avec Calvin sur la trinité, s'attira l'animadversion de ce fameux sectaire : aussi celui-ci promit bien que si jamais Servet mettait les pieds à Genève, il n'en sortirait pas impunément. Effectivement, ce dernier se sauvant de prison, et voulant gagner l'Italie, eut le malheur de passer par Genève ; Calvin l'y fit arrêter, et bientôt il le fit condamner. Ce fut le 27 octobre 1553 que Servet fut conduit au bûcher : il demeura plus de deux heures dans le feu, parce que le vent repoussait la flamme en sens contraire ; et l'on dit qu'il s'écria, en sentant prolonger ses tourmens : Malheureux, ne pourrai-je donc mourir ? quoi ! avec cent pièces d'or et le riche collier qu'on m'a pris en m'arrêtant, ne pouvait-on pas acheter assez de bois pour me consumer plus promptement ?

Servet était né à Villanueva en Arragon, l'an 1509. Il fut médecin, et exerça cet art à Paris pendant quelque temps. Mais il eut, en 1536, une vive querelle avec les médecins de Paris, ce qui procura son *Apologia contra facultatem medicorum parisiensium*, qui a été supprimée par arrêt du parlement. Cet auteur a encore donné des notes curieuses sur la Bible de Santès Pagnini (Voyez PAGNINI). Son *Ratio syruporum* est recherché des curieux, et on estime singulièrement les éditions de la *Géographie de Ptolémée* de Lyon, 1535, *in-fol.*; et de *Vienne en Autriche*, 1541, *in-fol.*, avec les Notes de Michel Servet.

SIDNEY. Discours sur le gouvernement, par Algernon Sidney.

Cet ouvrage, qui n'était encore que manuscrit, fut le prétexte de la condamnation de Sidney, au plus infâme supplice. Un jury corrompu et présidé par Jeffreys, ennemi personnel de cet auteur, le condamna à être pendu et écartelé; mais il eut seulement la tête tranchée. Sidney était un républicain ardent : il fit la guerre à Charles premier, et se ligua avec les monstres qui firent périr ce prince. Son caractère impatient d'aucune espèce de joug, le fit sortir d'Angleterre lorsque Cromwel usurpa le pouvoir suprême. Après la mort du protecteur, il eut l'imprudence de revenir dans sa patrie; et quoique Charles II lui eût accordé un pardon particulier, il n'en fut pas moins inquiété et poursuivi par ses ennemis personnels, comme ayant trempé dans une conspiration contre la personne du roi; les preuves manquèrent : mais les écrits que l'on saisit chez lui le firent dénoncer comme séditieux. Ce sont les *Discours* en question; ils servirent de base à sa condamnation. Dans cet ouvrage, l'auteur veut « qu'on soumette l'autorité des monarques à celle des lois, et que les peuples ne dépendent que de celles-ci.... Selon lui, le gouvernement n'est pas établi pour l'utilité de l'administration, mais de l'administré; et la puissance n'est pas un avantage, mais une charge.... La liberté est la mère des vertus, et l'esclavage est la mère des vices.... Ce qui n'est pas juste ne peut avoir force de loi ; et ce qui n'est pas loi n'oblige à aucune obéissance.... Un pouvoir au-dessus des lois ne peut subsister avec le bien du peuple, et celui qui ne reçoit pas son autorité de la loi, ne peut être légitime souverain.... Toutes les nations libres ont droit de s'assembler quand et où elles veulent, à moins qu'elles n'aient renoncé volontairement à ce droit.... Le soulèvement général d'une nation ne mérite point le nom de révolte. C'est le peuple pour qui et par qui le souverain est établi, qui peut seul juger s'il remplit bien ses devoirs ou s'il ne les remplit pas. »

On voit que cet ouvrage renferme des vérités hardies et des paradoxes. Ses *Discours sur le gouvernement* ont été imprimés, pour la première fois, en 1689, *in-fo*., et ils ont été traduits en français par Samson et publiés, *à la Haye*, 1702, 4 *vol. in*-12. Algernon Sidney a été décapité en 1683, âgé de soixante-six ans.

SIMON (RICHARD.) Histoire critique du Vieux Testament, par Richard Simon. *Édition originale imprimée à Paris*, en 1678, *in*-4.

Cette édition a été supprimée par ordre du chancelier Letellier, sur l'avis de Bossuet, avec tant de soin qu'il n'en est resté que six exemplaires, dont un a été vendu 161 livres chez Gaignat en 1769, et 134 livres chez le duc de la Vallière en 1784. Dans l'exemplaire de monsieur Paris, vendu à Londres en 1791, l'arrêt du conseil-d'état est transcrit au deuxième feuillet. Richard Simon était prêtre de l'oratoire ; on lui doit une grande quantité d'ouvrages qui annoncent une érudition très-vaste, une littérature très-variée, une critique exacte, mais pas toujours assez modérée : il règne, dans tout ce qu'il a écrit, un esprit de singularité et de nouveauté qui lui suscita bien des adversaires. Nous parlerons encore ici de sa *Bibliothèque critique*, publiée sous le nom de Sainjore, avec des notes 1708--1710, 4 *vol. in*-12, qui fut supprimée par arrêt du conseil. On y trouve des pièces qu'on chercherait vainement ailleurs, entre autres son *Factum pour les juifs de Metz*, accusés d'avoir tué un *petit enfant chrétien*, en 1674. La *Nouvelle Bibliothèque choisie* du même auteur. *Amsterdam*, 1714, 2 *vol. in*-12, fait suite à la *Bibliothèque critique* ; on en a changé le titre, à cause de la suppression de ce dernier ouvrage. Richard Simon est mort à Dieppe en 1712, âgé de soixante-quatorze ans.

SIMONI. Simonis Simonii lucensis primum romani, tum calviniani, deinde lutherani, denuò romani semper autem athæi, summa religio, authore D. M. S. P. (Doctore Marcello Squarciaupio Plumbinensi.) *Cracoviæ, typis Alexandri Roderici*, 1588, *in-4.*

Ouvrage rempli de grossièretés et d'infamies Il a été si exactement supprimé qu'on n'en connaît presque point d'exemplaires : il en existe un à la bibliothèque impériale de France. Beaucoup de savans se sont occupés de ce rare volume. C'est une satyre contre Simon Simonius, socinien, mise au jour, à ce que l'on croit, par Marcellus Squarcialupi, autre socinien, qui, ennemi juré de Simonius, fit imprimer ce livre sous le titre énoncé ci-dessus, pour nuire à ce dernier. Rien de plus grossier que le tissu de ce volume qui a été regardé comme le chef-d'œuvre de la licence la plus effrénée. Voici la formule de foi et de croyance qui s'y trouve : *Credo in tria, cœlum et terram et cœli formam. In cœlum patrem atque creatorem omnium, in terram rerum omnium matrem atque nutricem, et in cœli formam sentientem atque intelligentem : ede itaque, bibe, lude, jam Deus figmentum est.* Cet ouvrage parut dans le temps si infâme, que les magistrats, sans vouloir examiner si ce volume était une satyre contre quelqu'un, ou un ouvrage de réflexion, aimèrent mieux l'étouffer dès le principe, et arrêtèrent l'édition presque toute entière. Aussi est-il excessivement rare. Bayle en parle au long, mais par conjecture, dans son *Dictionnaire*, à l'article SIMONIUS.

SOBIESKI. Commentariorum belli Chotinensis libri III, à Jacobo Sobieski. *Dantisci*, 1646, *in-*4.

Ouvrage rare qui a été supprimé par Jean Sobieski, roi de Pologne, et fils de l'auteur.

SOLANGUIS. Julii Clementis, placentini ex illustrissimâ scotorum familia de potestate pontificia in societatem Jesu, etc.; qui in octo partes tribuitur liber, Francisci Solanguis, nobilis cremensis opera evulgatus. Ad innocentium X. S. P. *Parisiis*, 1646, *in-*4.

Cet ouvrage a été condamné par l'autorité publique et sévèrement défendu.

SPARRE. De Lege, rege et grege. (Par Eric Sparre, en Suède.) *in-fol.*

Cet ouvrage, excessivement rare, a été exactement supprimé en Suède, et il est au nombre des livres défendus de la première classe dans ce royaume. L'auteur y consigna ses idées particulières sur le droit naturel et sur le droit public qu'il avait approfondi. Il était baron et sénateur de Suède dans le 16.ᵉ siècle : il se distingua dans les différens emplois que le gouvernement lui confia.

Voilà tout ce que j'avois pu découvrir sur ce livre et sur son auteur, quand je priai, par une lettre insérée dans la *Revue*, les bibliographes qui auraient quelques renseignemens plus détaillés sur cet objet, à vouloir bien me les transmettre. M. le sénateur Grégoire a eu la complaisance de me donner, dans la *Revue*, une réponse où l'on retrouve cette profonde érudition qui lui est si familière. Cette réponse fournit des détails intéressans sur le malheureux Sparre ; mais son livre est si rare, que les plus grandes recherches ont, pour ainsi dire, été vaines ; et M. Grégoire a bien voulu me communiquer ce qu'il a pu découvrir. Je le prie d'agréer l'expression de ma reconnaissance, et de me permettre de consigner ici sa lettre. Elle a tellement rapport à mon travail, que je me fais un devoir de l'en enrichir, et je suis assuré que le lecteur m'en saura gré.

« Au 16.ᵉ siècle, les Suédois et les Polonais eurent l'ineptie de se battre pour savoir qui serait leur maitre. À la fin de cette querelle sanglante, Sigismond, qui occupait simultanément les trônes de Pologne et de Suède, fut contraint de céder le dernier à son oncle Charles IX. Charles exigea que cinq sénateurs attachés à Sigismond lui fussent livrés, et l'ingrat Sigismond les livra. De ce nombre était Éric Sparre, baron de Sundby, chancelier de Suède, dont on n'a jamais contesté les vertus et les talens. Le 20 mars 1600, avec trois autres, il eut la tête tranchée à Lincoping, et mourut avec dignité, victime de la lâcheté d'un roi et de la férocité d'un autre. Les États qui avaient prononcé la sentence n'étaient qu'un instrument passif. Tous les historiens de Suède parlent de cette catastrophe. Que l'équitable postérité fasse la révision de ce procès, on y verra que dans les douze chefs d'accusation contre Sparre, rapportés par Messenius dans sa *Scondia illustrata* (1), le penchant du chancelier vers

---

(1) Joan. Messenii, *Scondia illustrata*. In-fol. Holmiæ, 1700 et années suivantes, tome 8, page 85.

l'église catholique est un des prétendus griefs qui animèrent le plus contre lui l'intolérance persécutrice. La dixième accusation porte, qu'il avait discrédité le gouvernement par des lettres et des ouvrages qui furent produits dans le cours de la procédure ; Messenius n'en donne pas les titres; et dès-lors on ignore s'il faut y compter le livre *Pro Lege, Rege et Grege.* Scheffer n'en parle pas dans sa *Suecia litterata*, ni Mollerus dans ses *Hypomnemata Historico-critica* sur l'ouvrage de Scheffer, ni Stiernman dans ses *Centuries des livres anonymes*, quoiqu'il mentionne plusieurs écrits composés par Eric Sparre ou relatifs à son procès (1).

« Un savant suédois de Lunden, Scami, consulté sur ce livre il y a quelques années, écrivait qu'il ne l'avait pas trouvé dans la bibliothèque publique de cette ville, ni dans diverses bibliothèques de particuliers qui, cependant, s'étaient occupés à rassembler des ouvrages rares, et ajoutait qu'il n'était pas même mentionné dans Alnander, *Historia librorum prohibitorum in Suecia.* Upsal, 1764, *in*-4.

« J'en demande pardon au savant suédois ; mais il n'a pas lu sans doute la préface d'Alnander, dont un exemplaire se trouve à Paris. L'auteur y dit n'avoir reconnu de livres prohibés en Suède, au 16.ᵉ siècle, que les quatre suivans :

1.º *Olavi Petri Svea och Gotha cronika.*
2.º *Liturgia Suecana* (nous l'avons à Paris).
3.º *Abrahami And. Angermanni, scripta anti-liturgica.*
4.º *Libellus R. Senatoris Bar. Sparre cui titulus* Pro Lege, Rege et Grege. *D. à Skial och. bewis..... al Konan-*

---

(1) V. Andreæ-Ant. Stiernman, *Centuria secunda anonymorum*, etc. n-8. Holmiæ, 1726, p. 13 et 14.

gen bora vara sina rattigheter dem man kallar regalia, ofver alt sverige forbe hallue, etc. ; c'est-à-dire, argumens par lesquels on prouve que le roi doit avoir, dans toute la Suède, la jouissance pleine et entière des droits nommés *régaliens*, etc.

« Swen Lagerbring, dans son Histoire de Suède, parle deux fois de ce même ouvrage, qui prouve, dit-il, une grande étendue de connaissances(1). Voilà, jusqu'à présent, tout ce que j'ai pu découvrir sur cet objet.

« Combien d'autres livres de la recherche desquels je m'occupe sans succès depuis trente ans, ouvrages relatifs pour la plupart à la liberté politique, et que le despotisme a fait disparaître ! J'en ai indiqué quelques-uns dans mon Histoire de l'agriculture à la renaissance des études. A mon tour je me propose de stimuler la curiosité sur cet objet, et de réclamer les lumières des hommes éclairés. »

SPINOSA. Benedicti Spinosæ tractatus theologico-politicus, continens dissertationes aliquot quibus ostenditur, Libertatem Philosophandi, non tantùm salvâ pietate, et reipublicæ pace posse concedi. Sed etiam nisi cum pace reipublicæ, ipsâque pietate tolli non posse. *Hamburgi, Kunrath*, 1670, *in-*4.

Ce fameux ouvrage de Spinosa a été réimprimé plus correctement sous le titre de *Danielis Hensii P. P. operum*

---

[1] *Sammandrag of Swea-Rikes Historia*, etc. In-8. Stockholm, 1784, tome 1, pages 27 et 62. On a'en français un abrégé de cet ouvrage, in-8. Paris, 1764, qui parle aussi, pages 72 et suivantes, du livre *Pro Lege*, etc.

historicorum collectio prima. Editio secunda. Lugd. Batav.; 1673, *in-8.* Il a été traduit par M. de Saint-Glain, sous le titre suivant : *Réflexions curieuses d'un esprit désintéressé sur les matières les plus importantes du salut.* Cologne, Emanuel, 1678, *in-12.* On sait que cette traduction avait d'abord été intitulée : *La Clef du Sanctuaire*; mais ce titre fit tant de bruit, que le traducteur le remplaça par celui de *Traité des cérémonies superstitieuses des Juifs* ; enfin il s'arrêta à celui de *Réflexions curieuses d'un esprit*, etc. Il y a des exemplaires où sont réunis ces trois titres ; ils sont très-rares et fort recherchés des amateurs.

SPINOSA. Lucii Antistii Constantis (Benedicti Spinosæ), de jure ecclesiaticorum liber singularis. *Alethopoli*, 1665, *in-8.* (*Très-douteux.*)

Benedicti Spinosæ opera posthuma. *Edita* anno 1677, *in-4.*

C'est dans cet ouvrage que Spinosa a développé ses sentimens sur l'athéisme ; il n'en avait jeté que les semences dans son *Tractatus theologico-politicus.*

SPINOSA. La vie et l'esprit de Benoît Spinosa *Imp. en (Hollande)* 1712, *in-8.*

On croit que l'auteur de cette production infâme est un médecin de la Haye, nommé Lucas, et sectaire de Spinosa.

SPINOSA. Réfutation des erreurs de Benoît de Spinosa, par Fénélon, le père Lami, bénédictin, et le comte de Boulainvilliers ;

avec la vie de Spinosa, par Jean Colerus, augmentée de beaucoup de particularités, tirées d'une vie manuscrite de ce philosophe, faite par un de ses amis. (Editeur Lenglet-Dufresnoy.) *Bruxelles* (Amsterdam), *F. Foppens*, 1731, *in-*12.

Cette réfutation a été supprimée comme plus favorable que contraire au spinosisme ; et elle est plus rare que l'ouvrage de Spinosa. On sait que le but de cet auteur est de détruire toutes les religions et d'établir l'athéisme sur leur ruine. Il soutient hardiment que Dieu n'est pas un être intelligent, heureux et infiniment parfait; mais que ce n'est autre chose que cette vertu de la nature qui est répandue dans toutes les créatures ; de sorte que l'univers est dieu avec tous ses attributs, c'est-à-dire, toutes ses modifications. Pour affaiblir les preuves de la religion chrétienne, Spinosa déprime les prédictions des prophètes de l'ancien testament : ils ne doivent leurs révélations, selon lui, qu'à une imagination plus forte que celle du commun. Il ajoute que Moyse et Jésus sont dans le même cas que les prophètes ; mais ne poussons pas plus loin le développement de son système, et revenons à la prétendue *Réfutation* dont il est ici question : c'est une compilation faite par l'abbé Lenglet-Dufresnoy, pour piquer la curiosité de certains lecteurs et pour gagner de l'argent. On n'y trouve que contradictions, et c'est, dit-on, le système de Spinosa, réduit en méthode et mis au net. Voici ce que renferme ce volume : 1.° Un dangereux écrit du comte de Boullainvilliers, dont le véritable titre est, Essai métaphysique. 2.° L'extrait que Lenglet donne du *Nouvel athéisme renversé*, de François

Lami, bénédictin, *Paris*, 1696, *in-12*. Dans cet extrait l'éditeur rapporte, avec beaucoup de méthode et d'une manière éblouissante, les argumens de Spinosa ; tandis qu'il donne, d'une manière vague, les réponses du père Lami. 3.° L'extrait d'une lettre de Fénélon, qui ne réfute pas assez directement les faux principes des spinosistes. Enfin, 4.° un ouvrage latin qui n'est point énoncé en tête de la *Réfutation*, et qui a pour titre : *Certamen philosophicum*, etc. *Amstelœdami, ex autographo A. Theodori Ossaan*, 1703. Ce *Certamen* consiste en quatre petites pièces relatives aux démonstrations de Jean Brédenburg et de Spinosa. Les voici dans leur ordre naturel ; Lenglet les a arrangées d'une autre manière : la première est la *Démonstration mathématique* de Brédenburg, pour faire voir que tous les êtres capables de raisonner agissent nécessairement ; la seconde est une réfutation de cette démonstration, par Isaac Orobio, professeur en médecine à Amsterdam ; la troisième est une réponse de Brédenburg à Orobio, et la quatrième une réplique de ce dernier. Nous ne dirons rien ici de la *vie de Spinosa* qui est en tête de la *Réfutation* : on sait qu'elle est de Jean Colerus, et que Lenglet y a ajouté des particularités malignes et injurieuses, dont la plupart ont été tirées d'une vie manuscrite, que l'on attribue au médecin Lucas dont nous avons parlé plus haut : c'est peut-être la même que celle qui a été imprimée en 1712, et au sujet de laquelle nous parlons de ce médecin. Quoi qu'il en soit, la vie de Spinosa qui se trouve en tête de la *Réfutation* de 1731, a été réimprimée en 1735. Nous avons parlé de cette réimpression dans notre *Discours préliminaire*, page xxxvij. Nous ajouterons que, depuis la rédaction de notre *Discours*, nous nous sommes procurés ce petit volume, avec assez de peines à la vérité. On peut juger

avec quel empressement nous avons recherché, à la fin
de cette *Vie*, le *Recueil des ouvrages condamnés au feu*, etc. ;
mais nous n'avons trouvé qu'une nomenclature très-aride
des auteurs condamnables, dont une bonne partie est
mentionnée dans notre ouvrage. Cependant, comme cette
nomenclature parle de quelques écrivains que nous avons
passé sous silence, et que d'ailleurs elle n'est pas très-
étendue, nous allons la rapporter ici textuellement.

Recueil alphabétique des auteurs et des ouvrages condamnés au feu, ou qui ont mérité de l'être.

Roger *Acten.*
Anne *Alkeue.*
Pierre d'*Apone.* En effigie.
Louis de *Bergvin.*
Robert *Barnes.*
Richard. *Bayfild.*
Giac. *Bonfadio.*
Gios. Franç. *Borrhi.*
Anne du *Bourg.*
Jonas. *Bradford.*
Giord. *Bruno* Nolano.
Mart. *Bucerus.* Après sa mort.
Thom. *Bylnacus.*
Alp. *Ciccarelli.*
Cocchus Asculanus.
Thomas *Cramer.*
Etienne *Dolet.*
Marc. Ant. de *Dominis.* Mort.
Paul. *Fagius.*
Fanino Italien.

Marc. Ant. *Flaminio*. Mort.
Jean *Fontanico*.
Joan. *Fryth*.
Petr. *Galesius*.
Urb. *Grandier*.
Jean *Guignard*.
Patr. *Hamilton*.
Jo. *Heurtinus*.
Hieronymus Pragensis.
Joan. *Hooper*.
Joan. *Huss*.
Pierre *Jarrige*. En effigie.
Quirin. *Kuhlmann*.
Jo. *Lambert*, al. *Nicolson*.
Hugo. *Latimer*. Mort.
Casimir *Lescinski*.
Claud. *Morier*.
Joan. *Morel*.
Simon *Morin*.
Mar. Ant. *Muret*. En effigie.
Joann. *Oldcassel*.
Aonius *Palæarius*.
Marc. *Panlingenius*. Mort.
Matth. *Palnarius*. Mort.
Matth. *Parkerus*. Mort.
Jean Louis *Pascal*, ou *Pasquier*, dit *Paschasius*.
C. *Petit*.
Joann. *Philpot*.
Const. *Ponce* de Leon. Effig.
Joann. *Purbey*.
Thomas *Rhedon*.
Joann. *Rideley*.
Joann. *Rogers*.

Franc. de *S. Romain.*
Hier. *Savonarola.*
Wolffg. *Schuch.*
Mich. *Servetus.*
Henr. *Stephanus.* Effig.
Guil. *Taylord.*
Guil. *Thorp.*
Guil. *Tindale.*
Jul. Cæsar *Vanini.*
Theoph. *Viaud.* En effig.
Eman. Fern. de *Villareal.*
Guil. *Whyte*, al. le Blanc.
Jo. *Wicleff.* Mort.
Petri *Abelardi* Tract. de Trinitate.
Aldeberti Hæretici scripta.
Guil. de *S. Amore* de periculis novissi. Temporum.
Le Journal du docteur de *Saint-Amour.*
Apollinaris scripta.
Acte d'Appel par l'*évêque d'Apt.*
Thomæ *Apuli* liber.
Arii et Arianorum scripta.
Aristotelis Libri metaphysici.
Asgill et Hall scripta Anglica.
Histoire universelle par d'*Aubigné.*
Le prince, de *Balzac.*
Berengarii scripta.
La sainte *Bible.*
Libri Legis Domini et Testamenti Dei per Antias.
Bonifacii II papæ Constitutio.
Georg. *Bosquet* Profligatio, etc.
Les Sermons, etc., de Jean *Boucher.*
Remontrance, etc., par François le *Breton.*
Ge. *Buchanani* scripta.

Guil. *Bury* The Naked Gospel.
Rob. *Caillicu* Resp. ad Launoium de Præmonstrat.
Jo. *Calvini* Institutiones Relig. Christ.
Joann. *Cameronis* Epistolæ, etc.
Constantini Pseudopapæ Concilium et Acta.
Cremutii Cordi Annales.
David de *Dinant* Quaternuli.
Jo. C. *Dippelii* quædam.
Steph. *Dolet* Epigrammata, etc.
Christoph. *Enjedini* Opuscula Socinian.
Erasmi Roterod. Scripta.
Eunomii libri.
Eutychetis scripta.
Eutychii Patriarchæ Liber de Resurrect. carnis.
Rob. *Fabiani* Chronica.
Les 52 Dimanches composés par J. le Fevre Stapul.
La Préface des Sermons de *Flectwood*, évêque d'Asaph.
G. *Genebrard* de jure sacrarum Electionum.
P. Valent. *Gentilis* quædam.
Davidis *Georgii* libri.
Gondescalci scripta.
Gregorii M. Pontificis Opera.
Hall et *Asgill* scripta Anglica.
Pauli *Hammonis* libri.
Jeremiæ Prophetiæ.
Labieni Scripta.
Titi *Livii* Opera.
Pet. *Lombardi* Lib. Sententiarum.
Raymundi *Lulli* scripta.
Mart. *Lutheri* Opera.
Le Livre de *Marguerite de Hannonia*, surnommée Perrette.
Marcelli Ancyrani Episc. Lib. contra Asterium Arianum.

Jo. *Marianæ* liber de Regis Institutione, et alii Libri Jesuitici.
Phil. *Melanchthonis* Opera.
Jo. *Milton* Respons. ad Cl. Salmasium.
Mich. *Molinos* scripta.
Nestorii scripta.
Bern. *Ochini* quædam.
Origenis nonnulla.
Christoph. *Ostorodii* scripta Socin.
Ant. *Panormitani* Hermaphroditus, etc.
David. *Parœi* Comment. in Epistol. Pauli ad Romanos.
Jo. *Parvi* Justificatio Ducis Burgundiæ.
Reginaldi *Pecok*, lat. *Pavo*, Libri.
J. S. *Pererius* de Præadamitis.
Sim. *Pharées* astrologi Libri.
Photii patriarchæ Constantinop. scripta contra Rom. Eccles.
Gemistii *Plethoniis* Liber per Gennadium Patr.
Porphyrii Opera.
Le Manifeste du *Prétendant* de 1712.
Protagoræ scripta.
Petri *Rami* Opucula contra Aristotelem.
Jo. *Reuchlini* Speculum Oculare.
Lettre de monseigneur l'archevêque duc de *Rheims*, aux cardinaux du royaume.
Autre Lettre *du même* au duc d'Orléans.
H. Sureau des *Rosières*, Défense des hommes, etc.
Salomonis nomen præ se ferentia Opera quæd.
Ant. *Santarellus* de Hæresi et potest.
Adolph. *Schulkenius* pro Bellarmino.
Casp. *Scioppi* Ecclesiasticus.
Severiani Libri.

Jonæ *Slichtingii* Confessio christiana.
Reginaldi *Scot* Discovery of Witchcraft.
Lettre de M. l'évêque de *Soissons*.
Stancari scripta Socinian.
Franc. *Suarez* Defensio fidei Cathol.
Talmud et alii Libri Judæorum.
Theodoreti scripta.
Le Parnasse satyrique de *Théophile*.
Christ. *Thomasii* Cogit. menstruæ, etc.
Jac. *Valdessius* de Prærogativa Hispaniæ.
Varronis Opera.
Hier. *Viecchettus* de anno primitivo.
Fabr. *Vejentonis* Codicilli.
Joann. *Volkelius* de Vera Religione.
Conr. *Vorstius* de Deo.
Joann. de *Wesalia* scripta.
Jo. *Wiclefi* Opera.
Mich. *Wepionii* Politica.
Mémoires du ministère du cardinal de Richelieu;
    par Charles *Viart*, dit de Saint-Paul.
Jo. Ehrenfr. *Zschackwitz* Jus publicum Imp. L. G.
Septem *Græcorum* Libri de Disciplina Sapientiæ.
Sibyllini et alii vaticini Libri, item Magici.
Christianorum Libri per Diocletianum.
Chymicæ artis Volumina.
Manichæorum scripta.
Mathematici, Judiciarii scilicet libri.
Priscillianistarum Opera.
Monothelitarum scripta.
Itineraria Apostolorum.
Martyrologia falsa.
Vita S. Paras.
Saracenorum Libri.

Catholicorum scripta per Hunericum Reg. Arianis addictum.
Juris Canonici Volumina.
Formula Concordiæ.
Optatus Gallus de schismate cavendo.
Recueil des Maximes (par Cl. Joly.)
Amad. Guimenœi (Moya) Liber.
Probléme ecclésiastique.
Réflexions sur le mémoire de M. le Dauphin.
Notationes in Decretum Papæ.
Recueil de diverses pièces concernant les censures.
La Vérité manifestée.
Parallèle des jésuites.
La Morale des jésuites.
La censure de la Morale des jésuites.
Aletophili Charitopolitami manuale cathol.
G. G. R. Theologi admonitio ad Ludovicum XIII.
Mysteria Politica.
Le Catéchisme de Racovie.
De Officio Christiani hominis.
L'Anti-Coton Italien.
Les Gestes du roi.
Caton chrétien.
Exhortation à la lecture de l'Écriture-Sainte.
La Fontaine de vie.
Les Heures de la compagnie des Pénitens.
Le Chevalier chrétien.
Quodlibetariæ quæstiones.
Veritas odiosa.
Didymus Veridicus contre la reine Elisabeth.
Pauli Irenæi Disquisitiones.
Evangelium æternum.
Sinensium Philosophorum monumenta.

Scœlotorum Chronica per Olaum Scithonusoy.
L'Ecole des Filles.
Le Cabinet satyrique.
Le Livre touchant la dame Constantine, etc.
Pompe funèbre de Charles VIII.
Franc. Allæi (Yvon Capucin) Novæ Astrologiæ methodus.
Aletophili (C. B. Morisoti) Veritatis lacrymæ.
Henr. Loemelii Spongia.
Deux Libelles de Bos. de Moutardet parmi les mazarinades.
Parallèle du type de l'empereur Constant. sur le monachisme, avec la déclaration du roi, 1717.
La Constitution Unigenitus.
Extrait des témoignages de l'église universelle en faveur de la Constitution Unigenitus, tiré du second avertissement du sieur évêque de Soissons, 1718.
Instruction familière sur la soumission due à la Constitution Unigenitus, 1719.
Justification du sieur du Porier, 1726.
Mémoire MS. qui commence : Avant que d'entrer en matière, etc., et finit : Au jugement de ceux qui liront ce Mémoire, 1721, de 30 Apr.
La Vie de Marie à la Coque.
Etat de l'homme dans le péché originel, 1731, *in-12*.
Histoire du peuple de Dieu, contenant les aventures galantes des fidèles de l'église juive, 8 vol., *in-4*.

Nous nous abstenons de toutes réflexions sur cette nomenclature qui est singulièrement défectueuse.

Benoît de Spinosa, né à Amsterdam d'un juif portugais,

est mort à la Haye le 21 février 1677. On attribue à Lenglet-Dufresnoy, la notice des ouvrages de Spinosa, qui se trouve à la fin de sa *Vie*, imprimée en 1735. Sa brièveté nous permet de la rapporter en entier.

Renati Descartes principiorum philosophiæ, more geometrico demonstratæ, per B. de Spinosa, etc. Amstelodami, Riewert, 1663, *in*-4.

Tractatus Theologico-Politicus, etc., déjà cité.

B. de Spinosa opera posthuma, etc., déjà cité.

Apologie de Benoît de Spinosa, où il justifie sa sortie de la synagogue. Cette Apologie est écrite en espagnol et n'a jamais été imprimée.

Traité de l'Iris, ou *de l'Arc-en-ciel*, qu'il a jeté au feu.

Le Pentateuque, traduit en hollandais, qu'il a jeté aussi au feu.

Outre les ouvrages ci-dessus, dont *B. de Spinosa* est véritablement l'auteur, on lui a attribué les suivans :

Lucii Antistii Constantis de Jure ecclesiasticorum, liber singularis, etc. Alethopoli, apud Cajum Valerium Pennatum, 1665, *in*-8. M. de *Spinosa* a assuré ses meilleurs amis qu'il n'était point l'auteur de ce livre. On l'a attribué à M. *Louis Meyer*, médecin d'Amsterdam, à M. *Hermanus Schelius* et à M. *Van den Hooft*, qui a signalé son zèle dans les Provinces-Unies contre le Stat-houdérat. Toutes les apparences sont que c'est ce dernier qui en est l'auteur, et qu'il l'a écrit pour se venger des ministres de Hollande, qui étaient grands partisans de la maison d'Orange, et qui déclamaient perpétuellement en chaire contre M. le *Pensionnaire de Wit*.

Philosophia sacræ Scripturæ interpres, exercitatio paradoxa, Eleutheropoli, 1666, *in*-4. La voix publique donne cet ouvrage à M. *Louis Meyer*. Ce traité a été réimprimé sous le titre de *Danielis Heinsii P. P. Operum historicorum collectio secunda.* Lugd. Batav. Isaacus Herculis, 1673, *in-8.*

Toutes les Œuvres de M. de *Spinosa*, aussi bien que celles qui lui sont attribuées, ont été traduites en hollandais, par M. *Jean Hendrik Glasmaker*, le *Perrot d'Ablancourt* de Hollande. Il n'y a que le *Tractatus Theologico-Politicus* qui ait été traduit en français.

Un disciple de M. de *Spinosa*, nommé *Abraham Jean Cuffeler*, a fait une Logique dans les principes de son maitre ; elle est intitulée :

Specimen Artis ratiocinandi naturalis et artificialis ad Pantosophiæ principia manuducens. Hamburgi, *Kunrath*, 1684, *in-8.*

SQUITINIO. Squitinio della liberta veneta. Nel quale si adducono anche le raggioni dell imperio Romano sopra la città et signoria di Venetia. *Mirandola, appresso Giovanni Benincasa,* 1612, *in-4.*

Ouvrage séditieux et rare. Il a été brûlé par ordre du sénat de Vénise. On n'en connait pas l'auteur précisément ; les uns l'attribuent à Alphonse de la Cueva, connu sous le nom de marquis de Bedmar, principal moteur de la conjuration des Espagnols contre la république de Vénise ; et d'autres à Marc Welser. Amelot de la Houssaie l'a traduit en français. L'auteur prétend montrer dans cet ouvrage, que la république de Vénise n'est pas née libre, qu'elle est un ancien domaine de l'empire, et que par-conséquent l'empereur et l'empire conservent sur la république leurs droits et leurs mêmes prétentions. Cet auteur semble avoir prévu le sort de Vénise. Quoi qu'il en soit, son livre a donné lieu à Fra-Paolo de faire *l'Histoire du concile de Trente*; celui-ci pensait que le *Squitinio* partait de la cour de Rome, et comme il ne pouvait pas y répondre directement, il composa son *concile de Trente* pour mortifier cette cour, et il n'y a que trop bien réussi.

STEPHANUS. Roberti Stephani specimen novarum glossarum ordinariarum in evangelium secundum Matth., Marcum et Lucam ex ecclesiasticis scriptoribus collectarum, 1554, *in-folio.*

Ayant omis de parler de Robert Etienne après l'article H. ETIENNE, tom. 1, p. 130, nous allons réparer cette omission. Vogt dit, d'après Sallengre (tom. 1, P. 1, page 40), que R. Etienne a été condamné au feu (en effigie) pour avoir composé ce *specimen*. On sait que la *Bible de Léon de Juda*, donnée par ce célèbre imprimeur, en 1545, 2 *vol. in-*8., avec des notes de Vatable, a été condamnée par la faculté de Paris. On croit que R. Etienne a altéré les notes de Vatable qui se défendit comme d'un crime de les avoir données telles qu'elles ont été imprimées. C'est le 5 mai 1548 que cette Bible a été condamnée. Les docteurs de Salamanque furent plus favorables aux notes en question, et ils les firent réimprimer en Espagne avec approbation. Pierre Duchatel, évêque de Macon, (nous en parlons *tom. 1, page* 116), soutint quelques temps la cause de R. Etienne, parce qu'il craignait que la flétrissure d'un tel homme ne décréditât les lettres. Ce célèbre imprimeur est mort à Genève en 1559, âgé de 56 ans.

STOSSIUS. Concordia rationis et fidei, sive harmonia philosophiæ moralis et religionis christianæ. (Auctore Frider. Wilh. Stossio, secretario Berolinensi.) *Amstelodami*, (*Berolini*) 1692, *in*-8.

Ce livre fit beaucoup de bruit à Berlin lorsqu'il parut, parce qu'il est écrit avec beaucoup de hardiesse et qu'il attaque Dieu et la religion. Aussi a-t-il été supprimé avec grand soin, ce qui en a rendu les exemplaires fort rares; on en connait un sur lequel l'auteur avait écrit ces quatre vers.

> Ad librum à ministerio damnatum.
> Q. Parve liber, quid enim peccasti, dente sinistro
> Quod te discerptum turba sacrata velit?
> R. Invisum dixi verum, propter quod et olim
> Vel dominum letho turba sacrata dedit.

STRADA. Famiani Stradæ, e soc. Jesu, de Bello Belgico ab excessu Caroli V imperatoris anno 1555, ad annum 1590, decades duæ, cum figuris æneis. *Romæ*, 1640--1647, 2 *vol. in fol.*

« Cet ouvrage, dit M. Debure, devait avoir *trois tomes*; mais il n'a point été achevé, parce que l'impression du dernier volume fut arrêtée par ordre du roi d'Espagne, qui fit retirer le manuscrit sur ce qu'il apprit que l'auteur y avait inséré plusieurs traits hardis, peu favorables à la mémoire de Philippe II. » L'édition que nous indiquons est la plus belle et la plus recherchée. Scioppius a fait une critique de cet ouvrage, intitulée *Infamia Stradæ*; il y répand le fiel à pleines mains: son animosité a plus servi la réputation de Strada qu'elle ne lui a nui. Famien Strada est mort à Rome en 1649, âgé de 78 ans.

STUBIUS. Vorago, qua Anglia Gallico connubio absorbenda; auctore Stubbio. *London*, 1579.

Cet écrit a été brûlé publiquement et son auteur a eu le poing coupé. Voilà tous les renseignemens que je touve dans le *supplément à la Bibliothèque des livres rares* de Bauer.

SUAREZ. Defensio fidei catholicæ contra Anglicanæ sectæ errores : una cum respons. ad Jacobi regis apologiam pro juramento fidelitatis. Auctore Francisco Suarez. *Conimbricæ, 1613, in-fol.; Coloniæ, 1614, in-fol.; Moguntiæ, 1619, in-fol.; et dans les Œuvres de l'auteur en 22 vol. in-folio.*

Ce livre a été brûlé en Angleterre et en France par la main du bourreau. Il a été entrepris par ordre du pape Paul V, qui voyant qu'un grand nombre de catholiques anglais prêtaient le serment exigé par Jacques premier (V. REBOUL), fit proposer à Suarez, jésuite espagnol, par le cardinal Caraffe son légat en Espagne, de prendre la défense de la religion. Le jésuite obéit et fit la *défense de la foi catholique contre les erreurs de la secte d'Angleterre.* Le pape, satisfait de son ouvrage, l'en remercia par un bref du 9 septembre 1613. L'auteur dédia son traité aux princes chrétiens : il est divisé en six livres; dans le sixième il discute la formule du serment qui révoltait Rome et la plus grande partie des catholiques. Jacques premier, courroucé, fit brûler son livre à Londres devant l'église Saint-Paul, et en défendit la lecture à ses sujets sous de grièves peines ; il se plaignit vivement au roi d'Espagne de ce qu'il souffrait dans ses états un écrivain assez téméraire pour oser se déclarer ouvertement l'ennemi du trône et de la majesté des rois. Philippe III fit examiner le livre de Suarez par des évêques et des docteurs, et sur leur rapport il écrivit à Jacques premier une longue lettre, où après avoir justifié le jésuite, il exhorte ce prince à rentrer dans la voie de la vérité que ses prédécesseurs avaient suivie pendant tant de siècles : Jacques premier ne dut pas être très-satisfait de cette réponse. L'ouvrage de Suarez ne fut pas vu en France du même œil qu'en Espagne ; le parlement de Paris, par arrêt du 26 juin 1614, le condamna à être brûlé par la main du bourreau, comme contenant des maximes séditieuses et plusieurs propositions contraires aux puissances souveraines des rois. François Suarez, né à Grenade en 1548, est mort à Lisbonne en 1617. *Je ne pensais pas*, dit-il, à sa dernière heure, *qu'il fût si doux de mourir.*

SWENCKFELD. De Duplici statu, officio et cognitione Christi : videlicet secundum carnem et secundum spiritum ; per nobilem virum Chasparem Suenckfeldium, summo in sacris judicio prædito, divinæ scripturæ testimoniis collata, et ad Christi domini cognitionem invulgata. *Anno, 1546, in-8., de 22 pages.*

Swenckfeld était un des plus fameux sociniens, ses

livres ont été supprimés avec une exactitude toute particulière ; mais celui que nous citons est le plus rare, non-seulement de ceux de l'auteur, mais de presque tous ceux qui existent dans la république des lettres ; il y est question du péché contre le Saint-Esprit, dont il est parlé dans l'Evangile, qui a donné naissance à tant d'idées différentes, et qui selon l'Ecriture-Sainte ne doit être remis ni dans ce monde ni dans l'autre; c'est ainsi qu'en parle M. Debure dans sa *Bibliograghie instructive*. Dans la secte de Swenckfeld on faisait profession de garder la neutralité entre la religion romaine et celle de Luther, sous prétexte que la dispute ne convenait pas à des hommes qui sont sans cesse appliqués à consulter Dieu au fond du cœur, et à recevoir de lui des inspirations particulières dans la paix et dans le silence. *C'est par le cœur*, disait Swenckfeld, *qu'il faut commencer. Le point capital est d'apprendre aux fidèles à marcher en esprit.* Il composa contre les luthériens un *Traité de l'abus qu'on fait de l'évangile en faveur de la sécurité charnelle*. Ce livre excita la bile de Luther, qui disait que *c'était le diable qui avait vomi les ouvrages de ce socinien*. Le traité *de Statu*, qui est l'objet de cet article, a été vendu 181 livres 19 sous chez M. Girardot de Préfond en 1757, et 144 livres chez M. de Gaignat en 1769. Gaspart de Swenckfeld est mort à Ulm en 1561, âgé de 61 ans.

TALBERT. Langrognet aux enfers. Sujet du Poëme : M. Langrognet, conseiller au parlement de Besançon, l'un des partisans de M. Bourgeois de Boine, intendant et premier président, et qui, par des vues d'intérêt personnel, avait contribué à le rendre despotique au parlement comme dans la province, étant mort subitement d'une colique, en faisant la visite des haras, et pendant l'exil de ses trente confrères, est emporté aux enfers, où il voit les limbes, l'élysée et le tartare, de même préparés à ses amis ou à ses ennemis. (Par l'abbé Talbert de Nancray, chanoine de la métropole à Besançon). *Imprimé à Antiboine, de l'imprimerie de Pincefilleux, à la plume de fer, 1760, in-12 de 20 pages, avec 4 fig.*

Satyre personnelle qui a été brûlée par arrêt du parlement de Besançon ; elle est fort rare, surtout avec les quatre gravures en bois, très-mauvaises, mais assez libres, que l'on rencontre dans quelques exemplaires. L'abbé François-Xavier Talbert, né à Besançon en 1725, avait beaucoup d'esprit. Il a été souvent couronné dans différentes académies. Il est mort à Lemberg en Gallicie en 1803. Je ne sais ce qui a pu le déterminer à mettre au jour la mauvaise plaisanterie dont nous parlons ; j'en ai vu un exemplaire avec figures à Besançon, chez M. Thomassin, membre de la légion d'honneur, officier de santé très-distingué, qui réunit aux profondes connaissances de son art, l'heureux talent de les consigner dans des ouvrages aussi curieux qu'utiles. Il possède une bibliothèque fort bien choisie et qui renferme des articles rares qu'il a bien voulu me communiquer.

TAMBURINI. Theologia moralis, auctore Francisco Tamburini. *Lugduni*, 1659, et *Venetiis*, 1755, *in-fol.*

Cet ouvrage a été condamné par arrêt du parlement

de Paris, de 1762, parce que l'auteur paraît y favoriser le probabilisme. Beaucoup de théologiens se sont déclarés contre les propositions de François Tamburini, jésuite de Sicile, mort à Palerme en 1675.

TASSE. (LE) Di Jerusalemme conquistata, di Torquato Tasso, (libri xxiv.) *Parigi, Abel l'Angelieri*, 1595, *in-*12.

Cette édition a été supprimée par arrêt du parlement de Paris, du 10 septembre 1595. (*Voyez* les notes d'Apostolo Zeno, sur la bibliothèque italienne de Fontanini, tom. 1, p. 274 et 275; et ses lettres, tom. 2, p. 161).

TASTE. (LA) Lettres théologiques contre les convulsionnaires et les miracles attribués à Pâris, par don Louis la Taste, bénédictin. *Paris*, 1740, 2 *vol. in-*4.

La dix-neuvième lettre (contre le livre de Montgeron) de ce recueil a été supprimée par arrêt du parlement. Cet ouvrage contient vingt - une lettres. L'auteur y soutient que les diables peuvent faire des miracles bienfaisans et des guérisons miraculeuses pour introduire ou autoriser l'erreur ou le vice. L'abbé de Prade ayant adopté ce sentiment dans sa fameuse thèse, elle fut censurée par la Sorbonne. Les dix - huit premières lettres furent attaquées par les anti-constitutionnaires. Louis la Taste, né à Bordeaux, est mort à Saint-Denis en 1754, à 69 ans.

TELLIER. Défense des nouveaux chrétiens et des missionnaires de la Chine, du Japon et des Indes, par Michel Tellier, jésuite. *in*-12.

Cet ouvrage excita beaucoup de clameurs et fut censuré à Rome par un décret de l'inquisition. Il a été refuté par le docteur Antoine Arnauld. Tellier, successeur du père Lachaise, dans la place de confesseur du roi, en 1709, était né à Viro en Basse-Normandie, le 16 décembre 1643; il est mort à la Flèche où il était exilé en 1719. On prétend que ce jésuite a beaucoup contribué aux malheurs de sa société.

TERRASSON. Lettres sur la justice chrétienne. (Par Gaspard Terrasson, oratorien.)

Cet ouvrage, sans nom d'auteur, a été publié par Gaspard Terrasson et censuré par la Sorbonne.

TERSER. Jo. Eliæ Terseri catechismus Suæciæ. *Lincop.*, 1663, *in*-12.

Cet ouvrage a été prohibé et supprimé par l'autorité supérieure.

TESTAMENTUM. Testamentum novum Gallicum partim ex versione Montensi partim ex interpretatione Dion. Amelotte, conflatum à Joanne Daillé et Valent. Conrart. *Paris*, 1671, *in*-12.

Ce Nouveau Testament en français, avait été bien reçu du public, sortant des mains du père Amelote, oratorien; mais Daillé et Conrart, protestans, s'emparèrent de cette traduction, l'accommodèrent à leurs opinions en se servant de celle de Mons, et la firent imprimer chez Louis Vendôme, à Paris, en 1671 ; c'est celle qui fait l'objet de cet article : elle fut supprimée aussitôt qu'elle vit le jour, ce qui l'a rendue fort rare.

TESTAMENTUM. Testamentum novum Gallicum ex græco conversum à Joanne Clerico, cum ejus adnotationibus quibus textus elucidatur et versionis redditur ratio. *Amstelodami*, 1703, *2 vol. in-4.*

Cette traduction a été supprimée aussitôt qu'elle a paru, parce que Leclerc y glissa quelques interprétations sociniennes. Né en 1657, ce savant est mort en 1736, après avoir laissé un grand nombre d'ouvrages.

TESTAMENTUM. Testamentum novum Gallicum ex versione Mich. de Marolles. *Parisiis*, 1653, *in-8.*

Cette traduction française a été supprimée.

TESTAMENTUM. Novum testamentum Germanicum literis hebræo-teutonicis, opera M. Christiani Molleri pastoris ecclesiæ Sandoviensis. *Francofurti ad Oderum*, 1700, *in-4.*

Cette édition est rare parce que les juifs en ont acheté le plus d'exemplaires qu'ils ont pu, pour les livrer aux flammes.

THEATRE. Teatro jesuitico ; apologetico discurso, con saludables, y seguras dottrinas necessarias à los principes de la tierra : escribiale el dotor Francisco de la Piedad. Dirigido a la santidad de N. Beatissimo P. Inocencio pontefice romano. *En Cuimbra, Guill. Cendrat*, 1654, *in-4.*

Cette satyre, l'une des plus fortes qui aient paru contre les jésuites, a été supprimée avec le plus grand soin; aussi les exemplaires en très-petit nombre qui ont échappé à la suppression, se sont vendus au plus haut prix (quinze cents à dix-huit cents livres anciennement) quoique l'ouvrage soit fort mal imprimé, sur mauvais papier, et avec des caractères usés. On y accuse les jésuites de friponerie, de sodomie, et d'autres crimes plus atroces les uns que les autres. On ne sait pas quel est le véritable auteur de cet ouvrage ; on l'attribuait à Idelfonse de Saint-Thomas, religieux dominicain, depuis évêque de Malaga; mais il s'en est défendu dans son *Quærimonia catholica, Idelfonsi Malacensis antistitis.* Matriti, 1686, *in-12* ; petit ouvrage peu commun dans lequel Idelphonse impute le *Teatro* à Pierre Jurieu. Je renvoie le lecteur à la *Bibliographie de Debure*, n.º 1024, pour avoir des détails sur cet ouvrage. Il semble qu'on y ait pris pour modèle les diatribes que le célèbre Etienne Pâquier a publiées contre la société de Jésus. Il est difficile de pousser plus loin l'animosité et la fureur même que ne l'a fait cet avocat. Voici comme il s'exprime dans un *Mémoire* contre les jésuites : « Cette société, disait Pasquier, sous l'apparence d'enseigner gratuitement la jeunesse, ne cherche que ses avantages. Elle épuise les familles par des testamens extorqués, gagne la jeunesse sous prétexte de piété, médite des séditions et des révoltes dans le royaume. Avec ce beau vœu qu'elle fait au pape, elle en a obtenu des priviléges qui doivent faire soupçonner sa fidélité, et craindre pour les libertés de l'église de France, l'autorité et la personne de nos rois, et le repos de tous les particuliers. » Sa conclusion fut : « Que cette nouvelle société de religieux, qui se disait de la compagnie de Jésus, non-seulement ne devait point être agrégée au corps de l'université, mais qu'elle devait encore être bannie entièrement, chassée et exterminée de France. » Cette conclusion parut un peu dure, ainsi que le reste du plaidoyer, qui n'était d'ailleurs qu'une déclamation empoulée. « Le même Pasquier dans son *Catéchisme des jésuites*, 1602, in-8. les attaque et les insulte à son ordinaire, c'est-à-dire, excessivement. Il traite saint Ignace de *chevalier errant*, de *fourbe*, de *menteur*, de *cafard*, qui voulut être reconnu pour un autre *Jésus-Christ*; de *gourmand*, de *régicide*, de *Manès*, pire que *Luther*, parce que sa secte est revêtue de papelarderie; de *démon incarné*, de *grand Suphi*, de *grand âne*, de *Don Quichotte* : telles sont les injures qu'il prodigue à pleines mains contre le fondateur de cette société, dont le seul nom excitait sa bile; aussi *Bayle* s'écriait-t-il : *Quelle doit être sa rage en voyant mettre au nombre des saints, celui qu'il avait peint des couleurs les plus noires?* François-Xavier était, selon lui, un *cafard*, un *Machiavel*, un successeur de l'hérésiarque *Manès*, ses miracles, des contes de la quenouille, etc., etc. Les jésuites sont les *scorpions* de la France; ils sont, *non les premiers piliers du saint siége, mais les premiers pilleurs*. On ne doit pas les appeler *ordre jésuite*, mais *ordure jésite*, parce qu'ils vendent en gros les sacremens, plus cher que *Giési* ne voulut vendre le don des miracles à *Naaman*; les *jésuites sont autant de Judas*; *il y a dans la jésuiterie beaucoup de la juiverie, voire que tout ainsi que les anciens juifs avaient fait le procès à Jésus-Christ, aussi ces nouveaux juifs le font maintenant aux apôtres.* Il va jusqu'à dire que dans les vœux des jésuites, il y a *de l'hérésie*, *du machiavélisme et une piperie manifeste.* Enfin ce qu'il dit sur le nom de *pères* qu'on donnait aux jésuites, ne pouvait sortir que de la plume de l'auteur des *Ordonnances d'amour*. On trouve à la fin de ce *Catéchisme*, le *Pater noster* travesti, et la parodie de l'*Ave, Maria*, où il y a autant de sacrilèges que de mots. »

THÉOPHILE. Le Parnasse des poëtes satyriques; ou Recueil de vers piquans et gaillards de notre temps. (Par le sieur Théophile.) 1625, *in-8.*, et 1660, *in-12.*

A cet exemplaire qui existait dans la bibliothèque de Mirabeau, était joint l'arrêt du parlement du 19 août 1623, qui condamne la première édition de ce livre, ainsi que son auteur, à être brûlé; heureusement l'auteur ne l'a été qu'en effigie. Théophile ayant été arrêté quelque temps après au Châtelet en Picardie, fut ramené à Paris, et renfermé dans le cachot où l'on avait mis Ravaillac. Son affaire fut examinée de nouveau; il y fit des protestations si réitérées de son innocence, que le parlement s'est contenté de le bannir. Je crois que la première édition est de 1622. Debure ne la cite pas dans sa *Bibl. instruc.* n.º 2978. L'exemplaire de Mirabeau a été vendu 33 livres en 1792. Cet ouvrage renferme des pièces un peu trop libres. Il a eu plusieurs éditions en petit format. On a publié à Rouen les œuvres de cet auteur sous ce titre : *Les Œuvres du sieur Théophile, divisées en trois parties. La première contenant l'immortalité de l'ame et plusieurs autres pièces. La seconde les tragédies. La troisième le recueil de toutes les pièces qu'il a faites pendant sa prison, jusqu'à sa mort. In-8.* Il y en a d'autres imprimées à Lyon en 1630, en 1641 et en 1651, toutes *in-8*. Vogt appelle ce livre (le Parnasse satyrique) *spurcissimus, et obscœnus non nullis etiam atheisticus*; et en parlant de l'auteur : *hic Theophilus qui vanini erat discipulus et scripta sua omnia impietate et venere deturpavit*. Ces complimens sont tirés, je crois, du père Garasse. Théophile, né à Clérac en 1590, est mort à Paris en 1626, dans l'hôtel du duc de Montmorency, qui lui avait donné un asyle. J'ai sous les yeux une édition des *Œuvres de Théophile* donnée par de Scudery à Lyon en 1668. La manière dont cet éditeur termine sa préface est assez plaisante, et plutôt digne d'un spadassin idolâtre de son ami, que d'un homme de lettres. « ...... De sorte, dit-il, que je ne fais pas difficulté de publier hautement que tous les morts ni tous les vivans n'ont rien qui puisse approcher des forces de ce vigoureux génie. Et si parmi les derniers il se rencontre quelqu'extravagant qui juge que j'offense sa gloire imaginaire, pour lui montrer que je le crains autant comme je l'estime, je veux qu'il sache que je m'appelle DE SCUDERY. » Cette chûte me parait fort singulière. Théophile était surnommé Viaud. Garasse s'est déchainé contre lui dans sa *Doctrine curieuse*. On attribue à Théophile cet impromptu à un homme qui lui disait que tous les poëtes étaient fous.

> Oui, je l'avoue avec vous,
> Que tous les poëtes sont fous;
> Mais sachant ce que vous êtes,
> Tous les fous ne sont pas poëtes.

Et cet autre à une dame qui voulait être comparée au soleil.

> Que me veut donc cette importune ?
> Que je la compare au soleil :
> Il est commun, elle est commune,
> Voilà ce qu'ils ont de pareil.

Je n'ai point trouvé ces vers dans l'édition des *Œuvres* de ce poëte que je possède. Théophile Viaud était lié avec le fameux Jacques Vallée, seigneur Desbarreaux, quoique celui-ci fût encore jeune quand Théophile mourut : Ce commerce d'amitié jeta des germes d'irréligion et de libertinage dans l'ame du jeune Desbarreaux. A la mort de Théophile on trouva parmi ses papiers des *lettres latines* de Desbarreaux, dans lesquelles l'impiété se montre à découvert. Elles auraient été funestes à leur auteur qui aurait éprouvé un châtiment exemplaire sans son extrême jeunesse.

THIERS. Observations sur le Bréviaire de Cluny, par Jean-Baptiste Thiers. *Bruxelles*, 1702, 2 *vol. in-*12.

Ouvrage dont les exemplaires ont été supprimés et qui par conséquent est rare. On assure que ce livre ne doit sa célébrité qu'à sa suppression, et que dans le fonds il ne renferme que des minuties et de mauvaises chicanes. Cependant on l'achète dans les ventes jusqu'à 36 livres, parce qu'il n'a point été réimprimé. La plupart des ouvrages de Thiers sont assez singuliers et quelques-uns sont recherchés. On en voit le détail dans les *Dictionnaires historiques* et dans les *Bibliographies*. Jean-Baptiste Thiers, né à Chartres en 1636, est mort à Vibraie en 1703.

THOMASIUS. Christ. Thomasii lustiger und ernsthaffter monats-gesprache, oder gedancken über allerhand Bücher und fragen 2 Jahrgange. A, 1688, 1689. *Halle*, 1688, 1689, *in-8.*

Cet ouvrage a été brûlé par la main du bourreau à Copenhague. Christian Thomasius, né à Leipsic en 1655, est mort en 1728.

THOU. Jacobi Augusti Thuani in suprema regni gallici curia præsidis infulati, historiarum sui temporis. *Parisiis, Sonnius, Patisson, Drouart,* 1604, *in-fol.*

Cette première partie qui ne contient que les dix-huit premiers livres de cette intéressante histoire, a été censurée en 1604, c'est-à-dire, aussitôt qu'elle a paru. Elle ne renferme que les évènemens de 1545 à 1560. Cette censure est manuscrite; elle existe dans la bibliothèque de l'empereur d'Allemagne, et provient de la riche bibliothèque de M. le baron d'Hoendorfl. On sait que l'histoire de de Thou a eu beaucoup d'éditions, mais il faut joindre, à toutes celles qui ont suivi la première, le volume qui fait l'objet de cet article, parce qu'il renferme différens endroits qui ne se rencontrent pas dans les autres éditions. Après avoir donné les dix-huit premiers livres, on en a publié cinquante-sept qui vont jusqu'en 1574; puis quatre-vingts qui vont jusqu'en 1584; puis enfin cent trente-huit qui vont jusqu'en 1607, ce qui complette l'Histoire de de Thou. La meilleure et la plus belle édition de ce précieux ouvrage est celle de *Londres*, en latin,

1733, 7 *vol. in -fol.* et la traduction française de l'abbé Desfontaines. *Londres* (Paris), 1734, 16 *vol. in-*4. Il existe un petit ouvrage intitulé : *Thuanus restitutus, sive sylloge locorum variorum in Historiâ Thuani hactenus desideratorum, cum Francisci Guicciardini Paralipomenis.* Amstelodami, 1663, *in-*12. Schurtzfleisch parle d'un autre *Thuanus restitutus, excusus,* selon lui, *ingolstadii* et *in Gallia jussu regis combustus.* Je ne connais point cette édition. Il y a bien un ouvrage intitulé : *in J. A. Thuani Historiarum libros notationes,* auctore *J. B. Gallo.* (Jean de Machaut, jésuite) Ingolstadii, 1614, *in-*4., qui a été condamné par sentence du lieutenant civil de Paris. (Henry de Mesme) Imprimé à Paris, Durand, 1614, *in-*4, en latin et en français ; mais j'ignore en quel tems a été condamné le *Thuanus restitutus.* De Thou est mort en 1617, à 64 ans.

TOLAND. Joannis Toland, Christianity not mysterious, etc. *London*, 1702, *in-*8.

La première édition qui, je crois, est de Londres, 1696, *in-*8, fut brûlée à Dublin par le bourreau en 1697. Rien de plus impie que ce traité de la *religion chrétienne sans mystères.* Brown, prévôt du collège de la Trinité, publia une *Réfutation du christianisme non mystérieux de Toland.* Dublin, 1697, *in-*8. Cette réfutation lui valut l'évêché de Corck. Ce qui fit dire à Toland que c'était lui qui avait fait Brown évêque. Toland publia une apologie de son livre. Il est encore auteur du *Pantheisticon seu formula celebrandæ sodalitatis Socraticæ in tres particulas divisa, quæ Pantheistarum sive sodalium continet;* 1.º *mores et axiomata;* 2.º *numen et philosophiam;* 3.º *libertatem et non fallentem legem neque fallendam. Præmittitur de* *antiquis et novis eruditorum sodalitatibus, et de universo et æterno diatriba. Subjicitur de duplici Pantheistarum philosophia, ac de viri optimi ac ornatissimi ideá, dissertatiuncula. Cosmopoli, (Londini.)* 1720, *in*-8. On prétend que cet ouvrage est celui de Toland qui renferme le plus d'impiétés, et elles y sont portées à un tel degré de perversité que les libertins même en ont été indignés. L'auteur y établit une société qu'il appelle socratique, et lui fait prendre pour hymnes les *odes* d'Horace ; les oraisons qui s'y trouvent mêlées sont terminées singulièrement et de manière à tourner en dérision cette pratique de l'église romaine. L'édition est exécutée en lettres rouges et noires ; on en a tiré peu d'exemplaires, ce qui les rend rares et chers. Toland a donné un autre ouvrage qui ne vaut guère mieux que le précédent ; c'est *Adæisidæmon, sive Titus-Livius à superstitione vindicatus; accedunt origines Judaicæ. Hagæ-comitum ; Johnson,* 1709, *in*-8. Dans le premier traité, Toland dit que les athées sont moins dangereux à un état que les superstitieux. Et dans le second, que Moyse et Spinosa ont eu à-peu-près les mêmes idées sur Dieu. Ce volume a été supprimé, ce qui le rend plus rare que le précédent, surtout les exemplaires en grand papier. Huet a réfuté cette impiété sous le nom de Morin. Elle l'a encore été par Elie Benoit. Les autres ouvrages de ce sophiste dangereux, sont *Amyntor et défense de la vie de Milton. Londres,* 1669, *in*-8, du même genre que les précédens ; le *Nazaréen ou le Christianisme judaïque, payen et mahométan*, etc., 1718, *in*-8, du même genre, réimprimé en 1777, *in*-8. *L'art de gouverner par parties,* 1701 , *in*-8. *L'Angleterre libre,* 1701, *in*-8. *Divers écrits contre les Français,* 1726, 2 *vol. in*-8. Quelques ouvrages de politique, etc., etc. Jean Toland, né en Irlande en 1670, est mort près de Londres, à Putney, en 1722. Il s'est fait une épitaphe qui n'est pas très-modeste.

TOUSSAINT. Les Mœurs. (Par François-Vincent Toussaint.) *Paris*, 1748, 3 *tom.*, en un *vol. in*-12.

Cet ouvrage qui a beaucoup fait de bruit dans le temps, a été condamné par le parlement de Paris, à être brûlé par la main du bourreau. Il y en a eu des exemplaires tirés sur papier *in*-4, qui sont fort rares. Ce livre est plein de choses hasardées en métaphysique et en morale; l'auteur y débite des maximes assez singulières : il détruit la notion des vertus les plus invariables dans leurs principes. Il y règne cependant une certaine modération. Toussaint respecte l'existence de Dieu, et l'immortalité de l'ame; il reconnait la nécessité d'un culte; mais il dit, « qu'il appartient à la seule religion naturelle d'être uniforme et invariable; que toute autre est infailliblement sujette à des partages, à des divisions, à des vicissitudes. Que chaque peuple se fit un culte à sa guise; que les différentes sectes que forma la diversité du culte, conçurent les unes pour les autres du mépris et de l'animosité; que celles sur-tout qui se piquèrent du plus scrupuleux rigorisme eurent grand soin d'établir que quiconque rendait à Dieu des honneurs qu'elles proscrivaient, on ne lui rendaient pas ceux qu'elles avaient mis en vogue, était l'objet de son courroux, et le serait un jour de ses vengeances; que de-là ces haines irréconciliables qui firent tant de fois couler le sang des sectaires, sans jamais assouvir leur barbare acharnement. On a beau faire des efforts généreux pour la paix, ajoute l'auteur, quoiqu'ordonne la religion chrétienne, on ne se fait pas à aimer des damnés: cette méthode fanatique de dévouer des hommes vivans à l'enfer, n'est propre qu'à les faire massacrer. » Toussaint loue avec justice plusieurs préceptes de la morale chrétienne; il est très-réservé sur beaucoup d'articles qui ont été vivement combattus par les philosophes modernes, aussi l'appelait-on le capucin de la secte philosophique. Il a fait paraitre en 1764, *in-12*, une *apologie* de son livre *des mœurs*, ou plutôt une rétractation, qui est aussi mal écrite et aussi ignorée maintenant, que l'ouvrage des *Mœurs* est bien écrit et généralement connu. Cet auteur avait débuté dans la carrière des lettres par des *hymnes* à la louange du diacre Paris. Il est mort à Berlin en 1772 âgé de 57 ans.

TRAITÉ. Traité du pouvoir irréfragable et inébranlable de l'église, sur le mariage des catholiques; contre le livre qui a pour titre: Examen de deux questions importantes sur le mariage, imprimé sans nom d'auteur, l'an 1753, par Jacques Clément. *A Liége, chez Clément Plomteux*, 1768, *in-4.*

Cet ouvrage est renommé par la suppression que le conseil de Brabant en a faite.

TRAVERS. Consultation sur la juridiction et sur l'approbation nécessaires pour confesser, etc. Par l'abbé Travers, 1734.

Cet ouvrage a été censuré par la Sorbonne en 1735 et par plusieurs évêques, parce que l'auteur en y traitant de la juridiction épiscopale, soutient des principes qui conduiraient à l'anarchie ecclésiastique. L'abbé Travers publia en 1736 une *défense* remplie des mêmes erreurs, et développa encore ses principes dans un livre intitulé : *Les Pouvoirs légitimes du premier et du second ordre dans l'administration des sacremens*, etc., 1744, *in-4*. L'abbé Travers était prêtre du diocèse de Nantes.

TREIBERS. Jo. Philip. Treiberskunst, aus der vernunft zu disputiren, vier monathe. *Langensaltze*, 1704, *in-fol.*

Cet ouvrage a été supprimé par l'autorité publique, et défense a été faite à l'auteur, qu'on a emprisonné, d'écrire davantage. Ce livre est dans le genre de *l'atheisme* (prétendu) *vaincu* de Campanella. Les objections contre la vérité de la religion chrétienne y sont exposées avec force, et les réfutations sont très-faibles.

TROSNE. (LE) De l'administration provinciale et de la réforme de l'impôt. (Par M. le Trosne) 1779, 1 *vol. in*-4.

Cet ouvrage a été proscrit et saisi par ordre du garde des sceaux en 1780. L'auteur, dans sa réforme de l'impôt, ne ménageait pas beaucoup les prérogatives du clergé. Comme en 1780 il devait y avoir une réunion du clergé à Paris, le garde des sceaux craignit que ce livre n'indisposât les évêques et archevêques; pour éviter tout bruit et tout scandale, il le fit saisir, quoique Nécker en eût favorisé la publication et la distribution. Quelque temps après l'auteur vint d'Orléans, sa patrie, à Paris, pour réclamer près du garde des sceaux les exemplaires saisis; mais une fluxion de poitrine fut cause de sa mort le 16 mai 1780, et mit fin à sa réclamation. Guillaume-François le Trosne était un économiste très-systématique, qui s'est fait un nom dans la partie des impôts, et dans l'économie politique, quoique ces systèmes se soient rarement accordés avec l'expérience.

TUCHIN. L'Observateur, Journal anglais publié par Jean Tuchin, sous le règne de Jacques II.

Cet auteur s'étant permis de déclamer dans son journal contre le roi Jacques II, fut condamné à être fouetté dans différentes villes du royaume. Qui croirait que cette punition ne lui convenant point, il présenta requête pour demander à être pendu? Cette singulière faveur ne lui fut point accordée; et il en fut tellement fâché, qu'il s'en vengea toute sa vie en écrivant contre la mémoire de Jacques II. Ce trait est bien digne d'un anglais. Jean Tuchin mourut sous le règne de la reine Anne.

TURPIN. Histoire civile et naturelle du royaume de Siam, et des révolutions qui ont bouleversé cet empire jusqu'en 1770, publiée sur les manuscrits qui ont été communiqués par M. l'évêque de Tabraca, vicaire apostolique de Siam, et autres missionnaires de ce royaume; par M. Turpin. *Paris, Costard*, 1771, 2 *vol. in-*12.

Cet ouvrage a été supprimé par arrêt du conseil du 5 janvier 1771. Voici la cause de cette suppression. L'évêque de Tabraca ayant obtenu un privilége, du 16 juillet 1770, pour publier sa *Description du royaume et de la religion de Siam*, avait chargé M. Turpin de rédiger ses manuscrits et d'en épurer la diction. Le rédacteur s'en étant approprié le fonds, en avait, contre l'intention de l'évêque, changé la forme, le fonds et le titre. Le prélat en a porté ses plaintes et est intervenu l'arrêt en question qui, « continuant de traiter favorablement ledit évêque, et vu son mémoire, lui conserve son privilége et supprime l'ouvrage de M. Turpin. D'ailleurs ledit sieur Turpin s'abandonnant aux écarts de son imagination, s'est visiblement et mal à propos écarté du plan et des intentions du sieur évêque ; et par une suite de cette licence, il lui est échappé dans le cours de l'ouvrage des assertions hasardées et des maximes dangereuses. » Telles sont les expressions de l'arrêt.

TYNDALL. Biblia in Anglicum sermonem conversa per Guillelmum Tyndall, qui transtulit duntaxat vetus testamentum à libro Geneseos usque ad Nehemiam, et novum testamentum. Reliqui libri nempe Esther, libri poetici et prophetæ sunt ex versione Milesii Coverdale cum ejus præfatione ad regem Henricum VIII. *Londini*, 1535, *in-fol.*

Cette Bible qu'on pourrait appeler *Tyndaliano-Coverdaliana* n'est pas précisément celle qui a fait condamner Tyndall au dernier supplice ; mais nous la rapportons parce qu'elle est la première Bible anglaise et que la traduction du *Nouveau Testament* de Tyndall qui avait paru dès 1526 à Anvers, et celle du *Pentateuque* et du *Nouveau Testament* du même Tyndall, *Hambourg*, 1527, s'y trouvent. Nous allons tracer rapidement l'histoire de ces bibles. Guillaume Tyndall avait, comme nous venons de le dire, publié à Anvers et Hambourg des traductions particlles de la Bible; il y avait été aidé par Joy et par Constantin. Mais comme ces traductions étaient publiées sans autorité publique, Wolsey et d'autres évêques les proscrivirent en Angleterre. Tyndall donna une nouvelle édition de son *Nouveau Testament* corrigé, et il l'envoya à Londres à son frère et à Thomas Patmor pour la débiter : ceux-ci, dénoncés par Tonstal, évêque de Londres furent obligés de livrer aux flammes ce *Nouveau Testament*. En 1531 plusieurs évêques s'étant plaints que la traduction de Tyndall était erronée, le roi Henri VIII, qui venait de se séparer de la communion romaine et qui voulait faire connaître au peuple qu'il n'y avait rien de contraire à l'écriture sainte dans ce qui avait été fait contre le pape, ordonna que l'on s'occupât d'une traduction anglaise de la Bible meilleure que celle de Tyndal. A cet effet il convoqua plusieurs savans évêques, les chargeant de ce travail; mais ils ne firent rien. Dans ces entrefaites, Tyndall qui avait adopté les erreurs de Luther et qui s'était retiré à Anvers, n'osant pas publier lui-même ses traductions à Londres, fut condamné à Anvers à être étranglé et brûlé; ce qui fut exécuté en 1536. Il avait laissé une dernière copie corrigée de ses traductions. Jean Roger la revit sur le texte hébreu et la confronta avec les versions grecques, latines et allemandes; il publia enfin une traduction entière de la Bible en anglais, se cachant sous le nom de Thomas Mathieu; cette Bible fut imprimée aux frais du libraire Grafton qui en tira 1500 exemplaires. Elle fut présentée au roi par Thomas Cromwel, qui en obtint une déclaration portant qu'il serait permis à tout le monde de lire la Bible en langue vulgaire, et qu'il y en aurait dans chaque église un exemplaire attaché avec une chaîne. Grafton voulut quelque temps après en exécuter une nouvelle édition en plus grand format; et pensant qu'il le ferait à moins de frais à Paris, il obtint de François premier, par la médiation de Thomas Cromwel pour lors ambassadeur, de faire imprimer cette nouvelle Bible à Paris. Mais Mathieu Ory, inquisiteur général, proscrivit cet ouvrage, et quoique l'impression ne fût pas terminée, il ordonna que tout ce qui était déjà sorti des presses fût livré aux flammes ou mis au pilon. Coverdale, éditeur de l'ouvrage et correcteur des épreuves s'enfuyant avec l'imprimeur, laissa les caractères à Paris; mais quelque temps après il les fit revenir à Londres avec des ouvriers; et ils publièrent la Bible qui parut à Londres *chez Grafton et Whittchurchius* en 1538, *in-fol.*

UGONIUS. De conciliis synodia Ugonia: sive Mathiæ Ugonii episcopi phamaugustani, liber de omnibus ad concilia celebranda ritè ac legitimè pertinentibus. *Venetiis*, 1563, *in-fol.*

On assure que cet ouvrage a été supprimé sourdement, parce que l'auteur s'y est quelquefois écarté des sentimens de la cour de Rome. C'est ce qui en a empêché la réimpression. Il avait cependant été approuvé par bref de Paul III, du 16 décembre 1553. On le regarde comme un des plus curieux et des plus intéressans qui aient paru sur les conciles. On y trouve beaucoup de recherches savantes sur la manière dont on doit célébrer un concile, et plusieurs passages singuliers et intéressans en faveur des libertés de l'église gallicane. On l'a annoncé sous différentes dates; mais le feuillet seul du titre a été changé, on en ignore la raison. Mathias Ugonius, évêque de Famagouste en Chypre, vivait au commencement du seizième siècle.

VALDESIUS. De Dignitate regum regnorumque Hispaniæ, et honoratiori loco eis, seu eorum legatis à conciliis ac romanâ sede jure debito. *Granatœ, apud Ferdinandum Diez à Montoya, 1602, in fol., de 394 pages.*

Cet ouvrage a été sévèrement prohibé en France. On trouve à la fin d'une édition de 1626, *in-8*, ces mots : Sentence du prevôt de Paris contre un méchant et pernicieux livre imprimé à Francfort, intitulé : *Præcedentiæ Hispaniæ.*

VALLÉE. Béatitude des chrestiens, ou le Fléo de la foy ; par Geoffroy Vallée, natif d'Orléans, fils de feu Geoffroy Vallée et de Girarde le Berruyer, ausquels noms des père et mère assemblez il s'y treuve LERRE, GERY VREY FLEO D. la foy bigarrée. Et au nom du filz. VA FLEO REGLE FOY. Aultrement, GUERE LA FOLE FOY.

> Heureux qui sait
> Au savoir repos.

In-8. de 8 feuillets en tout, sans nom de lieu ni d'imprimeur et sans date.

Exemplaire unique d'un livre qui a été supprimé avec grand soin, et dont l'auteur a été pendu et brûlé selon les uns, en 1571, et selon le journal *de l'Etoile* de 1719, en 1574. M. Debure croit d'après une note manuscrite qu'on lit au devant de cet exemplaire, que ce supplice a eu lieu en 1573 (1). C'est Nicolas Rapin qui le fit prendre; plusieurs de ses juges étaient d'avis de le confiner dans un monastère comme un fou tel qu'il était et tel qu'il se montra en allant au supplice. Geoffroi Vallée ne prêche pas l'athéisme à proprement parler, mais il voudrait un déisme commode consistant à reconnaître un Dieu sans le craindre et sans appréhender aucune peine après la mort. Son livre a été vendu 851 livres chez M. Gaignat, en 1669, et 310 livres chez M. de la Vallière, en 1784. Il existe une réimpression de cet ouvrage aussi *in-8*, qui a été vendue 18 livres chez le même duc de la Vallière, et 9 livres chez M. Filheul, en 1770. On croit que c'est Geoffroi Vallée que le père Garasse a traité de maraud, d'athéiste inconnu, dans sa *Doctrine curieuse* (2). C'est aussi de lui dont Maldonat disait, dans le temps, qu'un libertin venait de publier un petit traité de l'art de ne rien croire, *de arte nihil credendi*. Le FLEO de la foi est une espèce de dialogue entre quatre interlocuteurs, savoir, un huguenot, un anabaptiste, un luthérien et un athée; ce petit livret de huit feuillets est imprimé en caractères assez gros.

Vogt, dans son *Catalogus librorum rariorum*, cite deux passages extraits de l'exemplaire provenant de la bibliothèque de M. d'Estrées (3). Le premier passage

---

(1) Le rédacteur du Catalogue de M. Filheul assure positivement que tous les exemplaires, à l'exception d'un seul, ont été brûlés avec l'auteur le 9 février 1573, en place de Grève.

(2) Garasse n'en a pas toujours parlé en termes aussi grossiers. (Voyez le *Dictionnaire historique*, édition de MM. Chaudon et Landine, 13 vol. in-8., art. VALLÉE, tom. 12, pages 244.)

(3) On prétend, dit Debure, que cet exemplaire est celui qui a servi au greffier pour instruire le procès de Vallée.

est tiré du commencement de l'ouvrage; il est ainsi conçu:

« Les jugemens et l'amour sont libres, ne s'enchaînent point, ne s'emprisonnent point, et ne se captivent point, je ne puis que ce que je puis. Quelle règle, quelle conduite garderai-je dans cette suspension générale que j'embrasse? Contredirai-je, tête baissée, tout ce que les hommes ont établi? Détruirai-je cet ordre civil dont je connais les ressorts? Ne consulterai-je que mon intérêt et mon amour-propre? Donnerai-je tout à mes sens? N'aurais-je de loi que mes désirs? et quoique je soupçonne que la vertu et le vice sont des productions du préjugé qui concourt à la société, serai-je sans amour pour l'une, et sans horreur pour l'autre? N'aurai-je de bornes que mon utilité, ni d'autres motifs de mes actions, que mon profit? ni d'autres règles de ma conduite, que mon avantage? M'abandonnerai-je aux crimes, aux perfidies et à mon penchant? »

Le second passage termine ainsi l'ouvrage:

« Je suivrai en tout les lumières et le penchant que donne la nature; elle n'est pas d'elle-même si corrompue que les hommes la rendent; je regarderai la raison comme un instinct déréglé, une horloge démontée qui sonne des coups et non des heures, donc on veut que le déréglement soit un titre d'excellence. Le même guide qui m'avait écarté du vrai chemin, me servira à m'y remettre, et je chercherai dans les animaux, qui ont conservé la nature dans sa pureté, à corriger la corruption où nous l'avons mise, à me redresser dans mes erreurs, et à vivre et mourir comme eux, ce qui est notre sort commun, raisonnant avec les hommes sur leurs présages, et discourant avec moi-même sur la nature, cherchant le bien, fuyant le mal, obéissant mon amour-propre qu'on ne peut éteindre. Dans une tranquille suspension, une paisible indifférence, un respect douteux et indéterminé, qui n'a point de nom, avec une intention pure et un désir suspendu de la vérité cachée, je mourrai sans grimaces, en disant comme Aristotèle : *Etre des êtres, qui que tu sois, aies pitié de moi*. Je déclare, en finissant cet ouvrage, que je prétends n'avoir rien avancé de certain, que tout ce qui paraît le plus assuré, le mieux raisonné, ne sort point de l'incertitude, et que je ne doute pas qu'on ne me puisse faire voir que je me suis trompé, et qu'on ne puisse me dire autre chose qui me fera dédire de ce que j'ai dit : moi-même, en y réfléchissant, je pourrai dire tout le contraire, et trouver d'autres raisonnemens qui sont infinis, et qui me persuaderaient peut-être autrement, si ma suspension ne me rendait tout suspect. Enfin, on peut trouver mieux sans trouver rien de plus solide et de plus certain; et celui même ne doit prouver autre chose que l'instabilité de la raison, et nous confirmer dans la suspension et l'ignorance. Enfin, plus de raison, plus de discours, plus de certitude, plus d'erreur, revient nature. Ne discourons plus, sentons, vivons, et ignorons tout avec tranquillité. »

Un Geoffroi Vallée a été reçu secrétaire du roi le 16 février 1561, et a résigné en 1566. Serait-ce le fou dont il est question? Ce malheureux était, dit-on, grand-oncle du fameux Desbarreaux.

Disons ici un mot de Laurent Valle ou Valla, né en 1415. La petite correction que l'inquisition lui a fait infliger par grâce spéciale, lui mérite naturellement une place dans notre ouvrage. Ce Valle était un caustique qui n'épargnait ni les vivans ni les morts, ni les anciens ni les modernes. Il trouvait des fautes et des défauts dans les meilleurs auteurs de l'antiquité, sans en excepter les Varron, les Virgile, les Cicéron, les Titelive, les Salluste, les Lactance. Il s'avisait même, sans avoir égard au commencement de la décadence de la langue latine sous Quintilien, de mettre ce rhéteur au-dessus de Cicéron. Il trouvait que saint Jérôme avait mal traduit plusieurs endroits de la Bible; et que St. Augustin avait erré sur le destin, sur la trinité et sur la providence. S'il n'avait émis que des opinions extravagantes sur les auteurs, il ne lui serait sans doute rien arrivé de pire que le mépris des hommes de goût; mais il se permit de toucher de plus près à des matières de religion. Il parla des couvens de religieuses avec une licence qui effaroucha les esprits de ce temps. Selon lui : « Le premier qui a inventé les couvens de religieuses, a introduit une coutume abominable, et qui doit être reléguée aux extrémités du monde. Les courtisannes et les femmes publiques sont plus utiles au genre-humain que ces prétendues saintes filles, que la superstition a condamnées à une virginité perpétuelle. » Laurent Valle fit encore plus; il avança des propositions erronées sur la trinité, sur le libre arbitre, sur les vœux de continence, et sur quelques autres sujets aussi délicats. Il fut dénoncé comme hérétique; l'affaire fut portée au tribunal de l'inquisition à Naples, et il fut mis en prison; le procès s'instruisit et Laurent Valle fut condamné à être brûlé. Heureusement le roi Alphonse demanda sa grâce; et le coupable, ou du moins l'accusé, en fut quitte pour le fouet qui lui fut donné dans le couvent des dominicains, tout autour du cloître. La correction fit effet, car Valle se rétracta, et le pape Nicolas V lui donna par la suite un emploi de lecteur ou de professeur à Rome. Ce savant, qui paraît avoir eu peu de jugement, est mort à Rome en 1465, après avoir composé beaucoup d'ouvrages dont on trouve la liste dans les *Bibliographies* et dans les *Dictionnaires historiques*.

VAN-DE-VELDEN. Instruction (courte et nécessaire) pour tous les catholiques du Pays-Bas, touchant la lecture de l'Ecriture-Sainte, par Corneille Van-de-Velden (Gerberon). *Cologne, Nicolas Schouten*, 1690, *in-12*.

Cet ouvrage, dont l'auteur est Gabriel Gerberon, a été brûlé en Flandre et condamné à Rome; il est relatif aux querelles sur le jansénisme. Gabriel Gerberon, né en 1628, est mort à Saint-Denys en 1711, après avoir passé une vie que son zèle pour le jansénisme rendit très-orageuse. Il fut arrêté et enfermé plusieurs fois; rien ne put modérer la chaleur de son zèle. Il a donné *l'Histoire du Jansénisme*. Amsterdam, 1703, 3 *vol. in-12*, et plusieurs autres ouvrages sur les disputes du temps ou sur des querelles particulières.

VANINI. Amphitheatrum æternæ providentiæ divino-magicum. Autore Julio-Cæsare Vanino. *Lugduni, de Harsy*, 1615, *in-8*.

Cet ouvrage dirigé contre Cardan passa d'abord à la censure, et ne fut supprimé exactement qu'après une révision plus sérieuse. On le joint ordinairement à l'ouvrage suivant.

Julii Cæsaris Vanini de admirandis naturæ reginæ deæque mortalium arcanis, Libri IV. *Lutetiæ, Perier*, 1616, *in-8*.

Ce volume-ci est plus rare que le précédent, parce que

la Sorbonne le censura aussitôt qu'il parut, et il fut supprimé avant qu'on eût le temps de le répandre. Ces deux ouvrages sont remplis d'infamies et d'impiétés, et malgré cela munis du privilége et de l'approbation, chose assez singulière! Le second, qui est le plus fort, renferme soixante dialogues entre Alexandre et Jules-César; il est divisé en quatre livres, et dédié au maréchal de Bassompière, protecteur de l'auteur. Le trente-neuvième dialogue qui traite de la génération de l'homme et de l'office des mariés, est écrit d'une manière très-licencieuse. Vanini fut arrêté à Toulouse; son procès lui ayant été fait et parfait comme athée, il fut livré aux flammes le 19 février 1619, âgé de 34 ans, après avoir eu la langue coupée. On prétend qu'au premier interrogatoire qui lui fut fait, on lui demanda s'il croyait l'existence d'un Dieu; il se baissa, ramassa un brin de paille et dit: *Je n'ai besoin que de ce fétu pour prouver l'existence d'un être créateur*; et ensuite il fit un très-beau discours sur la providence; ce qui ne le sauva pas, parce qu'on attribua ce discours plutôt à la crainte qu'à la persuasion. Quand on voulut lui faire faire amende-honorable et demander pardon à Dieu, au roi et à la justice, il répondit, assure-t-on: *Je ne crois point en Dieu, je n'ai jamais offensé le roi, et je donne la justice à tous les diables*. On ajoute qu'étant dans le tombereau qui le conduisait au supplice, il se moqua du cordelier qu'on lui avait donné pour l'exhorter au repentir, et qu'il dit en parlant de Jésus-Christ: *il sua de crainte et de faiblesse, et moi je meurs intrépide*. Tout ces détails sont-ils bien vrais? On les lit dans la *vie de Vanini* publiée par Durand, à *Rotterdam*, 1717, in-12. Frédéric Arpe a fait l'*Apologie de Vanini*, (en latin.) *Rotterdam*, 1712, in-8.

Lucilio Vanini était né à Taurozano dans la terre d'Otrante en 1585. Il n'a donné au public que les deux ouvrages qui font l'objet de cet article; il a encore un *Traité d'astronomie*, mais qui est manuscrit.

VARGAS. Alphonsi de Vargas relatio ad reges et principes christianos de stratagematis et sophismatis politicis societatis Jesu ad monarchiam orbis terrarum sibi conficiendam, etc., 1636, *in-4.*, et 1641, *in-12.*

La traduction allemande de cet ouvrage, (qui est, je crois, de 1675, *in-8.*) a été brûlée publiquement à Breslaw.

VARSEVICIUS. Christophori Varsevicii, canonici Cracoviensis et secretarii regii, Cæsarum, regum et principum, unius et ejusdem partim generis et nominis, partim etiam imperii ac dominationis, vitarum parallelarum libri duo. *Cracoviæ*, 1603, *in-folio.*

Cet ouvrage a été prohibé sous les plus grandes peines en Pologne.

VASSOR. Histoire du règne de Louis XIII, par Michel le Vassor. *Amsterdam*, 1710-1721, 20 *vol. in-12*; 1736, 7 *vol. in-4.*

Cet ouvrage a été prohibé en France. On y trouve des faits singuliers, des anecdotes curieuses; mais il est très-satyrique, et d'ailleurs écrit d'un style diffus, pesant ; il renferme des maximes dangereuses. Michel le Vassor, né à Orléans, mourut en Angleterre en 1718, à l'âge de 70 ans, après avoir embrassé la religion anglicane.

VERGERIO. Postremus catalogus hæreticorum Romæ conflatus, 1559, continens alios quatuor catalogos, qui post decennium in Italia, nec non eos omnes qui in Gallia et in Flandria post renatum evangelium fuerunt editi, cum annotationibus Petri Pauli Vergerii. *Pfortzheimii, Corvinus,* 1560, *in-8.*

Ouvrage rare, depuis la suppression qui en a été faite. Ce Vergerio évêque apostat, a publié plusieurs livres où il a répandu beaucoup de fiel contre les papes, et où il s'est érigé en censeur inexorable des abus et des désordres qui désolaient pour lors l'église romaine par la corruption de la plus grande partie de ses membres. La malignité qui règne dans ses écrits les fait rechercher des curieux, et leur suppression les fait désirer des bibliomanes. Voici la liste de quelques-uns. *Petri Pauli Vergerii operum adversus Papatum, tomus primus complectens, secretarii pontificii actiones tres; concilium de emendandá Romaná ecclesiá; epistolam ad Poloniæ regem de colloquio instituendo; dialogos IV adversus Osium; hæreticorum catalogum cum annotationibus; de idolo Lauretano; scholia in binas Pauli IV litteras, quòd papa celebrans concilium, parcat idolomaniis crassioribus.* Tubingæ, vidua Morhardi, 1563, *in-4.* Il n'a paru que ce premier volume qui est rare. — *Concilium non modò tridentinum sed omne papisticum, perpetuò fugiendum ab omnibus piis, editum à Petro Paulo Vergerio. Anno* 1553, *in*-4. — *Actiones duæ secretarii pontificii (Petri Pauli Vergerii) an Paulus* IV *debeat cogitare de instaurando concilio tridentino, et an vi et armis possit deinde imperare protestantibus ipsius concilii decreta, anno* 1556, *in*-8. — *Riposta di Vescovo Pietro Paulo Vergerio ad un libro di Friderico Nausea vescovo di Vienna, scritta in laude del concilio tridentino.* Posciano, 1552, *in*-8, petit vol. très-curieux moins commun que le précédent. — *Dodici Tratatelli di Pietro Paolo Vergerio. In Basileâ.* 1549, *in*-8. — *Operetta nella qual si dimonstrano le vere ragioni que hanno mosso i romani pontifici ad instituir le belle ceremonie de la settimana santa,* 1552, *in*-12. Petit traité fort curieux et très-rare. — *Delle commissioni è faculta di papa Giulio* III, *a Pietro Paolo Vergerio e Paolo Odescalco.* 1548, *in*-8. — *Le otto difesioni del Vergerio overo trattato del superstitioni d'Italia, e della granda ignorantia de sacerdoti, ministri et frati* (in Basileâ 1550) *in* - 8. Ce volume est le plus rare de tous ceux de Vergerio ; on prétend que l'édition a été publiée par Cœlius Horatius Curio qui en a fait la préface. — *De naturâ et usu sacramentorum et cænæ domini; missam non esse tale sacrificium, quod ex opere operato applicatum aliis mereatur remissionem peccatorum; præcipuæ causæ propter quas missam pontificiam fugere debeamus.* Tubingæ, anno domini, 1559, *in*-8, etc., etc., etc. — Pierre Paul Vergerio est mort à Tubinge en 1565. Il est encore éditeur de l'ouvrage suivant : *Cur et quomodo christianum concilium debeat esse liberum et de conjuratione papistarum,* etc. Wittebergæ, 1537, *in*-8. Ce petit traité est fort rare de cette édition qui n'est point celle de Vergerio ; au contraire c'est celle que cet évêque, étant encore attaché à la cour de Rome, fit supprimer avec le plus grand soin ; mais après son apostasie il le fit réimprimer en 1557: cette édition ci n'a pas la moindre valeur. On la met au rang des ouvrages de Vergerio, quoiqu'il ne soit point auteur de ce livre. Vergerio a été évêque de Capo-d'Istria.

VERNANT. Censura sacræ facultatis theologiæ Parisiensis in librum cui titulus est : *Défense de l'autorité de N. S. P. le Pape, les Cardinaux, les Évêques,* etc. Par J. de Vernant. *Paris*, 1665, *in-4.*

Cet ouvrage existait dans la Bibliothèque de M. le baron de Hohendorf.

VEXIONIUS. Michaelis Olai Vexionii epitome descriptionis Sueciæ, Gothiæ, Fennengiæ, et subjectarum provinciarum, etc. *Aboæ*, 1650, *in 8.*

Lenglet-Dufresnoy dit que cet ouvrage a été supprimé en Suède, parce qu'il découvrait des secrets qui font connaître le fort et le faible de cette monarchie. Stierman prétend, au contraire, que cet ouvrage n'a point été supprimé, et qu'il n'y a rien qui ait pu en provoquer la suppression.

VIDA. Cremonensium orationes III adversus papienses, in controversiâ principatûs; auctore, Hier. Vida. *Parisiis*, 1562, *in-8., p. p. de* 130 *feuillets.*

La plupart des exemplaires de cet ouvrage ont été supprimés, ce qui l'a rendu fort rare. L'épître dédicatoire est de Jacques-Antoine Bevilaqua de Crémone. Tout le monde connait les charmantes poésies de Vida. Ce prélat, né en 1470, est mort en 1566.

VILLIERS-HOTMAN. Antichopinus, seu epistola congratuloria M. Nicodemi Turlupini (Jean de Villiers-Hotman), ad M. Renatum Chopinum S. Unionis hispanitalogallicæ advocatum incomparabilissimum. (*Sans nom de lieu*), 1592, *anno à liga nata septimo, et secundum alios quentodecimo, calculo gregoriano. In-4., p.p.*

Cette satyre macaronique, attribuée à Jean de Villiers-Hotman, a été brûlée par arrêt du conseil, « parce que, disent les auteurs du *Dictionnaire historique*, le style burlesque de cette pièce ne convenait point à la matière. » Voici ce qui a donné lieu à cette satyre. Choppin, à qui Henri III avait donné des lettres d'anoblissement à cause de son traité *de Domanio*, n'en fut pas moins un déterminé ligueur. Il composa un libelle séditieux sous le titre : *Oratio de pontificio Gregorii XIV ad gallos diplomate, à criticis notis vindicato*. Parisiis, G. Bichon, 1591, *in-4*. Ce livre écrit contre le roi et le parlement, en faveur des factions espagnole et romaine qui animaient la ligue, fut condamné par un arrêt du grand conseil, et brûlé par la main du bourreau, (avec un autre livre composé en français sous le titre : *Réponse au conciliabule*, attribué par les uns à Choppin, et par les autres à Mathieu de Launoy). On verra, par la citation suivante, que l'ouvrage de Choppin n'a eu que le sort qu'il méritait. Sur la proposition : *Christus dedit Petro potes-*

talem condonandi peccata, Choppin conclut : *Ergo papa Gregorius Sfondratus XIV habet potestatem deturbandi regem Henricum de suo solio, et dandi regnum franciæ in prædam primo occupanti.* Et pour prouver sa thèse, Choppin allègue, entre autres choses ridicules, ce vers de Virgile :

Tu regere imperio populos romane memento.

Peut-on faire une citation plus ridicule ? Turlupin, ou pour mieux dire Hotman, a donc très-bien fait de se moquer de Choppin, et de le faire de la manière la plus piquante. Mais il aurait dû se dispenser de beaucoup de turlupinades plus que triviales, et qui n'ajoutent rien à la valeur de cette pièce : par exemple, quand il veut donner l'étymologie du mot Choppin, il dit : qu'il dérive *à bibendo, vel choppinando; quia si choppinificentissimus magister Choppinus choppinando non choppinaret choppinaliter de choppina choppinabili, profectò dictus choppinus non mereretur choppinificum nomen choppinatoris quod ei inditum est à choppinatione.* Quel sel trouvera-t-on dans cette tirade ?

Je ne sais pas quelles sont les raisons qui ont pu faire condamner l'*Anti-Choppin*. Le style burlesque ne me parait pas une raison suffisante : peut-être l'auteur a-t-il un peu trop appuyé sur les matières délicates qu'a traitées Choppin, n'ayant pas leurs ouvrages sous les yeux ; je n'en parle que d'après Baillet et Chaudon.

Réné Choppin est né à Chaston en Anjou l'an 1537 ; il est mort à Paris en 1606. Son livre *du Domaine* lui a valu des lettres de noblesse, comme je l'ai dit, et ses *Commentaires sur la coutume d'Anjou* (la première partie seulement), lui ont rapporté mille pistoles. Sa femme perdit l'esprit le jour où Henri IV fit son entrée dans Paris. Ce jurisconsulte étudiait ordinairement couché par terre sur un tapis et entouré des livres qui lui étaient nécessaires.

Jean de Villiers-Hotman, fils de François Hotman, est présumé, avec assez de fondement, auteur de la satyre en question. Il est mort au commencement du 17.º siècle. On connaît trois éditions de l'*Anti-Choppin*, qui peut-être sont toutes la même avec un frontispice différent ; 1.º celle que nous avons citée ; 2.ª celle supposée imprimée à Wilierban, 1593, *in-8.* ; et 3.º celle imprimée à Chartres. Cet ouvrage n'est pas assez important pour devenir l'objet de pénibles recherches.

VINCENT DE PAUL. Canonisatio B. Vincentii à Paulo, fundatoris presbyterorum secularium congregationis missionis et societatis puellarum quæ charitatis nuncupantur. *Parisiis, Simon,* 1737, *in-4., franç. et lat.*

Cette bulle fut supprimée par arrêt du parlement de Paris, du 4 janvier 1738, comme contenant des opinions contraires aux libertés et franchises de l'église gallicane. Mais la publication en fut permise par arrêt du conseil d'état, du 22 du même mois, rendu sur la demande des prêtres de la congrégation de Saint-Lazare. Ces détails m'ont été communiqués par M. Ch. Weiss. Vincent de Paul, né à Poy, diocèse d'Acqs, le 24 avril 1576, est mort le 27 septembre 1660. Il a été béatifié par Benoît XIII, le 13 août 1729, et canonisé le 16 juin 1737, par Clément XII. Le violent auteur du *Dictionnaire des livres jansénistes* parle, tom. I., *pag.* 330, d'une CONSULTATION *de MM. les avocats du parlement de Paris.* (M. Boursier), *au sujet de la susdite bulle, du 16 juin* 1737, qui a pour titre : Canonisatio beati Vincentii à Paulo, avec l'opposition de MM. les curés de Paris, qui ont présenté requête au parlement contre l'instruction de l'archevêque de Sens, au sujet des miracles. Le fougueux jésuite ajoute que, « si Vincent de Paul eût favorisé le jansénisme, le parti n'eût point trouvé d'abus dans la bulle de sa canonisation. Mais ce serviteur de Dieu se déclara hautement contre cette hérésie, et vint à bout de la faire solennellement condamner ; voilà ce qui a porté les disciples de Jansénius à se déchaîner sans pudeur contre le nouveau saint, et contre le pape qui a donné la bulle de sa canonisation.

« Dix avocats, des moins célèbres et des moins estimés, ont prêté leur nom à la consultation rédigée par M. Boursier, qui a paru sur ce sujet. La bulle marque que *la Providence a fait éclater la sainteté de Vincent de Paul, dans un temps où les novateurs en France tâchent, par des miracles faux et controuvés, de répandre leurs erreurs, de troubler la paix de l'église catholique, et de retirer les fidèles de la communion du saint-siège.* Tel est le premier grief des avocats, page 4. Les autres griefs de ces jurisconsultes excitent encore plus, et la pitié pour leur ignorance, et l'indignation contre leur mauvaise foi.

« Cette téméraire consultation fut condamnée avec deux autres écrits sur le même sujet, par un mandement de M. l'archevêque de Cambray, du 16 janvier 1739, *comme contenant des propositions respectivement fausses, téméraires, scandaleuses, injurieuses au clergé de France, aux souverains pontifes et à toute l'église, et à l'autorité du roi, erronées, et favorisant une hérésie pernicieuse que toute l'église a condamnée,* etc. »

Le père Colonia rapporte encore une *Lettre d'un*

chanoine de province, à *un curé de Paris*, opposant à l'enregistrement de toutes lettres-patentes pour la bulle qui a pour titre : *Canonisatio B. Vincenti à Paulo*, qui contient des réflexions au sujet de la consultation de MM. les avocats du parlement, et de l'acte d'opposition des vingt curés de Paris. Cette lettre a été condamnée avec la consultation des dix avocats, par l'archevêque de Cambray, dans son mandement du 16 janvier 1739.

VOISIN. Le Missel romain, selon le réglement du concile de Trente, en latin et en français, avec l'explication de toutes les messes et de leurs cérémonies pour tous les jours de l'année ; par Joseph de Voisin, docteur en théologie ; avec figures de Stella. *Paris*, 1660, 4 *vol. in* 12.

L'impression de cet ouvrage avait d'abord été permise par les grands-vicaires de l'archevêque de Paris ; mais le 7 décembre 1660, l'assemblée du clergé défendit, sous peine d'excommunication, la lecture de cette traduction. Un arrêt du conseil, du 16 janvier 1661, confirmant la délibération de l'assemblée du clergé, supprima le livre et en défendit le débit. Un décret d'Alexandre VII réprouva, condamna, défendit ce *Missel*, et excommunia quiconque ferait mention de l'imprimer, de le lire et de le retenir. Cependant il a été réimprimé, car il y en a une édition de Paris, 1668, 6 *vol. in*-12 : on croit qu'en l'anathématisant, on a voulu seulement condamner l'intention de l'auteur, qui était, dit-on, de faire dire la messe en français. Joseph de Voisin, théologien très-érudit et très-pieux, est mort en 1685.

VOLTAIRE. Œuvres philosophiques et satyriques de Voltaire.

Il n'est point d'écrivain qui, joignant la hardiesse des opinions au brillant talent d'écrire, ait autant de droits que Voltaire à figurer dans notre ouvrage. Les traits nombreux qu'il a lancés contre la religion, contre les grands, et quelquefois contre les mœurs, sous le prétexte de poursuivre le fanatisme, la superstition, la tyrannie, l'ignorance et les préjugés : ces traits, dis-je, aussi nombreux qu'acérés, lui assurent la première place parmi les auteurs célèbres dont les écrits ont été foudroyés par l'autorité supérieure. Nous allons en fournir la preuve en donnant la liste des ouvrages qui, au sortir de sa plume, ont encouru l'animadversion des lois. Nous parlerons aussi de quelques-uns dont la publication a éprouvé des difficultés, quoiqu'ils n'aient pas été condamnés. Nous tâcherons de suivre l'ordre chronologique.

1716. Les J'AI VU, et la *Naissance d'Adonis.*

La première de ces deux pièces de vers, que l'on dit être du poète A. L. Lebrun, a été attribuée à Voltaire, et l'a fait enfermer à la Bastille en 1716 ; il y est resté plus d'un an : on prétend que c'est-là qu'il a ébauché le poëme de la ligue, connu depuis sous le nom de la *Henriade.* La *Naissance d'Adonis* a été faite à l'occasion d'un accouchement de la duchesse de Berry, fille du régent.

1722. Le *Pour et le Contre*, ou *Epître à Uranie.*

Cette pièce de vers allait attirer à Voltaire une violente persécution, mais il l'a désavoua et l'attribua à Chaulieu.

1723. La *Henriade*, (première édition, à Londres).

Ce poëme n'a point été condamné ; cependant l'auteur ne put obtenir la permission de le faire imprimer en France, il le publia d'abord en Angleterre : lorsqu'en 1725 il en parut furtivement quelques exemplaires à Paris, on cria à l'impiété. Le clergé voulut s'en emparer et le flétrir par une censure ecclésiastique, comme contenant les erreurs des sémipélagiens. A la cour, on disait qu'il n'y avait qu'un séditieux qui eût pu faire l'éloge de l'amiral de Coligny. Malgré toutes ces accusations, la *Henriade* eut, par la suite, le plus grand succès : elle a été traduite en vers latins ; en anglais par Lokman ; en vers italiens par le cardinal Quirini ; en allemand, en hollandais, etc.

1725. *Quatrain à madame la marquise de Prie.*

Ce quatrain, qui commence par *Io sans avoir l'art de feindre*, etc., et la querelle que Voltaire eut avec le chevalier de Rohan à qui il proposa un cartel, furent cause que le poëte fut mis à la Bastille ; il n'y resta que six mois, ensuite il eut ordre de sortir de Paris.

1728 et 1729. *Lettres philosophiques* écrites en anglais à Thiriot, puis traduites en français en 1733.

Le clergé obtint un édit du conseil qui ordonna la suppression de ces lettres, et le parlement les condamna au feu.

1731. *La Mort de César*, publiée en 1734.

Lorsqu'on annonça cette tragédie, la cour se formalisa des maximes républicaines qu'elle renferme.

1736. *Le Mondain.*

Cette pièce de vers obligea Voltaire de s'enfuir précipitamment.

1739. *Mahomet*, tragédie publiée en 1742.

Cette pièce a éprouvé beaucoup de difficultés pour être

représentée à Paris : le clergé s'opposait à sa publication. L'auteur la dédia à Benoît XIV.

1747. *Histoire des Voyages de Scarmentado.*
Roman satyrique qui a été défendu.

1748. *Zadig, ou la Destinée.*
Autre roman satyrique qui a eu le même sort.

1751. *De la paix perpétuelle.*
Cette production a été supprimée.

1755. *La Pucelle d'Orléans.*
Ce poëme avait été commencé dès 1730 ; le garde des sceaux Chauvelin, en ayant entendu parler, avait menacé Voltaire de le faire jeter dans un cul de basse-fosse, s'il publiait cet ouvrage. La première édition, donnée par l'auteur, est de 1762. Il est inutile de dire que la *Pucelle* n'a pas été vue à la Sorbonne et au parlement, du même œil qu'au parnasse.

1758. *Candide, ou l'Optimisme.*
Roman philosophique et satyrique qui a été proscrit.

1759. *Cantique des Cantiques. — L'Ecclésiaste.*
Le premier de ces poëmes a été condamné à être brûlé par arrêt du parlement. Omer de Fleuri dit, dans son réquisitoire, qu'il est évident que l'auteur n'a composé cet ouvrage que dans un esprit opposé à celui de la religion.

1759. *La Mort de Socrate,* drame.

1761. *Sermon du Rabbin Akib.*

1762. *Sermon des cinquante.*

1763. *Traité sur la Tolérance.*

1763. *Saül,* drame.

1763. *Catéchisme de l'honnête Homme, ou Dialogue du Caloyer, etc.*

Tous ces ouvrages ont été condamnés.

1764. *Dictionnaire philosophique,* commencé en 1760,

imprimé en 1764, 1 *vol. in-8.*, et fort augmenté depuis sous le titre de *Questions sur l'Encyclopédie.*

Cet ouvrage a été livré aux flammes à Genève, proscrit en Hollande, et condamné à être brûlé par arrêt du parlement de Paris, du 19 mars 1765. Le procureur-général voulait faire arrêter Voltaire. On m'a assuré qu'il était question de ce livre dans l'arrêt qui a condamné le jeune Labarre à avoir le poing, la langue et la tête coupées, puis à être jeté dans un feu ardent. Cet arrêt a été exécuté à Abbeville en 1766.

1765. *Philosophie de l'Histoire.*

Cet ouvrage, très-savant, mais critiqué par des érudits très-profonds, a été composé en 1763 et 1764; l'auteur l'a placé, par la suite, en tête de son *Essai sur les mœurs et l'esprit des nations* qui avait paru dès 1756.

1765. *Questions sur les Miracles.*

Elles ont été condamnées.

1766. *Le Philosophe ignorant.*

Ce morceau a été supprimé.

1767. *Examen important de la Religion chrétienne, par Bolyngbrocke.*

Cet ouvrage a été condamné à juste titre; car c'est un écrit très-violent contre le christianisme. On assure qu'il n'a jamais été composé par Bolyngbrocke, qui, quoiqu'incrédule, disait « que l'évangile est le système de religion naturelle le plus simple, le plus clair, le plus parfait. C'est, selon lui, la doctrine la plus propre à éteindre les principes d'avarice, d'ambition, d'injustice et de violence. » Et à coup sûr on ne trouvera point de pareilles opinions dans l'*Examen* de Voltaire.

1767. *L'homme aux quarante écus.*

Ce roman d'économie politique a été proscrit et brûlé par arrêt du parlement. On prétend qu'un magistrat dit, lors de la condamnation de cet ouvrage : « Ne brûlerons-nous que des livres ? » Ce trait est-il bien avéré ? Il m'en rappelle un encore plus fort : un magistrat du 16.ᵉ siècle s'écria, à l'article de la mort : « Dieu soit loué, je meurs en paix, car j'ai fait brûler cent soixante-six sorciers ; et si je n'ai pas fait plus, Dieu me le pardonnera, il sait que l'intention ne m'a pas manqué. » Je ne me ressouviens pas du nom de ce digne et humain magistrat ; il appartenait au parlement de Toulouse ou de Bordeaux.

1767. *Le Dîner du comte de Boulainvilliers.*

C'est l'une des diatribes les plus fortes contre le christianisme : elle a été condamnée au feu.

1767. *L'Ingénu.*

Roman satyrique, condamné.

1767. *Questions de Zapata.*

Condamnées.

1769. *Jenny, ou le Sage et l'Athée.*

Roman philosophique qui a été proscrit.

1769. *Lettres d'Amabed.*

Roman philosophique et libre qui a eu le même sort que les précédens.

1769. *Homélies prêchées à Londres.*

Ouvrage anti-religieux, également condamné.

1769. *Histoire du Parlement de Paris.*

Cet ouvrage a été très-attaqué lorsqu'il a paru : il a été proscrit, et les exemplaires se vendaient, sous le manteau, jusqu'à six louis.

1769. *Le cri des Nations.*

Cette pièce a été supprimée.

1769. *Dieu et les Hommes ; œuvre théologique, mais raisonnable.*

Cet ouvrage a été brûlé par arrêt du parlement de

Paris, du 18 août 1770. « Ce n'est, disent les motifs de l'arrêt, qu'un tissu de sarcasmes contre la loi de Moyse et la religion chrétienne, que l'auteur veut faire passer pour les productions les plus méprisables de la folie humaine; tandis qu'il parle avec respect ou indulgence des autres religions et des superstitions sans nombre dont elles sont infectées. (Jésus qui n'a jamais rien écrit, dit l'auteur, qui est venu si longtemps après Platon, et qui n'a paru que chez un peuple barbare, ne peut être le fondateur d'une doctrine plus ancienne que lui, et qu'assurément il ne connaissait pas...... Le platonisme est le père du christianisme, et la religion juive en est la mère. Or, quoi de plus dénaturé que de battre son père et sa mère, etc.) Tous les efforts de l'auteur tendent à démontrer qu'on a perverti horriblement la philosophie, et il finit par s'écrier que le temps est venu de lui rendre sa première pureté. »

1771. *Epître aux Romains.*

Cet écrit a été supprimé.

1776. *La Bible commentée.*

Cet ouvrage a été condamné et supprimé.

Il y a encore une infinité de productions de Voltaire qui ont eu, ou qui ont mérité le sort de celles que nous venons de citer; mais n'ayant aucun renseignement sur leur condamnation, nous nous contenterons de nommer ici celles qui sont les plus saillantes.

Le Cathécumène.

Les Pensées de l'abbé de Saint-Pierre.

La Profession de foi des Théistes.

L'Empereur de la Chine et frère Rigolet.

Lettres philosophiques sur l'ame.

Il faut prendre un parti.

Cuzu et Kou.

Ariston et Théotime.

Remerciment sincère à un Homme charitable.

Reflexions pour les sots.

Extrait du Décret de la sacrée Congrégation de l'Inquisition de Rome.

Femmes, soyez soumises à vos Maris.

Conformez-vous au temps.

De l'horrible Danger de la lecture.

Rescript de l'Empereur de la Chine.

Extrait de la Gazette de Londres.

Avis à tous les Orientaux. (Manifeste.)

Discours aux Welches.

Première et seconde Anecdotes sur Bélisaire.

Lettres de l'Archevêque de Cantorbéri, à l'Archevêque de Paris, sur Bélisaire.

Prophétie de la Sorbonne.

Epître écrite de Constantinople aux Frères.

Instructions du Gardien des Capucins de Raguse, à frère Pediculoso partant pour la Terre-Sainte.

La Canonisation de saint Cucufin.

Au révérend Père en Dieu, à messire Jean de Beauvais.

Relation de la mort du Jésuite Berthier.

Lettres de Charles Gouju à ses Frères.

etc., etc., etc., etc., etc.

On pourrait ajouter ici plusieurs pièces de vers détachées, telles que le *Cadenas*, l'*Antigiton*, les sept *Discours* sur l'homme, les *Trois Empereurs en Sorbonne*, le *Marseillais et le Lion*, le *Russe à Paris*, etc., etc.; mais cela nous entraînerait trop loin. Nous allons terminer cet article par une notice sur la bibliothèque de Voltaire. Cependant avant, nous nous permettrons de citer une petite anecdote relative à Frédéric, et qui a rapport à la matière que nous traitons : on la lit dans les lettres de Voltaire ; c'est pourquoi nous la plaçons ici. « Le roi de Prusse, dit Voltaire, fait imprimer ses *Œuvres*; il a été mécontent de l'édition qu'on en avait donnée ; on lui a fait appercevoir qu'il pouvait perdre quelques partisans en laissant subsister une tirade contre le christianisme, qui commence par *lâches chrétiens*. Il a fait brûler cette édition par le bourreau, à Berlin, et en a donné une autre où il a mis *pauvres chrétiens*, ce qui a tout réparé, etc. » Revenons à la bibliothèque de Voltaire : elle était composée de 6210 volumes, dont la plupart étaient assez médiocres, surtout dans la partie de l'histoire. Les romans n'y étaient pas nombreux, on en comptait tout au plus 30 volumes. Mais quelques médiocres que fussent en partie les livres de cette bibliothèque, ils devenaient très-précieux par les notes dont Voltaire les avait chargés. Quand il lisait un ouvrage, et qu'il trouvait matière à y faire une remarque, il prenait le premier petit morceau de papier qui lui tombait sous la main, écrivait sa remarque et la collait sur la marge à l'endroit même qui avait exigé la remarque. On doit regretter que ce monument curieux ne se trouve plus en France ; sa place devrait être à la bibliothèque impériale à Paris ; mais il se trouve à celle de Saint-Pétersbourg. Catherine II en a fait l'acquisition ; madame Denis, héritière de Voltaire, la lui a cédée, en 1778, pour la somme de 150,000 livres. C'est le prix qu'y a mis cette magnifique souveraine ; elle y a joint des fourrures de la plus grande beauté, et une lettre très-gracieuse que je crois pouvoir rapporter ici : elle est du 15 octobre 1778. La suscription était ainsi conçue : « *Pour madame Denis, nièce d'un grand homme que j'aimais beaucoup.* » Voici le corps de la lettre : « Je viens d'apprendre, madame, que vous consentez à remettre entre mes mains ce dépôt précieux que M. votre oncle vous a laissé, cette bibliothèque, que les ames sensibles ne verront jamais sans se souvenir que ce grand homme sût inspirer aux humains cette bienveillance universelle que tous ses écrits, même ceux de pur agrément, respirent, parce que son ame en était profondément pénétrée. Personne avant lui n'écrivit comme lui; il servira d'exemple et d'écueil à la race future. Il faudrait unir le génie et la philosophie aux connaissances et à l'agrément, en un mot, être M. de Voltaire, pour l'égaler. Si j'ai partagé avec toute l'Europe vos regrets, madame, sur la perte de cet homme incomparable, vous vous êtes mise en droit de participer à la reconnaissance que je dois à ses écrits. Je suis, sans doute, très-sensible à l'estime et à la confiance que vous me marquez; il m'est bien flatteur de voir qu'elles sont héréditaires dans votre famille. La noblesse de vos procédés vous est caution de mes sentimens à votre égard.

« J'ai chargé M. Grimm de vous en remettre quelques faibles témoignages, dont je vous prie de faire usage. »

Signé CATHERINE.

L'impératrice exigea qu'on ajoutât aux livres toutes les lettres originales de Voltaire qu'on pourrait faire imprimer, et même celles qui ne seraient pas dans le cas de l'être. Madame Denis a seulement demandé la permission d'en garder copie. Catherine II a de plus demandé des plans exacts et dans tous les sens, du château de Ferney: elle se proposait d'en faire construire un pareil dans son parc de Czarskozelo, et d'y élever un monument à la mémoire de Voltaire: il devait y avoir un muséum où l'on aurait placé les livres dans l'ordre où ils étaient à Ferney. La statue de Voltaire devait être au milieu,

J'ignore si ces projets ont été exécutés. Marie-François Arouet de Voltaire, né à Châtenay près Paris, le 20 février 1694, est mort à Paris le 30 mai 1778, à onze heures du soir. Son neveu Mignot l'a fait enterrer à Selliers, abbaye de bénédictins, entre Nogent et Troyes. Son corps a été transporté, en 1791, dans l'édifice de Sainte-Geneviève à Paris, d'après un décret de l'assemblée nationale. Alexiewna Catherine II, née dans la Poméranie prussienne en 1729, est morte d'une attaque d'apoplexie le 17 novembre 1796 : elle était montée sur le trône en 1762. Cette illustre souveraine préférait les écrivains français à ceux des autres nations. Elle aimait Dalembert ; elle lui fit offrir 24,000 livres de pension pour venir achever l'Encyclopédie dans ses états, et pour y surveiller l'éducation du grand duc. Dalembert refusa ; ce qui n'empêcha point l'impératrice d'acheter sa bibliothèque. Elle acheta également celle de Diderot, sachant qu'il voulait la vendre pour en faire la dot de sa fille unique ; mais elle mit, pour condition, qu'il en aurait la jouissance jusqu'à sa mort, et qu'il toucherait un traitement de bibliothécaire.

VORSTIUS. Conradi Vorstii tractatus de Deo, seu de naturâ et attributis Dei, constans decem disputationibus. *Steinfurti*, 1610, *in-4.*, et *Hannoviæ*, *in-4.*

Ouvrage très-rare et que le roi Jacques premier a fait brûler par la main du bourreau à Londres. Ce roi Jacques se mêlait beaucoup trop de théologie. Conrad Vorstius, né à Cologne le 19 juillet 1569, mourut dans les états du duc de Holstein en 1622. Il a encore composé un ouvrage intitulé : *Amica collatio cum D. Johanne*

Piscatore, *clar. theologo*, *Goudæ*, 1613, *in-4.*, qui est rare et recherché.

VOSSIUS. De septuaginta interpretibus eorum que translatione et chronologiâ, auctore Isaaco Vossio. *Londini*, 1665, *in-4.*

Chronologia sacra ad mentem veterum hebræorum, eodem Vossio auctore. *Hagæ-Comitum*, 1661, *in-4.*

Dissertatio de verâ ætate mundi, Vossio auctore. *Hagæ-Comitum*, 1659, *in-4.*

De lucis naturâ et proprietate; eodem auctore. *Amstelodami*, 1662, *in-4.*

De Sybillinis aliisque quæ Christi natalem præcessêre oraculis, eodem auctore. *Lugduni Batavorum*, 1680, *in-12.*

Sancti Ignatii epistolæ, item sancti Barnabæ apostoli epistola, græcè et latinè cum notis, eodem auctore. *Amstelodami*, 1646, *in-4.*

Variorum observationum liber, eodem auctore. *Londini*, 1685, *in-4.*

Tous ces ouvrages, d'Isaac Vossius, ont été mis à l'index par un decret du saint-office, du 2 juillet 1686. Mabillon, invité par la congrégation de l'index, à donner son opinion sur ces livres, leur fut favorable; mais son sentiment n'a point été suivi, ainsi qu'on le voit dans l'*index* de Benoît XIV, *Romæ*, 1770, page 282. Cela prouve que ces ouvrages ne sont pas aussi dangereux qu'on pourrait le croire d'après cette condamnation. La piété du savant Mabillon en est un garant. Isaac Vossius, né à Leyde en 1618, est mort le 21 février 1689 : il n'a point fait entrer dans ses *Commentaires sur Catulle* le traité *De Prostibulis* de Beverland, comme on l'en accuse.

WECCHIETTUS. Hieronymi Wecchietti Florentini ab Egypto doctoris theologi, opus de anno primitivo ab exordio mundi, ad annum Julianum accomodato, et de sacrorum temporum ratione libri octo. *Augustæ-Vindelicorum, ex impensis authoris, per Andream Aperger, anno, 1621, in-folio magno.*

Aussitôt que ce bel ouvrage parut, il attira beaucoup d'ennemis à son auteur. Outre les censures particulières qu'il encourut, il fut dénoncé au tribunal de l'inquisition comme un livre hérétique, et qui contenait des maximes très-dangereuses. L'inquisition commença par défendre, à Rome et dans tous les pays de la domination, la vente publique des exemplaires : ce tribunal ayant instruit le procès contre l'auteur, le condamna à finir ses jours en prison, et son livre fut supprimé par le même jugement. Comme il n'était pas à Rome lorsque le décret fut rendu, ses ennemis n'avaient pu le faire arrêter ; mais il se rendit lui-même dans les prisons de l'inquisition ; cette soumission surprit tout le monde et désarma jusqu'à ses plus grands ennemis. Cependant n'ayant pas voulu revenir sur ses opinions, il resta en prison jusqu'à sa mort : il avait près de quatre-vingts ans. On présume que cet ouvrage a été supprimé pour deux causes. La première consiste en ce que l'auteur soutient, contre l'opinion de la cour de Rome, la doctrine des talmudistes, prétendant prouver que Jésus-Christ n'a pas fait la pâque la dernière année de sa vie, et qu'il ne s'est point servi de pain azyme en instituant l'eucharistie. La seconde cause provient de ce que cet ouvrage contient, selon le rapport de plusieurs écrivains, quelques traits historiques peu avantageux à la mémoire de l'empereur Louis de Bavière, qui ont occasionné de grandes plaintes portées à la cour de Rome de la part de cette maison qui en fut vivement choquée. (Voyez sur cet ouvrage le n.º 4302 de la *Bibliographie* de Debure.) Un exemplaire bien complet a été vendu 144 livres chez M. de Soubise en 1789.

WICLEF. Joannis Wiclefi, viri undiquaque clarissimi dialogorum libri IV quorum primus divinitatem, et ideas tractat ; secundus, universarum creationem complectitur; tertius, de virtutibus vitiisque contrariis copiosissime loquitur ; quartus, romanæ ecclesiæ sacramenta, ejus pestiferam dotationem, antichristi regnum, fratrum fraudulentam originem, atque eorum hypocrysim, variaque nostro ævo scitu dignissima graphicè Perstringit. *Impress. absque nota loci,* anno 1525, *in-*4.

Volume devenu très-rare par la suppression exacte que la cour de Rome en fit faire. Il paraît qu'il est sorti des presses de Jean Oporin de Basle ; un exemplaire a été vendu 241 livres, chez les jésuites du collége de Clermont, en 1764. Mais ordinairement cet ouvrage vaut 100 à 120 livres. La réimpression de Francfort, 1753, *in-4.*, est d'une moindre valeur. Dans cet ouvrage, dont on dit que Otho Brunsfels est éditeur, Wiclef fait parler trois personnages qui sont : la *Vérité*, ou ALITHIA ; le *Mensonge*, ou PSEUDIS, et la *Prudence*, ou PHRONESIS. C'est comme un corps de théologie qui contient toute sa doctrine, dont le fond consiste à admettre une nécessité absolue en toutes choses, même dans les actions de Dieu. Il dit cependant que Dieu est libre, et qu'il eût pu faire autrement s'il eût voulu : mais il soutient en même temps qu'il est de son essence de ne pouvoir vouloir autrement. Wiclef voulait établir l'égalité et l'indépendance entre les hommes ; prétention aussi ridicule qu'impossible à exécuter. Les Français en ont eu la fatale expérience à la fin du 18.º siècle. Les Anglais l'avaient eu sous les yeux de Wiclef en 1379 et 1380. C'est du temps de cet hérésiarque qu'Urbain VI et Clément VII se disputaient le siége de Rome. L'Europe était partagée entre ces deux pontifes ; l'un était reconnu par les Anglais et l'autre par les Français. Urbain fit prêcher, en Angleterre, une croisade contre la France, et accorda aux croisés les mêmes indulgences que l'on avait accordées pour les guerres de la Terre-Sainte. Wiclef tonna contre cette croisade dans un ouvrage écrit avec force. « Il est honteux, dit-il, que la croix de Jésus-Christ, qui est un monument de paix, de miséricorde et de charité, serve d'étendard et de signal à tous les chrétiens pour les intérêts de deux faux prêtres qui sont manifestement des antechrist, afin de les conserver dans la grandeur mondaine, en opprimant la chrétienté plus que les juifs n'opprimèrent Jésus-Christ lui-même et les apôtres. Pourquoi l'orgueilleux prêtre de Rome ne veut-il pas accorder à tous les hommes indulgence plénière à condition qu'ils vivront en paix et en charité, pendant qu'il la leur accorde pour se battre et pour se détruire? » Il y eut à Londres un concile assemblé en 1382 par Guillaume de Courtenay, archevêque de Cantorbéry, dans lequel on condamna plusieurs propositions hérétiques de Wiclef. Les plus saillantes sont celles-ci : « La confession extérieure est inutile à un homme suffisamment contrit..... On ne trouve point dans l'évangile que Jésus-Christ ait ordonné la messe..... Dieu doit obéir au diable..... Si le pape est un imposteur et un méchant, et par conséquent membre du diable, il n'a aucun pouvoir sur les fidèles, si ce n'est peut-être qu'il l'ait reçu de l'empereur.... Après Urbain VI on ne doit point reconnaitre de pape, mais vivre comme les Grecs, chacun sous ses propres lois..... Il est contraire à l'Écriture-Sainte que les ecclésiastiques aient des biens temporels..... » On prétend qu'il existe un autre ouvrage de Wiclef, intitulé : *Trialogorum libri IV*, infiniment plus rare que celui qui fait l'objet de ces articles; mais on n'en connait particulièrement aucun exemplaire, et on est fondé à croire que c'est le même ouvrage que celui que nous annonçons. Jean Wiclef, né à Wiclif dans la province d'Yorck, vers 1324, est mort à Lutterword où il se tenait caché, en décembre 1384. L'animosité de ses ennemis le poursuivit au delà du tombeau; car ils exhumèrent son corps quelques années après et le brûlèrent, puis en firent jeter les cendres dans la rivière. Wiclef a composé un grand nombre d'ouvrages; mais il ne nous est, pour ainsi dire, parvenu que celui dont nous avons parlé. Nous ne pensons pas que *la petite Porte de Jean Wiclef* (en Anglais), *imprimée à Nuremberg en* 1546, *in*-8., soit de lui. C'est un petit traité contre le dogme de la transubstantiation, qui est fort rare, surtout de cette édition originale; la réimpression d'Oxford, 1612, quoique moins estimée, est encore rare. On croit que cet ouvrage est de l'un des disciples de Wiclef.

WILLENBERGIUS. Theses de licitæ polygamiæ finibus, auctore Sam. Frid. Willenbergio. *Gedani*, 1715, *in*-4.

Cet ouvrage a été brûlé par la main du bourreau.

WOLKELIUS. Joannis Wolkelii de Verâ religione libri VI quibus præfixus est liber Joannis Crellii Franci, de Deo et ejus attributis. *Racoviæ, anno* 1630, *Sternacius*, *in*-4.

Édition originale, rare et recherchée. La réimpression qui en fut faite à Amsterdam en 1645, même format, y fit beaucoup de bruit lorsqu'elle parut : elle y fut brûlée publiquement par ordre des magistrats. Il est bon de joindre, à l'édition originale, le *Joannis Crellii libri duo de uno Deo patre. Racoviæ, Sternacius*, 1631, *in*-8. Alors cette édition devient aussi complette que la réimpression de Hollande, dans laquelle se trouve imprimé ce dernier ouvrage. Et quoique cette édition de Hollande soit plus belle et plus complette que l'originale, cependant cette dernière lui est bien supérieure aux yeux des curieux, quand ils peuvent réunir les deux ouvrages de

1630 et 1631. Ce Crellius passe pour le second apôtre des Unitaires après Socin. Il est mort à Cracovie en 1632, âgé de quarante-deux ans. Cette famille n'a pas été heureuse en fait de religion : un autre Crellius, chancelier de Saxe, a été décapité, en 1592, pour avoir tenté d'introduire le calvinisme en Saxe.

Volkelius a exposé, dans ses cinq livres, le système complet de la doctrine socinienne, avec un précis de ce que les sociniens ont dit de mieux pour l'établir. Cet auteur, ami de Socin, est mort vers 1630.

WOLMAR. Erasmi Irenici (Isaaci Wolmar) bibliotheca Gallo-Suecica, seu syllabus operum selectorum, quibus Gallorum, Suecorumque hac tempestate belli proferendi, pacis evertendæ studia publico exhibentur. Accessit prologus ad concordiam germanicam adhortatio. *Utopiæ, apud Udonem Neminem, vico ubique, ad insigne veritatis, hoc anno, in-4.*

Ce volume est un libelle diffamatoire qui a été supprimé, et l'imprimeur a été condamné au fouet par arrêt du parlement.

WOOD. Antonii à Wood Athenæ Oxonienses, or an exact history of the Writers and Bishops, who hat thier éducation at Oxford. *London, 1691, 1692, 2 vol. in-fol.* Editio altera auctior, *1721, 2 vol. in-fol.*

Cet ouvrage est rare. Ayant été brûlé publiquement,

disent Freytag et Engel; cependant les écrits de cet auteur sont estimés. Antoine de Wood, né à Oxford en 1632, mourut en 1695.

WOOLSTON. Discours sur les miracles de Jésus-Christ, traduits de l'anglais de Thomas Woolston. *Dans le 18.e siècle, 2 vol. in-8.*

Cet ouvrage a été brûlé par la main du bourreau, en vertu d'un arrêt du parlement de Paris, du 18 août 1770. Les motifs de l'arrêt sont, « que ce livre offre une satyre contre les miracles opérés par Jésus-Christ, et consignés dans les livres saints. Cette satyre est d'autant plus insultante, que l'auteur s'est efforcé de l'appuyer du témoignage des pères de l'église, et de protestations ironiques de respect et d'attachement pour Jésus-Christ et pour son évangile. » Voici comment les *Mémoires secrets* rendent compte de cette production condamnable : « Dans ce traité, composé de six discours, l'auteur discute quatorze miracles de Jésus-Christ, savoir ; les marchands et vendeurs chassés du temple ; les démons chassés du corps d'un possédé, et passés dans un troupeau de pourceaux ; sa transfiguration sur le Tabor ; la cure de la femme hémorroïsse, celle d'une femme ayant un esprit d'infirmité, sous lequel elle était demeurée courbée dix-huit ans, et liée dans les chaines de Satan ; l'histoire de la Samaritaine, celle du figuier maudit ; la guérison d'un homme malade depuis trente-huit ans et qui était à l'entrée de la Piscine, celle de l'aveugle né ; le changement d'eau en vin aux noces de Cana ; le paralytique ; la résurrection de Lazare ; il termine par celle de Jésus-Christ même, qui est le quinzième miracle dont il fait l'analyse et la critique. Tout cet ouvrage tend à prouver,

1.° que les miracles consistant à guérir des maladies corporelles qui ont rendu Jésus-Christ célèbre, ne conviennent point au Messie, et même ne sont pas une preuve suffisante pour avoir pu l'autoriser à fonder une religion. 2.° Que l'histoire littérale de la plupart des miracles de Jésus-Christ, tels qu'ils sont rapportés par les évangélistes, renferment des choses absurdes, improbables et incroyables; que par conséquent ils n'ont jamais été opérés, en tout ni en partie, de la manière dont on le croit aujourd'hui; mais qu'ils sont seulement rapportés comme des récits prophétiques et paraboliques, de ce qui doit être un jour opéré par lui d'une manière mystérieuse et plus miraculeuse. 3.° Ce que Jésus entend lorsqu'il en appelle à ses miracles, pour prouver son autorité divine, et qu'il n'a pu proprement et absolument en appeler à ceux qu'il a opérés alors dans la chair, mais aux miracles mystiques qu'il devait opérer en esprit, dont ceux qu'il a faits dans la chair ne sont que les figures et les ombres.

« La manière de raisonner de l'auteur et son application de différens sens allégoriques que les pères ont donnés à ces miracles, font, de ce traité, le galimathias le plus complet; et il est aisé d'en conclure que cet écrivain ne croit pas plus le sens figuré que le sens littéral des écritures, mais cherche seulement à tourner en ridicule les diverses interprétations des pères. C'est encore ici qu'il faut avoir recours à la foi, et présenter son bouclier impénétrable, contre lequel viennent se briser, comme le verre, les argumens les plus formidables des incrédules, et les pointes les plus acérées des persifleurs. »

Cet ouvrage a été vivement attaqué lorsqu'il a paru en 1727 -- 1729. L'auteur l'a défendu dans un ouvrage intitulé : *Défense des Discours de M. Woolston sur les miracles de Jésus-Christ, contre les évêques de Saint-David et de Londres, et contre ses autres adversaires*, 1730, *in*-8. On lui doit encore une autre production, ayant pour titre : *Apologie ancienne pour la vérité de la religion chrétienne, renouvelée contre les juifs et les gentils*. Londres, *in*-8. On l'a réimprimée en 1732. Il a encore composé quelques autres ouvrages. Sa manie d'écrire contre les vérités fondamentales de la foi, lui a attiré une condamnation humiliante. La cour du ban du roi l'a condamné, en 1729, à payer 100 livres sterlings d'amende; à subir une année de prison, et à donner caution pour sa bonne conduite pendant le reste de ses jours. Quand il fut en présence du tribunal, il dit : « Qu'il était pénible d'avoir à se défendre devant des juges qui, tout probes et instruits qu'ils étaient, ne comprenaient pas mieux les matières sur lesquelles il était accusé, qu'il ne comprenait lui-même ce qui concernait le droit ou les lois. » Il ne survécut que quatre ans à son jugement. Thomas Woolston, né en 1669, est mort en 1733.

YSE. Propositions et moyens pour parvenir à la réunion des deux religions en France. Par Alexandre d'Yse. (*Paris*), 1677, *in*-4.

Cet ouvrage est très-rare parce qu'il a été supprimé avec soin. Alexandre d'Yse, protestant, était professeur de théologie à Die en Dauphiné. Il fut privé de sa chaire pour avoir paru pencher vers la religion catholique dans un discours qu'il composa pour réunir les deux religions. Il se retira en Piémont où il mourut vers la fin du 17.ᵉ siècle.

YVES. *Astrologiæ nova methodus Franc. Allæi Arabis christiani (Yvonis Parisini ca-*

pucini). *Rhedonis, Herbert*, 1654. = Ejusdem Allæi fatum universi. *Rhedonis, Herbert*, 1654. = Ejusdem Allæi disceptatio in librum de fato. *Rhedonis*, 1655, *in-folio, fig.*

Ouvrages assez curieux, dont l'édition originale fort rare a été brûlée à Nantes par la main du bourreau. La cause de cette condamnation est dans plusieurs passages qui contiennent quelques prédictions funestes à différentes puissances de l'Europe, et surtout à l'Angleterre, à qui l'on annonçait une grande désolation pour l'année 1756. Ces prédictions hasardées occasionnèrent des plaintes qui firent supprimer les exemplaires de ce volume devenu très-rare. Les réimpressions, sous la même date de 1654 et sous celle de 1658, ne sont nullement recherchées parce qu'elles sont tronquées. On prétend que le père Yves n'est auteur que de la dissertation sur le *Fatum mundi*, et qu'un gentilhomme breton a fait les deux autres ouvrages. L'édition de Rennes, que nous citons, passe pour avoir été imprimée aux dépens du marquis d'Assérac. Je ne sais pourquoi cet ouvrage est annoncé *in-4* dans le *Catalogue du prince de Soubise*. Le père Yves est encore auteur des *Heureux succès de la piété et triomphe de la vie religieuse* ; ouvrage qui a été censuré parce qu'on y élève le clergé régulier sur les débris du séculier. Le père Yves de Paris, capucin, est mort à Paris, en 1678, à 85 ans.

ZABARELLA. Traité du schisme, par François de Zabarellis, cardinal de Florence. 1565, *in-folio*.

Cet ouvrage a été mis à l'index par la congrégation

du saint-office, à cause de la liberté avec laquelle l'auteur parle des papes et de la cour de Rome. Cependant il a failli monter sur la chaire de saint Pierre. Il attribue tous les maux de l'église actuelle à la cessation des conciles ; et cette cessation, qu'il regarde comme un véritable désordre à l'ambition des papes, qui, dans le gouvernement de l'église, imitant plutôt la conduite des princes temporels que celle des apôtres, ont voulu tout décider par leurs propres lumières. Aussi les protestans, très-contens de cet ouvrage, l'ont-ils fait réimprimer à différentes fois. Zabarella est mort, en 1417, à Constance, pendant la tenue d'un concile où il signala son zèle : il était alors âgé de 78 ans.

CATALOGUE

SUPPLÉMENTAIRE

Renfermant quelques articles omis, et en outre plusieurs ouvrages condamnés au feu, supprimés ou censurés, sur la condamnation desquels on n'a pas eu des renseignemens assez détaillés pour ajouter une notice raisonnée à chaque article.

Quoique nous ayons tâché de réunir, dans notre Dictionnaire, les articles les plus intéressans parmi les livres proscrits, nous y ajoutons une petite liste supplémentaire, parce que nous avons craint que les bibliophiles ne nous fissent un reproche d'en avoir passé sous silence plusieurs qui sont encore recherchés par les amateurs, surtout dans la partie de la théologie hétérodoxe, de la philosophie, de la politique, de l'histoire, etc. On sait quelle abondante, mais déplorable moisson, offriraient ces différens genres d'ouvrages, si l'on voulait tout recueillir. C'est pour éviter le reproche d'omission, ou du moins en diminuer la gravité, que nous avons fait un choix des articles les plus piquans et les plus rares, parmi les nombreuses notices que nous possédons. Comme les détails nous ont manqué sur la condamnation de la plupart de ces articles, et que d'ailleurs nous nous sommes suffisamment étendus sur la nature de ces productions qui, toutes se ressemblent à-peu-près quant au fonds, nous nous bornerons à donner ici une simple liste des livres qui nous avaient paru, dans le premier instant, ne devoir pas faire partie de notre ouvrage ; nous avons pensé depuis qu'ils pouvaient y figurer et même le compléter. Nous adoptons l'ordre alphabétique, soit pour les noms d'auteurs, soit pour les titres des anonymes.

ACCORD de la religion et de l'humanité sur l'intolérance. *(Paris)* 1762, *in-*12.

ACONCE. De stratagematibus Satanæ in religionis negotio, per superstitionem, errorem, hæresim, odium, calumniam, schisma, etc. Libri VIII. auctore Jacobo Aconcio. *Basileæ*, 1565, *in-*8., et *Amstelodami*, 1674, *in-*8.

Cet ouvrage impie a été dédié à Elisabeth, reine d'Angleterre. Il en a paru une traduction française à *Basle* en 1565, *in-*4.; à *Delft*, en 1611, et en 1624, *in-*8. L'auteur s'est proposé, dans cet ouvrage, de réduire, à un très-petit nombre, les dogmes de la religion chrétienne, et d'établir une tolérance réciproque entre toutes les sectes qui divisent le christianisme : c'était le vrai moyen de déplaire à toutes.

ACOSTA. Examen traditionum Pharisaïcarum ad legem scriptam. Auctore Uriel Acosta.

L'auteur attaque l'immortalité de l'ame dans cet ouvrage, et il se fonde sur ce que Moyse n'a parlé ni du Paradis ni de l'Enfer. Cet Uriel Acosta, né à Opporto selon Vatkins, et à Lisbonne, selon Coupé, a changé de religion et a fini par se brûler la cervelle en 1640 ou 1647.

ALEXIUS. Simonis Alexii de origine novi Dei missatici quondàm in Anglia mortui, nunc denuò ab inferis ressuscitati, dialogi VII, in quibus purissimi sacræ scripturæ fontes, ad impurissimas scholasticæ doctrinæ lacunas collati, non tantùm verum cœnæ Dominicæ usum ostendunt sed etiam impium missæ papisticæ abusum patefaciunt. *Impressum anno* 1558, *in-*8.

Cet ouvrage a été très-exactement supprimé.

AMOURS (les) d'Anne d'Autriche, épouse de Louis XIII, avec le cardinal de Richelieu, le véritable père de Louis XIV, où l'on fait voir au long comment il s'y prit pour donner un héritier à la couronne, et les ressorts que l'on fit jouer pour le dénouement de cette comédie. *Londres*, 1738, *in-*12.

ANTI-PAPISTE (l') révélé, *ou* le Rêve de l'Anti-Papiste. *Genève*, 1767, *in-*8.

ARPE. Apologia pro Jul. Cæsare Vanino, et theatrum fati, etc. Autore Petro Frid. Arpe. *Rotterdam*, 1712, *in-*8.

AVENTURES de Pomponius, (le Régent) chevalier romain, augmentées d'un recueil de pièces concernant la minorité de Louis XV. *Rome (Hollande)*, 1728, *in-*12.

La première édition de cette satyre est de 1724. Cet ouvrage n'est point de Saint-Hyacinthe (Hyacinte de Themiseuil). Il a été envoyé en manuscrit de Paris en Hollande. Le libraire à qui il fut adressé, en 1722, le fit offrir au cardinal Dubois, qui fit peu de cas de cette offre, et du MSS. craignant peut-être qu'on ne lui jouât un tour pareil à celui de Chavigni au sujet du *Cochon mitré*. Le début du chapitre

VIII où commence l'Histoire des Voyages de Pomponius est le même que celui de Janus Nicius Erythræus dans son *Eudémie*, ouvrage satyrique latin, imprimé en 1645.

On trouvera la clé des principaux noms contenus dans les *Aventures de Pomponius* dans le *Ducatiana*, tom. 1, pag. 107.

BACHAUMONT. Mémoires secrets pour servir à l'Histoire de la république des Lettres en France, depuis 1762 jusqu'en 1787. (Par de Bachaumont et autres.) *Londres*, 1777--1789, 36 *vol. in-*12.

BASTWICH. Joan. Bastwich elenchus papisticæ religionis, in quo probatur, neque apostolicam, neque catholicam, neque romanam esse. *Amstel., Jansson*, 1634, *in-*8.

BAYLE en petit, *ou* Anatomie de ses ouvrages. 1738, *in-*12.

BAYLE. Commentaire philosophique sur ces paroles de Jésus-Christ : *Contrains-les d'entrer*, (ou Traité de la tolérance universelle,) ouvrage composé par Pierre Bayle. *Rotterdam*, 1713, 2 *vol. in-*12.

Cet ouvrage ne serait-il pas une édition différente de celui dont nous parlons à l'article Fox?

BAYLE. Analyse de Bayle, *ou* Abrégé méthodique de ses ouvrages. *Londres*, 1755, 8 *vol. in-*12.

BECONE. Thomæ Becone Angli, comparatio cœnæ domini et missæ papisticæ. *Basileæ*, 1550, *in-*8.

BEDE. La Pasque de Charenton, par J. Bede; et la Cêne apostolique avec la Messe romaine. *Charenton*, 1639, *in-*8.

BEDE. La Messe en français, exposée par Jean de Bede, Angevin. *Genève*, 1610, *in*-8.

BERNEGGER. Hypobolimæa divæ mariæ deiparæ camera, seu idolum lauretanum, auct. M. Berneggero. *Argentorati*, 1619, *in*-4.

BEZE. Theodori Bezæ confessio christianæ fidei cum papisticis hæresibus. 1560, *in*-8.

BEZE. Histoire de la Mappemonde papistique, par Frandigelphe Escorche-Messe; (attribuée, sans beaucoup de fondement, à Théodore de Beze). *Imprimé à Luce-Nouvelle, par Briffaut Chasse-Diables, en 1567*, *in*-4.

BOLYNGBROCKE. Examen important de la Religion chrétienne, par Bolyngbrocke (Voltaire), avec des notes de l'éditeur (l'auteur). *Londres*, 1776, *in*-8.

BON SENS (le), *ou* Idées naturelles opposées aux idées surnaturelles. (Par d'Holbach.) *Londres*, 1772, *in*-12.

BOULAINVILLIERS. Doutes sur la religion, suivis de l'analyse du Traité Théologico-politique de Spinosa; par Boulainvilliers. *Londres*, 1767, *in*-12.

BROWN. Religio medici, cum annotationibus; auctore Th. Brown. *Argentorati*, 1661, *in*-8. Trad. franc., 1668, *in*-12.

BROWN. La Religion du Médecin, c'est-à-dire Description nécessaire; par Thomas Brown, médecin renommé. *Norwick*, 1668, *in*-12, *avec la figure*.

BULLA Diaboli, quâ paternè papam instruit quomodò gerere se debeat in regendâ romanâ curiâ et toto terrarum orbe. *Anno* 1545, *in-*8.

Petite brochure de 16 pages, à la fin de laquelle on lit : *Datum apud centrum terræ, in nostro palacio tenebroso; præsenti catervâ dæmonum ad hoc præcipuè convocatâ, ad consistorium dolorosum, sub nostri sigilli charactere terribili, robore perpetuo ac fide validâ prætermissorum. Farfarellus Cantabrica secretarius.* On trouve ordinairement, après cette brochure, deux petites pièces, l'une de 6 pages, intitulée : *Symbolum novum à cardinalibus in concilio tridentino constitutum,* anno 1545, *in-*8.; et l'autre, de 14 pages, en vers latins, et qui ne renferme qu'une première partie, ayant pour titre : *Discursus consolatorius super concilium tridentinum inter Sorbonam et Nicolaum Maillardum, excerptus et transcriptus, per Bened. Cosmomorium.* Anno 1564, in-8.

BULLINGER. Abrégé de la doctrine évangélique et papistique, par articles opposés l'un à l'autre; par Henri Bullinger. Trad. du latin. *Jean Crespin*, 1558, *in-*8.

Le même auteur a encore plusieurs autres ouvrages du même genre; tels que *la Source d'Erreurs*, 1560, in-12. — *Résolution de tous les points de la religion chrétienne,* 1556, in-16. — *De Sacro-sanctâ coenâ domini,* 1553, *in-*8.; etc.

CAPEL. Histoire du Siége romain, contre ceux qui nient que le pape soit l'ante-christ; par J. Capel. *Sedan, Jannon,* 1633, *in-*8.

CATÉCHISME et Décisions de Cas de conscience, à l'usage des Cacouacs, avec un Discours du patriarche des Cacouacs. *Cacopolis,* 1758, *in-*8.

CHARPY. L'ancienne nouveauté de l'Ecriture-Sainte, *ou* l'Eglise triomphante sur la terre; par N. C. D. S. C. (Nicolas Charpy de Sainte-Croix.) (*Paris*), 1657, *in-*8.

CHARRON. De la Sagesse; par Charron, *in-8*.

En parlant de cet ouvrage, page 76 du premier vol., nous avons oublié de dire qu'on trouve, dans le *Catalogue de Méon*, une Annonce de *la Sagesse*, sous ce titre : *De la Sagesse, par Charron, avec des Commentaires, par Néjean*, tome premier, jusques et compris la lettre O, *in-8. G. P. de Hollande* : à cet article est jointe la note suivante : « C'est tout ce qui a paru de ce Commentaire; des ordres supérieurs en ayant arrêté la continuation, bien que le libraire Charpentier en eut le privilége. » Je ne connais pas la date de cette édition commencée, mais Charpentier a été libraire à Paris depuis 1761 jusqu'en 1775, et sa veuve a exercé jusqu'en 1779.

CHEVRIER. Les Œuvres complettes de Chevrier. *Londres, l'an de la vérité*, 1778, 3 *vol. in-8*.

CIACONIUS (Alphonse).

Cet auteur, mort à Rome en 1599 à 59 ans, avec le titre de patriarche, a écrit plusieurs ouvrages parmi lesquels nous distinguons sa *Bibliotheca scriptorum ad annum* 1583. Les inquisiteurs n'ont jamais voulu en permettre l'impression, parce que l'auteur y louait quelques hérétiques. Les bibliographes auraient été privés de ce répertoire utile, si Camusat ne l'eût publié à Paris en 1731, *in-fol*. Il a été réimprimé à Amsterdam en 1743. Malheureusement cette espèce de Dictionnaire ne va que jusqu'à la lettre E. Nicéron prétend que l'auteur n'a fait que copier l'*Epitome* de Gessner, auquel il a ajouté peu de chose, et que l'ouvrage n'est passable que pour les auteurs qu'il avait été à portée de connaitre.

CIEL réformé (le), *ou Essai de traduction de partie du Spaccio della bestia trionfante*. 1750, *in-12*.

CLOOTZ. La Certitude des preuves du mahométisme, *ou* Réfutation de l'examen critique des apologistes de la religion mahométane; par Ali-Gierber (Anacharsis Clootz). *Londres*, 1780, *in-12*.

COCHLÆUS. Joannis Cochlæi concilium delectorum

cardinalium et aliorum praelatorum, de emendandâ ecclesiâ, *anno* 1538. Accessit æquitatis discussio super concilio delectorum cardinalium, etc. *Excusus anno* 1539, *in-*8.

COLLINS. Discours sur la liberté de penser; par Collins, (avec la Lettre du Médecin arabe.) *Londres*, 1714, *in-*8.

COLLINS. Paradoxe métaphysique sur le principe des actions humaines, *ou* Traduction libre de Collins sur la liberté de l'homme. *Eleutheropolis*, 1756, *in-*8.

COLLINS. Essai sur la nature et la destination de l'ame; par Antoine Collins, trad. de l'anglais. *Londres*, 1769, *in-*8.

CONNOR. Evangelium medici, seu medicina mystica; de suspensis naturæ legibus, sive de miraculis, à Bern. Connor. *Londini*, 1697, *in-*8.

CONSEIL privé de Louis-le-Grand, assemblé pour trouver, par des nouveaux impôts, les moyens de continuer la guerre. *Versailles (Hollande), l'abbé la Ressource*, 1696, *in-*12.

COQUEREAU. Mémoires de l'abbé Terrai, contrôleur-général, contenant sa vie, son administration, ses intrigues et sa chûte. (Rédigés par Coquereau.) Nouvelle édition, 1776, 2 *vol. in-*12.

COUR (la) de France turbanisée, et les trahisons démasquées; en trois parties. *Cologne*, 1686, *in-*12.

CROY. Les trois Conformités, à savoir : l'Harmonie et convenance de l'Eglise romaine avec le paganisme, le judaïsme et les hérésies anciennes; par François de Croy. *Imprimé en 1605, in-8.*

CROYANCE des Juifs sur Marie. *Manuscrit fort rare, in-4.*

CRUAUTÉ religieuse (de la). *Londres, 1775, in-8.*

CUPPÉ. Le Ciel ouvert à tous les hommes, ou Traité théologique dans lequel, sans rien déranger des pratiques de la religion, on prouve solidement, par l'Ecriture-Sainte et la raison, que tous les hommes seront sauvés; par Pierre Cuppé. *Manuscrit, in-4.*

CUYCKIUS. Speculum concubinariorum sacerdotum, monacorum ac clericorum. *Coloniæ, Gualtherus, 1559, in-8.*

CYPRIANO DE VALERA. Dos tratados : el primero es del papa y de su autoridad; el secundo es de la missa, por C. D. V. (Cypriano de Valera.) *En la Casa de Arnoldo Hatfildo. 1588, in-8.*

DAVENNE. Tragédies saintes en trois théâtres, ou les Evangiles de Jésus-Christ, mis en poëme; par François Davenne. *Paris, 1652, in-12.*

DECKER. De Staurolatria romana libri duo, studio M. Conradi Deckeri. *Hanoviæ, 1614, in-12.*

DÉFENSE de la Liberté chrétienne en l'usage sobre des viandes créées pour les fidèles, contre la doctrine de la papauté, maintenu par Georges l'Apostre, en son Traité des quaresmes, vendredis, samedis, quatre-tems et rogations; par A. R. P. *Saumur*, 1605, *in-12*.

DELOQUE. Les principaux abus de la Messe où sont réfutées les plus remarquables erreurs de l'église romaine; par B. Deloque. *La Rochelle*, 1596, *in-8*.

DISCOURS des dissensions et confusions de la papauté. *Ambrun*, 1587, *in-16*.

DULAURENT. Le Porte-feuille d'un philosophe, ou Mélanges de pièces philosophiques, politiques, critiques, satyriques et galantes. (Recueillies et publiées par Dulaurent.) *Cologne, P. Marteau*, 1770, 6 *tom. in-12.*

DUBARRI. Précis historique de la vie de la comtesse du Barri. *Paris*, 1774, *in-12*. = Mémoires authentiques de la comtesse du Barri, par le chevalier Fr. N...., traduits de l'anglais. *Londres*, 1775, *in-12*. = Anecdotes sur madame la comtesse du Barri. *Londres*, 1776, *in-12*.

DUCLOS. Histoire de Louis XI, par Duclos. *Paris, Guerin*, 1743, 3 *vol. in-8*.

Il y a eu arrêt du conseil d'état, rendu le 28 mars 1745, contre cet ouvrage; les éditions postérieures ont été corrigées.

DUPATY. Mémoire justificatif pour trois hommes (de Chaumont) condamnés à la roue. (Par le président Dupaty.) 1786, *in-4*.

Ce Mémoire a été condamné par la cour du parlement à être lacéré et brûlé en 1786. Malgré cela, l'éloquence du sensible Dupaty a arraché au supplice les trois malheureux qu'il a défendus. On sait de quel succès ont joui *les Lettres sur l'Italie*, du même auteur. Monsieur Dupaty fils, se distingue, dans la carriere dramatique, par d'agréables compositions qui respirent la sensibilité, la délicatesse et la gaité, qui n'appartiennent qu'aux Français dans ce genre de travail.

ENFER (l') détruit, *ou* Examen raisonné du dogme de l'éternité des peines; traduit de l'anglais. *Londres,* 1769, *in-8.*

ERASME. D. Erasmi roterod. encomium moriæ. *Argentorati, Mathias Schurer,* 1511, *in-4.*

Première édition latine.

ERASME. De la Déclamation des louanges de follie, stile facessieux et profitable pour connoistre les erreurs et abus du monde. (Traduit du latin d'Erasme.) *Paris, Galliot Dupré,* 1520, *in-4., fig.*

Première édition française. Nous avions oublié de citer ces deux premières éditions en parlant de l'*Eloge de la Folie,* page 128 de notre premier volume.

ERASME. Colloquiorum formula, auctore D. Erasmo. *Basileæ,* 1518, *in-4.*

Nous avons également passé sous silence les *Colloques d'Erasme* dont nous citons ici la première édition. Cependant, nous devons parler de cet ouvrage puisqu'il a eu à-peu-près le même sort que l'*Eloge de la Folie*. On le recherca avec beaucoup d'empressement, et il fut réimprimé de tous côtés. Simon de Colines, imprimeur de Paris, le tira, en 1526, à vingt-quatre mille exemplaires, *in-16*, qui furent promptement enlevés. Il n'y avait point de savant, point d'écolier qui ne voulût posséder ce livre. Cependant, comme on y apperçut quelques passages trop libres contre les cérémonies, les ordonnances et les pratiques de l'église, contre les disciplines ecclésiastiques et autres choses semblables, la lecture en fut interdite par un décret du recteur de l'Université de Paris. Ce livre fut ensuite condamné par le concile de Trente, qui en défendit aussi la lecture jusqu'à ce qu'on en eût retranché ce qui pouvait donner de mauvaises impressions aux esprits faibles.

EPISTOLA obscurorum virorum ad dominum magistrum Ortuinum Gratium. 1516 et 1517, 2 tomes en 1 vol. in-4.

Léon X a condamné ce livre le 15 mars 1517, parce qu'il préparait, dit-on, les esprits aux nouveautés du luthéranisme. C'est une plaisanterie ingénieuse, attribuée, selon les uns, à Reuchlin; selon d'autres, à Ulric de Hutten: on le donne encore à d'autres savans. J'ai lu quelque part que Jean Crotus, ami de Luther, (et surnommé Rubianus, par Camerarius) est auteur du premier tome de ces Lettres, qui parut en 1516. Ce Jean Crotus était ami de Ulric de Hutten, qui lui dédia son poëme du NEMO, imprimé en 1519, in-4. Quel que soit l'auteur de ces Lettres, elles n'en sont, ou plutôt, elles n'en étaient pas moins très-amusantes. On y tourne en ridicule le langage barbare des théologiens scholastiques et quelques-unes de leurs opinions, en imitant leur style. Ce livre a été souvent réimprimé : je possède l'édition de Londres, 1710, in-12. Gratius (ou plutôt Graës, car c'est son vrai nom) opposa à cette plaisanterie dirigée contre lui : *Lamentationes obscurorum virorum non prohibitae per sedem apostolicam.* Cologne, 1518 *in-8.*, réimprimées en 1649.

ESPRIT du Clergé, *ou* le Christianisme vengé des excès de nos prêtres modernes ; traduit de l'anglais. *Londres*, 1767, 2 *vol.*

ESPRIT de Jésus-Christ sur la tolérance, pour servir de Réponse à *l'Apologie de Louis XIV sur la révocation de l'édit de Nantes*, etc. 1760, *in-8.*

ESSAI sur la Liberté de produire ses sentimens. *Imprimé (en Hollande)* en 1749, *in-12.*

ETAT de l'Homme dans le péché originel, 1714, *in-8.* Seconde édition, 1740, *in-8.*

Etre (l') pensant. *Amsterdam*, 1762, 2 *parties in*-12.

Fatum *ou* Fata.

Dans les pays où il y a inquisition, et surtout à Rome, il était défendu d'employer le mot *fatum* ou *fata* dans les livres. Un inquisiteur ayant examiné un livre que Naudé voulait faire imprimer à Rome, y censura ces paroles : *Virgo fata est*, et mit en marge : *Propositio hæretica, nam non datur fatum*. (Voyez Lamothe le Vayer, *page* 506 du tome XI, *in*-16.) Un auteur voulant se servir du mot *fata*, fit imprimer dans son livre *facta*; et dans l'errata il fit mettre *facta*, lisez *fata*.

Fausseté des Miracles des deux Testamens. Ouvrage traduit du manuscrit latin, intitulé : *Theophrastus redivivus*, *in*-12.

Flournois. Entretiens des Voyageurs sur la mer, où l'on traite de plusieurs affaires concernant l'état et la religion. Par N. Flournois, ministre de Genève. *Cologne*, 1715, 4 *vol. in*-12. *La Haye*, 1715 et 1740, 4 *vol. in*-12.

Fox. Commentaire philosophique sur ces paroles de Jésus-Christ : *Contrains-les d'entrer*, traduit de l'anglais de J. F. (Jean Fox de Bruggs.) *Cantorbéry*, 1686, 3 *vol. in*-12.

Je pense que cet ouvrage pourrait bien être la première édition de celui dont il est question à l'article Bayle.

Ganier. L'Eglise romaine convaincue de dépravation, d'idolâtrie et d'anti-christianisme; par Jean Ganier. *La Haye*, 1706. *in*-12.

Gavin. Le Passe-partout de l'église romaine, *ou* Histoire des tromperies des prêtres et des moines en

Espagne ; par Antoine Gavin, traduit de l'anglais par Janiçon. *Londres*, 1726, 3 *vol. in-*12.

GIANNONE Anecdotes ecclésiastiques, contenant la police et la discipline de l'église chrétienne depuis son établissement jusqu'au onzième siècle, les intrigues des évêques de Rome, et leurs usurpations tirées de l'Histoire de Naples, de Giannone, et brûlées à Rome en 1726. *Amsterdam*, 1738, *in-*8.

Nous avons déjà parlé de cet ouvrage à l'article GIANNONE.

GLAIVE (le) du Géant Goliath, *ou* Recueil de preuves par lesquelles il sera aisé à tous les fidèles qui le liront, de voir que le pape a la gorge coupée de son propre glaive. *Imprimé en* 1579, *in-*8.

GUALTHERUS. Rodolphi Gualtheri Anti-Christus, id est, homiliæ, quibus romanum pontificem verum et magnum Anti-Christum esse probatur. *Absque loco et anno*, *in-*8.

HESHUSIUS. Errores pleni Blasphem. in deum quos romana pontificiaque ecclesia contrà Dei verbum furenter defendit. Collect. à Tillemanno Hesbusio. *Francof. ad Mœnum*, 1577, *in-*8.

HISTOIRE critique de Jésus-Christ, *ou* Analyse des évangiles. *Sans date*, *in-*8.

HISTOIRE critique de Jésus-Christ, fils de Marie, tirée d'ouvrages authentiques, par Salvador, juif, et traduit par un français réfugié. *In-*8.

HISTOIRE générale de l'Etat présent de l'Europe. *Londres*, 1714, 3 *vol. in-*12.

HISTOIRE philosophique de la Religion. *Liége,* 1779, 2 *vol. in-*8.

HISTOIRE des tromperies des Prêtres et des Moines de l'église romaine, où l'on découvre les artifices dont ils se servent pour tenir les peuples dans l'erreur, et l'abus qu'ils font des choses de la religion, contenues en huit lettres écrites par un voyageur, pour le bien du public. *Rotterdam*, 1693, *in-*8.

HOBBES. Thomæ Hobbes opera philosophica quæ latinè scripsit, scilicet : 1. de homine, ubi doctrina optica. 2. Libri tres de cive. 3. Tractatus de naturâ æris. 4. Liber de principiis et ratiocinatione geometrarum. 5. Leviathan sive de materiâ, formâ et potestate civitatis ecclesiasticæ et civilis. *Amstelodami, Blaeu*, 1668, *in-*4.

Ces différentes pièces ont été traduites en français.

HOBBES. De la Nature humaine, *ou* Exposition des facultés de l'ame. Trad. de l'anglais de Hobbes par d'Holbac. *Londres*, 1772, *in-*12.

HUME. Histoire naturelle de la Religion. Trad. de l'anglais de Hume, et autres œuvres du même. *Amsterdam*, 1756, 2 *vol. in-*8.

HUTTEN. Ulderichi Hutteni dialogorum libri : scilicet : fortuna : febris prima : febris secunda : trias romana : et inspicientes : *arcus. Anno* 1520, *in-*4.

HUTTER. Leonharti Hutteri ilias malorum regni pontifico-romani ; hoc est, historica dissertatio de injustissimo pontificis romani in ecclesiâ dei dominatu. *Witteberga,* 1609, *in-*4.

IDOLATRIE de l'Eglise romaine. 1728, *in-12.*

JÉSUITES. L'Art d'assassiner les Rois, enseigné par les Jésuites à Louis XIV et Jacques II, où l'on découvre le secret de la dernière conspiration, formée à Versailles le 3 septembre 1695, contre la vie de Guillaume III. *Londres*, 1696, *in-12.*

Je crois que cet ouvrage a été réimprimé en 1763.

JÉSUITES. Appel à la raison des écrits et libelles publiés par la passion contre les Jésuites de France, avec le nouvel appel. *Bruxelles*, 1762, 2 *vol. in-12.*

Cet ouvrage a été sévèrement prohibé, et le Châtelet a décrété de prise de corps plusieurs jésuites, entre autres, les pères Bregis et Brothier, convaincus d'en avoir corrigé les épreuves. Nous avons déjà cité quelques écrits relatifs à la destruction des jésuites ; mais si nous voulions rapporter tous ceux qui ont été condamnés, il faudrait augmenter notre ouvrage au moins d'un volume. Comme cette matière n'est plus aussi intéressante qu'elle l'était il y a trente à quarante ans, nous nous bornerons à donner ici le titre de quelques-uns. *L'Avocat du Diable, ou les Jésuites condamnés malgré l'Appel à la raison,* 1762, *in-12.* Il est bon de réunir ce volume aux précédens. — *Extraits des Assertions dangereuses et pernicieuses en tout genre, que les soi-disant jésuites ont soutenues, enseignées et publiées dans leurs livres.* Amsterdam, 1763, 3 *vol. in-8.* — *Mes Doutes sur la mort des jésuites*, 1762, brûlé par arrêt du parlement de Paris, du 13 août de cette année. — *Lettre d'un ami de province à un ami de Paris, au sujet d'une nouvelle fourberie des soi-disant jésuites*, 1762; supprimé par arrêt, du 15 octobre même année. — *Instruction pastorale de l'archevêque de Paris, sur les atteintes données à l'autorité de l'église, par les jugemens des tribunaux séculiers dans l'affaire des jésuites*, 1763, *in-8.* Cette Instruction a été brûlée le 21 janvier par arrêt du parlement, ainsi que l'ouvrage suivant, qui semble avoir servi de base à l'Instruction pastorale : *Nouvelles observations sur les jugemens rendus contre les jésuites.* Bourdeaux, 1762, *in-8.* — *Lettre d'un Cosmopolite sur le réquisitoire de Joly de Fleury, et sur l'arrêt du parlement de Paris, qui condamne au feu l'Instruction pastorale de l'archevêque de Paris.* Paris, 1764, in-8., brûlé le 20 mars 1765. — *Réflexions sur le même arrêt*, Paris, 1764, in-8., brûlé le même jour 20 mars, etc., etc., etc., etc.

JURIEU. La Politique du clergé de France, etc.; par Pierre Jurieu, avec une lettre de J. Spon au père Lachaise. *La Haye*, 1682, *in-12.*

JURIEU. La Religion du Latitudinaire avec l'Apologie de la sainte Trinité, appelée : Hérésie des trois Dieux; par Pierre Jurieu. *Rotterdam*, 1696, *in-12.*

JURIEU. Janua Cœlorum reserata cunctis religionibus; à P. Jurieu. *Amstelodami*, 1692, *in-4.*

LAFFREY. Vie privée de Louis XV, *ou* Principaux évènemens, particularités et anecdotes de son règne; (par Arnoux Laffrey.) *Londres*, 1781, 4 *vol. in-12.*

LAFONTAINE. Les Contes et Nouvelles mises en vers; par le sieur de Lafontaine. (La première partie.) 1675, *in-12.*

Aussitôt que la première partie de ces *Contes* parut, le livre fut supprimé le 5 avril 1675, par sentence du lieutenant de police de Paris. On trouve cette sentence à la fin du troisième Factum de Furetière.

LAMOTTE. Les Fourberies de l'Eglise romaine, *ou* les Pratiques ridicules des prêtres et des singeries avec lesquelles ils amusent le peuple, etc. Par Chalus de Lamotte. *Campen*, 1706, *in-8.*

LANCLUSE. Antithèse de Notre-Seigneur Jésus-Christ et du pape de Rome, dédiée aux champions et domestiques de la foi, en rime française ; par François de Lancluse. *Imprimé en* 1619, *in*-8.

L a r r o q u e. Histoire de l'Eucharistie ; par Mathieu de Larroque. *Amsterdam, Elzevir,* 1669, *in*-4.

L e m a ç o n. Les Funérailles de Sodome et de ses Filles, en vingt sermons; par Lemaçon, dit de Lafontaine. *Londres,* 1610, *in-*8.

L e t t r e s sur la Religion essentielle à l'homme, distinguée de ce qui n'en est que l'accessoire. *Londres*, 1739, 2 *vol. in*-12. Les mêmes, 1756, 8 *vol. in-*8.

L e v y. Les Fastes de Louis XV, de ses ministres, maitresses, généraux et autres notables personnages de son règne; (par de Levy.) *Villefranche, chez la veuve Liberté,* 1782, 2 *vol. in-*12.

L i b e r t é de conscience resserrée dans des bornes légitimes. *Londres*, 1754, 2 *vol. in-*12.

L i n g u e t. Le Procès des trois Rois, Louis XVI, de France-Bourbon ; Charles III, d'Espagne-Bourbon; et Georges III, d'Hanovre, fabricant de boutons; plaidé aux tribunaux des puissances européennes; par appendix, l'appel au pape; traduit de l'anglais (par Linguet). *Londres*, 1781, *in*-12.

L i v r e (le) des Marchands, fort utile à toutes gens pour connaître de quelle marchandise (la religion) on doit se garder d'être trompé. *Sans date, petit in-*8. = Traité du Purgatoire. *Imprimé en* 1534, *in*-16. *Gothique, réimprimé en* 1561, *in-*8.

Magnificat (le) du pape et de sa mère église romaine. *Montelimar*, 1586.

Mappe romaine (la), contenant cinq traités. savoir: 1. la Fournaise; 2. l'Edom romain; 3. l'Oiseleur romain; 4. la Conception romaine; 5. la Réjouissance de l'église. *Genève, de la Cerise*, 1623, *in-8*.

Mappemonde papistique. *Grand in-folio atlantique.*

Matinées (les) du Roi de Prusse, écrites par lui-même. *In-12*.

Medailles sur la Régence, avec les Tableaux symboliques de Paul Poisson de Bouvarlais, premier maltotier du royaume, et le songe funeste de sa femme. *Sipar, Pierre le Musca*, 1716, *in-12*.

Militaire philosophe (le), ou Difficultés sur la religion, proposées au père Malebranche par un ancien officier. *Londres*, 1768, *in-12*.

L'abbé Guidy a réfuté cet ouvrage dans un livre intitulé : *Lettres au chevalier de ****, entraîné dans l'irréligion par un libelle intitulé : Le Militaire philosophe. 1770, *in-12*.

Mirabeau. Histoire secrète de la cour de Berlin. 2 *vol. in-8*.

Cet ouvrage, dont nous parlons *page* 321 *du premier volume*, a été condamné au commencement de 1789. Ce fut le roi lui-même qui le remit à l'avocat-général Séguier, avec ordre de le dénoncer aux chambres assemblées. Le prince Henri était alors à Paris. On rechercha l'imprimeur Lejay, qui cependant ne fut pas arrêté.

Miroir du Temps passé à l'usage du temps présent,

à tous bons pères religieux et vrais catholiques non passionnés.

> La transmontaine faction
> A fait, par subtil monopole,
> Du manteau de religion,
> Une roupille à l'espagnole.

(Sans nom de ville), 1625, *in-8.*

MISSÆ ac Missalis Anatomia, hoc est, dilucida ac familiaris ad minutissimas usquè particulas Missæ ac Missalis enucleatio. *Impr. anno* 1561, *in-8.*

Infâme production très-exactement supprimée et fort rare.

MONACHUS reformatus, hoc est, examen examinis jesuitici, de quæstione Becani, *utrùm monachi servent Deo fidem, qui ad Lutheranos profugiunt, et ibi uxores accipiunt.* Wittembergæ, 1612, *in-4.*

MONDE (le), son origine et son antiquité. *Londres,* 1751, *in-8.*

MONSENGLARD. Aspergille chrétien, ou Réfutation des erreurs de Th. Ravenel, augustin, en son Traicté de l'*Antiquité, propriété et miraculeux effects de l'eau-bénite*; par Estienne Monsenglard. *Saumur,* 1624, *in-8.*

MYSTÈRES du Christianisme approfondis et reconnus physiquement vrais. *Londres,* 1775, 2 *vol. in-8.*

NIGRINUS. Johannis Pauli Nigrini Verzeichnus der republic Nurnberg regenten, beamten und bedienten. *Frayb.,* 1732, *in-12.*

Ce petit ouvrage a été supprimé.

Nouvelle Liberté de Penser, (attribuée à Mirabeau.) *Amsterdam*, 1743, *in*-12.

Novellus. Jacobi Novelli statutorum, legum ac jurium D. Venetorum volumen, cum indice omnium materiarum, etc. *Venetiis*, 1564, *in*-4.; 1586, *in*-4.; 1598, *in*-4.

Cet ouvrage a été défendu par la république de Venise; et ces trois éditions sont fort rares.

Papatus romanus, seu de origine, progressu atque extinctione ipsius. *Londinus, Billius*, 1617, *in*-4.

Papebrock. Daniel Papebrock, jésuite d'Anvers et savant bollandiste (né en 1628, mort en 1714), a été condamné, en 1695, par l'inquisition de Madrid, pour avoir avancé, 1.° que les carmes ne descendaient pas du prophète Elie; 2.° que la face de Jésus-Christ n'avait pas été imprimée sur le mouchoir de sainte Véronique, et même qu'il est douteux que jamais il y ait eu une sainte Véronique (1); 3.° que l'église d'Anvers n'était pas assurée d'avoir le prépuce du Sauveur du monde, comme elle le prétendait.

---

(1) Je suis fort de l'avis de Papebrock. *Véronique* vient de *vera* et *icon* qui signifient *véritable image*, et cela regarde plutôt le linge sur lequel aurait été empreinte la figure de Jésus-Christ couverte de sueur et de sang, que la femme qui aurait prêté ce linge lorsque J. C. montait au Calvaire. Mais le judicieux Tillemont regarde tout cela comme une fable. Ce n'est que dans le onzième siècle qu'on a commencé à parler du suaire; et c'est Marianus Scotus qui, le premier, en a parlé d'après un certain Methodius, dont la narration est pleine de fables.

Papisme (le) au dernier soupir où l'on fait voir, par l'Ecriture, la nécessité absolue d'établir une loi pour la mutilation des ecclésiastiques papistes, etc., etc. ; traduit de l'anglais. *La Haye*, 1747, *in-8.*

Parallèle du Socianisme et du papisme, dans lequel on prouve que l'église romaine n'a aucune part en Jésus-Christ, et qu'elle est entièrement réprouvée de Dieu. 1687, *in-12.*

Passion (la), la Mort et la Résurrection du peuple. (*Sans nom d'auteur et d'imprimeur.*) 1789, *in-8.*

Cet ouvrage a été condamné par arrêt du parlement de Paris, du 13 mars 1789, comme impie, sacrilège, blasphématoire et séditieux. Un autre arrêt du mois d'avril de la même année a également condamné le *Mémoire au roi*, des députés de l'ordre des avocats au parlement de Bretagne.

Pfaffius. La vérité de la religion protestante, opposée aux nouveaux préjugés des docteurs catholiques ; par Pfaffius. *Tubinge*, 1719, *in-8.*

Philéleutherus. De Miraculis quæ Pythagoræ, Apollonio Thyanensi, Francisco Assisio, Dominico et Ignatio Loyolæ tribuuntur, libellus. Editio nova auctore Phileleuthero Helvetio. *Edimburgi*, 1755, *in-8.*

Philéleuthere est un pseudonyme composé de deux mots grecs qui signifient Ami de la Liberté.

Pidanzat. L'Espion anglais, *ou* Correspondance secrette entre mylord All'eye et mylord All'ear. (Par Pidanzat de Mairobert.) Seconde édition, revue, corrigée et considérablement augmentée. *Londres*, 1780-1784, 10 *vol. in-12.*

Supplément à l'Espion anglais, *ou* Lettres intéressantes sur la retraite de Necker, sur le sort de la France et de l'Angleterre, et sur la détention de Linguet à la Bastille. Par l'auteur de l'Espion anglais; (par M. de Lanjuinais.) *Londres*, 1781.

PIÈCES échappées du feu. *Imprimé à Plaisance*, 1717, *in-8.*

PIÈCES philosophiques, contenant, 1.° de la Vie et de la Mort; 2.°, etc. 1771, 2 *vol. in-8.*

PIOSSENS. Mémoires de la régence; (par Piossens). Nouvelle édition augmentée, (publiée par Lenglet Dufresnoy.) *Amsterdam*, 1749, 5 *vol. in-12.*

POLITIQUE naturelle, *ou* les Devoirs de l'homme; par un ancien magistrat. *Londres*, 1772, 2 *volumes in-8.*

POSTEL. Protevangelion sive de natalibus Jesu-Christi et ipsius matris Virginis Mariæ, sermo historicus divi Jacobi minoris consobrini et fratris domini Jesu, etc. Auctore Guill. Postello. *Basileæ*, 1552.

POSTEL. Liber de ultimo judicio et de causis naturæ utriusque. Auct. G. Postello. *Absque loco et anno, in-16.*

Guillaume Postel a écrit un grand nombre d'ouvrages qui sont tous plus ou moins singuliers, et qui renferment des principes hardis qui en ont provoqué la suppression. Nous allons en citer le plus grand nombre. Les autres existent manuscrits à la Bibliothèque nationale. Voici ceux qui sont parvenus à notre connaissance:

De orbis concordia, 1544, *in-folio.*

De rationibus spiritus sancti, 1543, *in-8.*

De Nativitate mediatoris ultimâ nunc futurâ, 1547, *in-4.*

Sacrarum Apodixeon seu Euclidis christiani libri duo. 1543, *in-8.* Traduits en franç., 1579, *in-16.*

Candelabri typici in Mosis tabernaculo interpretatio. 1548, *in-8.*

Pantenosia, sive compositio omnium dissidiorum circa æternam veritatem, etc. *Sine anno et loco, in-8.*

Clavis absconditorum à constitutione mundi, 1552, *in-16.*

Alcorani seu legis Mahometi et evangelistarum concordiæ. 1543, *in-8.*

Abrahami liber Jezirah, sive de formatione mundi. 1552, *in-16.*

Eversio falsorum Aristotelis dogmatum. 1552, *in-16.*

Restitutio rerum conditarum, per manum Eliæ, prophetæ terribilis, 1552, *in-16. Ce volume fait partie du précédent et doit y être joint.*

Vinculum mundi. 1552, *in-4., de huit feuillets.*

De Universitate liber. 1553, *in-4.*

Signorum cœlestium vera configuratio. 1553, *in-4.*

De Originibus, etc. 1553, *in-4.*

Divinationis liber. 1571, *in-16.*

Le Prime nove del altro mondo, etc. 1555, *in-8.*

Il libro de la divina ordinatione, etc. 1556, *in-8.*

Epistola ad Schwenckfeldium, etc. 1556, *in-8.*

Très-merveilleuses victoires des femmes du nouveau monde, etc. *Paris, Ruelle,* 1553, *in-16. Ouvrage connu sous le nom de la* MÈRE JEANNE. *Paris, Gueulard,* 1553, *in-16. Seconde édition.*

La Doctrine du siècle doré, etc. 1553, *in-16.*

Des Merveilles des Indes, 1553, *in-16.*

Description de la Carte de la Terre-Sainte, 1553, *in-16.*

Description de la Guerre de Troyes, etc. 1553, *in-16.*

Concordance des quatre Evangélistes, etc. 1561, *in-16.*

Alphabetum linguarum duodecim. 1538, *in-4.*

Liber de Originibus. 1538, *in-4.*

Grammatica arabica. (*Circa*, 1538), *in-4.*

Cosmographicæ disciplinæ compendium. 1561, *in-4.*

De Magistratibus atheniensium liber. 1541, *in-8.*

Commentarius de Etruriæ originibus. 1551, *in-4.*

Les Raisons de la Monarchie. 1551, *in-8.*

La Loi salique, Livret de la première humaine vérité. 1552, *in-16.*

Histoire des Expéditions des Gaulois, en français. 1552, *in-16.*

Histoires Orientales, principalement des Turcks. 1575, *in-16*.
De la République des Turcs, etc. 1560, *in-4*.
Descriptio Syriæ. 1540, *in-8*.
Commentatiuncula de Fœnicum litteris, etc. 1552, *in-12*.

P r ê t r e s (les) démasqués, *ou* les Iniquités du clergé chrétien ; ouvrage trad. de l'anglais. *Londres*, 1768, *in-8*.

P y r r h o n i s m e du Sage. *In-8*.

L'arrêt du parlement qui a condamné cet ouvrage est du 6 février 1759 ; les autres productions du même genre, foudroyées par le même arrêt, sont, le livre *de l'Esprit*, par Helvétius : nous en parlons *pag. 176 du premier vol.* ; *la Philosophie du bon sens*, par le marquis d'Argens ; *la Religion naturelle* ; les *Lettres semi-philosophiques* ; les *Etrennes des esprits forts*, et la *Lettre* au R. P. *Berthier sur le matérialisme*.

R a b a t - j o i e du Triomphe monacal, tiré de quelques lettres, et recueilli par le sieur de Saint-Hilaire. *Lille*, 1634, *in-8*.

R a d i c a t i. Recueil de pièces curieuses sur les matières les plus intéressantes ; par Alb. Radicati, comte de Passeran. *Rotterdam*, 1736, *in-8*. Rare.

R a p i n a fait un livre intitulé : *Réflexions sur la poétique d'Aristote*. Ce livre a été vivement critiqué par Vavasseur, autre jésuite, dans son ouvrage intitulé : *Remarques sur les Réflexions* : ce dernier livre fut supprimé, et il est devenu rare. Il est imprimé chez Bilaine en 1675, et contient 141 pages. Mais on retrouve ces *Remarques* dans les œuvres du père Vavasseur, imprimées à Amsterdam, en 1709, *in-fol*. On y trouve même un commencement de réponse qu'avait faite le père Rapin.

RASOIR (le) des Rasés; recueil auquel est traité amplement de la tonsure et rasure du pape et de ses papelards. 1562, *in-8*.

RAYNOLD. Joan. Raynoldi angli, de romanæ ecclesiæ idolatriâ in cultu sanctorum, reliquiarum, imaginum, aquæ, salis, olei, aliarumque rerum consecratarum et sacramenti Eucharistiæ. *Oxonii*, 1596, *in-4. Genève*, 1598, *in-8*.

Nous avons parlé de cet ouvrage à la fin de l'article RAYNAUD.

RECUEIL nécessaire, avec l'Evangile de la raison. *Londres*, 2 *vol. in-8*.

RECUEIL de Pièces, dont le tison d'Enfer, Lettres infernales, etc. *Londres*, 1768, *in-8*.

RENNEVILLE. L'Inquisition française, *ou* Histoire de la Bastille; par Constantin de Renneville. *Amsterdam*, 1719, 5 *vol. in-12*. Remarques historiques et anecdotiques sur le château de la Bastille. 1773, *in-12*.

RENOULT. La Corruption de l'Eglise romaine, prédite par l'Ecriture; par J. B. Renoult. *La Haye*, 1703, *in-8*.

RENOULT. Le vrai tableau du papisme; par Renoult. *Amsterdam*, 1700, *in-12*.

RENVERSEMENT de la Morale chrétienne par les désordres du monachisme; en français et en hollandais. *Imprimé (en Hollande), sans date. In-4., fig. satyr. en manière noire.*

RÉPUBLIQUE (la) des Philosophes, *ou* Histoire

des Ajaoiens ; (faussement attribuée à Fontenelle.) *Genève*, 1768, *in*-12.

RESEILLÉ. Mémoires secrets pour servir à l'Histoire de Perse. (Par de Reseillé.) *Amsterdam*, 1745, *in*-12.

Il faut ajouter la clé à cet ouvrage, qui n'est qu'une critique de la cour de France, ainsi que l'ouvrage suivant : *Les Chroniques de la Perse sous Mongogul* (Louis XV.); *avec l'origine de la politique actuelle de cet Empire.* 1776, *in-12*.

ROBINET. De la Nature, par Robinet. 1751 et suiv. 5 *vol. in*-8.

ROBINET. Parallèle de la condition et des facultés de l'homme, avec la condition et les facultés des animaux. Trad. de l'anglais par Robinet. *Bouillon*, 1769, *in*-12.

ROMAN de la Rose (le), *ou* Tout l'Art d'amour est enclose, commencé par Guillaume de Lorris, continué par Jean de Meung, dit Clopinel, et mis en prose par Jean Molinet.

Ce roman, si connu, a été condamné au feu par Jean Gerson, chancelier de l'université de Paris.

ROME protestante, *ou* Témoignages de plusieurs catholiques romains, en faveur de la créance et de la pratique des protestans. *Londres* (France), 1678, *in*-12.

ROME au secours de Genève, *ou* Traité auquel est justifiée la doctrine des églises réformées, par la sentence de plusieurs docteurs de l'église romaine. *Charenton*, 1619, *in*-8.

Rosarius. Antithesis Christi et Anti-Christi videlicet papæ, versibus et figuris illustrata. Accedunt de moribus Christi et Anti-Christi declaratio, nec non vita Hildebrandi seu Gregorii VII. Hæc omnia studio Simonis Rosarii edita. *Genevæ*, 1578, *in-*8.

Ruine (la) du Papat, et de la simonie de Rome; avec une Lettre circulaire aux pères dont les filles désertent leurs maisons pour se rendre nonains. 1677, *in-*8.

Sac et Pièces pour le pape de Rome, ses cardinaux, évêques, etc.; contre Jésus-Christ, fils de Dieu éternel. 1561, *in-*8.

Sadeel. Analysis et Refutatio assertionum de Christi in terris ecclesiâ, propositarum in collegio Postnaniensi, à monachis novæ societatis, quam illi societatem Jesu non sine blasphemiâ nominant nisi forte unius Judæ Iscariotæ posteri ad hæredes haberi velint; per Antonium Sadeelem. *Morgiis*, 1584, *in-*8.

Saint-Evremont. Elémens de la Religion dont on cherche l'éclaircissement de bonne foi; par Saint-Evremont. 1761, *in-*12.

Sandis. Relation de l'estat de la Religion, et par quels desseins et artifices elle a été forgée en divers estats; tirée de l'anglois d'Edwin Sandis. (*Leyde Elzev.*) 1641, *in-*12.

Satyres chétiennes de la Cuisine papale. *Imprimé par Conrad Badius, avec privilége.* 1560, *in-*8.

Scopæus. Scrobetii Scopæi nænia missæ sepultæ,

cum præfatione ad episcopos belgicos, et patres mistificos. *Anno* 1590, *in-8*.

SENTENCE et Condamnation du procès du pape de Rome, ses cardinaux, évêques, etc. 1563, *in-8*.

SENTENCE décrétale et condamnatoire au fait de la paillarde papauté, etc. 1551, *in-8*.

SERMONS prêchés à Toulouse devant MM. du parlement et du capitoulat; par le révérend père A. Pompée de Tragopone, capucin de la Champagne pouilleuse, et autres pièces curieuses. *Eleutheropolis*, 1772; *in-12*.

SIRICUS. Michaelis Sirici idolum papale, ex ipsâ papatûs praxi et antiquis monumentis demonstratum. *Giessæ-Hassorum*, 1670, *in-4*.

SOUPIRS de la France esclave qui aspire à sa liberté. *Amsterdam*, 1690, *in-4*.

SOUVERAIN. Le Platonisme dévoilé, ou Essai touchant le Verbe platonicien. (par Souverain.) *Cologne*, 1700, *in-12*.

STEINBERGIUS. Anatome papismi fœditatem et novitatem ejus renudans et refutans, etc. A. Joh. Melch. Steinbergio. *Herbornæ*, 1668, 2 *vol. in-4*.

SUTLIVIUS. Matthæi Sutlivii de Purgatorio adversus Bellarminum. *Hanoviæ*, 1603, *in-8*.

SUTLIVIUS. Ejusdem de Pontifice romano ejusque injustissimâ in ecclesiâ dominatione, adversùs R.

Bellarminum et Jebusitarum sodalitium, libri V. *Hanoviæ*, 1605, *in-8.*

SUTLIVIUS. Ejusdem, de verâ Christi ecclesiâ, de concilii et de monachis, adversus Bellarminum. *Londini*, 1600, *in-4.*

SWIFT. Réponse à la *Crise* du chevalier Richard Steele. (Par le docteur Swift.)

Cet ouvrage a été proscrit, et la reine d'Angleterre (Anne) promit une récompense de 300 livres sterlings à celui qui en découvrirait l'auteur. Swift, dans ce livre relatif à l'union de l'Ecosse avec l'Angleterre, traite les écossais et les grands de cette nation avec beaucoup de mépris. Il regardait cette union comme très-désavantageuse à l'Angleterre. On a proscrit tous les ouvrages écrits à ce sujet dans le sens de celui de Swift, c'est-à-dire, contre l'union.

TANSILLO. Il vendemmiatore del signor Luigi Tansillo, per l'addietro con improprio nome intitolate : stanze di coltura sopra gli orti delle donne. Di nuovo riveduto, e di più stanze accresciuto. *Caserta*, 1786, *in-18.*

Lorsque cet ouvrage libre parut à Naples en 1534, *in-4.*, non-seulement il fut mis à l'index par l'inquisition ; mais il fut cause que toutes les autres poésies du même auteur eurent le même sort. Cependant, Paul IV leva l'anathême sur toutes les poésies, excepté sur *le Vendangeur*, lorsque le poëte lui eut présenté le poëme intitulé : *Le Lagrime di san Pietro*, qui a été traduit par Malherbe. Louis Tansillo, né à Nole en, 1510, mourut à Gaïette en 1570 à-peu-près.

TAXE de la Chancellerie romaine, *ou* la Banque du Pape, dans laquelle l'absolution des crimes les plus énormes se donne pour de l'argent ; ouvrage qui fait voir l'ambition et l'avarice des papes, traduit de l'ancienne édition latine, revue, corrigée et augmentée de plusieurs pièces. *Imprimé à Rome, à la Tiare, chez Pierre Laclef*, 1744, *in*-8., *fig.*

TAXE des parties casuelles de la Boutique du Pape, en latin et en français, avec des annotations; par Antoine Dupinet. *Imprimé à Lyon en* 1564, *in*-8.

THEOPHRASTUS redivivus, sive historia de iis quæ dicuntur de diis, de mundo, de religione, de animâ, inferis et dæmonibus, contemnendâ morte et de vitâ secundum naturam : opus ex philosophorum opinionibus constructum et doctissimis theologis ad diruendum propositum. *Manuscrit, in-folio.*

THOMSON. La Chasse de la Bête romaine, où est réfuté le 23.ᵉ chapitre du Catéchisme; et abrégé des Contreverses de notre temps, où il est recherché et évidemment prouvé que le pape est l'Ante-Christ; par Georges Thomson. *La Rochelle*, 1611, *in*-8.

Il y en a une édition de Genève. 1612, *in*-8.

TINDAL. Le Christianisme aussi ancien que le monde, *ou* l'Evangile, seconde publication de la Religion naturelle; par Mathieu Tindal. 1730, *in*-4. et *in*-8.

Selon cet auteur impie, toutes les additions que la révélation a pu faire aux vérités que la raison découvre et aux devoirs qu'elle prescrit, sont inutiles et absurdes. Il a été réfuté par de savans théologiens, tels que Jean Conybéare, évêque de Bristol; Jean Foster, et Jean Leland, tous deux presbytériens, etc.

TRAITÉ des Danses, auquel est montré qu'elles sont occasions et dépendances de paillardise et d'allèchement. *Sans date. In-*16.

TURCO-PAPISMO (de); hoc est, de turcarum et papistarum adversùs Christi ecclesiam et fidem conjuratione eorumque in religione et moribus similitudine, libri IV. *Londini*, 1604, *in-8.*

VALCKENIER. Roma Pagazinans, seu idolatriæ pontificiæ examen. Auctore J. Valckenier. *Francq.*, 1656, *in-4.*

VANNIUS. Valentini Vannii de missâ historia integra ex SS. Apostolis evangelistis, prophetis et scriptoribus ecclesiasticis congesta. *Tubingæ, Morhardus*, 1563, *in-4.*

VIRET. Petri Vireti opuscula, scilicet de vero verbi Dei sacramentorum et ecclesiæ ministerio; de adulterinis sacramentis; de adulterato baptismi sacramento, et de Sanct. Oleorum usu et consecrationibus, etc. *Oliva Roberti Stephani*, 1563, *in-fol.*

VIRET. Disputations chrétiennes sur l'état des Trépassés, en dialogues ; savoir : la Cosmographie infernale, le Purgatoire, le Limbe, le Sein d'Abraham et la Descente aux Enfers. Par Pierre Viret, 1554, *in-8.*

VIRET. Le Monde à l'empire (empirant) des monarchies, des romains, des chrétiens et des républiques : le Monde démoniacle, la Diable déchainé, les Diables noirs et blancs, les Familiers, les lunatiques, avec la Conjuration des Diables. Par P. Viret. *Genève*, 1561, *in-8.*

VIRET. La Physique papale, faite par manière de devis et dialogues; savoir : la Médecine, les Bains, l'Eau-bénite, le Feu sacré et l'Alchymie. Par P. Viret. (*Genève*), 1552, *in*-8.

VIRET. La Nécromance papale, faite en dialogues. Par P. Viret. *Genève*, 1553, *in*-8.

VIRET. Satyre chrétienne de la Cuisine papale, avec un colloque, en note duquel sont interlocuteurs M. notre maitre Friquandouille, frère Thibauld et messire Nicaise. (Par Viret.) *Lyon*, 1560, *in*-8.

VIRET. L'*Interim* fait par dialogues; savoir : les Moyenneurs, les Transformateurs, les Libertins, les Persécuteurs, les Edits et les Modérés. Par P. Viret. *Lyon*, 1565, *in*-8.

Pierre Viret a encore beaucoup d'autres ouvrages du même genre que les précédens : *nous avons cité les plus recherchés.*

WERNSDORF. Brevis et nervosa de indifferentismo religionum commentatio. Auctore Gott. Wernsdorfio. *Willemb.*, 1716, *in*-8.

ZWICKERUS. Revelatio Dæmonolatriæ inter Christianos, seu victoria protestantium contra dæmonolatras pontificios, græcos, arianos, etc. Auctore D. Zwickero. *Amsterodami*, 1672, *in*-4.

Le *Compelle intrare* du même auteur va ordinairement avec cet ouvrage.

NOTICE
CHRONOLOGIQUE
DE

Quelques personnes qui ont été condamnées pour cause d'opinions, et dont la plupart n'ont pas écrit.

Cette Notice est celle que nous avons promise à la fin de notre premier volume. Nous ne l'avons pas beaucoup étendue, voulant la proportionner à notre ouvrage, qui n'embrasse pas la généralité de tous les livres condamnés, mais qui traite seulement des principaux, ou du moins de ceux qui nous ont paru tels. Nous aurions pu parler ici des anciens philosophes et écrivains grecs ou romains, dont les opinions et les écrits ont été proscrits ; tels qu'un Diagoras, qui fut condamné à mort pour avoir simplement mis en doute l'existence des Dieux ; un Protagoras, dont l'ouvrage impie sur l'athéisme fut livré aux flammes ; un Anaxagoras, soupçonné du même crime, qui périt dans les fers; un Alcibiade, qui expia, par l'exil, une insulte faite aux statues de Mercure. Nous aurions pu citer le Rescrit du sénat romain, qui condamnait à mort quiconque introduirait, dans l'état, des dieux étrangers, ou blasphémerait ceux qui étaient admis ; mais ces détails nous conduiraient trop loin. Nous nous contenterons de remonter au 8.ᵉ siècle, et de descendre jusqu'au commencement du 18.ᵉ, époque à laquelle la liberté de penser et d'écrire a pris un tel essor, que les gouvernemens n'ont plus jugé à propos, ou, peut-être, n'ont plus été à même de la comprimer par le fer et par la flamme, comme aux 15.ᵉ, 16.ᵉ et 17.ᵉ siècles.

———

VIRGILE ou *Vergile*, prêtre, né en Irlande dans le 8.ᵉ siècle, fut condamné à être déposé, par le pape Zacharie, pour avoir soutenu qu'il y avait des antipodes, *quod alius mundus et alii homines sub terra essent, seu alius sol et luna.*

THIOTA, fausse prophétesse de Constance, attira, en 847, le peuple, et même des ecclésiastiques, auxquels elle annonçait que la fin du monde devait arriver cette même année ; mais déférée au concile de Mayence, elle y fut condamnée et fustigée par ordre des évêques.

GOTTESCALC, moine d'Orbais, fut dégradé de la prêtrise, en 849, et fouetté publiquement devant le roi Charles le Chauve, à la sollicitation d'Hincmar de Reims, qui l'envoie prisonnier dans l'abbaye d'Hauvilliers, comme ayant semé des erreurs sur la grâce.

ETIENNE, écolâtre de Saint-Pierre le Puellier, sur *Lisuius*, chanoine de Sainte-Croix d'Orléans, étaient chefs de nouveaux manichéens en 1015. Ils rejetaient l'ancien Testament, niaient que Jésus Christ fût né de la Vierge Marie, qu'il eût souffert, etc. Ils s'assemblaient nuitamment et en secret, et se livraient à toutes sortes d'impuretés. Robert, roi de France, en sollicita la condamnation au concile d'Orléans en 1022 : ils furent livrés au bras séculier et brûlés.

GANDULFE, hérétique du diocèse de Cambrai ; rejetait les sacremens, le culte des saints, des images et de la croix : il fut condamné au concile d'Arras en 1025.

BASILE, médecin, chef des bogomiles, en 1110, manichéen, fut brûlé à Constantinople en 1118.

TIRIC, français, chef d'une bande d'albigeois, ou nouveaux machinéens, fut arrêté et brûlé en 1197, ainsi que deux femmes qui le suivaient, et qu'il appelait, l'une la *sainte Vierge*, et l'autre la *sainte Eglise*.

AMAURY ou *Amalric* de Chartres, professeur en l'université de Paris, en 1204, attaquait la présence de Jésus-Christ dans l'eucharistie, la résurrection des morts, le culte des images, la pénitence, et voulait que toutes les créatures rentrassent en Dieu d'où elles sont sorties. Il fut condamné en 1206, et en 1215 il le fut de nouveau au concile de Latran. Ses disciples avaient déjà été condamnés au concile de Paris en 1209, et même plusieurs furent brûlés. Amaury s'était retiré à Saint-Martin-des-Champs, où il mourut de chagrin et de dépit ; son corps fut déterré et jeté à la voirie.

L'Evangile éternel. Livre où l'on avançait que la loi de Jésus-Christ était imparfaite; qu'elle devait finir en 1260, et qu'après paraîtrait la loi du Saint-Esprit plus parfaite que toutes les autres. Il fut condamné et brûlé à Rome en 1250.

Sagarel, chef des apostoliques en 1285, disait que le temps du Saint-Esprit et de la charité était enfin arrivé. Il fut brûlé vif en 1300. Il s'habillait comme il prétendait qu'étaient les apôtres. Dulcino fut un de ses disciples.

Porrete (Marguerite) du Haynaut, vint à Paris publier des erreurs; elle annonçait que dès qu'on était parvenu à l'amour parfait, on ne péchait plus, quelque mauvaise action que l'on commît. Elle fut brûlée à Paris en 1310.

Lollard Waltero ou *Gauthier*, laïc, soutenait, en 1315, que Lucifer avait été injustement chassé du ciel, que la Vierge Marie avait perdu sa virginité; il attaquait tous les sacremens, et soutenait que Dieu ne savait pas le mal que les hommes faisaient sur la terre. Il fut brûlé à Cologne en 1322, et Tritheme dit qu'on fit un grand incendie de ses disciples.

Ceccus (François), ou *Asculan*, calabrois, astrologue, réglait la religion par l'astrologie. Il fut condamné et brûlé, en 1307, par ordre de l'inquisition. Naudé a vu les pièces de son procès dans une bibliothèque particulière à Rome.

François de Pistoie, de l'ordre de saint François, fut brûlé à Venise pour ses erreurs.

Gonzalve (Martin) prétendait qu'il était frère de saint Michel et le fils immortel de Dieu ; qu'il combattrait un jour contre l'Ante-Christ, etc. Il fut condamné par l'inquisition à être brûlé vif en 1359. Son disciple, *Nicolas le Calabrois*, subit le même sort quelque temps après, parce qu'il partageait les folies de son maître ; de plus, il assurait que le Saint-Esprit devait sauver au jour du jugement tous les damnés.

Jérôme de Prague, disciple de Jean Hus, ayant voulu le défendre au concile de Constance, éprouva le même sort, et fut brûlé vif le premier juin 1416. Il subit la mort avec un courage héroïque.

Oldcastel (Jean) de Cobham, partisan de Lollard, en 1414, fit afficher à toutes les portes des églises de Londres, qu'il avait cent mille hommes de son parti en état de prendre les armes pour défendre la doctrine des Lollards. Il fut pris et brûlé l'an 1418. Il oublia d'exécuter la promesse qu'il avait faite de ressusciter trois jours après son supplice.

Des Juifs furent brûlés en Silésie, l'an 1452, pour avoir outragé l'eucharistie.

Savonarola (Jérôme), petit fils de Michel Savonarola, savant médecin, naquit à Ferrare le 21 septembre 1452, se fit bénédictin à Boulogne à l'insu de ses parens en 1474. Il enseigna d'abord la physique et la métaphysique ; puis s'attacha à la lecture des livres pieux et de l'Ecriture-Sainte principalement. Il prêcha avec succès. Il fut mandé, en 1492, pour préparer à la mort Laurent de Médicis.

Il se distingua par l'austérité de sa vie, par la ferveur éloquente avec laquelle il prêchait contre les mauvaises mœurs, sans épargner les désordres du clergé, ni même ceux de la cour de Rome. Il prétendit avoir part aux révélations célestes. Enfin, par toutes ces considérations il s'acquit une grande autorité dans Florence, et la vénération de toute la ville. Cependant, il déchut de son crédit, fut excommunié, dégradé des ordres ecclésiastiques, pendu et brûlé, en 1498, avec deux autres jacobins, Dominique de Pescia et Sylvestre de Florence.

HERMAN DE RYSWICK, hollandais, attaqua, en 1499, Moyse, l'ancien Testament, Jésus-Christ et l'incarnation. Il soutint que Dieu n'avait point créé les anges, et qu'il n'y avait pas d'enfer. Il fut brûlé à la Haye en 1512.

RIZZO (J.-B.), hérétique de Catane, arracha l'hostie consacrée des mains du célébrant, le jour de Pâques 1513, et fit, dit-on, d'inutiles efforts pour la briser. Le peuple se jeta sur Rizzo et le brûla dans un grand feu allumé devant la cathédrale.

CADET DE CASAUX, gentilhomme, fut condamné, le 29 novembre 1520, par arrêt du parlement, à avoir la langue percée, la tête tranchée, et à être mis en quatre quartiers pour avoir fait des blasphêmes exécrables, avoir ravi des filles, etc.

TORRIGIANO *Torrigiani*, célèbre sculpteur florentin, fut condamné, par l'inquisition, à mourir de faim dans ses prisons, en 1522, pour avoir brisé en colère une statue de la Vierge, qu'un grand seigneur n'avait pas voulu lui payer au prix convenu.

Pacimontan (Balthazard), chef des anabaptistes, fut brûlé à Vienne en Autriche en 1528.

Quintin de Picardie, était tailleur d'habits; il fut d'abord luthérien en 1525; ensuite il devint chef d'une secte qu'on appela *les Libertins*. Ils soutenaient que Jésus-Christ était Satan, que tout l'évangile était faux, qu'il n'y avait dans tout l'univers qu'un seul esprit qui était Dieu; qu'on ne doit pas punir les méchans, qu'on peut professer toutes sortes de religions; enfin, qu'on peut se laisser aller, sans péché, à toutes ses passions. Quintin fut brûlé à Tournai en 1530.

Huant (Philippe) fut condamné, par arrêt du parlement de Bordeaux, du 20 juin 1530, à avoir la langue coupée et à être brûlé vif, pour cause de blasphêmes. Dans le même temps, un nommé François Desus, convaincu d'avoir donné deux ou trois coups de dague contre un crucifix en papier, fut condamné à avoir la main et la tête coupées. En 1534, un arrêt du même parlement de Bordeaux condamna un ivrogne à être battu de verges, pour avoir, d'un coup d'épée donné contre un crucifix, coupé la moitié de la tête et des cheveux de Jésus-Christ : il fut excusé de la peine de mort à cause de son état d'ivresse.

Morus (Thomas), chancelier d'Angleterre, a été décapité, en 1535, pour n'avoir pas voulu se soumettre au serment exigé par Henri VIII. De persécuteur il devint persécuté; je dis persécuteur, car un nommé P. Beinham, accusé de favoriser les opinions de Luther, fut traîné à la maison de Thomas Morus, fouetté en sa présence, et, quelque temps après, brûlé comme hérétique.

Jean de Leyde, tailleur de profession, et dont le nom de famille était Bocolde, se mit à la tête des anabaptistes, et se fit déclarer roi en 1534. Mais ayant été livré à l'évêque souverain de Munster en 1535, il fut brûlé avec plusieurs de ses complices. Il soutenait fortement que la pluralité des femmes était de droit divin.

Bandarra (Gonzalis), pauvre savetier portugais, voulant se mêler de prophétiser, fut poursuivi par le saint-office qui le fit paraître à un auto-da-fé, avec un sanbenito en 1541 ; il ne fut cependant pas brûlé, puisqu'il ne mourut qu'en 1556.

Cinq Prisonniers condamnés aux galères ayant proféré des blasphémes contre la justice, contre un crucifix et contre une vierge, furent de nouveau condamnés, par arrêt du parlement de Toulouse, du 16 juin 1542 ; savoir, trois à avoir le fouet, et de plus la langue percée ; et deux autres à être brûlés vifs après avoir eu la langue coupée.

Saunier (Guillaume) a été condamné, par arrêt du 21 octobre 1545, à la peine de mort pour avoir proféré des blasphémes contre l'*honneur* de Dieu, du saint sacrement et de la Vierge. Vers le même temps, un fou, dont la démence a été reconnue par le parlement, n'en fut pas moins condamné par arrêt du 22 décembre 1548, à être pendu et brûlé pour avoir mis en pièces un crucifix et rompu les bras à deux ou trois images des saints.

Gruet (Jacques) a été décapité à Genève, en 1549, pour cause d'irréligion, ou plutôt pour avoir écrit contre Calvin, et l'avoir peint sous des couleurs peu favorables.

ZANZA (Antoine) a été, par arrêt du 18 avril 1549, condamné comme blasphémateur aux galères perpétuelles, dans le cas ou il serait en état de servir; et à être pendu, dans le cas contraire.

UN ECCLÉSIASTIQUE accusé d'hérésie, a été brûlé vif, préalablement appliqué à la question, mais exécuté sans dégradation, en vertu d'un arrêt du parlement de Rouen, du 10 août 1554.

RIDLEY (Nicolas), évêque de Rochester, puis de Londres, sous Edouard VI, fut victime, sous Marie, de son attachement au protestantisme. Il fut déposé et brûlé à Oxford le 16 octobre 1555.

DUBOURG (Anne), conseiller-clerc au parlement de Paris, fut condamné par l'officialité de Paris, par celle de Sens et par celle de Lyon, comme hérétique, à être pendu et brûlé ; ce qui fut exécuté en place de Grève, le 23 décembre 1559. Il avait 38 ans lorsqu'il comparut à l'officialité de Paris : on lui arracha l'un après l'autre les habits de son ordre; ensuite on passa légèrement un morceau de verre sur sa tonsure et sur ses ongles. Son crime était d'avoir parlé en faveur des calvinistes.

BARBIER a été condamné, par arrêt du 13 septembre 1560, comme blasphémateur, à deux années de galères ; mais *fuisset laqueo suspensus nisi rusticitas et ira excusassent.*

LE PARLEMENT de Dole condamna au feu, en

1574, un homme qui, ayant renoncé à Dieu, et s'étant obligé par serment de ne plus servir que le diable, avait été changé en loup-garou.

Campian (Edmond), jésuite, a été pendu en Angleterre, le 28 novembre 1581, sous le règne d'Elisabeth, parce qu'il était en correspondance avec le pape, ennemi de cette princesse. Après sa mort on lui coupa la tête, et son corps fut mis en quatre quartiers; supplice usité pour les crimes de haute trahison.

Bourgoin (Edmond), prieur des jacobins, conseilla à Jacques Clément de tuer Henri III : il fit plusieurs fois en chaire l'éloge de ce meurtrier. Pris les armes à la main, et armé d'une cuirasse quand Henri IV attaquait Paris, il fut conduit à Tours, et le parlement de cette ville le condamna à être tiré à quatre chevaux et à avoir les membres brûlés, ses cendres jetées au vent; ce qui fut exécuté le 23 février 1590.

Hacketon ou *Haguet*, fanatique anglais, se donnant pour prophète, a été pendu à Londres vers la fin de 1591. Etant sur l'échafaud il demanda à Dieu un miracle pour le justifier; mais Dieu jugea à propos, non pas de l'exaucer, mais de le laisser pendre *ut fieri solet*.

Un Blasphémateur a été condamné, par arrêt du parlement, du 27 janvier 1599, à faire amende-honorable, à avoir la langue percée d'un fer chaud, les deux lèvres fendues, et à être banni à perpétuité.

Renaut (Jean) de Balle en Anjou, a été condamné,

par arrêt du parlement de Paris, du 20 juin 1600, à la peine de mort, pour blasphèmes, et son corps fut ensuite brûlé et réduit en cendres.

Antoine (Nicolas), de catholique se fit calviniste, puis juif. On l'enferma d'abord comme fou ; mais ayant obtenu sa liberté, il annonça de nouveau qu'il n'adorait que le Dieu d'Israël. Le conseil de Genève assembla ses ministres, et Antoine fut condamné, le 20 avril 1602, à être brûlé après avoir été étranglé.

Marion a, par arrêt du parlement de Paris, du mois de septembre 1604, été condamné à être pendu et étranglé sur le fossé Saint-Jacques ; son corps mort brûlé avec les pièces du procès et les cendres jetées au vent. Il avait, en allant au supplice, un écriteau portant : *Blasphémateur de Dieu.*

Gofridi (Louis), prêtre, curé de la paroisse des Acoules de Marseille, a été brûlé comme magicien l'an 1611, par arrêt du parlement d'Aix. Il avait ensorcelé une jeune fille nommée la Palud ; et cette jeune fille s'étant retirée dans un couvent d'ursulines, Gofridi ensorcela toutes les religieuses. Voilà son crime. Le savant Péresc dit : « Que ce prêtre n'était point coupable de magie réelle, mais qu'on l'avait condamné à juste titre, parce qu'il avait envie d'être magicien. » Ce jugement de Péresc ne fait honneur, ni à sa raison, ni à son humanité. On ne brûle pas un homme parce qu'il a envie d'être sorcier. Les Petites-Maisons lui conviendraient mieux.

Oldecorn, jésuite, a été pendu à Worcester en Angleterre, le 17 avril 1606, pour n'avoir pas révélé la conspiration des poudres dirigée contre Jacques premier, pour cause de religion. Oldecorn, consulté par les conjurés, décida, dit-on, qu'on pouvait, pour défendre la cause des catholiques contre les hérétiques, envelopper dans la ruine des coupables quelques innocens. Ce fait est très-douteux.

Garnet, provincial des jésuites en Angleterre, a été pendu et écartelé le 3 mai 1606, pour n'avoir pas découvert la conspiration des poudres, dont on lui avait fait la révélation en confession.

Galigaï (Eléonore), femme de Concini, maréchal d'Ancre, accusée de sorcellerie, a été condamnée, par arrêt du parlement de Paris, du 8 juillet 1617, à être décapitée et ensuite brûlée. Elle subit son jugement le même jour. Son mari avait été tué le 24 avril de la même année.

Duval, médecin, a été envoyé aux galères, parce qu'on trouva dans son cabinet un papier où il avait prédit que le roi Louis XIII mourrait avant la canicule de l'an 1631.

Manzoli, marquis de Florence, passait pour athée. Naudé rapporte qu'on lui fit son procès, en 1637, à Rome. Mais c'est moins pour cause d'athéisme que pour avoir dit et écrit quelque chose contre le pape.

Galilée Galilei. Ce savant astronome, l'honneur de l'Italie, a été condamné, le 21 juin 1633, par un décret de l'inquisition, signé de sept cardinaux, à être emprisonné et à réciter les sept pseaumes de la pénitence pendant trois ans. Son système, dans lequel il donnait de nouvelles preuves du mouvement de la terre et de l'immobilité du soleil, fut déclaré *absurde et faux en bonne philosophie, et erroné dans la foi, en tant qu'il est expressément contraire à la sainte écriture,* etc. Galilée, âgé de 70 ans, demanda pardon d'avoir soutenu ce qu'il croyait la vérité, et l'abjura, les genoux à terre et les mains sur l'évangile, comme une absurdité, une erreur et une hérésie, *corde sincero et fide non ficta, abjuro, maledico et detestor suprà dictos errores et hereses.* Galilée, né à Pise en 1564, est mort à Ascetri près Florence en 1642.

Grandier (Urbain), curé et chanoine de Saint-Pierre de Loudun, fut accusé de magie, d'être possédé du diable, et d'avoir ensorcelé des religieuses. Comme magicien il fut condamné à être brûlé vif, après avoir souffert une question si cruelle, qu'elle lui fracassa les jambes au point que la moëlle sortait des os. Il fut exécuté à Angers le 18 avril 1634. Ce qu'il y a de plaisamment absurde et cruel, c'est qu'il a été condamné sur la déposition des diables nommés dans les pièces du procès. On sait qu'il n'y avait point d'autres diables *dans cette affaire* que le cardinal de Richelieu, qui avait ordonné le supplice de Grandier.

Adelgreiff (Albrech) a été brûlé, en 1636, à Kœnisberg, comme hérétique et comme magicien, tandis qu'il devait être enfermé comme fou. Il disait que sept anges lui avaient révélé qu'il tenait la place de Dieu pour extirper tout le mal du monde et pour châtier les souverains avec des verges de fer.

TORRENTIUS (Jean), bon peintre, se signala dans le genre de l'Aretin, et même on prétend qu'il surpassa les monstrueuses figures des fameux Sonnets. Ses ouvrages furent brûlés par la main du bourreau. Ce Torrentius étant devenu l'auteur d'une hérésie, fut arrêté, appliqué à la question et condamné, quoiqu'ayant nié les discours qu'on lui imputait, à vingt ans de prison, par la justice de Harlem. Il mourut à Amsterdam en 1640.

RENAULT de Poitou, et Jacques *Dupain* de Sens, ont été condamnés, par arrêt du parlement de Paris, du 20 mars 1646, à être brûlés comme blasphémateurs.

DES PROTESTANS de la ville d'Aimet ont été condamnés, par arrêt du parlement de Bordeaux, du 7 septembre 1660, à la peine de mort, pour avoir commis plusieurs impiétés et profanations en dérision de la messe et des cérémonies de l'église.

ROLLIER (Pierre), protestant, ayant blasphémé contre la pureté de la Vierge, a été condamné à mort au parlement de Grenoble, le 7 août 1663. Un autre protestant, pour le même crime, a été, par arrêt du même parlement de 1666, condamné à être pendu, puis brûlé; quoique l'ordonnance de Louis XIII, du 5 mai 1636, ne condamnât les blasphémateurs qu'à des peines moindres que la mort, voulant seulement qu'à la septième récidive ils aient la langue coupée.

SARRAZIN (François) étant à l'église Notre-Dame de Paris, le 3 août 1670, attaqua, l'épée à la main, l'hostie au moment où le prêtre l'élevait pendant le sacrifice. En voulant percer l'hostie, aussitôt après la consécration, il perça de deux coups le prêtre qui prit la fuite. Le 5 août il fut condamné à avoir le poing coupé et à être brûlé vif. Il était âgé de 22 ans.

Toma, sectaire russe, vers le commencement du 18.ᵉ siècle, prêcha à Moscow contre l'invocation des saints. Il ne se contenta pas de prêcher, mais il entra dans l'église de Saint-Alexis et mit en pièces, à coups de hache, la statue du saint. Arrêté et condamné au feu après avoir eu la main brûlée, il supporta ce supplice avec le plus grand sang-froid, étendant tranquillement sa main sur la flamme, s'avançant vers le bûcher avec dignité, et reprochant à ses concitoyens les abus qui déshonoraient la religion de son pays.

Lherbé (Charles), nourricier de bestiaux, a été (par arrêt du parlement de Paris, du 23 mars 1724) condamné pour blasphêmes et impiétés exécrables, à avoir la langue coupée et à être brûlé vif avec les pièces du procès, ses cendres jetées au vent.

Nous n'étendrons pas davantage cette Notice, qu'il aurait été facile de grossir en puisant dans l'histoire des hérésies, dans les registres des parlemens et dans les archives de la Bastille. Les registres des différens tribunaux criminels peuvent aussi donner beaucoup de détails sur les peines qu'ont encourues les personnes coupables d'opinions, ou d'actions répréhensibles en matière de religion, de morale ou de politique. Nous renvoyons le lecteur à ces sources abondantes, et nous terminons ici un travail que nous n'avons entrepris que pour faire voir jusqu'à quel point l'esprit humain peut quelquefois s'égarer.

ADDITION

A L'ARTICLE des Censures et Index dont il est question dans le premier Volume, pages 253 — 268.

L'AUTEUR des *Elémens de l'Histoire de France*, l'abbé Millot, après avoir tracé avec énergie les calamités qu'ont attirées sur la France les guerres de religion, sous François II, (1) Charles IX et Henri III, dit: « On cherchait tous les moyens d'arrêter les progrès de l'hérésie; l'essentiel était d'en trouver de bons, et l'on n'y réussit pas toujours. A la terreur des supplices, on ajoute des entraves pour l'esprit humain, qui, en le tenant captif dans les ténèbres, pouvaient nuire à la religion même, autant qu'à la raison et aux sciences. Philippe II fit imprimer le catalogue des livres défendus par l'inquisition d'Espagne. Paul IV, l'année suivante 1559, ordonna que le *saint-office* de Rome publiât aussi un semblable catalogue. C'est l'origine de l'*index*, où se trouvent confondus, avec les livres hérétiques, tous les ouvrages anonymes imprimés depuis quarante ans, des livres de littérature, et généralement (ce qui paraît incroyable) tous les livres sans distinction sortis de la presse

---

(1) C'est du règne très-court de François II que datent les guerres de religion, quoique le luthéranisme eût pris naissance sous François premier, et eût fait de grands progrès sous Henri II. Mais il faut dire que c'est l'ambition des grands qui arma le fanatisme du peuple.

de soixante-deux imprimeurs nommés dans une liste particulière. Excommunication réservée au pape, privation de bénéfice, infamie perpétuelle, etc., c'étaient les peines prononcées contre les lecteurs. On vit des ouvrages de littérature, sans rapport à la religion, défendus *en haine* de l'auteur qu'on jugeait ou hérétique ou suspect. Les livres que tel auteur pourrait composer, furent même condamnés ainsi avant que de naître. La France n'a point reconnu ce tribunal qui flétrit les Erasme, les Galilée, et tant d'écrivains respectables dont les lumières ont éclairé toute l'Europe. (1) Mais si les principes des Ligueurs avaient prévalu, la France aurait le même joug que l'Espagne, le Portugal et l'Italie. »

---

(1) « Aucun auteur n'a essuyé de plus terribles condamnations à Rome, que le célèbre jurisconsulte Charles Dumoulin. Comme il était lu et admiré en dépit de l'*index*, Clément VIII défendit de nouveau, en 1602, tous ses ouvrages, même ceux qui avaient été corrigés, parce que, dit ce pape, *ils ne peuvent être corrigés que par le feu*. Encore aujourd'hui, quand la congrégation de l'*index* permet la lecture des mauvais livres, elle excepte toujours les livres de Dumoulin. Un poison si détestable se débite en France avec privilége du roi, et ne fait de mal qu'aux prétentions de la cour romaine. On a rectifié, par des notes, ce qu'il y a de répréhensible dans le texte. Cela vaut mieux, sans doute, que de défendre la lecture d'excellens ouvrages où il s'est glissé quelques erreurs, mais qui renferment un trésor de vérités. »

FIN DU SECOND ET DERNIER VOLUME.

TABLE GÉNÉRALE

Des noms propres, des ouvrages et des matières contenues dans ce Dictionnaire.

NOTA. La lettre *a* indique que les chiffres qui la suivent appartiennent au premier volume : la lettre *b* est placée avant les chiffres du second volume. On trouvera, dans cette Table, quatre à cinq articles qui ont été oubliés dans le corps de l'ouvrage.

A.

ABANO (Pierre d'). Ce savant médecin de Padoue, né en 1520, a été poursuivi par l'inquisition comme magicien. Mais il est mort avant la fin de son procès, en 1316, après avoir laissé plusieurs ouvrages estimés, dont quelques-uns sont portés à un très-haut prix par les bibliographes. (*Article omis.*)

Abailard, P. *a* 1, 2.

Abrégé chr. de l'histoire de France. *a* 316.

Abstinence de viande chez les chartreux. Détails ridicules à ce sujet. *b* 77.

Abus des petites dates, par Ch. Dumoulin. *a* 336.

Académie des dames, livre infâme. *a* 79.

Accord de la religion et de l'humanité, etc. *b* 208.

Accurse, jurisconsulte. *a* 84.

Aconce, *Jacques*. *b* 208.

Acosta, U *b* 208.

Actes du clergé. *a* 79.

Acuna (Christophe de), jésuite espagnol. *a* 3.

Adelgreiff. *b* 252.
Ademar, Adelme ou Aymar de Chabanois, chroniqueur. *b* 47.
Adæsidæmon, à Tolando. *b* 161.
Ader, médecin. *a* 65.
Admonitio ad Ludovicum XIII. *a* 202.
Agreda (Marie d'), espagnole. *a* 4.
Agrippa, sur le péché originel. *a* 34.
Alcibiade. *b* 240.
Alcorano di Macometto, per Arrivabene. *a* 277.
Alcoranus Mahometicus, à Pagnino. *a* 277.
Aletheus, Theophilus, pseudonyme de Jean Lyser. *a* 273.
Alethophilus, étymologie de ce mot; et pseudonyme de Morisot de Dijon. *a* 333.
Alexandre, hist. eccl. *a* 5.
Alexandre VII, pape. *a* 196, 237. *b* 79.
Alexius. *b* 209.
Ali-Gierber, pseudonyme de Clootz. *b* 213.
Allégeance (serment d'), explication de ce mot. *b* 78.

Almanach du Diable. *a* 6. *b* 53.
Almanach de Dieu. *a* 7.
Almanach des gens d'esprit, par Chevrier. *a* 77.
Almanach des honnêtes gens, par S. Maréchal. *a* 286.
Alnander. *b* 130.
Amaury de Chartres, hérétique. *b* 242.
Amboësius, éditeur. *a* 1.
Amelot de la Houssaie. *a* 338.
Amelotte, D. *b* 152.
Ami (l') des hommes, par Mirabeau. *a* 320.
Ami (l') des lois. *a* 298.
Amor pœnitens à J. Neercassel. *b* 2.
Amphitheatrum J. C. Vanini. *b* 174.
Amphitheatrum sapientiæ æternæ. *a* 206.
Amplitudo regni Dei, à Curione. *a* 89.
Amyntor, par Toland. *b* 161.
Analecta de Libris combustis. *a* xxxv.
Anatomie de la messe. *a* 357.
Anaxagoras, athée. *b* 240.
Anecdotes de la cour et de la ville. *a* 7.

Anecdotes ecclésiastiques de Giannone. *a* 163. *b* 220.

Angennes (Claude d'), évêque du Mans. *a* 170.

Angerman, A. C. *b* 130.

Aniello, T. *b* 1.

Anima mundi, par Blount. *a* 42.

Annales genuenses, à Bonfadio. *a* 43.

Annales politiques de Linguet. *a* 242.

Annales et antiquitates trevirenses, à Chr. Brower. *a* 47.

Annales trevirorum à Kyriander. *a* 207.

Anne d'Autriche. *b* 209.

Annotationes N. Bedœ in Erasmum, etc. *a* 26.

Anti-Chopinus, par Villiers Hotman. *b* 180.

Anti-Coton. *a* 82.

Anti-Financier (l'). *a* 90. Réponse à cet ouvrage. *b* 83.

Anti-Papiste révélé, etc. *b* 209.

Antiquæ constitutiones regni Angliæ, par Prynn. *b* 59.

Antiquité dévoilée. *a* 47.

Antiquité justifiée. *a* 47.

Antistius, satyrique. *a* xvi.

Antilogia Papœ, par Francowitz. *a* 146.

Aonius pour *Antonius*. *b* 17.

Apollonius de Thyane, sa vie par Blount. *a* 41.

Apologie pour J. Chastel. *a* 45; en latin. *a* 46.

Apologie pour Hérodote, par H. Etienne. *a* 130.

Apologie de Louis XIV, sur la révocation de l'édit de Nantes, par Caveirac. *a* 75.

Apologie de la religion, par Bergier. *a* 46.

Apologie de la religion, par la harpe. *a* 219.

Apologie de la Saint-Barthélemi, attribuée à Caveirac. *a* 74.

Apologia Schulchenii, pro Bellarmino. *a* 29.

Approbation des livres; son origine. *a* 267.

Aquaviva, général des jésuites. *a* 7.

Aretin, P., ses sonnets infâmes. *a* 8, 145.

Argens (le marquis d'). *b* 231.

Argenson (le marquis d'). *a* 91.

Aristote; sa dialectique. *b* 68.

Arlotto, notaire à Vicence. *b* 10.

Arnaud, docteur de Sorbonne. *b* 2.

Arnaud de Bresse. *a* 1.

Arnaud, C. A., religieuse. *a* 75.

Arnaud de Villeneuve, médecin. *a* 56.

Arpe, Pierre-Frid. *b* 209.

Arrivabene, *André. a* 277.

Assassins de Henri III, Henri IV et Louis XV. *a* 149.

Athéisme convaincu, par Derodon. *a* 99.

Atheismus triomphatus, *à* Campanella. *a* 69.

Aubery, A. *a* 13.

Aubery, L. *a* 11.

Aubigné (*Théod. Agrippa* d'). *a* 13.

Audoul. *a* 14.

Audra, prof. d'histoire. *a* 14.

Audran, conseiller au Châtelet. *a* 97.

Auguste, empereur, sévère contre les libellistes. *a* xv.

Augustin, S. *a* 340.

Aurelius Petrus, par S. Cyran. *b* 102.

Aurimontius, pseudonyme de Keller. *a* 205.

Austriaca austeritas in Hungariâ. a 16.

Autodafé. *a* 227.

Avantages du mariage salutaire aux prêtres. *a* 100.

Aviso piacevole supra la mentita dal re di Navarra à pap. Sixto V. *a* 62.

Avocats. *a* 306.

Axiochus, dialogue attribué à Caton. *a* 109.

B.

Bachaumont, littérat. français. *b* 210.

Baïus, M. *a* 16.

Bandarra, savetier et faux prophète. *b* 247.

Bandello, V. *a* 5.

Banquet des sept sages, par Garasse. *a* 156.

Barcos (l'abbé de). *a* 114.

Barthius, G. *b* 118.

Basile, manichéen. *b* 242.

Bastwich, J. *b* 210.

Baudoin, L. *a* xviij.

Bayle. *a* xviij, 18. *b* 210.

Béatitude des chrétiens; par G. Vallée. *b* 169.

Beaumarchais (Caron de). *a* 23.
Beaumelle (la). *a* 25.
Beaumont (Christophe de). *b* 95.
Becone, T. *b* 210.
Bede, J. *b*. 210.
Bede, N.. *a* 26.
Bedmar (le marquis de). *b* 144.
Beinham, P. *b* 246.
Bekker, démonographe. *a* 27.
Belisaire, par Marmontel. *a* 295.
Bella inter austriacos et venetos. *a* 125.
Bellarmin, cardinal. *a* 28.
Bembe, cardinal, ennemi des moines. *a* 70.
Benoist, R. *a* 29.
Bergier, auteur ecclés. *a* 46. *b* 21.
Bernard, S. *a* 1.
Bernegger, M. *b* 211.
Berni, F. *a* 30.
Bernier, pseunonyme de Dulaurent. *a* 117.
Berquin, L. *a* 129.
Berruyer, I., jésuite. *a* 31.
Berti, J. M., théologien. *a* 264.
Besold, C. *a* 35.

Beverland, A., écrivain licencieux. *a* 33, 73.
Beze, T. *b* 211.
Bible anglaise de Tyndall. *b* 166.
Bible de Genève, impr. par Dolet. *a* 108.
Bible de René Benoist. *a* 29.
Bible sixtine. *a* 37.
Bibles (principales) supprimées. *a* 35.
Biblia germanica à L. Hetzero. *a* 180.
Biblia germanica à Luthero. *a* 270.
Biblia germanica, etc.; par Salmuth. *b* 113.
Biblia italica Sixti V. *a* 35.
Biblia polonica Radziwiliana. *b* 67.
Biblia toscana, par Bruccioli. *a* 47.
Bibliorum notio generalis. *a* 187.
Bibliotheca maxima pontificia, à Roccaberti. *b* 85.
Bibliothèque d'Alexandrie. *a* 246.
Bibliothèque choisie de R. Simon. *b* 126.
Bibliothèque de d'Alembert, vendue à Catherine II. *b* 194.

Bibliothèque de Diderot, vendue à Catherine II. *b* 194.
Bibliothèque des Hébreux, brûlée par ordre d'Anthiocus. *a* 246.
Bibliothèque universelle des auteurs ecclésiastiques de Dupin. *a* 120.
Bibliothèque de Voltaire. *b* 192.
Bidaut, profess. de philosophie. *a* 65.
Biddle, profess. *a* 38.
Bigre, docteur en Sorbonne. *b* 3.
Billard, écrivain français. *a* 39.
Binet B. a réfuté Bekker. *a* 27.
Bino, littérateur italien. *a* 30.
Bissendorf, théologien. *a* 39.
Blannbeckin, A. *a* 40.
Blonde, avocat. *a* 315.
Blount, savant anglais. *a* 41.
Bodin, J. *a* 42.
Boehmer. *a* xxxv.
Boileau, J. *a* xxxiij.
Bolyngbroke. *b* 188, 211.
Bon sens (le), par d'Holbac. *b* 211.

Boncerf, jurisc. français. *a* 43, 191.
Bonfadio, J. *a* 43.
Bonhoefer, J. M. *a* xxxj.
Boniface VIII, pape. *a* 51, 56.
Bonnegarde, abréviateur de Bayle. *a* 23.
Born (le baron de), ennemi des moines. *a* 111.
Borro, J. *a* 343.
Bosquet, G. *a* 44.
Bossuet. *a* 134, 218.
Boucher, écrivain séditieux. *a* 44, 170.
Bougeant, jésuite. *b* 53.
Boulainvilliers. *b* 211.
Boulanger. *a* 46.
Bouquet, P. 58.
Bourgoing, jacobin. *a* 170. *b* 249.
Bourignon, A., folle à révélations. *a* 41.
Boursier, J. L. *a* 165.
Brasichellen, J. M. *a* 260.
Breviarium romanum, de Quignones. *b* 64.
Briquet, F. *a* 75.
Brower, C. historien. *a* 47, 207.
Brown. *b* 211.
Bruccioli, A. *a* 47.
Brunsfels, O. *a* 187.

Brunus. *a* 48.

Brutum fulmen, d'Hotman. *a* 62, 229.

Brutus, M., historien. *a* 50.

Brutus, S. J., pseudonyme de Languet. *a* 228.

Bruzen de la Martinière. *a* 50.

Bulla diaboli. b 212.

Bulle contre les cinq propositions de Jansénius. *a* 63.

Bulle de Benoît XIII, antipape. *a* 57.

Bulle *in cœnâ Domini. a* 59.

Bulle *in eminenti*, contre Jansénius. *a* 192.

Bulle de Léon X contre Luther. *a* 272.

Bulle *Unigenitus. a* 208, 237, 239. *b* 3, 14.

Bulles condamnées en France, *a* 51.

Bullinger. *b* 212.

Bury, A., auteur anglais. *a* 66.

Bury, R, auteur anglais. *a* 67.

Busembaum, H, jésuite. *a* 67.

Bussi-Rabutin. *b* 66.

C.

Cabale et Cabaliste, plaisante définition de ce mot. *b* 38.

Cabbala del cavallo pegaseo. *a* 49.

Cabinet du roi de France, par Froumenteau. *a* 152.

Cacomonade, par Linguet. *a* 244.

Cacouacs (catéchisme des). *b* 212.

Cadet de Casaux. *b* 245.

Calamité des temps, poëme. *b* 285.

Calas. *a* 16.

Calentius, E., poëte. *a* 68.

Cally. *a* 123.

Calvin. *b* 124.

Calvisius. *a* 263.

Campanella, T. *a* 68.

Campian, E. *b* 249.

Camus de Belley. *a* 70.

Capel, J. *b* 212.

Capiferreus, théologien. *a* 262.

Capilupi. *a* 70.

Capitoli del forno, de J. de la Case. *a* 30.

Capucinade (la), par Nogarot. *b* 4.
Cardan, J *a* 158.
Carranza. *a* 71.
Carricatures sur la bulle Unigenitus. *b* 15.
Cas de conscience (histoire du fameux). *a* 6.
Casalas, J. *a* ix. *b* 75.
Casaubon. *a* 71. *b* 118.
Cassius Longinus. *a* xv.
Cassius Severus. *a* xv.
Castel-dos-Rios. *a* 5.
Catalogue des livres défendus, etc. *a* 256.
Catalogue des livres examinés par l'université de Paris. *a* 257.
Catalogus postremus hæreticorum. *b* 177.
Catéchisme champêtre. *a* 235.
Catéchisme du citoyen. *a* 298.
Catéchismus Snæciæ. *b* 152.
Catherine II. *b* 192.
Cato christianus, par Dolet. *a* 108.
Catulle. *a* 73.
Caveirac. *a* 74.
Case (J. de la). *a* 30.
Cecco. *a* 74. *b* 243.
Cellarius ou Keller, J. *a* 202.
Cena (la) de le ceneri. *a* 49.

Censure des livres; son origine. *a* 266. *b* 255.
Censure ecclésiastique des livres. *a* 267.
Cento Virgilianus de vitâ monachorum. *a* 70.
Chambers, E. *a* 105.
Chandieu. *a* 157.
Chapelet du Saint-Sacrement. *a* 75. *b* 105.
Charles VI, roi de France. *a* 58.
Charles-Quint; sa loi contre les libellistes. *a* xvij.
Charpi de Sainte-Croix. *b* 212.
Charron, P. *a* 75, 158. *b* 213.
Chasseneux. *a* 12.
Chastel, J. *a* 200.
Chaufepié, continuateur de Bayle. *a* 23.
Chauveau, graveur. *a* 176.
Chavigni. *b* 209.
Cherbury (Herbert de). *a* 41.
Chevrier. *a* 77. *b* 213.
Choderloz de la Clos. *a* xiij.
Choppin, R. *b* 180.
Chorier. *a* xij, 78.
Chrétien. *a* 97.
Christiade, poëme ridicule. *a* 17.

Christianisme dévoilé. *a* 46.
Christianisme sans mystères. *b* 160.
Christoval de Acuna. *a* 3.
Chronologia rerum romanarum. *a* 126.
Ciel (le) réformé. *b* 213.
Cité de Dieu, de saint Augustin. *a* 340.
Cité du soleil, par Campanella. *a* 69.
Citta divina. *b* 20.
Classification des livres condamnés. *a* x.
Claustre (l'abbé de). *b* 113.
Clavigni de Sainte-Honorine. *a* xxviij.
Clément, C. *a* xxx.
Clément, J., assassin de Henri III. *a* 169.
Clément, J., auteur. *b* 163.
Clément VI, pape. *b* 80.
Clément VIII, pape. *b* 38.
Clément XI, pape. *b* 14, 62.
Clément XIV, pape. *a* 59, 129.
Cleobius, magicien. *a* 157.
Cloche miraculeuse de Willilla. *b* 64.
Clootz, dit Anacharsis. *b* 213.
Cochlæus, J. *b* 213.
Code de la nature. *a* 103.

Codicile d'or, par Joly. *a* 199.
Coislin, évêque de Metz. *a* 79.
Colbergius. *a* xxxij.
Collins, A *b* 214.
Collius, F. *a* 80.
Colloques d'Erasme. *b* 217.
Colonia, jésuite. *a* 193.
Colporteur (le), par Chevrier. *a* 78.
Commentationes de indicibus, etc. *a* xxxv.
Comtesse de Montferrat, roman. *a* 101.
Conception immaculée de la sainte Vierge. *a* 5.
Concile de Latran de 1139. *a* 1.
Concile de Sens de 1140. *a* 1.
Concile de Soissons de 1121. *a* 1.
Conciles (collection des), par Hardouin, avec les cartons. *a* 173.
Concordia rationis et fidei. *b* 145.
Condillac. *a* 80.
Confessio christianæ et fidei. *b* 116.
Congrégation des filles de l'enfance. *b* 79.
Connétable de Bourbon (le), tragédie. *a* 172.

Connor, B. *b* 214.
Conrart, V. *b* 152.
Conseil privé de Louis-le-Grand. *b* 214.
Considération sur l'état de Saint-Domingue. *b* 107.
Constitution de l'Angleterre. *a* 268.
Constitution *unam sanctam* de Boniface VIII. *a* 53.
Contagion sacrée. *a* 180.
Contes de la Fontaine. *b* 223.
Contes de ma mère l'Oye. *b* 14.
Contra Papatum à diabolo inventum. *a* 146.
Contrat social, par J. J. Rousseau. *b* 96.
Conventus africanus. *a* 193.
Coquereau. *b* 214.
Cordus. *a* xvi.
Corio. *a* 82, 317.
Correction fraternelle (de la). *a* 82, 335.
Correspondance secrette de Maupeou avec Sorhouet. *b* 39.
Coton, jésuite. *a* 82.
Couplets satyriques attribués à Rousseau. *b* 88.

Cour de France turbanisée. *b* 214.
Courayer (le). *a* 85.
Cours d'études de Condillac. *a* 80.
Coverdal, M. *b* 166.
Coward. *a* 86.
Cowel, J. *a* 87.
Crebillon fils. *a* xiij, 87.
Crellius. *a* 88.
Crevenna. *a* 258.
Cromwel, O. *b* 2.
Cromwel, T. *b* 167.
Crotus, J. *a* 189. *b* 218.
Croy (F. de). *b* 215.
Crozet. *a* 4.
Cruauté religieuse (de la). *b* 215.
Cuffeler. A J. *b* 144.
Culte et lois d'une société d'hommes sans Dieu. *a* 286.
Cuper, G. *a* 276.
Cuppé, P. *b* 215.
Curion, C. S. *a* 89.
Curiosités inouies, *a* 155.
Cuyckius. *b* 215.
Cymbalum mundi. *a* 101.
Cypriano de Valera. *b* 215.
Cyrille, S. *a* ix.

D.

Daillé. *b* 152.
Dalembert. *a* 103. *b* 194.
Dalmeida, G. *a* 259.
Damiens, assassin de Louis XV. *b* 78.
Damilaville. *a* 47.
Darigrand. *a* 90.
Dassy. *a* 93.
Davesnes. *a* 94. *b* 215.
De Anti-Christo romano. *b* 3.
De antiquâ ecclesiæ disciplinâ. *a* 122.
De bello instituendo adversus Turcas. *a* 98.
De depravationibus librorum. *a* xxxij.
De duobus Anti-Christis, (Mahomet et le pape). *b* 2.
De duplici statu, etc. *b* 148.
De immunitate Cyriacorum auctorum. *b* 75.
De incensione librorum. *a* xxxvj.
De jure et more prohibendi libros, etc. *a* xxix.
De justâ Henrici III abdicatione. *a* 45.
De justitiâ et jure, à Lessio. *a* 235.

De la causa, principio et uno *a* 49.
De lege, rege et grege. *b* 128.
De libertate ecclesiasticâ à Casaubono. *a* 71.
De libris auctoribus suis fatalibus. *a* xxxvj.
De libris gentilium, etc. Tolerandis. *a* xxx.
De libris suppressis. *a* xxxiv.
De l'infinito universo et mondi. *a* 49.
De monetæ mutatione à Mariana. *a* 293.
De peccato originali, ab Agrippa. *a* 33.
De peccato originali à Beverlando. *a* 33.
De peccato originali à Modrevio. *a* 323.
De potestate summi pontificis. *a* 235.
De radiis et iride. *a* 114.
De reformandis horis canonicis. *a* 199.
De rege et regis institutione. *a* 291.
De republicâ ecclesiasticâ. *a* 112.

De republicâ emendandâ, à Modrevio. a 322.
De sacrarum electionum jure, etc. a 160.
De sectis, dissentionibus, etc. a 146.
De tribus nebulonibus. b 1.
Decades II de Bello Belgico. b 146.
Decades rerum frisicarum, ab Emmio. a 126.
Decker, C. b 215.
Declaves. a 65.
Découverte de la vérité et du temps. a 95.
Défense de la liberté chrétienne. b 215.
Defensio fidei catholicæ. b 147.
Defensio regia pro Carolo I. a 318.
Defensio pro populo anglicano. a 318.
Deforges, poëte français. a 95.
Delisle de Sales, littérateur français a 96.
Deloque. b 216.
Démêlés de la cour de Rome avec Venise. a 72.
Demetrius de Phalere. a 246.
Democrates secundus. b 120.
Denckius, J. a 180.

Denys le chartreux. a 98.
Derodon, D. a 99.
Desbarreaux. b 158.
Desfontaines. b 160. Nous avons oublié de dire que son *Nouvelliste du Parnasse,* ou *Réflexions sur les ouvrages nouveaux,* a été supprimé par le ministère en 1732 ; et que ses *Observations sur les écrits modernes* ont eu le même sort en 1743.
Desforges, auteur qui a écrit sur le mariage des prêtres. a 101.
Desmarets de Saint-Sorlin. a 332.
Despériers. a 101.
Despotisme oriental. a 47.
Deutschman. a xxxiij.
Deza, dominicain. a 190.
Diagoras, athée. b 240.
Dialoghi di Nicolo Franco. a 143.
Dialogue d'Esope et de Mercure. b 4.
Diane d'Ephese (la grande), par Blount. a 42.
Dictionnaire des athées, par S. Maréchal. a 286.
Dictionnaire de Bayle. a 18. Ses différentes éditions. 19, 22.

Dictionnaire des livres jansénistes. *a* 193.
Dictionnaire philosophique. *b* 187.
Didacus Tamias, pseudonyme de Keller. *a* 205.
Diderot, littérateur français. *a* 102. *b* 194.
Dieu et les hommes. *b* 189.
Directions pour la conscience d'un roi. *a* 135.
Discours d'Erasme-Jean. *a* 197.
Discours des dissensions de la papauté. *b* 216.
Discours sur le gouvernement. *b* 124.
Discursus de monarchiâ hispanicâ. *a* 69.
Disputatio de indicibus librorum prohibitorum. *a* xxxiij.
Disputatio de libertate et de atomis. *a* 99.
Disputatio de supposita, à Davide Derodon. *a* 99.
Disputatio de tolerantiâ librorum noxiorum. *a* xxxij.
Dispute de l'eucharistie, par Derodon. *a* 100.
Dispute de la messe, par Derodon. *a* 99.
Dissertatio de causis majoribus. *a* 161.
Dissertatio contra malorum librorum abundantiam. *a* xvvvij.
Dissertatione de inspectione librorum. *a* xxxi.
Dissertatio de jure circa libros, etc. *a* xxxv.
Dissertatio de libris combustis. *a* xxxiv.
Dissertatio de libris curiosis combustis. *a* xxxiij.
Dissertatio de libris relig. spectantibus. *a* xxxij.
Dissertatio de semine Virginis. *b* 116.
Dissertation sur Elie et Enoch. *a* 47.
Dissertationes de combustione librorum. *a* xxxij.
Dissertatiuncula S. Evenii. *a* xxx.
Doches, sectaire de S. Morin. *a* 330.
Doctrine curieuse, par Garasse. *a* 157.
Dolce, litt. italien. *a* 30.
Dolet, E., impr. et litt. *a* 107.
Dominis (A. de). *a* 112.
Doucin, jés. *a* 114.
Doujat. *a* 115.
Droit (du) des rois et des magistrats. *a* 319.

Druthmar. *a* 115.
Dryander, J. *a* 127.
Dubarry (la comtesse). *b* 216.
Dubourg, A. *b* 248.
Duchatel, savant evêque. *a* 116.
Duclevier, T., pseudonyme de Despériers. *a* 101.
Duclos. *b* 216.
Ducoignet. *a* 83.
Dulaurent. *a* ix, xiij, 117. 282. *b* 216.
Dumoulin, C. *a* 336. *b* 256.
Dumoulin, L. *b* 338.
Dumoulin, P. *a* 83, 337.

Dupaty. *b* 216.
Dupin, littérateur. *a* 119.
Dupin, L. E. *a* 120.
Duplessi-Mornay. *a* 122.
Dupuy, auteur ecclés. *a* 123.
Durand, commenté. *a* 123.
Durant, auteur satyrique. *a* 124.
Durosoy. *b* 87.
Dusaulx. *b* 29.
Duval. *b* 251.
Duval d'Eprémesnil. *a* 220.
Duvernet. *Histoire de la Sorbonne*, 1790, 2 *vol. in-8.* (A. O.)

E.

Eau-bénite ; ses effets miraculeux. *b* 226.
Ecclesiasticus à Scioppio. *b* 117.
Ecole des filles. *a* 175.
Economistes (les). *a* 320.
Eder, jurisconsulte. *a* 124.
Edit de Christian V contre Lyser. *a* 274.
Edzar, S. *a* 125.
Elegantiæ latini sermonis, livre infâme. *a* 79.
Elégie sur le trépas de l'âne ligueur. *a* 124.

Eliade, poëme ridicule. *b* 42.
Eloge du chancelier de l'hôpital. *a* 171. Autre, *b* 63.
Eloge de la folie. *a* 128. *b* 217.
Elswich (J. H d'). *a* xxxiv.
Eluzéens, leurs livres secrets. *a* 157.
Elwal, prédicateur. *a* 125.
Emiglian, Pompouius, nom supposé. *a* 125.
Emile, par J. J. Rousseau. *b* 94.
Emmius, U. *a* 126.

Encomium moriæ. a 127. *b* 217.

Encyclopédie, format *in-fol. a* 103.

Encyclopédie méthodique. *b* 20, 22.

Enfer détruit. *b* 217.

Enjedim, G., socinien. *a* 126.

Entretiens des voyageurs sur mer. *b* 219.

Enzinas, connu sous le nom de Dryander et de Duchesne. *a* 127.

Epimetron de libris noxiis. a xxix.

Epistolæ obscurorum virorum. b 218.

Epitre du pécheur à Jésus-Christ. *a* 109.

Eponine, roman politique. *a* 98.

Epoques de la nature. *a* 295.

Erasme. *a* 26, 127, 272. *b* 217.

Erasme, Jean. *a* 197.

Erasmus Irenicus, pseudonyme d'Isaac Wolmar. *b* 201.

Erotemata de malis ac bonis libris. a xxxj.

Erotika biblion. *a* 321.

Espinœil, pseudonyme de Garasse. *a* 156.

Espion anglais. *b* 228.

Esprit du clergé. *b* 218.

Esprit (de l'), par Helvétius. 176.

Esprit de Jésus-Christ. *b* 218.

Esprit de Clément XIV. *a* 129.

Esprit de Raynal. *a* 175.

Essai sur la liberté. *b* 218.

Essai sur le monachisme. *a* 244.

Essai de théologie. *a* 154.

Estelan. *a* 133.

Etat de l'homme. *b* 218.

Etienne, H., savant imprimeur. *a* 130.

Etienne, R. *b* 145.

Etienne, chef des manichéens. *b* 241.

Ethica Aristotelica. a 88.

Ethocratie. *a* 166.

Etre pensant (l'), ouvrage philosophique. *b* 219.

Evangile éternel. *b* 243.

Evangile (imprécation de S. M. contre l'). *a* 287.

Evenius, S. *a* xxx.

Examen des apologistes de la religion. *a* 146.

Examen des religions du monde. *a* 130.

Excerpta de editione indicis librorum prohibitorum. a xxx.

Exercitatio de indicibus librorum, etc. *a* xxxiij.
Exercitatio de indicibus papistarum. a xxxij.
Exercitationes de scriptis anonymis. a xxx.
Explicationes locorum difficilium bibliorum. a 126.

Expositio imaginum Nurembergæ repertarum. b 23.
Expositio in Matthæum evangelistam. a 115.
Expostulatio Ludovici d'Orleans. b. 13.

F.

Fabius Hercinianus, pseudonyme de Keller. *a* 205.
Fabri d'Autrey. *a* 47.
Fabricius de Veiento, libelliste. *a* xvi.
Fabrizi. *a* 131.
Factum de la sapience éternelle. *a* 94.
Falcoz de la Blache. *a* 24.
Falkemberg, dominicain. *b* 132.
Fastes de Louis XV. *b* 224.
Fatalité de Saint-Cloud. *a* 168.
Fatum, mot prohibé par l'inquisition. *b* 219.
Favereau. *a* 133.
Faydit, A. *a* 132.
Félibien, J. *a* 133.
Fénélon. *a* 133. Son éloge par la Harpe. *a* 218, 325.

Ferguson, R. *a* 141.
Figures de la bible. *a* 6.
Finances (sur les). *a* 141.
Flaccius Illyricus, sur-nom de Francowitz. *a* 145.
Fleury, C. *a* 142.
Flournois, N. *b* 219.
Foi dévoilée par la raison (la). *b* 26.
Foi (la) a ses justes bornes. *a* 143.
Fontenelle. *b* 110.
Fornicatio cavenda, etc. *a*. 35.
Fortune (la), roman. *a* 101.
Fox, J. de Bruggs. *b* 219.
Fragment d'un poëme sur Dieu. *a* 286.
Francisco de la Piedad, pseunonyme. *b* 154.
Franco, N. *a* 143.
Franco-Gallia. *a* 229.

François do Pistoie. *b* 243.
François de Vérone, pseudonyme de Boucher, *a* 45.
Fracowits, connu sous le nom de Flacoius Illyricus. *a* 145.
Francus, D. *a* xxxj, 263.
Frapaolo. *a* 112. *b* 145.
Frédéric II, empereur d'Allemagne, *a* 52.
Frédéric II, roi de Prusse. *b* 192. Ce prince a fait brûler à Berlin la diatribe de Voltaire, intitulée le *Docteur Akakia*; et s'adressant ensuite à Maupertuis contre qui cette diatribe était dirigée, il lui dit : Je vous apporte les cendres de votre ennemi. (A. O.)
Freret, *a* 146.
Fréron. Cet auteur a débuté dans la carrière littéraire, par son journal intitulé : *Lettres de madame la comtesse de . . . . . , qui a* été supprimé. On lui retirait le privilége de son *année littéraire* en 1776, quand il fut frappé d'apoplexie au moment où il apprit cette nouvelle. (A. O.)
Fromaget. *a* xiij.
Fromond, théologien. *a* 193.
Fromont, D. *a* 167. Ce nom est le pseudonyme ou plutôt l'anagramme de Gratien de Montfort, capucin, dont le nom de famille étai Bardey. (A. O.)
Froullé, libraire de Paris. *a* 147.
Froumenteau, N. *a* 152.
Fulmen de cœlo delapsum, etc. *a* 152.
Furetière ; ses factums ont été supprimés, et l'auteur a été exclu de l'académie. (A. O.)
Fusi. *a* 153.

G.

Gabrielis, G. *a* 153.
Gacon. *a* 154.
Gaffarel. *a* 155.
Galigaï, E. *b* 251.
Galilée. *b* 251.
Gallois. *b* 113.

Gallus, J. B., pseudonyme de Michaut. *b* 160.
Gandulfe. *b* 242.
Ganier. *b* 219.
Garasse, F. *a* 76, 156.
Garnet. *b* 251.
Gaudentius. *a* xxxiij.
Gavin, A. *b* 219.
Gazetier cuirassé (le). *a* 78.
Gelase, pape. *a* 268.
Genebrard, G. *a* 160.
Genet. *b* 83.
Gerbais, J. *a* 161.
Gerberon. *b* 111.
Gervaise. *a* xij.
Gewoldus, C. *a* 162.
Giannone. *a* 162. *b* 115, 220.
Gigli. *a* 164.
Gilbert. *a* 164.
Glaive (le) du géant Goliath. *b* 220.
Glasmaker, J. H. *b* 144.
Glose d'Accurse. *a* 84.
Godonesche. *a* 165.
Goëzman. *a* 24, 165.
Gofridi, L. *b* 250.
Gomberville. *a* 4.
Gonzalve, M. *b* 244.
Gorin de Saint-Amour. *a* 166.

Gottescalc. *b* 241.
Graës, nommé Gratius. *a* 190.
Grafton. *b* 167.
Grand-Colas. *a* 166.
Grandier, U. *b* 252.
Grandis. *a* 64.
Grécourt. *a* xiij.
Grégoire VII, pape. *a* 51.
Grégoire XI, pape. *a* 59.
Grégoire XIII, pape. *a* 60.
Grégoire XIV. *a* 38, 62.
Grégoire XV. *a* 113.
Grégoire-le-Grand. *a* 250.
Grégoire, sénateur français. *b* 129.
Gretzer, J. *a* xxix.
Gringoire, P. *a* 337.
Gronovius, J. F. *a* 167.
Gruet. *b* 247.
Gualtherus. *b* 220.
Guenard, C. *a* 167.
Guerin. *a* 12, 13.
Guiard, jacobin. *a* 168.
Guibert (le comte de). *a* 170.
Guignard, J. *a* 200.
Guillemin de Vaivre. *b* 108.
Guimenius. *a* 172.
Guion (Madame). *a* 325.
Guiraudet. *a* 340.
Gullenstolpe. *a* 173.

H.

Hacketon ou Haguet. *b* 249.
Hannot, J. B. *a* 264.
Hardouin, J. *a* 173.
Harisson. *a* 184.
Haudicquer, F. *a* 174.
Hebius, T., pseudonyme de Barthius. *b* 118.
Hédouin. *a* 175.
Héloïse. *a* 2.
Helot. *a* 175.
Helvétius, A. *a* 176. *b* 231.
Hemmerlin. *a* 178.
Hennery (d'). *b* 108.
Henri III, roi de France. *a* 13, 69.
Henri IV, empereur d'Allemagne. *a* 51.
Henri IV, roi de France. *a* 72, 84, 149.
Henri VIII, roi d'Angleterre. *b* 167.
Henriade de Voltaire. *b* 185.
Heptameron. *a* 289.
Hérésie de la domination épiscopale. *a* 235.
Herman de Ryswick. *b* 245.
Hersent. *a* 179.
Heshusius (Tilleman). *b* 220.
Hetzer, L. *a* 180.
Hilpert, J. *b* 35.
Histoire abrégée de l'Université de Paris. *a* 166.
Histoire amoureuse des Gaules. *b* 66.
Histoire de Calejava. *a* 164.
Histoire de Clément VI. *b* 80.
Histoire du concile de Trente. *a* 112.
Histoire critique de Jésus-Christ. *b* 220.
Histoire critique de la philosophie. *a* 101.
Histoire critique du vieux Testament. *b* 126.
Histoire de l'établissement de la république de Hollande. *b* 4.
Histoire d'Espagne. *a* 94.
Histoire de la guerre de Hollande en 1672. *b* 52.
Histoire impartiale des jésuites. *a* 241.
Histoire de Lorraine. *b* 86.
Histoire de Louis XIII. *b* 176.
Histoire de Mantoue. *b* 49.

Histoire du peuple de Dieu. *a* 31.
Histoire philosophique et politique de Raynal. *b* 71.
Histoire de la religion. *b* 221.
Histoire secrète de la cour de Berlin. *a* 321.
Histoire de Siam. *b* 165.
Histoire des tromperies des prêtres. *b* 221.
Historia civile di Napoli. *a* 162.
Historiæ Florentinæ. *a* 50.
Historia J. Huss et Hieronymi pragensis. *a* 187.
Historia di Milano. *a* 82, 317.
Historia nostri temporis. *a* 126.
Historia societatis Jesu. *a* 200.
Histriomastix. *b* 58.
Hobbes, T. *b* 221.
Holbac (le baron d'). *a* 180.
Holinshed. *a* 184.
Holkot. *a* 67.
Holland. *a* 184.
Homère vengé, de Gacon. *a* 155.
Homme (de l'), par Helvétius. *a* 177.
Homme-machine, de la Mettrie. *a* 311.
Hooker. *a* 184.
Hormisdas, pape, *et non pas* Hosmidas. *a* 268.
Hotman, F. *a* 229.
Hugon, L. C. *a* 186.
Huissiers. *a* 305.
Humbelot, M. *a* 187.
Hume. *b* 221.
Hurault de l'hôpital. *a* 170.
Huss, J. *a* 187.
Hutten (Ulric de). *a* 189. *b* 221.
Hutter, L. 221.
Hyperdulie, mot grec; son étymologie. *a* 121.
Hypparchus, pseudonyme de Théophile Raynaud. *b* 74.

I.

Idelfonse de Saint-Thomas. *b* 154.
Idolâtrie de l'église romaine. *b* 222.
Ignace, S. *a* 190.
Impietas cohortis fanaticæ. *a* 125.
Imposture de la prétendue

confession de foi de saint Cyrille. *a* 99.

Inconvéniens des droits féodaux. *a* 43, 191.

Index; explication de ce mot. *a* 253, 254.

Index des livres défendus. *b* 255.

Index expurgatorius librorum, etc. *Anni* 1571. *a* 258.

Indices librorum prohibitorum. *a* 256 --- 266.

Informatio pro veritate. *a* 192.

Injures réciproques entre Boniface VIII et Philippe-le-Bel. *a* 56.

Innocent II, pape. *a* 1.

Innocent IV, pape. *a* 52.

Inquisition. *a* 224, 225.

Institutiones juris anglicani. *a* 87.

Isla, prédicateur espagnol. *a* 192.

J.

Jacques I, roi d'Angleterre. *b* 78.

Jansénisme. *a* 63, 193, 197.

Jansénius, C. *a* 192.

Janua scientiarum. *a* 42.

Jean (Érasme). *a* 197.

Jean de Leyde. *b* 247.

Jean de Meung, dit Clopinel. *b* 233.

Jean le grammairien, ou Philiponus. *a* 259.

Jérôme de Prague. *a* 187. *b* 244.

Jésuites; leur proscription en Portugal. *a* 241, 280.

Jésuites (diatribe de Pasquier contre les). *b* 154.

Jésuites (ouvrages contre les). *b* 222.

Jésus-Christ sous l'anathème. *a* 198.

Jésus-Christ (sur la sueur de sang de). *a* 80.

Jésus-Christ (beauté de). *b* 76.

Jésus-Christ (imprécation abominable de S. Maréchal contre). *a* 287.

Jeux publics, à Paris. *b* 29.

Joly. *a* 22.

Joly, C. *a* 198.

Jorger. *a* 199.

Journal de Saint-Amour. *a* 166.

Jouvency, jésuite. *a* 200.
Judicium francorum. a 301, 316.
Juenin. *a* 202.
Jules II, pape. *a* 59.
Jules Romain, dessinateur. *a* 9.
Juliard. *b* 80.
Julien. *a* ix.
Junius, F. *a* 259.
Jurieu, P. *a* 154. *b* 223.
Justification de Jean sans-peur. *b* 32.
Justine, livre infâme. *a* xxiv.

K.

Kahlius, L. M. *a* xxx.
Keller ou Cellarius, J. *a* 202.
Kempe, A. *a* 205.
Klotz, J. C. *a* xxxvj.
Korb. *a* 206.
Kunadus, A. *a* xxxij.
Kunrath, H. *a* 207.
Kyriander. *a* 207.

L.

Labarre. *b* 188,
Labaume. *a* 17.
Labeaumelle. *a* 25.
Labienus. *a* xvj.
Laborde. *a* 207.
Laclos (Choderloz de). *a* xiij.
Lacroix. *a* 67.
Ladislas, roi de Pologne. *a* 132.
Laffrey, A *b* 223.
Lafontaine. *a* xiij. *b.* 223.
Lagerbring. *b* 131.
La Grange-Chancel. *a* 209.
La Harpe. *a* 218.
Lalli-Tollendal, père. *a* 221.
Lamettrie (Julien Offray de) *a* 311.
Lamonnoye. *a* xxvij.
La Morlière (J. A. de) *a* 335.
La Mothe. *b* 89.
La Mothe le Vayer. *a* 335.
La Motte (Chalus de). *b* 223.
Lancluse (F. de). *b* 224.

Landriano. *a* 62.
Laugle (le marquis de) *a* 222.
Langrognet aux enfers. *b* 149.
Langues du paradis (des). *a* 205.
Languet, H. *a* 228.
Lanjuinais. *b* 228.
Lanjuinais. *a* 230.
La Peyrère, I. *b* 35.
La Roque. *b* 113.
Larroque, M. *a* xxxij. *b* 224.
Las Casas, B. *a* 231. *b* 121.
La Taste, L. *b* 151.
Latinus Latinius. *b* 17.
Lau. *a* 232.
Laudes Sodomiæ. a 30.
Lauffer. *a* xxxvj.
Launoy, M. *b* 180.
Laurent, J. *a* xxx.
Lebas. *a* 97.
Le Breton. *a* 105.
Leclerc, J. *a* 37. *b* 152.
Le Maçon, dit La Fontaine. *b* 224.
Lemnius. *a* 233.
Le Monnier. *a* 73. *b* 323.
Lenglet Dufresnoy. *a* xxxvij, 233. *b* 53, 133.
Le Noble, E. *b* 4.
Lenoir. *a* 234.
Lenoir, P. *a* 266.

Léon X, pape. *a* 56.
Léon X (diatribe contre). *b* 97.
Léon de Juda. *b* 145.
Léoni, A. *a* 264.
Le Sage. *a* 152.
Lessius, L. *a* 17, 235.
Le Tasse. *b* 151.
Leti. *a* 236.
Le Trosne, F. *b* 164.
Lettre de Boniface VIII à Philippe-le-Bel, avec la réponse. *a* 54.
Lettre déclaratoire des jésuites. *a* 83.
Lettre de sept évêques au pape Innocent XIII. *a* 237.
Lettres choisies de Simon. *a* 51.
Lettres et mémoires de Montgon. *a* 328.
Lettres de la Montagne. *b* 96.
Lettres philosophiques de Voltaire. *b* 186.
Lettres provinciales, par Boucquet. *b* 57.
Lettres provinciales, par Pascal. *b* 27.
Lettres sur la religion. *b* 224.
Lettres sur les sourds et muets. *a* 103.

Lettres de Thrasybule à Leucippe. *a* 146.
Le Vassor, M. *b* 176.
Levy. *b* 224.
Lexiconographie universelle. *a* 19.
Lhopital, chancelier. *a* 171.
Libelles diffamatoires *a* xiv—xvij.
Liber de Ponderibus et censuris. *a* 293.
Liberté de conscience. *b* 224.
Liberté de penser, par Collins. *b* 214.
Liberté (nouvelle) de penser. *b* 227.
Librorum mors ignis. *a* xxxj.
Libro della origine delli proverbi. *a* 131.
Liesvelt. *a* 35.
Ligue (les héros de la). *a* 178.
Linguet, S. H. *a* 91, 241. *b* 244.
Lisle, théologien. *a* 244.
Lisle de Sales. *a* 96.
Liste des cinq appels nominaux sur Louis XVI. *a* 147.
Liszinski, C. *a* 245.
Livre des marchands (le) *b* 224.

Livres brûlés par le C. Ximénès. *a* 250.
Livres condamnés au feu, sans être nominativement désignés. *a* 245.
Livres condamnés au feu, mentionnés dans la vie de Spinosa. *b* 135.
Livres condamnés et censurés par l'inquisition. *a* 253
Livres hébraïques (hors la bible) condamnés au feu par Maximilien premier. *a* 251.
Livres des protestans, proscrits par Marie première, reine d'Angleterre. *a* 252.
Livres runiques, brûlés par Olaüs. *a* 250.
Livres sibyllins, brûlés par Stilicon. *a* 246.
Lobon de Salazar, pseudonyme d'Isla. *a* 192.
Lœmmelius, H. *a* 268.
Lois; (leurs variations.) *a* 307.
Lollard Walthero, chef de secte. *b* 243.
Lolme, écrivain politique. *a* 268.
Longue (de). *b* 53.
Lorris (G. de). *b* 233.
Louis, G. *a* xxx.

Louis de France, assassiné par Jean sans-peur. *b* 32.
Louis XII. *a* 58.
Louis XIII. *b* 209.
Louis XIV. *a* 135.
Louis XV. *a* 151, 281.
Louis XVI. *a* 148, 151.
Louvet. *a* xiij.
Lubomirscius, S. *a* 270.
Lucas. *a* xxxvij. *b* 132, 134.
Lucius Antistius Constans, pseudonyme de Spinosa, ou plutôt de Van-den-Hooft. *b* 143.
Luneau-Boisjermain. *a* 104, 106.
Luther, M. *a* 271, 272.
Luthériens; leurs livres secrets, selon Garasse. *a* 157.
Lyser, J. *a* 273.

M.

Mably. *a* 276.
Macédo, jésuite. *b* 25.
Machiavel. *a* 158, 338, 341.
Magdeleine au désert, etc., poëme ridicule. *b* 43.
Magnificat du pape. *b* 235.
Maffei (Scipion). *a* 276.
Maffredo. *a* 57.
Mahomet. *a* 277.
Maichelius, D. *a* xxxv.
Mailly, archevêque. *a* 341.
Maintenon; ses lettres. *a* 25.
Malagrida, G. *a* 277.
Malaval. *a* 325.
Maldonat. *a* 281.
Mandement sur la mort de Louis XV. *a* 281.
Mandement sur les œufs rouges. *b* 40.
Mandeville, B. *a* 282.
Manichéens; leurs livres secrets, selon Garasse. *a* 157.
Mantouan, ou plutôt Spagnoli. *a* 284.
Manzoli, P. A., vrai nom de Palingène. *b* 18.
Manzoli, athée. *b* 251.
Mappe romaine. *b* 225.
Mappemonde papistique. *b* 225.
Marc-Antoine, graveur. *a* 9.
Marcellin, évêque. *a* 53.
Marchand, P. *a* 20.
Maréchal, S. *a* xxv, 286.

Marfore, ou discours de Naudé, etc. *a* xviij.
Margat. *a* 289
Marguerite des Marguerites, etc. *a* 290.
Mariage nécessaire et salutaire aux prêtres. *a* 291.
Mariana, J. *a* 291, 293, 329.
Marie, mère de Dieu, son histoire; par M. d'Agreda. *a* 4.
Marie Stuart. *a* 290.
Marmontel. *a* 295.
Marolles, M. *b* 253.
Marsile de Padoue. *a* 296.
Marsy (de). *a* 22.
Martenne. *a* 297.
Martin, C. *a* 297.
Martin de Marivaux. *a* 298.
Martyre de J. Clément, etc. *a* 170.
Marsenius, J. *a* 207.
Mastigofore (le), par Fusi. *a* 153.
Mathieu, T., pseudonyme de J. Roger. *b* 167.
Matinées du roi de Prusse. *b* 225.
Mathias, J *a* 299.
Mauro. *a* 30.
Maultrot. *a* 314.
Maupeou (le chancelier). *b* 39, 44.

Maximes du droit public. *a* 314.
Maximes du gouvernement de France, etc *a* 302.
Maximes des Saints. *a* 133.
Mazarin, J. *b* 2.
Médailles sur la régence. *b* 225.
Melanchton. *a* 108, 299.
Mélanges historiques. *a* 300.
Mémoires de Condé. *a* 233.
Mémoires historiques de Mézerai. *a* 316
Mémoires et lettres de Maintenon *a* 25.
Mémoires pour servir à l'histoire de Lenglet-Dufresnoy. *a* 234.
Mercier, L. S. *a* 302.
Mercure français *a* 310.
Merindol et Cabrieres. *a* 11, 12.
Meslier, J. *a* 310.
Messe (la) trouvée dans l'Ecriture. *a* 100.
Messenius. *b* 129.
Méthode pour étudier l'histoire. *a* 234.
Mezerai. *a* 316.
Mey, C. *a* 314.
Meyer, L. *b* 143.
Michaut, J. B. *a* xxxviij, 234.

Mignot. *b.* 194.
Militaire philosophe (le). *b* 225.
Mills, J. *a* 105.
Milton, J. *a* 318.
Mirabeau, académicien. *a* 181.
Mirabeau fils. *a* 321. *b* 225.
Mirabeau père. *a* 326.
Miracles (discours sur les). *b* 202.
Miracles (fausseté des). *b* 219.
Miroir de l'âme pécheresse. *a* 289.
Miroir manuel. *a* 251.
Miroir oculaire. *a* 251.
Miroir du temps passé. *b.* 225.
Missa latina, etc. *a* 145.
Missel romain, de Voisin. *b* 184.
Modestus, P. F. *a* 322.
Modrevius, A. F. *a* 322.
Mœurs (les). *b* 162.
Mœurs du siècle. *b* 51.
Moines, (diatribe contre les) *a* 110.
Molinos, M. *a* 324.
Moller, C. *b* 153.
Molza. *a* 30.
Monachus reformatus. b 226.
Monarchia messiæ. a 68.
Monde enchanté (le) *a* 27.
Mondonville (madame de). *b* 79.
Moneta secreta societatis Jesu. a 271.
Mongeron (L. B. Carré de). *a* 326.
Monsengland, E *b* 226.
Montalte, pseudonyme de Pascal. *b* 27.
Montesquieu. *a* 295.
Montgon. *a* 328.
Montmouth. *a* 7.
Morale de Grenoble. *b* 83.
Morelli, J. *b* 96.
Morin, J. *a* 328.
Morin, S. *a* 329.
Morisot, C. B. *a* 333.
Morlini, J. 336.
Mort (de la), par Lamettrie. *a* 312.
Mortier, M. *a* 335.
Morus, T. *b* 246.
Mouchon. *a* 104.
Moyen d'abus, etc. *a* 61.
Musæi extructio, etc. *a* xxx.
Mussey, J. *a* 338.
Mystère d'iniquité. *a* 122.
Mystères du christianisme. *b* 226.
Mysteria politica. a 205.

N.

Naudé, G. *a* xviij.
Navarette. *b* 1.
Nazaréen (le). *b* 161.
Néercassel, J. *b* 2.
Néron. *a* xvj.
Nez, dissertation sur le nez de la sainte Vierge et de Jésus-Christ. *b* 76.
Nicolaï. *b* 2.
Nicolas le Calabrois. *b* 244.
Niger, P. *a* 267.
Nigrinus, J. P. *b* 226.
Nigroni, jésuite. *a* xxviij.
Noailles, archevêque de Paris. *a* 114. *b* 3.
Nobiliaire de Picardie. *a* 174.
Nocette. *a* xxix.
Nogaret arrête Boniface VIII. *a* 56.
Nogaret, auteur français. *b* 4.
Notæ quædam Clarissimæ; etc. *a* 146.
Nourriture des parfaits. *a* 27.
Nouveau Testament en langue castillane. *a* 127.
Nouveau Testament de Mons. *b* 5.
Novatiens; leurs livres secrets, selon Garasse. *a* 157.
Novellus, J. *b* 227.
Nymphe de Spa (la). *b* 7.

O

Obrechtus, U. *b* 9.
Observatio de indice expurgatorio, etc. *a* xxxv.
Observation sur *l'esprit des lois*. *a* 119.
Observation sur l'histoire de France. *a* 276.
Obstract. *a* 272.
Obstetrix de componendis libris. *a* xxxiij.
Ochin, B. *b* 9.
Offrande à la patrie. *b* 97.
Oldcastel, J. *b* 244.
Oldecorn. *b* 250.
Olivares. *a* 37.
Oppede (le président d') *a* 12.

Optatus Gallus, pseudonyme de Ch. Hersent. *a* 179.
Opuscula J. Huss. *a* 187.
Oracles de la raison. *a* 42.
Oratoire (défauts du gouvernement de l'). *a* 328.
Ordonnance de Charles-Quint contre ceux qui liront des livres hérétiques. *a* 252.

Origine des Français. *a* 146.
Orlandin, N. *b* 201.
Orléans, L. *b* 13.
Ortlob. *a* xxxiij.
Ory, M. *b* 168.
Osma (Pierre d'). *b* 41.
Oudin. *a* xxviij.

P.

Pacimontan, B. *b* 246.
Pagnini (sanctes). *b* 15.
Pagninus Brixiensis. *a* 277.
Pairie (les quatre âges de la). *a* 165.
Palearius, A. *b* 16.
Palingene, M., pseudonyme de P. A. Manzoli. *b* 18.
Pallavicin, F. *b* 19.
Panckoucke, C. J. *b* 20.
Pantagruel, roman de Rabelais. *b* 65.
Pantheisticon de Toland. *b* 160.
Papatus romanus. *b* 227.
Papebrock, D. *b* 227.
Papier timbré. *b* 307.
Paracelse, C. A. *a* 158. *b* 23.
Parallèle de la doctrine des payens avec celle des jésuites. *b* 24.
Parallèle du socianisme et du papisme. *b* 228.
Parallèles de Henri II avec Pilate. *a* 157.
Paramo, L. *b* 25.
Pâris (le diacre). *a* 327.
Parizot, J. P. *b* 26.
Pascal, B. *b* 27.
Pasquier, E. *a* 156. *b* 154.
Pasquillorum tomi duo. *a* 88.
Passion du jeu. *b* 29.
Pastorius, F. D. *b* 30.
Pau (fidèle de), capucin. *b* 30.
Paul V, pape. *a* 72.
Paul Irénée, pseudonyme de P. Nicole. *b* 27.
Pavillon, évêque d'Alet. *b* 31.

Peccatum originale. *a* 33.
Péché originel (du). *a* 33, 35.
Pélage. *a* ix.
Pellini, P. *b* 32.
Pensées (mes). *a* 25.
Pensées libres sur les prêtres. *a* 286.
Pensées philosophiques. *a* 103.
Pensées de Simon Morin. *a* 329.
Pensées sur l'interprétation de la nature. *a* 103.
Petit, J. *b* 32.
Petit, P. *b* 33.
Petrus Aurelius, pseudonyme de S. Cyran. *b* 103.
Peyrere (la), I. *b* 35.
Pfalfius. *b* 228.
Pfeffercorn, juif. *a* 251.
Philelcutherus Helvétius. *b* 228.
Philippe-le-bel. *a* 51.
Philippe d'Orléans, régent. *a* 209.
Philippe de Terre-Noire, pseudonyme de Melanchton. *a* 299.
Philippiques de la Grange-Chancel. *a* 209, 217.
Philopatrus, E., pseudonyme de Saufelicius. *b* 115.

Philosophie de la nature. *a* 96.
Phiole de l'ire de Dieu. *a* 94.
Pic-de-la-Mirandole. *b* 37.
Picard, B. *b* 38.
Piccard, M. *a* xxxj.
Pichon, J. *b* 38.
Pidanzat de Mairobert. *a* 39. *b* 228.
Pie V, pape. *b* 17.
Pièces échappées au feu. *b* 229.
Pierre d'Alva. *a* 5.
Pierre de Saint-Louis. *b* 42.
Pierre de Saint-Romuald. *b* 47.
Pigmalion. *a* 101.
Pilartius. *b* 76.
Piossens. *b* 229.
Piron, A. *a* xiij.
Plais (César de). *a* 84.
Plan de l'apocalypse. *b* 48.
Platina, B. *b* 49.
Poëte sans fard. *a* 154.
Politique naturelle. *b* 229.
Politique (le) du temps. *a* 95.
Polygamie. *a* 274. *b* 200; 247.
Polysinodie. *b* 109.
Pomponace, P. *b* 49.
Pomponius (le régent). *b* 209.

Pontanus. *b* 5.
Porphyre. *b* 51.
Porrete, M., hérétique. *b* 243.
Porthaise. *a* 45.
Possinus, P. *a* 201.
Postel. *b* 229.
Postures infâmes de l'Arétin. *a* 9.
Pothon. *a* 39.
Poupelinière. *b* 51.
Pour et contre la Bible. *a* 284.
Prades (l'abbé de). *a* 65.
Præadamitæ. b 35.
Prænotiones canonicæ et civiles. a 115.
Prêtres démasqués. *b* 231.
Primi, J. B. *b* 52.
Princesses Malabares. *b* 53.
Principes de législation. *b* 54.
Priviléges en librairie. *a* 266.

Problême ecclésiastique. *a* 114.
Processus consistorialis martyrii J. Huss. *a* 187.
Procureurs (diatribe contre les). *a* 303.
Prodomus alsaticarum rerum. b 9.
Proscription des protestans. *a* 252.
Protestations contre les assemblées du clergé. *a* 235.
Prynn, G. *b* 58.
Psalterium quincuplex. b 60.
Ptolémée Evergete. *a* 248.
Ptolémée Soter. *a* 246.
Puissance du prince sur le peuple, etc. *a* 228.
Purgatoire (mauvaise plaisanterie sur le). *a* 272.
Putana errante. *a* 10.
Puyherbaut, (en latin *Putherbeus*). *a* xxix.
Pyrrhonisme du sage. *b* 231.

Q.

Q. ; grande dispute sur la prononciation de cette lettre *b* 69.
Quercetanus. A. Duchesne. *a* 1.
Quesnel. *a* 63. *b* 60.
Quesnel de Dijon. *a* 6. *b* 53.

Question royale. *b* 105.
Quiétisme (origine du) *a* 301. Son histoire. *a* 325.
Quignones, F. *b* 64.
Quintin. *b* 246.
Quiroga, G. *a* 260.

R.

Rabat-joie du triomphe monacal. *b* 231.
Rabelais. *a* 84, 159. *b* 65.
Radicati, A. *b* 231.
Radziwil. *b* 67.
Ragionamenti de l'Arétin. *a* 9.
Ramus, P. *b* 68.
Rapin, jésuite. *b* 231.
Rappel des juifs. *b* 36.
Rasoir des rasés. *b* 232.
Ratio studiorum societatis Jesu. *a* 7.
Rauch, J. F. *b* 70.
Ravaillac. *a* 85, 291.
Ravannes. *b* 70.
Ravenel, T. *b* 226.
Rawlinson. *a* 3.
Raynal, G. T. *a* 175. *b* 8, 71.
Raynaud, T. *a* xxxj. *b* 75.
Raynold. *b* 232.
Reboul. *b* 78.
Reboulet, S. *b* 79.
Rebullosa. *a* 90.
Recueil des maximes véritables. *a* 198.
Recueil nécessaire. *b* 235.
Recueil de pièces; le tison d'enfer, etc. *b* 232.
Recueil de poésies choisies. *a* 34.
Réflexions sur l'attentat de Damiens. *b* 81.
Réflexions morales, par P. Quesnel. *b* 60.
Réfutation des erreurs de Spinosa. *a* xxxvij.
Réfutation de l'esprit des lois. *a* 120.
Reimann. *a* 256.
Religio laïci. *a* 42.
Religio Simonis Simonii. *b* 128.
Remi, J. H. *b* 83.
Remonde (J. de). *b* 83.
Renneville. *b* 232.
Renoult, J. B. *b* 232.
Réponse du peuple anglais au roi Edouard. *b* 84.
République de Bodin. *a* 43.
République des philosophes *b* 232.
Rerum Gallicarum liber I. *a* 115.
Rescrit romain contre les athées. *b* 240.
Rescillé. *b* 233.
Reuchlin. *a* 189. *b* 218.

Révocation de l'édit de Nantes. *b* 97.
Ribailler. *a* 184.
Richelieu, cardinal. *b* 252.
Richer, Edmond. *b* 84.
Ridicules du siècle. *a* 77.
Ridley. *b* 248.
Rigault. *b* 76.
Rizzo. *b* 245.
Robertson. *a* 105.
Robinet. *b* 233.
Roccaberti, J. T. *b* 85.
Rocheflavin, B. *b* 85.
Rochefoucault (de la). Les *Mémoires* de cet auteur ont été saisis par ses ordres chez un nommé Barthelin, imprimeur à Rouen, qui les avait mis sous presse sur l'invitation de M. le comte de Brienne : celui-ci en avait fait faire furtivement une copie, ayant eu en communication le manuscrit, qui lui avait été prêté par Arnaud d'Andilly, à qui M. de la Rochefoucault l'avait donné pour le corriger, particulièrement pour la pureté de la langue. L'auteur remboursa 25 pistoles à la veuve Barthelin pour ses frais d'impressions, et fit mettre toute l'édition dans un grenier de l'hôtel de Liancourt à Paris. Cet ouvrage, qui a été imprimé très-incorrectement, avait alors pour titre : *Relation des guerres civiles de France, depuis août 1649, jusqu'à la fin de 1652.* A. O.

Roger, J. *b* 167.
Rois de France assassinés. *a* 149.
Roman de la Rose. *b* 233.
Romancie. *b* 54.
Rome (imprécations contre). *a* 309. *b* 97.
Rome au secours de Genève. *b* 233.
Rome protestante. *b* 233.
Rosarius, S. *b* 234.
Rosières, F. *b* 86.
Rou, J. *b* 88.
Rousseau, J. B. *b* 88.
Rousseau, J. J. *b* 94.
Roustan. *b* 97.
Royaumont, pseudonyme d'Isaac le maître de Sacy. *b* 6.
Royou. *b* 87.
Ruine du papat. *b* 234.
Ryssenius. *a* 34.

S.

Sabran, (son bon mot au régent.) *a* 214.
Sac et pièces pour le pape. *b* 234.
Sacchi, vrai nom de B. Platina. *b* 49.
Sacchini, F. *a* 201.
Sacheverell. *b* 100.
Sacy (le maistre de). *b* 5.
Sadeel, A. *b* 234.
Sadolet. *b* 101.
Sagarel. *b* 243.
Sagesse de Charron. *a* 76. *b* 218.
Saggio dell'istoria dell indice Romano. *a* xxxvj.
Sagittarius, G. *b* 101.
Saillant. *a* 97.
Saint-Amour (Gorin de). *a* 166.
Saint-Amour (Guillaume de). *b* 102.
Saint-Cyran. *b* 102.
Saint-Evremont. *b* 108, 234.
Saint-Ignace (Henri de). *b* 108.
Saint-Pierre, C. I. C. *b* 109.
Sainte-Croix (N. Charpy de). *b* 111.
Sainte-Foi (Flore de); pseudonyme de G. Gerberon. *b* 111.
Sallo, D. *b* 112.
Salmuth, J. L. *b* 113.
Sambuca. *a* 44.
Sanche Lopez. *a* 58.
Sanctarel. *b* 114.
Sanden. *a* xxxiij.
Sandis, E. *b* 234.
Sandoval. *a* 261.
Sanfelicius, J. *b* 115.
Sarrazin, F. *b* 253.
Satyres de la cuisine papale. *b* 234.
Satyres de Pallavicin. *b* 19.
Saurin, J. *b* 88.
Savonarola. *b* 244.
Scaliger, J. *b* 115.
Schaumbourg, J. G. *a* xxxvj.
Schesser. *b* 130.
Schelborn. *a* xxxiv.
Schilling, W. *b* 115.
Schlichtingius. *b* 116.
Schmidt, *a* xxxij.
Schoettgenius. *a* xxxv.
Schramminus. *a* xxxiij.
Schrœrius, S. *b* 116.
Schulchenius. *a* 29.

Schupartus. *a* 7.
Scioppius, G. *b* 117.
Scopœus. *b* 234.
Scot, R. *b* 119.
Segni, B. *b* 119.
Seguenot, C. *b* 120.
Sellius. *a* 105.
Sentence de la paillarde papauté. *b* 235.
Sentence du procès du pape. *b* 235.
Sepulveda, J. G. 120.
Serment d'allégeance. *b* 78.
Sermons du frère Elwal. *a* 125.
Sermons de la simulée conversion de Henri IV. *a* 44, 45.
Sermons sur saint Ignace. *a* 190.
Servet, M. *b* 15, 121.
Sidney, A. *b* 124.
Sigéa, L. *a* 78.
Simon, R. *a* 51. *b* 126.
Simoni Simonii. *b* 127.
Siriganus. *b* 105.
Siricus, M. *b* 235.
Sirven. *a* 16.
Sixte V, pape. *a* 36, 60, 169.
Smiglicius. *a* 39.
Société des jésuites (défauts du gouvernement de la). *a* 39.

Solanguis, F. *b* 128.
Sommaire des faits et gestes de François premier. *a* 107.
Somme de théologie, par Garasse. *a* 156.
Sonnets infâmes de l'Aretin. *a* 9.
Sonnets de N. Franco contre l'Aretin. *a* 145.
Sorcellerie découverte. *b* 119.
Sorel. *a* xxviij.
Sotomaior. *a* 263.
Souverain. *b* 235.
Spaccio de la bestia triomphante. *a* 48.
Spagnoli, surnommé *Mantuanus.* *a* 284.
Sparre, Eric. *b* 128.
Specimina moralis christianæ. *a* 153.
Spinosa. *a* xxxvij. *b* 131.
Spongia contra censuram facultatis. *a* 268.
Squarciaupius, M. *b* 127.
Squitinio della libertà veneta. *b* 144.
Steinbergius, A. J. M. *b* 235.
Stella, pseudonyme de Claude Joly. *a* 199.
Stellatus, épithète donnée à Palingène. *b* 19.
Stierman, A. A. *b* 130.

Stossius, F. G. b 145.
Strada, F. b 146.
Stubias. b 147.
Suarez, F. b 147.
Summula casuum conscientiæ. a 281.
Sutlivius. b 235.
Swenefeld, G. b 148.
Swift. b 236.
Syndicat d'Alexandre VII. a 237.
Système de la nature. a 181.

T.

Tables chronologiques de J. Rou. b 88.
Tableau de Paris. a 302.
Tableau pittoresque de la Suisse. a 223.
Tactique (Essai de). a 176.
Talbert. b 149.
Tamburini, F. b 150.
Tamerlan. a 289.
Tanquerel. a 64.
Tanzaï et Neardané, roman. a 87.
Tanzillo, L. b 236.
Taxe de la boutique du pape. b 237.
Taxe de la chancellerie romaine. b 236.
Teatro britannico a 236.
Teatro jesuitico. b 154.
Télémaque, par Fénélon. a 133.
Tellier, M. b 161.
Tentzel, G. E. a xxxij.
Terrai (l'abbé). b 214.
Terrasson, G. b 152.
Terser, J. E. b 152.
Testamenta nova, prohibita b 152.
Theologia moralis. a 67.
Théologie familière. b 106.
Théophile Viaud. b 156.
Théorie de l'impôt. a 320.
Theotimus. a xxix.
Thérèse, sainte. a 76.
Thèses condamnées. a 64.
Thèses de Lessius sur la grâce. a 236.
Thévenot de Morande. a 78.
Thiers, J. B. 158.
Thiota, fausse prophétesse. b 241.
Thomas, saint. a 8.
Thomasius. b 159.

Thomassin. *b* 150.
Thou (le président de). *b* 159.
Tindal, M. *b* 237.
Tiric. *b* 242.
Toland, J. *b* 160.
Toma. *b* 254.
Tombeau de la messe. *a* 99.
Tonstall. *b* 167.
Torquemada. *a* 226.
Torrentius. *b* 253.
Torrigiæno. *b* 245.
Toussaint, F. V. *b* 162.
Tractatus contra perfidiam judæorum. a 267.
Tractatus de hæresi, etc. *b* 114.
Tractatus de immortalitate animæ. b 49.
Tractatus de potestate summi pontificis. a 28.
Tractatus de regno vulvarum. a 228.
Tractatus de vita et imperio Anti-Christi. a 277.
Tragiques, par d'Aubigné. *a* 14.
Traité de la fréquente communion. *b* 38.
Traité de la confession. *b* 41.
Traité des dieux et des démons. *b* 27.

Traité des droits et libertés de l'église gallicane. *a* 123.
Traité historique de la maison de Lorraine. *a* 186.
Traité historique de la monarchie de la Chine. *b* 12.
Traité des Langoustes ou Sauterelles. *b* 64.
Traité des obligations des évêques. *a* 29.
Traité des prétentions du roi de France sur l'Empire. *a* 13.
Traité de la vérité. *a* 41.
Traité de la vertu des payens. *a* 385.
Traité du pouvoir de l'église sur le mariage des catholiques. *b* 163.
Traité de la virginité. *b* 120.
Traité de la vraie religion. *a* 319.
Travers (l'abbé). *b* 163.
Treibera, J. P. *b* 164.
Trinitas patriarcharum. b 77.
Tuchin, J. *b* 165.
Turco-papismus. b 238.
Turlupin, Nicodème, pseudonyme de Villiers Hotman. *b* 180.
Turpin. *b* 165.
Tyndall, G. *b* 166.

U.

Uchtman, A. *a* 35.
Ugo de Rugerüs. *a* 5.
Ugonius, M. *b* 168.

Urbain VIII, pape. *a* 113. *b* 19.

V.

Valderame. *a* 190.
Valdesius. *b* 169.
Valentiniens (les); leurs livres secrets, selon Garasse. *a* 157.
Valkenier, J. B. *a* 238.
Valle, L. *b* 172.
Vallée, G. *b* 169.
Van de Velden, C. *b* 174.
Vanini, L. *a* 158. *b* 174.
Vannius, V. *b* 238.
Varchi. *a* 30.
Vargas, A. *b* 176.
Varron. *a* 340.
Varsevicius, C. *b* 176.
Vasselier. *a* xiij.
Vatable. *b* 145.
Vaudois. *a* 11.
Vavasseur. *b* 76, 231.
Veniero, Maffée et Laurent. *a* 10.
Vergerio. *a* 30, 256. *b* 177.
Vergier. *a* xiij.
Vergile. *b* 241.
Vernant. *b* 179.
Véronique; étymologie de ce mot. *b* 225.
Vetus græcia illustrata. *a* 126.
Vexionius, M. O. *b* 179.
Viaud, Théophile. *b* 156.
Vices (les) plus utiles à la société que les vertus. Paradoxe. *a* 282.
Vida, J. *b* 179.
Viddrington. *a* 29.
Vie de saint Amable. *a* 132.
Vie de sainte Anne. *a* 278.
Vie du diacre Pâris. *a* 327.
Vie privée de Louis XV. *b* 223.
Vie de Spinosa. *a* xxxvij.
Villiers-Hotman, J. *b* 180.
Villon. *a* 65.

Vincent de Paul. *b* 182.
Vindiciæ contra tyrannos. *a* 228.
Viret, P. *b* 238.
Voisin (J. de). *b* 184.
Voltaire. *a* xiij. *b* 185.
Vorstius, C. *b* 194.
Vossius, I. *a* 34, 73. *b* 195.
Voyage de Figaro en Espagne. *a* 222.

W.

Wecchiettus, H. *b* 196.
Weiss, C. *a* 100, 168. *b* 182.
Welser, M. *b* 144.
Wendler, J. C. *a* xxxiv.
Wendrock, G., pseudonyme de P. Nicole. *b* 27.
Wernsdorf, G. *b* 239.
Westphal, A. *a* xxxiv.
Wiclef, J. *b* 197.
Willembergius, F. S. *b* 200.
Wolkelius, J. *b* 200.
Wolmar, I. *b* 201.
Wolsey. *b* 167.
Wood, A. *b* 201.
Woolston, T. *b* 202.

Y.

Yse (Alexandre d'). *b* 204.
Yves, capucin de Paris. *b* 204.

Z.

Zabarella, F. *b* 205.
Zapata, A. *a* 262.
Zemgano, pseudonyme de Goëtzman. *a* 165.
Zobel, N. E. *a* xxxvj.
Zodiacus vitæ. *b* 18.
Zwickerus. *b* 239.

Fin de la Table Générale.